Der Mann, der die Welt bewegt

E. G. White

Jesus von Nazareth

ADVENT-VERLAG

Titel der amerikanischen Originalausgabe: From Heaven With Love (A condensation of The Desire of Ages)
Erschienen bei: Pacific Press Publishing Association, Mountain View, California, 1984
Redaktion und sprachliche Bearbeitung: Günther Hampel, Renate Poller
Einbandgestaltung: Sislak Design, Bad Soden-Salmünster
Bibeltexte werden, wenn nicht anders vermerkt, nach der Bibelübersetzung „Die Gute Nachricht“ (1982) zitiert. LT bedeutet: Luthertext nach der revidierten Fassung von 1984.

6. Auflage 2003

Satz: rimi-grafik, Celle
Herstellung: Clausen & Bosse, Leck

ISBN 3-8150-1182-5

Warum Sie dieses Buch lesen sollten

Wer den Namen „Jesus" nennt, spricht von einem Mann, der zu seiner Zeit sehr umstritten war. Die einen hielten ihn für einen Schwärmer, andere für einen religiösen Fanatiker. Die Oberschicht fürchtete ihn als gefährlichen Verführer und versuchte mit allen Mitteln, ihn loszuwerden. Als man Jesus aus dem Weg räumte, war er Anfang dreißig.

Wer war dieser Jesus? Natürlich hatte er nicht nur Feinde – damals nicht und heute nicht. Manche sehen in ihm einen genialen Denker. Nicht zu Unrecht: Man studiere nur seine Reden und Lehren! Für andere ist er ein religiöser Reformator; für viele einfach ein guter Mensch, der am Unverständnis seiner Umgebung scheiterte.

Damit ist allerdings noch nicht ausreichend erklärt, weshalb fast zwei Jahrtausende hindurch Millionen von Menschen ihr Leben an ihm orientierten – es sogar für ihn opferten. Ob an einer Sache etwas „dran" ist, zeigt sich meist dann, wenn der Initiator nicht mehr da ist. Und es ist schon bemerkenswert, daß auch heute noch Unzählige ihr Leben drangeben würden für einen Menschen, der vor zwei Jahrtausenden gekreuzigt wurde. Das muß einen Grund haben, zumal niemand gezwungen wird, sich zu Jesus zu bekennen.

Für viele ist es aber auch ärgerlich, daß heute noch von Jesus geredet wird. Sie glauben nicht an ihn, halten nichts von ihm und können nicht verstehen, warum sich alte und junge Menschen mit ihm befassen. Wer ist dieser Jesus, der einfach nicht aus der Welt zu schaffen ist, obwohl man schon zur Zeit der Römer in Jerusalem dachte, man habe ihn endgültig beseitigt?

Das vorliegende Buch versucht Antwort auf diese Fragen zu geben. Es stützt sich auf die vier Evangelien des Neuen Testaments, ohne die wichtigen Ereignisse aus dem Leben Jesu in streng chronologischer Ordnung wiederzugeben oder Christi Lehren lückenlos darzustellen. Vielmehr ging es der Autorin darum, Gottes Liebe zu beschreiben, die sich besonders eindrucksvoll im Leben und Wirken Jesu Christi offenbarte.

Vor mehr als hundert Jahren geschrieben und in über dreißig Sprachen übersetzt, liegt dieses Buch nun in einer gekürzten und sprachlich neuen Fassung vor. Möge es den Leser zu einer Begegnung mit Christus führen, von dem einer seiner Freunde sagte: „Jesus Christus und sonst keiner kann die Rettung bringen. Auf der ganzen Welt hat Gott keinen anderen Namen bekanntgemacht, durch den wir gerettet werden könnten." (Petrus)

Die Herausgeber

Inhalt

1 Er war schon immer da

Seit jeher sind Gott und sein Sohn eins. Christus ist das Abbild des Vaters. Wer seine Herrlichkeit sah, der sah auch die Herrlichkeit Gottes. Als die Sünde in die Welt hereinbrach, wurde Gottes Bild verzerrt; mitunter war es kaum noch zu erkennen. Die Menschen stellten sich zwar vor, wie Gott sein könnte oder sein müßte, aber mit der Wirklichkeit hatte das meist wenig zu tun. Deshalb entschloß sich Gott, seinen Sohn auf diese Erde zu senden, damit die Menschen begriffen, wie Gott tatsächlich ist: liebevoll und mitfühlend. In den heiligen Schriften wird mit folgenden Worten auf die Menschwerdung Christi hingewiesen: „‚Sie werden ihm den Namen Immanuel geben', das heißt übersetzt: Gott mit uns." [1]

Jesus war gleichsam „das Wort Gottes", mit dem sich der Vater an die in Sünde geratene Menschheit wandte, um sein göttliches Wesen und seine Gedanken hörbar und sichtbar zu machen. Diese Selbstoffenbarung war aber nicht nur für die Bewohner unserer kleinen Erde bestimmt, sondern galt allen Geschöpfen im weiten Universum. Das Geschehen am Kreuz auf Golgatha sollte allen im Himmel und auf Erden zeigen, wie sehr Gott sie liebt. Sie sollten begreifen, daß es nur eine gültige Lebensordnung in dieser Welt geben kann – das Gesetz der Liebe, einer Liebe, die ihre Quelle in Gott hat und nicht nur um sich selbst kreist.

Diese Liebe war es, die den Sohn Gottes dazu trieb, unsere Erde zu schaffen. Aus seiner Hand ging das All ebenso hervor wie auch die winzige Frühlingsblume auf der Wiese.[2] Und mit beidem wollte er seinen Geschöpfen sagen: Gott liebt euch!

Die Sünde hat zwar vieles verdorben, aber die Handschrift Gottes völlig von der Erde zu tilgen, war ihr nicht möglich. Die gesamte Schöpfung beruht nach wie vor auf dem Prinzip des Nehmens und Gebens. Grüne Pflanzen wachsen im Sonnenlicht, ziehen Kraft aus dem Boden und dienen damit

---

[1] Matthäus 1,23; Jesaja 7,14 LT [2] Psalm 95,4.5 LT

zugleich den Tieren als Lebensgrundlage. Die Meere nehmen das Wasser der Flüsse auf, und die Wolken sorgen dafür, daß der Regen das Land feuchtet und die Wasserläufe wieder speist.

Auch die Engel im Himmel haben Freude am Geben. Sie wirken darauf hin, Menschen zu Gott zu lenken und zur Umkehr zu bewegen. Höchstes Ziel ist ihnen die Versöhnung zwischen Mensch und Gott. Wer dafür offene Augen hat, wird auch erkennen, daß sich der Vater am deutlichsten in seinem Sohn offenbart hat. Durch Christus fließen der Menschheit Gnade und Liebe zu. Eingesetzt im Dienst für Gott, führen sie wiederum hin zum Vater, so wie es uns das Spiel der Meereswellen vor Augen malt.

Das Verhängnis: Ichsucht und Überheblichkeit

So merkwürdig es auch klingen mag: Die Sünde hat ihren Ursprung im Himmel. Irgendwann in der Vorzeit lehnte sich Luzifer, ein ranghoher Engelfürst, gegen die Herrschaft Gottes auf. Er war mit seiner ohnehin herausragenden Position nicht zufrieden, wollte nicht einer unter mehreren sein, sondern über allen stehen – oder wie es die Bibel ausdrückt: „gleich sein dem Allerhöchsten“.[3] Obwohl nur ein Geschöpf Gottes, wollte er genauso geehrt werden wie der Schöpfer. Und er unternahm alles, um die Bewohner des Himmels auf seine Seite zu ziehen. All das, was in seinem eigenen Herzen aufgekeimt war, das unterstellte er dem Schöpfer: Machtgier, Rücksichtslosigkeit, Ungerechtigkeit. Ein Teil der Engel durchschaute diese satanischen Machenschaften nicht, sondern ließ sich täuschen und hineinreißen in die Rebellion gegen Gott. Damit brach die Nacht der Sünde und des Elends über unsere Welt herein. Würde es je wieder hell werden in Gottes Schöpfung? Die Antwort der Heiligen Schrift lautet: Ja! Aber Gott wollte den Aufruhr nicht mit Gewalt beenden. Satans Einfluß sollte vielmehr dadurch ausgeschaltet werden, daß dessen betrügerisches Treiben vor aller Welt offenbar wurde. Dem Schöpfer liegt nichts an erzwungenem Gehorsam; er möchte um seiner selbst willen geliebt werden. Und Liebe gewinnt man nun einmal nicht durch Druck oder Gewalt, sondern allein durch Liebe. Irgend jemand

[3] Jesaja 14,14 LT

mußte den Verdächtigungen Satans entgegentreten und beweisen, daß Gott nicht so ist, wie Satan ihn hinstellte. Wer anders als der Gottessohn hätte das tun können? Nur er wußte, wie Gott wirklich ist; er konnte das den Engeln und Menschen glaubwürdig vermitteln.

Viele meinen, Gott habe den Plan zur Erlösung der Menschen erst nach dem Sündenfall gelegt, sozusagen als Notbehelf. Aber das stimmt nicht. In der Schrift heißt es: „Laßt uns Gott danken, denn er kann euch im Glauben standhaft machen. Das geschieht durch die Gute Nachricht, die ich weitergebe. Sie ist die Botschaft von Jesus Christus und *enthüllt das Geheimnis, das seit uralter Zeit verborgen war*, jetzt aber ans Licht gekommen ist.“ [4] Und an anderer Stelle wird gesagt: „Er (Christus) ist zwar zuvor ausersehen, *ehe der Welt Grund gelegt wurde*, aber offenbart am Ende der Zeiten um euretwillen, die ihr durch ihn glaubt an Gott.“ [5]

Noch ehe er die Welt erschuf, hatte Gott Vorsorge getroffen für den Fall, daß die Sünde aufkommen würde. Sein Sohn sollte Mensch werden, um den Sündern die Wahrheit über Gott zu sagen und sie wissen zu lassen, daß der Vater sie trotz allem liebt und retten will.[6]

Der Unterschied zwischen Luzifer, dem rebellischen Engelfürsten, und Christus, dem Gottessohn, ist mit Händen zu greifen. Satans Leitspruch hieß: „Ich will in den Himmel steigen und meinen Thron über die Sterne Gottes erhöhen ... Ich will auffahren über die hohen Wolken und gleich sein dem Allerhöchsten.“ [7] Um das zu erreichen, schreckte er vor nichts zurück. Ganz anders Christus: „Er war in allem Gott gleich, und doch hielt er nicht daran fest, zu sein wie Gott. Er gab es willig auf und ... wurde ein Mensch in dieser Welt und teilte das Leben der Menschen. Im Gehorsam gegen Gott erniedrigte er sich so tief, daß er sogar den Tod auf sich nahm.“ [8]

Die Rettung: Der Weg nach unten

Christus hätte die himmlische Herrlichkeit nicht verlassen müssen, dennoch entschied er sich, Mensch zu werden. Wir sollten wissen, daß uns Gott ewiges Leben anbietet und wir

---

[4] Römer 16,25 [5] 1. Petrus 1,20.21 LT [6] Johannes 3,16 LT
[7] Jesaja 14,13.14 LT [8] Philipper 2,6–8 LT

es im Glauben an ihn empfangen können. Gottes Sohn kam als Mensch auf diese Erde, weil keiner seiner himmlischen Herrlichkeit hätte standhalten können; Christus wurde einer von uns, um uns ganz nahe zu sein.

Seit jeher ist Gott den Menschen durch Christus so begegnet, daß sie es fassen konnten. Mose erschien er im brennenden Busch; Israel führte er durch eine Feuer- und Wolkensäule. Und wo der Herr nicht in sichtbarer Gestalt erschien, benutzte er symbolische Handlungen oder Gegenstände, um zu zeigen, daß er seinen Kindern nahe ist.[9]

Christus hatte seine Göttlichkeit aufgegeben, dennoch spürten die Menschen etwas von seiner Gottessohnschaft. Johannes sagte es so: „Das Wort ward Fleisch und wohnte unter uns, und wir sahen seine Herrlichkeit als des eingeborenen Sohnes vom Vater, voller Gnade und Wahrheit.“ [10] Weil Jesus lebte wie die anderen Menschen, weil er dachte und redete wie sie, konnte er ihnen auch begreiflich machen, daß der Schöpfer nicht ihr Feind, sondern ihr Freund ist. Wer sich mit dem Leben Jesu und mit seiner Botschaft befaßt, wird feststellen, daß die Anschuldigungen Satans, Gott sei ein selbstsüchtiger Tyrann, dessen Forderungen niemand erfüllen und dem es keiner recht machen könne, nicht stimmen. Die Menschwerdung Christi hat derartigen Verdächtigungen den Boden entzogen. Jesus war Mensch und blieb Gott treu, obwohl er mit den gleichen Anfechtungen zu tun hatte wie wir. Er wußte, was es heißt, in einer sündigen Welt zu leben, denn er mußte *„in allem* seinen Brüdern gleich werden, damit er barmherzig würde und ein treuer Hoherpriester vor Gott ... Denn wir haben nicht einen Hohenpriester, der nicht könnte mit leiden mit unserer Schwachheit, sondern der versucht worden ist *in allem* wie wir, doch ohne Sünde.“ [11] Dieses „in allem“ deutet an, daß es keinen Lebensbereich gibt, in dem sich der Gottessohn nicht der Angriffe Satans hätte erwehren müssen. Und das Wesentliche dabei: Er widerstand den Versuchungen nicht mit übernatürlichen Mitteln, sondern allein in der Kraft Gottes, die auch uns zur Verfügung steht. Sein Gehorsam soll uns zeigen, daß auch wir im Glauben und mit seiner Hilfe den Willen Gottes in unserem Leben befolgen können.

Durch sein Menschsein ist Christus mit uns Menschen

---

[9] Vgl. 2. Mose 25,8 LT [10] Johannes 1,14 LT [11] Hebräer 2,17; 4,15 LT

verbunden, durch seine Göttlichkeit mit dem himmlischen Vater. Als Mensch ist er uns Vorbild im Glauben und in der Treue zu Gott, als Gottessohn schenkt er uns die Kraft zum Gehorsam. Es sind keine leeren Worte, wenn er sagt: „Mir ist gegeben alle Gewalt im Himmel und auf Erden".[12] Und die im Namen Immanuel enthaltene Verheißung läßt uns der Erlösung sicher sein. Durch dieses „Gott mit uns" will der Herr uns sagen: Im Kampf gegen die Sünde seid ihr nicht auf eure eigene Kraft angewiesen, sondern ich helfe euch zu einem Leben, das meinem Willen entspricht.

Wer sich mit dem Leben Jesu befaßt, wird feststellen, wie sehr sich der Gottessohn von seinem Widersacher unterscheidet. Der rebellische Engelfürst suchte den Weg nach oben, Jesus Christus „erniedrigte sich selbst und ward gehorsam bis zum Tode, ja zum Tode am Kreuz".[13] Satan zog einen Teil der Engelwelt sowie die ganze Menschheit in seinen Aufruhr hinein und lieferte sie damit dem Verderben aus. Christus wendete das Verhängnis ab, indem er sein Leben für uns in die Waagschale warf. „Aber er ist um unserer Missetat willen verwundet und um unserer Sünde willen zerschlagen. Die Strafe liegt auf ihm, auf daß wir Frieden hätten, und durch seine Wunden sind wir geheilt.[14]

Die Strafe liegt auf ihm

Was will der Prophet Jesaja mit der Wendung „die Strafe liegt auf ihm" zum Ausdruck bringen? Doch wohl dies: Gott behandelt seinen Sohn, wie wir sündigen Menschen es verdient hätten; mit uns dagegen geht er so um, wie es Christus verdient hätte, der von keiner Sünde wußte. Weil sein Sohn für unsere Schuld büßte, stehen wir als Gerechtfertigte vor Gott. Jesaja sagt: „... durch seine Wunden sind wir geheilt."

Natürlich war das nicht im Sinne Satans; denn dadurch wurde seine Absicht vereitelt, einen Bruch zwischen Gott und den Menschen herbeizuführen. Als Christus Mensch wurde, fügte er zusammen, was der Feind Gottes durch Täuschung und Verführung auseinandergerissen hatte. Gottes Sohn war es, der Himmel und Erde wieder miteinander verband. Darauf deuten bereits alttestamentliche Prophetenworte hin. Jesaja beispielsweise nennt in seiner Ankündigung des

---

[12] Matthäus 28,18 LT [13] Philipper 2,8 LT [14] Jesaja 53,5 LT

„Menschensohnes“ Namen wie „Wunder-Rat“, „Gott-Held“, „Ewig-Vater“ und „Friede-Fürst“.[15] Und indem sich Christus nicht scheute, uns seine Schwestern und Brüder zu nennen, machte er deutlich, daß wir zur himmlischen Familie gehören und in Gottes Liebe eingebunden sind.

Mit seiner Menschwerdung hat der Gottessohn ein für allemal gezeigt, daß Gottes Herrschaft sich nicht auf Gewalt stützt, sondern auf Gerechtigkeit und Liebe. Alle Welt konnte sehen, daß Satans Behauptungen nicht wahr sind. Dem Widersacher Gottes wurde damit die „fromme“ Maske vom Gesicht gerissen. Das wird die Welt davor bewahren, daß Empörung und Abfall ein zweites Mal aufbrechen. Himmel und Erde sind wieder eine Einheit, weil Gott selbst sie durch seinen Sohn miteinander verbunden hat.

Es ist wahr, daß sich gerade auf unserer Erde zeigt, wie mächtig die Sünde ist. Aber es ist genauso unumstritten, daß Gott mächtiger ist. Deshalb wird die Geschichte unseres Planeten für immer und für alle Geschöpfe Gottes von Bedeutung sein. Nicht umsonst hat Gott verheißen, daß er dort bei den Erlösten „wohnen“ will, wo einst sein Sohn als Mensch lebte, litt und starb. „Vom Thron her hörte ich eine starke Stimme: ‚Jetzt wohnt Gott bei den Menschen! Er wird bei ihnen bleiben, und sie werden sein Volk sein. Gott selbst wird als ihr Gott bei ihnen sein ... Was einmal war, ist für immer vorbei.‘“ [16] Daß Gott „Immanuel“, den „Gott mit uns“ geschickt hat, wird für die Gläubigen ein Anlaß zu immerwährendem Dank sein.

---

[15] Jesaja 9,5.6 LT [16] Offenbarung 21,3.4

2 Sein Volk wollte ihn nicht

Mehr als tausend Jahre lang hatte Israel auf den Messias gewartet, aber als er schließlich kam, war er seinem Volk nicht willkommen. Im Evangelium des Johannes steht: „Er kam in sein Eigentum; und die Seinen nahmen ihn nicht auf." [1]

Gott hatte Israel ursprünglich dazu bestimmt, die prophetischen Hinweise auf den Erlöser und die symbolischen Handlungen, die das Wesen und Wirken des Messias veranschaulichen sollten, über die Jahrhunderte zu bewahren. Durch sein Volk sollte alle Welt erfahren, daß Gott Rettung und Heil schaffen wird. Bereits der Stammvater der Juden, Abraham, hatte die verbindliche Zusage Gottes: „Ich will segnen, die dich segnen, und verfluchen, die dich verfluchen; und in dir sollen gesegnet werden alle Geschlechter auf Erden." [2] Durch den Propheten Jesaja ließ der Herr diese Verheißung später bekräftigen: „... denn mein Haus wird ein Bethaus heißen für alle Völker." [3]

Israel wurde dieser hohen Berufung leider nicht gerecht. Das Volk und seine Führer waren genauso an politischer Macht und weltlichem Einfluß interessiert wie die heidnischen Völker ringsum. Wenn Gott durch Propheten warnte, hörte man nicht hin; wenn er das Volk aufrüttelte, indem er es in die Hände der Heiden fallen ließ, verstand man den Sinn der Strafgerichte nicht. Wohl gab es auch Zeiten der Umkehr, aber auf Hinwendung zu Gott folgte meist ein um so tieferer Fall.

Wäre Israel Gott treu geblieben, hätte es zum bedeutendsten Volk der Geschichte werden können. „Und der Herr hat dich heute sagen lassen, daß du sein eigenes Volk sein wollest, wie er dir zugesagt hat, und alle seine Gebote halten wollest und daß er dich zum höchsten über alle Völker machen werde, die er geschaffen hat, und du gerühmt, gepriesen und geehrt werdest, damit du dem Herrn, deinem Gott, ein heiliges Volk seist, wie er zugesagt hat." [4]

---

[1] Johannes 1,1; Jesaja 53,2 LT [2] 1. Mose 12,3 LT [3] Jesaja 56,7 LT
[4] 5. Mose 26,18.19 LT

Aber Israel blieb seinem Gott nicht treu. Der war gezwungen, sein Ziel auf anderen Wegen zu erreichen. Er ließ die damalige Großmacht Babylon über sein Volk herfallen. Viele Israeliten wurden getötet, ein großer Teil der Bevölkerung in Gefangenschaft geführt oder in aller Herren Länder zerstreut. Unter kümmerlichen Verhältnissen mußte nachgeholt werden, was in guten Zeiten versäumt worden war. In der Auseinandersetzung mit den heidnischen Kulten begriffen die Israeliten endlich die wahre Bedeutung ihrer religiösen Bräuche. Das wiederum blieb nicht ohne Wirkung auf die Menschen ihrer Umgebung. Manche wurden aufmerksam und begannen auch an den Gott Israels zu glauben; die meisten aber standen den Juden feindlich gegenüber. Nicht selten kam es vor, daß Israeliten ihr Leben verloren, weil sie an der Heiligung des Sabbats festhielten oder sich weigerten, an heidnischen Festen teilzunehmen. Doch selbst das trug dazu bei, daß heidnische Herrscher etwas von der Macht des wahren Gottes ahnten.

In den Jahrhunderten, die der Babylonischen Gefangenschaft folgten, hütete sich Israel, in den früheren Götzendienst zurückzufallen. Endlich hatte man begriffen, daß Wohl und Wehe davon abhing, daß das Volk der Juden seinem Gott gehorsam war. Doch bei allem Bemühen um Gehorsam ging man oft an dem vorbei, was Gott eigentlich wollte. Viele sahen im Befolgen der Gebote nur ein Mittel, sich das Wohlwollen Gottes zu sichern, ohne mit dem Herzen dabei zu sein. Andere mißbrauchten das Gesetz, indem sie es zu einem Instrument der Absonderung machten und so eine Mauer zwischen sich und anderen Völkern aufrichteten. Für viele Juden war Jerusalem Inbegriff des Heils, und der Gedanke, daß Gott auch Nichtjuden gnädig sein könnte, war ihnen unerträglich.

Wenn der Inhalt verlorengeht

Nach der Rückkehr der Juden aus dem Exil entstanden überall im Lande Synagogen, wo Priester und Schriftgelehrte das Gesetz auslegten. Man war der Überzeugung, daß in diesen Schulen die Grundsätze des Glaubens und der Gerechtigkeit unverfälscht gelehrt würden. In Wirklichkeit aber floß in die Schriftauslegung manches ein, was an heidnischem Gedankengut aus Babylon mitgebracht worden war. Selbst in den Gottesdienst drangen im Laufe der Zeit fragwürdige religiöse Anschauungen und Praktiken ein.

Gott selbst hatte Israel Jahrhunderte zuvor befohlen, sich an bestimmte rituelle Handlungen zu halten. Diese Bräuche hatten einen tiefen Sinn und wiesen hin auf den kommenden Messias. Aber leider war vielen Juden die geistliche Bedeutung dieser Zeremonien abhanden gekommen. Deshalb wurden die religiösen Handlungen zum Selbstzweck. Je mehr man die persönliche Verbindung zu Gott verlor, desto stärker verließ man sich auf fromme Formen, die von Priestern und Schriftgelehrten ständig erweitert , verfeinert und sogar auf die Spitze getrieben wurden. Von der Liebe Gottes war bei alledem kaum noch etwas zu spüren.

Für die Gläubigen wurde es immer schwieriger, die komplizierten Anweisungen der Gesetzeslehrer zu befolgen. Das belastete ihr Gewissen, führte zu einem verkehrten Gottesverständnis und brachte den Glauben in Mißkredit. Genau das hatte Satan erreichen wollen. Wieder einmal sollte deutlich werden, daß niemand in der Lage ist, den Anforderungen Gottes gerecht zu werden. Wenn nicht einmal Israel die Gebote Gottes halten konnte, wer sollte es dann?

Falsche Erwartungen

Die meisten Juden zur Zeit Jesu hatten völlig falsche Vorstellungen von der Person und Aufgabe des Messias. Wenn von dem verheißenen Erlöser die Rede war, dachten nur wenige an Befreiung von der Herrschaft der Sünde; die meisten hofften, daß ihnen das römische Joch vom Hals genommen würde.

Zur Zeit der Geburt Jesu spitzte sich der Konflikt zwischen Jerusalem und Rom immer mehr zu. Die römische Provinz Judäa stöhnte unter der Fremdherrschaft und wurde von Auseinandersetzungen zwischen einzelnen radikalen Gruppen erschüttert. Die Römer besetzten das Amt des Hohenpriesters ganz nach Belieben. Häufig waren dabei Bestechung oder gar Mord im Spiel. Die Führungsschicht und die Priesterschaft in Jerusalem wurde zusehends korrupt. Das einfache Volk wurde ausgeplündert und bis aufs Blut geschunden. Unzufriedenheit, Habgier, Mißtrauen, Gewalt, Resignation und religiöse Gleichgültigkeit drangen ein in alle Schichten des Volkes. Kein Wunder, daß sich die Hoffnung vieler auf den Einen richtete, der Israel wieder groß machen würde. Auf den wartete man, ihm fieberte man entgegen, und von ihm hatte man eine ganz bestimmte Vorstellung. Wen kümmerte es da schon, daß die uralten Messias-Weissagungen ein ganz anderes Bild von dem Gottgesandten zeichneten?

3 | Die Zeit steht an der Wende

Als unsere Ureltern im Paradies die Verheißung vom Kommen des Erlösers zum erstenmal hörten, hofften sie, er werde bald erscheinen. Bei der Geburt ihres ersten Sohnes dachten sie: Das ist er! Aber er war es nicht. Sie starben schließlich hochbetagt, ohne den Messias gesehen zu haben.

Glaubensmänner und Propheten früherer Zeiten redeten und schrieben vom Erlöser und nährten damit die Hoffnung auf sein Erscheinen. Die Prophezeiungen Daniels enthielten sogar genaue Hinweise auf den Zeitpunkt seines Kommens, aber kaum jemand schien sie zu beachten. Jahrhunderte vergingen, und die Hand der Unterdrücker lastete immer schwerer auf Israel. Die meisten dachten: „Die Zeit kommt und geht, und die Prophezeiungen treffen nie ein!“ [1] Aber sie irrten sich.

Wie die Gestirne unbeirrbar ihre Bahnen ziehen, so erfüllen sich auch Gottes Absichten. Bei Gott stand der Zeitpunkt längst fest, an dem Christus als Mensch auf dieser Erde erscheinen sollte. Und als die Stunde kam, wurde Jesus in Bethlehem geboren: „Als aber die Zeit erfüllt war, sandte Gott seinen Sohn.“ [2]

Die Welt war reif für das Kommen des Erlösers. Politisch gesehen waren die Völker damals unter einer Herrschaft vereinigt; sie redeten im wesentlichen eine Sprache, die weithin als Schriftsprache galt. In aller Welt lebten Juden, die zu den großen Festen nach Jerusalem pilgerten und bei ihrer Rückkehr die Botschaft vom Kommen des Messias bis in die entferntesten Winkel der Erde tragen konnten. Auch die religiösen Voraussetzungen waren günstig. Viele Menschen waren von den heidnischen Religionen enttäuscht und suchten nach einem Weg, auf dem sie wahren inneren Frieden erlangen könnten. Sie hatten genug von den ohnmächtigen Göttern und sehnten sich nach einem lebendigen Gott, der ihrem Leben über das kurze irdische Dasein hinaus einen Sinn geben konnte.

---

[1] Hesekiel 12,22 [2] Galater 4,4 LT

Sehnsucht nach dem Erlöser

Viele Juden waren zu dieser Zeit zwar verwurzelt in ihrer religiösen Tradition, aber von echtem Glauben wußten sie nichts. Vor der Zukunft fürchteten sie sich, und wenn sie an den Tod dachten, wurde ihnen angst. Deshalb richtete sich die Hoffnung vieler gerade zu dieser Zeit auf den verheißenen Erlöser. Hieß es nicht in den alten Schriften, daß einer kommen werde, der das Geschick des Gottesvolkes in seine starke Hand nehmen und ihm eine helle Zukunft bereiten würde?

Auch außerhalb Israels suchten Menschen nach der Wahrheit. Sogar manchen von ihnen übermittelte Gott prophetische Botschaften, die in vielen Herzen einen Hoffnungsschimmer entfachten. Da die heiligen Schriften Israels auch in Griechisch, der damaligen Weltsprache, vorlagen, konnten sie fast im ganzen Römischen Reich gelesen werden. Die Messiaserwartung beschränkte sich auch nicht allein auf das Volk der Juden, sondern wurde von vielen Nichtjuden geteilt. Einige der sogenannten Heiden verstanden die Weissagungen vom kommenden Erlöser sogar besser als mancher jüdische Theologe. Sie verstrickten sich im Blick auf den Messias nicht in politische Erwägungen, sondern erwarteten ihn als Retter von der Sünde. Manche Philosophen bemühten sich, in das Geheimnis der hebräischen Heilsgeschichte einzudringen. Daran war den Juden freilich nicht gelegen. Sie wollten die Kluft, die zwischen ihnen und anderen Völkern bestand, um keinen Preis überbrücken und waren nicht gewillt, anderen das Verständnis für den jüdischen Glauben und den Sinn der religiösen Zeremonien zu öffnen.

Der, auf den viele der kultischen Handlungen hinwiesen, mußte selbst kommen, damit die Menschen endlich begriffen, was es mit der Messiashoffnung auf sich hat. Wie zu allen Zeiten so war es auch damals, daß die Leute die Wahrheit Gottes nur verstanden, wenn sie ihnen in Begriffen und in einer Sprache mitgeteilt wurde, die ihnen vertraut war. Genau dafür sorgte Jesus Christus während seiner Lebenszeit auf dieser Erde.

Glücklicherweise gab es auch in Israel etliche Menschen, für die der Glaube nicht nur aus Tradition und bloßen Worten bestand. Sie machten Mut mit Verheißungen wie: „Einen Propheten wie mich wird dir der Herr, dein Gott, erwecken aus dir und deinen Brüdern; dem sollt ihr gehorchen“ [3] oder: „Er hat mich gesandt, den Elenden gute Botschaft zu bringen, die zerbrochenen Herzen zu verbinden, zu verkündigen den Gefangenen die Freiheit, den Gebundenen, daß sie frei und ledig sein sollen; zu verkündigen ein gnädiges Jahr des Herrn.“ [4] Diese Getreuen erinnerten auch an die letzten Worte ihres Stammvaters Jakob, der in seinem Segen für Juda prophezeit hatte: „Es wird das Zepter von Juda nicht weichen noch der Stab des Herrschers von seinen Füßen, bis daß der Held komme, und ihm werden die Völker anhangen.“ [5] Für sie war klar, daß die schwindende Macht Israels auf das bevorstehende Kommen des Messias hindeutete. Aber nur wenige verstanden die wahre Aufgabe des künftigen Erlösers. Die meisten rechneten damit, daß der Gottgesandte als siegreicher Herrscher erscheinen, in Palästina ein Königreich aufrichten und die Völker vom römischen Joch befreien werde.

Gefährliche Täuschung

Die Zeit für das Kommen Christi war reif. Im Laufe der Jahrhunderte war die Menschheit tief in den Sumpf der Sünde geraten. Viele spürten das und sehnten sich nach Erlösung. Satan, der Widersacher Gottes, hatte alles darangesetzt, um die Kluft zwischen Himmel und Erde immer größer werden zu lassen. Insgeheim hoffte er, daß Gottes Geduld eines Tages zu Ende gehen und daß dann die Menschheit ihm, dem Satan, überlassen würde. Lange Zeit sah es so aus, als könnte das geschehen. Zwar hatte Gott zu allen Zeiten und in allen Völkern seine Boten, die zur Umkehr riefen, doch die wenigsten hörten auf sie. Solche Mahner waren unbequem, wurden verlacht, verjagt oder aus dem Weg geräumt. Von Jahrhundert zu Jahrhundert wurden die Schatten länger, die Satan auf diese Welt geworfen hatte.

Einen großen „Erfolg“ errang der Feind Gottes dadurch, daß er den Glauben Israels verfälschte. In dem Maße, wie sich die Völker dem Götzendienst öffneten, ging ihnen die Verbindung zum wahren Gott verloren. Das führte dazu, daß sich der Gottesdienst schließlich auf ein System von Lei-

---

[3] 5. Mose 18,15 LT [4] Jesaja 61,1.2 LT [5] 1. Mose 49,10 LT

stung und Gegenleistung reduzierte. Den Menschen wurde eingeredet, Erlösung hinge von der Zahl ihrer guten Werke ab. In Israel hatten derartige Anschauungen ebenfalls an Boden gewonnen und die göttliche Botschaft verfälscht. Eigentlich sollten die Juden Gott als einen liebenden und fürsorglichen Vater darstellen, nun aber erschien er den Menschen eher als ein machtgieriger Tyrann.

Zwar wurden die religiösen Formen weitgehend eingehalten, aber man kannte kaum noch ihre wirkliche Bedeutung. Viele Priester vollzogen die heiligen Handlungen im Tempel nur der Form nach. Ordnungen, die Gott selbst eingesetzt hatte, wurden zu Instrumenten, die Herz und Sinn betörten. Auf diesem Wege konnte Gott nichts mehr für die Menschen tun. Deshalb mußte alles, was untauglich geworden war, beseitigt werden.

Gott hat Mitleid

Der Betrug der Sünde hatte einen Höhepunkt erreicht. Die Erde stand in der Gefahr, für immer in Satans Hände zu fallen. Gottes Sohn sah die Menschheit wie ein Heer von Verurteilten, die einer Nacht entgegengingen, auf die kein Morgen folgen würde. Einst als Kinder Gottes geschaffen, wurden die Menschen mehr und mehr zu Sklaven ihrer Begierden und zu willenlosen Werkzeugen dämonischer Mächte. Auf ihren Fahnen standen nicht mehr Begriffe wie „Gehorsam"und „Liebe", sondern „Rebellion" und „Feindschaft". Welch ein Anblick für den Erlöser der Welt!

Gespannt warteten die nicht in Sünde gefallenen Geschöpfe Gottes darauf, daß Christus sich aufmachen würde, um dem allen ein Ende zu bereiten. Auch Satan wäre das vermutlich recht gewesen, hätte er doch die Vernichtung der Menschheit als einen Beweis dafür hinstellen können, daß Gott rücksichtslos handelt, wenn es um seine Macht und Ehre geht. Hatte er nicht seit jeher behauptet, daß von Gott weder Erbarmen noch Vergebung zu erwarten seien?

Aber Gott reagierte ganz anders. Statt die Welt zu vernichten, sandte er seinen Sohn, um sie zu retten. Obwohl Auflehnung, Sittenverfall und Lasterhaftigkeit herrschten, ließ Gott die Menschen durch seinen Sohn wissen, daß es noch Hoffnung gibt. Christus wurde nicht zuletzt deshalb einer von uns, damit wir erkennen können, wie Gott wirklich ist:

nicht der tyrannische Gewaltherrscher, sondern der liebende Vater, der jedem seiner Geschöpfe nachgeht und ihm den Weg ins Vaterhaus offenhält.

4 Gott wurde einer von uns

Das ist unbegreiflich! In seinem Sohn wurde Gott einer von uns! Nichts in seinem Äußeren erinnerte an Christi himmlische Herrlichkeit. Die Menschen sollten nicht von einer glanzvollen Erscheinung beeindruckt werden, sondern von der Wahrheit, die er lebte und verkündigte.

Aufmerksam beobachtete die Engelwelt, wie Gottes Volk den Gottessohn empfangen würde. Engel machten sich auf den Weg ins Heilige Land, um bei der Geburt des Erlösers zugegen zu sein. Niemand sah sie, niemand hörte sie, aber sie waren da – sogar im Tempel zu Jerusalem.

Engel ließen den Priester Zacharias bei seinem Dienst am Altar wissen, daß die Ankunft des Messias unmittelbar bevorstand. Johannes, zuvor schon als Wegbereiter Christi von einem Engel angekündigt, war inzwischen geboren. Die außergewöhnlichen Ereignisse, die mit der Geburt dieses Vorläufers Jesu zusammenhingen, hatten sich in Jerusalem herumgesprochen. Dennoch waren die Menschen nicht auf das Erscheinen des Messias eingestellt. Die himmlische Welt sah mit Erstaunen, wie gleichgültig das Volk Gottes dahinlebte. Dabei war es von Anfang an Israels wichtigste Aufgabe gewesen, die Botschaft vom Erlöser auszubreiten und für den Kommenden dazusein. Fassungslos sahen die Engel, daß fast niemand auf Erden die Freude des Himmels über die bevorstehende Geburt des Gottessohnes teilte.

Selbst im Tempel, wo das tägliche Morgen- und Abendopfer symbolisch auf den hinwies, der die Sünden der Welt auf sich nehmen würde, traf man keine Vorkehrungen, ihn zu empfangen. Die gottesdienstlichen Vorschriften wurden zwar peinlich genau eingehalten, auch an förmlichen Gebeten und frommen Worten fehlte es nicht, aber die Leute waren nicht mit dem Herzen dabei. Der Priesterschaft lag vor allem an Einfluß, Wohlstand und Ehre. Daher hatte man keine Zeit, sich um die Ankunft des Gottessohnes zu kümmern. Und wenn es schon in der religiösen Führungsschicht

Dieses Kapitel bezieht sich auf Lukas 2,1–20

Israels so aussah, was konnte man dann noch vom Volk erwarten? Kurzum: Als Christus sich anschickte, Mensch zu werden, interessierte das auf Erden kaum jemanden – nicht einmal sein eigenes Volk.

Zu dieser Zeit befahl Kaiser Augustus, daß sich jeder römische Bürger am Stammsitz seiner Sippe in Steuerlisten eintragen sollte. Dem konnten sich auch Maria und Josef aus Nazareth nicht entziehen. Beide waren Nachkommen des Königs David. Deshalb sah sich das Ehepaar genötigt, die beschwerliche Reise nach Bethlehem zu unternehmen, obwohl Maria hochschwanger war. Damit erfüllte sich, was Gott lange zuvor über die Geburt seines Sohnes vorausgesagt hatte: „Und du, Bethlehem Efrata, die du klein bist unter den Städten in Juda, aus dir soll mir der kommen, der in Israel Herr sei, dessen Ausgang von Anfang und von Ewigkeit her gewesen ist.“ [1] So wurde Kaiser Augustus – ohne es zu wissen und zu wollen – zum Werkzeug Gottes und zum Erfüller biblischer Prophetie.

Doch in Bethlehem erkannte und beachtete man Maria und Josef überhaupt nicht. Das Städtchen war infolge der Volkszählung überfüllt; jeder hatte mit sich zu tun. Da in der Herberge kein Platz mehr zu finden war, mußte Josef froh sein, daß man ihnen eine Schlafstelle bei den Tieren zuwies. Dort wurde der Erlöser der Welt geboren.

Die Menschwerdung des Gottessohnes löste in der himmlischen Welt unaussprechliche Freude aus. Gottes Engel sammelten sich auf den Hügeln Bethlehems und warteten auf das Zeichen, der Welt die gute Nachricht von der Geburt Jesu bringen zu dürfen.

Nur die Hirten merkten etwas

Wären die geistlichen Führer Israels nicht anderweitig beschäftigt gewesen, hätten sie teilhaben können an der großen Freude über das Kommen des Erlösers. Nun aber wandte sich Gott an eine Handvoll Hirten, die in der Umgebung Bethlehems ihre Tiere hüteten. Diese einfachen Männer sehnten sich nach dem Erretter und beteten darum, daß er bald erscheine. „Da kam ein Engel des Herrn zu ihnen und die Herrlichkeit des Herrn umstrahlte sie. Sie fürchteten sich

[1] Micha 5,1 LT

sehr, aber der Engel sagte: ‚Habt keine Angst! Ich bringe euch eine gute Nachricht, über die sich ganz Israel freuen wird. Heute wird in der Stadt Davids euer Retter geboren – Christus, der Herr'"! [2]

Als die Hirten das hörten, sahen sie den Messias im Geiste schon als Helden und Sieger. Nicht mehr lange, dann würde er sein Volk von der verhaßten Fremdherrschaft befreien. Aber das war es nicht, was der himmlische Bote ihnen mitzuteilen hatte. Um gefährlichen Illusionen und den damit verbundenen Enttäuschungen vorzubeugen, bereitete der Engel die Hirten darauf vor, daß die Umstände der Geburt des Gottessohnes eher auf Armut und Niedrigkeit hinwiesen, statt auf Macht, Ehre und Reichtum. „Geht hin und seht selbst: Er liegt in Windeln gewickelt in einer Futterkrippe – daran könnt ihr ihn erkennen!" [3]

Nachdem die Hirten die Furcht vor dem Boten Gottes überwunden hatten, vernahmen sie den Lobgesang der Engelchöre: „Alle Ehre gehört Gott im Himmel! Sein Frieden kommt auf die Erde zu den Menschen, weil er sie liebt." [4]

Wenn wir heute nur ein Stück dieses himmlischen Jubels miterleben könnten, würde etwas von der tiefen Freude, die das Kommen des Erlösers begleitete, weiterklingen in unseren Herzen und in dieser Welt.

Nachdem die Engel in die unsichtbare Welt zurückgekehrt waren, brach die Dunkelheit noch stärker über die Hirten herein. Aber bis an ihr Lebensende vergaßen die Männer nicht, was sie in dieser Nacht gesehen und gehört hatten. Als sie allein waren, sprachen sie zueinander: „Kommt, wir gehen nach Bethlehem und sehen uns an, was da geschehen ist und was Gott uns bekanntgemacht hat. Sie brachen sofort auf, gingen hin und fanden Maria und Josef und das Kind in der Futterkrippe." [5] Was sie auf dem Feld erlebt hatten, wollten sie keineswegs für sich behalten. Als sie das Neugeborene sahen, erzählten sie, was sie vom Engel Gottes über das Kind erfahren hatten. Alle, die das hörten, staunten, freuten sich und lobten Gott.

Und was ist mit uns? Wir sind zwar keine Augenzeugen der Geburt Jesu, aber wir dürfen wissen, daß Himmel und Erde heute nicht weiter voneinander entfernt sind als damals. Gottes Engel sind denen, die nach Gottes Willen fra-

---

[2] Lukas 2,8–11 [3] Lukas 2,12 [4] Lukas 2,14 [5] Lukas 2,15.16

gen, genauso nahe wie den Gläubigen vor zweitausend Jahren.

Die Geschichte von Bethlehem ist so tiefgründig, daß sie bis heute nicht voll ausgelotet werden kann. Es ist wahr, was der Apostel Paulus schrieb: „Wie unerschöpflich ist Gottes Reichtum! Wie unergründlich ist seine Weisheit! Wie unerforschlich ist alles, was er tut! Ob er verurteilt oder Gnade erweist – in beidem ist er gleich unbegreiflich.“ [6] Wer könnte auch begreifen, daß Gott die Herrlichkeit des Himmels gegen eine Futterkrippe eintauschte? Worauf könnten wir noch stolz sein, wenn wir an das denken, was Christus für uns getan hat? Dabei war die Menschwerdung Christi erst der Anfang seines beispiellosen „Abstiegs“.

Selbst zu der Zeit, da die ersten Menschen noch ohne Sünde im Paradies lebten, wäre es eine Zumutung für den Schöpfer gewesen, sich auf die Ebene seiner Geschöpfe mit ihren begrenzten Möglichkeiten herabzulassen. In Wahrheit war Gott aber zu viel mehr bereit. Als Jesus geboren wurde, hatte die Menschheit schon eine viertausendjährige Geschichte in Sünde hinter sich. Das hatte zu Belastungen geführt, die von den Eltern auf die Kinder weitergegeben wurden und die von Generation zu Generation anwuchsen. Christus scheute sich nicht, diese Last auf seine Schultern zu nehmen. Er wurde einer von uns und zeigte, daß trotz Not und Versuchung ein Leben mit Gott möglich ist.

Das freilich ließ den Haß Satans noch mehr wachsen. Er haßte Christus, weil es ihm nicht gelungen war, im Himmel Mißtrauen zwischen Gott und seinem Sohn zu säen. Er haßte ihn, weil er ihm die Schuld gab, daß er selbst aus der Gegenwart Gottes verbannt worden war. Und er haßte ihn noch mehr, weil Gottes Sohn gekommen war, ihm die Welt und die Menschen, die er für sich beanspruchte, zu entreißen. In diese Welt der Sünde und des Hasses sandte der Vater seinen Sohn – nicht als siegreichen Herrscher oder starken Engelfürsten, sondern als hilfloses Kind. Wie unsereiner war der Mensch Jesus allen denkbaren Anfechtungen ausgesetzt; wie wir mußte er den Kampf des Lebens führen bis hin zu der furchtbaren Konsequenz, am Ende zu scheitern.

Geht es nicht schon irdischen Vätern so, daß ihnen angst wird beim Gedanken an all die Gefahren, denen ihre Kinder

[6] Römer 11,33

in dieser Welt ausgesetzt sind? Am liebsten möchten wir unsere Kinder abschirmen vor dem Bösen, das wir auf sie zukommen sehen. Sollte es dem himmlischen Vater nicht ähnlich ergangen sein, als er an das dachte, was seinen Sohn erwartete? Dabei war das Wagnis, das er mit der Menschwerdung Christi einging, viel größer, als wir es uns vorstellen können.

Begreifen läßt sich das nicht, wir können es nur staunend annehmen. „Darin ist erschienen die Liebe Gottes unter uns, daß Gott seinen eingeborenen Sohn gesandt hat in die Welt, damit wir durch ihn leben sollen. Darin besteht die Liebe: nicht daß wir Gott geliebt haben, sondern daß er uns geliebt hat und gesandt seinen Sohn zur Versöhnung unserer Sünden.“ [7] Darüber wundere dich, o Himmel, und staune, o Erde!

[7] 1. Johannes 4,9.10 LT

5 | Ein Kind wird Gott geweiht

Etwa vierzig Tage nach der Geburt Jesu gingen Josef und Maria nach Jerusalem, um ihr Kind Gott zu weihen und die vorgeschriebenen Opfer im Tempel darzubringen. Wie es die religiöse Vorschrift verlangte, war der Knabe schon am achten Tag beschnitten worden. Jesus war zwar Gottes Sohn, aber als Mensch war er wie jeder andere an die Gesetze seines Volkes gebunden.

Auch Maria mußte sich genau an die Verordnungen für Wöchnerinnen halten. Als Mutter eines Sohnes war sie verpflichtet, im Tempel zweierlei Opfer darzubringen, um danach wieder am Gottesdienst teilnehmen zu dürfen. Zum einen mußte ein einjähriges Lamm auf dem Altar verbrannt werden, zum andern war eine Taube als Sündopfer zu schlachten.[1] Selbstverständlich hatten die Tiere gesund und ohne Gebrechen zu sein, da sie ein Hinweis waren auf Christus, das „unschuldige und unbefleckte Lamm".[2] Geistig und körperlich war Christus ein Beispiel dafür, was der Mensch nach Gottes Willen sein könnte, wenn er seinen Geboten gehorchte.

Die Sitte, den Erstgeborenen im Tempel Gott zu weihen, stammte aus uralter Zeit. Als die Menschen in Sünde geraten waren, hatte Gott verheißen, den Erstgeborenen des Himmels hinzugeben, um sie zu retten. Immer wenn eine Mutter ihren erstgeborenen Sohn im Tempel darstellte, war das eine symbolische Handlung, die auf den Messias und seinen priesterlichen Dienst hinwies – ob das nun den Leuten bewußt war oder nicht.

Welch ein Augenblick muß das gewesen sein, als Maria und Josef ihren Sohn Jesus, auf den all diese religiösen Zeremonien hinwiesen, in das Gotteshaus brachten! Der amtierende Priester jedoch nahm davon nichts wahr. Für ihn war diese Weihe nichts anderes als eine Amtshandlung, wie er sie fast täglich vollzog, wenn Eltern ihre Neugeborenen in den

---

Dieses Kapitel bezieht sich auf Lukas 2,21–38 [1] 3. Mose 12,1–8 LT
[2] 1. Petrus 1,19 LT

Tempel brachten. Nur wenn es sich um wohlhabende oder einflußreiche Leute handelte, fiel dieser Dienst schon einmal aus dem Rahmen heraus. Auf die Darbringung Jesu aber traf das nicht zu, da man seinen Eltern schon von weitem ansah, daß sie den unteren Volksschichten in Israel angehörten. Nicht einmal ein Opferlamm konnten sie geben, sondern mußten sich mit zwei Tauben begnügen – der Notlösung für Arme.

Wie gewohnt nahm der Priester das Kind auf die Arme und hob es vor dem Altar in die Höhe. Danach reichte er es der Mutter und schrieb den Namen „Jesus" in eine Schriftrolle. Er ahnte nicht, daß dieses Kind der Herr des Himmels war, der sich aufgemacht hatte, um alle zu retten, die zu ihm gehören wollten. Der Priester sah nur einen Säugling und merkte nicht, daß der Sohn Davids, der verheißene Erlöser, zu ihm gebracht worden war.

Einer hat ihn erkannt

Sollte das erste Kommen des Messias zu seinem Tempel völlig unbeachtet bleiben? War da keiner, der die Bedeutung dieser Stunde erfaßte? Doch, es gab einen: „Siehe, ein Mann war in Jerusalem, mit Namen Simeon; und dieser Mann war fromm und gottesfürchtig und wartete auf den Trost Israels, und der heilige Geist war mit ihm. Und ihm war ein Wort zuteil geworden von dem heiligen Geist, er solle den Tod nicht sehen, er habe denn zuvor den Christus des Herrn gesehen." [3]

Als dieser Mann in jener Stunde den Tempel betrat, wußte er: Das ist der Messias! Die Zeit des Wartens ist zu Ende! Von Freude überwältigt, nahm er das Kind auf die Arme, streckte es dem Himmel entgegen und rief: „Herr, nun kann ich in Frieden sterben; denn du hast dein Versprechen eingelöst! Mit eigenen Augen habe ich es gesehen: Du hast dein rettendes Werk begonnen, und alle Welt wird es erfahren. Allen Völkern sendest du das Licht, und dein Volk Israel bringst du zu Ehren." [4] Und indem er Maria segnete, sprach er: „Dieses Kind ist von Gott dazu bestimmt, viele in Israel zu Fall zu bringen und viele aufzurichten. Es wird ein Zeichen Gottes sein, gegen das sich viele auflehnen und so ihre innersten

[3] Lukas 2,25.26 LT [4] Lukas 2,29–32

Gedanken verraten werden. Dich aber wird der Kummer um dein Kind wie ein scharfes Schwert durchbohren." [5]

Und noch jemand hatte die Bedeutung dieser Stunde erkannt. Vom Heiligen Geist gedrängt, kam die betagte Prophetin Hanna in den Tempel. Als sie Simeon reden hörte und das Kind auf seinen Armen sah, strahlte ihr Gesicht vor Freude, und sie dankte Gott mit bewegten Worten für die Gnade, den verheißenen Erlöser sehen zu dürfen.

Diese beiden frommen Menschen hatten nicht vergeblich in den heiligen Schriften geforscht und sich nach der Ankunft des Messias gesehnt. Als es endlich soweit war, hatte Gott ihnen die Augen geöffnet, damit sie erkennen konnten, worauf sie jahrelang im Glauben gehofft hatten. Die geistlichen Führer Israels dagegen, die ebenfalls mit den heiligen Schriften umgingen, begriffen nichts von alledem. Weil sie nicht bereit waren, Gottes Wege zu gehen, blieben ihre Augen verschlossen.

Heute ist es nicht anders. Da bahnen sich Entwicklungen an, die in der himmlischen Welt mit großer Aufmerksamkeit verfolgt werden, aber ein Großteil der Christenheit und ihre geistlichen Führer nehmen davon nichts wahr. Sie begnügen sich mit einem Glauben, der zwar den historischen Christus gelten läßt, aber dem lebendigen Herrn, der sich in seinem Wort und im leidenden Mitmenschen offenbart, gehen sie aus dem Weg. Wenn es um Gehorsam und Selbstverleugnung geht, sind heute viele ebenso taub und blind wie die Menschen damals.

Maria aber bewegte alles, was sie an diesem Tag im Tempel erlebte, in ihrem Herzen. Immer wieder hatte sie beim Anblick ihres Sohnes an das denken müssen, was die Hirten von Bethlehem gesagt hatten. Nun riefen ihr die Worte Simeons die Prophezeiung Jesajas ins Gedächtnis: „Das Volk, das im Finstern wandelt, sieht ein großes Licht, und über denen, die da wohnen im finstern Lande, scheint es hell ... Denn uns ist ein Kind geboren, ein Sohn ist uns gegeben, und die Herrschaft ruht auf seiner Schulter; und er heißt Wunder-Rat, Gott-Held. Ewig-Vater, Friede-Fürst; auf daß seine Herrschaft groß werde und des Friedens kein Ende auf dem Thron Davids ..." [6]

---

[5] Lukas 2,29–35 [6] Jesaja 9,1.5.6 LT

Falsche Vorstellungen – falsche Schlüsse

Simeon hatte angekündigt, daß Christus *für alle Völker* das Licht der Erlösung entfachen und Israel zu Ehren bringen werde. In diesem Sinne hatten auch die Engel bei Bethlehem die Geburt Jesu als Freudenbotschaft *für alle Welt* bezeichnet. Damit sollte ein für allemal klargestellt werden, daß der Messias nicht gekommen war, um Israel von der römischen Fremdherrschaft zu befreien, sondern die Menschen von der Knechtschaft der Sünde zu erlösen. Das freilich begriff damals kaum jemand, nicht einmal die Mutter Jesu. Sie sah ihren Sohn schon auf dem Thron seines Vorfahren David und hätte nicht im entferntesten daran gedacht, daß der Weg zur Herrlichkeit durch bitteres Leid und tiefe Erniedrigung führen würde. Das aber sah der greise Simeon mit prophetischem Auge, als er zu Maria sagte: „Dich aber wird der Kummer um dein Kind wie ein scharfes Schwert durchbohren." Und noch in anderer Hinsicht hatte dieser alte Mann im Tempel eine bemerkenswerte Schau, die nicht in die damalige Vorstellung vom Messias paßte. Er sagte, daß Christus dazu bestimmt sei, „viele in Israel zu Fall zu bringen und viele aufzurichten". Damit wies er hin auf etwas, was den Menschen zu allen Zeiten nicht gefallen hat. Sie hätten es gern gesehen, wenn der Weg des Messias und derer, die zu ihm gehören, geradlinig nach oben gegangen wäre. Sieg ist gefragt, nicht Niederlage. Aber so, wie Christus sich erniedrigen mußte, um seine Aufgabe zu erfüllen, haben sich auch seine Nachfolger damit abzufinden, daß ihr Weg durch Nacht zum Licht führt. Wir alle müssen erst auf den Fels unseres Heils fallen und zerschellen, ehe wir mit Christus erhöht werden können. Das Ich muß entthront und unser stolzes Herz zerbrochen werden, damit in uns Raum wird für die Herrlichkeit des Reiches Gottes. Davon wollten die meisten Zeitgenossen Jesu nichts wissen. Deshalb widersprachen sie ihm und lehnten sich gegen ihn auf.

Und noch etwas an den Worten Simeons ist von Bedeutung: „... und so ihre innersten Gedanken verraten werden". Im Lichte des Lebens Jesu werden nicht nur die Gedanken der Menschen offenbar, sondern auch die Gedanken Gottes und seines Widersachers. Satan hatte Gott als selbstsüchtigen und machtgierigen Gewaltherrscher hingestellt, der seine Geschöpfe mit unerfüllbaren Forderungen überhäuft, ohne ihnen dafür etwas zu geben. Als der Gottessohn Mensch wurde, konnte alle Welt sehen, wie Gott wirklich ist: mitfühlend, barmherzig, opferbereit bis zur Selbstaufgabe. Es ist wahr, daß Gott nichts so sehr verabscheut wie die Sünde; wahr ist aber auch, daß ihm nichts mehr am Herzen liegt als die Rettung der Sünder. Und wir dürfen sicher sein, daß er nicht eher ruht, als bis jeder gerettet ist, der sich retten lassen will. Deshalb hat Gott seinen Sohn mit unbegrenzter Vollmacht ausgestattet, damit er den Menschen auf Erden glaubhaft machen konnte, daß keiner sie so liebt wie der Vater im Himmel. Und weil das so ist, können wir wahres Glück für unser Leben nur gewinnen, wenn wir Gottes Liebe erwidern.

Jeder muß selbst entscheiden

Auf Golgatha wurden Liebe wie auch Haß offenbar. Aus Liebe zu uns nahm Jesus den Tod am Kreuz auf sich; Satan trieb es in seinem Haß gegen Gott so weit, daß der Gottessohn ans Schandholz genagelt wurde. Indem er Christus umbringen ließ, wollte er den treffen oder gar vernichten, der seine Liebe für alle Welt sichtbar in seinem Sohn offenbart hatte.

Durch Christi Leben und Sterben werden aber auch die Gedanken der Menschen enthüllt. Von der Krippe bis zum Kreuz war Jesu Leben eine beständige Aufforderung zur Hingabe an Gott und zur Bereitschaft, auch Leid auf sich zu nehmen. Menschen, die ein Ohr für die Stimme des Heiligen Geistes haben, fühlen sich zu Christus hingezogen. Wer aber nur sich selbst sieht, erliegt den Einflüsterungen Satans. An Jesus Christus schieden sich die Geister. Und so wie es damals war, ist es auch heute. Was aus uns wird, hängt davon ab, ob wir uns für oder gegen Christus entscheiden. Und diese Entscheidung muß jeder für sich treffen.

Wenn Christus wiederkommt und Gericht hält, werden die unbußfertigen Sünder genau wissen, warum und wann sie die falsche Entscheidung getroffen haben. Dann ist die Zeit der Ausflüchte und Entschuldigungen vorbei. Niemand wird es mehr wagen, Gott für das Böse in der Welt verantwortlich zu machen. Gerettete wie Verlorene werden bekennen: „Gerecht und wahrhaftig sind deine Wege, du König der Völker. Wer sollte dich, Herr, nicht fürchten und deinen Namen nicht preisen? Ja, alle Völker werden kommen und anbeten vor dir, denn deine gerechten Gerichte sind offenbar geworden." [7]

[7] Offenbarung 15,3.4 LT

6 Wir haben seinen Stern gesehen ...

„Als Jesus geboren war in Bethlehem in Judäa zur Zeit des Königs Herodes, siehe, da kamen Weise aus dem Morgenland nach Jerusalem und sprachen: Wo ist der neugeborene König der Juden? Wir haben seinen Stern gesehen im Morgenland und sind gekommen, ihn anzubeten.“ [1]

Diese Weisen gehörten zu einer Schicht philosophisch, medizinisch und naturwissenschaftlich gebildeter Männer aus dem Osten[2], die auf Grund ihres umfassenden Wissens und ihrer Rechtschaffenheit hohes Ansehen genossen. Um in die Geheimnisse der Schöpfung einzudringen, beobachteten sie die Sterne und forschten in den heiligen Schriften anderer Völker. Als sie in der Nacht, da Jesus in Bethlehem geboren wurde, ein geheimnisvolles Leuchten am Himmel sahen, suchten sie eine Erklärung. Dabei stießen sie auf prophetische Texte der Hebräer und uralte Prophezeiungen in ihrem eigenen Land, die das Kommen eines gottgesandten Lehrers ankündigten. So waren beispielsweise die Weissagungen des mesopotamischen Propheten Bileam von Jahrhundert zu Jahrhundert überliefert worden. Außerdem hatten die Weisen in den heiligen Schriften des Alten Testamentes zahlreiche Belege dafür gefunden, daß die Ankunft des Erlösers der Welt unmittelbar bevorstehen müsse. Sollte dieser merkwürdige Stern etwa die Erfüllung jenes Prophetenwortes sein: „Es wird ein Stern aus Jakob aufgehen und ein Zepter aus Israel aufkommen ...“? [3]

Reise durch die Nacht

Die Weisen waren offen für das Licht vom Himmel, deshalb konnte ihnen Gott durch Träume und innere Eingebungen die Gewißheit vermitteln, daß es ihre Aufgabe sei, den neugeborenen König zu ehren. Mit kostbaren Geschenken, die eines Herrschers würdig waren, machten sich die Männer

---

Dieses Kapitel bezieht sich auf Matthäus 6 [1] Matthäus 2,19 LT
[2] Vermutlich aus Persien [3] 4. Mose 24,17 LT

auf den beschwerlichen Weg. Um sich nach dem geheimnisvollen Stern richten zu können, mußten sie vorwiegend bei Nacht reisen. Je mehr sie über die Bedeutung der prophetischen Texte, die das Kommen des Messias ankündigten, nachdachten, desto gewisser wurden sie sich der göttlichen Führung. So gesellte sich zu dem Stern als äußerem Zeichen das Zeugnis des Heiligen Geistes. Das ließ sie alle Beschwernisse der langen Reise vergessen.

Als sie endlich nach Judäa kamen und Jerusalem vor sich liegen sahen, schien es ihnen, als bliebe der Stern genau über dem Tempel stehen. Kurz darauf entschwand er ihren Blikken. Unverzüglich begaben sie sich in die Stadt, um Näheres über die Geburt des zukünftigen Königs der Juden zu erfahren. Dabei waren sie der Annahme, daß solch ein Ereignis Tagesgespräch in Jerusalem sein müßte. Aber da irrten sie sich. Als sie entsprechende Erkundigungen einzogen, stießen sie vielmehr auf Überraschung, Unverständnis, Angst oder Verachtung. Von Freude war nichts zu spüren. Auf ihre Fragen an die hohe Geistlichkeit ernteten sie nur Mißtrauen und Ablehnung. Die Schriftgelehrten und Priester wollten sich nicht mit ihnen einlassen, denn sie betrachteten alle, die nicht zum auserwählten Volk Gottes gehörten, als Heiden und Götzendiener.

Einer wird hellhörig

Natürlich dauerte es nicht lange, da waren diese Ausländer, die so merkwürdige Fragen stellten, in Jerusalem stadtbekannt. Das konnte auch im Palast von König Herodes nicht überhört werden. Der verschlagene, skrupellose Edomiter lebte in ständiger Furcht, es könnte einer kommen, der ihm den Thron streitig macht. Zwar hatte er alle denkbaren Rivalen längst aus dem Weg räumen lassen, aber man konnte ja nie wissen. Weil er einem fremden Volksstamm angehörte und zur Sicherung seiner Macht vor keiner Schandtat zurückschreckte, war er seinen Untertanen zutiefst verhaßt. Sie hätten seiner Herrschaft längst ein Ende gemacht, wenn Rom ihn nicht gehalten hätte.

Als Herodes von der Ankunft der Fremden und von ihren Nachforschungen hörte, wurde er mißtrauisch. Er witterte eine Verschwörung der Priesterschaft mit ausländischen Mächten und fürchtete um seinen Thron. Dem aber begegnete er diesmal nicht mit Gewalt, sondern mit List. Er ließ die Hohenpriester und Schriftgelehrten zu sich kommen, um sie in Sachen Messias auszuhorchen. Religiöses Interesse vortäuschend, befragte er sie, was in den heiligen Schriften über den Geburtsort des Erlösers stünde. Die Antwort der Gelehrten lautete: „Und du, Bethlehem im jüdischen Lande, bist keineswegs die kleinste unter den Städten in Juda; denn aus dir wird kommen der Fürst, der mein Volk Israel weiden soll." [4]

Nachdem Herodes erfahren hatte, was er wissen wollte, lud er auch die Weisen zu einer geheimen Unterredung zu sich. Von ihnen hoffte er weitere Einzelheiten zu erfahren, vor allem über jenen seltsamen Stern, der sie nach Jerusalem geführt hatte. Obwohl Herodes innerlich voller Mißtrauen und Wut war, täuschte er seinen Besuchern Anteilnahme und Freude über die Geburt des Messias vor. Schließlich entließ er die Männer mit den Worten: „Zieht hin und forscht fleißig nach dem Kindlein; und wenn ihr's findet, so sagt mir's wieder, daß auch ich komme und es anbete." [5]

Was die jüdischen Priester und Schriftgelehrten zu Jerusalem betrifft, so sieht es auf den ersten Blick aus, als hätten sie nichts von der Geburt Jesu gewußt. Aber dieser Eindruck täuscht. Die Nachricht von dem Besuch der Engel bei den Hirten von Bethlehem war auch nach Jerusalem gedrungen, nur hatte die Geistlichkeit das nicht ernst genommen. Es wäre ja auch undenkbar, daß Gott sie, die Gelehrten und Frommen, übergangen und die Geburtsanzeige seines Sohnes ausgerechnet nur einigen unwissenden Hirten geschickt haben sollte. Als dann die Fremden auftauchten und nach dem neugeborenen König fragten, dessen Stern sie gesehen haben wollten, war das der Priesterschaft höchst peinlich. Den Hirten und den Weisen zu glauben wäre dem Eingeständnis gleichgekommen, daß sich Gott an ihnen vorbei den falschen Leuten offenbart hatte. Das konnte und durfte nicht sein. Deshalb unternahmen sie nichts, was den Anschein erwecken konnte, sie würden der ganzen Sache irgendwelche Bedeutung beimessen. Das Volk beschwichtigten sie damit, daß sie die Nachricht von der angeblichen Geburt eines neuen Königs als leeres Gerede überspannter Schwärmer hinstellten. Im Grunde genommen begann schon hier die Zurückweisung Christi – und nicht erst, als sich die Priester

---

[4] Micha 5,1 LT [5] Matthäus 2,8 LT

und Schriftgelehrten bewußt und ausdrücklich gegen Jesus wandten.

Ein König ohne Leibwache?

Als die Weisen Jerusalem verließen, waren sie enttäuscht. Es war ihnen unverständlich, wie gleichgültig den Menschen die Geburt des Messias war, derentwegen sie die Gefahren einer so langen Reise auf sich genommen hatten. Aber ihre Niedergeschlagenheit war wie weggeblasen, als sie den Stern wieder sahen, der sie geradewegs nach Bethlehem führte.

Dort angekommen, wurde ihr Glaube erneut auf die Probe gestellt. Im Gegensatz zu den Hirten waren die Weisen nicht auf die armseligen Umstände der Geburt Jesu vorbereitet. Keine Leibwache, die den Königssohn vor Zudringlichkeiten oder Übergriffen schützte; keine einflußreichen Leute, die dem Kind ihre Aufwartung machten; kein Palast, in dem der zukünftige König von Luxus umgeben wäre. Was sie sahen, war alles andere als königlich: einen Säugling, der in der Futterkrippe eines Stalles lag. Sollte dieser Knabe eines Tages Israel erlösen? Traf auf ihn zu, daß er „zum Licht der Heiden gemacht" war und Gottes „Heil bis an die Enden der Erde" bringen werde? [6]

All das sahen die weisen Männer wohl, aber diese Äußerlichkeiten schienen für sie bedeutungslos zu sein; denn „sie gingen in das Haus und fanden das Kindlein mit Maria, seiner Mutter, und fielen nieder und beteten es an und taten ihre Schätze auf und schenkten ihm Gold, Weihrauch und Myrrhe." [7] Welch ein Glaube! Und das bei Heiden, denen ein frommer Jude nicht über den Weg traute.

Gott warnt

Geistliche Einsicht bedeutet noch nicht, auch die weltlichen Dinge durchschauen zu können. Jedenfalls traf das auf die Weisen zu. Trotz des Gesprächs mit Herodes hatten sie dessen wahres Wesen nicht erkannt. Deshalb befahl ihnen Gott im Traum, nicht wieder nach Jerusalem zu gehen, wo sie über den Erfolg ihrer Reise berichten sollten, sondern auf einem anderen Weg in die Heimat zurückzukehren.

---

[6] Jesaja 49,8 LT [7] Matthäus 2,11 LT

Auch Josef wurde gewarnt vor der Gefahr, die dem Kind drohte. Ohne zu zögern machte er sich mit seiner Familie auf den Weg und floh nach Ägypten, wo er außer Reichweite des Herodes war.

Wiewohl die meisten Leute in Jerusalem bald wieder zur Tagesordnung übergingen, gab es doch auch Menschen, die durch die Nachforschungen der Weisen und das Verhalten des Herodes auf die Geburt Jesu aufmerksam geworden waren. Nun begannen auch sie zu fragen, was das wohl zu bedeuten habe.

Satan gefiel das nicht. Er wollte nicht, daß der Gottessohn auf dieser Erde das Licht des Glaubens und der Hoffnung anzündete. Deshalb setzte er alles daran, Jesus mit Gewalt aus der Welt zu schaffen. Aber das gelang ihm nicht, weil Gott seine Hand über dem Kind und seinen Eltern hatte. Noch ehe die Gefahr akut wurde, hatte Gott dafür gesorgt, daß sie gebannt werden konnte. Durch die wertvollen Geschenke der Weisen war Josef in der Lage, so lange im Ausland zu bleiben, bis Gott die Familie in die Heimat zurückrief.

Kindermord in Bethlehem

Als Herodes merkte, daß die Weisen nicht nach Jerusalem zurückkehrten, ließ er die fromme Maske fallen. Er fühlte sich durchschaut und vermutete, daß die Priesterschaft mit den Fremden unter einer Decke steckte. In maßloser Wut versuchte er nun durch brutale Gewalt zu erreichen, was ihm durch Hinterlist nicht gelungen war. Unverzüglich setzte er Soldaten nach Bethlehem in Marsch, die den schrecklichen Befehl hatten, alle Kinder im Alter bis zu zwei Jahren umzubringen. Was dort geschah, hatte Jeremia 600 Jahre zuvor in prophetischer Schau vorausgesagt: „In Rama hört man Klagerufe und bitteres Weinen: Rahel weint um ihre Kinder und will sich nicht trösten lassen; man hat sie ihr alle weggenommen.“ [8]

Das Schlimme daran war, daß dieses Verbrechen nicht nur machtpolitische, sondern auch religiöse Ursachen hatte. Die Schriftgelehrten hatten Gottes Wort nicht so ausgelegt, wie Gott es verstanden wissen wollte, sondern die Prophezeiungen über den Messias vorwiegend politisch gedeutet. Deshalb er-

---

[8] Matthäus 2,18 LT

warteten damals fast alle einen irdischen Herrscher, der die weltlichen Machthaber entthronen und Israel zum bedeutendsten Volk auf Erden machen würde. Vermutlich spielten solche Überlegungen auch eine Rolle, als Herodes den Befehl zum Kindermord in Bethlehem gab. Er wollte ganz sicher sein, daß ihm niemand den Thron Davids streitig machen konnte – nicht einmal der Messias. Indem er um seine Macht kämpfte, machte er sich gleichzeitig zum Handlanger Satans, der den Gottessohn aus der Welt schaffen wollte, noch bevor der seine Aufgabe überhaupt in Angriff nehmen konnte.

Nicht lange nach dieser Untat starb Herodes unter schrecklichen Qualen. Auf Geheiß eines Engels kehrte Josef mit seiner Familie aus Ägypten zurück. Er meinte, daß Jesus der Erbe des Thrones Davids sei, und wollte sich deshalb in Bethlehem niederlassen. Als er aber erfuhr, daß der Sohn des Herodes, der seinem Vater an Grausamkeit kaum nachstand, über Judäa regierte, fürchtete Josef für das Leben Jesu und wich auf Geheiß eines Engels nach Nazareth in Galiläa aus. Dort lebte Jesus fast dreißig Jahre. Galiläa stand unter der Herrschaft eines anderen Herodessohnes. Da der nichtjüdische Anteil der Bevölkerung viel größer war als in Judäa, hatte man gelernt, mit unterschiedlichen religiösen Vorstellungen zu leben. Das wirkte sich für Jesus insofern günstig aus, als er mit seiner Sendung nicht von vornherein den Argwohn der Herrschenden erregte.

All diese Ereignisse zeigen, daß Gott den irdischen Lebensweg und den Auftrag seines Sohnes dadurch absicherte, daß er immer wieder Engel unmittelbar in das Geschehen eingreifen ließ.

7 Jesu Kindheit und Jugend

Den Machtzentren der damaligen Zeit und den Palästen der Gewaltigen hätte es zur Ehre gereicht, den Erlöser der Welt in ihren Mauern zu beherbergen. Aber daran lag dem Gottessohn nichts. Vielmehr verbrachte Jesus seine Kindheit und Jugend in dem galiläischen Gebirgsort Nazareth. Über diese Zeit wissen wir nicht viel. Der Evangelist Lukas faßte das erste Lebensjahrzehnt Jesu in wenigen Sätzen zusammen: „Das Kind wuchs heran und wurde kräftig. Es hatte ein ungewöhnliches Verständnis für den Willen Gottes, und man sah, daß Gott es liebte ... Jesus nahm weiter zu an Jahren wie an Verständnis, und Gott und die Menschen hatten ihre Freude an ihm.“ [1]

Jesus hatte einen wachen Geist und war von rascher Auffassungsgabe. Seine Besonnenheit und Einsicht gingen weit über das hinaus, was man von Kindern seines Alters erwarten konnte. Er war aufrichtig, höflich, selbstlos und wahrheitsliebend. Ansonsten entwickelte er sich körperlich und geistig wie jedes andere Kind.

Maria beobachtete aufmerksam, wie sich die Gaben und Fähigkeiten Jesu entwickelten. Wo immer sie konnte, förderte sie ihren Sohn, von dem sie wußte, daß er zugleich Gottes Sohn war. Und der Heilige Geist gab ihr dazu das nötige Einfühlungsvermögen.

Seit jeher wurde in Israel großer Wert auf eine gute Erziehung gelegt. Man machte die Kinder vertraut mit der Geschichte Israels und dem Gesetz Gottes. Aber mit der Zeit überwucherten Überlieferungen und Traditionen die Aussagen der heiligen Schriften. Die Köpfe der Schüler wurden mit Wissen vollgestopft, das ihnen im Blick auf ihr Leben und ihren Glauben wenig nützte. Nebensächlichkeiten wurden hochgespielt und verdrängten nur allzu oft das wirklich Wichtige. Vor lauter Geschäftigkeit fanden die Schüler kaum noch Zeit zur Stille. Wenn der Mensch aber nicht mehr still werden kann vor Gott, hört er auch nicht die Stimme des

---

Dieses Kapitel bezieht sich auf Lukas 2,39.40 [1] Lukas 2,40.52

Herrn in seinem Herzen. Was damals von den Rabbinern als höchste Form der Bildung angesehen wurde, hinderte in Wirklichkeit viele Kinder in ihrer normalen Entwicklung. Diese Art der Erziehung machte die jungen Menschen träge und einseitig im Denken.

Maria und Josef schickten ihren Sohn nicht in eine der Rabbiner-Schulen. Sie kümmerten sich selbst um seine Erziehung. In Glaubensdingen war die Mutter seine erste Lehrerin. Sie erzählte ihm die Geschichten aus den heiligen Schriften und lehrte ihn, Gottes Wort selber zu lesen. Später zeigte sich an Jesu Kenntnis des Wortes Gottes, wie sorgfältig und umfassend seine Erziehung gewesen sein muß. Gott sorgte dafür, daß sein Sohn die Ausbildung erhielt, die er zur Erfüllung seiner Aufgabe brauchte.

Das Lehrbuch der Schöpfung

Ein Lehrbuch besonderer Art war für Jesus die Natur. Er, der Erbauer der Welt, lernte nun als Mensch selbst die „Lektionen", die er in die Schöpfung hineingelegt hatte. Die von ihm später erzählten Gleichnisse zeigen, wie gründlich er sich mit der Natur befaßt haben muß. Immer wieder zog er Vorgänge aus der Tier- und Pflanzenwelt heran, um ethische und geistliche Sachverhalte zu veranschaulichen. Das kann nur einer, der genau hingeschaut und Zusammenhänge erkannt hat. Indem der Knabe die Bedeutung der Dinge erfassen lernte, entfaltete sich ihm das Wesen des Wortes und der Werke Gottes. Kein Wunder, daß sein Wissen ständig zunahm und er immer tiefer in die Wahrheit eindrang.

Ähnliches kann jeder junge Mensch erfahren, dem an der Verbindung zu Gott gelegen ist. Wer den himmlischen Vater besser kennenlernen möchte, darf mit der Hilfe der Engel Gottes rechnen. Wer sich mit Gott und seinem Wort beschäftigt, wird von der göttlichen Welt her geprägt. Die Begegnung mit dem Ewigen wirkt in alle Bereiche unseres Lebens hinein. Sie macht uns dem Schöpfer ähnlich und schenkt die geistige und geistliche Kraft, das zu tun, was Gott von uns erwartet.

Jesus lebte in Übereinstimmung mit seinem himmlischen Vater. Schon als Kind ließ er sich nicht dazu verleiten, gegen den Willen Gottes zu handeln. An Versuchungen hat es wahrlich nicht gefehlt, zumal in einer Gegend, die damals in

Israel keinen guten Ruf hatte.[2] Weil auch Jesus vor der Sünde auf der Hut sein mußte und sich ständig neu für den Gehorsam gegenüber Gott zu entscheiden hatte, kann er uns allen ein Vorbild sein. Gegen das, was uns zu schaffen macht, hat auch er angehen müssen, und die Kämpfe, denen wir ausgesetzt sind, waren auch ihm nicht unbekannt. Das sollte uns Mut machen.

Freude an der Arbeit

Jesu Eltern waren arm und auf den Ertrag ihrer Hände Arbeit angewiesen. So wußte bald auch Jesus, was Armut, Selbstverleugnung und Entbehrung bedeuten. Es war schon merkwürdig, daß der Herrscher des Himmels einen handwerklichen Beruf erlernte und gemeinsam mit seinem Vater Josef als Zimmermann arbeitete. Wie Christus in allem danach strebte, sein Bestes zu geben, so war es auch bei der Arbeit. Sein Beispiel zeigt, daß es nicht entscheidend ist, welche Arbeit man verrichtet, sondern daß man seine Aufgaben ernst nimmt und sie so gut wie möglich erfüllt. Arbeit soll für den Menschen nicht Last, sondern Segen sein; sie soll das Leben bereichern. Das wird freilich nur erfahren, wer die richtige Einstellung zur Arbeit hat. Das gelingt um so besser, je früher junge Menschen lernen, ihren Teil an den täglichen Pflichten in der Familie zu übernehmen.

Für Jesus war es selbstverständlich, mit ungeteilter Aufmerksamkeit und ganzer Kraft die Aufgaben anzupacken, die ihm übertragen wurden. Zu Beginn seiner öffentlichen Wirksamkeit prägte er einen Grundsatz, an den er sich schon in jungen Jahren gehalten hat: „Solange es Tag ist, muß ich die Taten vollbringen, für die Gott mich gesandt hat. Es kommt eine Nacht, in der niemand mehr wirken kann.“ [3]

Jesus scheute sich nicht, Verantwortung zu übernehmen und die Sorgen und Mühen anderer zu teilen. Nachfolge Jesu heißt deshalb, sich auch in dieser Hinsicht nach ihm zu richten. Manche Menschen verfügen über hervorragende Gaben und Fähigkeiten, bewirken aber damit doch nichts, weil es ihnen an Tatkraft, Zuverlässigkeit, Disziplin und Ausdauer fehlt. Wie sich Jesus bei allem, was er tat, auf die Gnade des

---

[2] Johannes 1,46 [3] Johannes 9,4

himmlischen Vaters verlassen konnte, so ist es auch bei uns. Wir haben Zugang zu derselben Quelle und dürfen daraus schöpfen so wie er.

Weil Christus das Los der Armen teilte und ihre Sorgen aus eigener Erfahrung kannte, konnte er viele trösten und ermutigen. Er wußte, daß es bei Gott kein Ansehen der Person gibt. Vor Gott sind alle gleich, sie seien nun arm oder reich.

Lob und Anbetung

Freude und Dank brachte Jesus durch Lieder und Psalmen zum Ausdruck. Indem er Gott auf diese Weise pries, pflegte er mitten im Alltagsgeschehen die Verbindung zu seinem himmlischen Vater. Sein Lobpreis ermunterte auch andere und vertrieb Unmut, Furcht und Gleichgültigkeit, denn die Menschen sahen sich in die Nähe Gottes gestellt.

Wer mit Jesus in Berührung kam, fühlte sich auf geheimnisvolle Weise von ihm angezogen. Irgendwie wurden die Leute glücklicher durch die Begegnung mit ihm. Selbst Tiere fühlten sich in seiner Nähe wohl, weil er es gut mit ihnen meinte. So wuchs der Junge heran und nahm zu an Gnade bei Gott und den Menschen. Wenn er manchmal am Sabbat in der Synagoge den vorgeschriebenen Abschnitt aus den heiligen Schriften las, fühlten sich die Menschen angerührt und sahen die uralten Texte in einem völlig neuen Licht. Plötzlich verstanden sie, was Gott ihnen sagen wollte. Dabei bediente sich Jesus keiner übernatürlichen Kräfte. Er wollte sich nicht in den Vordergrund schieben oder gar Aufsehen erregen.

Jesu stille, einfache und natürliche Lebensart birgt eine unschätzbare Lehre in sich. Wenn sich das Leben eines Kindes in Geborgenheit und im Einklang mit der Natur vollzieht, bleibt das nicht ohne positive Wirkung auf seine körperliche, geistige und geistliche Entwicklung. Von Jesus können wir lernen, daß die Beziehung zu Gott und die Qualität des Lebens nicht von Äußerlichkeiten abhängen, sondern von der inneren Einstellung. Jesus verstand sein Wirken stets als Dienst für Gott, ob er nun seinem Handwerk nachging oder später vor einer unüberschaubaren Menschenmenge predigte und Wunder vollbrachte.

Wer sein Leben und seine Aufgaben so wie Christus sieht, darf das Zeugnis, das der himmlische Vater seinem Sohn ausstellte, auch für sich in Anspruch nehmen: „Hier steht mein Beauftragter, hinter dem ich stehe. Ihn habe ich erwählt, ihm gilt meine Liebe, ihm habe ich meinen Geist gegeben ...“ [4]

[4] Jesaja 42,1

8 Passa in Jerusalem

Bei den Juden galt das zwölfte Lebensjahr als Übergang von der Kindheit zur Jugend. Der hebräische Knabe wurde in diesem Alter ein „Sohn des Gesetzes" oder ein „Sohn Gottes" genannt. Als Jesus zwölf Jahre alt war, nahmen ihn seine Eltern zum Passafest mit nach Jerusalem. Zu der mehrtägigen Reise in die Hauptstadt fanden sich meist größere Pilgergruppen zusammen. Das sorgte nicht nur für Abwechslung, sondern bot auch Schutz und Sicherheit. Frauen und ältere Leute unternahmen die beschwerliche Reise, indem sie auf Ochse oder Esel ritten, alle anderen gingen zu Fuß. Da das Passafest in die Frühlingszeit fiel, wo das Land ringsumher grünte und blühte, waren die Pilger meist in froher Stimmung. Es wurde viel gesungen. Wenn die Reisegruppe an historischer Stätte vorbeikam, erzählten die Eltern ihren Kindern, wie wunderbar Gott sein Volk in der Vergangenheit geführt hatte.

Zur Zeit Jesu gab es das Passafest bereits seit fast anderthalb Jahrtausenden. Es geht auf die Zeit zurück, als die Hebräer Ägypten verließen.[1] In der Nacht vor ihrem Auszug fanden sich die israelitischen Familien auf Geheiß Gottes zu einem feierlichen Mahl zusammen. Ein Lamm wurde geschlachtet und das gebratene Fleisch mit ungesäuertem Brot und bitteren Kräutern gegessen. Etwas von dem Blut des Tieres mußten die Israeliten an die Türpfosten ihres Hauses streichen. Gott, der in jener Nacht alle Erstgeburt der Ägypter schlug, wertete dieses Blut als Zeichen dafür, daß hier Israeliten wohnten, die verschont bleiben sollten.

Im Gedenken an die Befreiung Israels aus der Sklaverei Ägyptens feierten die Juden seitdem alljährlich das Passafest. So wurde die Erinnerung an das, was Gott für sein Volk getan hatte, von Generation zu Generation weitergegeben und im Gedächtnis des Volkes wachgehalten.

Aber all die religiösen Handlungen, die mit Passa und dem sich anschließenden siebentägigen „Fest der ungesäuerten

Dieses Kapitel bezieht sich auf Lukas 2,41–51 [1] 2. Mose 12

Brote“ zusammenhingen, sollten nicht nur Vergangenes in Erinnerung rufen, sondern gleichzeitig auf den verheißenen Messias hinweisen. Leider wurde das Passafest zur Zeit Christi von den meisten Juden nur noch aus Tradition gefeiert. Man hielt die Vorschriften ein, weil das nun einmal zum Kult gehörte, aber der tiefere Sinn der religiösen Bräuche blieb vielen verborgen.

Bei Jesus war das offensichtlich nicht so. Ihn beeindruckte das ganze Geschehen nicht nur, weil er zum erstenmal an einem Passafest teilnahm, sondern weil er die Zusammenhänge zu seinem Leben und seiner Sendung wahrnahm. Als er die Priester in ihren weißen Gewändern Opfer darbringen und die heiligen Handlungen vollziehen sah, erkannte er, daß all das etwas mit seinem Leben zu tun hatte. Das beschäftigte ihn über die feierlichen Gottesdienste hinaus so sehr, daß er auf dem Tempelgelände blieb, obwohl sich die meisten Pilger schon wieder auf den Heimweg begeben hatten.

Jesu Eltern hatten ihren Sohn mit nach Jerusalem genommen, um ihm einen Eindruck von den religiösen Bräuchen und der Gelehrsamkeit der Priester und Schriftgelehrten zu vermitteln. Sie begrüßten es, daß er sich während ihres Aufenthaltes in Jerusalem in dem Teil des Tempels aufhielt, wo die Rabbiner ihre Schüler unterrichteten. Ehrfürchtig hörte er den gelehrten Männern zu, aber das, was sie sagten, befriedigte ihn nicht. Er wollte Auskunft haben über die alten Weissagungen und die gegenwärtigen Ereignisse, die auf das Kommen des Messias hinwiesen. Die Tatsache, daß er sich nicht mit vordergründigen Antworten zufriedengab, sondern bohrende Fragen stellte, die auf den Kern der Dinge gerichtet waren, brachte die Gelehrten in Schwierigkeiten. Als die Rabbiner im Zusammenhang mit dem Messias die politischen Aspekte seines Kommens und die irdische Zukunft Israels in den Vordergrund rückten, fragte der Zwölfjährige, wie dann die Aussage des Propheten Jesaja zu verstehen sei, der vom leidenden und sterbenden Gottesknecht geweissagt hatte.[2]

Durch die Aufmerksamkeit und das Wissen des Knaben hellhörig geworden, begannen die Rabbiner nun ihrerseits Fragen zu stellen. Dabei entdeckten sie, daß dieser Junge eine umfassende Kenntnis der heiligen Schriften hatte. Das ließ

[2] Jesaja 53

sie staunen, denn sie wußten, daß Jesus in keiner ihrer Schulen unterrichtet worden war. Dieses Kind, so meinten sie, müsse unbedingt gefördert werden. Und sie hielten sich für geeignet, die Erziehung und Ausbildung Jesu in die Hand zu nehmen. In Wirklichkeit aber war ihnen der Zwölfjährige in der Erkenntnis der Wahrheit weit voraus. Hätten sie sich damals dieser Wahrheit geöffnet, wäre eine Erweckung und Erneuerung des geistlichen Lebens in Israel möglich gewesen. Bei Jesu Lehrantritt, knapp zwanzig Jahre später, wären dann viele darauf vorbereitet gewesen, seine Botschaft anzunehmen und an ihn zu glauben.

Jesu Fragen, die eine außergewöhnliche Kenntnis der heiligen Schriften verrieten, beeindruckten die Gelehrten. Dennoch wäre es ihnen nicht eingefallen, sich von einem Kind belehren zu lassen. Deshalb richtete Gott es so ein, daß sich der Austausch dieser Männer mit Jesus in Frage und Gegenfrage bewegte. So hatten die Rabbiner wenigstens den Eindruck, ihrerseits den Jungen zu belehren oder zumindest seine Schriftkenntnis zu prüfen. Obwohl die Bescheidenheit und das Wissen Jesu die Schriftgelehrten tief beeindruckten, dachten sie nicht daran, ihre Vorstellungen vom Kommen des Messias aufzugeben oder zu korrigieren, obwohl sich herausgestellt hatte, daß ihre Lehren über weite Strecken nicht mit dem prophetischen Wort übereinstimmten. Damit war wieder eine Chance vertan, sich der göttlichen Wahrheit zu öffnen.

Seine Eltern suchen ihn

Während Jesus im Tempel saß, sorgten sich seine Eltern um ihren Sohn. Zunächst hatten sie im Durcheinander des allgemeinen Aufbruchs gar nicht bemerkt, daß er in der Reisegruppe fehlte. Sie hatten angenommen, daß er bereits mit Freunden oder Bekannten vorausgegangen sei. Erst gegen Abend, als es Zeit zur Rast wurde, bemerkten sie, daß er fehlte. Vergebens suchten sie ihn. Mit Schrecken dachten sie daran, wie Herodes dem Neugeborenen nachgestellt hatte, und fürchteten, der Junge könnte sich in ähnlicher Gefahr befinden. Unverzüglich kehrten sie zurück, um ihn zu suchen. In Jerusalem verbrachten sie schlimme Stunden voller Angst und Selbstvorwürfen, denn sie fanden Jesus erst am dritten Tag in der Rabbiner-Schule des Tempels. Dabei entspann sich zwischen Mutter und Sohn ein merkwürdiger Dialog: „‚Kind, warum machst du uns solchen Kummer? Dein Vater und ich haben dich ganz verzweifelt gesucht.' Jesus antwortete: ‚Warum habt ihr mich denn gesucht? Habt ihr nicht gewußt, daß ich im Hause meines Vaters sein muß?' Aber sie verstanden nicht, was er damit meinte." [3]

Mit seinem leisen Tadel wollte Jesus seine Eltern auf das hinweisen, was sie aus den Augen verloren hatten. Trotz der außergewöhnlichen Umstände seiner Geburt betrachteten Maria und Josef Jesus als ihr eigenes Kind. Das war auch verständlich, denn grundsätzlich unterschied sich sein Leben nicht von dem anderer Kinder. In Jerusalem aber war Jesus zur Erkenntnis seiner Gottessohnschaft gekommen. Obwohl Maria den tiefen Sinn der Antwort Jesu nicht verstand, ahnte sie doch, daß dieser Aufenthalt in Jerusalem zu einem entscheidenden Einschnitt im Leben ihres Sohnes geworden war.

Als Jesus mit seinen Eltern Jerusalem verließ, war er froh, in aller Stille zurückreisen zu können. Ihn verlangte nicht nach oberflächlichen Gesprächen und ausgelassener Reisestimmung. Er hatte begriffen, daß Gott sein Volk durch das Passageschehen nicht nur an die Befreiung aus Ägypten erinnern, sondern vor allem auf das Kommende hinweisen wollte. Israel sollte in dem allen einen Hinweis auf die Erlösung von der Sünde erkennen. Auf Christus sollten sie schauen, der bereit war, um ihrer Rettung willen sein Leben zu lassen. Aber davon hatten die meisten Pilger trotz der eindrucksvollen Gottesdienste so gut wie nichts begriffen. Nachdem sie Jerusalem verlassen hatten, waren sie durch die Aufregungen der Reise und den geselligen Umgang wieder voll in Anspruch genommem.

Während der Rückreise hoffte Jesus, wenigstens seinen Eltern den Sinn der Messiasweissagungen erklären zu können. Vielleicht ahnte er schon, was es für seine Mutter bedeuten mußte, das Leiden und Sterben ihres Sohnes mitzuerleben. Wieviel leichter würde das alles zu bewältigen sein, wenn sie den Sinn des Geschehens verstand.

In Nazareth angekommen, fügte sich Jesus ganz selbstverständlich wieder in das Leben der Familie ein. Er achtete seine Eltern und half ihnen, wo er konnte. Er bewahrte das Ge-

[3] Lukas 2,48–50

heimnis seines Auftrags in seinem Herzen und wartete gehorsam auf den Augenblick, da der himmlische Vater ihn rufen würde.

Wenn man Jesus aus den Augen verliert

Durch Nachlässigkeit hatten Maria und Josef ihren Sohn aus den Augen verloren. Um ihn wiederzufinden, brauchten sie fast drei Tage. So kann es auch uns gehen. Wie schnell hindern uns törichtes Geschwätz, leichtfertiges Verhalten oder eigensüchtige Ziele am täglichen Gespräch mit Jesus. Die Folge davon ist, daß wir uns innerlich von ihm entfernen. Ist das erst einmal geschehen, so folgen mitunter Tage, Wochen oder gar Jahre schmerzlichen Suchens, bevor wir ihn wiederfinden und den Frieden des Herzens zurückgewinnen.

Wir sollten deshalb auf der Hut sein vor allem, was uns den Blick auf Jesus verbauen könnte. Es wäre verhängnisvoll sich einzubilden, ganz in Jesu Nähe zu sein, ihn aber in Wirklichkeit aus den Augen verloren zu haben. Jesus drängt sich niemandem auf, sondern ist nur dem nahe, der das auch will. Es kann nicht gutgehen, wenn jemand zwar die Gottesdienste besucht, um Kraft aus dem Worte Gottes zu schöpfen, aber die persönliche Andacht und das Gebet vernachlässigt. Wenn uns die Beziehung zu Christus wichtig ist, sollten wir uns täglich Zeit nehmen, um über seine Lehren und sein Leben, vor allem aber über sein Leiden und Sterben nachzudenken. Tun wir das, dann erfüllt sich an uns, was der Apostel Paulus so beschrieben hat: „Dabei werden wir selbst in das verwandelt, was wir sehen, und bekommen mehr und mehr Anteil an seiner Herrlichkeit. Das bewirkt der Herr durch seinen Geist.“ [4]

---

[4] 2. Korinther 3,18

9 Zwischen Menschenwort und Gotteswort

Von frühester Jugend an war der Israelit eingebunden in eine Reihe religiöser Vorschriften. In den Synagogen-Schulen wurden die Kinder mit zahllosen Verhaltensregeln vertraut gemacht, die das Leben der Gläubigen bis ins kleinste bestimmten. Jesus hielt sich davon fern, denn er unterwarf sich nicht den Vorschriften der Rabbiner, sondern wußte sich an die Weisungen der Heiligen Schrift gebunden. Er fragte nicht: Was hat dieser oder jener berühmte Rabbi zu einer Sache gesagt?, sondern wollte wissen: Was hat mein Vater im Himmel gesagt?

Schon früh erkannte Jesus, daß die Weisungen Gottes mit dem, was die jüdische Geistlichkeit zur verbindlichen Norm gemacht hatte, nicht immer übereinstimmten. Außerdem spürte er, daß viele Gottesdienste zur bloßen Form geworden waren, ohne den Menschen inneren Frieden zu vermitteln. Die Freiheit des Geistes, die denen geschenkt wird, die Gott in Wahrheit und mit innerer Hingabe anbeten, war den meisten Gottesdienstbesuchern unbekannt. Jesus stimmte der Vermengung von göttlichen Weisungen und menschlichen Vorschriften nicht zu, sah es aber zunächst nicht als seine Aufgabe an, diesen Mißstand öffentlich anzuprangern. Wurde er allerdings daraufhin angesprochen, daß sein Verhalten nicht den allgemeingültigen Richtlinien entsprach, so erklärte er frei heraus, daß es für ihn nur einen verbindlichen Maßstab gebe: das Wort Gottes.

Wenn Menschen mit dem jungen Jesus in Berührung kamen, waren sie angetan von seinem freundlichen Wesen und seiner einfühlsamen Art. Ihm war mehr an einem von Liebe geprägten Miteinander gelegen als an rechthaberischen Auseinandersetzungen. Daraus schlossen die Schriftgelehrten und Ältesten, sie könnten den vielversprechenden jungen Mann schließlich dazu bringen, daß er ihre Ansichten vertritt und sich den rabbinischen Vorschriften unterwirft. Man müsse eben Geduld mit ihm haben, meinten sie. Aber sie täuschten sich, als sie Jesu Freundlichkeit und Güte für Gefügigkeit hielten. Jesus nahm keine religiöse Lehre ungeprüft hin, sondern fragte immer: Steht das wirklich so in den heiligen Schriften? Letzte Autorität war für ihn Gott und sein Wort, nicht das, was Menschen sagten – seien sie noch so berühmt.

Die Schriftgelehrten, mit denen Jesus in Berührung kam, fühlten sich von ihm brüskiert. Einerseits war nicht zu leugnen, daß er über eine außergewöhnliche Bibelkenntnis verfügte. Andererseits waren sie nicht gewillt, auf den Anspruch zu verzichten, daß allein sie die heiligen Schriften verbindlich auslegen könnten. Deshalb erwarteten sie, daß sich auch Jesus ihrer geistlichen Autorität beugen müsse. Zwar war ihnen klar, daß viele rabbinische Traditionen nicht aus der Heiligen Schrift abzuleiten waren, doch ärgerte es sie, daß sich Jesus nicht in den Rahmen ihrer Satzungen pressen ließ. Als sie merkten, daß er nicht zu überzeugen war, wandten sie sich an seine Eltern; denn sie hofften, deren Ermahnungen könnten ihn schließlich zum Einlenken bewegen. Doch auch da irrten sie. Bei aller Ehrfurcht vor seinen Eltern und der Liebe zu ihnen, ließ Jesus sich nicht bewegen, anders zu handeln, als es ihm der Glaube an Gott vorschrieb. Das machte sein Leben nicht gerade leichter, denn nun stieß er auch in der eigenen Familie auf Widerstand. In dieser Zeit lernte er, daß Schweigen mitunter besser ist als Reden und daß zur Bewältigung von Konflikten Gottvertrauen und Geduld gehören.

Oft mußte er erleben, daß seine eigenen Brüder eher für die Schriftgelehrten Partei ergriffen, als daß sie ihn zu verstehen suchten. Sie konnten oder wollten nicht sehen, daß die Weisungen Gottes und die Satzungen der Rabbiner vielfach nicht miteinander übereinstimmten. Deshalb war ihnen Jesu klare Unterscheidung zwischen wahr und falsch ärgerlich. Sein Eintreten für Gottes Gesetz und seinen Gehorsam empfanden sie als Starrsinn. Vermutlich spielten auch Mißgunst und Neid eine Rolle, denn bei Jesu Begegnungen mit den Schriftgelehrten wurde immer wieder deutlich, wie sehr er ihnen überlegen war.

Jesus machte keine Unterschiede

Jesus sah, daß viele der rabbinischen Vorschriften die Menschen nicht in die Freiheit des Glaubens führten, sondern in eine verhängnisvolle religiöse Enge. Und da er nicht Mauern aufrichten, vielmehr abreißen wollte, zog er sich mehr und mehr den Zorn der Schriftgelehrten zu. Wenn er Menschen begegnete, die Hilfe brauchten, dann half er und fragte nicht: „Was glaubst du?" oder: „Welcher Religionsgemeinschaft gehörst du an?" Statt sich in den Elfenbeinturm frommer Abgeschiedenheit zurückzuziehen, war Jesus den Menschen zugewandt. Für ihn bestand Religion nicht aus wirklichkeitsfremden Regeln oder heiligen Handlungen, die an bestimmte Orte und Zeiten gebunden sind, sondern aus der Beziehung zu Gott, die sich immer und überall im Alltag zeigen kann und muß. Solche Gedanken klangen den Pharisäern und Schriftgelehrten jener Zeit allerdings wie Spott in den Ohren, denn sie übten sich ja gerade in frommen Verhaltensweisen, die meist wenig mit dem täglichen Leben und einer praktischen Frömmigkeit zu tun hatten. Deshalb versuchten sie bei jeder Gelegenheit, Jesus auf ihre Sicht der Dinge festzulegen. Allerdings vergeblich!

Da Jesus in einer Familie lebte, die der armen Bevölkerungsschicht angehörte, konnte er nie aus dem vollen schöpfen. Wenn er Menschen half, mußte er sich oft vom Munde absparen, was er ihnen gab. Manchmal war er Zeuge, wie seine Brüder andere barsch und mitleidslos anfuhren; dann drängte es ihn um so mehr, den Erniedrigten beizustehen. Das alles tat er in einer Weise, die es den Menschen möglich machte, Hilfe anzunehmen, ohne sich gedemütigt zu fühlen. Seine Brüder ärgerte das. Sie warfen ihm vor, er wolle besser sein als sie und erhebe sich nicht nur über seine Familie, sondern auch über Lehrer und Priester.

Probleme mit der Familie

Weil die Brüder Jesu seine Lebensart nicht verstanden, begegneten sie ihm mehr und mehr mit Verachtung. Sie konnten nicht begreifen, daß er Gottes Sohn sein sollte, aber gleichzeitig ein hilfsbedürftiges Kind war. In der Familie ging die Rede, er sei himmlischen Ursprungs, aber auf Erden waren Mangel und Armut seine ständigen Begleiter. Wenn er wirklich Gottes Sohn war, warum gab er sich dann mit dem kümmerlichen Leben in Nazareth zufrieden? Und das Schlimmste daran war, daß er dabei glücklich und zufrieden schien.

Jesus war eben anders als seine Brüder, und dieses Anderssein empfanden sie als ständigen Vorwurf. Weil sie mehr auf Menschen als auf Gott schauten, spürten sie nichts von der Kraft, die aus der Nähe Gottes erwächst. Sie waren zwar religiös, aber Religiosität allein hat nicht die Kraft, das Wesen des Menschen zu ändern. Wenn sie Jesus anschauten, sahen sie, was ihnen alles noch fehlte. Deshalb versuchten sie, sich diesem Eindruck zu entziehen, indem sie Jesu Vorzüge als Schwächen hinstellten. Seine Selbstlosigkeit verdächtigten sie als Täuschung, nur um eigensüchtige Ziele zu erreichen. Seine Nachsicht und Freundlichkeit deuteten sie als Feigheit oder als Versuch, sich beliebt zu machen. Und seine Rechtschaffenheit war für sie nichts anderes als das Bestreben, sich hervorzutun.

Wenn Gläubige heutzutage darüber klagen, daß ihnen in der eigenen Familie mit Vorbehalten begegnet wird, erleben sie nur das, was Jesus auch widerfahren ist. Er wußte, wovon er sprach, als er später den Propheten Micha mit den Worten zitierte: „... des Menschen Feinde werden seine eigenen Hausgenossen sein." [1] Und trotzdem blieb er gelassen, freundlich und liebevoll. Nur wenn es um die Sünde oder das Entschuldigen von Sünde ging, nahm er keine Rücksicht darauf, ob seine Brüder seine Warnungen hören wollten oder nicht. Anders konnte er sich auch gar nicht verhalten, wenn er der vom himmlischen Vater übertragenen Aufgabe gerecht werden wollte.

Satan ließ nichts unversucht, die Spannungen in der Familie Jesu zu schüren, denn er hoffte, ihn irgendwann zur Sünde verleiten zu können. Aber das gelang ihm nicht. Wenn die Brüder Jesus als Feigling beschimpften, weil er sich nicht in zweifelhafte Handlungen hineinziehen ließ, antwortete er: Es steht geschrieben: „Siehe, die Furcht des Herrn, das ist Weisheit, und meiden das Böse, das ist Einsicht." [2]

Natürlich stieß er nicht nur auf Widerstand. Viele seiner Altersgenossen fühlten sich in seiner Nähe wohl, denn er war stets heiter, ausgeglichen und voller interessanter Gedanken. Wenn er sie allerdings auf ihre Untugenden und Fehler hinwies, wurden sie unwillig und warfen ihm vor, er sei engstirnig und verbohrt. Fragte man ihn, warum er denn so ganz anders sei, als andere junge Leute, antwortete er: Es steht geschrieben „Wohl denen, die ohne Tadel leben, die im

---

[1] Matthäus 10,36 LT [2] Hiob 28,28 LT

Gesetz des Herrn wandeln! Wohl denen, die sich an seine Mahnungen halten, die ihn von ganzem Herzen suchen, die auf seinen Wegen wandeln und kein Unrecht tun.“ [3]

Indem Jesus auf solche Fragen mit Aussagen aus der Heiligen Schrift antwortete, wollte er zeigen, daß es ihm nicht darauf ankam, sich vor anderen hervorzutun, sondern daß es ihm um die Zugehörigkeit zu Gott ging. Er wollte nicht leben, wie es andere für richtig hielten oder wie es ihm selbst gefiel, sondern wie es Gott von ihm erwartete. Das freilich war für die meisten schwer zu begreifen, weil sie selbst nicht so dachten und schon gar nicht so leben wollten.

Jesus kämpfte nicht um sein Recht. Er schlug nicht zurück, wenn man ihm übel mitspielte, und er fuhr nicht aus der Haut, wenn man ihn reizte. Wenn er gefragt wurde, warum er sich nicht entschiedener gegen die Bosheit seiner Brüder oder Freunde wehrte, antwortete er nur: Es steht geschrieben „Mein Sohn, vergiß meine Weisung nicht, und dein Herz behalte meine Gebote, denn sie werden dir langes Leben bringen und gute Jahre und Frieden; Gnade und Treue sollen dich nicht verlassen. Hänge meine Gebote an deinen Hals und schreibe sie auf die Tafeln deines Herzens, so wirst du Freundlichkeit und Klugheit erlangen, die Gott und den Menschen gefallen.“ [4]

Warum er anders sein mußte

Selbst seinen Eltern war Jesus oft ein Rätsel. Seit sie ihn damals in Jerusalem gesucht und im Tempel gefunden hatten, wunderten sie sich über sein ungewöhnliches Verhalten. Offensichtlich fühlte er sich in der Stille der Natur am wohlsten. Morgens zog er sich an einen Ort zurück, wo er ungestört in den heiligen Schriften lesen, nachdenken und beten konnte. Nachdem er mit seinem himmlischen Vater Zwiesprache gehalten hatte, wandte er sich den Pflichten des Alltags zu.

Innerlich war Maria davon überzeugt, daß Jesus Gottes Sohn und der verheißene Messias war, aber im Alltagsleben fiel es ihr nicht immer leicht, dieser Überzeugung gemäß zu handeln. Sie litt mit ihrem Sohn, wenn er angefochten oder wegen seines Andersseins gedemütigt wurde. Oft wurde sie

---

[3] Psalm 119,1–3 LT [4] Sprüche 3,1–4

selbst angegriffen, weil sie ihn verteidigte. Da sie sich auch für die Erziehung und charakterliche Entwicklung der anderen Kinder verantwortlich fühlte, geriet sie häufig zwischen die Fronten. Lautstark forderten die anderen, sie müsse dafür sorgen, daß sich Jesus den Gepflogenheiten in Familie und Umwelt anpasse.

Nicht nur von der eigenen Familie wurde Maria unter Druck gesetzt, sondern auch von der örtlichen Geistlichkeit. Wenn die Schriftgelehrten sie ermahnten, Jesus dazu anzuhalten, sich den geltenden Vorschriften und Schriftauslegungen zu fügen, sah sie sich genötigt, ihrem Sohn ernste Vorhaltungen zu machen. Doch das tat ihr weh, weil sie im Herzen wußte, daß er Gottes Sohn war und einfach nicht so sein konnte, wie die Menschen es von ihm erwarteten. Sie wurde erst wieder froh, wenn Jesus sie auf Schriftstellen hinwies, die eindeutig zeigten, daß sein Verhalten richtig war.

Manchmal aber war sich Maria trotzdem nicht sicher, ob Jesus recht hatte oder seine Brüder, die nicht daran glauben wollten, daß er der Gottgesandte sei. Dann erinnerte sie sich an all das, was ganz eindeutig darauf hinwies, daß er wirklich Gottes Sohn war. Wohin er auch kam, wirkte er Gutes. In einer von Sünde und Ungehorsam geprägten Umgebung lebte er so, daß es nichts an ihm zu tadeln gab. Wenn er Menschen helfen oder ihnen die Last erleichtern konnte, tat er es. So setzte er im Alltag um, was er über Gottes Liebe, Freundlichkeit und Güte gelernt hatte. Allerdings ging es ihm nicht nur darum, anderen in plötzlich hereinbrechender Not beizustehen; er wollte gern umfassend helfen. Deshalb versuchte er den Menschen die Augen zu öffnen für die Gaben, die Gott ihnen verliehen hat. Sie sollten sich selbst als von Gott geliebt begreifen. Wenn es galt, Gescheiterte wieder zu Gott zurückzuführen, gab es für ihn keinen hoffnungslosen Fall. Er machte sich nicht gemein mit der Sünde und hieß das Böse nicht gut, aber wenn sich Menschen in Schuld verstrickt hatten, verdammte er sie nicht, sondern machte ihnen Mut. Sie sollten wissen, daß Gott mit ihnen jederzeit einen neuen Anfang machen konnte, wenn sie nur wollten.

Traf er auf Menschen, die unter den Angriffen dämonischer Mächte zu leiden hatten, dann erinnerte er sie daran, daß der Vater im Himmel mächtiger ist als Satan und sein ganzes Heer. Sie sollten sich nur Gott zuwenden und darauf vertrauen, daß seine Engel sie dem Satan entreißen werden.

Nirgendwo im Neuen Testament ist die Rede davon, daß Jesus während seiner Kindheit und Jugend Wunder gewirkt hätte. Dennoch wurde er vielen durch sein Mitgefühl, seinen liebevollen Zuspruch und seine Hilfsbereitschaft zum Segen. Aber ausgerechnet er, der sich um andere sorgte und mühte, mußte seinen Weg fast völlig allein gehen. Wie schwer mußte die Verantwortung auf ihm lasten, wissend, daß die Errettung der Menschheit davon abhängig war, ob er die Kraft aufbrachte, durchzuhalten bis zum Ende!

10 | Die Stimme in der Wüste

Der Vorläufer Christi kam aus dem Kreis derer, die in Israel sehnsüchtig auf das Erscheinen des Messias warteten. Zu dieser Gruppe von Gläubigen gehörten Zacharias, ein älterer Priester, und seine Frau Elisabeth. Diesem Ehepaar wurde ein Sohn verheißen, von dem es hieß, er solle der Wegbereiter des Messias sein.

Der Priester war aus dem judäischen Gebirge nach Jerusalem gekommen, um im Tempel seinen turnusgemäßen Dienst zu verrichten. Während er am Räucheraltar Weihrauch verbrannte, erschien ihm ein Engel Gottes mit der überraschenden Botschaft: „Fürchte dich nicht, Zacharias, denn dein Gebet ist erhört, und deine Frau Elisabeth wird dir einen Sohn gebären, und du sollst ihm den Namen Johannes geben. Und du wirst Freude und Wonne haben, und viele werden sich über seine Geburt freuen. Denn er wird groß sein vor dem Herrn; Wein und starkes Getränk wird er nicht trinken und wird schon von Mutterleib an erfüllt werden mit dem heiligen Geist. Und er wird vom Volk Israel viele zu dem Herrn, ihrem Gott, bekehren. Und er wird vor ihm hergehen im Geist und in der Kraft Elias, zu bekehren die Herzen der Väter zu den Kindern und die Ungehorsamen zu der Klugheit der Gerechten, zuzurichten dem Herrn ein Volk, das wohl vorbereitet ist.“ [1]

Die Geburt des Johannes kann im Zusammenhang mit Isaaks und Jesu Geburt gesehen werden. Dabei wurde jeweils deutlich, daß Gott tun kann, was menschlich gesehen unmöglich ist. Das erfordert von den Betroffenen Glauben – auch gegen den Augenschein. Deshalb heißt es im Hebräerbrief: „Durch den Glauben empfing Sara, die unfruchtbar war, Kraft, Nachkommen hervorzubringen trotz ihres Alters; denn sie hielt den für treu, der es verheißen hat.“ [2] Und als die Geburt Jesu der Maria angekündigt wurde, sagte sie: „Siehe, ich bin des Herrn Magd; mir geschehe, wie du gesagt hast.“ [3]

---

[1] Lukas 1,13–17 LT [2] Hebräer 11,11 LT [3] Lukas 1,38 LT

Bei all dem zeigt sich die Beständigkeit im Heilshandeln Gottes. Fünfhundert Jahre zuvor war der Engel Gabriel dem Propheten Daniel erschienen und hatte einen zeitlichen Rahmen für das Kommen des Erlösers abgesteckt. Offenbar hatte sich der Priester Zacharias mit diesen Weissagungen beschäftigt und war zu der Überzeugung gelangt, daß die Ankunft des Messias bald zu erwarten sei. Gott beantwortete die Gebete dieses gläubigen Mannes, indem er ihm durch genau diesen Engel mitteilen ließ, daß die Zeit der Erfüllung gekommen sei.

Für uns ist dieses Geschehen über den historischen Rahmen hinaus von großer Bedeutung. Auch in uns entsteht geistliches Leben allein durch den Glauben. Und der Glaube ist es, der die Kraft gibt, das Gute und Richtige zu tun.

Der Zweifel hat Folgen

Jahrelang hatte der Priester Zacharias um das Kommen des Messias gebetet; nun sollte er erleben, wie sich seine Bitte erfüllte. Aber hatte er sich hinsichtlich der Geburt eines eigenen Sohnes nicht doch verhört? Spielten ihm seine Sinne etwa einen Streich? Die Botschaft war kaum zu glauben. Deshalb fragte er den Engel: „Woran soll ich das erkennen? Denn ich bin alt, und meine Frau ist betagt." [4]

Menschlich zu verstehen war diese Reaktion schon, aber nicht angemessen für einen Gläubigen. Zacharias hätte eigentlich wissen müssen, daß Gott verwirklicht, was er zusagt. Der Engel antwortete auch entsprechend: „Ich bin Gabriel, der vor Gott steht, und ich bin gesandt, mit dir zu reden und dir dies zu verkündigen. Und siehe, du wirst stumm werden und nicht reden können bis zu dem Tag, an dem dies geschehen wird, weil du meinen Worten nicht geglaubt hast, die erfüllt werden sollen zu ihrer Zeit." [5] Zur priesterlichen Pflicht des Zacharias gehörte, im Anschluß an das Räucheropfer um Vergebung für die Gläubigen und das Kommen des Messias zu beten. Aber als er das an diesem Tage wie gewohnt tun wollte, brachte er kein Wort über die Lippen. Die Menschen wunderten sich, als sie der Priester nur mit einer Handbewegung und ohne Gebet entließ. Und sie spürten, daß Außergewöhnliches im Tempel geschehen sein mußte.

---

[4] Lukas 1,18 LT [5] Lukas 1,19.20 LT

Nachdem diesem alten Ehepaar der verheißene Sohn geboren worden war, löste Gott dem Zacharias die Zunge, so daß er von Stund an wieder sprechen konnte. Seine ersten Worte nach monatelangem Schweigen waren ein Lobpreis Gottes: „... und er redete und lobte Gott ... und die ganze Geschichte wurde bekannt auf dem ganzen Gebirge Judäas. Und alle, die es hörten, nahmen's zu Herzen und sprachen: Was meinst du, will aus diesem Kindlein werden? Denn die Hand des Herrn war mit ihm." [6] Im Blick auf seinen neugeborenen Sohn weissagte Zacharias: „Und du, Kindlein, wirst ein Prophet des Höchsten heißen. Denn du wirst dem Herrn vorangehen, daß du seinen Weg bereitest." [7]

Gott hatte den Sohn dieses Priesters zur größten Aufgabe berufen, die je einem Sterblichen übertragen wurde. Er sollte dem Erlöser den Weg bereiten und die Menschen daran erinnern, daß sie einen Retter brauchten. Um dem gewachsen zu sein, waren die Bereitschaft des Johannes und ein entsprechender Lebensstil vonnöten. In einer Zeit, da es den Menschen vor allem auf Wohlleben und Vergnügung ankam, war es nicht leicht, Wegbereiter des Messias zu sein. Wirklicher Glaube war selten geworden, und von Buße wollten die meisten nichts hören, selbst wenn sie sich noch an die äußeren Formen der Religion hielten. Deshalb sollte Johannes durch ein enthaltsames Leben und ein anspruchsloses Äußeres ein Zeichen setzen, das nicht zu übersehen war. Um ihren Sohn in diese Richtung erziehen zu können, gab der Engel Gabriel den Eltern die nötigen Hinweise.

Abgesehen von Johannes dem Täufer gilt ganz allgemein, daß Charakterbildung in der Kindheit und Jugendzeit am erfolgversprechendsten ist. Wer in dieser Zeit nicht lernt, sich zu beherrschen und verantwortungsbewußt zu leben, hat damit später meist seine Schwierigkeiten. Gewohnheiten, die in früher Kindheit angenommen werden, entscheiden mehr als jede natürliche Begabung darüber, ob jemand sein Leben meistert oder nicht. Die Saat, die in dieser Zeit in das Menschenherz gelegt wird, entscheidet darüber, welche Frucht im diesseitigen und künftigen Leben erwächst.

Johannes der Täufer sollte die Menschen auf das erste Kommen Christi vorbereiten; darüber hinaus kann er denen ein Vorbild sein, die die Welt auf die Wiederkunft Jesu hin-

---

[6] Lukas 1,64–66 LT [7] Lukas 1,76 LT

weisen möchten. Heutzutage geben sich viele Menschen dem Genuß und Wohlleben hin. Sie möchten nur das tun, wozu sie gerade Lust haben. In der Welt wimmelt es von Anschauungen, die in die Irre führen und die Leute am Ende zugrunde richten. Da ist es um so wichtiger, daß Menschen ihr Leben in Verantwortung vor Gott führen. Kinder Gottes werden sich nicht von Begierden und Leidenschaften bestimmen lassen, sondern von Vernunft und dem Geist Gottes.[8] Wer nicht bereit ist, Selbstdisziplin zu üben und nach Gottes Ordnungen zu leben, wird kaum geistliche Erkenntnis gewinnen und Gottes Wahrheit erkennen können.

Eine ungewöhnliche Ausbildung

Es war üblich, daß der Sohn eines Priesters ebenfalls auf die Priesterlaufbahn vorbereitet wurde. Bei Johannes dem Täufer verlief der Lebensweg jedoch anders. Er wurde nicht auf eine der Rabbinerschulen geschickt, sondern von Gott in die Einsamkeit gerufen. Kahle Hügel, wilde Schluchten und Felsenhöhlen waren sein Zuhause. Fernab einer Gesellschaft, in der Unglaube und Unmoral gang und gäbe waren, bereitete sich Johannes auf seine Aufgabe vor. Von früher Kindheit an hatten seine Eltern ihm zu vermitteln versucht, was Gott von ihm erwartete. Und Johannes war bereit, sich dem Auftrag Gottes zu stellen. Deshalb schreckte er zurück vor allem, was ihn für seine Berufung untauglich machen konnte. Er war der festen Überzeugung, am besten in der Einsamkeit auf das hören zu können, was Gott ihn lehren wollte.

Johannes verlor sich aber nicht in asketischer Selbstgenügsamkeit und frommer Einsamkeit, sondern suchte immer wieder den Kontakt zu seiner Umwelt. Von Zeit zu Zeit mischte er sich unter die Menschen, um zu erfahren, was sie dachten und womit sie sich beschäftigten. Er wußte, daß er die Leute nur dann für Gottes Reich gewinnen konnte, wenn es ihm gelang, Gottes Botschaft so zu vermitteln, daß sie innerlich davon berührt wurden. Da er spürte, wie schwierig das ist, lastete die Verantwortung schwer auf ihm. Mit Gebet und durch das Studium der heiligen Schriften bereitete er sich auf den Augenblick vor, da Gott ihn rufen würde.

Obgleich Johannes die meiste Zeit in der Abgeschieden-

[8] Vgl. 2.Korinther 7,1

heit lebte, blieben ihm Versuchungen nicht erspart. Aber er hatte Selbstbeherrschung gelernt und sein Leben bewußt im Blick auf Gott gestaltet. So half ihm Gottes Geist, die Machenschaften Satans zu erkennen und ihnen zu widerstehen.

Die Wüste war für Johannes Schule und Tempel zugleich. Wie einst Mose im midianitischen Bergland die Nähe Gottes gespürt hatte, so erfuhr auch Johannes in seiner Einsamkeit die Gegenwart Gottes. Gleichzeitig war die rauhe, lebensfeindliche Umgebung, in der er lebte, ein Bild für den Zustand Israels. Der „Weinberg Gottes" war zur trostlosen Einöde geworden. Aber die Lage war nicht aussichtslos; denn wie ein Regenbogen trotz drohender Gewitterwolken Hoffnung schenkt, so sollte über dem Volk Gottes die Herrlichkeit des verheißenen Messias aufgehen.[9]

Johannes vertraut auf Gottes Wort

Ehrfürchtig forschte Johannes in den heiligen Schriften danach, was die Propheten über das Kommen des Gottessohnes geschrieben hatten. Den uralten Verheißungen entnahm er, daß die Zeit gekommen war, in der Christus aus der Verborgenheit hervortreten würde, um sein Volk zu erretten.

Immer, wenn Johannes die messianischen Weissagungen Jesajas las, war er davon beeindruckt, wie der Prophet den Gottgesandten beschrieb.[10] Vor seinem geistigen Auge erstand der Messias in seiner Macht und Herrlichkeit. Obgleich er sich selber zu schwach und unwürdig vorkam, diesem Herrn zu dienen, war er doch bereit, sich dem Auftrag des Messias zu stellen. Weil er sich demütig vor dem König der Könige beugte, konnte er später aufrecht und ohne Furcht vor Herrschern und Fürsten stehen.

Wie viele andere jener Zeit täuschte sich allerdings auch Johannes der Täufer über das eigentliche Wesen des messianischen Reiches. Er erwartete einen irdischen König der Gerechtigkeit, der Israel zu einer heiligen und mächtigen Nation auf Erden machen würde. Er glaubte daran, daß sich auf diese Weise die bei seiner Geburt ausgesprochene Prophezeiung erfüllen würde: „Denn er [der Herr] hat besucht und erlöst sein Volk und hat aufgerichtet eine Macht des Heils im Hause seines Dieners David ..., daß er uns errette von unsern

---

[9] Jesaja 40,5 LT [10] Vgl. Jesaja 11,4; 32,2; 62,4

Feinden und aus der Hand aller, die uns hassen ..." [11]

Johannes litt darunter, daß sein Volk selbstzufrieden und in Sünde dahinlebte. Deshalb spürte er Gottes Auftrag, die Menschen aus ihrer Gleichgültigkeit herauszureißen, um so deutlicher. Ihm war klar, daß der Same der messianischen Botschaft nicht aufgehen konnte, wenn nicht zuvor der Herzensboden aufgebrochen worden war. Bevor die Menschen bei Christus Rettung suchen konnten, mußten sie begreifen, daß sie in Sünde verloren waren. Gottes Boten haben nicht den Auftrag, andere in falsche Sicherheit zu wiegen, indem sie Sünde verharmlosen oder die Gefahr des Ungehorsams herunterspielen. Sie sollen den Menschen vielmehr ins Gewissen reden, damit sie ihren sündigen Zustand erkennen und sich bekehren. Wer sich angesprochen fühlt und umkehrt, wird erleben, wie Gottes Hand ihn aus dem Staub emporhebt.

Am Rande einer Revolution

Als Johannes der Täufer seinen Dienst begann, war die Lage in der Provinz Judäa sehr gespannt. Die jüdische Bevölkerung war unzufrieden und erregt und befand sich am Rande eines bewaffneten Aufstandes. Nachdem Archelaus, dem ältesten Sohn Herodes des Großen, wegen seiner Grausamkeit die Regierungsgewalt entzogen worden war, kam Judäa unter die unmittelbare Herrschaft Roms. Aber die tyrannische und korrupte Amtsführung der römischen Statthalter machte die Sache nur noch schlimmer. Die Versuche, im Tempel zu Jerusalem heidnische Symbole anzubringen und im Volk gottlose Sitten einzuführen, erregten die Menschen. Mehrfach waren Aufstände von Rom aus im Keim erstickt worden. Dabei verloren Tausende von Juden ihr Leben. All das schürte den Haß und ließ die Sehnsucht nach Befreiung ins unermeßliche wachsen.

In dieser spannungsgeladenen Zeit erklang die Stimme des Predigers in der Wüste: „Tut Buße, denn das Himmelreich ist nahe herbeigekommen!" [12] Die Kraft seiner Worte und der Eindruck seiner Persönlichkeit bewegten Herz und Gewissen der Menschen. Bisher hatten sie gedacht, das Kommen des Messias läge noch in weiter Ferne. Nun trat einer auf und

[11] Lukas 1,68–71 LT [12] Matthäus 3,2 LT

versicherte, der Erlöser stehe unmittelbar „vor der Tür". Die Zuhörer waren erschrocken und erfreut zugleich. Erschrokken, weil Johannes kein Blatt vor den Mund nahm und die Sünden frei heraus anprangerte. Erfreut, weil er die Hoffnung auf eine bessere Zukunft weckte. Die Verquickung von Strafandrohung und Heilszusage bewegte viele Menschen, so daß sie in Scharen in die Wüste zogen, um den Täufer predigen zu hören.

Johannes ermutigte alle, die da kamen, ihre Sünden zu bekennen und ein neues Leben zu beginnen. Wer den Neuanfang wagen wollte, der wurde im Jordan getauft. Damit wurde deutlich gemacht, daß Gott alle Sünden vergeben, sozusagen „abgewaschen" hat. Wenn Johannes predigte, wurde den Leuten klar, daß sie nicht zum Reich des Messias gehören konnten, wenn sie weiterlebten wie bisher. Einflußreiche Bürger, Rabbiner, Soldaten, Zöllner, Bauern und viele andere kamen an den Jordan, um sich von Johannes taufen zu lassen. Sogar Pharisäer und Schriftgelehrte scheuten sich nicht, ihre Schuld zu bekennen. Bisher hatten sie beim Volk immer den Eindruck tadelloser Frömmigkeit erweckt, doch bewegt von der Bußpredigt ließen viele die Maske fallen und begehrten die Taufe.

Harte Worte

Nicht alle Schriftgelehrten und Pharisäer meinten es wirklich ernst. Manchen ging es gar nicht um ihre Sünden oder um einen neuen Anfang, sondern sie wollten einfach als Freunde des Propheten mit der Gunst des kommenden Messias rechnen können. Andere meinten, etwas vom Einfluß des Johannes auf seine Hörer ginge auch auf sie über, wenn sie die Taufe begehrten. Solchen Opportunisten trat der Täufer mit harschen Worten entgegen: „Ihr Schlangenbrut, wer hat euch gesagt, daß ihr dem bevorstehenden Gericht Gottes entgeht? Zeigt durch eure Taten, daß ihr euch wirklich ändern wollt!" [13]

Immer wieder wies Johannes darauf hin, daß all das Unglück nicht aus heiterem Himmel und unverdient über Israel gekommen war, sondern daß man es der Halsstarrigkeit und Sünde des Volkes zuschreiben mußte. Hätte sich Israel nicht

[13] Matthäus 3,7.9

von Gott abgewandt, müßte es jetzt nicht beklagen, daß Heiden über Jerusalem herrschten. Da nützte es auch nichts sich einzubilden, man sei anderen überlegen, weil man Gottes Willen kenne und bestimmte religiöse Formen einhalte. Und den Pharisäern und Schriftgelehrten machte Johannes klar, daß sie trotz ihrer Frömmigkeit kein Segen für Israel waren, sondern eher ein Fluch. Den Heiden könne immerhin zugute gehalten werden, daß sie es nicht besser wußten. Doch auf Israel träfe das angesichts der von Gott geschenkten geistlichen Erkenntnis nicht zu. Niemand solle deshalb meinen, Gott sei bei der Verwirklichung seiner Pläne an das jüdische Volk gebunden. Im Gegenteil, er könne jederzeit andere in seinen Dienst rufen: „Seht zu, bringt rechtschaffene Früchte der Buße; und nehmt euch nicht vor zu sagen: Wir haben Abraham zum Vater. Denn ich sage euch: Gott kann dem Abraham aus diesen Steinen Kinder erwecken. Es ist die Axt den Bäumen an die Wurzel gelegt; jeder Baum, der nicht gute Frucht bringt, wird abgehauen und ins Feuer geworfen.“ [14] Der Wert eines Baumes liegt nicht in seinem Namen, sondern hängt von seinen Eigenschaften ab und von den Früchten, die er hervorbringt. Gottes Volk ist man nicht dadurch, daß man nur der Form nach seinen Namen trägt. Lippenbekenntnisse bedeuten nichts; sie müssen durch das Leben gedeckt sein. Zu Gott gehören heißt deshalb auch, seinen Willen tun. Das war damals so und ist heute nicht anders.

Nachfolger Jesu Christi und Bürger des Reiches Gottes kann nur sein, wer zum Glauben und zur Umkehr bereit ist. Ob das der Fall ist, zeigt sich in der Güte, Rechtschaffenheit und Treue – nicht zuletzt im Verhalten gegenüber denen, die unserer Hilfe bedürfen.

Deshalb rief Johannes der Täufer seinen Zuhörern zu: „Ich taufe euch mit Wasser zur Buße; der aber nach mir kommt, ist stärker als ich, und ich bin nicht wert, ihm die Schuhe zu tragen; der wird euch mit dem heiligen Geist und mit Feuer taufen.“ [15] Im Blick auf die Sünde ist Gott „ein verzehrend Feuer“ [16], ganz gleich, wo er Sünde findet. Das kann heißen: Wenn sich jemand Gott öffnet, tilgt der Heilige Geist dessen Sünde so völlig, als würde sie restlos verbrannt. Das kann aber auch bedeuten: Wer an der Sünde festhält, verfällt selbst dem Urteil Gottes, das eigentlich der Sünde gilt.

---

[14] Lukas 3,8.9 LT [15] Matthäus 3,11 LT [16] Hebräer 12,29 LT

Zu der Zeit, als Johannes die Menschen zur Umkehr rief, schickte sich Jesus gerade an, sein öffentliches Wirken zu beginnen. Er wollte den Menschen zeigen, wie Gott wirklich ist. In seiner Gegenwart sollten Sünder sich ihrer Schuld bewußt werden, aber auch begreifen, daß Sündenerkenntnis nichts bewirkt, wenn sie nicht in das Verlangen einmündet, von der Last der Schuld befreit zu werden. Und genau dazu rief Johannes die Menschen auf. Viele glaubten ihm und änderten ihr Leben. Manche sahen in ihm sogar den verheißenen Messias. Als Johannes das merkte, wurde er nicht müde, die Aufmerksamkeit von sich hin auf den zu lenken, dessen Kommen er ankündigte: Jesus Christus.

11 | Jesus läßt sich taufen

Die Kunde von dem Wüstenprediger und seiner aufrüttelnden Botschaft verbreitete sich in Windeseile im ganzen Land. Die Bauern in den entlegenen Bergdörfern Galiläas wie auch die Fischer am See Genezareth hörten davon. In den Herzen der einfachen Menschen fiel diese Nachricht auf fruchtbaren Boden. Natürlich wurde auch in der Werkstatt des Zimmermanns Josef in Nazareth von Johannes dem Täufer gesprochen. Da wußte Jesus, daß seine Zeit gekommen war. Er nahm Abschied von den Seinen und schloß sich einer Gruppe von Pilgern an, die den Propheten am Jordan aufsuchen wollten.

Jesus und Johannes waren zwar verwandt, hatten sich aber nie gesehen. Während Johannes der Täufer lange Zeit in der judäischen Wüste lebte, war Jesus im Norden des Landes herangewachsen. So hatte Gott es gewollt, denn später sollte auch nicht der Hauch eines Verdachts aufkommen, die beiden Männer hätten versucht, ihren Einfluß gegenseitig zu erhöhen.

Johannes hatte von den merkwürdigen Ereignissen gehört, die mit Christi Geburt zusammenhingen, auch vom Besuch des Zwölfjährigen im Tempel und seinem sündlosen Leben. Aber dann war Jesus fast zwanzig Jahre lang nicht mehr in Erscheinung getreten. Das machte Johannes unsicher. Sollte er sich getäuscht haben in der Annahme, daß dies der verheißene Messias ist? Dennoch gab er die Hoffnung nicht auf, sondern vertraute darauf, daß Gott zur rechten Zeit alles klären würde. Jedenfalls war ihm vom Herrn die Gewißheit geschenkt worden, daß der Gottessohn zu ihm kommen würde, um sich taufen zu lassen. An den Begleitumständen sollte er erkennen, daß es sich tatsächlich um den Messias handelte.

Als Jesus dann vor ihm stand, wußte Johannes: Das ist der Gottgesandte! Noch nie war er einem Menschen begegnet, der so viel Würde und Reinheit ausstrahlte. Deshalb scheute

---

Dieses Kapitel bezieht sich auf Matthäus 3,13–17; Markus 1,9–11 und Lukas 3,21.22

er sich zunächst, Jesus zu taufen. Wie sollte er, der Sünder, die Taufe an dem Sündlosen vollziehen? Wie kam Jesus dazu, sich einer Handlung zu unterziehen, die als Sinnbild dafür galt, daß Sünde abgewaschen werden mußte? Von daher läßt sich verstehen, daß Johannes ausrief: „Ich müßte von *dir* getauft werden, und du kommst zu *mir*?“ [1] Jesus ließ diesen Einwand nicht gelten, sondern sagte: „Sträub dich nicht: Das ist es, was wir jetzt zu tun haben, damit alles geschieht, was Gott verlangt.“ [2] Johannes fügte sich und taufte ihn. Als Jesus aus dem Fluß stieg, „öffnete sich der Himmel, und er sah den Geist Gottes wie eine Taube auf sich herabkommen. Und eine Stimme aus dem Himmel sagte: ‚Dies ist mein Sohn, ihm gilt meine Liebe, ihn habe ich erwählt.‘“ [3]

Jesus setzt Maßstäbe

Alle, die bisher zu Johannes gekommen waren, hatten es nötig, daß ihnen die Sünden „abgewaschen“ wurden. Bei Jesus war das anders; in seinem Leben gab es nichts, was hätte vergeben werden müssen. Deshalb empfing er die Taufe nicht im Sinne einer Reinigung von Schuld, sondern weil er sich bewußt an die Seite der Sünder stellen und alles tun wollte, was auch wir zu tun haben. Und das war nur der erste Schritt auf dem Lebensweg eines Mannes, der stets an andere dachte, nie an sich selbst.

Nach der Taufe beugte sich Jesus am Flußufer im Gebet vor seinem himmlischen Vater, denn er wußte, daß für ihn nun ein Lebensabschnitt voller Widerstand und Gefahren begann. Wohl war er der „Fürst des Friedens“, doch die meisten würden sein Kommen eher als Kampfansage empfinden. Das Reich, das er aufrichten wollte, war ganz das Gegenteil von dem, was die Israeliten sich wünschten. Als Feind des jüdischen Glaubens, als Gesetzesübertreter und sogar als Handlanger Satans würde man ihn bezeichnen. Kaum einer würde ihn verstehen, seine engsten Freunde nicht, seine Mutter nicht – ganz zu schweigen von den übrigen Familienangehörigen. Jesus wußte, daß er einen schweren Weg vor sich hatte. Deshalb suchte er von Anfang an Trost und Hilfe bei Gott.

Im Vertrauen auf Gottes Beistand nahm Jesus unsere Schuld und unser Versagen auf sich. Leicht mag ihm das

---

[1] Matthäus 3,14 [2] Matthäus 3,15 [3] Matthäus 3,16.17 [4] Johannes 1,29 LT

nicht gewesen sein; denn der Sündlose spürte plötzlich die Last der Sünde auf seinen Schultern, der Friedfertige wurde zur Zielscheibe von Haß und Streit, der Wahrhaftige sah sich der Lüge und Verdrehung ausgesetzt, der Reine mußte zusehen, wie um ihn herum das Laster regierte. Obwohl Christus einer von uns geworden war, hing die Errettung der Welt allein von ihm ab. Würde er diese Last tragen können und wollen? Er trug sie, weil er sich dafür immer wieder die Kraft von Gott erbat! Er wußte, wie sehr die Sünde die Herzen der Menschen verhärtet hatte und wie schwer es für sie sein würde, sein Heilsangebot anzunehmen. Deshalb bat er Gott um Vollmacht, den Unglauben und die Vorbehalte der Menschen zu überwinden, um sie aus der Gewalt Satans befreien und wieder zu Gott bringen zu können.

Nie zuvor hatten die Engel solch ein Gebet gehört. Es drängte sie, dem Gottessohn Trost zuzusprechen, aber die Antwort auf Jesu Bitte hatte sich Gott selbst vorbehalten. Als sich der Himmel öffnete und eine Lichtgestalt „wie eine Taube" auf Jesus herabkam, wurde offenbar, daß Gott sich bedingungslos zu seinem Sohn bekannte. Außer Johannes sahen vermutlich nur wenige die himmlische Erscheinung; und die sie sahen, begriffen nicht, was das alles zu bedeuten hatte. Dennoch lag über diesem Geschehen eine ganz wunderbare Weihe, der sich niemand entziehen konnte.

Vollmacht vom Himmel

Wer Jesus beten sah, mußte den Eindruck gewinnen, daß da außergewöhnliches geschah. Das wurde vollends bestätigt, indem sich Gott auch hörbar zu seinem Sohn bekannte: „Dies ist mein Sohn, ihm gilt meine Liebe, ihn habe ich erwählt." Diese Worte waren von umfassender Bedeutung. Zum einen sollten die Menschen wissen, daß sich hier nicht einer anmaßte, Gottes Sohn zu sein, sondern daß er es wirklich war. Zum andern sollte sich Jesus des Beistands seines himmlischen Vaters gewiß sein. Nicht zuletzt war diese Botschaft auch an Johannes gerichtet. Für ihn war es das von Gott angekündigte Zeichen, an dem er den Messias erkennen sollte. Nun konnte er ganz sicher sein, den Erlöser der Welt getauft zu haben. Im Herzen bewegt und vom Geist Gottes getrieben, rief er den Menschen zu: „Siehe, das ist Gottes Lamm, das der Welt Sünde trägt!" [4]

Niemand unter den Zuhörern, nicht einmal Johannes, verstand damals, was mit dem Begriff „Gottes Lamm" gemeint ist. Im Blick auf den Opferdienst unterschieden sich die Vorstellungen vieler Israeliten nicht wesentlich von denen der Heiden. Für sie waren Opfer lediglich ein Ritual, eine Art Geschenk, mit dem man sich Gott geneigt machen konnte. Gott dagegen wollte Israel zeigen, daß alle Opfer im Grunde nur hinweisen auf das unermeßliche Geschenk, das er der Menschheit mit seinem eigenen Sohn macht.

Die Worte „Dies ist mein Sohn, ihm gilt meine Liebe, ihn habe ich erwählt" sind Evangelium für alle Menschen. Es ist wahr, daß wir Sünder sind, aber deshalb brauchen wir nicht zu verzagen. Gott läßt uns nicht links liegen, sondern wendet sich uns in Jesus Christus zu. Das ist es, was der Apostel Paulus meinte, als er schrieb: „Aus freiem Willen entschloß er sich, uns als seine Kinder anzunehmen – durch Jesus Christus und im Blick auf ihn, damit wir seine große Güte preisen, seine Gnade, die er uns erwiesen hat durch Christus, seinen geliebten Sohn." [5]

Die Herrlichkeit, die bei der Taufe auf Christus ruhte, ist gleichzeitig Gottes Pfand der Liebe für uns. Sie zeigt, welche Kraft das Gebet hat. Wer sich betend zu Gott wendet, redet nicht gegen die Decke, sondern darf wissen, daß seine Worte Gottes Ohr erreichen und bei ihm Gehör finden. Durch den Einbruch der Sünde wurde die Verbindung zwischen Himmel und Erde unterbrochen. Jesus hat sie wieder neu geknüpft. Deshalb kann das Licht aus Gottes Welt unser Leben in ähnlicher Weise berühren, wie das am Jordan bei Jesus der Fall war. Als Gott sich damals mit dem „Dies ist mein lieber Sohn ..." zu Jesus bekannte, meinte er in gewissem Sinne auch uns.

„Meine lieben Freunde, wir sind schon Kinder Gottes. Was wir einmal sein werden, ist jetzt noch nicht sichtbar. Aber wir wissen: wenn es sichtbar wird, werden wir Gott ähnlich sein, denn wir werden ihn sehen, wie er wirklich ist. Jeder, der das voll Vertrauen von ihm erwartet, hält sich von allem Unrecht fern, so wie Christus es getan hat." [6] Das ist die frohmachende Botschaft, die uns vom Taufgeschehen am Jordan erreicht: Christus hat alle Hindernisse auf dem Weg zu Gott beseitigt. Wir haben wieder ein Zuhause.

---

[5] Epheser 1,5.6 [6] 1. Johannes 3,2.3

12 Der Widersacher greift an

„Da wurde Jesus vom Geist in die Wüste geführt, damit er von dem Teufel versucht würde. Und da er vierzig Tage und Nächte gefastet hatte, hungerte ihn.“ [1]

Jesus legte es nicht darauf an, in Versuchung zu geraten. Er war in die Einsamkeit gegangen, um über seinen Auftrag und seinen Lebensweg nachzudenken. Mit Fasten und im Gebet wollte er sich vorbereiten auf das, was vor ihm lag. Dem wollte Satan natürlich nicht tatenlos zusehen. Deshalb versuchte er, Jesus gleich zu Beginn seiner Wirksamkeit zu Fall zu bringen. Schließlich stand für ihn einiges auf dem Spiel. Satan beanspruchte die Herrschaft über diese Welt und hörte es gern, als „Fürst der Welt“ bezeichnet zu werden. Um seinen Anspruch zu untermauern, behauptete er, die ersten Menschen hätten die Herrschaft über die Erde an ihn abgetreten, als sie sich im Paradies seinem Willen unterwarfen. Nun war der Gottessohn gekommen, um ihm dieses angemaßte Recht streitig zu machen. Indem Christus sich als Mensch ganz auf die Seite Gottes stellte, sollte für jedermann sichtbar werden, daß Satan durchaus nicht die alleinige Vollmacht über die Menschheit besaß. Wenn aber sein Anspruch unrechtmäßig war, bestand Hoffnung für alle, die sich nach Befreiung von der Zwangsherrschaft des Bösen sehnten.

Selbstverständlich wußte Satan, daß seine Macht über die Welt auf wackligen Füßen stand. Nicht alle Menschen hatte er voll in seiner Gewalt, denn irgendwie gab es nach wie vor Widerstand gegen das Böse. Daß trotz des Einbruchs der Sünde noch immer Kontakt zwischen Gott und den Menschen bestand, konnte Satan nicht gefallen. Die von Adam und seinen Nachkommen dargebrachten Opfer waren für ihn ein ärgerliches Zeichen dafür, daß die Verbindung zum Himmel trotz des Sündenfalls nicht völlig abgerissen war. Deshalb versuchte er, auch die letzten Spuren einer Gemeinschaft zu zerstören. Da er den Opferdienst nicht aus der Welt

---

Dieses Kapitel bezieht sich auf Matthäus 4,1–11; Markus 1,12.13; Lukas 3,1–13 [1] Matthäus 4,1.2 LT

schaffen konnte, wollte er wenigstens seinen Sinn verdrehen. Eigentlich sollten alle Opfer auf Christus, den Erlöser, hinweisen. Sie sollten ein Zeichen dafür sein, daß der Opfernde an die Liebe und Vergebungsbereitschaft Gottes glaubte. Satan gelang es im Laufe der Zeit, das alles anders darzustellen. Gott sei gar nicht an der Rettung der Menschen interessiert, sondern wolle eigentlich ihren Untergang. Deshalb könne man ihn auch nicht lieben, sondern müsse ihn fürchten. Das einzige Mittel, seinem Zorn zu entgehen, seien Opfer, Opfer und nochmals Opfer. Damit entstellte Satan das, was als Zeichen der Hoffnung gedacht war, zu einem gnadenlosen System von Leistung und Gegenleistung.

Als Gottes Wort später in geschriebener Form vorlag, unternahm Satan alles, um es den Menschen unmöglich zu machen, die prophetischen Hinweise auf den kommenden Erlöser richtig zu verstehen. Wenn Christus erscheinen würde, sollten sie ihn nicht erkennen – oder besser noch: ihm die Gefolgschaft verweigern.

Als Jesus geboren wurde, wußte Satan, daß der Eine da war, der ihm die angemaßte Herrschaft entreißen würde. Zwar sah er, daß es einmal so kommen mußte, dennoch erfüllte ihn das alles mit Bestürzung und Furcht. Der rebellische und selbstsüchtige Engelfürst wollte nicht einsehen, daß Gottes Sohn Mensch geworden war, um die in Sünde geratene Menschheit zu erlösen. Solche Liebe war für ihn, dessen Herz angefüllt war von Eigenliebe und Rachegedanken, schlechterdings unfaßbar. Und weil er selbst aus der Nähe Gottes verstoßen werden mußte, war ihm der Gedanke an die Errettung von Menschen unerträglich. Seit jeher hatte er versucht, die Menschen unwiderruflich von Gott zu trennen und ihr Herz ganz an irdische Dinge zu hängen. Nun sah Satan, daß der Erfolg seiner ganzen Bemühungen in Frage gestellt war.

Satan will den Sieg

Kaum war der Gottessohn Mensch geworden, da stellte ihm Satan auch schon nach. Er und seine Helfershelfer ließen nichts unversucht, um Christus aus der Welt zu schaffen. Ihnen war klar, daß sie selber das Feld räumen müßten, wenn sie Jesus nicht besiegen konnten. Da bisher noch kein Mensch den satanischen Machenschaften gewachsen war, meinten sie, auch Jesus zur Strecke bringen zu können. Aber das gelang nicht.

Als Jesus sich taufen ließ, mußte Satan vernehmen, wie Gott sich eindeutig zu seinem menschgewordenen Sohn bekannte. In der Zeit davor hatte der Vater immer nur *durch* Christus zu den Menschen gesprochen, jetzt verkehrte er mit ihnen *in* Christus. Satan hatte damit gerechnet, daß die Sünde der Menschen Gott davon abhalten würde, jemals wieder Verbindung zu ihnen aufzunehmen. Aber da hatte er sich getäuscht. Am Jordan wurde für alle sichtbar, daß Jesus Christus zum Mittler zwischen den sündigen Menschen und dem heiligen Gott bestimmt war. Deshalb gab es für Satan nur zwei Möglichkeiten: Sieg oder Niederlage! Und weil alles für ihn auf dem Spiel stand, zog Satan in der Wüste gegen Jesus zu Felde.

Viele betrachten diese Auseinandersetzung lediglich als einen Kampf zwischen Satan und Christus; ihr persönliches Leben aber werde davon nur am Rande berührt. Das ist falsch. Was sich damals in der Wüste abspielte, ist von zeichenhafter Bedeutung, denn den Kampf zwischen Gut und Böse hat jeder Mensch im eigenen Herzen auszufechten. Wir sind nicht bloß Zuschauer, sondern Mitbetroffene. Die Versuchungen, denen Christus standzuhalten hatte, sind im Grunde die gleichen, mit denen auch wir zu tun haben: Genußsucht, Liebe zur Welt und das Streben nach Ansehen und Macht.

Nachdem Satan die ersten Menschen auf hinterhältige Weise zur Sünde verführt hatte, benutzte er ihren Ungehorsam als Beleg dafür, daß Gottes Gebote gar nicht zu erfüllen seien. Durch die Menschwerdung Christi sollte aber auch deutlich werden, daß es sehr wohl möglich ist, im Gehorsam gegenüber Gott zu leben. Dabei hatte Christus eine ungleich schwierigere Ausgangsposition als Adam und Eva. Als die ersten Menschen sich mit dem Versucher auseinandersetzen mußten, waren sie im Vollbesitz ihrer geistigen und körperlichen Kräfte. Sie lebten in einer Umgebung, die noch nicht von der Sünde und ihren Folgen betroffen war. Außerdem hatten sie jederzeit persönlichen Kontakt mit Gott. Als Jesus sich dem Kampf in der Wüste stellte, waren die Bedingungen anders. Die jahrtausendelange Herrschaft der Sünde hatte die Menschheit geistig, körperlich und moralisch so sehr geschwächt, daß vom ursprünglich sündlosen Zustand nichts mehr wahrzunehmen war. Aber gerade in diese Situation hinein wurde Christus als Mensch geboren, um für uns die Verbindung mit Gott neu zu knüpfen.

Menschsein ohne Wenn und Aber

Manche Leute behaupten, die Versuchung in der Wüste sei für Jesus so gefährlich nicht gewesen; denn als Gottessohn hätte er gar nicht in Sünde fallen können. Auch das ist falsch! Wäre es so gewesen, dann hätte er nicht die Stelle Adams einnehmen können, um dort über die Sünde zu siegen, wo unser Urvater versagt hat. Wie sollte Christus uns helfen können, wenn sein Kampf gegen die Sünde nur ein Scheingefecht war oder wenn er es grundsätzlich leichter hatte als wir? So ist es nicht gewesen. Christus nahm unser Menschsein mit all seinen schuldhaften Verstrickungen an, selbst mit der Möglichkeit, in der Versuchung zu unterliegen. Nur so konnte er uns aus der Verlorenheit herausholen. Wir haben nichts zu tragen, was nicht auch er erduldet hätte.

Satan sät Zweifel

Satan versuchte Jesus genau dort zu Fall zu bringen, wo er bei den ersten Menschen Erfolg hatte. Es ging um die Eßlust. „Da er [Jesus] vierzig Tage und vierzig Nächte gefastet hatte, hungerte ihn. Und der Versucher trat zu ihm und sprach: Bist du Gottes Sohn, so sprich, daß diese Steine Brot werden.“ [2]

Schon die ersten Worte verraten, wes Geistes Kind Satan ist. Wie am Anfang im Paradies, so säte er auch hier in der Wüste zunächst Zweifel. Würde sich Jesus darauf einlassen, wie das die ersten Menschen taten, als Satan Eva einflüsterte, das könne doch kein liebender Gott sein, der seinen Kindern das Beste vorenthalte? Hätte nicht auch Jesus fragen können, wie sich denn seine augenblickliche Lage mit seiner Gottessohnschaft verträgt?

Wahrscheinlich hatte Satan bei der Versuchung Jesu noch die Worte im Ohr, mit denen sich Gott bei der Taufe zu Christus bekannt hatte: „Dies ist mein Sohn, ihm gilt meine Liebe, ihn habe ich erwählt.“ Er wußte, daß er den Kampf ge-

---

[2] Matthäus 4,2.3 LT

gen Christus nur gewinnen konnte, wenn es ihm gelang, das vertrauensvolle Verhältnis zwischen Vater und Sohn zu untergraben.

Aber in den Worten „Wenn du Gottes Sohn bist, dann ..." [3] steckt noch mehr Zündstoff, als daß nur Zweifel geweckt werden sollten. Satan wollte Jesus dazu verleiten, etwas zu tun, wofür er nicht die Weisung des himmlischen Vaters hatte. Aus welchen Gründen auch immer Christus Steine in Brot verwandelt hätte – um seinen Hunger zu stillen, sich zu verteidigen oder seine Gottessohnschaft zu beweisen –, letztlich hätte er getan, was Satan wollte. Im Paradies war es ähnlich gewesen. Wäre Jesus auf dieses Ansinnen eingegangen, hätte er die Chance zur Errettung der Welt gleich am Anfang verspielt.

Als sich Satan und Christus zum erstenmal gegenüberstanden, war Christus noch der Herr der Engelwelt; Satan dagegen wurde wegen seiner Empörung aus dem Himmel ausgestoßen. Nun schien es umgekehrt zu sein. Sah es nicht so aus, als sei Christus der von Gott und Menschen Verstoßene, der sein Leben in der Wüste fristen mußte? Und Satan bemühte sich nach Kräften, diesen Eindruck zu verstärken. Schließlich argumentierte er, Jesus könne nicht der Sohn Gottes sein, denn wäre er es, würde er alle Zweifel durch ein göttliches Wunder vom Tisch wischen. Nur solch eine Wundertat sei letztlich der Beweis für seine Gottessohnschaft. Aber wie geschickt die Versuchung auch eingefädelt war, Jesus erlag ihr nicht. Er mußte seine Göttlichkeit nicht beweisen, und er wollte es auch nicht. Er wußte, daß ihm Gott die Vollmacht zu außergewöhnlichem Handeln nicht gegeben hatte, damit er sich seine eigenen Wünsche erfüllte, sondern er sollte sie zur Erlösung der Menschen einsetzen. Und nur das wollte er.

Deshalb ließ sich Jesus auch nicht auf Streitgespräche mit dem Versucher ein, sondern trat ihm mit einem Bibelwort entgegen: „Es steht geschrieben: ‚Der Mensch lebt nicht vom Brot allein, sondern von einem jeden Wort, das aus dem Mund Gottes geht.'" [4] Jesu Waffe im Kampf gegen Satan war das Wort Gottes. Ein einziger Satz aus der Heiligen Schrift genügte, um den Widersacher aus dem Feld zu schlagen. Der hatte ihm einreden wollen, Gottessohnschaft habe es mit

[3] Matthäus 4,3 [4] Matthäus 4,4 LT (vgl. 5. Mose 8,3)

Wundern zu tun; Jesus hielt dem entgegen, daß Gottessohnschaft zuerst und allein vom Vertrauen auf Gott lebt.

Und noch etwas lehrt uns die Versuchung Jesu. Satan versucht sich immer dann der Menschen zu bemächtigen, wenn sie sich in Schwierigkeiten befinden. Wenn die Kräfte versagten, der Wille schwach geworden war und der Glaube aufhörte, in Gott zu ruhen, dann konnte Satan selbst jene besiegen, die ihm lange Zeit mutig die Stirn geboten hatten. Das war früher so und ist heute nicht anders. Tritt der Versucher nicht in ähnlicher Weise an uns heran, wie er es damals bei Jesus tat? Er hält uns unsere Schwäche vor und versucht unser Vertrauen zu Gott zu untergraben. Träten wir ihm ebenso entschlossen entgegen wie Jesus, könnten wir uns manche Niederlage ersparen.

Als Christus seinen Widersacher abwies mit den Worten „Der Mensch lebt nicht vom Brot allein", knüpfte er an eine uralte Begebenheit aus der Geschichte Israels an. Nachdem Gott das Volk knapp anderthalb Jahrtausende zuvor während der Wüstenwanderung auf wunderbare Weise mit „Himmelsbrot" versorgt hatte, schrieb Mose: „Und gedenke des ganzen Weges, den dich der Herr, dein Gott, geleitet hat diese vierzig Jahre in der Wüste ... er speiste dich mit Manna, das du und deine Väter nie gekannt hatten, auf daß er dir kundtäte, daß der Mensch nicht lebt vom Brot allein, sondern von allem, was aus dem Mund des Herrn geht." [5] Durch das Wort Gottes war den Israeliten Hilfe zuteil geworden, und eben diesem Wort vertraute auch Jesus. Er wollte nicht auf Geheiß Satans handeln, sondern wartete auf Gottes Weisung. Lieber nahm er Not und Belastungen auf sich, als vom Willen Gottes abzuweichen.

Mitunter kommt auch der Christ in Lebenslagen, die es ihm schwer machen, seine persönlichen Belange mit dem Gehorsam gegenüber Gott in Übereinstimmung zu bringen. Dann ist Satan schnell zur Stelle, um ihm einzuflüstern, jetzt gelte es, erst einmal an sich selbst zu denken. Die Versuchungsgeschichte Jesu zeigt, daß Nachfolger Jesu sich auf nichts anderes als Gottes Wort verlassen sollten. Wer das tut, wird erstaunliche Erfahrungen machen, denn in der Heiligen Schrift heißt es nicht umsonst: „Sorgt euch zuerst darum, daß ihr euch seiner Herrschaft unterstellt und tut, was er ver-

[5] 5. Mose 8,2.3

langt, dann wird er euch schon mit all dem anderen versorgen.“ [6]

Wenn die Zeit der letzten großen Auseinandersetzung mit Satan über die Menschheit hereinbricht, werden es alle schwer haben, die treu zu Gott stehen. Weil sie sich weigern, Gottes Willen zu mißachten, wird ihnen die Lebensgrundlage entzogen werden. In der Offenbarung heißt es über diese Zeit: „Und es macht, ... daß niemand kaufen oder verkaufen kann, wenn er nicht das Zeichen hat, nämlich den Namen des Tieres oder die Zahl seines Namens.“ [7] In dieser notvollen Zeit werden die Gläubigen erfahren, daß es stimmt, was Gott seinen Gerechten zugesagt hat: „Sein Brot wird ihm gegeben, sein Wasser hat er gewiß.“ [8]

Der Sieg über sich selbst

Die Versuchungsgeschichte Jesu macht auch deutlich, wie wichtig es ist, sich nicht von den rein irdischen Bedürfnisse und Begierden versklaven zu lassen, sondern über ihnen zu stehen. Unzählige Menschen haben sich durch Maßlosigkeit körperlich, seelisch und geistig zugrunde gerichtet. Wer sich ganz dem Diesseits mit seiner Lust und seinen zweifelhaften Angeboten verschreibt, verliert über kurz oder lang den Blick für die unvergänglichen Werte. Satan kann das nur recht sein, denn er möchte in unserem Leben alles auslöschen, was irgendwie an Gott und seine Welt erinnern könnte.

Genußsucht mit all ihren negativen Folgen führte dazu, daß die Welt zur Zeit der Sintflut an den Rand des Abgrunds trieb. Auch das Gottesgericht über Sodom und Gomorra hatte die gleichen Ursachen. Und Christus selbst hat gesagt, daß die Verhältnisse vor seiner Wiederkunft denen in alter Zeit gleichen werden. Gleichzeitig lehrt uns sein Verhalten in der Versuchung, wie wichtig es ist, daß wir unser Wollen und Fühlen, unser Denken und Handeln ganz unter den Willen Gottes stellen. Bei alledem sollten wir uns darüber im klaren sein, daß wir unsere Leidenschaften und Begierden nicht aus eigener Kraft zügeln können. Wer das versucht, wird unversehens zum Spielball Satans. Aber wir sind nicht

---

[6] Matthäus 6,33 [7] Offenbarung 13,16.17 [8] Jesaja 33,17 LT (vgl. Psalm 37,19)

auf uns selbst angewiesen. Der Herr hat verheißen: „Dies alles habe ich euch gesagt, damit ihr in meinem Frieden geborgen seid; denn in der Welt wird man euch hart zusetzen. Verliert nicht den Mut: Ich habe die Welt besiegt!“ [9]

Wenn wir in Versuchung geraten, sollten wir daran denken, wie Jesus sich der satanischen Angriffe erwehrte. Der Widersacher konnte mit all seinen Winkelzügen und Spitzfindigkeiten nichts erreichen, weil sich Jesus mit ihm nicht in Diskussionen einließ. So sollte es auch bei uns sein. Solange wir durch den Glauben fest mit Christus verbunden sind, hat die Sünde keine Gewalt über uns. Christus hat gezeigt, daß Satan allein durch das Wort Gottes zu besiegen ist. Es ist gewiß kein Zufall, daß Jesus dem Satan bei allen drei Versuchungen mit der gleichen Wendung begegnete: „Es steht geschrieben!“ [10] Das sollte uns Mut machen, bei Versuchungen nicht auf die äußeren Umstände oder unsere eigene Schwäche zu blicken, sondern auf Gott und sein Wort. Denn: „Alles, was zum Leben und zur Frömmigkeit dient, hat uns seine göttliche Kraft geschenkt durch die Erkenntnis dessen, der uns berufen hat durch seine Herrlichkeit und Kraft. Durch sie sind uns die teuren und allergrößten Verheißungen geschenkt, damit ihr dadurch Anteil bekommt an der göttlichen Natur, die ihr entronnen seid der verderblichen Begierde in der Welt.“ [11]

---

[9] Johannes 16,33 [10] Matthäus 4,4.7.19 LT [11] 2. Petrus 1,3.4 LT

13 | Jesus bleibt Sieger

„Da führte ihn der Teufel mit sich in die heilige Stadt und stellte ihn auf die Zinne des Tempels und sprach zu ihm: Bist du Gottes Sohn, so wirf dich hinab; denn es steht geschrieben: ‚Er wird seinen Engeln deinetwegen Befehl geben; und sie werden dich auf den Händen tragen, damit du deinen Fuß nicht an einen Stein stößt.'" [1]

So leicht gibt Satan nicht auf; so schnell verliert er nicht die Fassung. Immer noch tut er so, als käme er als wohlmeinender Freund zu Jesus, sozusagen als Engel des Lichts. Er paßt sich auch in seiner Strategie den Gegebenheiten an. Nachdem er gemerkt hatte, daß Jesus sich mit dem Wort Gottes verteidigte, benutzte er nun seinerseits ein Gotteswort als Angriffswaffe. Wieder stellte er Jesu Gottessohnschaft in Frage, um ihn zu einer unbedachten Reaktion zu verleiten.

Am Verhalten Jesu zeigt sich, daß Satan zwar zur Sünde reizen, aber niemals zum Sündigen zwingen kann. Er wollte Christus mit salbungsvollen Worten und unter Vorspiegelung falscher Tatsachen zum Sprung in die Tiefe bewegen, aber die Entscheidung, ob er springen wollte, lag allein bei Jesus. Und er sprang nicht! Christus brauchte kein Wunder, um sich die Gewißheit zu verschaffen, daß er Gottes Sohn war. Er wußte, daß er es war.

Im übertragenen Sinne heißt das: Auch uns kann Satan nicht zwingen, Böses zu tun. Er kann uns nicht beherrschen, solange wir uns nicht seinem Willen unterwerfen. Wenn wir allerdings in Gedanken mit der Sünde spielen und uns Gottes Geboten widersetzen, öffnen wir dem Versucher Tür und Tor. Und wenn es ihm gelungen ist, uns in die Sünde zu reißen, benutzt er unsere Niederlagen als Beweis dafür, daß sich niemand auf die Zusagen Gottes verlassen kann.

Im übrigen fällt auf, daß Satan beim Zitieren des Wortes Gottes ganz entscheidende Teile weggelassen hatte. Vollstän-

---

Dieses Kapitel bezieht sich auf Matthäus 4,5–11; Markus 1,12.13 und Lukas 4,5–13 [1] Matthäus 4,5.6 LT

dig lautet der Psalmtext nämlich so: „Denn er hat seinen Engeln befohlen, *daß sie dich behüten auf allen deinen Wegen*, daß sie dich auf den Händen tragen und du deinen Fuß nicht an einen Stein stoßest.“ [2] Als der Psalmdichter diese Worte niederschrieb, dachte er nicht an selbstgewählte, zweifelhafte Wege, sondern an solche, zu denen Gott Ja sagen kann. Jesus jedenfalls mußte diese Verheißung so verstanden haben, denn er wollte keinen anderen als den Weg seines Vaters gehen. Wie könnte er uns ein Vorbild im Glaubensgehorsam sein, wenn er sich leichtfertig in Gefahr gebracht und dabei Gott gezwungen hätte, ihn zu retten?

Auch bei dieser Versuchung ließ sich Jesus nicht auf Diskussionen ein, sondern antwortete kurz und treffend: „Wiederum steht auch geschrieben: ‚Du sollst den Herrn, deinen Gott, nicht versuchen.‘“ [3] Für Jesus gab es keinen Grund, die Frage seiner Gottessohnschaft erneut zu erörtern. Gott hatte sich anläßlich seiner Taufe eindeutig zu ihm bekannt. Ständig neue Beweise dafür zu fordern, wäre nur Zweifel an Gottes Wort und ein Zeichen von Unglauben gewesen. Diese Gedanken lassen sich auch auf unser Glaubensleben übertragen. Von Gott etwas zu erwarten, was seiner Zusage widerspricht, hieße ihn versuchen. Wir sollten Gott auch nie um etwas bitten, nur um sehen, zu wollen, ob er sein Wort auch tatsächlich hält. Wir müssen nicht darum beten, *daß* der Vater uns liebt, sondern wir wenden uns an ihn, *weil* er uns liebt. Der Glaube stützt sich auf Gottes Zusagen und bringt Frucht im Gehorsam. Die Vermessenheit beruft sich zwar auch auf Gottes Verheißungen, mißbraucht sie aber, um Verfehlungen zu vertuschen. Hätten unsere Ureltern im Paradies mehr der Liebe Gottes vertraut, hätte Satan sie nicht zum Ungehorsam verleiten können. Fälschlicherweise nahmen sie an, daß es wohl nicht so schlimm sei, einmal gegen Gottes Weisung zu verstoßen; Gott würde sie in seiner Liebe schon vor den Folgen der Übertretung bewahren. Das war ein verhängnisvoller Irrtum. Man kann die Gnade Gottes nicht in Anspruch nehmen, ohne die Bedingungen zu erfüllen, unter denen sie gewährt wird. Der Glaubende hat es nicht nur mit Gottes Verheißungen zu tun, sondern auch mit seinen Forderungen.

---

[2] Psalm 91,11.12 LT [3] Matthäus 4,7 LT (vgl. 5. Mose 6,17)

Satan bleibt gefährlich

Wenn Satan uns nicht dazu verleiten kann, Gott zu mißtrauen, versucht er es mit frommer Vermessenheit. Das heißt, er setzt alles daran, daß wir uns unnötigerweise der Versuchung aussetzen oder in Gefahr begeben. Gelingt ihm das, verläßt er fast immer als Sieger das Feld. Es ist wahr, daß Gott uns vor Satans Machenschaften bewahren will, aber wenn wir uns bewußt oder leichtfertig auf das Gebiet des Bösen begeben, kann er uns nicht zurückhalten. Nicht von ungefähr hat Jesus seinen Nachfolgern geboten: „Wachet und betet, daß ihr nicht in Versuchung fallt!" [4]

Das bedeutet nicht, daß gläubige Menschen keinerlei Versuchungen ausgesetzt wären – und gerade das macht vielen zu schaffen. Wenn sie in Schwierigkeiten geraten, fragen sie sich nämlich, ob sie tatsächlich noch von Gott geführt werden. Wir sollten deshalb nicht vergessen, daß der Geist Gottes Jesus in die Wüste geführt hatte, „damit er von dem Teufel versucht würde". [5] Wenn Gott uns in schwierige Lebenslagen geraten läßt, dann nicht, weil er uns preisgeben will, sondern weil er uns prüfen möchte. Grundsätzlich gilt, wenn Gott Prüfungen über uns kommen läßt, sollen sie letztlich Gutes bewirken, auch wenn man das nicht immer gleich erkennen kann. Außerdem steht fest: „Aber Gott ist treu, der euch nicht versuchen läßt über eure Kraft, sondern macht, daß die Versuchung so ein Ende nimmt, daß ihr's ertragen könnt." [6]

Nachdem Jesus auch der zweiten Versuchung widerstanden hatte, ließ Satan die Maske fallen und offenbarte sein eigentliches Wesen und seine Absichten. Er führte Jesus auf einen hohen Berg und zeigte ihm in einer grandiosen Schau die Reiche der Welt in ihrer Herrlichkeit. Dabei verbarg er geflissentlich, was er im Laufe der Jahrtausende durch die Sünde zerstört hatte; denn er hoffte, in Jesus den Wunsch zu wecken, das alles zu beherrschen. Deshalb bot er ihm an: „Das alles will ich dir geben, wenn du niederfällst und mich anbetest." [7]

---

[4] Matthäus 14,38 LT [5] Matthäus 4,1 LT [6] 1. Korinther 10,13 LT
[7] Matthäus 4,9 LT

Christus läßt sich nicht ködern

Niemand denke, dieses Angebot sei für Christus keine Versuchung gewesen. Er stand am Anfang eines Weges, der ihm viel Kummer, Ablehnung, Kampf und zuletzt einen schimpflichen Tod bringen würde. Die Schuld der ganzen Welt sollte auf seine Schultern gelegt werden. Schließlich schien es sogar, als habe Gott ihn verlassen. Sollte er da nicht zugreifen, wenn ihm ein leichterer Weg gewiesen wurde, die Herrschaft über die verlorene Welt zurückzugewinnen? Konnte man dafür nicht ein bißchen Anbetung und Anerkennung Satans in Kauf nehmen? Nein, Jesus konnte und wollte das nicht! Er wußte, daß die Welt für immer unter der Gewalt Satans bleiben würde, wenn er dessen Angebot annahm.

Im übrigen konnte Satan gar nicht über die Welt verfügen, da sie ihm nicht gehörte. Bei der Schöpfung hatte Gott Adam zu seinem Statthalter auf Erden gemacht. Zwar war es Satan auf hinterhältige Weise gelungen, die Macht an sich zu reißen, aber deshalb war er noch lange nicht der rechtmäßige Herrscher dieser Welt. Wäre Jesus auf das Angebot Satans eingegangen, hätte er dessen Oberherrschaft faktisch anerkannt. Deshalb gebot er dem Versucher: „Weg mit dir, Satan! denn es steht geschrieben: ‚Du sollst anbeten den Herrn, deinen Gott, und ihm allein dienen.'"[8] Christus ließ sich nicht manipulieren und war auch nicht bereit, um eigener Vorteile willen seinem Auftrag untreu zu werden. Ihm ging es nicht darum, auf dieser Erde Macht auszuüben, sondern er war gekommen, um Satan zu entmachten und ein Reich der Gerechtigkeit aufzurichten.

Mit der Versuchung zur Macht haben auch wir zu tun; allerdings ist Satan bei uns erfolgreicher als bei Jesus. Aber wenn er verspricht, uns die ganze Welt zu Füßen zu legen, verlangt er als Preis gleichzeitig, daß wir unsere Rechtschaffenheit opfern, das Gewissen töten und ihn anbeten – wie immer das auch aussehen mag. Durch die Jahrtausende hindurch hat er den Menschen eingehämmert: Macht, Ehre, Reichtum, Glück und Vergnügen sind ohne mich nicht zu haben! Mit Rechtschaffenheit, Ehrlichkeit und Selbstverleugnung kommt man nicht weit. Je eher ihr das erkennt, desto

---

[8] Matthäus 4,10 (vgl. 5. Mose 6,13)

besser für euch! Auf diese Weise verführt er viele dazu, nur an sich zu denken und für sich zu leben. Das ist insofern tragisch, weil Satan niemals hält, was er verspricht. Er gaukelt den Menschen vor, daß sie mit ihm alles erreichen könnten. Und wenn sich jemand auf sein Angebot einläßt, versklavt er ihn und betrügt ihn um die Gotteskindschaft.

Satan ist besiegt

Satan hatte in Abrede gestellt, daß Jesus wirklich der Sohn Gottes ist. Der kurze Befehl: „Weg mit dir, Satan!" zeigt aber, wer hier wirklich der Herr war. Zornig und geschlagen mußte sich der Versucher zurückziehen. Christi Sieg über Satan war ebenso eindeutig, wie es einst die Niederlage Adams gewesen war.

Die Folgerung aus diesem Geschehen heißt: Im Namen Jesu können wir der Versuchung widerstehen. Jesus siegte über Satan, weil er im Glauben und im Gehorsam mit Gott verbunden blieb. Das meinte auch der Apostel Jakobus, als er schrieb: „So seid nun Gott untertan. Widersteht dem Teufel, so flieht er von euch. Naht euch zu Gott, so naht er sich zu euch." [9] Und im Buch der Sprüche heißt es: „Der Name des Herrn ist eine feste Burg; der Gerechte läuft dorthin und wird beschirmt." [10] Ohne Zweifel verfügt Satan über große Macht, dennoch zittert er vor jedem, der seine Zuflucht bei Gott sucht.

Nachdem sich Satan zurückgezogen hatte, fiel Jesus erschöpft zu Boden. Der Widerstand gegen den Bösen hatte ihn unsagbar viel Kraft gekostet. Es war ihm anzusehen, daß er eine Prüfung bestanden hatte, wie sie schwerer nicht hätte sein können und wie sie außer ihm niemand bestehen würde. Deshalb kamen Engel vom Himmel und dienten ihm. Sie stärkten ihn durch Nahrung und durch die Botschaft von der Liebe seines Vaters; sie sagten ihm, welch ein Jubel im Himmel über seinen Sieg herrschte. Nachdem Jesus wieder zu Kräften gekommen war, verließ er die Wüste, um die begonnene Aufgabe zu vollenden. Er wollte nicht ruhen, bis er den Feind völlig überwunden hatte und die in Sünde gefallenen Menschen aus der Knechtschaft Satans befreit waren.

Wie hoch der Preis wirklich war, den Jesus für unsere Er-

---

[9] Jakobus 4,7.8 LT [10] Sprüche 18,10 LT

lösung zahlen mußte, werden wir erst in der Ewigkeit erfahren. Bis in alle Ewigkeit wird es ein Anlaß zum Danken sein, daß Gottes Sohn den Himmel verließ und um unsertwillen das Risiko auf sich nahm, im Kampf gegen das Böse zu unterliegen und für immer von Gott getrennt zu sein. Kein Wunder, daß eines Tages das ganze Universum ein Lied zum Lobpreis des Erlösers anstimmen wird: „Anbetung und Ehre, Herrlichkeit und Macht gehören ihm, der auf dem Thron sitzt, und dem Lamm, für immer und ewig." [11]

[11] Offenbarung 5,13 LT

14 | Wir haben den Messias gefunden!

Johannes der Täufer predigte jenseits des Jordans in der Nähe des Ortes Betanien. Täglich kamen Menschen an den Fluß, um ihm zuzuhören. Viele wurden von seiner Botschaft gepackt und ließen sich taufen. Natürlich konnte das der Geistlichkeit nicht verborgen bleiben. Die Obersten waren nicht gut auf Johannes zu sprechen, weil er predigte und taufte, ohne den Hohen Rat um Erlaubnis gefragt zu haben. Seinem Ansehen unter dem Volk tat das freilich keinen Abbruch.

Dem Hohen Rat gehörten damals Priester, Vertreter der Oberschicht und Schriftgelehrte an. Ursprünglich hatte dieses Gremium die weltliche wie auch die geistliche Macht in der Hand. Zwar war der Hohe Rat zur Zeit Jesu dem römischen Statthalter untergeordnet, übte aber dennoch großen Einfluß aus, wenn es um bürgerliches Recht oder um religiöse Belange ging. Nach allem, was man von den Ereignissen am Jordan gehörte hatte, konnte diese „religiöse Behörde" nicht umhin, sich mit dem Fall Johannes des Täufers zu befassen. Einige erinnerten sich an die merkwürdigen Umstände bei der Geburt des Johannes. Hatten da nicht Leute behauptet, dem Neugeborenen sei prophezeit worden, er werde einmal der Wegbereiter des Messias sein? Im Laufe der Jahre war es ruhig geworden um diesen Mann. Nun aber erinnerte man sich wieder an das, was vor etwa dreißig Jahren vorausgesagt worden war.

Es war lange her, daß ein Prophet Gottes in Israel gewirkt hatte. Als Johannes auftrat, schien es, als gäbe es wieder einen. Daran, daß die Propheten zu Buße und Umkehr riefen, war man gewöhnt, aber Johannes ging noch einen Schritt weiter. Er verlangte von seinen Mitmenschen, daß sie ihre Sünden bekannten. Das war den geistlichen Würdenträgern unheimlich. Kaum einer wagte es, zu Johannes an den Jordan zu gehen, weil sie fürchteten, er könnte die dunklen Seiten ihres Lebens aufdecken.

Dieses Kapitel bezieht sich auf Johannes 1,19–51

Für viele Israeliten war das Auftreten des Johannes ein Zeichen dafür, daß der Messias bald erscheinen werde. Vielleicht war auch der Täufer selbst der sehnsüchtig Erwartete. Die Juden wußten, daß die vom Propheten Daniel geweissagten 70 (Jahr-)Wochen, an deren Ende der Messias kommen sollte, fast abgelaufen waren. Deshalb glaubten viele, daß nun die messianische Heilszeit anbrechen müsse, in der Israel wieder zu nationaler Größe aufsteigen würde. Als Johannes der Täufer auftrat, schlug die Begeisterung hohe Wellen, denn niemand wollte die Ankunft des Erlösers verpassen. Das alles zwang den Hohen Rat, zu den Ereignissen Stellung zu nehmen. Entweder die Obersten stellten sich hinter den Täufer oder sie lehnten ihn ab. Da der Einfluß des Johannes ständig wuchs und der des Hohen Rates entsprechend zurückging, mußte unverzüglich gehandelt werden. Man schickte also eine Gruppe von Priestern und Tempeldienern an den Jordan, um Erkundigungen aus erster Hand einzuziehen.

Als die Abgesandten des Hohen Rates zu der Stelle kamen, sahen sie, daß eine große Menschenmenge der Predigt des Täufers lauschte. Sie traten betont würdevoll auf, um das Volk und Johannes zu beeindrucken und die Wichtigkeit ihrer Mission zu unterstreichen. Respektvoll machten die Zuhörer Platz, um die Würdenträger durchzulassen. Am Fluß angekommen, fragten sie den Täufer: „Wer bist du eigentlich?" Johannes, der ihre Gedanken erriet, antwortete: „Ich bin nicht der Messias!" „Wer bist du dann? Etwa Elia?" fragten sie. Johannes antwortete: „Ich bin nicht Elia." Darauf die Priester: „Bist du der Prophet?" Die Antwort lautete: „Nein." Irritiert wollten die Abgesandten wissen: „Wer bist du dann? daß wir Antwort geben denen, die uns gesandt haben. Was sagst du von dir selbst? Er sprach: ‚Ich bin eine Stimme eines Predigers in der Wüste: Ebnet den Weg des Herrn!'" [1]

Wenn in alter Zeit ein Herrscher durch die dünnbesiedelten Regionen seines Reiches reiste, wurde der fürstlichen Gesellschaft eine Truppe vorausgeschickt, die den Weg so herzurichten hatte, daß der König unbehindert reisen konnte. Diesen Brauch benutzte der Prophet Jesaja als Bild, um auf das Kommen des Erlösers hinzuweisen: „Es ruft eine Stimme: In der Wüste bereitet dem Herrn den Weg, macht in der

---

[1] Johannes 1,22.23 LT

Steppe eine ebene Bahn unserm Gott! Alle Täler sollen erhöht werden, und alle Berge und Hügel sollen erniedrigt werden, und was uneben ist, soll gerade, und was hügelig ist, soll eben werden, denn die Herrlichkeit des Herrn soll offenbart werden, und alles Fleisch miteinander wird es sehen; denn des Herrn Mund hat's geredet." [2]

Im übertragenen Sinne könnte das heißen: Wenn Gottes Geist einen Menschen anrührt, bewirkt er gewaltige Umwälzungen. Stolz, Machtstreben, Karrieredenken und Vergnügungssucht weichen einer von Gott gewirkten Bescheidenheit, Hingabe und Liebe. Um solche Umwandlungen geht es, wenn der Herr uns durch seine gute Botschaft anspricht. Auch Johannes verfolgte dieses Ziel, als er den Menschen predigte.

Aber zurück zu den Abgesandten des Hohen Rates. Natürlich waren sie mit der Antwort des Johannes nicht zufrieden, deshalb bohrten sie weiter: „Warum taufst du denn, wenn du nicht der Christus bist noch Elia noch der Prophet?" [3] Die Formulierung „der Prophet" bezog sich auf Mose. Damals war man der Auffassung, Mose werde irgendwann von den Toten auferstehen, um danach in den Himmel aufgenommen zu werden. Als Johannes auftrat, dachten viele, er sei der wiedererstandene Mose. Außerdem gab es einen alten Volksglauben, nach dem der Prophet Elia kurz vor dem Erscheinen des Messias noch einmal auf Erden erscheinen würde. Deshalb die Frage: „Bist du Elia?", die Johannes mit einem klaren Nein beantwortete. Formal gesehen war das richtig, denn er war ja nicht der wiedererschienene Elia, sondern Johannes, der Sohn des Zacharias. Andererseits sprach Jesus später von ihm als dem verheißenen Elia: „... und wenn ihr's annehmen wollt: er ist Elia, der da kommen soll." [4] Mit diesem Vergleich wollte Christus offenbar sagen, daß Johannes die Menschen seiner Zeit in der gleichen Kraft und im gleichen Geist zur Umkehr rief wie einst der Prophet Elia Jahrhunderte zuvor. Aber wie Israel damals nicht auf den von Gott gesandten Mahner hörte, so auch jetzt. Deshalb nützte den meisten der Zeitgenossen des Johannes dieser Elias-Dienst nichts.

---

[2] Jesaja 40,3–5 LT [3] Johannes 1,25 LT [4] Matthäus 11,14 LT

Mit Blindheit geschlagen

Viele Juden hatten die Taufe Jesu am Jordan miterlebt, aber ihre zeichenhafte Bedeutung nicht erkannt. Während der vorangegangenen monatelangen Verkündigung des Täufers konnten sie sich nicht entschließen, seinem Bußruf zu folgen. Weil ihr Herz für Gottes Botschaft nicht offen war, begriffen sie auch nicht, wie deutlich sich der himmlische Vater bei der Taufe Jesu zu seinem Sohn bekannt hatte. Damals wie heute gilt: Denen, die nicht im Glauben auf Gott schauen, bleibt die Herrlichkeit Gottes verborgen; und wer sich seinem Wort verschließt, wird taub für das, was der Herr zu sagen hat. Wie oft ist es vorgekommen, daß in christlichen Versammlungen die Gegenwart Christi oder die seiner Engel geradezu mit Händen greifbar war, aber die meisten merkten es nicht. Leider sind es immer nur wenige Hörer, die bei solchen Gelegenheiten begreifen, was wirklich geschieht. Die aber werden gesegnet, getröstet und ermutigt.

Die Abgesandten des Hohen Rates hatten Johannes also gefragt, warum er denn taufe, wenn er weder Mose noch Elia oder gar der Christus sei. Nun warteten sie auf seine Antwort. Als Johannes den Blick über die versammelte Zuhörerschaft gleiten ließ, leuchteten seine Augen auf, und er sagte: „Ich taufe mit Wasser; aber er ist mitten unter euch getreten, den ihr nicht kennt. Der wird nach mir kommen, und ich bin nicht wert, daß ich seine Schuhriemen löse.“ [5] Diese Antwort ließ an Deutlichkeit nichts zu wünschen übrig. Johannes behauptete also, daß der Messias mitten unter ihnen war! Bestürzt schauten sich die Gelehrten um, aber sie konnten ihn nicht entdecken.

Nach der Taufe Jesu hatte Johannes ihn als das Lamm Gottes bezeichnet. Damit fiel ein ganz neues Licht auf das Wirken des Messias, das durchaus nicht den damaligen Erwartungen entsprach. Offenbar hatte der Heilige Geist die Gedanken des Täufers auf den Propheten Jesaja gelenkt, der im Blick auf den Messias prophezeit hatte: „Als er gemartert ward, litt er doch willig und tat seinen Mund nicht auf wie ein Lamm, das zur Schlachtbank geführt wird.“ [6] Die Begegnung mit Jesus veranlaßte Johannes, sich gründlich mit den Messiasprophezeiungen und den Opfervorschriften zu befas-

---

[5] Johannes 1,26.27 LT [6] Jesaja 53,7 LT

sen. Dabei entdeckte er Zusammenhänge, die sogar den jüdischen Gelehrten verborgen geblieben waren – ganz zu schweigen vom ungelehrten Volk.

Nach seiner Versuchung in der Wüste kehrte Jesus zurück an den Jordan. Als ihn Johannes unter den Zuhörern entdeckte, war er überzeugt, daß Christus sich nun offenbaren und seine messianische Wirksamkeit für alle sichtbar beginnen werde. Aber Jesus tat nichts dergleichen. Am nächsten Tag sah Johannes Jesus erneut in der Menge. Erfüllt von der Kraft Gottes, streckte der Prophet seine Arme aus und rief: „Siehe, das ist Gottes Lamm, das der Welt Sünde trägt! Dieser ist's, von dem ich gesagt habe: Nach mir kommt ein Mann, der vor mir gewesen ist, denn er war eher als ich ... Ich sah, daß der Geist herabfuhr wie eine Taube vom Himmel und blieb auf ihm. Und ich kannte ihn nicht. Aber der mich sandte zu taufen mit Wasser, der sprach zu mir: Auf wen du siehst den Geist herabfahren und auf ihm bleiben, der ist's, der mit dem heiligen Geist tauft. Und ich habe es gesehen und bezeugt: Dieser ist Gottes Sohn." [7]

Sie erkannten ihn nicht

Erstaunt blickten die Zuhörer auf Jesus. Sollte das der Messias sein? Gewiß, wenn Johannes das behauptete, war es bestimmt nicht aus der Luft gegriffen. Sie wußten, daß der Täufer ein Verkündiger der Wahrheit war; denn im Blick auf ihre eigene Sündhaftigkeit hatten sie erlebt, wie recht er hatte. Außerdem spürten sie, daß er im Auftrag Gottes sprach. Aber sollte dieser Mann, auf den Johannes zeigte, wirklich der sein, auf den sie warteten? Äußerlich wies nichts darauf hin, im Gegenteil. Er trat nicht so auf, wie sie es von den Angehörigen der herrschenden Schicht gewohnt waren. Sein Äußeres deutete eher auf Armut denn auf Reichtum hin. Einige der Zuhörer hatten diesen Mann schon einmal gesehen, damals bei seiner Taufe. Da hatte ein ungewohnter himmlischer Glanz auf ihm gelegen. Aber den Gottessohn erkannte in diesem vom Fasten in der Wüste ausgezehrten und vom Kampf mit Satan erschöpften Jesus außer Johannes niemand.

Als die Leute sich Jesus zuwandten, sahen sie nur einen einfachen Menschen, aber irgendwie spürten sie, daß von

[7] Johannes 1,29–34 LT

ihm eine Kraft ausging, die ihnen bisher unbekannt geblieben war. Alles an ihm strahlte Liebe, Erbarmen und Würde aus, obwohl er sich mit keinem Wort zu der Ankündigung des Johannes äußerte. War das der Verheißene, auf den Israel sehnsüchtig wartete?

Gott hatte es so bestimmt, daß sein Sohn nicht in einem Königspalast geboren wurde, sondern in Armut und Niedrigkeit. Wäre er als Königssohn aufgewachsen, wo hätte er Demut und Bescheidenheit lernen sollen? Wäre er reich gewesen, wie hätte er zum Vorbild und zur Hoffnung der Armen werden können? Aber das alles begriffen die Menschen nicht, denn sie schauten zuerst auf das Äußere. Deshalb konnten es die meisten Zuhörer nicht glauben, daß mitten unter ihnen der Messias stand. Sie waren verwirrt und enttäuscht zugleich. Wenn der Mann doch wenigstens den Mund aufgemacht und für sich in Anspruch genommen hätte: Ich werde das Königreich Israel wieder aufrichten! Einen, der sich mit Haut und Haaren diesem Ziel verschrieb, hätte vielleicht sogar die Priesterschaft als König bejahen können. Aber mit einem, der sein Reich der Gerechtigkeit vorerst nur in den Herzen der Menschen aufrichten wollte, konnten sie nichts anfangen.

Die ersten Jünger

Am nächsten Tag mischte sich Jesus wieder unter die Zuhörer am Jordan. Als Johannes ihn sah, rief er aufs neue: „Siehe, das ist Gottes Lamm!“ Zwei seiner Jünger hörten das, verstanden aber nicht, was Johannes mit „Gottes Lamm“ meinte. Einer dieser jungen Männer war Andreas, der Bruder des Simon Petrus, der andere war Johannes, der spätere Verfasser des Johannesevangeliums. Beide wollten gern Näheres über die Botschaft und den Auftrag Jesu erfahren. Deshalb gingen sie ihm nach. Jesus spürte, daß er seinen ersten Jüngern begegnet war. Das machte ihn froh. Als er sie fragte, was sie suchten, erkundigten sie sich nach seiner Herberge. Offenbar war ihnen klar, daß ihnen ein kurzes Gespräch auf der Straße nicht das bringen konnte, was sie sich wünschten. Nachdem Jesus sie zu sich eingeladen hatten, blieben die beiden Freunde den ganzen Tag über bei ihm.

Wären Andreas und Johannes so skeptisch gewesen wie die Priester oder die Obersten, dann hätten sie eher an eine kritisch abwartende Haltung als an Jüngerschaft gedacht. Aber darum ging es ihnen nicht. Durch die Predigt des Johannes waren sie auf die Begegnung mit Jesus vorbereitet. Als dann Jesus mit ihnen über Gottes Wort sprach, begannen sie die alten Wahrheiten in einem völlig neuen Licht zu sehen. Vor allem auf Johannes, einen gefühlsstarken, impulsiven und gleichzeitig nachdenklichen jungen Mann, machte das Gespräch großen Eindruck. Mehr und mehr begann er die Bedeutung Jesu zu erkennen. Als er Jahrzehnte später dessen Lebensgeschichte aufschrieb, faßte er die Begegnung mit ihm so zusammen: „... und wir sahen seine Herrlichkeit, eine Herrlichkeit als des eingeborenen Sohnes vom Vater, voller Gnade und Wahrheit." [8]

Andreas war von dem, was er im Gespräch mit Jesus erlebt hatte, so bewegt, daß er es nicht für sich behalten konnte. Als er seinen Bruder Simon sah, rief er ihm zu: „Wir haben den Messias gefunden." [9] Simon, der ebenfalls zum Freundeskreis um Johannes den Täufer gehörte, war ein Mann schneller Entschlüsse. Er wollte wissen, ob an der ganzen Sache wirklich etwas dran war. Deshalb besuchte auch er Jesus. Der sah ihn an und las im Leben dieses ehrgeizigen, aber auch liebevollen, mitfühlenden und treuen Menschen wie in einem aufgeschlagenen Buch. Wie mag Simon sich gewundert haben, als Jesus bei dieser ersten Begegnung zu ihm sagte: „‚Du bist Simon, der Sohn des Johannes. Du wirst einmal Kephas genannt werden.' Kephas ist das hebräische Wort für Petrus (Fels)." [10]

Jesus sammelte seine Jünger allerdings nicht nur unter denen, die zu ihm kamen, sondern sprach auch seinerseits junge Menschen an. Auf dem Weg nach Galiläa traf er Philippus und rief ihn mit den Worten „Folge mir nach!"in die Jüngerschaft. Philippus überlegte nicht lange, sondern entschloß sich spontan, Jesu Schüler zu werden.

Christus sieht ins Verborgene

Die ersten Jünger gewann Jesus dadurch, daß sie zu ihm kamen, mit ihm sprachen und bei ihm blieben. Aber nicht alle fanden auf diesem einfachen Weg in die Nachfolge. Nathanael beispielsweise war dabei, als Johannes auf Jesus als

---

[8] Johannes 1,14 LT [9] Johannes 1,41 LT [10] Johannes 1,42

das Lamm Gottes hingewiesen hatte. Zwar fragte er sich, ob dieser Mann, dem man harte Arbeit und Armut auf den ersten Blick ansehen konnte, wirklich der Messias war, aber er wollte sich auch nicht gegen das Wort des Täufers stellen. Als sein Freund Philippus ihn ansprach, hatte sich Nathanael gerade ein wenig zurückgezogen, um unter Gebet über die messianischen Prophezeiungen nachzudenken. Wahrscheinlich hatten die beiden jungen Männer schon öfter unter dem dichten Blätterdach des alten Feigenbaumes über Glaubensfragen gesprochen und miteinander gebetet. Philippus wußte also, wo er Nathanael finden konnte. Der empfand es als eine unmittelbare Antwort von Gott, als Philippus ihm sagte: „Wir haben den gefunden, von dem Mose im Gesetz und die Propheten geschrieben haben ..." [11] Aber als dann der Freund hinzufügte, daß er von „Jesus, Josefs Sohn, aus Nazareth" sprach, meldeten sich bei ihm die alten Vorbehalte: „Was kann aus Nazareth Gutes kommen!" [12]

Wie sollte Philippus darauf reagieren? Er tat das einzig Richtige, indem er sich nicht auf eine Diskussion einließ, sondern einfach sagte: „Komm und sieh es!" Nathanael ging mit – und nun nahm Jesus selbst die Sache in die Hand. Als er Nathanael kommen sah, begrüßte er ihn mit den Worten: „Siehe, ein rechter Israelit, in dem kein Falsch ist." Nathanael war überrascht und fragte: „Woher kennst du mich?" Jesus antwortete: „Bevor Philippus dich rief, als du unter dem Feigenbaum warst, sah ich dich." Und nun reagierte auch dieser junge Mann spontan, indem er bekannte: „Rabbi, du bist Gottes Sohn, du bist der König von Israel!" [13]

Hätte sich Nathanael mit dem zufriedengegeben, was die Geistlichkeit damals über Jesus dachte, wäre er nie ein Jünger Jesu geworden. Aber er verließ sich nicht auf andere, sondern war es gewohnt, sich eine eigene Meinung zu bilden. Auch heute gibt es viele, die ungeprüft hinnehmen, was andere sagen. Aber wer nicht selbst im Wort Gottes forscht und um Erleuchtung durch den Heiligen Geist bittet, kann nicht zu neuen Erkenntnissen kommen. Wie Jesus damals den Nathanael unter dem Feigenbaum sah, so schaut er heute noch auf alle, die sich in die Stille des Gebets zurückziehen, um Gottes Willen zu erfahren. Denen, die beten, sind Gottes Engel immer nahe.

---

[11] Johannes 1,45 LT [12] Johannes 1,46 LT [13] Johannes 1,47–49 LT

Mit der Berufung von Johannes, Andreas, Simon, Philippus und Nathanael hatte Jesus den Grundstein für die christliche Gemeinde gelegt. Das Beispiel von Andreas und Philippus zeigt, wie Gemeinde entsteht und wächst. Wer an Christus gläubig wird, sollte handeln wie sie und mit Verwandten, Freunden und Nachbarn über Jesus sprechen. Leider gibt es heutzutage viele, die zwar für sich in Anspruch nehmen, Nachfolger Jesu zu sein, aber nicht daran denken, andere ebenfalls in die Gemeinschaft Christi zu rufen. Dafür, so meinen sie, seien allein die Geistlichen zuständig. Mancher hätte zum Glauben finden können, wenn sich seine Verwandten, Freunde oder Nachbarn um ihn gekümmert hätten. Eigentlich ist es ganz normal, daß jemand, der selbst zu Christus gefunden hat, sich gedrungen fühlt, andere auf den gleichen Weg zu führen. Wem das Herz voll ist, dem geht allemal der Mund über.

Ein durchschlagendes Argument

Als Philippus seinen Freund Nathanael auf Jesus hinwies, erwartete er nicht, daß der sich seiner Einschätzung kurzerhand anschließen würde. Ebensowenig wischte er die Vorbehalte Nathanaels einfach vom Tisch, sondern forderte ihn nur auf: Überzeuge dich selbst! Theologischen Beweisführungen oder logischen Argumenten mag man sich verschließen, aber ein Leben, das die Glaubenslehren in die Praxis umsetzt, läßt sich nicht einfach abtun. Unser Einfluß auf andere hängt nicht so sehr von dem ab, was wir sagen, als vielmehr von dem, was wir sind. Wenn man uns anmerkt, daß wir wirklich mit Gott leben, wird das seine Wirkung auf andere nicht verfehlen, unabhängig davon, ob sie zum Glauben kommen oder nicht. Und noch eins: Das Bezeugen der Wahrheit wird unserem eigenen Leben zum Segen und macht uns innerlich reich.

Als Nathanael durch den Augenschein in Jesus den „König Israels" erkannte, war das erst der Anfang einer ständig wachsenden Erkenntnis. Deshalb versicherte ihm Jesus: „Du glaubst, weil ich dir gesagt habe, daß ich dich gesehen habe unter dem Feigenbaum. Du wirst noch Größeres als das erleben ... Wahrlich, wahrlich, ich sage euch: Ihr werdet den Himmel offen sehen und die Engel Gottes hinauf- und herabfahren über dem Menschensohn." [14]

Damit wollte Christus wohl sagen, daß der Himmel, der sich bei seiner Taufe sichtbar aufgetan hatte, für alle geöffnet bleibt, die eine Verbindung zu Gott suchen. Wenn wir uns Gott im Gebet zuwenden, bringen Engel unsere Sorgen und Wünsche vor seinen Thron. Gleichzeitig sendet Gott seine Engel aus, um uns Mut zu machen, Hoffnung zu geben oder ganz konkrete Hilfe zu gewähren. Ohne Christus, der durch seine Menschwerdung Himmel und Erde wieder miteinander verbunden hat, wäre das alles nicht möglich, denn allein er ist der Mittler zwischen Gott und Mensch.

[14] Johannes 1,50.51 LT

15 | Zu Gast bei einer Hochzeit

Jesus begann seine öffentliche Wirksamkeit nicht mit einer Verlautbarung vor dem Hohen Rat, sondern bei einem Familienfest in einem kleinen galiläischen Dorf. Dort feierten Verwandte seiner Eltern eine Hochzeit, zu der auch Jesus und seine Freunde eingeladen waren. Sein Kommen zeigt, daß Jesu göttliche Sendung gesellschaftliche Kontakte und die Teilnahme an den Freuden und Leiden der Menschen keineswegs ausschloß. Im Gegenteil; wo es möglich war, bekundete er sein Interesse am Wohlergehen seiner Mitmenschen und brachte Freude und Glück in ihre Heime.

Anläßlich dieser Hochzeit sah Jesus auch seine Mutter wieder. Maria hatte von den Ereignissen gehört, die mit der Taufe Jesu am Jordan zusammenhingen. Das alles ließ die Gedanken wieder wach werden, die sie im Blick auf ihren Sohn seit Jahrzehnten im Herzen bewegt hatte. Von Anfang an hatte sie eindeutige Hinweise bezüglich der Aufgabe ihres Sohnes bekommen, doch im Laufe der Jahrzehnte war manches davon in Vergessenheit geraten. Mitunter wurde sie auch von Sorgen und Zweifeln geplagt, zumal sie seit dem Tode Josefs niemanden mehr hatte, mit dem sie über all das sprechen konnte. Auch die Abwesenheit Jesu hatte ihr zu schaffen gemacht, deshalb war sie beglückt, ihren Sohn auf der Hochzeit wiederzusehen. An seiner liebevollen und zuvorkommenden Art hatte sich nichts geändert, dennoch erschien er ihr anders als früher. Einerseits hatte der seelische Kampf in der Wüste Spuren hinterlassen, zum andern nahm Maria an ihm eine bis dahin nicht gekannte Würde und Hoheit wahr. Außerdem waren in seinem Gefolge junge Männer mit nach Kana gekommen, die ihn ehrfurchtsvoll Meister nannten und von dem erzählten, was sie bei Jesu Taufe und bei anderen Gelegenheiten gehört und gesehen hatten.

Natürlich zogen Jesus und seine Begleiter die Aufmerksamkeit der Hochzeitsgäste auf sich. Man tuschelte über den Sohn der Maria und fragte sich, was wohl an den Gerüchten

---

Dieses Kapitel bezieht sich auf Johannes 2,1–11

sei, die über ihn in Umlauf waren. Als Maria die teils abschätzigen, teils erwartungsvollen Blicke der Leute sah, wünschte sie sich, daß Jesus seine Gottessohnschaft durch eine außergewöhnliche Tat beweisen möge. Aus einem Gefühl mütterlichen Stolzes und gläubiger Erwartung heraus war sie sogar bereit, dabei ein bißchen nachzuhelfen. Die Möglichkeit bot sich bald.

Das Hochzeitsfest zog sich nach damaligem Brauch über mehrere Tage hin. Irgendwann stellte man erschrocken fest, daß die Weinvorräte zur Neige gingen. Maria, die offensichtlich bei der Versorgung der Gäste mithalf, sah darin für ihren Sohn eine Gelegenheit, seine Macht zu beweisen. Deshalb nahm sie ihn zur Seite und sagte: „Sie haben keinen Wein mehr." Insgeheim hoffte sie, daß Jesus den Gastgebern die Peinlichkeit ersparen könnte. Der aber antwortete: „Was geht's dich an, Frau, was ich tue? Meine Stunde ist noch nicht gekommen." [1] Für unsere Ohren klingen diese Worte schroff und unhöflich, aber in damaliger Zeit waren sie das nicht. Im Gegenteil, der Anrede „Frau" bediente man sich, wenn man einer Person besondere Ehrerbietung bekunden wollte. Jahre später, als Jesus am Kreuz hing und seine untröstliche Mutter der Fürsorge seines Freundes Johannes anvertraute, benutzte er die gleichen Worte: „Als nun Jesus seine Mutter sah und bei ihr den Jünger, den er lieb hatte, spricht er zu ihr: *Frau, siehe, das ist dein Sohn!*" [2] Sowohl bei der Hochzeit zu Kana als auch bei der Kreuzigung wurde deutlich, daß Christus sich ganz selbstverständlich an das Gebot hielt, das er Jahrtausende zuvor selbst gegeben hatte: „Du sollst deinen Vater und deine Mutter ehren." [3]

Natürlich enthielt die Antwort Jesu auch einen gewissen Tadel. Schon früher hatte es eine vergleichbare Situation gegeben. Als Maria und Josef ihren 12jährigen Sohn in Jerusalem suchten, ihn schließlich im Tempel fanden und ihm Vorwürfe machten, antwortete Jesus: „Warum habt ihr mich denn gesucht? Habt ihr nicht gewußt, daß ich im Haus meines Vaters sein muß?" [4] Jesu Worte bei der Hochzeit zu Kana wiesen in die gleiche Richtung: „Meine Stunde ist noch nicht gekommen." Hier und an anderen Stellen wird deutlich, daß Jesus immer und zuerst danach fragte, was Gottes

---

[1] Johannes 2,3.4 LT [2] Johannes 19,26 LT [3] 2. Mose 20,12 LT
[4] Lukas 2,49

Wille ist. Dem mußte sich alles andere unterordnen. Er wollte nicht, daß andere sein Tun bestimmten. Dieses Recht gestand er nicht einmal seiner Mutter zu, obwohl sie zweifellos nur gute Absichten hatte. Drei Jahrzehnte lang waren die Weisungen seiner Eltern für ihn maßgebend gewesen, nun aber fühlte er sich allein dem Willen Gottes verpflichtet. Als Sohn des Allerhöchsten und als Erretter der Welt durfte er sich nicht abhängig machen von Menschen – auch nicht von seiner Familie.

Das ist ein Gesichtspunkt, der für alle Nachfolger Jesu gilt. Beziehungen zu anderen Menschen oder verwandtschaftliche Bindungen haben zweifellos ihre Bedeutung, aber sie dürfen nicht vom Weg Gottes abbringen. Gottes Wille ist allemal wichtiger als das, was Menschen wollen. Aus der Tatsache, daß Maria die Mutter war, sollte sie nicht das Recht ableiten dürfen, Jesu Weg als Sohn Gottes zu bestimmen. „Meine Zeit ist noch nicht gekommen" bedeutete also: Ich kann und will erst handeln, wenn der Auftrag von Gott kommt! Indem Jesus sich ganz unter den Willen seines himmlischen Vaters beugte, ließ er sich Schritt für Schritt den Weg führen, der von Anfang an zur Erlösung der Menschen vorgesehen war. Und das war nicht ein Weg, der ihn als irdischen Herrscher auf den Thron Davids führen würde, obwohl es seine Mutter gern so gesehen hätte.

Vertrauen lohnt sich

Maria hatte zwar – wie die meisten Israeliten – eine einseitige Vorstellung von der Sendung Christi, aber an Vertrauen in seine Fähigkeiten fehlte es ihr nicht. Um ihren Glauben und den seiner Jünger zu stärken, vollbrachte Jesus auf dieser Hochzeit dann doch sein erstes Wunder. Für die Jünger war aufgrund der Prophezeiungen klar, daß Jesus der verheißene Messias ist. Was sie verunsicherte, war die Tatsache, daß weite Kreise der jüdischen Oberschicht und der Geistlichkeit nichts von Jesus hielten. Daher gab ihnen das erste Wunder Christi die Gewißheit, den richtigen Weg eingeschlagen zu haben.

Maria hatte sich durch Jesu Zurückweisung nicht aus der Fassung bringen lassen, sondern riet den Dienern: „Was er euch sagt, das tut." Befragt, was sie denn tun sollten, befahl er ihnen, die sechs Krüge mit Wasser zu füllen und dann dem

Speisemeister eine Kostprobe zu bringen.[5] Als der den Wein probierte, wandte er sich überrascht an den Bräutigam und sagte: Den guten Wein schenkt man eigentlich zuerst aus. Wenn dann die Gäste soviel getrunken haben, daß sie den Unterschied nicht mehr merken, reicht man den Wein mit der geringeren Qualität. Ihr habt es genau umgekehrt gemacht, denn solch ein guter Wein wie dieser, ist mir noch nicht begegnet.

Dieses Geschehen enthält eine geistliche Lehre, die in ihrer Bedeutung weit über das Hochzeitsfest in Kana hinausgeht. Vieles von dem, was die Welt zu bieten hat, gleicht solchem Wein, der die Sinne betört und unempfindlich macht für das eigentlich Wertvolle. Es hält nicht, was es verspricht. Meist endet das, was so verheißungsvoll begann, in Überdruß und Bitternis. Das, was Jesus dagegen schenkt, knechtet den Menschen nicht, sondern macht ihn innerlich frei und froh. Wer die Verbindung zu Jesus sucht und pflegt, wird nicht über Mangel zu klagen haben, sondern empfängt alles, was seinem Leben Inhalt und Bedeutung gibt.

Durch dieses erste Wunder setzte Jesus ein Zeichen, das aufhorchen läßt. Er ließ Menschen tun, was im Bereich ihrer Möglichkeiten lag: Wasser in die Krüge füllen. Aber daß Wasser zu Wein wurde, konnte nur er bewirken. So ist es auch im geistlichen Leben: Wir Menschen können immer nur Hilfsarbeit leisten, denn die eigentlich lebenspendende Kraft fließt uns aus Gottes Hand und durch den Geist Christi zu. Und wie er damals Wein im Überfluß schenkte, so ist es auch mit seiner Gnade, die er großzügig gewährt, um unsere Schuld zu tilgen und uns das zu geben, was innerlich stark macht.

Bemerkenswert ist auch das Gleichnishafte im Handeln Jesu. Der Wein, den die Jünger auf der Hochzeit zu Kana tranken, kam aus Jesu Hand und war ein Sinnbild für das, was der Herr zu ihrem Heil für sie tun würde. Unmittelbar vor seiner Gefangennahme reichte ihnen Jesus dann den Abendmahlskelch mit den Worten: „Ich werde von nun an nicht mehr von diesem Gewächs des Weinstocks trinken bis an den Tag, an dem ich von neuem davon trinken werde mit

---

[5] Für die rituellen Waschungen anläßlich der Hochzeit wurde viel Wasser benötigt, deshalb standen dort sechs Krüge, von denen jeder etwa 100 Liter faßte.

euch in meines Vaters Reich.“ [6] Der Wein in diesem Kelch sollte die Jünger darauf hinweisen, daß Jesu Blut zur Vergebung ihrer und aller Menschen Sünden vergossen würde. In beiden Fällen handelte es sich offenbar um reinen Traubensaft, so wie es der Prophet Jesaja ausgedrückt hat, als er vom „Saft in der Traube“ sagte: „Verdirb es nicht, denn es ist ein Segen darin!“ [7]

Christus selbst hatte bereits in alttestamentlicher Zeit davor gewarnt, sich dem Weingenuß hinzugeben, denn: „Der Wein macht Spötter, und starkes Getränk macht wild; wer davon taumelt, wird niemals weise.“ [8] Ein „Wehe dem“ wird über alle ausgesprochen, die andere zum Griff nach der Flasche verleiten.[9] Der Mutter des späteren Richters Simson verbot ein Engel, „Wein oder starkes Getränk“ zu trinken. Ähnliches wird von Johannes dem Täufer berichtet.[10] Hätte sich Jesus bei der Hochzeit zu Kana anders verhalten, wäre er seinen eigenen Prinzipien untreu geworden. Obendrein hätte er dem Satan in die Hände gespielt, denn dem liegt daran, daß Menschen der Sucht verfallen, die Kontrolle über sich selbst verlieren und ihr geistliches Wahrnehmungsvermögen einbüßen.

Den Hochzeitsgästen fiel der Wohlgeschmack des neuen Weins natürlich auf. Als sie nach dem Grund fragten, erzählten die Diener, daß Jesus Wasser in Wein verwandelt habe. Alle wollten den Wundertäter sehen, aber der hatte sich unbemerkt zurückgezogen. So wandte sich die Hochzeitsgesellschaft an Jesu Jünger, um Näheres zu erfahren. Die bezeugten ihren Glauben und redeten von allem, was sie am Jordan gesehen und inzwischen mit Jesus erlebt hatten. Die Kunde von diesem Wunder verbreitete sich wie ein Lauffeuer. Es dauerte nicht lange, da wußten auch die Priester und Ältesten in Jerusalem Bescheid. Nun sahen sie sich gezwungen, die messianischen Weissagungen daraufhin zu überprüfen, ob sie sich auf diesen Jesus aus Nazareth beziehen könnten.

Jesus ist für alle da

Jesu Verhalten unterschied sich sehr von dem der Priester, Schriftgelehrten und Pharisäer. Die hatten sich in religiösem

---

[6] Matthäus 26,29 LT [7] Jesaja 65,8 LT [8] Sprüche 20,1 LT
[9] Habakuk 2,15 LT [10] Richter 13,4; Lukas 1,15 LT

Formenwesen verloren und den Kontakt zum einfachen Volk ängstlich gemieden, um sich nicht kultisch zu verunreinigen. Jesus dagegen suchte die Nähe der Menschen. Jedermann sollte sehen, daß er Gottes Willen ernst nahm, aber nichts von den selbstherrlichen rabbinischen Vorschriften hielt, die den Menschen damals das Leben schwer machten. Er wollte zusammenbringen, nicht trennen. Seine Teilnahme an der Hochzeit war ein erster Schritt dahin. Wie konsequent er dieses Ziel verfolgte, läßt sich daran erkennen, daß er den Kontakt zu anderen nie von äußeren Gegebenheiten abhängig machte. Er nahm die Gastfreundschaft der einfachen Leute ebenso an wie die der Gebildeten und Reichen. Aber wenn er irgendwo zu Gast war, dann nicht um der bloßen Geselligkeit willen, sondern weil ihm die Menschen wichtig waren und weil er ihnen die gute Botschaft vom kommenden Gottesreich bringen wollte. Er freute sich, wenn sie glücklich waren – gerade auch anläßlich solcher Ereignisse wie einer Hochzeit. Im übrigen war Jesu Anwesenheit in Kana auch ein Ausdruck der Wertschätzung, die er der Ehe als göttlicher Einrichtung zollte.

Im Alten wie auch im Neuen Testament gibt es Texte, die den Ehebund als Bild für die Verbindung zwischen Gott und seinem Volk oder zwischen Christus und seiner Gemeinde heranziehen. Im Prophetenbuch des Jesaja heißt es im Blick auf das Volk Israel: „Denn ... wie sich ein Bräutigam freut über die Braut, so wird sich dein Gott über dich freuen." [11] Und der Apostel Johannes schrieb Jahrhunderte später: „Halleluja! Denn der Herr, unser Gott, der Allmächtige, hat das Reich eingenommen! Laßt uns freuen und fröhlich sein und ihm die Ehre geben; denn die Hochzeit des Lammes ist gekommen, und seine Braut hat sich bereitet." [12]

Die Freude des Hochzeitspaares in Kana mag für Jesus ein Hinweis auf die große Freude gewesen sein, die er einmal empfinden wird, wenn er die „Brautgemeinde der Erlösten" ins Haus seines Vaters führt und mit ihr die „Hochzeit des Lammes" feiert.

Jesus fand Zugang zu den Herzen der Menschen, weil sie spürten, daß er einer der ihren war und es gut mit ihnen meinte. Er sprach mit ihnen auf der Straße, besuchte sie in ihren Heimen, stieg in ihre Boote, traf sie in der Synagoge

[11] Jesaja 62,5 LT [12] Offenbarung 19,6.7 LT

oder war ihr Gast. Kurz: Er nahm teil an ihren Freuden und an ihrem Leid. Jesus wollte wissen, wie die Menschen im Alltag lebten und dachten, um sie so ansprechen zu können, daß sie seine Botschaft verstanden. Die Kraft dafür holte er sich im Gebet. Um ungestört mit seinem himmlischen Vater sprechen zu können zog er sich regelmäßig in die Stille zurück. Wenn er dann, ausgerüstet mit göttlicher Vollmacht, zurückkam, heilte er Kranke, trieb dämonische Geister aus und predigte vom Reich Gottes.

Seine Jünger lernten durch den ständigen Umgang mit Jesus. Manchmal sprach er mit ihnen allein an irgendeinem Bergeshang, manchmal saßen sie am Ufer des Galiläischen Meeres oder wanderten auf den Straßen Palästinas von Ort zu Ort. Überall boten sich Anknüpfungsmöglichkeiten, wo Jesus seine Jünger mit der Botschaft vom Reich Gottes vertraut machen konnte. Er hielt keine endlosen Predigten und befahl ihnen auch nicht, dieses oder jenes zu tun, sondern sagte einfach: „Lernt von mir, indem ihr es so macht wie ich!" Das war die beste Schule für ihren späteren Dienst. Sie sahen, wie der Meister mit den Menschen umging, und sie hörten, wie er ihnen Gottes Wort auslegte.

Als Nachfolger Jesu heute sollten wir es ähnlich machen. Wer meint, er könne Menschen aus der Distanz heraus erreichen, irrt sich. Wir müssen ihnen dort begegnen, wo sie leben. Das aber ist nicht möglich, wenn wir ängstlich alle sozialen und gesellschaftlichen Kontakte meiden. Die Leute kommen in der Regel nicht zu uns, sondern wir müssen zu ihnen gehen. Wir erreichen nicht viel, wenn wir uns darauf beschränken, die Wahrheit vom Predigtpult aus zu verkündigen. Die Leute müssen auch dort angesprochen werden, wo sie wohnen, arbeiten und gesellig miteinander umgehen. Dabei versteht es sich von selbst, daß die Hinwendung zum Mitmenschen nicht bedeuten kann, seine Vorstellungen und Normen zu übernehmen oder sich seinem Lebensstil anzugleichen. Nie sollten wir Unrecht oder Sünde stillschweigend übergehen oder durch Worte und Taten gutheißen. Ein wirklicher Zeuge Christi kann das ebensowenig wie es ihm möglich ist, seinen Glauben zu verheimlichen. Aber wenn wir die Chance haben, im Rahmen von Gastfreundschaft und Geselligkeit anderen die Heilsbotschaft zu bringen, dann sollten wir solche Gelegenheiten nicht ungenutzt lassen. Die Leute sollen sehen, daß es uns nicht nur um unser eigenes Heil und Wohlergehen zu tun ist, sondern daß uns daran liegt, daß auch sie von Gott gerettet und gesegnet werden. Laßt uns ganz einfach bezeugen, was Gott an uns getan hat; das wird seine Wirkung nicht verfehlen.

Wenn andere den Eindruck gewinnen, Christen seien eigenbrödlerische, unglückliche und ungenießbare Menschen, dann haben wir etwas falsch gemacht. Wer mit Jesus lebt, der wird ausstrahlen, was er von ihm empfangen hat: Freude und Frieden. Nachfolger Jesu sind keine unnahbaren Säulenheiligen, sondern Frauen und Männer, in deren Leben es durch den Glauben an Christus hell geworden ist.

16 Skandal im Tempel

„Und das Passafest der Juden war nahe, und Jesus zog hinauf nach Jerusalem.“ [1] Jesus hatte von seinem göttlichen Auftrag noch nicht öffentlich gesprochen und konnte sich daher unbeachtet unter die Menge mischen. Dabei hörte er, daß vom Kommen des Messias häufig geredet wurde. Allerdings bewegten sich die Gespräche durchweg in Richtung eines politisch unabhängigen jüdischen Nationalstaates. So jedenfalls verstand man damals die Messiasweissagungen. Jesus wußte, daß die Wirklichkeit viele enttäuschen würde, denn diese Sicht der Dinge entsprang einer Fehldeutung des prophetischen Wortes. Wo immer er konnte, versuchte er dem entgegenzuwirken, indem er die wahre Bedeutung der prophetischen Aussagen erklärte.

Zum Passafest wimmelte es in Jerusalem von Pilgern aus aller Herren Länder. Die Gottesdienste im Tempel waren mit der Darbringung von Opfern verbunden. Viele der Besucher hatten die dafür erforderlichen Tiere natürlich nicht mitbringen können. Sie waren darauf angewiesen, ihr Opfertier in Jerusalem zu kaufen. Im Laufe der Jahre hatte es sich eingebürgert, solche Tiere im Tempelgelände feilzubieten.

Darüber hinaus war jeder Jude verpflichtet, jährlich eine Art Tempelsteuer zu entrichten. In der mosaischen Vorschrift hieß es: „... so soll ein jeder dem Herrn ein Sühnegeld geben, um sein Leben auszulösen.“ [2] Auch aus anderen Gründen gaben manche Pilger ansehnliche Geldspenden. Allerdings konnte man im Tempel nur mit einer ganz bestimmten Währung zahlen, dem „Schekel des Heiligtums“. Andere Münzen galten als befleckt und unrein. Der sich daraus ergebende Geldwechsel öffnete dem Wucher und Betrug Tür und Tor, zumal es offenbar geheime Absprachen zwischen der Priesterschaft und den Geldwechslern gab. All das führte zu einer Geschäftigkeit im Tempel , die mehr an einen Jahrmarkt erinnerte als an das Heiligtum Gottes. Da Priester und

---

Dieses Kapitel bezieht sich auf Johannes 2,12–22
[1] Johannes 2,13 LT [2] Vgl. 2. Mose 30,11–16

Tempeldiener davon profitierten, hüteten sie sich, diesem Treiben Einhalt zu gebieten. Besonders zu den hohen Festen wurde viel Geld für Opfer und Gaben umgesetzt, denn die Gläubigen waren davon überzeugt, daß Gottes Segen von reichlichem Opfern abhängig sei. Niemand wollte nach Hause zurückkehren, ohne sich diesen Segen gesichert zu haben – sehr zur Freude derer, die daran verdienten.

Geschäft kontra Gottesdienst

Wenn die Gläubigen das Tempelgelände betraten, umfing sie nicht etwa die Stille eines Gotteshauses, sondern der Lärm, der durch das Brüllen von Rindern, das Blöken von Schafen, daß Feilschen von Händlern und das Klimpern von Münzen verursacht wurde. Oft war die Unruhe so groß, daß die Gebete der Gläubigen und die Worte der heiligen Handlungen kaum zu verstehen waren. Von Andacht konnte nicht die Rede sein. An sich waren die Juden stolz auf ihren Tempel. Jedes kritische Wort, das im Blick auf das Heiligtum geäußert wurde, empfanden sie als Gotteslästerung. Seit alters gab es strenge Vorschriften, um die Heiligkeit des Ortes zu schützen, an dem Gott sich offenbarte. [3] Inzwischen aber war man weitgehend davon abgekommen, denn auf den Gewinn, den das geschäftige Treiben im Tempelgelände abwarf, wollte niemand verzichten. Außerdem war der Gottesdienst für viele zur bloßen Form geworden, ohne daß sie den tieferen Sinn der Zeremonien verstanden. Daher erschien ihnen das laute Treiben kaum noch anstößig.

Eigentlich wäre es Aufgabe der Priester gewesen, dem allen ein Ende zu bereiten, denn Gott hatte sie zu nichts anderem berufen als zu Mittlern zwischen sich und dem Volk. Durch ihr Verhalten und ihre Amtsführung sollten sie den Menschen ein Vorbild an Redlichkeit und Glauben sein. Aber anstatt ihren Dienst in diesem Sinne zu versehen und den schuldbeladenen Menschen zu helfen, hatten Habgier und Gewinnsucht ihr Herz verhärtet.

Manche der Festpilger waren so arm, daß sie sich nicht einmal das billigste Opfertier leisten konnten. Viele wußten nicht, woher sie ihre tägliche Nahrung nehmen sollten. Aber das kümmerte die Priester wenig. Sie pochten darauf, daß je-

[3] Vgl. 2. Mose 19,12.13

der seine religiösen Verpflichtungen erfüllte, andernfalls könne er nicht mit Vergebung rechnen. Und obwohl sie kein Mitgefühl kannten und auch kein Verständnis für die Lage der Bedrängten hatten, hielten sie sich für überaus fromm.

Als Jesus in den Tempel kam, nahm er das alles mit Schrecken wahr. Er sah die Geschäftemacherei der Händler und Priester und empfand die Verzweiflung der Armen, die man in dem Glauben gelassen hatte, daß ohne das Opferblut von Tieren keine Vergebung zu erlangen sei. Es schmerzte ihn, daß Gottes Tempel zu einem Ort hemmungslosen Schacherns geworden war. Die Gläubigen brachten die vorgeschriebenen Opfer, aber kaum jemand wußte, daß es dabei nur um eine symbolische Handlung ging, die auf den Opfertod dessen hinweisen sollte, der nun mitten unter ihnen stand. Für viele Priester waren die rituellen Handlungen zur Routine geworden; sie hatten keine persönliche Beziehung zu Gott. So durfte es nicht weitergehen. Jesus war gekommen, um dem Dienst für Gott eine völlig neue Dimension zu geben. Während Jesus im Tempel stand, zogen an seinem geistigen Auge die kommenden Jahre, Jahrzehnte und Jahrhunderte vorüber. Er sah voraus, daß den Menschen die Frohe Botschaft von der Liebe Gottes vorenthalten und seine Gnade zur Handelsware gemacht würde. Die Empörung über diese Entwicklung und die Entschlossenheit, dem Einhalt zu gebieten, standen ihm im Gesicht geschrieben. Obwohl er noch kein Wort gesagt hatte, richteten sich aller Augen auf ihn. Die einen spürten, daß hier irgend etwas geschehen würde; die anderen sahen sich in ihrem fromm getarnten Eigennutz durchschaut und fürchteten, Jesus könnte sie bloßstellen. Wo bisher marktschreierischer Lärm geherrscht hatte, machte sich plötzlich lähmende Stille breit. Es war, als fühlten sich die Menschen vor den Richterstuhl Gottes gestellt, um Rechenschaft abzulegen für ihr unheiliges Tun. Vor ihnen stand zwar nur ein Mensch von Fleisch und Blut wie sie auch, aber irgendwie leuchtete durch ihn die Herrlichkeit und Autorität Gottes auf. Die Menschen spürten, daß sie es mit dem zu tun hatten, der eines Tages die ganze Welt richten wird. Deshalb erschraken sie bis ins Innerste, als Jesus mit klarer Stimme befahl: „Schafft das hier weg! Macht aus dem Haus meines Vaters keine Markthalle!“ [4] Und um

[4] Johannes 2,16

seinen Worten Nachdruck zu verleihen, trieb er die Viehhändler aus dem Tempel, ein starkes Seil in der Hand, und stürzte die Tische der Geldwechsler um, so daß die Münzen klirrend auf den Marmorboden fielen. Kopflos rannten die Geschäftemacher aus dem Tempel, ohne zu wagen, das verstreute Geld zusammenzuraffen. Ihr einziger Gedanke war: Nur weg aus der Gegenwart dieses Mannes, ehe das Strafgericht Gottes über uns kommt.

„Mein Haus soll ein Bethaus heißen ..."

Alle, die diese „Tempelreinigung" miterlebten, waren starr vor Schrecken. So etwas war ihnen an heiliger Stätte noch nicht begegnet. Selbst die Jünger zitterten vor Angst, denn in einer derartigen Verfassung hatten sie ihren Meister noch nie gesehen. Sie fragten sich, ob er tatsächlich berechtigt sei, so hart durchzugreifen. Aber da fiel ihnen ein Wort aus den Psalmen ein, wo es heißt: „... denn der Eifer um dein Haus hat mich gefressen." [5] Das also war es, was Jesus in Harnisch gebracht hatte! Es ging ihm nicht um Aufsehen, sondern um die Würde des Tempels und um die Ehre Gottes.

Mit der Reinigung des Tempels offenbarte Jesus seinen messianischen Auftrag und leitete die entscheidende Phase seines irdischen Dienstes ein. Von Anfang an sollte der Tempel in Jerusalem ein Symbol dafür sein, daß Gott Gemeinschaft mit seinen Geschöpfen sucht. Seine Gegenwart im Tempel sollte die Gläubigen daran erinnern, daß er eigentlich im Herzen des einzelnen wohnen möchte. Ursprünglich war es ja auch so, doch dann kam die Sünde in das Leben der Menschen und zerstörte mehr und mehr ihre Beziehung zum Schöpfer. Nicht mehr Gott beherrschte ihre Herzen, sondern das Böse. Und es sah nicht so aus, als würde sich daran jemals etwas ändern. Doch dann kam Jesus Christus, um der Macht Satans Einhalt zu gebieten und die Herzen der Menschen erneut zur Wohnstätte Gottes zu machen. Leider gelang ihm das damals nur bei wenigen. Die meisten Israeliten hatten keinen Platz für den Geist Gottes. In ihren Herzen sah es ähnlich aus wie in dem lärmerfüllten Tempel: Begierde, Eigennutz und Gewinnsucht nahmen den Platz ein, der eigentlich Gott zustand. Insofern war die Tempelrei-

---

[5] Psalm 69,10 LT

nigung auch ein Sinnbild dafür, daß Christus aus unseren Herzen alles entfernen will, was Gott entehrt und ihm den Platz streitig macht. Daß so etwas nicht im verborgenen und ohne Schmerzen geschehen kann, liegt auf der Hand: „Und bald wird kommen zu seinem Tempel der Herr, den ihr sucht; und der Engel des Bundes, den ihr begehrt ... Wer wird aber den Tag seines Zornes ertragen können, und wer wird bestehen können, wenn er erscheint? Denn er ist wie das Feuer des Schmelzers ... Er wird sitzen und schmelzen und das Silber reinigen, er wird die Söhne Levi reinigen und läutern wie Gold und Silber.“ [6] Noch deutlicher kommt dieser Gedanke im Neuen Testament zum Ausdruck: „Wißt ihr nicht, daß ihr Gottes Tempel seid und der Geist Gottes in euch wohnt? Wenn jemand den Tempel Gottes verdirbt, den wird Gott verderben, denn der Tempel Gottes ist heilig; der seid ihr.“ [7]

Niemand wird mit dem Bösen in seinem Herzen fertig aus eigener Kraft. Nur Jesus kann uns frei machen. Aber er tut es nicht gegen unseren Willen. Er verschafft sich nicht gewaltsam Eingang in unser Leben, sondern möchte eingelassen werden: „Siehe, ich stehe vor der Tür und klopfe an. Wenn jemand meine Stimme hören wird *und die Tür auftun*, zu dem werde ich hineingehen.“ [8] Wie Jesus damals den Tempel von allem reinigte, was Gottes Gegenwart unmöglich machte, so reinigt er auch unsere Herzen, damit Gott in uns wohnen kann. Das meinte der Apostel Paulus, als er schrieb: „Durch ihn werdet auch ihr miterbaut zu einer Wohnung Gottes im Geist.“ [9]

Ein Vorgeschmack des Gerichts

Weil sie sich durchschaut und bloßgestellt fühlten, waren die Händler und Wechsler aus dem Tempelgelände geflohen. Für Jesus war das ein Bild des Jammers, denn er sah darin ein Bild dessen, was Israel später bei der Vertreibung durch die Römer widerfahren würde.

Eigentlich ist es nicht zu verstehen, warum die gemaßregelten Priester und Händler so überstürzt die Flucht ergriffen. Schließlich war Jesus für sie nichts weiter als ein unge-

---

[6] Maleachi 3,1–3 LT [7] 1. Korinther 3,16.17 LT [8] Offenbarung 3,20 LT
[9] Epheser 2,22 LT

lehrter, armer Handwerker aus Galiläa, Sohn eines Zimmermanns. Erklären läßt sich das nur damit, daß er in einer Vollmacht handelte, der sich niemand zu widersetzen wagte. Die Menschen spürten, daß Gott durch Jesus zu ihnen sprach. Manche hielten ihn deshalb für einen Propheten, andere dachten, er könnte der Christus sein, zumal sie sich an Prophezeiungen erinnerten, die den Messias betrafen und auf Jesus zu passen schienen. Würden sie der inneren Stimme gehorchen und sich vom Heiligen Geist in dieser Erkenntnis weiterführen lassen?

Bei den meisten war das nicht der Fall. Zwar mußten sie gestehen, daß sie das Haus Gottes durch ihre Habgier und Unredlichkeit entehrt hatten, aber es ging ihnen gegen den Strich, dafür Buße zu tun. Durch Jesu öffentlichen Tadel fühlten sie sich gedemütigt und in ihrem Stolz verletzt. Außerdem war ihnen dieser Mann unheimlich, weil er ihnen die fromme Maske vom Gesicht gerissen hatte. Dafür haßten sie ihn. Darüber hinaus störte es die Priesterschaft, daß Jesus Zustimmung beim Volk fand. Sie spürten, daß ihr Einfluß in dem Maße schwand, wie Jesus an Ansehen gewann. Deshalb kehrten sie später zum Tempelgelände zurück, um Jesus zur Rede zu stellen. Was sie dort sahen, vertiefte ihre Abneigung.

Nachdem die Geschäftemacher aus dem Tempel geflüchtet waren, hatte sich Jesus den verbliebenen Gläubigen zugewandt. Unter ihnen waren Arme, Kranke und Schuldbeladene. Denen rief der Herr zu: Habt keine Angst, ich bin nicht gekommen, euch zu verdammen, sondern ich will euch helfen! Als die Leute spürten, daß Jesus es gut mit ihnen meinte, bestürmten sie ihn: Meister, segne uns! Nun hatte Christus alle Hände voll zu tun: Er hörte zu, spendete Trost, machte Mut und heilte Kranke. Keiner ging ungesegnet hinweg.

Als die Priester und Tempeldiener zurückkehrten, hörten sie, wie beeistert die Menschen von Jesus redeten, der ihnen geholfen hatte. Viele waren zu der Überzeugung gekommen, daß dieser Mann wirklich der Gesandte Gottes sein müsse. In ihrer Freude erzählten sie überall, was sie im Tempel erlebt hatten. Später, bei der Kreuzigung Jesu, stimmten diese Menschen nicht in den Ruf der aufgeputschten Menge ein: „Kreuzige ihn! Kreuzige ihn!“ Sie hatten die Liebe und Barmherzigkeit Jesu am eigenen Leibe erfahren. Als dann die Apostel die Botschaft von der Auferstehung Jesu in Jerusalem verkündigten, gewannen sie viele von diesen Leuten. Sie wurden Nachfolger Christi und lebendige Zeugen für den Herrn, der sie an Leib und Seele gesund gemacht hatte.

Andere Besucher hatten mit den Händlern und Geldwechslern fluchtartig das Tempelgelände verlassen, obwohl sie an den unhaltbaren Zuständen im Heiligtum nicht schuld waren. Nach und nach kamen sie zurück und erfuhren, was Jesus inzwischen getan hatte. Viele konnten sich das nur so erklären: Das muß der Messias sein!

Für das marktschreierische Getümmel und die Geschäftemacherei im Tempel trugen die Priester die Verantwortung. Ohne ihre Zustimmung, zumindest ohne ihr schweigendes Einverständnis wäre das alles nicht möglich gewesen. Ihnen kam Jesu Eintreten für die Heiligkeit des Tempels höchst ungelegen. Zum einen fühlten sie sich in ihrer Autorität angegriffen. Welches Recht hatte dieser Zimmermann, sich gegen Gepflogenheiten zu wenden, die den Segen der Priesterschaft hatten? Zum anderen fürchteten sie um ihre nicht unerheblichen Nebeneinkünfte. Ihren Geschäften zuliebe hatten sie die mahnende Stimme des Heiligen Geistes zum Schweigen gebracht; da paßte es ihnen gar nicht, daß sich Jesus in aller Öffentlichkeit zum Anwalt der Ehre Gottes gemacht hatte.

Haß macht blind

Wenn überhaupt jemand, dann hätten die Priester und die Oberen Israels in Jesus den Messias erkennen müssen. Sie waren mit den heiligen Schriften vertraut und kannten die prophetischen Aussagen über die Person und das Wirken des Messias. Außerdem hätte ihnen das vollmächtige Auftreten Jesu im Tempel signalisieren müssen, daß hier nicht irgend jemand stand, sondern der Beauftragte Gottes. Weil Jesus ihre Kreise störte, haßten sie ihn und lehnten ihn ab. Dennoch konnten sie sich nicht völlig seinem Einfluß entziehen. Das jedenfalls zeigt die hilflose Frage: „Woran können wir erkennen, daß du so etwas tun darfst? Gib uns einen Beweis!“ [10]

Eigentlich war diese Frage unsinnig, denn Jesus hatte durch das, was er gerade getan hatte, bewiesen, daß er der von den Propheten angekündigte Messias sein mußte. Deshalb beantwortete er diese Frage nicht mit neuen Wunderta-

---

[10] Johannes 2,18

ten. Er benutzte vielmehr einen bildhaften Vergleich, um seinen Gegnern zu zeigen, daß er ihre unredlichen Absichten erkannt hatte und voraussah, wohin das alles führen würde: „Brecht diesen Tempel ab, und in drei Tagen will ich ihn aufrichten." [11] Damit spielte Jesus auf die Absicht seiner Feinde an, ihn umzubringen. Sie sollten wissen, daß er ihr mörderisches Vorhaben kannte. Aber sie wollten oder konnten ihn nicht verstehen. Während Jesus von seinem Tod und der Auferstehung am dritten Tag sprach, deuteten seine Gegner die Aussage auf den Prachtbau in Jerusalem und erwiderten: „Dieser Tempel ist in sechsundvierzig Jahren erbaut worden, und du willst ihn in drei Tagen aufrichten?" [12] Diese Auffassung paßte gut zu dem, was sie vorhatten, denn nun konnten sie Jesus der religiösen Anmaßung oder gar der Mißachtung des Tempels beschuldigen.

Natürlich hätte sich Jesus gegen die falsche Deutung seiner Worte wehren können, aber er tat es seiner Jünger wegen nicht. Hätte er öffentlich klargestellt, was er wirklich meinte, wäre zwangsläufig von seiner Leidenszeit und seinem gewaltsamen Tod die Rede gewesen – und das zu einer Zeit, wo seine Jünger innerlich noch nicht darauf vorbereitet waren. Deshalb schwieg er, selbst auf die Gefahr hin, daß diese mißverstandene Aussage eines Tages gegen ihn verwendet werden würde, wie es später in der Verhandlung vor dem Hohen Rat und bei seiner Kreuzigung tatsächlich geschah.

Darüber hinaus hatte Jesus wohl noch einen anderen Grund, sich nicht weiter zu äußern. Er hatte den entscheidenden Satz in aller Öffentlichkeit gesagt. Nicht nur die Priester und Schriftgelehrten hatten ihn gehört, sondern auch viele Besucher des Tempels, die den Ausspruch mit Sicherheit anderen weitersagen würden. Offenbar rechnete Jesus damit, daß sich Tausende von Menschen an diese Worte erinnerten, wenn er „am dritten Tag" von den Toten auferstehen würde. Ähnlich war es auch bei den Jüngern, die zunächst ebensowenig begriffen, was Jesus gemeint hatte, von denen es dann aber heißt: „Als er nun auferstanden war von den Toten, dachten seine Jünger daran, daß er dies gesagt hatte, und glaubten der Schrift und dem Wort, das Jesus gesagt hatte." [13]

Jesu Ausspruch „Brecht diesen Tempel ab, und in drei Ta-

---

[11] Johannes 2,19 LT [12] Johannes 2,20 LT [13] Johannes 2,22 LT

gen will ich ihn aufrichten“ hatte darüber hinaus eine weitere Bedeutung, die tatsächlich den Jerusalemer Tempel betraf. Der gesamte Opferdienst war so aufgebaut, daß er letztlich auf den kommenden Erlöser und sein Wirken hinwies. Heiligtumsdienst ohne Christus war also bedeutungslos – kurz: Der Tempeldienst stand und fiel mit Jesus. Das Todesurteil über Jesus war gleichzeitig das Todesurteil für den Tempel, denn alles, was der Opferdienst symbolisch vorweggenommen hatte, erfüllte sich im Opfertod und der Auferstehung Jesu. Äußerlich war das daran zu erkennen, daß in Jesu Todesstunde der Vorhang zwischen Heiligem und Allerheiligstem zerriß. Das war das Zeichen dafür, daß der alttestamentliche Opferdienst keine Bedeutung mehr hatte. Als Jesus aus dem Felsengrab des Josef von Arimathäa wieder heraustrat, war er selbst zum Hohenpriester „der wahren Stiftshütte“ geworden, „die Gott aufgerichtet hat und nicht ein Mensch“.[14] Das jüdische Heiligtum, von Menschen erbaut, war lediglich ein Abbild des Heiligtums im Himmel, das keinen irdischen Baumeister hat: „Siehe, es ist ein Mann, der heißt ‚Sproß‘ ... er wird bauen des Herrn Tempel ... und wird sitzen und herrschen auf seinem Thron.“ [15]

Der alttestamentliche Opferdienst hatte nur hinweisende Funktion und war erfüllt, als Christus sein Leben als das wahre Opfer zur Vergebung unserer Sünden dahingab. Damit erlosch auch das irdische Priestertum, denn nun war der Mittler des neuen Bundes da. Christus ist „nicht durch das Blut von Böcken und Kälbern, sondern durch sein eigenes Blut ein für allemal in das Heiligtum eingegangen und hat eine ewige Erlösung für uns erworben“.[16] „Daher kann er auch für immer selig machen, die durch ihn zu Gott kommen; denn er lebt für sie und bittet für sie.“ [17]

Es ist wahr, mit unseren Augen können wir weder das himmlische Heiligtum noch unseren himmlischen Hohenpriester sehen, aber das heißt nicht, daß Christus nicht bei uns ist. Als er zurückging zu seinem Vater, versprach er ausdrücklich: „Siehe, ich bin bei euch alle Tage bis an der Welt Ende.“ [18] Aus der Gewißheit seiner Gegenwart darf die Gemeinde Jesu Kraft schöpfen. „Denn wir haben nicht einen Hohenpriester, der nicht könnte mit leiden mit unserer

---

[14] Hebräer 8,2 LT [15] Sacharja 6,12.13 LT [16] Hebräer 9,12 LT
[17] Hebräer 7,25 LT [18] Matthäus 28,20 LT

Schwachheit, sondern der versucht worden ist in allem wie wir, doch ohne Sünde. Darum laßt uns hinzutreten mit Zuversicht zu dem Thron der Gnade, damit wir Barmherzigkeit empfangen und Gnade finden zu der Zeit, wenn wir Hilfe nötig haben." [19]

[19] Hebräer 4,15.16 LT

17 Nächtlicher Besuch

Nikodemus war als Pharisäer ein angesehenes Mitglied des Hohen Rates. Obwohl er zur jüdischen Oberschicht gehörte, fühlte er sich von dem Zimmermannssohn und seiner Lehre unwiderstehlich angezogen. Er war beeindruckt von dem, was er von Jesus gehört hatte. Deshalb wollte er persönlich Kontakt zu ihm aufnehmen.

Die Tempelreinigung durch den Herrn hatte bei der geistlichen und weltlichen Führung Israels Empörung ausgelöst. Man war sich darüber klar, daß solche kühnen Aktionen nicht geduldet werden durften – schon gar nicht von einem ungelehrten Mann aus Galiläa. Am besten wäre es, man würde hart durchgreifen und ein Exempel statuieren. Allerdings schlossen sich dieser Auffassung nicht alle Mitglieder des Hohen Rates an. Einige scheuten sich, gewaltsam gegen einen Menschen vorzugehen, der offenkundig unter dem Einfluß des Heiligen Geistes stand. Auch die ganze Situation Israels sahen sie differenzierter, als damals allgemein üblich. Sie wußten, daß die Besetzung des Landes durch die Römer nicht nur politische Ursachen hatte, sondern ebenso durch die Eigenwilligkeit des Volkes und den Abfall von Gott bedingt war. Der Herr hatte immer wieder zur Umkehr aufgerufen, aber kaum jemand wollte hören. War nicht das der eigentliche Grund dafür, daß Juda unter der Fremdherrschaft zu leiden hatte?

Die so dachten, waren besorgt, sie könnten den gleichen Fehler machen wie ihre Vorväter, wenn sie sich gegen Jesus verschworen. Damit würde nur neues Unheil über Israel hereinbrechen. Nikodemus war einer von denen, die mit solchen Gedanken umgingen und sie auch äußerten. Er empfahl im Blick auf das Vorgehen gegen Jesus äußerste Zurückhaltung. Dabei argumentierte er sehr geschickt, und gab zu bedenken, was die Feindschaft gegen Jesus wohl bewirken würde, wenn der Prophet aus Nazareth tatsächlich im Auftrag Gottes gekommen sei und in göttlicher Voll-

---

Dieses Kapitel bezieht sich auf Johannes 3,1–17

macht handele. Nikodemus war ein Mann, dessen Wort etwas galt; deshalb ließ sich sein Aufruf zur Mäßigung nicht ohne weiteres vom Tisch wischen.

Wie kam dieser Mann dazu, sich für Jesus einzusetzen? Er war nicht nur Ratsherr, sondern auch Schriftgelehrter. Aus gegebenem Anlaß hatte er sich besonders mit den Messias-Prophezeiungen beschäftigt. Dabei war er mehr und mehr zu der Überzeugung gekommen, daß Jesus durchaus der sein könnte, von dem die Propheten geschrieben haben. Seit langem war er unglücklich über das, was sich täglich im Tempel abspielte. Nun war er Zeuge gewesen, wie Jesus die Händler und Geldwechsler um der Ehre Gottes willen aus dieser heiligen Stätte vertrieb. Er sah, daß Jesus Kranke heilte, und er teilte deren Freude. Das alles deutete doch darauf hin, daß dieser Mann aus Nazareth der Gesandte Gottes sein mußte.

Nikodemus war davon überzeugt, daß ihm eine persönliche Begegnung mit Jesus letzte Klarheit bringen würde. Allerdings scheute er sich, ein Gespräch in der Öffentlichkeit zu suchen, weil er fürchtete, im Hohen Rat dafür getadelt oder als Sympathisant eines Unruhestifters verschrien zu werden. Deshalb entschloß er sich, heimlich mit Jesus zu reden. Nachdem er in Erfahrung gebracht hatte, daß sich Jesus oft allein am Ölberg aufhielt, suchte er ihn dort eines Abends auf. Als er Christus gegenüberstand, befiel ihn eine seltsame Befangenheit, die er durch würdevolles Auftreten und gewählte Worte zu überspielen suchte: „Meister, wir wissen, du bist ein Lehrer, von Gott gekommen; denn niemand kann die Zeichen tun, die du tust, es sei denn Gott mit ihm.“[1] Nikodemus hoffte, mit dieser Anrede eine Atmosphäre des Vertrauens schaffen zu können, merkte aber nicht, daß er damit nicht nur Wertschätzung, sondern auch Zweifel an der Gottessohnschaft Jesu zum Ausdruck brachte. Jesus spürte, daß dieser gelehrte Mann ein aufrichtiger Wahrheitssucher war, deshalb hielt er sich nicht bei höflichen Worten auf, sondern kam gleich zum Kern der Sache: „Ich versichere dir: nur wer von neuem geboren ist, wird Gottes neue Welt zu sehen bekommen.“[2]

Nikodemus war in der Absicht gekommen, mit Jesus über theologische Fragen und prophetische Aussagen zu diskutieren, um sich so ein besseres Bild von diesem Mann machen

---

[1] Johannes 3,2 LT [2] Johannes 3,3

zu können. Jesus aber wußte, daß Nikodemus damit nicht weiterkommen würde. Deshalb sagte er: Was du brauchst ist nicht religiöses Wissen, sondern eine geistliche Erneuerung. Wer dieses Neuwerden von oben her nicht erlebt, taugt nicht für das kommende Reich Gottes. Ehe du danach fragst, aus welcher Vollmacht ich rede und wirke, solltest du dir darüber klar werden, welcher Geist dich bewegt.

Nikodemus hatte gehört, wie Johannes der Täufer die Menschen zu Buße und Umkehr aufgerufen hatte. Damit sprach ihm Johannes aus dem Herzen, denn auch ihn störte die aufgesetzte Religiosität – um nicht zu sagen die fromme Heuchelei – vieler Israeliten. Aber als strenggläubigem Pharisäer, der stolz auf seine guten Werke war, wäre ihm nie in den Sinn gekommen, daß auch er der Umkehr und inneren Erneuerung bedurfte. Bisher hatte er immer gedacht, seiner Wohltätigkeit wegen sei er beim Volk hoch geachtet und könne sich auch des Wohlwollens Gottes sicher sein. Deshalb schien ihm unbegreiflich, daß es ein Reich geben sollte, in dem für ihn kein Platz war.

Daß Jesus hier gleichnishaft von der geistlichen Neugeburt gesprochen hatte, konnte dem Gelehrten eigentlich nicht entgangen sein. Der Gedanke der Wiedergeburt muß Nikodemus aus seinem religiösen Umfeld bekannt gewesen sein. Wenn Nichtjuden sich zum Judentum bekehrten, wurden sie oft bildhaft mit neugeborenen Kindern verglichen. Wahrscheinlich wollte das Nikodemus nicht verstehen, weil ihm nicht einleuchtete, daß er als frommer Israelit, der seinen Glauben ernst nahm, eines Neuwerdens bedurfte. Er war verlegen, als Jesus ihn auf die Wiedergeburt ansprach. In seinem Herzen kämpften verletzter Stolz und die aufrichtige Sehnsucht nach Wahrheit miteinander. Um seine Betroffenheit zu verbergen und sein Gleichgewicht wiederzufinden, stellte er eine törichte Frage: „Wie kann ein Mensch geboren werden, wenn er alt ist? Kann er denn wieder in seiner Mutter Leib gehen und geboren werden?" [3] Vielleicht hoffte Nikodemus auch, dem Gespräch damit eine weniger persönliche Wendung zu geben. Wieder einmal wurde deutlich, wie schwer sich oft gerade fromme Menschen tun, wenn Gottes Wort sie im Gewissen trifft.

Aber Jesus ließ sich nicht von dem abbringen, was gesagt

---

[3] Johannes 3,4 LT

werden mußte. Unbeirrt hob er noch einmal hervor: „Ich versichere dir: nur wer von Wasser und Geist geboren wird, kann in Gottes neue Welt hineinkommen.“ [4] Nun konnte Nikodemus nicht mehr ausweichen. Er wußte, daß Jesus über die Wassertaufe hinaus von der inneren Erneuerung des Menschen durch den Heiligen Geist sprach. Das war es doch, was Johannes der Täufer zur Kennzeichnung des Messias vorausgesagt hatte.[5] Nun endlich war Nikodemus davon überzeugt, in Jesus von Nazareth den verheißenen Messias vor sich zu haben.

Das Geheimnis der Wiedergeburt

Aber Jesus war mit dem, was er dem Pharisäer zu sagen hatte, noch nicht am Ende, sondern fuhr fort: „Was Menschen zur Welt bringen, ist und bleibt menschlich. Geistliches aber kann nur vom Geist Gottes geboren werden. Wundere dich nicht, wenn ich dir sage: Ihr müßt alle von neuem geboren werden. Der Wind weht, wo es ihm gefällt. Du hörst ihn nur rauschen, aber du weißt nicht, woher er kommt und wohin er geht. So ist es auch bei denen, die vom Geist geboren werden.“ [6]

Damit machte Jesus deutlich, daß der sündige Mensch von Natur aus untauglich ist für ein Leben mit Gott. Bei späterer Gelegenheit drückte er das noch schärfer aus: „Denn aus dem Herzen kommen böse Gedanken, Mord, Ehebruch, Unzucht, Diebstahl, falsches Zeugnis, Lästerung.“ [7] Das heißt: Der Mensch ist nicht nur hier und dort ein bißchen sündig, sondern von innen heraus verdorben. Dieser Zustand läßt sich nicht dadurch ändern, daß man versucht, Böses durch Gutes wettzumachen. Wer meint, er könne den Himmel durch gute Werke und das Halten des Gesetzes gewinnen, versucht Unmögliches. Leben in der Nachfolge Jesu hat nichts zu tun mit Schönheitsreparaturen an der Fassade, sondern verlangt eine völlige Umgestaltung. Das alte Ich und die Sünde müssen sterben, damit das neue Leben beginnen kann. Die Erneuerung muß im Herzen des Menschen ansetzen, ehe der Strom des Lebens klar werden kann. Das allerdings geschieht allein durch das Wirken des Heiligen Geistes.

---

[4] Johannes 3,5 [5] Matthäus 3,11 LT [6] Johannes 3,6–8
[7] Matthäus 15,19 LT

Da Nikodemus immer noch nicht begriffen hatte, worum es ging, benutzte Jesus das Beispiel des Windes, um seine Gedanken verständlich zu machen. Niemand kann den Wind sehen, man spürt nur seine Wirkung. Wir hören sein Rauschen und sehen, wie sich die Blätter bewegen. Mit dem Heiligen Geist ist es ähnlich, man sieht ihn nicht; dennoch ist er da und wirkt am Menschen – auch wenn sich das nicht unbedingt an herausragenden Ereignissen ablesen oder zeitlich genau bestimmen läßt. Gottes Geist arbeitet eher in der Stille, indem er Erfahrungen und Erkenntnisse schenkt, die zu Christus hinführen. Das kann beim Lesen der Bibel geschehen oder beim Hören des Wortes Gottes. Irgendwann mag der Mensch dann spüren, daß der Heilige Geist an ihm wirkt, und er übergibt sein Leben dem Herrn. Manche halten das für ein Schlüsselerlebnis, obwohl ihre Bekehrung allein durch das geduldige Bemühen des Heiligen Geistes bewirkt wurde.

Wir müssen nicht unser Leben verändern, um den Geist Gottes spüren zu können, sondern der Heilige Geist ist es, der unser Leben umwandelt. Wenn Gottes Geist in unser Herz einzieht, geschehen Dinge, die vorher unmöglich waren. Sündhafte Gedanken verschwinden, der Drang zum Bösen verliert sich. Wo das Leben bisher durch Ärger, Neid und Streitsucht belastet war, wachsen Liebe, Demut und Frieden. Traurigkeit wird verdrängt durch Freude. Wir sehen die Kraft nicht, die das alles bewirkt, wir können sie auch nicht beschreiben, aber wir spüren, daß sie da ist und uns von innen her erneuert. Wer sich ihr öffnet, wird erleben, daß er mehr und mehr zu dem wird, wozu er von Anfang an bestimmt war – zum Ebenbild Gottes.

In Nikodemus wird es hell

Endlich begann Nikodemus zu begreifen, worum es Jesus ging, auch wenn er nicht alle Zusammenhänge erfassen konnte. Wichtiger als die Notwendigkeit der Wiedergeburt schien ihm die Art und Weise zu sein, wie sie sich vollzog. Deshalb fragte er: „Wie kann dies geschehen?" Jesus antwortete: „Bist du Israels Lehrer und weißt das nicht?" [8]

Jesus wollte Nikodemus damit zu verstehen geben, daß es einem Schriftgelehrten gut zu Gesicht steht, in Glaubensfra-

---

[8] Johannes 3,9.10 LT

gen eine gewisse Bescheidenheit an den Tag zu legen, zumal ihm bisher entscheidende Einsichten fehlten. Eigentlich hätte sich der Gelehrte angegriffen fühlen können, aber das scheint nicht der Fall gewesen zu sein. Offensichtlich spürte er, daß Jesus ihn nicht bloßstellen, sondern zu einem neuen Verständnis der Beziehung zwischen Mensch und Gott verhelfen wollte.

Als Jesus davon sprach, daß er nicht gekommen sei, um Israel zu nationaler Größe zu führen, sondern daß sein Reich geistlicher Art ist, war Nikodemus bestürzt; denn das deckte sich nicht mit seinen Vorstellungen vom Kommen des Messias. Deshalb sagte Jesus zu ihm: „Wir sprechen über Dinge, die wir kennen, und machen Aussagen über das, was wir sehen. Aber keiner von euch ist bereit, auf unsere Aussage zu hören. Ihr glaubt mir ja schon nicht, wenn ich zu euch über irdische Dinge rede. Wie könnt ihr mir dann glauben, wenn ich über das rede, was im Himmel ist?“ [9] Wenn Nikodemus schon den Auftrag Jesu auf Erden nicht verstand, wie sollte ihm dann Christus verständlich machen, worin seine Aufgabe im Himmel bestand? Und er war nicht der einzige, der nicht begriffen hatte, worum es Christus eigentlich ging.

Die meisten Gläubigen zur Zeit Jesu waren damit zufrieden, nach außen hin den frommen Schein zu wahren. Echtes geistliches Leben war weithin unbekannt. Zwar hielten sie sich meist peinlich genau an den Buchstaben des Gesetzes, mißachteten aber den Willen Gottes dem Geiste nach. Deshalb bedurften sie auch dringend der geistlichen Neugeburt, die Jesus dem Nikodemus so eindrücklich vor Augen gestellt hatte.

Eigentlich hätten Jesu Zeitgenossen in Sachen Wiedergeburt nicht so unwissend sein müssen. In den heiligen Schriften gab es dazu eindeutige Aussagen. Jesaja zum Beispiel hatte die Notwendigkeit der geistlichen Erneuerung so beschrieben: „Nun sind wir alle wie die Unreinen, und alle unsere Gerechtigkeit ist wie ein beflecktes Kleid.“ [10] Und König David hatte gebetet: „Schaffe in mir, Gott, ein reines Herz, und gib mir einen neuen, beständigen Geist.“ [11] Der Prophet Hesekiel hatte niedergeschrieben, wie dieses Neuwerden geschehen kann: „*Ich will* euch ein neues Herz und einen neuen Geist in euch geben und will das steinerne Herz aus eurem

---

[9] Johannes 3,11.12 [10] Jesaja 64,5 LT [11] Psalm 51,12 LT

Fleisch wegnehmen und euch ein fleischernes Herz geben. Ich will meinen Geist in euch geben und will solche Leute aus euch machen, die in meinen Geboten wandeln und meine Rechte halten und danach tun." [12]

Im Gespräch mit Jesus begann Nikodemus zu verstehen, daß nicht Gesetzesgehorsam, der sich am Buchstaben orientiert, in Gottes Reich führt, sondern die innere Erneuerung durch den Geist Gottes. Er spürte, daß er diese Wiedergeburt noch nicht erlebt hatte, aber er sehnte sich danach. Immer wieder fragte er sich, was zu tun sei, um innerlich erneuert zu werden. Jesus antwortete auf diese unausgesprochenen Fragen wieder mit einem Bild: „Mose richtete den Pfahl mit der bronzenen Schlange sichtbar in der Wüste auf. Genauso muß auch der Menschensohn erhöht werden. Dann wird jeder, der ihm vertraut, durch ihn das ewige Leben finden." [13]

Als Schriftgelehrter wußte Nikodemus, worauf sich Jesus bezog. Er kannte die Geschichte von der aufgerichteten Schlange. Während der Wüstenwanderung waren viele Israeliten von Giftschlangen gebissen worden. Mose schrie zum Herrn um Rettung für sein Volk und bekam den Auftrag, im Lager eine aus Bronze gefertigte Schlange aufzustellen. Vom Verhalten zu diesem Symbol hingen damals Leben und Tod der Israeliten ab. Wer im Vertrauen auf Gottes Hilfe zu der Schlange aufschaute, blieb am Leben, wer es nicht tat, mußte sterben. Ganz offensichtlich war die „erhöhte Schlange" ein Hinweis auf den „erhöhten Christus". Schon damals sollten die Menschen erkennen, daß sie ganz von dem abhängig waren, was Gott für sie tat. Nur im Blick auf ihn würden sie leben. Es hätte keinen Sinn gehabt zu fragen, warum allein der Blick zu einer bronzenen Schlange Heilung bewirken sollte. Gott gab keine Erklärungen, sondern befahl einfach: Schaut hin!

Nun verstand Nikodemus, was Jesus ihm die ganze Zeit über hatte sagen wollen. Hinfort las er die heiligen Schriften nicht mehr in der Absicht, seinen Geist anzuregen oder Argumente für gelehrte Streitgespräche zu finden, sondern um seiner eigenen Seele willen. Weil er die Wiedergeburt erfahren wollte, war er nun bereit, sich vorbehaltlos der Führung durch den Heiligen Geist zu überlassen.

---

[12] Hesekiel 36,26.27 LT [13] Johannes 3,14.15 LT (vgl. 4. Mose 21,4–9)

Heil ist nur in Christus

Auch wir bedürfen einer Erfahrung, wie sie Nikodemus in der Begegnung mit Jesus zuteil wurde, damit wir begreifen: „In keinem andern ist das Heil, auch ist kein andrer Name unter dem Himmel den Menschen gegeben, durch den wir sollen selig werden.“ [14] Erlösung und Heil sind nur durch den Glauben an den Einen, Jesus Christus, zu erlangen. Dabei darf der Glaube nicht als verdienstvolle Leistung mißverstanden werden, sondern er ist der Weg, auf dem wir zu Christus gelangen. Wir haben Gott nichts anzubieten, womit wir das Heil verdienen könnten. Es ist uns ja nicht einmal möglich, ohne die Hilfe des Heiligen Geistes Buße zu tun. Wessen könnten wir uns da noch rühmen, da wir doch Buße und Vergebung auch aus Jesu Hand empfangen? [15]

Bleibt noch die Frage: Wie vollzieht sich unsere Errettung? Johannes der Täufer hatte das schon angedeutet, indem er auf Jesus hinwies: „Siehe, das ist Gottes Lamm, das der Welt Sünde trägt!“ [16] Am Kreuz von Golgatha sollte sich zeigen, wie weit Gott in seiner Liebe zu gehen bereit war, um uns zu erretten. Wer seine Sünde bereut, um derentwillen Christus ans Kreuz gehen mußte, wer sich Gott anvertraut, dessen Leben erneuert der Heilige Geist von innen heraus. Wenn wir dieses Neuwerden an Herz und Sinn erfahren haben, werden wir unsere Gedanken und Wünsche ganz selbstverständlich dem Willen unseres Herrn unterordnen. Wer das Gesetz im Herzen trägt, wird Gottes Willen nicht tun, weil er es muß, sondern weil er es will: „Deinen Willen, mein Gott, tue ich gern.“ [17]

In seinem Gespräch mit Nikodemus umriß Jesus die Grundzüge des Erlösungsplanes. An keiner anderen Stelle ist er so auf die Veränderungen eingegangen, die sich im Leben eines Menschen vollziehen müssen, wenn er Bürger des kommenden Gottesreiches sein möchte. Das mag seinen Grund darin haben, daß Nikodemus Mitglied des Hohen Rates war. Immerhin bestand die Möglichkeit, daß die Wahrheit von der Wiedergeburt durch den Geist Gottes der geistlichen Obrigkeit bekannt würde. Aber die Führer Israels waren daran nicht interessiert. Deshalb verschloß Nikodemus seine Ein-

---

[14] Apostelgeschichte 4,12 LT [15] Vgl. Apostelgeschichte 5,31 LT
[16] Johannes 1,29 LT [17] Psalm 40,9 LT

sicht und seinen Glauben im Herzen. Drei Jahre lang schien es, als würde sein Gespräch mit Jesus keine Frucht tragen. Dennoch waren Jesu Worte nicht in den Wind gesprochen. Zwar konnte oder wollte Nikodemus sich nicht offen zu Christus bekennen, aber er brachte mehrmals Pläne zu Fall, in denen es darum ging, Jesus aus dem Weg zu räumen. Als Nikodemus den Herrn später am Kreuz hängen sah, erinnerte er sich an das nächtliche Gespräch mit ihm und an die Prophezeiung: „Wie Mose in der Wüste die Schlange erhöht hat, so muß der Menschensohn erhöht werden, damit alle, die an ihn glauben, das ewige Leben haben."

Nun endlich machte er Ernst mit dem Glauben und entschied sich für die Nachfolge Jesu. Als die junge Gemeinde nach Jesu Auferstehung und Himmelfahrt verfolgt und in alle Welt zerstreut wurde, bekannte sich Nikodemus mutig zum Glauben an Jesus Christus. Er nutzte seinen Einfluß und seinen Besitz, um die Gemeinde vor der Vernichtung zu bewahren und die Verkündigung der Christusbotschaft zu ermöglichen. Lange hatte er sich gescheut, eine klare Entscheidung für Jesus zu treffen, als es aber darauf ankam, fürchtete er die Auseinandersetzung nicht, sondern stand fest zu Jesus wie ein Fels in der Brandung. Das kostete ihn seine Stellung und sein Vermögen, aber das war ihm der Glaube an Jesus wert.

Später erzählte er dem Apostel Johannes von seiner nächtlichen Begegnung mit Jesus. Der schrieb die Geschichte in seinem Evangelium nieder, um sie als Lehre für die Nachwelt zu erhalten. Denn das, was Jesus dem jüdischen Gelehrten Nikodemus zu sagen hatte, ist auch für uns von entscheidender Bedeutung.

18 Er muß wachsen ...

Hätte sich Johannes der Täufer als Messias ausgegeben und zur Erhebung gegen Rom aufgerufen, die Massen wären ihm gefolgt. Satan hätte ihn gern dazu verleitet, aber Johannes ging auf diese Versuchung nicht ein. Er wußte, daß er nicht der Messias war und ließ sich von niemandem in diese Rolle drängen. Anstatt sich selbst in den Mittelpunkt des Geschehens zu rücken, war er stets darauf bedacht, die Aufmerksamkeit der Leute auf Christus zu lenken. Das blieb nicht ohne Auswirkungen.

Mehr und mehr interessierten sich die Menschen für Jesus Christus. Schließlich strömten ihm die Massen zu, während es um den Täufer still wurde. Die Zahl der Jesusjünger wuchs, die der Anhänger des Johannes wurde zusehends kleiner. Darüber waren die Freunde des Johannes verständlicherweise traurig. Mißmutig warteten sie auf eine Gelegenheit, diese Entwicklung umzukehren. Der Anlaß bot sich im Blick auf die Taufe. Da auch die Jünger Jesu inzwischen tauften, fragten sich manche Juden, ob die Johannestaufe wirklich von Sünde befreien könne oder möglicherweise längst überholt sei. Das rief die Anhänger des Täufers auf den Plan, die nun ihrerseits behaupteten, daß die von den Jesusjüngern vollzogene Taufe eher fragwürdig sei. Gewiß, dort würde auch getauft, aber das sei nicht die gleiche Handlung wie bei ihrem Meister Johannes. Das lasse sich schon daran erkennen, daß die Jünger Jesu nicht dieselbe Taufformel benutzten wie Johannes. Schließlich gingen sie so weit, daß sie Jesus und seinen Jüngern das Recht zu Taufen völlig absprachen.

Johannes erfuhr davon, als seine Jünger zu ihm kamen und sagten: „Meister, der bei dir war jenseits des Jordans, von dem du Zeugnis gegeben hast, siehe, der tauft, und jedermann kommt zu ihm.“ [1] Sie hofften, Johannes würde das nicht tatenlos hinnehmen. Er konnte doch nicht dulden, von diesem Propheten aus Nazareth in die Bedeutungslosigkeit abgedrängt zu werden. Hätte sich Johannes in seiner Ehre ge-

---

Dieses Kapitel bezieht sich auf Johannes 3,22–36 [1] Johannes 3,26 LT

kränkt gefühlt und entsprechend reagiert, wäre es sicher zu Auseinandersetzungen gekommen, die der Sache der Wahrheit geschadet hätten. Aber das geschah nicht. Gewiß war Johannes kein Mensch ohne Fehler und Schwächen, aber seine enge Bindung an Gott hatte sein Herz so verändert, daß Mißgunst und Ehrsucht darin keinen Platz mehr hatten. Deshalb entzog er jeder Auseinandersetzung den Boden, indem er sagte: „Niemand kann etwas tun, wozu Gott ihn nicht ermächtigt hat. Ihr könnt selbst bestätigen, daß ich sagte: ‚Ich bin nicht der versprochene Retter, sondern ich bin nur vor ihm hergesandt worden.' Wer die Braut bekommt, der ist der Bräutigam. Der Freund des Bräutigams steht nur daneben. Wenn er den Bräutigam jubeln hört, freut er sich. So ist jetzt auch meine Freude vollkommen. Sein Einfluß muß zunehmen, meiner muß abnehmen." [2]

Das ist eine erstaunliche Haltung, zu der Johannes nur heranreifen konnte, weil er nicht auf sich selbst, sondern auf Christus schaute. Er wußte, daß er nur eine „Stimme in der Wüste" war – mehr wollte er auch nicht sein. Warum sollte er ausgerechnet den beneiden, zu dem er die Menschen hinführen wollte? Wichtig war doch nur, daß sich möglichst viele dem Licht Gottes öffneten, das auch sein Herz hell gemacht hatte. Für ihn war klar: „Der von oben her kommt, ist über allen ... Denn der, den Gott gesandt hat, redet Gottes Worte; denn Gott gibt den Geist ohne Maß." [3] Wie recht Johannes mit dieser Einschätzung hatte, zeigte sich, als Jesus später von sich sagte: „Ich kann nichts von mir aus tun, sondern entscheide als Richter nur so, wie Gott es mir sagt. Meine Entscheidung ist gerecht, denn ich setze nicht meinen eigenen Willen durch, sondern den Willen dessen, der mich gesandt hat." [4]

So wie damals ist es auch heute. Gottes Licht kann unser Herz und Leben nur in dem Maße hell machen, wie wir dem Heiligen Geist erlauben, Selbstsucht, Ehrgeiz und Eigenwillen daraus zu entfernen. Nur wer sich Christus bedingungslos übergibt, kann den Geist in Fülle empfangen.

Ganz anders als Johannes der Täufer verhielt sich die Oberschicht Jerusalems. Den Angehörigen des Hohen Rates sowie den Priestern und Schriftgelehrten war schon der Erfolg des Johannes ein Dorn im Auge gewesen. Es gefiel ihnen

---

[2] Johannes 3,27–30 [3] Johannes 3,31.34 LT [4] Johannes 5,30

nicht, daß die Menschen lieber zu ihm an den Jordan pilgerten, anstatt in die Synagogen zu kommen. Und nun mußten sie erleben, daß dieser Jesus von Nazareth aufgetreten war, von dem das Volk noch mehr hielt als von Johannes. Die Führer Israels waren nicht bereit, so wie der Täufer zu sagen: „Er muß wachsen, ich aber muß abnehmen." Ihr Wahlspruch lautete vielmehr: „Sein Einfluß wächst von Tag zu Tag, deshalb muß er weg!"

Jesus vermeidet den Zusammenstoß

Jesus wußte, daß der Hohe Rat versuchen würde, ihn und Johannes gegeneinander auszuspielen, zumal nicht verborgen geblieben war, daß es zwischen seinen Jüngern und denen des Johannes Differenzen gegeben hatte. Außerdem spürte er, daß sich Unheil über dem Haupt des Täufers zusammenzog. Deshalb war ihm daran gelegen, den offiziellen Stellen keine Handhabe zum Eingreifen zu geben. Um keine Unstimmigkeiten oder Mißverständnisse zwischen sich und Johannes aufkommen zu lassen, brach Jesus seine Tätigkeit in Judäa ab und zog sich nach Galiläa zurück.

An der Art, wie Jesus und Johannes mit Spannungen und drohenden Zerwürfnissen umgingen, sollten auch wir uns orientieren. Häufig lassen sich Mißverständnisse und Schwierigkeiten schon im Vorfeld klären. Wir sollten es jedenfalls versuchen, denn wenn es zu Streitigkeiten oder Spaltungen kommt, bleiben immer gläubige Menschen auf der Strecke.

Zweifellos hatte Johannes einen wichtigen Auftrag; er sollte die Menschen zur Umkehr rufen. Aber es war nicht seine Aufgabe, das Fundament für die Gemeinde Jesu Christi zu legen. Das hatten die Johannesjünger nicht begriffen. Als Jesus seine öffentliche Wirksamkeit begann, glaubten sie, er mische sich ein in etwas, was eigentlich die Aufgabe ihres Meisters war. Entsprechend empfindlich reagierten sie.

Wir stehen mitunter in der gleichen Gefahr. Da beruft Gott jemanden zu einem besonderen Dienst. Der Betreffende führt ihn nach bestem Wissen und Gewissen aus, aber wenn er an seine Grenzen stößt, läßt Gott einen anderen diese Aufgabe weiterführen. Viele können sich damit nicht abfinden, weil sie meinen, dem einen würde Unrecht geschehen, wenn ein anderer sein Werk vollendet. Es kommt zu Eifersüchteleien, Mißverständnissen oder Auseinandersetzungen, die letztlich immer der Sache zum Schaden gereichen, für die beide gearbeitet haben. Das könnte vermieden werden, wenn wir mehr danach fragten, was Gott will, als danach, was wir für richtig und angemessen halten. Glücklich zu preisen, wer im Blick auf Christus und sein Werk zurücktreten und sagen kann: „Er muß wachsen, ich aber muß abnehmen."

19 | Jesus durchbricht die Schranken

Auf seiner Reise nach Galiläa wählte Jesus den Weg durch Samarien. Gegen Mittag machte er in der Nähe der Stadt Sychar am sogenannten Jakobsbrunnen Rast, während seine Jünger weitergingen, um im Ort Brot einzukaufen.

Zwischen Juden und Samaritern herrschte damals eine seit Jahrhunderten tief eingewurzelte Feindschaft. Zwar ließen die rabbinischen Vorschriften Handelsbeziehungen zu, aber kein Jude wäre auf den Gedanken gekommen, von einem Samariter Hilfe zu erbitten. Strenggläubige Juden lehnten es sogar ab, ein Stück Brot oder einen Becher Wasser aus der Hand eines Samariters anzunehmen, lieber ertrugen sie Hunger und Durst. Daß die Jünger in Sychar Nahrungsmittel einkaufen wollten, lag also durchaus im Rahmen des Erlaubten, aber sie hätten sich höchstwahrscheinlich gehütet, einen Samariter um einen Gefallen zu bitten.

Als Jesus in der prallen Mittagshitze am Brunnen saß, hätte er gern einen kühlen Trunk aus dem Schacht geschöpft, aber er besaß kein Gefäß, das er etwa 30 Meter tief hätte hinablassen können. Gerade zu dieser Zeit kam eine samaritische Frau, um Wasser zu holen. Sie nahm von Jesus keine Notiz. Nachdem ihr Krug gefüllt war, wollte sie wieder gehen, aber da sprach Jesus sie an und bat um einen Becher Wasser. Diese Bitte konnte sie schlecht abschlagen, denn für jeden Orientalen ist es eine heilige Pflicht, durstigen Reisenden Wasser anzubieten.

Das war schon eine seltsame Situation am Jakobsbrunnen! Christus, der Schöpfer der Welt, bittet eine Samariterin um einen Becher Wasser. Aber der Verlauf der Begegnung zeigt, daß es nicht allein der Durst war, der Jesus zu dieser Bitte veranlaßte. Als er die Frau ansprach, war sie sehr überrascht. Sie vergaß völlig, worum sie der Mann gebeten hatte, und fragte fassungslos: „Du bist Jude, und ich bin eine Samariterin. Wie kannst du mich da um etwas zu trinken bitten?" Jesus antwortete: „Wenn du wüßtest, was Gott schenken will

---

Dieses Kapitel bezieht sich auf Johannes 4,1–12

und wer dich jetzt um Wasser bittet, dann hättest du *ihn* um Wasser gebeten, und er hätte dir lebendiges Wasser gegeben." [1]

Das Interesse ist geweckt

Die Samariterin verstand zwar nicht, was dieser Fremde meinte, aber irgendwie spürte sie, daß es um mehr als ein unverbindliches Wortgeplänkel ging. Deshalb fragte sie: „Du hast doch keinen Eimer ... und der Brunnen ist tief. Woher willst du dann lebendiges Wasser haben? Unser Stammvater Jakob hat uns diesen Brunnen hinterlassen. Er selbst, seine Söhne und seine ganze Herde tranken aus ihm. Du willst doch nicht sagen, daß du mehr bist als Jakob?" [2] Im Geiste verglich sie den durstigen Reisenden mit ihrem Vorfahren Jakob, der fast zwei Jahrtausende zuvor gelebt hatte. Sie dachte auch an den geheimnisvollen Erretter, von dem die Propheten gesagt hatten, daß er eines Tages kommen werde. Dem Messias könnte man schon zutrauen, daß er lebendiges Wasser anzubieten hat, aber doch diesem einfachen Wanderer nicht!

Es wäre betrüblich, wenn die Geschichte hier zu Ende ginge. Da steht der Messias neben der Frau, aber sie weiß es nicht. Auch das hat über die konkrete Situation hinaus gleichnishafte Bedeutung. Wie oft kommt es vor, daß die nach Heil dürstenden Menschen das Lebenswasser irgendwo in der Ferne suchen und dabei die lebendige Quelle in ihrer Nähe übersehen.

Ohne auf die Frage der Frau einzugehen sagte Jesus: „Wer dieses Wasser trinkt, wird wieder durstig. Wer aber von dem Wasser trinkt, das ich ihm gebe, wird niemals mehr Durst haben. Ich gebe ihm Wasser, das in ihm zu einer Quelle wird, die ewiges Leben schenkt." [3] Unzählige Menschen suchen nach dem, was die ungestillte Sehnsucht ihres Herzens befriedigen könnte. Die einen meinen es hier zu finden, andere dort. Aber das, wonach sie so verzweifelt suchen, kann ihnen nur einer schenken: Christus, die Hoffnung der Welt. Seine Gnade ist es, die alles Unreine abwäscht und den Durst der Seele stillt.

Mit der Wendung: der „wird niemals mehr Durst haben"

---

[1] Johannes 4,9 [2] Johannes 4,11.12 [3] Johannes 4,13.14

meinte Jesus freilich nicht, daß ein einziger Schluck vom „Wasser des Lebens" für immer genügt. Wer einmal die Liebe und Gnade Jesu geschmeckt hat, wird stets neu davon „trinken" wollen. Nichts anderes kann ihn mehr befriedigen, weder Reichtum noch Ehre, auch nicht die Vergnügungen, die diese Welt zu bieten hat. Und wie oft jemand auch von diesem lebendigen Wasser trinkt, es wird nie alle und bleibt immer frisch. Verständlich, daß die Samariterin gern solches Wasser haben wollte, auch wenn sie noch immer nicht begriffen hatte, wovon Jesus sprach: „Gib mir von diesem Wasser ... dann werde ich keinen Durst mehr haben und muß nicht mehr hierher kommen, um das Wasser zu schöpfen." [4]

Die Vergangenheit holt sie ein

Hatte Jesus bisher in Bildern gesprochen, so wurde er nun konkret. Die Frau sollte begreifen, daß „lebendiges Wasser" nur unter der Bedingung zu haben war, daß sie ihre Sünde bekannte und an Christus glaubte. Als Jesus sie aufforderte, ihren Mann zu holen, bekam die Begegnung ihre entscheidende Wendung. Die Samariterin antwortete: „Ich habe keinen Mann." Jesus hakte mit den Worten nach: „Du hast recht geantwortet: Ich habe keinen Mann. Fünf Männer hast du gehabt, und der, den du jetzt hast, ist nicht dein Mann; das hast du recht gesagt." [5]

Die Frau erschrak bis ins Innerste. Sie spürte, wie eine unsichtbare Hand ihre Lebensgeschichte umblätterte. Alles, was sie sorgfältig vor den Menschen verborgen hatte und was sie längst vergessen glaubte, tauchte plötzlich vor ihr auf. Es war, als stünde sie vor dem Richterstuhl Gottes, um Rechenschaft abzulegen für alles, was sie in ihrem Leben falsch gemacht hatte. Wer war dieser Mann, der ihre geheimsten Gedanken und all ihre Verfehlungen kannte?

Um von dem peinlichen Thema abzulenken, versuchte die Samariterin eine alte religiöse Streitfrage ins Gespräch zu bringen: „Ich sehe, du bist ein Prophet ... Unsere Vorfahren verehrten Gott auf diesem Berg. Ihr Juden dagegen behauptet, daß Jerusalem der Ort ist, an dem Gott verehrt werden will." [6] Vom Jakobsbrunnen aus war der Berg Garizim zu sehen, auf dem früher ein samaritischer Tempel gestanden hat-

[4] Johannes 4,15 [5] Johannes 4,17.18 LT [6] Johannes 4,19.20

te, wo Gott in einer Mischreligion aus heidnischen und jüdischen Riten verehrt worden war. Als die Juden aus der babylonischen Gefangenschaft zurückgekehrt waren und zur Zeit Esras und Nehemias ihren Tempel in Jerusalem wiederaufbauen durften, hatten ihnen die Samariter ihre Hilfe angeboten. Doch die wurde ausgeschlagen mit der Begründung, daß die Samariter ihr jüdisches Erbe vertan hätten und deshalb unwürdig seien, am Hause Gottes mitzuarbeiten. Daraufhin bauten sie auf dem Berg Garizim ihren eigenen Tempel, aber fortan bestand eine erbitterte Feindschaft zwischen ihnen und den Juden. Als der Tempel der Samariter später von Feinden zerstört wurde, hielten sie an ihrer Überlieferung und an der Form ihres Gottesdienstes fest. Vom Tempel in Jerusalem und der jüdischen Gottesverehrung wollten sie nichts wissen.

Auf diesen alten Konflikt bezog sich die Frage der Frau am Jakobsbrunnen. Jesus antwortete: „Glaube mir, es kommt die Zeit, in der die Menschen den Vater weder auf diesem Berg noch in Jerusalem anbeten werden. Ihr Samariter kennt Gott eigentlich gar nicht, zu dem ihr betet; doch wir kennen ihn, denn die Rettung kommt von den Juden.“ [7] Im Gespräch mit der Samariterin wollte Jesus zweierlei erreichen. Zum einen wollte er ihre Vorurteile den Juden gegenüber zerstreuen. Die Frau sollte begreifen, daß die Wahrheit über den Erlösungsplan Gottes tatsächlich Israel anvertraut worden war. Aus diesem Volk würde auch der Messias kommen. Zum andern wollte er sie über die Ebene eines religiösen Streitgesprächs, das sich in Randfragen verliert, hinausheben und zum Wesentlichen führen: „Aber die Zeit wird kommen, und sie hat schon begonnen, da wird der Geist, der Gottes Wahrheit enthüllt, Menschen befähigen, den Vater an jedem Ort anzubeten. Gott ist ganz anders als diese Welt, er ist machtvoller Geist, und die ihn anbeten wollen, müssen vom Geist der Wahrheit neu geboren sein. Von solchen Menschen will der Vater angebetet werden.“ [8]

Keiner kommt Gott nahe, indem er heilige Berge oder geweihte Tempel aufsucht. Gemeinschaft mit Gott erwächst aus der Wiedergeburt. Gottes Geist muß uns von innen heraus reinigen und erneuern, damit wir ein Leben mit Gott führen können. Und eben dieses geistgewirkte Leben ist der

[7] Johannes 4,21.22 [8] Johannes 4,23.24

wahre Gottesdienst. Wo Menschen so nach Gott suchen, wird ihnen der Heilige Geist zu echter Anbetung verhelfen.

Die Samariterin war von dem Gespräch mit Jesus tief beeindruckt. Nie zuvor hatte sie so etwas gehört. Plötzlich wurde ihr bewußt, wonach ihre Seele so lange gedürstet hatte, und sie begriff, von welchem Wasser dieser fremde Mann sprach. Gewiß, als Jesus auf ihr Leben anspielte, fühlte sie sich durchschaut, aber merkwürdigerweise nicht gedemütigt. Obwohl ihr das alles nicht angenehm war, spürte sie doch, daß nicht ein gnadenloser Richter vor ihr stand, sondern ein barmherziger Freund, der ihr zu helfen versuchte. Sollte das etwa der Messias sein, auf den alle so sehnsüchtig warteten? Deshalb sagte sie: „Ich weiß, daß der versprochene Retter kommen wird. Wenn er kommt, wird er uns alles sagen." Jesus antwortete: „Du sprichst mit ihm; *ich* bin es." [9]

Die Frau spürte, daß Jesus die Wahrheit sagte und glaubte an ihn. Sie hatte sich schon immer mit den heiligen Schriften befaßt und nach Wahrheit gesucht. Deshalb konnte ihr der Heilige Geist Einsichten vermitteln, die der jüdischen Geistlichkeit verborgen geblieben waren. Seinen Jüngern hatte Jesus verboten, anderen zu sagen, daß er der Messias ist; zu dieser einfachen Frau aber sagte er: „Ich bin der von Gott Gesandte."

Als die Jünger aus der Stadt zurückkehrten, wunderten sie sich, Jesus im Gespräch mit einer Samariterin vorzufinden. Nachdem die Frau gegangen war, erinnerten sie ihren Meister daran, daß er noch nichts gegessen und getrunken hatte, aber Jesus schien das gar nicht zu spüren. Er saß nachdenklich da, und sein Gesicht leuchtete von innerer Freude. Einerseits wollten die Jünger ihn nicht in seinem Gespräch mit Gott stören, andrerseits fühlten sie sich für sein Wohlergehen verantwortlich. Deshalb luden sie ihn erneut zum Essen ein. Jesus spürte, daß seine Freunde es gut mit ihm meinten, dennoch antwortete er: „Ich lebe von einer Nahrung, die ihr nicht kennt." Die Jünger begriffen nicht, was Jesus sagen wollte, und fragten, wer ihm etwas zu essen gegeben haben könnte, während sie in der Stadt waren. Jesus erklärte deshalb: „Meine Nahrung ist, daß ich dem gehorche, der mich gesandt hat, und das Werk vollende, das er mir aufgetragen hat." [10] Damit machte er klar, daß sein Auftrag Vorrang hatte,

[9] Johannes 4,25.26 [10] Johannes 4,32.34

nicht die persönlichen Bedürfnisse. Wenn es darum ging, Menschen mit der Wahrheit bekanntzumachen, war ihm das wichtiger als Essen und Trinken.

Die Liebe derer, die Christus durch die Hingabe seines Lebens erlöst hat, bedeutet ihm viel. Es macht ihn glücklich, wenn er sieht, daß Menschen zum Glauben kommen und geistlich wachsen. Man könnte das mit der Freude einer Mutter vergleichen, die zum erstenmal erlebt, wie ihr Kind mit einem Lächeln ihre Liebe erwidert. Jesus scheint die Begegnung mit der Frau am Jakobsbrunnen als solch ein beglückendes Erlebnis empfunden zu haben. Die Freude der Samariterin war mit Händen zu greifen. Als sie erkannte, daß ihr der Messias begegnet war, ging es ihr nur noch darum: Das müssen alle wissen! Sie vergaß, weshalb sie zum Brunnen gekommen war. Sie dachte auch nicht mehr daran, Jesus den erbetenen Becher Wasser zu reichen. Sogar ihren Wasserkrug ließ sie am Brunnen stehen, so eilig hatte sie es, in die Stadt zu kommen. Im Evangelium heißt es: „Die Frau ließ ihren Wasserkrug stehen, ging ins Dorf und sagte zu den Leuten: ‚Kommt und seht euch den Mann an, der mir alles gesagt hat, was ich jemals getan habe. Vielleicht ist er der versprochene Retter.' Da gingen sie alle hinaus zu Jesus." [11]

Erste Ernte

Währenddessen saß Jesus am Brunnen vor der Stadt und schaute auf die Felder mit der heranwachsenden Saat. Er wußte, was das Zeugnis der Samariterin in der Stadt auslösen würde, deshalb lag ihm daran, seine Jünger darauf vorzubereiten. Dazu bot sich ein Gleichnis aus der Natur an: „Sagt ihr nicht selber: Es sind noch vier Monate, dann kommt die Ernte? Siehe, ich sage euch: Hebt eure Augen auf und seht auf die Felder, denn sie sind reif zur Ernte. Wer erntet, empfängt schon seinen Lohn und sammelt Frucht zum ewigen Leben, damit sich miteinander freuen, der da sät und der da erntet. Denn hier ist der Spruch wahr: Der eine sät, der andere erntet. Ich habe euch gesandt, zu ernten, wo ihr nicht gearbeitet habt; andere haben gearbeitet, und euch ist ihre Arbeit zugute gekommen." [12]

Als die Jünger auf die Felder schauten, war ihnen klar, daß

---

[11] Johannes 4,28.29 [12] Johannes 4,35–38 LT

der Meister das Bild von Saat und Ernte benutzte, um ihnen ihre künftige Aufgabe deutlich zu machen. Im Dienst für Gott ist stets beides zugleich nötig: Aussaat und Ernte. Damals hatte Jesus begonnen, den Samen des Evangeliums auszustreuen. Durch sein eigenes Blut würde er den Boden tränken, der am Ende reiche Frucht bringen sollte. Aufgabe der Jünger war es, ihm dabei zu helfen und die ersten Früchte einzufahren. Wie schnell mitunter Frucht heranwächst, sollten sie zu Pfingsten erfahren, als sich Tausende von Menschen bekehrten und zu Nachfolgern Jesu wurden. Und so ist es bis heute geblieben. Ob wir nun säen oder ernten, wir arbeiten in jedem Fall für den Herrn.

Damals am Jakobsbrunnen erlebten die Jünger zum erstenmal, was geistliche Ernte bedeutet. Nachdem die Samariterin in Sychar von dem erzählt hatte, was ihr am Brunnen widerfahren war, machten sich fast alle Bewohner auf den Weg, um Jesus zu sehen. Die Leute hatten viele Fragen und hofften, Jesus könnte sie ihnen beantworten. Seine Antworten machten sie froh, denn nun erkannten sie die Wahrheit und begriffen, wie lange sie in geistlicher Finsternis gelebt hatten. Zugleich spürten sie, daß noch viele Fragen offen geblieben waren. Deshalb wollten sie sich nicht mit dem einen Gespräch am Jakobsbrunnen zufriedengeben. Sie luden Jesus und seine Jünger in die Stadt ein. Der nahm die Einladung an und blieb zwei Tage dort.

Abgesehen davon, daß Jesus der Frau ihren fragwürdigen Lebenswandel – von dem er eigentlich nichts gewußt haben konnte – auf den Kopf zu gesagt hatte, waren hier keine Wunder geschehen. Und doch vollzog sich ein Wunder: Die Bewohner der Stadt kamen, hörten Jesus und glaubten an ihn. Daß dahinter mehr als nur vorübergehende Begeisterung steckte, läßt der biblische Bericht erkennen: „Sie erklärten der Frau: ‚Jetzt vertrauen wir ihm nicht nur wegen deiner Erzählung, sondern weil wir ihn selbst gehört haben. Wir wissen jetzt, daß er wirklich der Retter der Welt ist.'" [13]

Christus setzt sich über Vorurteile hinweg

Daß die erste geistliche Ernte ausgerechnet in Samarien eingebracht wurde, war sicher kein Zufall, sondern ein Be-

[13] Johannes 4,42 LT

weis dafür, was geschehen kann, wenn die Mauern des Mißtrauens, der Vorurteile und der Feindschaft niedergerissen werden. Genau damit hatte Jesus in Samarien begonnen. Jedermann sollte erfahren, daß Gottes Heil für Juden und Heiden gleicherweise da ist. Deshalb nahm Jesus die Gastfreundschaft der von den Juden verachteten Samariter an. Er schlief unter ihrem Dach, aß an ihrem Tisch, verkehrte unbefangen mit ihnen und gewann ihr Vertrauen.

Damit verstieß er freilich gegen alle Regeln, die jüdische Gelehrte in den zurückliegenden Jahrhunderten über den Umgang zwischen Juden und Heiden aufgestellt hatten. Im Tempel zu Jerusalem war der heilige Bezirk, den nur Juden betreten durften, durch eine niedrige Mauer eingegrenzt. Mehrsprachige Inschriften warnten den Nichtjuden davor, seinen Fuß in diesen verbotenen Bezirk zu setzen. Tat es doch jemand, dann machte er sich des Frevels am Heiligtum schuldig und mußte es mit dem Leben bezahlen. Diese sichtbare Mauer, die alle Besucher des Tempelbezirks in Juden und Heiden einteilte, war ein Sinnbild für die unsichtbare Mauer der Vorurteile und der Feindschaft, die damals ganz allgemein zwischen Israel und den anderen Völkern aufgerichtet worden war. Nun war der Herr des Tempels gekommen, um die Mauern abzureißen.

Da die Jünger noch in der alten Denkweise befangen waren, fiel es ihnen schwer, Jesu Verhalten zu verstehen. Ihre Ergebenheit verbot ihnen zwar, Jesus zu kritisieren, aber innerlich machte ihnen das alles sehr zu schaffen. Der freundschaftliche Umgang mit den Samaritern erschien ihnen wie ein Verrat am Volk Israel. Aber gerade davon wollte Jesus sie freimachen. Sie sollten begreifen, daß es falsch ist, Vorurteile zu hegen und Hürden der Verachtung oder Mauern der Feindschaft aufzurichten. Gott möchte, daß alle Menschen friedlich, verständnisvoll und in Liebe miteinander umgehen. Das war schon damals ein schwieriger Lernprozeß. Eigentlich begriffen die Jünger erst dann, was Jesus gewollt hatte, als er wieder zu Gott zurückgegangen war. Als sie das Evangelium in aller Welt zu verkündigen begannen, erinnerten sie sich daran, wie sich ihr Herr den Samaritern gegenüber verhalten hatte. Petrus beispielsweise predigte Jahre später in Samarien ganz im Geiste seines Herrn.

Immer wieder kommt es vor, daß Nachfolger Jesu einzelne Menschen oder bestimmte Gruppen verachten oder den Umgang mit ihnen meiden. Das ist nicht im Sinne unseres Herrn. Für ihn gibt es keinen Grund – weder einen sozialen, religiösen noch sonstigen –, einem Menschen seine Liebe vorzuenthalten. Keiner ist zu sündig, als daß er nicht eingeladen wäre: Bitte mich um das Wasser des Lebens, und ich werde es dir geben! Was die Frau am Jakobsbrunnen erlebte, kann auch heute noch jeder erfahren, wenn er nur will.

Und noch etwas will uns die Begebenheit in Samarien zeigen. Jesus kam es nicht darauf an, massenwirksame Predigten zu halten, sondern er wollte Menschen für Gottes Reich gewinnen. Oft waren es nur wenige, die ihm zuhörten, manchmal nur ein einziger – wie die Frau am Brunnen. Vielleicht ist es heute auch nur ein einziger Mensch, dem wir etwas von der Botschaft Jesu weitergeben können. Das sollte uns nicht bekümmern, denn wer vermag schon vorauszusagen, welche Frucht aus diesem ausgestreuten Samen erwächst? Als Jesu Jünger aus Sychar zurückkehrten, folgte ihnen niemand. Die Samariterin dagegen brachte die ganze Stadt auf die Beine. Das Geheimnis heißt: Wer von dem Wasser des Lebens getrunken hat, wird selbst zu einer Quelle des lebendigen Wassers und weckt bei anderen den Wunsch, ebenfalls von diesem Wasser zu trinken.

20 | Dein Sohn lebt!

Als Pilger nach dem Passafest von Jerusalem nach Galiläa zurückgekehrt waren, hatten sie die Kunde von den erstaunlichen Taten des jungen Rabbi Jesus mitgebracht. Im Norden des Landes war man nicht sehr gut auf die Oberen in Jerusalem zu sprechen. Viele beklagten den Mißbrauch, der im Tempel mit heiligen Dingen getrieben wurde; außerdem war die Überheblichkeit und Habgier mancher Priester unerträglich geworden. So freuten sich die einfachen Leute, daß es endlich jemand gewagt hatte, dem allen die Stirn zu bieten. Sie hofften, daß dieser Jesus der Messias sei und mit all den Mißständen aufräumen werde. Es gab sogar Stimmen, die behaupteten, Jesus habe sich selbst als den Gottgesandten bezeichnet.

Nachdem Jesus mit seinen Jüngern Samarien hinter sich gelassen hatte, machte er Station in Kana. Das sprach sich in Galiläa schnell herum. Ein königlicher Beamter aus Kapernaum, dessen Sohn schwerkrank war, hörte auch davon. In der Hoffnung, daß Jesus dem Kind helfen könnte, machte sich der Hauptmann auf nach Kana. Dort war es gar nicht ganz leicht, an Jesus heranzukommen, denn der Meister wurde von einer großen Menschenmenge umringt. Als es dem Vater schließlich gelang, war er enttäuscht über diesen einfach gekleideten Rabbi, der nicht gerade den Eindruck machte, als könne er Wunder wirken. Aber da er nun einmal da war, sprach er Jesus an und bat ihn, nach Kapernaum zu kommen und seinem Sohn zu helfen. Einen Versuch war es immerhin wert.

Jesus wußte, daß dieser Mann nicht zu ihm gekommen war, weil er an ihn glaubte, sondern weil ihn die Not dazu trieb. Sein Vertrauen hing davon ab, was Christus für ihn tun würde, nicht von dem, was er lehrte. Deshalb sagte Jesus zu ihm: „Wenn ihr nicht Zeichen und Wunder seht, so glaubt ihr nicht.“ [1] Wieviel Enttäuschung schwingt doch in dieser Bemerkung mit! Bei den Bewohnern von Sychar hatte Jesus

---

Dieses Kapitel bezieht sich auf Johannes 4,43–54 [1] Johannes 4,48 LT

gerade erlebt, daß die Samariter ihm bedingungslos vertrauten. Die Leute hatten keine Wunder verlangt, sondern einfach seinem Wort geglaubt. In seinem eigenen Volk dagegen stieß Jesus allzu häufig auf Widerstand. Viele waren nicht bereit, ihn als die Stimme Gottes zu respektieren – und das machte ihn traurig.

Selbstverständlich war der Beamte nicht völlig ungläubig, denn sonst wäre er wohl kaum zu Jesus gekommen. Aber Jesus wußte, daß berechnender Glaube nicht der Weg zum Heil sein kann. Er wollte diesem Mann und seiner Familie eine Erfahrung schenken, die weit über die Heilung des Kindes hinausging. Dazu aber mußte der Vater begreifen, daß er Jesu Hilfe nicht nur wegen seines kranken Sohnes brauchte, sondern auch für sich selbst. Gleichzeitig wollte der Herr in Kapernaum ein Zeichen setzen, denn dort sollte ebenfalls die Botschaft vom Reich Gottes verkündigt werden.

Die Einstellung des königlichen Beamten war typisch für die Haltung vieler, die lediglich aus eigennützigen Gründen zu Jesus kamen. Meist erwarteten sie körperliche Heilung oder versprachen sich persönliche Vorteile für ihr Leben. Nur wenige wandten sich an den Meister, weil ihnen ihre geistliche Bedürftigkeit bewußt geworden war und sie deshalb Heilung für ihre Seele suchten. Darauf kam es Jesus aber gerade an.

Jesu Worte beschämten den königlichen Beamten, denn er begriff plötzlich, daß er an der Person und der Botschaft dieses Mannes gar nicht interessiert war, sondern lediglich Hilfe für seinen Sohn suchte – so verständlich das auch sein mochte. Mit Glauben hatte das alles wenig zu tun. Offensichtlich aber erwartete Jesus wahren Glauben. Wenn er den nicht aufweisen konnte, würde das seinen Sohn das Leben kosten. Deshalb bat der verzweifelte Vater noch einmal: „Herr, komm herab, ehe mein Kind stirbt!" Mit allem, was er an Vertrauen aufbringen konnte, hielt er sich des kranken Kindes wegen an Jesus. Vielleicht empfand er ähnlich wie der Urvater Jakob, der sich in auswegloser Situation an den Engel Gottes geklammert und gerufen hatte: „Ich lasse dich nicht, du segnest mich denn." [2] Und er machte die gleiche Erfahrung wie damals Jakob, denn Jesus ging auf seine Bitte ein: „Geh hin, dein Sohn lebt!" [3] Obwohl Jesus ihn lediglich

---

[2] 1. Mose 32,27 LT

mit einer mündlichen Zusage nach Hause schickte, selbst aber nicht mitging, trat der Beamte getröstet und freudig den Heimweg an.

In Kapernaum waren unterdessen merkwürdige Dinge geschehen. Als der Vater das Haus verließ, hatte es so ausgesehen, als ginge es mit dem Kind zu Ende. Aber um die Mittagszeit besserte sich unversehens der Zustand. Das Fieber wich, der Junge erholte sich und fiel in einen gesunden Schlaf. Eben noch dem Tod geweiht, schien es nun, als sei er nie krank gewesen. Die Freude der Verwandten war unbeschreiblich.

Noch bevor der Vater am folgenden Tag sein Haus erreichte, liefen ihm Diener entgegen und brachten die frohe Botschaft: „Dein Kind lebt!" Merkwürdig nur, daß er sich darüber nicht wunderte. Es schien, als wüßte er das längst. Und noch eigenartiger war, daß er sich so eingehend nach dem genauen Zeitpunkt der Genesung erkundigte. Erklären konnten sie sich das zwar nicht, aber sie antworteten: „Gestern um die siebente Stunde[4] verließ ihn das Fieber." Damit bekam der Beamte bestätigt, was er insgeheim die ganze Zeit gehofft hatte: „Da merkte der Vater, daß es die Stunde war, in der Jesus zu ihm gesagt hatte: Dein Sohn lebt. Und er glaubte mit seinem ganzen Hause." [5] Dank gegen Gott und innige Freude erfüllten sein Herz, als er seinen Sohn in die Arme schließen konnte, der ihm durch Christus neu geschenkt worden war.

Nach dieser Erfahrung bemühte sich der Beamte, mehr über Jesus und seine Lehre in Erfahrung zu bringen. Die unerklärliche und doch so eindeutige Heilung des Kindes hatte die ganze Familie für das Evangelium aufgeschlossen. Es dauerte nicht lange, da waren sie alle frohe Nachfolger Jesu. Natürlich ging die Kunde von dieser Heilung wie ein Lauffeuer durch den Ort. Der Boden für Jesu Wirken hätte nicht besser vorbereitet werden können.

Geht es uns nicht auch oft so wie diesem Beamten aus Kapernaum? Wir wenden uns mit allen möglichen Wünschen an Jesus. Meist geht es um irdische Dinge. Und wenn er unsere Bitten erfüllt, freuen wir uns und fühlen uns ihm in Dankbarkeit zugetan. Der Herr möchte uns aber weit mehr

---

[3] Johannes 4,50 LT [4] Nach heutiger Zählung war es um 13 Uhr
[5] Johannes 4,53

schenken als Gesundheit und irdisches Wohlergehen. Manchmal zögert er seine Antwort hinaus, um uns zu zeigen, wie sehr wir auf seine Gnade angewiesen sind. Mitunter geschieht das auch, damit wir begreifen, wie selbstsüchtig unsere Bitten sind. Er will nicht, daß wir uns ihm nur dann zuwenden, wenn es um die Erfüllung unserer Wünsche geht, sondern er erwartet unsere Liebe.

Der königliche Beamte wollte die Gewährung seiner Bitte sehen, ehe er zu glauben bereit war. Jesus ging mit ihm den umgekehrten Weg, indem er Glauben verlangte, bevor etwas zu sehen war. Im Blick auf unser Leben heißt das: Wir sollen nicht deshalb glauben, weil wir sehen oder fühlen, daß Gott uns hört, sondern wir sollen glauben, weil wir ihm vertrauen. Wenn wir Gott um Hilfe und um seinen Segen bitten, sollten wir das in der Gewißheit tun, daß er unseren Bedürfnissen entsprechend antwortet und uns zur rechten Zeit mit dem beschenkt, was uns nottut.

21 Auseinandersetzungen mit dem Hohen Rat

„Es ist aber in Jerusalem beim Schaftor ein Teich, der heißt auf hebräisch Betesda. Dort sind fünf Hallen; in denen lagen viele Kranke, Blinde, Lahme, Ausgezehrte." [1]

Zu bestimmten Zeiten geriet das Wasser des Teiches aus nicht ersichtlichen Gründen in Wallung. Die Leute meinten, daß Engel dabei die Hand im Spiele hätten und daß derjenige, der zuerst ins Wasser stieg, von allen Gebrechen geheilt würde. Kein Wunder, daß der Teich ständig von Heilungsuchenden umlagert war. Mitunter wurden schwache oder ältere Menschen verletzt, ja sogar getötet, weil viele Kranke beim ersten Anzeichen einer Bewegung des Wassers rücksichtslos ans Ufer drängten. Seit geraumer Zeit hatte man Hallen errichtet, in denen Hilfesuchende notdürftig unterkommen konnten. Tag für Tag schleppten sich diese bedauernswerten Menschen ans Wasser, weil sie hofften, einmal als erste in die Fluten eintauchen zu können.

Anläßlich eines hohen jüdischen Festes war auch Jesus in Jerusalem. Bei einem Gang durch die Stadt kam er zum Teich Betesda. Der Anblick der Kranken ging ihm zu Herzen. Am liebsten hätte er alle geheilt. Aber er wußte, daß er sich die jüdische Geistlichkeit durch Heilungen am Sabbat zum erbitterten Feind machen würde. Das würde die Erfüllung seines göttlichen Auftrags nur erschweren.

Aber dann beobachtete er etwas, was ihn alle Bedenken vergessen ließ. Da lag ein Mann, der seit achtunddreißig Jahren fast völlig gelähmt war. Seine Krankheit sah man als Strafe Gottes an für einen sündhaften Lebenswandel. Die Leute hielten sich von dem Kranken fern; niemand wollte etwas mit ihm zu tun haben. Irgendwann hatte ihn jemand aus Mitleid an den Teich geschleppt, im entscheidenden Moment aber hatte er keinen, der ihm ins Wasser geholfen hätte. Zwar hatte sich von Zeit zu Zeit das Wasser bewegt, aber für ihn gab es nicht die geringste Chance, jemals geheilt zu werden. So lebte er seit Jahren zwischen Hoffnung und Verzweif-

---

Dieses Kapitel bezieht sich auf Johannes 5 [1] Johannes 5,2.3 LT

lung. Einerseits sehnte er sich nach Heilung, andrerseits fühlte er sich von Gott und Menschen verlassen.

Aber an diesem Tag geschah, was er nie vergessen würde. Ein Fremder beugte sich über ihn und fragte: „Willst du gesund werden?" Welch eine Frage! Wollte der Mann ihn verspotten? Nein, so klang es eigentlich nicht – ganz im Gegenteil. Hoffnung keimte in dem Kranken auf, denn er spürte, daß hier einer gekommen war, der ihm wirklich helfen wollte. Doch dann erlosch der Hoffnungsfunke ebenso schnell, wie er gekommen war, und der Kranke antwortete: „Herr, ich habe keinen, der mir in den Teich hilft, wenn das Wasser sich bewegt. Wenn ich es allein versuche, ist immer schon jemand vor mir da."

Da geschah das Unfaßbare! Jesus gab keine Erklärung ab, stellte keine Bedingungen und verlangte keinen Glauben, sondern sagte einfach: „Steh auf, nimm deine Matte und geh!" [2] Der Mann wußte seit mehr als drei Jahrzehnten, daß er nicht gehen konnte, aber das war nun Vergangenheit. Jeder Nerv und jeder Muskel dieses verkrüppelten Leibes wurde auf Jesu Wort hin von einer geheimnisvollen Kraft durchströmt. Obwohl der Mann wußte, daß er weder aufstehen noch gehen konnte, tat er es, weil Jesus ihn dazu aufgefordert hatte. Und tatsächlich gehorchten die Glieder seinem Willen; es war, als wäre er nie gelähmt gewesen.

Das Geheimnis geistlicher Heilung

Daß der Gelähmte sich so verhielt, ist durchaus nicht selbstverständlich. Eher hätte man meinen können, er würde sich gegen solch eine widersinnige Forderung sperren. Verständlich wäre das schon gewesen, aber auch tragisch, denn Zweifel und Unglaube hätten ihn um die einzige Möglichkeit gebracht, die er noch hatte, um gesund zu werden. Wie gut, daß er keine Fragen stellte, sondern im Vertrauen auf Jesu Wort handelte.

Was damals am Teich Betesda geschah, ist auch im übertragenen Sinne von Bedeutung. So wie Jesus die Menschen körperlich heilte, kann er sie auch geistlich heilen. Wir alle leiden an der Krankheit der Sünde, die uns von Gott trennt und innerlich lähmt. Keiner ist aus sich heraus fähig, ein ge-

---

[2] Johannes 5,7.8

heiligtes Leben zu führen. Mag sein, daß wir es gern möchten, aber wir schaffen es ebensowenig wie der Gelähmte am Teich Betesda. Viele sind sich ihres Mangels und ihrer Hilflosigkeit bewußt, versuchen auch dagegen anzugehen, weil sie sich nach geistlichem Leben sehnen. Vergebens! Doch dann beugt sich Christus über sie und fragt: „Willst du gesund werden?"

Wie verhalten wir uns, wenn uns diese Frage trifft? Laßt uns nicht warten, bis wir vielleicht das Gefühl haben, geistlich gesund zu sein. Nur wer es wagt, auf Jesu Wort hin „aufzustehen", wird die Kraft zum „Laufen" empfangen. Was auch die Ursache dafür sein mag, daß du im geistlichen Sinne gelähmt bist, Christus will und kann dich frei machen. Paulus hat diesen Gedanken einmal so ausgedrückt: „Aber Gott, der reich ist an Barmherzigkeit, hat ... auch uns, die wir tot waren in den Sünden, mit Christus lebendig gemacht ..." [3]

Zurück zu dem Geheilten am Teich Betesda. Nachdem er seine Matte aufgehoben hatte, wollte er seinem Retter danken, aber er konnte ihn nicht mehr entdecken. Jesus war in der Menge verschwunden. Dankbaren Herzens machte sich der Mann im Vollgefühl der neugewordenen Kraft auf den Heimweg. Unterwegs traf er einige Pharisäer und erzählte ihnen von seiner Heilung. Allerdings wunderte er sich darüber, wie zugeknöpft und abweisend sie waren. An der wunderbaren Heilung schienen sie überhaupt nicht interessiert zu sein. Ihnen ging es nur darum, einen Sabbatschänder erwischt zu haben: „Heute ist Sabbat, da darfst du keine Matte tragen!" Der Geheilte wehrte sich, indem er darauf hinwies: „Der Mann, der mich geheilt hat, befahl mir, meine Matte zu nehmen und zu gehen." [4] Als sie fragten, wer denn dieser Mann gewesen sei, konnte er nicht einmal dessen Namen nennen. Vermutlich ahnten sie, daß es Jesus von Nazareth gewesen war; gegen den hätten sie gern eine eindeutige Handhabe gehabt. Denn nach Ansicht der Pharisäer hatte er sich doppelt versündigt. Er hatte am Sabbat geheilt und dann dem Geheilten auch noch befohlen, an diesem heiligen Tag eine Last zu tragen. Beides war nach rabbinischem Verständnis verboten.

---

[3] Epheser 2,4.5 LT [4] Johannes 5,10.11

Unsinnige Forderungen

Die jüdische Geistlichkeit hatte die Gebote Gottes mit einer Fülle teilweise sinnloser Vorschriften überfrachtet, so daß Gehorsam zur unerträglichen Last geworden war. Es galt schon als Sünde, am Sabbat eine Lampe anzuzünden oder Feuer zu machen. Viele Juden umgingen diese Vorschriften, indem sie die verbotenen Verrichtungen von Heiden ausführen ließen. Dahinter stand die damals übliche Meinung, daß es bei Heiden auf ein paar Sünden mehr oder weniger nicht ankomme. Da das Heil nur den Juden zugedacht sei, wäre bei Nichtjuden ohnehin nichts mehr zu verderben. Aber das stimmte nicht. Gottes Gebote und sein Heil gelten allen Menschen gleichermaßen. Er will, daß *allen* geholfen wird und sie zur Erkenntnis der Wahrheit kommen.

Als Jesus in den Tempel kam, traf er den Geheilten wieder. Offenbar war der Mann gekommen, um für das Wunder, das er erfahren hatte, ein Sünd- und Dankopfer darzubringen. Als Jesus sich ihm zu erkennen gab, war der Mann überglücklich, seinem Retter zu begegnen. Und weil er nichts von der Feindschaft ahnte, die viele Pharisäer und Schriftgelehrte Jesus gegenüber hegten, erzählte er freudigen Herzens, daß es Jesus von Nazareth gewesen war, der ihn geheilt hatte. Damit bahnte sich eine verhängnisvolle Entwicklung an: „Von da an begannen sie, Jesus zu verfolgen, weil er an einem Sabbat geheilt hatte.“ [5]

Jesus wurde wegen Sabbatschändung vor den Hohen Rat zitiert. Wäre Juda nicht römische Provinz und deshalb in Sachen Rechtsprechung von der Besatzungsmacht abhängig gewesen, hätte dieser Vorwurf genügt, um Jesus zum Tode zu verurteilen. Aber zu jener Zeit war es so, daß die Juden keine Todesurteile fällen durften. Außerdem konnte man der römischen Justiz in Jerusalem nicht mit dem Anklagepunkt „Sabbatschändung“ kommen. Deshalb hofften die Pharisäer, im Verhör Jesu vor dem Hohen Rat andere Vergehen zu finden, die eine Anklage wegen Hochverrats rechtfertigten. Sie wollten Jesus auf jeden Fall loswerden. Sein Einfluß auf das Volk war ständig gewachsen. Die Menschen merkten, welch ein Unterschied zwischen den spitzfindigen und kraftlosen Lehren der Geistlichkeit und der lebendigen Verkündigung Jesu

---

[5] Johannes 5,16

bestand. Hörten sie den Schriftgelehrten zu, dann sprang sie die Angst vor dem rächenden und strafenden Gott an. Wenn dagegen dieser Rabbi aus Nazareth von Gott sprach, sahen die Leute im Geist einen liebenden und barmherzigen Gott. Das erschien der Geistlichkeit höchst gefährlich, wurde dadurch doch ihre Autorität und ihr Einfluß zunehmend untergraben.

Jesu Anhängerschaft wächst

In einer der ältesten Weissagungen auf Christus heißt es: „Es wird das Zepter von Juda nicht weichen noch der Stab des Herrschers von seinen Füßen, bis daß der Held komme, und *ihm werden die Völker anhangen*.[6] Als Jesus auftrat, schien sich dieses Wort zu erfüllen. Immer mehr Menschen fühlten sich von diesem Mann und seinen Lehren angezogen. Hätten sich die Rabbiner und Priester nicht gegen ihn gestellt, wäre es wohl zu einer Erweckungsbewegung gekommen, wie sie die Welt noch nicht erlebt hatte.

Aber die religiösen Führer hatten klar erkannt, daß sich alles darauf zuspitzte: Entweder er oder wir! Und sie waren fest entschlossen, ihre Macht nicht schmälern zu lassen. Eine Anklage vor dem Hohen Rat und eine Verurteilung der Lehren Jesu schienen der beste Weg zu sein, seinen Einfluß zu untergraben. Jedermann sollte wissen, daß es gefährlich war, sich mit ihnen anzulegen. Und wer sich ihnen nicht beugen wollte, wurde der Gotteslästerung und des Verrats bezichtigt. Man unterstellte Jesus, er wende sich gegen die geheiligten Traditionen und säe Zwietracht im Volk; das wiederum könne nur dazu führen, die Unterdrückung durch die Römer zu verschärfen.

Hinter all dem steckte kein anderer als Satan. Mit seinem Angriff in der Wüste hatte er bei Jesus nichts erreichen können, nun bediente er sich anderer Mittel, um den Gottessohn an der Erfüllung seiner messianischen Aufgabe zu hindern. Zunächst begann er damit, seinen Haß auf Christus in die Herzen der jüdischen Oberen zu pflanzen. Das würde diese Leute dazu treiben, daß sie Jesus ablehnten und ihm das Leben so schwer wie möglich machten. Irgendwann, so spekulierten sie, würde dann der Sohn Gottes wohl entmutigt auf-

---

[6] 1. Mose 49,10 LT

geben und seine Mission auf Erden für gescheitert erklären.

Aber nichts von dem, was man Jesus unterstellte, stimmte. Er hatte nicht vor, Gottes Ordnungen zu untergraben, sondern war gekommen „daß er sein Gesetz herrlich und groß mache".[7] Allerdings sah er es als vordringliche Aufgabe an, Gottes Gebote vom Beiwerk menschlicher Vorschriften und Zusätze zu befreien. Wie nötig das war, zeigte sich deutlich am Sabbatgebot. Dieser Tag, den Gott zum Segen für alle Menschen bestimmt hatte, war für viele Juden zu einer unerträglichen Last geworden.

Offensichtlich hatte Jesus das Heilungswunder am Teich Betesda bewußt am Sabbat gewirkt. Er hätte den Gelähmten auch an jedem anderen Tag heilen können; auf ein paar Stunden Verzögerung wäre es auch nicht mehr angekommen. Darüber hinaus wäre der Zusammenstoß mit den Pharisäern vermutlich weniger heftig gewesen, wenn Jesus dem Geheilten nicht auch noch befohlen hätte, seine Schlafmatte durch die Stadt zu tragen. Aber Christus scheint diese Klarstellung gesucht zu haben. Er wollte an praktischen Beispielen deutlich machen, wie weit die rabbinischen Sabbatvorschriften von dem entfernt waren, was der Sabbat nach Gottes Willen sein sollte.

Während die Pharisäer behaupteten, Krankenheilungen seien am Sabbat verboten, zeigte Jesus mit der Heilung des Gelähmten, wie sehr sie sich irrten. Dabei verwies er darauf, daß Gott nicht danach fragt, welcher Tag gerade ist, wenn es um Leben und Heil eines Menschen geht: „Mein Vater ist ständig am Werk, und ich bin es auch." [8] Wäre die pharisäische Sabbattheologie richtig gewesen, dann hätte man auch Gott und seine Engel der Entweihung des Sabbats bezichtigen können; denn die Kräfte, die der Schöpfer in die Natur hineingelegt hat, wirken ununterbrochen Tag für Tag. Sollte Gott etwa der Sonne verbieten, am Sabbat zu scheinen? Sollte er den Bächen und Flüssen befehlen, am Sabbat nicht zu fließen? Sollte das Korn mit Beginn des Sabbats aufhören zu wachsen? Dürften Bäume und Blumen etwa am Sabbat nicht blühen, weil das die Heiligkeit dieses Tages störte? Wir merken, wie abwegig solche Gedanken sind. Würde Gott auch nur für einen Augenblick seine Hand zurückziehen, wäre der Bestand des gesamten Universums gefährdet.

---

[7] Jesaja 42,21 LT [8] Johannes 5,17

Deshalb darf der Sabbat nicht als Tag völliger Untätigkeit mißverstanden werden. Auch wir können nicht danach fragen, ob gerade Sabbat ist, wenn es darum geht, Kranke zu versorgen und sich um Bedürftige zu kümmern. Der Sabbat wurde für den Menschen geschaffen und nicht umgekehrt. Gott will nicht, daß Menschen auch nur eine Stunde länger unter Not und Schmerzen leiden, wenn ihnen am Sabbat geholfen werden kann.

Klar ist aber auch, daß Gott unserm Tätigsein am Sabbat bestimmte Grenzen gesetzt hat. Um Zeit zur Anbetung, für das Stillesein vor Gott und zum Tun des Guten zu gewinnen, verbietet das vierte Gebot alles, was im Laufe der Woche zur Sicherung des Lebensunterhaltes getan werden muß. Mit der Weisung „Da sollst du keine Arbeit tun" [9] läßt Gott uns wissen, daß der Sabbat nicht dazu da ist, nach materiellem Gewinn zu trachten oder sich egoistische Wünsche zu erfüllen. Sabbatfeiern heißt vielmehr, für Gott dazusein, sich des bedürftigen Mitmenschen anzunehmen und sich um das eigene körperliche, seelische und geistliche Wohlergehen zu kümmern. Bei Jesu Krankenheilung am Teich Betesda konnte demnach von Sabbatschändung ganz und gar nicht die Rede sein. Im Gegenteil! Jesus ehrte Gott, indem er das tat, was der Schöpfer allezeit durch das Sabbatgebot bewirken will.

Aber es war nicht allein die angebliche Mißachtung des Sabbats, die Jesu Gegner so fürchterlich in Zorn geraten ließ. Noch erboster waren sie darüber, daß er sich mit Gott auf eine Stufe stellte, indem er sein Tun am Sabbat mit dem Handeln Gottes verglich. Außerdem sprach er von Gott als seinem Vater und erklärte sich damit ganz eindeutig zum Gottessohn. Das alles erfüllte in den Augen der Pharisäer den Tatbestand der Gotteslästerung. Besonders verärgert waren sie darüber, daß sie den Argumenten Jesu nichts entgegenzusetzen hatten. Sie konnten sich nur auf Traditionen und menschliche Lehrmeinungen stützen, Jesus dagegen hatte das Wort Gottes auf seiner Seite – und er wußte damit umzugehen. Ihnen war klar, daß sie in der sachlichen Auseinandersetzung immer den kürzeren ziehen würden. Wenn sie den Störenfried loswerden wollten, blieb ihnen nur Verleumdung und das Schüren von Haß. Am liebsten hätte der Hohe Rat Jesus sofort aus dem Weg geräumt, aber man fürchtete sich

[9] 2. Mose 20,10 LT

vor dem Zorn des Volkes. Es gab zu viele, die von diesem Mann aus Nazareth begeistert waren.

Völlig eins mit Gott

Jesus wies alle Beschuldigungen mit der Feststellung zurück: „Ich versichere euch: der Sohn kann nichts von sich aus tun. Er handelt nur nach dem Vorbild seines Vaters. Was dieser tut, das tut auch der Sohn. Der Vater gibt dem Sohn Einblick in alles, was er tut; denn er liebt ihn. Er wird ihm noch viel größere Aufgaben übertragen, und ihr werdet darüber erstaunt sein.“ [10] Im Klartext hieß das: Was ich tue, geschieht in völliger Übereinstimmung mit Gott. Weil ich sein Sohn bin, kenne ich seine Absichten und setze sie in seinem Sinne in die Tat um. Wollt ihr mir das zum Vorwurf machen? Aber was Jesus auch sagte, es war in den Wind geredet. Die Priester und Schriftgelehrten hatten ganz bestimmte Vorstellungen von der Wahrheit und waren durchweg nicht bereit, sich neuen Einsichten zu öffnen. Christus dagegen fragte täglich nach dem Willen seines Vaters und tat, was Gott ihm für die jeweilige Situation auftrug. Jesus fühlte sich im Gehorsam an seinen Vater im Himmel gebunden, nicht an menschliche Vorschriften. Auf dieser Grundlage unbedingten Vertrauens zu Gott sollten auch wir unser Leben gestalten. Wo das geschieht, kann auch durch uns sein Wille verwirklicht werden. Menschen, die sich ihrer Abhängigkeit von Gott bewußt sind, kann der Herr in seinem Werk gebrauchen. Er rüstet sie mit der Kraft und den Fähigkeiten aus, die nötig sind, um seine Pläne zu verwirklichen. Wer sich dagegen auf eigene Weisheit verläßt, gibt den schützenden Raum der Gemeinschaft mit Gott auf und spielt dem Feind Gottes in die Hände.

In seiner Antwort an die Priester und Schriftgelehrten fuhr Jesus fort: „Wie der Vater die Toten auferweckt und ihnen das neue Leben gibt, so gibt auch der Sohn das neue Leben, wem er will ... Es dauert nicht mehr lange, dann werden alle, die tot in den Gräbern liegen, seine Stimme hören und werden ihre Gräber verlassen.“ [11] Das stieß vor allem bei den „aufgeklärten“ Sadduzäern auf Unverständnis, denn sie hielten den Glauben an die leibliche Auferstehung des Menschen

---

[10] Johannes 5,19.20 [11] Johannes 5,21.28.29

für abwegig. Die Pharisäer dagegen glaubten an die Auferstehung. Ihnen allen teilte Jesus mit, daß sich die Kraft, die den Toten neues Leben schenken kann, mitten unter ihnen offenbaren würde – und das sowohl im buchstäblichen wie im übertragenen Sinne. Diese Kraft, die aus dem leiblichen Tod ins Leben zurückrufen kann, vermag dem Menschen auch neues geistliches Leben zu geben. In diesem Sinne schrieb der Apostel Paulus später: „Ihr seid befreit von dem Gesetz, das durch die Sünde in den Tod führt – befreit durch das Gesetz, das mit Hilfe des Geistes und in der Verbindung mit Jesus Christus zum Leben führt." [12] Auf diese Wechselwirkung wollte Jesus seine Kritiker aufmerksam machen. Wer sein Herz dem Geist Christi öffnet, wird die erneuernde Kraft Gottes zunächst in der geistlichen Wiedergeburt erleben und später noch einmal in der Auferstehung von den Toten.

Manche, die Jesus zuhörten, spürten, daß hier nicht nur der ungelehrte Handwerker aus Nazareth redete, sondern daß da ein Mann mit dem Anspruch auftrat, Gottes Sohn zu sein. Sie waren beeindruckt von dem, was sie hier erlebten. Niemand konnte sich erinnern, jemals einen Menschen gehört zu haben, der mit solch einer Gewißheit und Vollmacht von seiner Sendung sprach: „... seine ganze richterliche Macht hat der Vater dem Sohn übergeben; er selbst spricht keinem das Urteil. Alle sollen den Sohn ebenso ehren wie den Vater. Wer den Sohn nicht ehrt, ehrt auch den Vater nicht, der ihn gesandt hat." [13]

Das hieß doch, wenn die Menschen angesichts der Sünde in dieser Welt überhaupt noch Hoffnung haben konnten, dann allein im Blick auf Jesus Christus. Schließlich war er, der Gottessohn, es gewesen, der sich von Anfang an der zerstörerischen Flut der Sünde entgegengestellt hatte. Unermüdlich war er den Menschen nachgegangen, um sie durch das Licht der Wahrheit aus der Nacht der Sünde herauszureißen. Um der verlorenen Sünder willen hatte er das Menschsein mit allen Konsequenzen auf sich genommen. Er wußte aus eigener Erfahrung, was es bedeutet, ins Kreuzfeuer der satanischen Versuchung zu geraten. Und weil er schließlich sogar sein Leben für die verlorene Menschheit hingab, hatte Gott ihm alle Gewalt im Himmel und auf Erden übertragen. Aber

---

[12] Römer 8,2 [13] Johannes 5,22.23

wenn er davon Gebrauch machen würde, sollte das immer und zuerst zur Rettung von Menschen geschehen; denn „Gott sandte ihn nicht in die Welt, um die Menschen zu verurteilen, sondern um sie zu retten." [14] Deshalb erklärte Jesus vor den Vertretern des Hohen Rates: „Ich versichere euch: Alle, die auf mein Wort hören und dem vertrauen, der mich gesandt hat, werden ewig leben. Sie werden nicht verurteilt. Sie haben den Tod schon hinter sich gelassen und das unvergängliche Leben erreicht." [15]

Jesu Gegner hörten das alles mit wachsendem Unbehagen. Eigentlich hatten sie vorgehabt, über Jesus zu Gericht zu sitzen, aber nun drehte dieser Mann den Spieß um und behauptete, sie und alle Welt müßten sich eines Tages seinem Urteilsspruch beugen.

„... und sie ist's, die von mir zeugt"

„Denn es kommt die Stunde, in der alle, die in den Gräbern sind, seine Stimme hören werden, und werden hervorgehen, die Gutes getan haben zur Auferstehung des Lebens, die aber Böses getan haben, zur Auferstehung des Gerichts." [16]

Auf diese Zusicherung des künftigen Lebens hatte Israel lange gehofft. Die Menschen erwarteten, daß die uralte Verheißung eines unvergänglichen Lebens sich mit dem Kommen des Messias erfüllen würde. Und nun stand er, der als einziger ein Licht anzünden konnte, das die Nacht des Todes durchdringt, vor ihnen. Aber religiöser Starrsinn hatte die geistlichen Führer Israels blind gemacht. Weil Jesus die Vorschriften der Rabbiner nicht beachtet und geheiligte Traditionen verletzt hatte, wollten sie ihm nicht glauben. Zeitpunkt und Ort des Verhörs sowie die aufgeheizte Atmosphäre der Versammlung trugen dazu bei, daß Jesu Worte seinen Gegnern „an die Nieren" gingen. Das führte zu befremdlichen Reaktionen. Endlich war er gekommen, der Israel erretten wollte und konnte, aber die Führer des Volkes waren bemüht, ihn so schnell wie möglich zu beseitigen. Und ebenso merkwürdig: Der Herr des Sabbats mußte sich vor dem Hohen Rat wegen angeblicher Sabbatschändung rechtfertigen.

---

[14] Johannes 3,17 [15] Johannes 5,24 [16] Johannes 5,28.29 LT

Jesus aber verhielt sich nicht wie ein Angeklagter, sondern bestritt den Priestern und Rabbinern schlichtweg das Recht und die Zuständigkeit, sich in seine Aufgaben einzumischen. Er dachte nicht daran, klein beizugeben oder sich gar schuldig zu bekennen. Anstatt sich zu rechtfertigen, wies er seinen Gegnern einen falschen Umgang mit dem Wort Gottes nach: „Ihr forscht in den heiligen Schriften und seid überzeugt, in ihnen das ewige Leben zu finden – und gerade sie weisen auf mich hin." [17]

Fast auf jeder Seite des Alten Testaments hätten die Schriftgelehrten Hinweise auf das Kommen und die Aufgabe des Messias finden können. Viele der alten Ordnungen und gottesdienstlichen Weisungen waren nichts weiter als ein prophetischer Fingerzeig auf den Erlöser Israels. Jedes Opfer wies hin auf ihn; jede Weihrauchwolke im Tempel sollte an seine Gerechtigkeit erinnern. Aber sie hatten von dem allen nichts wahrgenommen. Als Jesus ihnen das zum Vorwurf machte, starrten sie ihn erst ungläubig an, aber dann ergriff sie ohnmächtige Wut, zumal sie seinen Worten nichts entgegenhalten konnten.

Jesus läßt sich nicht einschüchtern

Nun war es keineswegs so, daß sich die jüdischen Theologen nicht in den heiligen Schriften ausgekannt hätten. Das wußte auch Jesus. Doch er mußte ihnen den Vorwurf machen, daß sie Gottes Wort durch die Brille ihrer irdischen Wünsche und politischen Vorstellungen lasen. Im Grunde genommen ging es ihnen nicht zuerst um die Wahrheit, sondern darum, daß sich ihre rein diesseitigen Hoffnungen für Israel erfüllten.

Als Christus dann wirklich kam, hatte diese Denkweise schlimme Folgen. Weil er nicht ihren Vorstellungen entsprach, lehnten sie ihn völlig ab. Jesus faßte diesen Tatbestand in einem Satz zusammen: „Aber ihr seid nicht bereit, zu mir zu kommen, um das Leben zu finden." [18] Dieses „Nicht-Wollen" setzte eine verhängnisvolle Entwicklung in Gang, die anscheinend nicht umkehrbar war. Je deutlicher später an Jesu Worten und an seinen Taten zu erkennen war, daß Gott ihn gesandt hatte, desto verbissener versuchte man

[17] Johannes 5,39 [18] Johannes 5,40

ihn als Scharlatan, Verführer oder gar als Werkzeug Satans abzutun.

Jesus ließ sich dadurch nicht beirren. Er wußte sich von seinem Vater im Himmel gesandt und brauchte nicht die Bestätigung des Hohen Rates, um sich seiner Sendung gewiß zu sein. Aber um ihrer selbst und um der Zukunft seines Volkes willen, wünschte er, daß die Führer Israels an ihn glaubten. Viel Hoffnung gab es da freilich nicht: „Ich bin nicht darauf aus, von Menschen geehrt zu werden. Ich kenne euch; ich weiß, daß in euren Herzen keine Liebe zu Gott ist. Ich bin im Auftrag meines Vaters gekommen, aber ihr weist mich ab. Doch wenn jemand im eigenen Auftrag kommt, werdet ihr ihn aufnehmen.“ [19]

Hier sah Jesus voraus, was sich später tatsächlich in der Geschichte Judas abspielte. Von ihm wollte man nichts wissen, weil sich seine Lehren nicht mit den gängigen Vorstellungen deckten. Die Leute würden auf falsche Messiase hereinfallen, die ihnen versprächen, wonach sie sich sehnten: politische Macht und nationale Größe.

Heutzutage ist es nicht viel anders. Gibt es nicht überall weltliche und religiöse Führer, die Gottes Stimme geflissentlich überhören, weil ihnen Traditionen oder die eigenen Vorstellungen wichtiger sind als das, was Gott sagt und was er will? Eine Entschuldigung gibt es dafür ebensowenig wie damals für die geistliche Elite Israels. Jesus machte das deutlich, indem er sagte: „Ihr braucht aber nicht zu denken, daß ich euch bei meinem Vater verklagen werden. Mose klagt euch an, derselbe Mose, auf den ihr euch verlaßt. Wenn ihr Mose wirklich glaubtet, dann würdet ihr auch mir glauben; denn er hat über mich geschrieben. Da ihr aber nicht glaubt, was er geschrieben hat, wie könnt ihr dann meinen Worten glauben?“ [20]

Dieser Vorwurf entzog den Angehörigen des Hohen Rates vollends den Boden unter den Füßen. Einerseits waren sie erbost über die Respektlosigkeit dieses einfachen Mannes, andrerseits spürten sie in ihrem Gewissen, daß er recht hatte. Dennoch blieben sie bei ihrer feindseligen Haltung und taten alles, um Jesus auszuschalten. Sie sandten Boten aus, die das Volk vor diesem Betrüger warnen sollten. Hinfort wurde jeder seiner Schritte überwacht; er konnte kein Wort äußern,

---

[19] Johannes 5,41–43 [20] Johannes 5,45–47

ohne daß es der Geistlichkeit zu Ohren gekommen wäre. Von diesem Tag an ging Jesus Christus seinen Weg schon im Schatten des Kreuzes.

22 Das Ende des Täufers

Johannes der Täufer war der erste, der vom Reich Christi geredet hatte, und nun mußte er auch als erster mit seinem Leben dafür bezahlen. Solange er das Volk zur Buße rief, hatte Herodes Antipas, der damals von Roms Gnaden über Galiläa und das Ostjordanland herrschte, nichts dagegen einzuwenden. Als der Täufer aber wagte, die ehebrecherische Verbindung des Königs mit Herodias, der Frau seines Halbbruders Philippus, anzuprangern, ließ er ihn ins Gefängnis werfen. Der biblische Text zeigt, wie zwiespältig das Verhältnis des Monarchen zu dem Täufer war: „Herodes fürchtete Johannes, weil er wußte, daß er ein frommer und heiliger Mann war, und hielt ihn in Gewahrsam; und wenn er ihn hörte, wurde er sehr unruhig; doch hörte er ihn gern." [1] Eine Zeitlang hatte der König mit dem Gedanken gespielt, die Verbindung zu Herodias, die ihren Mann seinetwegen verlassen hatte, zu lösen, aber dann tat er es doch nicht. Die Frau rächte sich an Johannes, indem sie Herodes dazu trieb, diesen unbequemen Mahner ins Gefängnis zu werfen.

Der missionarisch aktive und naturverbundene Täufer litt unter der Gefangenschaft, die ihn zur Untätigkeit zwang. Je länger sie dauerte, desto mehr nagten Zweifel und Verzagtheit an seinem Herzen. Seinen Jüngern war es erlaubt, Johannes im Kerker zu besuchen; dadurch erfuhr er, daß die Menschen nun zu diesem Jesus von Nazareth strömten, während von ihm kaum noch jemand redete. Besonders schlimm sei es, so meinten seine Freunde, daß dieser neue Rabbi nichts tue, um Johannes zu helfen. Hätte er ihn nicht längst aus dem Gefängnis herausholen müssen, wenn er wirklich der Messias war? Diese Nachrichten blieben nicht ohne Wirkung auf Johannes. Gewiß meinten es seine Freunde gut, wenn sie ihm aus ihrer Sicht erzählten, was draußen geschah, dennoch verletzten und entmutigten sie ihn dadurch. Wie so oft im Leben zeigte sich auch hier, daß ausgerechnet die gu-

---

Dieses Kapitel bezieht sich auf Matthäus 11,1–11; 14,1–11; Markus 6,17–28 und Lukas 7,19–28 [1] Markus 6,20 LT

ten Freunde eines Menschen zu gefährlichen Feinden werden können, ohne es zu wissen und zu wollen.

So wie andere hatte auch Johannes unzutreffende Vorstellungen vom Reich Gottes und vom Wirken des Messias. Er konnte nicht verstehen, warum Jesus nichts unternahm, um die Herrschaft auf dem Thron Davids anzutreten. Er selber hatte sich doch mutig dem Herodes entgegengestellt, indem er dessen Sünde öffentlich anprangerte. War es nicht an der Zeit, daß der „Löwe" aus dem Stamm Juda [2] die Unterdrükker seines Volkes verjagte und die Macht übernahm? Im Blick auf Christus hatte der Täufer vorausgesagt: „Er hat seine Worfschaufel in der Hand; er wird seine Tenne fegen und seinen Weizen in die Scheune sammeln; aber die Spreu wird er verbrennen mit unauslöschlichem Feuer." [3] Sollte er sich getäuscht haben? Es sah fast so aus, denn Jesus schien sich damit zufriedenzugeben, vom Reich Gottes zu predigen und Kranke zu heilen. Während die Hand der römischen Besatzungsmacht täglich schwerer auf dem Volk lastete, während Herodes und seine sittenlose Frau machten, was sie wollten, saß Jesus mit Zöllnern und Sündern an einem Tisch, predigte und kümmerte sich um die Hilfsbedürftigen. Begriff er denn nicht, wie sehr sich Israel nach Befreiung vom römischen Joch und nach nationaler Eigenständigkeit sehnte?

Alles umsonst?

Johannes wußte nicht, was er davon halten sollte. Manchmal beschlich ihn die Angst, sein ganzes Lebenswerk könne vergeblich gewesen sein. Sollte er sich mit der Überzeugung, daß dieser Jesus von Nazareth der angekündigte Messias ist, getäuscht haben? War der Erlöser vielleicht noch gar nicht erschienen? Und was hatte er selber eigentlich erreicht? Als er mit seiner Bußpredigt begonnen hatte, stand für ihn fest, eine ähnliche Erneuerungsbewegung in Gang zu setzen, wie es sie einst zur Zeit des Josia oder Esra gegeben hatte, als sich Israel wieder zu Gott wandte.[4] Aber nun zweifelte er daran, daß ihm das je gelingen würde. Und er fragte sich, ob er vielleicht deshalb zur Untätigkeit verdammt war, weil er seiner Aufgabe nicht gewissenhaft nachgekommen war. Lag da der Grund dafür, daß Jesus – wenn er nun schon der Messias

[2] 1. Mose 49,9.10 LT [3] Matthäus 3,12 LT [4] Vgl. 2. Chronik 34; Nehemia 8

war – nichts tat, um ihn aus der Gefangenschaft zu befreien?

Aber derartige Zweifel und die vielen bohrenden Fragen konnten den Glauben des Täufers letztlich nicht zerstören. Wenn er an die Geschehnisse bei der Taufe Jesu dachte, an das makellose Leben dieses Mannes, an die innere Gewißheit hinsichtlich der Gottessohnschaft Jesu, die ihm der Heilige Geist vermittelt hatte, und nicht zuletzt an das Zeugnis der heiligen Schriften, dann mußte Jesus der Messias sein.

Um sich zu vergewissern, schickte Johannes zwei seiner Jünger zu Jesus mit der Frage: „Bist du es, der da kommen soll, oder sollen wir auf einen anderen warten?“ [5] Zum einen hoffte er, daß seine Freunde durch das Gespräch mit Jesus ermutigt würden, zum andern erwartete er eine persönliche Botschaft, die ihm alle offenen Fragen beantwortete. Aber merkwürdigerweise ging Jesus zunächst gar nicht auf das Begehren der Johannesjünger ein. Den ganzen Tag über sorgte er sich um Menschen, die zu ihm kamen und Hilfe erwarteten: Kranke, Leidende, Bedauernswerte, die in den Fängen dämonischer Mächte schmachteten, oder einfach Leute, die als unrein galten und deshalb von den Rabbinern gemieden wurden.

Sagt ihm, was ihr seht und hört!

Erst zum Schluß rief Jesus die Freunde des Johannes zu sich und beauftragte sie, ihrem Meister zu erzählen, was sie gesehen hatten. Ja, was hatten sie denn gesehen? Genau das, was schon der Prophet Jesaja im Blick auf den Messias vorausgesagt hatte: „Blinde sehen und Lahme gehen, Aussätzige werden rein und Taube hören, Tote stehen auf, und Armen wird das Evangelium gepredigt.“ [6] Und im Blick auf ihre Zweifel und die Vorbehalte des Johannes fügte er hinzu: „Selig ist, wer sich nicht an mir ärgert.“

Den Beweis seiner göttlichen Sendung erbrachte Jesus nicht dadurch, daß er die Römer aus dem Land jagte, sondern indem er sich der Not der Menschen annahm. Seine Herrlichkeit offenbarte sich darin, daß er sich erniedrigte und einer wurde wie wir. Als Johannes den Bericht seiner Jünger hörte, machte ihn das wieder froh. Er dachte an Worte der Heiligen Schrift, die genau auf das zutrafen, was seine

---

[5] Matthäus 11,3 LT [6] Matthäus 11,5 LT vgl. Jesaja 35,5.6

Freunde ihm erzählten: „Denn der Herr hat mich erwählt, um den Armen gute Nachricht zu bringen, den Verzweifelten neuen Mut zu machen, den Gefangenen zu verkünden: ‚Ihr seid frei! Eure Fesseln werden gelöst!'" [7] Ganz unzweifelhaft sah der Mann aus Nazareth seine Aufgabe nicht darin, politische Strukturen zu verändern oder Regierungen zu stürzen, sondern ihm lag daran, die Herzen der Menschen durch Güte und Hingabe für Gott zu gewinnen.

Nun begriff Johannes, daß die Grundregeln des Reiches Gottes genau mit dem übereinstimmten, was er Jahre hindurch verkündigt und wie er gelebt hatte. Ihm wurde auch klar, daß die Führungsschicht seines Volkes mit diesen Prinzipien nichts anfangen konnte. Die Gedanken und Hoffnungen dieser Leute gingen in eine völlig andere Richtung. Was ihn selber von der Göttlichkeit Jesu überzeugt hatte, würde bei den Obersten und Priestern wahrscheinlich eher das Gegenteil bewirken. Sie erwarteten einen Messias, wie er nirgendwo in der Schrift geschildert wurde. Nicht verwunderlich also, daß Jesus bei der geistlichen Elite auf Ablehnung und Feindschaft stieß. Und wenn er, Johannes, jetzt den bitteren Kelch des Leidens trinken mußte, dann konnte das nur ein Vorgeschmack sein von dem, was Christus bevorstand.

Johannes begriff, was Jesus ihm mit der Botschaft „... selig ist, wer sich nicht an mir ärgert" hatte sagen wollen. Er verstand, daß Jesu Dienst anderer Art war, als er es gedacht hatte. Demütig beugte er sich in dieser Erkenntnis vor Gott – bereit zu leben oder zu sterben, wenn nur dem Werk, das er liebte, damit gedient wurde.

Johannes der Täufer im Urteil Jesu

Nachdem die Freunde des Johannes gegangen waren, griff Jesus das Thema „Johannes der Täufer" in aller Öffentlichkeit auf. Niemand sollte auf den Gedanken kommen, Gott habe diesen außergewöhnlichen Mann im Stich gelassen. Es sollte auch nicht der Eindruck entstehen, der Täufer sei gescheitert und habe im Gefängnis schließlich sogar den Glauben verloren. Deshalb ergriff Jesus ganz eindeutig Partei für seinen Vorläufer. „Als ihr in die Wüste zu ihm hinausgewandert seid, was habt ihr da erwartet? Etwa ein Schilfrohr, das

[7] Jesaja 61,1

jeder Wind bewegt?“ [8] fragte er. Der Vergleich mit dem Schilf, das überall am Jordan wuchs und sich jeweils in die Richtung beugte, in die es der Wind trieb, traf eher auf diejenigen zu, die sich zu Kritikern und Richtern des Johannes aufgeworfen hatten. Einerseits waren die Führer Israels nicht bereit, dem Bußruf des Johannes zu folgen, andrerseits wagten sie aus Furcht vor dem Volk auch nicht, öffentlich gegen den Täufer vorzugehen.

Johannes – das wollte Jesus seinen Zuhörern deutlich machen – war aus ganz anderem Holz geschnitzt. Er redete *allen* Sündern ins Gewissen, unabhängig davon, ob sie Pharisäer, Sadduzäer, Fürsten, Könige, Zöllner, Bauern oder Soldaten waren. Wenn es darum ging, Gottes Botschaft an den Mann zu bringen, fragte er nicht, ob ihm das Sympathie oder Feindschaft einbringen würde. Johannes war alles andere als ein schwankendes Rohr. Gewiß, im Gefängnis gab es für ihn quälende Fragen, aber die hatten ihn in seiner Treue zu Gott und in seinem Streben nach Gerechtigkeit nicht wankend gemacht.

Keiner ist größer als Johannes

„Oder was sonst wolltet ihr sehen? Einen Mann in vornehmer Kleidung? Solche Leute wohnen doch in Palästen.“ [9] Johannes war dazu berufen, den Menschen ihr egoistisches, sündhaftes Wesen vor Augen zu halten. Seine einfache Kleidung und sein asketisches Leben entsprachen genau seiner Botschaft. Von den geistlichen und weltlichen Führern Israels konnte man das nicht sagen. Sie bevorzugten prächtige Kleidung und einen aufwendigen Lebensstil. An der Bewunderung der Menge schien ihnen mehr zu liegen als am Wohlgefallen Gottes.

„Also, was habt ihr erwartet? Einen Propheten? Ich versichere euch: ihr habt mehr gesehen als einen Propheten! Johannes ist der, von dem es in den heiligen Schriften heißt: ‚Ich sende meinen Boten vor dir her, sagt Gott, damit er den Weg für dich bahnt.‘ Ich versichere euch: Johannes ist bedeutender als irgendein Mensch, der je gelebt hat. Und trotzdem: Der Geringste in der neuen Welt Gottes ist größer als er.“ [10]

---

[8] Matthäus 11,7 [9] Matthäus 11,8 [10] Matthäus 11,9–11

Damit bestätigte Jesus, was ein Engel Jahre zuvor dem Vater des Johannes prophezeit hatte: „Er wird groß sein vor dem Herrn." [11] Was aber ist „Größe" im Urteil des Himmels? Jedenfalls nicht das, was hier auf Erden in den Augen der Leute groß sein läßt: Besitz, hoher sozialer Stand, vornehme Herkunft, Intelligenz, Erfolg. Gott urteilt anders. Ihm sind geistige und sittliche Werte wichtiger als materielle. Bedeutender als alles andere sind Liebe, Lauterkeit und Gehorsam. Johannes war groß vor dem Herrn, weil es ihm nicht um die eigene Person ging, sondern ausschließlich um die Aufgabe, dem kommenden Erlöser den Weg zu bereiten. Deshalb konnte einem Mann wie Johannes keiner das Wasser reichen.

Mehr als ein Prophet?

Während die alttestamentlichen Propheten das Kommen des Erlösers für eine mehr oder weniger ferne Zukunft voraussagten, durfte Johannes den Messias mit eigenen Augen sehen. Er war gewissermaßen das Bindeglied zwischen der Heilsordnung des alten und des neuen Bundes. Abgesehen von der inneren Befriedigung und der Freude, die Johannes im Dienst für Gott fand, war er um seine Aufgabe nicht zu beneiden. Zeitlebens ein einsamer Mensch, hatte er mit Widerstand, Anfeindungen und Sorgen zu kämpfen. Es war ihm nicht vergönnt, die Früchte seiner Arbeit zu genießen oder ein Stück Wegs mit Jesus gemeinsam zu gehen. Jesu Verkündigung und seine wunderbaren Taten kannte er nur vom Hörensagen, nicht aus eigener Anschauung.

Obwohl Herodes Antipas Johannes hatte verhaften lassen, hielt er ihn für einen Propheten Gottes und war fest entschlossen, ihn wieder freizulassen. Aus Furcht vor seiner Frau aber schob er das immer wieder hinaus. Herodias wußte, daß sie den König nie dazu bringen würde, den unbequemen Mahner aus dem Weg zu räumen. Deshalb beschloß sie, ihr Ziel auf hinterhältige Weise zu erreichen. Eine willkommene Gelegenheit dazu bot die Feier zum Geburtstag des Herodes.

Nachdem der König und seine Würdenträger gut gespeist und reichlich Wein getrunken hatten, schickte Herodias ihre Tochter Salome in den Festsaal und ließ sie zur Unterhaltung

---

[11] Lukas 1,15 LT

der Gäste tanzen. Die jugendliche Schönheit bezauberte mit ihrem sinnlichen Tanz die weinseligen Männer, und dafür erhielt sie rauschenden Beifall. Herodes, schon längst nicht mehr Herr seiner Sinne, fühlte sich geschmeichelt und schwor in seiner Weinlaune, er werde ihr, Salome, jeden Wunsch erfüllen – selbst wenn sie das halbe Königreich forderte.

Salome eilte zu ihrer Mutter und fragte, worum sie bitten solle. Die erkannte ihre Chance und antwortete: Fordere den Kopf des Täufers! Das Mädchen fürchtete sich, dem König diese schreckliche Bitte vorzutragen, aber ihre Mutter ließ keinen Einwand gelten. Salome verlangte also: „Laß mir den Kopf des Täufers Johannes auf einem Teller hierherbringen!" [12]

Herodes war entsetzt. Abergläubisch, wie er nun einmal war, schreckte er vor dem Gedanken zurück, einen Gottesmann wie Johannes töten zu lassen. Aber durch seinen leichtfertigen Schwur hatte er sich selbst in diese Lage gebracht. Er konnte die Bitte seiner Stieftochter nicht abschlagen, ohne das Gesicht zu verlieren. Insgeheim hoffte er, aus dem Kreis der Gäste könnten Einwände gegen diesen Akt der Willkür kommen. Viele der Würdenträger waren nämlich wie Herodes der Meinung, Johannes müsse ein Mann Gottes sein. Gewiß, er war kein bequemer Zeitgenosse, aber es mußte Unglück bringen, wenn man ihn kurzerhand umbrachte. Trotzdem trat niemand für den Täufer ein. Man war zu schockiert von der dreisten Forderung des Mädchens und vermutete richtig, daß die ränkeschmiedende Herodias hinter der Sache steckte. Außerdem wollte man sich nicht verdächtig machen; obendrein waren die meisten zu sehr betrunken, um überhaupt noch einen klaren Gedanken fassen zu können. Der Wein hatte ihnen die Sinne verwirrt und das Gewissen abgestumpft. Indem sie schwiegen, bestätigten diese Männer das Todesurteil, das eine haßerfüllte Frau über Johannes beschlossen hatte.

So nahm das Verhängnis seinen Lauf. Widerstrebend ordnete Herodes Antipas die Ermordung des Täufers an. Wenig später wurde das blutige Haupt des Gottesmannes zum Entsetzen aller auf einer Schale in den Festsaal gebracht und dem Mädchen übergeben. Nun war die Stimme des Mahners in

[12] Matthäus 14,8

der Wüste endgültig zum Schweigen gebracht. Die Rachsucht einer leichtfertigen Frau und die Verantwortungslosigkeit einer Zecherrunde hatte einen der größten Propheten Israels dem Tod ausgeliefert.

Aber das ist ja nichts Neues. Wer will die Unschuldigen zählen, die der Willkür und Hemmungslosigkeit von Menschen, die eigentlich Hüter des Rechts sein sollten, zum Opfer gefallen sind? Wer über Wohl und Wehe oder gar das Leben anderer zu entscheiden hat, handelt in höchstem Maße verwerflich, wenn er seine Urteilsfähigkeit durch einen unmoralischen Lebenswandel oder durch berauschende Mittel untergräbt oder auch nur schmälert. Recht sprechen kann letztlich nur, wer im Vollbesitz seiner körperlichen, geistigen und sittlichen Kräfte ist und um die große Verantwortung weiß, die auf ihm liegt.

Als Herodias das Haupt des Johannes vor sich sah, triumphierte sie ob dieses Sieges. Endlich hatte sie erreicht, daß die Drohungen dieses Predigers der Gerechtigkeit den König nicht mehr in seinem Gewissen beunruhigen konnten. Aber sie hatte sich getäuscht und sollte sich dieser Genugtuung nicht lange erfreuen können. Fortan wurde sie ihres schändlichen Handelns und ihres Ränkespiels wegen verachtet und gehaßt. Herodes selbst litt mehr denn je unter Gewissensbissen. Er fand keine Ruhe, sondern mußte ständig daran denken, daß die Ermordung des Johannes zu seinen Lasten ging. Er wußte, daß Gott Zeuge dieses Verbrechens und der schrecklichen Verwünschungen war, die Herodias beim Anblick des abgeschlagenen Hauptes über den toten Propheten von sich gegeben hatte. Das konnte nicht ungestraft bleiben. Zwar bemühte sich der König, bei seinen Staatsgeschäften und Empfängen souverän und unbeschwert zu erscheinen, aber in seinem Herzen regierte die Angst.

Als Herodes vom Wirken Jesu hörte, erschrak er, denn für ihn stand fest, daß dieser neue Prophet kein anderer sein konnte als der auferstandene Täufer. Fortan fürchtete er, Johannes könnte sich an ihm rächen, indem er die Strafe Gottes über ihn und sein Haus herabriefe. Tag für Tag erlebte er nun, was Mose einmal so beschrieben hat: Ihr werdet „keine Bleibe finden, sondern ruhelos umherirren; denn der Herr wird euch in Angst, Finsternis und Verzweiflung hineintreiben. Ihr werdet ständig um euer Leben zittern müssen und euch Tag und Nacht keinen Augenblick sicher fühlen.

Am Morgen werdet ihr den Abend herbeisehnen, und am Abend den Morgen. Denn alles, was ihr erlebt, wird euch immer neue Angst einjagen." [13] Nichts ist quälender als ein schuldbeladenes Gewissen, das den Menschen Tag und Nacht nicht zur Ruhe kommen läßt.

Und Christus sah tatenlos zu?

Mancher mag sich fragen, ob die Gefangenschaft und der schreckliche Tod des Johannes nicht hätten abgewendet werden können. Aus rein menschlicher Sicht mag uns dieses Geschehen unverständlich bleiben, dennoch sollte es unser Vertrauen zu Gott nicht erschüttern. Was Johannes zu durchleiden hatte, war nichts anderes als die Teilhabe an den Leiden Christi. Mußte Christus nicht noch Schlimmeres erdulden? Wundern wir uns darüber, daß gerade diejenigen, die für Gott an „vorderster Front" kämpfen, Zielscheibe satanischer Angriffe sind?

Satan hatte alles versucht, um Johannes den Täufer von einem Leben vorbehaltloser Hingabe an Gott abzubringen. Es war ihm nicht gelungen. Mit den Versuchungen in der Wüste hatte er das auch bei Jesus erreichen wollen. Erneut war er gescheitert – schlimmer noch: Er war besiegt worden! Das steigerte seinen Zorn ins unermeßliche. Wenn er das Wirken dieser Gottgesandten nicht verhindern konnte, wollte er ihnen wenigstens Schaden und Leid zufügen.

Sicher hätte Christus zugunsten seines Vorläufers gern eingegriffen, aber er verzichtete darauf, um nicht vor der Zeit in die Hände seiner Feinde zu fallen und damit sein eigenes Werk zu gefährden. Er wußte, daß Johannes diese schwerste aller Prüfungen bestehen und zum Vorbild für Tausende von Menschen werden würde, die in späterer Zeit um Christi willen ihr Leben lassen mußten. Die Gefangenschaft und der Tod eines Mannes, dessen Bedeutung und Treue von Jesus ausdrücklich bestätigt wurde, gab später vielen, denen ein ähnliches Geschick beschieden war, Kraft zum Durchhalten – trotz Folter, Schwert und Scheiterhaufen.

Obwohl Johannes nicht durch das Eingreifen einer überirdischen Macht befreit wurde, hatte ihn Gott doch nicht verlassen. Engel umgaben ihn Tag und Nacht und verhalfen

[13] 5. Mose 28,65–67 LT

ihm zum richtigen Verständnis der Heiligen Schrift und des Werkes Jesu. Wie jedem Nachfolger Jesu, so galt auch ihm die Verheißung: „Siehe, ich bin bei euch alle Tage bis an der Welt Ende." [14]

Gott führt seine Kinder niemals anders, als sie es selbst wünschen würden, wenn sie seine Absichten erkennen und schon am Anfang sehen könnten, welche Frucht daraus erwächst, seinen Weg im Vertrauen auf Gott zu gehen. Weder Henoch noch Elia, die Gott beide zu sich nahm, ohne daß sie den Tod sehen mußten, gelten mehr bei Gott als Johannes der Täufer, der einsam und verlassen auf grausame Weise in einem finsteren Verlies hingerichtet wurde. In diesem Sinne schrieb der Apostel Paulus in seinem Brief an die Philipper: „Gott hat euch die Gnade erwiesen, daß ihr nicht nur auf Christus vertrauen, sondern auch für ihn leiden dürft." [15] Offenbar sah der Apostel in der Möglichkeit, mit und für Christus zu leiden, einen einzigartigen Vertrauensbeweis Gottes und eine große Ehre.

---

[14] Matthäus 28,20 LT [15] Philipper 1,29 LT

23 | Gott richtet seine Herrschaft auf

Die unmittelbar bevorstehende Ankunft des Messias war zuerst in Judäa verkündigt worden. Gott selbst hatte den Hirten bei Bethlehem mitten in der Nacht durch Engel die Geburtsanzeige seines Sohnes geschickt. In Jerusalem erfuhr man vom Kommen des Messias erst durch ein paar Fremde, die nach dem neugeborenen König fragten.

Eigentlich wären die geistlichen Führer Israels dazu berufen gewesen, die frohe Kunde vom Erscheinen des Erlösers in alle Welt zu tragen. Aber sie hatten nichts von dem begriffen, was vor ihren Augen geschah. Die Vorbehalte der jüdischen Geistlichkeit hatten sich längst in Mißtrauen, Neid und Haß verwandelt. Der Hohe Rat war darauf aus, Jesus zu beseitigen, und auch im Volk wandten sich viele von Christus ab. Deshalb zog sich Jesus vom Tempel und aus Jerusalem zurück. Er sah, daß er die geistliche und weltliche Oberschicht dieser Stadt nicht für sich gewinnen konnte. So mußte er sich anderen Volksschichten zuwenden.

Dieses „Nicht-verstanden-Werden“ und „Sich-zurückziehen-Müssen“ ist bezeichnend für die Geschichte der Christenheit insgesamt. Die Reformatoren im Mittelalter sind allesamt nicht mit der Absicht angetreten, die Kirche zu spalten oder zu verlassen, sondern sie wollten lediglich zur biblischen Wahrheit zurückführen. Aber mit ihrem Bußruf stießen sie bei den Kirchenoberen auf taube Ohren. Nicht einmal hören wollte man sie. Wollten sie dennoch etwas erreichen, mußten sie sich an Volksschichten wenden, die für die Wahrheit offen waren. Allerdings muß man auch heute feststellen, daß viele der Kinder und Enkel der Reformation ebensowenig an der biblischen Wahrheit interessiert sind wie die religiöse Oberschicht Jerusalems zur Zeit Jesu. Es ist deshalb nicht ungewöhnlich, daß Menschen, die ihre Kirche lieben, sich um der Treue zur Wahrheit willen von ihr trennen.

Die Bevölkerung Galiläas jedenfalls war damals viel aufgeschlossener für Jesu Botschaft als die Menschen in Judäa. Wahrscheinlich lag das daran, daß der Anteil an Nichtjuden in diesem Landesteil verhältnismäßig hoch war. Die Leute wußten, daß ein friedliches Miteinander nur möglich war, wenn man aufeinander hörte und einander gelten ließ. Zumindest gab es in Galiläa weniger religiöse Eiferer als in Judäa.

Je länger Jesus lehrend und heilend durchs Land zog, um so mehr wuchs seine Anhängerschaft. Sogar aus Judäa und anderen Landesteilen kamen die Menschen, um ihn zu hören oder sich ihm anzuschließen. Der Zulauf war so groß, daß man fürchten mußte, die römischen Behörden könnten annehmen, in Galiläa werde ein Volksaufstand vorbereitet. Doch an Rebellion dachten diese Menschen nicht; sie spürten aber, daß Jesus ihnen etwas anzubieten hatte, was die Befreiung von der Fremdherrschaft weit übertraf.

Angekündigt durchs prophetische Wort

Der Kernsatz der Predigt Jesu lautete: „Die Zeit ist erfüllt, und das Reich Gottes ist herbeigekommen. Tut Buße und glaubt an das Evangelium!“ [1] Indem Jesus von *erfüllter* Zeit sprach, machte er deutlich, daß sein Kommen wie auch seine Verkündigung in einem geschichtlichen und zeitlichen Rahmen zu sehen sind. Offenbar dachte er an die Zeitspanne, von der es im Buch Daniel heißt: „Siebzig Wochen* sind verhängt über dein Volk und deine heilige Stadt; dann wird dem Frevel ein Ende gemacht und die Sünde abgetan und die Schuld gesühnt, und es wird ewige Gerechtigkeit gebracht und Gesicht und Weissagung erfüllt und das Allerheiligste gesalbt werden.“ [2] Die siebzig Wochen oder 490 Tage stehen nach prophetischer Rechnung für 490 Jahre. Mit einer solchen Angabe läßt sich allerdings nur etwas anfangen, wenn man das Anfangs- oder das Enddatum kennt. Im vorliegenden Fall liefert der Prophet Daniel den Hinweis auf den Beginn der Zeitspanne gleich mit: „So wisse nun und gib acht: Von der Zeit an, als das Wort erging, Jerusalem werde wiederaufgebaut werden, bis ein Gesalbter, ein Fürst, kommt, sind es sieben Wochen; und zweiundsechzig Wochen lang wird es wieder aufgebaut sein ...“ [3] Insgesamt handelt es sich also um 69 Wochen (7 Wochen und 62 Wochen) oder umgerechnet um 483 Jahre.

---

* Gemeint sind Jahrwochen; jede umfaßt sieben Jahre (vgl. Hesekiel 4,6)

[1] Markus 1,15 LT [2] Daniel 9,24 LT [3] Daniel 9,25 LT

Der Befehl zum Wiederaufbau Jerusalems wurde in einem Erlaß des persischen Königs Artaxerxes Longimanus erteilt und trat im Herbst des Jahres 457 vor Christus in Kraft.[4] Die 483 Jahre würden demnach im Jahre 27 nach Christus enden (das Jahr Null nicht mitgerechnet). Gemäß der Weissagung sollte dieser Zeitabschnitt bis zum Erscheinen des Messias – des „Gesalbten", wie ihn der Text nennt – reichen. Im Jahre 27 nach Christus ließ Jesus sich taufen, empfing die Salbung durch den Heiligen Geist und begann unmittelbar danach mit seiner öffentlichen Wirksamkeit. Von da an hieß es zu Recht: „Die Zeit ist erfüllt."

Weiter heißt es im Buch Daniel: „Er wird aber vielen den Bund schwer machen eine Woche lang. Und in der Mitte der Woche wird er Schlachtopfer und Speisopfer abschaffen." [5] Sieben Jahre lang sollte das Evangelium vor allem den Juden verkündigt werden. Dreieinhalb Jahre lang tat Jesus das selbst, danach geschah es durch die Apostel. Im Frühjahr des Jahres 31 nach Christus wurde Jesus als das wahre Opferlamm auf Golgatha gekreuzigt. Als in Jesu Todesstunde der Vorhang im Tempel zerriß, der das Heilige vom Allerheiligsten trennte, war das ein Zeichen dafür, daß der irdische Opferdienst sein Ende gefunden hatte.

Der Rest der „einen Woche" lief im Jahre 34 nach Christus ab. In diesem Jahr setzten jüdische Eiferer mit der Steinigung des Stephanus ein unübersehbares Zeichen für ihre Ablehnung der Christusbotschaft. Damals begann eine Entwicklung, die Paulus später in einem einzigen Satz zusammenfaßte: „Euch mußte das Wort Gottes zuerst gesagt werden; da ihr es aber von euch stoßt und haltet euch selbst nicht für würdig des ewigen Lebens, siehe, so wenden wir uns zu den Heiden." [6]

Gott hatte diesen zeitlichen Rahmen, der die Menschwerdung und den Tod Christi sowie die Einbeziehung der Heiden in die Heilsordnung umfaßte, natürlich nicht rein zufällig abgesteckt. Vielmehr sollte Israel anhand der prophetischen Hinweise erkennen, daß Jesus Christus der von Gott gesandte Messias war. Welche Bedeutung dem prophetischen Wort im Blick auf das Wirken Jesu zukommt, wird daran deutlich, daß Christus immer wieder auf die Prophetie hin-

---

[4] Siehe Esra 6,14; 7,1.9 LT [5] Daniel 9,27 LT
[6] Apostelgeschichte 13,46 LT

wies: „Wer das liest, der merke auf“ [7]; „... und er fing an bei Mose und allen Propheten und legte ihnen aus, was in der ganzen Schrift von ihm gesagt war“ [8]; „... und haben geforscht, auf welche und was für eine Zeit der *Geist Christi deutete, der in ihnen war und zuvor bezeugt hat* die Leiden, die über Christus kommen sollten, und die Herrlichkeit danach“ [9].

Gabriel, ein Engelfürst, der dem Sohn Gottes rangmäßig am nächsten steht, hatte dem Propheten Daniel die wichtige Botschaft gebracht, die auf das erste Kommen Christi hinwies. Jahrhunderte später war es wieder Gabriel, der dem Jesusjünger Johannes in einer prophetischen Schau zeigte, was in der Zukunft geschehen würde. Und auch hier geht es nicht ohne den Hinweis ab: „Selig ist, der da liest und die da hören die Worte der Weissagung und behalten, was darin geschrieben ist; denn die Zeit ist nahe.“ [10] Auch heute darf jeder, der das prophetische Wort schätzt und unter Gebet studiert, des Segens Gottes gewiß sein.

Wie die Botschaft vom ersten Kommen Christi das Reich seiner Gnade ankündigte, so weist die Botschaft von seinem zweiten Kommen hin auf das Reich seiner Herrlichkeit. Beide Ereignisse vollziehen sich nicht zufällig, sondern sind eingebettet in einen „Zeitplan“, den Gott uns durch das prophetische Wort erkennbar macht. Kinder Gottes sollen nicht unwissend in die Zukunft gehen. Wie sonst wäre es zu verstehen, wenn Jesus im Blick auf seine Wiederkunft ganz bestimmte Merkmale nennt und sagt: „... wenn ihr seht, daß dies alles geschieht, so wißt, daß das Reich Gottes nahe ist ... Hütet euch aber, daß eure Herzen nicht beschwert werden mit Fressen und Saufen und mit täglichen Sorgen und dieser Tag nicht plötzlich über euch komme wie ein Fallstrick ... So seid allezeit wach und betet, daß ihr stark werdet, zu entfliehen diesem allen, was geschehen soll, und zu stehen vor dem Menschensohn.“ [11]

Die Schriftgelehrten und Priester zur Zeit Jesu kannten Gottes Wort, aber sie deuteten die prophetischen Aussagen ihren Vorstellungen und Erwartungen gemäß. Deshalb begriffen sie auch nicht, daß für das auserwählte Volk der letzte Abschnitt seiner Heilszeit angebrochen war. Die Jahre der

---

[7] Matthäus 24,15 LT [8] Lukas 24,27 LT [9] 1. Petrus 1,11 LT
[10] Offenbarung 1,3 LT [11] Lukas 21,31.34.36 LT

Gnade, in denen sich Jesus selbst und später die Apostel um Israel mühten, vergeudeten die Führer des Volkes damit, Pläne zu schmieden, wie sie Christus und die Seinen mundtot machen könnten. Jesu Zeitgenossen waren so von Ehrsucht erfüllt und auf das Irdische eingestellt, daß sie die Zeichen der Zeit nicht verstanden. Heute ist es kaum anders. Die meisten Menschen interessieren sich nur für die eigenen Belange und merken nicht, daß sich die prophetischen Aussagen für unsere Zeit erfüllen. Sie kennen sie nicht einmal! Aber Gottes Reich kommt, auch wenn sich die Menschen nicht darum kümmern oder es nicht wahrhaben wollen. Wir wissen zwar nicht das Datum der Wiederkunft unseres Herrn, aber an den Geschehnissen in dieser Welt läßt sich ablesen, daß sein Erscheinen nahe bevorsteht. Deshalb „laßt uns nun nicht schlafen wie die anderen, sondern laßt uns wachen und nüchtern sein".[12]

[12] 1. Thessalonicher 5,6 LT

24 Ist das nicht der Zimmermann?

Jesu Wirken in Galiläa war überaus erfolgreich – bis auf eine Ausnahme: Die Bewohner seiner Heimatstadt Nazareth wollten nichts von ihm wissen. Als Junge hatte er gemeinsam mit seinen Brüdern die Synagoge besucht; er war in dieser Stadt groß geworden. Seit dem Beginn seiner öffentlichen Wirksamkeit war er allerdings nicht wieder in Nazareth gewesen. Natürlich wußten die Leute, daß Jesus im Lande umherzog, predigte und Wunder vollbrachte. Deshalb waren sie zunächst auch gespannt auf den berühmt gewordenen Sohn ihrer Stadt. Jesus freute sich ebenfalls, wieder einmal zu Hause zu sein. Hier begegnete er all denen, die er von klein auf kannte und liebte: seiner Mutter, seinen Brüdern, seinen Schwestern, Verwandten und Freunden.

Als er am Sabbat die Synagoge betrat und sich zu den Gläubigen setzte, waren aller Augen erwartungsvoll auf ihn gerichtet. In der Regel begann der Gottesdienst damit, daß der Älteste einen Abschnitt aus den Propheten vorlas und die Anwesenden ermahnte, weiterhin auf den zu hoffen, der da kommen sollte, um der Unterdrückung Israels ein Ende zu machen und ein Reich der Herrlichkeit aufzurichten. Dabei fehlte fast nie der Hinweis, daß die Ankunft des Messias nahe sei und daß der Gesalbte als gewaltiger Heerführer erscheinen und das Joch der Fremdherrschaft für immer zerbrechen werde.

War ein Rabbiner anwesend, so erwartete man von ihm eine Schriftauslegung. Den Abschnitt aus der Prophetenrolle durfte jeder Israelit vorlesen. An diesem Sabbat hatte man Jesus um die Schriftlesung gebeten. Er stand auf „und wollte lesen. Da wurde ihm das Buch des Propheten Jesaja gereicht. Und als er das Buch auftat, fand er die Stelle, wo geschrieben steht (61,1.2) ... ‚Der Geist des Herrn ist auf mir, weil er mich gesalbt hat, zu verkündigen das Evangelium den Armen; er hat mich gesandt, zu predigen den Gefangenen, daß sie frei sein sollen, und den Blinden, daß sie sehen sollen,

---

Dieses Kapitel bezieht sich auf Lukas 4,16–30

und den Zerschlagenen, daß sie frei und ledig sein sollen, zu verkündigen das Gnadenjahr des Herrn.' Und als er das Buch zutat, gab er's dem Diener und setzte sich. Und aller Augen in der Synagoge sahen auf ihn."[1] Die Leute waren gespannt, was Jesus zu diesem Text sagen würde. Jedermann wußte, daß mit diesem Prophetenwort der zu erwartende Messias gemeint war. Daran knüpfte Jesus in seiner Schriftauslegung auch an. Seine Zuhörer waren berührt davon, denn es war fast so, als sähen sie den Erlöser schon vor sich. Gottes Geist hatte ihre Herzen bewegt und für Jesu Botschaft geöffnet.

Die Stimmung schlägt um

Als Christus jedoch erklärte: „Heute ist dieses Wort der Schrift erfüllt vor euren Ohren"[2], schlug die Stimmung jäh um. Die Menschen fühlten sich genötigt nachzudenken über sich selbst und den Anspruch, den Jesus mit seinen Worten erhob. Wie kam er überhaupt dazu, sie, die Nachkommen Abrahams, als Gefangene der Sünde zu bezeichnen? Waren sie etwa blind und bedurften des Lichts der Wahrheit – seiner Wahrheit? Sie fühlten sich in ihrem Stolz als Angehörige des auserwählten Volkes verletzt. Was aber noch schlimmer war, sie spürten, daß Jesus sie durchschaut und hinter die fromme Fassade geblickt hatte.

Deshalb wehrten sie sich auch dagegen, von einem aus ihrer Mitte belehrt oder gar gemaßregelt zu werden. Was bildete sich dieser Jesus ein? Wie konnte er, der weiter nichts war als der Sohn eines Zimmermanns, von sich behaupten, er sei der Messias? Das mochte ihm abnehmen wer wollte, sie jedenfalls nicht. Schließlich kannten sie seinen Werdegang von klein auf. Hatte er nicht in seinem Handwerk geschuftet wie jeder andere auch? Man kannte seine Eltern, die Brüder und Schwestern. Wie konnte jemand aus so kleinen Verhältnissen behaupten, er sei der Messias? Gewiß, ihm selbst konnte man nichts vorwerfen, aber das war noch lange kein Grund, solche Ansprüche zu stellen. Nun schämten sie sich, daß sie von Jesu Schriftauslegung so beeindruckt gewesen waren. Ihre Herzen, die sich dem Wirken des Heiligen Geistes für kurze Zeit geöffnet hatten, verschlossen sich wieder und wurden wie Stein. Jesus spürte, was in den Leuten vor-

---

[1] Lukas 4,16–20 LT [2] Lukas 4,21 LT

ging und bestätigte das mit der Feststellung: „Kein Prophet gilt etwas in seinem Vaterland. Aber wahrhaftig, ich sage euch: Es waren viele Witwen in Israel zur Zeit des Elia, als der Himmel verschlossen war drei Jahre und sechs Monate und eine große Hungersnot herrschte im ganzen Lande, und zu keiner von ihnen wurde Elia gesandt als allein zu einer Witwe nach Sarepta im Gebiet von Sidon. Und viele Aussätzige waren in Israel zur Zeit des Propheten Elisa, und keiner von ihnen wurde rein als allein Naaman aus Syrien.“ [3]

Die Botschaft für die Gottesdienstbesucher in Nazareth war klar: Gott fragt nicht zuerst danach, wer zum auserwählten Volk gehört, sondern wer ihm wirklich vertraut. Offenbar gab es damals in Israel niemanden, bei dem Elia hätte Zuflucht finden können. Deshalb schickte ihn Gott zu einer Frau, die nicht zum auserwählten Volk gehörte, aber offen war für das Heil. Und bei dem syrischen Fürsten, den Jesus erwähnte, war es ähnlich.

Mit diesen Vergleichen wollte Jesus deutlich machen: Das Verhältnis eines Menschen zu Gott hängt nicht davon ab, wie groß seine geistliche Erkenntnis ist, sondern was diese Erkenntnis in seinem Leben bewirkt. Deshalb sind Heiden, die ihrer geringeren Erkenntnis gemäß handeln, Gott mitunter näher als Menschen, die den Willen Gottes kennen, aber in ihrem täglichen Leben wenig davon spüren lassen.

Haß und Gewalt

Jesu Worte trafen die Bewohner Nazareths an ihrer empfindlichsten Stelle. Sie begriffen, daß dieser Mann ihnen ins Herz geschaut hatte. Was nützte der Stolz auf die Zugehörigkeit zum auserwählten Volk, wenn man diesen Anspruch im täglichen Leben und vom Glauben her längst verspielt hatte? Das war es, was Jesus ihnen vorwarf. Aber woher nahm er überhaupt das Recht, so mit ihnen zu reden? Schließlich war er doch nur einer von ihnen, obendrein einer der ärmsten und niedrigsten!

Hier wird deutlich, wie sich Vorurteile zum Unglauben auswachsen und am Ende den Weg zum Heil versperren. Jesu Hinweis auf die Heiden hatte das Faß zum Überlaufen gebracht. Die Bewohner Nazareths fühlten sich in ihrer Ehre

---

[3] Lukas 4,24–27 LT

angegriffen. Blind vor Zorn packten sie Jesus und schleppten ihn vor die Stadt an den Rand eines Abgrunds, wo sie ihn kopfüber in die Tiefe zu stürzen versuchten. Manche beschimpften ihn, andere warfen mit Steinen. Aber sie konnten Jesus nichts anhaben, denn Engel Gottes beschützten ihn vor der Mordgier der Menge. Im biblischen Bericht heißt es kurz und bündig: „Aber er ging mitten durch sie hinweg.“ [4]

Christus gibt nicht auf

Wer für die Wahrheit eintritt, muß mit Widerstand, Feindschaft und Haß rechnen. Gegen Menschen, die sich zu Gott halten und Jesus nachfolgen, scheinen sich die Mächte der Finsternis zu verschwören. Aber dort, wo sich die Handlanger des Bösen zusammenrotten, formieren sich auch die Engel Gottes, um dem Gläubigen beizustehen. Daran sollten wir denken, wenn uns Angst vor den Feinden des Evangeliums beschleicht. Gott hält seine Hand über alle, die ihm vertrauen.

Was die Bewohner von Nazareth betrifft, so hatte sich Jesus trotz dieses erschreckenden Erlebnisses nicht von ihnen abgewandt. Er wollte und konnte sie nicht fallen lassen, ohne ihnen eine weitere Gelegenheit zur Umkehr gegeben zu haben. Gegen Ende seines Wirkens in Galiläa kam er noch einmal in seine Vaterstadt zurück. Nun konnten auch die Leute von Nazareth nicht mehr an der Tatsache vorbeigehen, daß Jesus ein Gesandter Gottes war. Woher hätte er sonst die Kraft haben sollen, diese Zeichen und Wunder zu tun, von denen man überall im Lande sprach? Es hatte sich also erfüllt, was er einst in der Synagoge für sich in Anspruch genommen hatte. Wieder sahen sich die Menschen vor die Entscheidung gestellt, Jesus als den Messias anzunehmen oder ihn abzulehnen. Einerseits spürten sie, daß sie sich für ihn entscheiden müßten, andrerseits fühlten sie sich wegen seiner damaligen Rede in der Synagoge noch immer gedemütigt. So blieb es denn dabei, daß Jesus in seiner Vaterstadt fast durchweg auf Ablehnung stieß. Und weil die Leute nicht an ihn glauben wollten, vollbrachte er in Nazareth auch kaum Wunder. Schweren Herzens verließ er seine Heimat, um nie zurückzukehren.

---

[4] Lukas 4,30 LT

Aber nicht nur in Nazareth stieß Jesus auf Vorbehalte und Unglauben, sondern auch beim Hohen Rat und den meisten Israeliten. Höhepunkt der Ablehnung war die Kreuzigung Jesu auf Golgatha. Dabei ging es dem Sohn Gottes nur darum, seinem Volk die frohe Botschaft von der Erlösung und vom kommenden Himmelreich zu bringen. Doch die Menschen hingen an ihren alten Glaubensvorstellungen und klammerten sich an überholte kultische Formen, so daß sie für die Wahrheit, die Jesus brachte, unempfänglich waren. Während das Brot des Lebens zum Greifen nahe lag, gaben sie sich mit Spreu zufrieden. Hätte man auf Jesus gehört und die rabbinischen Lehrsätze am Wort der heiligen Schriften geprüft, hätte Jesus nicht über die Unbußfertigkeit seiner Landsleute trauern müssen. Auch die Zerstörung Jerusalems und die Zerstreuung der Juden unter alle Völker hätte verhindert werden können. Aber ohne innere Umkehr war das nicht möglich. Und dazu waren nur wenige bereit. Wer wollte schon sein Leben ändern und langgehegte Hoffnungen aufgeben oder mit den Anschauungen der Lehrer jener Zeit brechen?

Und was im allgemeinen zutraf, galt im besonderen für die damalige religiöse Elite. Geistlicher Hochmut hatte sich ausgebreitet. Nicht selten wurde der Dienst im Tempel zu eigensüchtigen Zwecken mißbraucht. In den Synagogen beanspruchten Schriftgelehrte und Pharisäer die besten Plätze, und auf den Straßen und Märkten erwarteten sie, daß man sie ehrfurchtsvoll grüßte. In dem Maße, wie echte Frömmigkeit schwand, gewannen religiöse Formen an Bedeutung.

Einer der Gründe, weshalb man Jesus nicht verstand, lag offensichtlich darin, daß er anders auftrat, als es vom Messias erwartet wurde. Ihm war die Wahrheit wichtiger als religiöse Überlieferungen. Er legte keinen Wert auf Äußerlichkeiten, sondern begnügte sich mit einem einfachen Lebensstil. Sprach das nicht eindeutig gegen seine Gottessohnschaft? Wie konnte ein mittelloser Handwerker der Messias sein? Wie sollte er Israel befreien oder gar zur Erneuerung der Region beitragen, wenn der „Erretter" keine schlagkräftige Streitmacht aufstellte? Zu viel sprach dagegen, als daß man ihn für den gehalten hätte, als der er sich ausgab.

Daneben gab es für die jüdische Geistlichkeit noch einen Grund, Jesus abzulehnen. Er war die Verkörperung der Reinheit und Lauterkeit; in seiner Nähe spürten die Menschen ihre eigene Unreinheit. Seine Wahrheitsliebe und Aufrichtigkeit enthüllte ihre Unaufrichtigkeit und entlarvte ihren angeblichen Glauben als frommes Gehabe. Alles, was Jesus sagte und tat, stellte sie und ihre Frömmigkeit in Frage oder deckte ihre Verfehlungen auf. Wie kamen sie dazu, sich von einem Zimmermann so bloßstellen zu lassen? Damit konnten und wollten sie nicht leben.

25 Berufung am See

Über dem Galiläischen Meer dämmerte der Morgen. Ein paar Fischer, die von erfolgloser Nachtfahrt zurückgekehrt waren, machten sich in ihren Booten zu schaffen. Außer ihnen war auch Jesus am See, um sich in aller Stille auf die vor ihm liegenden Aufgaben vorzubereiten. Tagsüber fand er kaum Ruhe, da er ständig von Menschen umlagert war, die Hilfe oder Zuspruch erwarteten. Doch bald sammelten sich auch hier wieder die Leute. Wegen des Gedränges stieg der Meister in das Boot des Petrus und bat ihn, ein Stück vom Ufer wegzufahren. So konnte er besser gesehen und gehört werden, als er vom Reich Gottes predigte. Wie schon so oft, konnten sich die Zuhörer auch an diesem Morgen nicht dem Einfluß der herrlichen Umgebung und der Worte Jesu entziehen. Obwohl Jesus zu einer großen Menschenmenge sprach, fühlte sich jeder persönlich angesprochen und empfing ein Wort des Lebens.

Was hier geschah, hatte der Prophet Jesaja in prophetischer Schau vorausgesagt: „Das Land Sebulon und das Land Naftali, das Land am Meer, das Land jenseits des Jordans, das heidnische Galiläa, das Volk, das in Finsternis saß, hat ein großes Licht gesehen; und denen, die saßen am Ort und im Schatten des Todes, ist ein Licht aufgegangen.“ [1] Während Jesus sprach, dachte er nicht nur an die Leute am See, sondern er hatte die Menschen aller Zeiten vor Augen. Seine Botschaft der Hoffnung und des Trostes sollte auch späteren Generationen Mut machen, im Blick auf Christus Anfechtung, Not, Leid und Trauer zu bewältigen.

Nachdem Jesus seine Rede beendet hatte, forderte er Petrus auf, noch einmal mit dem Boot auf den See hinauszufahren und die Netze auszuwerfen. Offenbar spürte er, wie entmutigt der junge Fischer war. Zum einen hatte Petrus mit seinen Helfern die ganze Nacht gearbeitet, aber nichts gefangen; zum andern machten ihm der Tod Johannes des Täufers

---

Dieses Kapitel bezieht sich auf Matthäus 4,15–22; Markus 1,16–20 und Lukas 5,1–11 [1] Matthäus 4,15.16 LT (vgl. Jesaja 8,23; 9,1)

und die Ablehnung Jesu durch die jüdische Geistlichkeit schwer zu schaffen. Jesus wußte, daß Petrus ein Erlebnis brauchte, das ihm neuen Mut gab. Deshalb forderte er ihn auf, noch einmal auf den See hinauszufahren. Der Fischer antwortete: „Meister, wir haben die ganze Nacht gearbeitet und nichts gefangen; aber auf dein Wort will ich die Netze auswerfen." [2]

Fischfang wurde auf dem See Genezareth gewöhnlich nur nachts betrieben. Wer da nichts fing, konnte nicht damit rechnen, daß ihm tagsüber bei dem klaren Wasser auch nur ein Fisch ins Netz ging. Am hellen Tag die Netze auszuwerfen war also völlig widersinnig. Aber weil Jesus es befohlen hatte, versuchten es Simon Petrus und sein Bruder Andreas doch noch einmal. Ihr Gehorsam wurde belohnt, denn als sie die Netze einzogen, waren sie voller Fische. Das Boot reichte nicht aus, um den Fang an Land zu bringen. Deshalb riefen sie ihre Freunde zu Hilfe, aber auch deren Boot war schließlich so überladen, daß es fast sank.

Ein Mensch sieht sich im Lichte Gottes

Petrus war von diesem Erlebnis so beeindruckt, daß er sein Boot, den Fang und seine Sorgen vergaß. Er begriff, daß der Herr der Schöpfung in seinem Boot saß, und er schämte sich seines Unglaubens. Am meisten machte ihm seine Sündenschuld zu schaffen. Deshalb warf er sich vor Christus nieder und rief: „Herr, geh weg von mir! Ich bin ein sündiger Mensch." [3]

Dieses Gefühl der Unwürdigkeit hatten vor Petrus schon andere erfahren, die unversehens mit der göttlichen Welt in Berührung gekommen waren. Daniel zum Beispiel fiel ohnmächtig zu Boden, als ihm der Engel Gottes erschien. [4] Oder Jesaja, der bei seiner Berufung zum Propheten ausrief: „Weh mir, ich vergehe! Denn ich bin unreiner Lippen und wohne unter einem Volk von unreinen Lippen; denn ich habe den König, den Herrn Zebaoth, gesehen mit meinen Augen." [5]

In dem Augenblick, da Petrus seine Unwürdigkeit erkannte, richtete Jesus ihn auf und sagte: „Hab keine Angst! Von jetzt an wirst du Menschen fischen." [6] Im Dienst für Gott

---

[2] Lukas 5,5 LT [3] Lukas 4,7 LT [4] Daniel 10,8.9 LT [5] Jeremia 6,5 LT
[6] Lukas 5,10 LT

scheint es ein Prinzip zu geben, dem man in alttestamentlicher wie auch in neutestamentlicher Zeit begegnet: Bevor Gott jemandem eine Aufgabe überträgt, offenbart er ihm seine Herrlichkeit. Wer Gottes Botschaft verkündigt, soll wissen, in wessen Auftrag er handelt. Das war bei Jesaja und Daniel nicht anders als bei Petrus. Und wem Gott begegnet, dem wird auch seine Unwürdigkeit bewußt.

Die jungen Fischer vom See Genezareth hatten schon mehrfach erlebt, wie Jesus predigte und Wunder tat, doch keiner hatte bisher seinen Beruf aufgegeben, um dem Meister bedingungslos nachzufolgen. Einige von ihnen waren zunächst Anhänger von Johannes dem Täufer gewesen. Als der gefangengenommen wurde, waren sie schwer enttäuscht. Wenn schon dem Täufer so übel mitgespielt wurde, was hatte dann Jesus Christus zu erwarten? Aber nun rief Jesus sie auf, ernst zu machen mit der Nachfolge. Petrus fällte seine Entscheidung spontan und wurde Jesu Jünger. Als der Herr die drei anderen jungen Männer in seine Nachfolge rief, ließen auch sie alles stehen und liegen und schlossen sich ihm an.

Jesus fordert und gibt

Bevor Jesus die Fischer Petrus, Andreas, Jakobus und Johannes zu seinen engsten Mitarbeitern machte, hatte er ihnen die Gewißheit vermittelt, daß Gott für sie sorgen wird. War nicht Petrus selbst das beste Beispiel dafür, wie großzügig Gott seinen Segen austeilt? Weil er Jesus sein Boot zur Verfügung gestellt hatte, war er so reich beschenkt worden, daß andere mithelfen mußten, die Gabe Gottes zu bergen. Gott übersieht kein Opfer, das im Dienst für ihn gebracht wird. Das wollte auch der Apostel Paulus bezeugen, als er in seinem Brief an die Christen zu Ephesus schrieb: „Gott kann unendlich viel mehr an uns tun, als wir jemals von ihm erbitten oder auch nur ausdenken können. So mächtig ist die Kraft, mit der er in uns wirkt.“ [7]

Durch den Mißerfolg beim nächtlichen Fischfang waren die vier jungen Fischer vom See Genezareth mutlos geworden, aber dann kam Jesus und stärkte ihren Glauben. Bei uns ist es nicht anders. Wenn wir nicht Gemeinschaft mit Christus haben, erscheint uns alles sinnlos und wenig erfolgver-

[7] Epheser 3,20

sprechend. Das macht unzufrieden und gereizt. Sind wir uns dagegen seiner Gegenwart bewußt und handeln seinen Weisungen gemäß, dann spüren wir seine Kraft und werden innerlich froh. Was die Jünger damals am See Genezareth erlebten, hat für uns zeichenhafte Bedeutung. Wenn Gott Petrus und seinen Freunden Fische im Überfluß ins Netz trieb, dann können wir ihm wohl zutrauen, daß er auch heute noch Herzen bewegt und Menschen in die Nachfolge Jesu ruft.

Die Fischer vom Galiläischen Meer waren einfache und ungelehrte Leute, dennoch betraute sie Jesus mit einer Aufgabe, zu der die Gelehrten seiner Zeit nicht zu gebrauchen waren. Nun ist es aber keineswegs so, daß Jesus eine gute Ausbildung und fundiertes Wissen für nebensächlich hielte, wenn sie jedoch nicht gepaart sind mit Hingabe und Glauben, bewirken sie kaum etwas für Gottes Sache. Weil sich die weisen und einflußreichen Männer jener Zeit nicht von Jesus belehren lassen wollten, konnte der Herr sie nicht für die Verwirklichung seiner Ziele gebrauchen. Wem es nur darauf ankommt, sich selbst in den Mittelpunkt zu stellen, der steht Gott im Weg und ist untauglich, ihm zu dienen. Unterweisung im Glauben und in der Selbstverleugnung steht leider nicht auf dem Programm heutiger Bildungsinstitute. Wenn wir sie nicht in der Schule Christi lernen, werden wir davon nie etwas verstehen.

In der Schule Jesu

Jesus erwählte die einfachen Fischer, weil sie in bezug auf religiöse Anschauungen und Traditionen noch nicht so festgelegt waren wie die Schriftgelehrten und Pharisäer. Unverbildet, wißbegierig, gläubig und mit guten geistigen Fähigkeiten ausgestattet, boten diese Männer am ehesten die Voraussetzung dafür, sich im Dienst für Christus bewähren zu können. Überhaupt scheint es, daß einfache Leute vielfach Hervorragendes leisten können, wenn sie sich ihrer Fähigkeiten bewußt werden. Oft bedarf es lediglich eines äußeren Anstoßes, um schlummernde Begabungen zu wecken und für die Allgemeinheit nutzbar zu machen. Als die Jünger die Schule der Nachfolge Jesu durchlaufen hatten, waren sie von seinem Geist geprägt und für den Dienst in seinem Werk befähigt.

Wer anderen formale Erkenntnisse und theoretisches Wissen vermittelt, sollte nicht meinen, daß damit schon alles getan sei, was zur Erziehung gehört. Wichtiger ist das, was von Herz zu Herz und von Seele zu Seele überspringt. Nur wer lebt, kann Leben weitergeben; nur wer glaubt, kann anderen Mut zum Glauben machen; nur wer selber nahe bei Gott ist, kann Menschen zu Gott führen. Welch ein Vorrecht für die Jünger, daß sie drei Jahre lang Tag für Tag mit Jesus zusammensein und aus göttlicher Quelle schöpfen konnten. Offenbar waren sie sich dessen bewußt, denn Johannes schrieb später: „Aus seinem Reichtum hat er uns beschenkt; er hat uns alle mit Güte überschüttet.“ [8] Das Leben dieser Männer, die positiven Veränderungen in ihrem Charakter und die beachtlichen Leistungen, die sie im Werk Gottes vollbrachten, zeigen deutlich, was Gott für all jene tun kann, die sich ihm zur Verfügung stellen. Die Brauchbarkeit von Menschen, die sich nicht nur um sich selbst drehen, sondern dem Heiligen Geist Raum in ihrem Herzen geben und ein geheiligtes Leben führen, ist nahezu unbegrenzt. Wir können zu Gott kommen, wie wir sind; er stellt keine Vorbedingungen. Aber wer zu ihm kommt, kann nicht so bleiben, wie er ist – und wird es auch nicht –, dafür sorgt der Herr. Wer sich Gott anvertraut, wird seelisch, geistlich und charakterlich wachsen. Gemeinschaft mit Christus wirkt sich immer so aus, daß wir seinem Wesen ähnlich werden und in seinem Geiste leben. Durch die Verbindung mit unserem Herrn weitet sich unser Gesichtskreis, das Unterscheidungsvermögen wird schärfer, das Urteil ausgewogener. Und nicht zuletzt wächst aus der Gemeinschaft mit Christus geistliche Frucht zur Ehre Gottes. Was könnte es Schöneres geben, als in der Schule dessen zu lernen, von dem es heißt: „Noch nie hat ein Mensch so geredet wie dieser.“ [9]

---

[8] Johannes 1,16 [9] Johannes 7,46 LT

26 | In Kapernaum

Wenn Jesus nicht in Galiläa unterwegs war und lehrte, hielt er sich oft in Kapernaum auf. Deshalb nannte man diesen Ort „seine Stadt“ [1], obwohl er doch in Nazareth zu Hause war. Kapernaum lag in der dichtbesiedelten Region um den See Genezareth und war ein wichtiger Verkehrsknotenpunkt an der Handelsstraße, die von Damaskus über Jerusalem nach Ägypten führte. Diese Lage bot günstige Voraussetzungen für Jesu Wirken. Auf den Karawanenwegen der damaligen Zeit wurden nämlich nicht nur Waren aller Art transportiert, sondern auch Nachrichten und neue Lehren vermittelt. Menschen aus aller Herren Länder rasteten in Kapernaum und erzählten später in ihrer Heimat, was sie dort gehört und gesehen hatten. Kein Wunder, daß die Kunde vom wunderbaren Wirken Jesu bald über die Grenzen des Landes drang. Für viele war das ein Ansporn, sich genauer mit den Messiasprophezeiungen zu befassen, um sich Gewißheit zu verschaffen, ob da nicht in Galiläa der Erlöser aufgetreten war.

Angefangen hatte es damit, daß Jesus den Sohn des königlichen Beamten aus der Ferne geheilt hatte. Nun wurde bekannt, daß der wundertätige Rabbi in die Stadt gekommen war, und natürlich wollte ihn jeder sehen und hören. Am Sabbat konnte die Synagoge die Menge der Menschen nicht fassen. Und die Leute kamen auf ihre Kosten. Alle, die ihm zuhörten, „waren tief beeindruckt, denn er redete wie einer, den Gott dazu ermächtigt hat“.[2] Die Reden der Schriftgelehrten und Ältesten erschöpften sich meist in Hinweisen auf das Gesetz und im Zitieren dessen, was berühmte Rabbiner zu dem jeweiligen Schriftabschnitt gesagt hatten. Wenn sie von Gott sprachen und aus den heiligen Schriften lehrten, bewegte das weder ihr eigenes Herz noch das der Zuhörer.

Bei Jesus war es anders. Das, worüber sich die Schriftgelehrten die Köpfe heißredeten, schien für ihn kein Thema zu

---

Dieses Kapitel bezieht sich auf Markus 1,21–38 und Lukas 4,31–44
[1] Matthäus 9,1 LT [2] Lukas 4,32

sein. Wenn er von Gott und seinem Willen sprach, verstanden auch die einfachen Leute, worum es ging. Er verlor sich nicht in theologischen Spitzfindigkeiten, sondern lehrte so anschaulich, daß seinen Zuhörern die Botschaften der heiligen Schriften in völlig neuem Licht erschienen. Nie zuvor hatten sie jemanden so predigen hören.

Klar und eindeutig

Wenn Jesus zu den Menschen sprach, wußten sie, woran sie waren. Er versetzte sich in ihre Lage und konnte sie deshalb auch so ansprechen, daß sie begriffen, worum es ging. Bei den Schriftgelehrten war das selten der Fall. Wenn sie die Schrift auslegten, erklärten sie nicht, was die jeweilige Textstelle bedeutete, sondern was sie nach Aussage dieses oder jenes Gelehrten sagen könnte. Oft kam es vor, daß die Äußerungen der einzelnen Rabbiner einander widersprachen, als könne man Gottes Wort so oder so verstehen. Das verwirrte die Zuhörer. Jesus dagegen stützte sich nicht auf menschliche Theorien, sondern auf die Schrift. Er wollte seinen Zuhörern nicht die Meinung von Gelehrten vermitteln, sondern den Willen und die Botschaft Gottes. Das gab seiner Verkündigung Kraft, die weit über das hinausging, was die Leute jemals erlebt hatten.

Wenn die Menschen Jesus zuhörten, spürten sie den Ernst seiner Worte, ohne sich bedroht zu fühlen. Sie begriffen, daß er sie davor bewahren wollte, sich völlig von irdischen Dingen gefangennehmen zu lassen. Jesus versuchte deshalb immer wieder, die Dinge des irdischen Lebens ins rechte Verhältnis zur unsichtbaren göttlichen Welt zu rücken. Dabei verneinte er die lebensnotwendigen Bedürfnisse keineswegs, sondern wies ihnen den richtigen Platz zu. Wer genau hinhörte, verstand auch, daß der Glaube an Gott und Christus absolut nicht untüchtig macht für ein Leben in dieser Welt. Im Gegenteil: er schenkt die Kraft, den Pflichten des Alltags wirklich gerecht zu werden. In der Person Jesu Christi war Gottes Welt mit der Welt von uns Menschen eine für alle spürbare Verbindung eingegangen – und die Menschen sahen das.

Jahrhunderte zuvor hatte Jesaja in einer seiner Prophezeiungen den Gottesknecht sagen lassen: „Gott der Herr hat mir eine Zunge gegeben, wie sie Jünger haben, daß ich wisse, mit den Müden zur rechten Zeit zu reden.“ [3] Jesu Geschick, mit Menschen umzugehen – auch mit denen, die ihm voreingenommen oder ablehnend begegneten –, hätte nicht treffender beschrieben werden können. In seiner Verkündigung paßte sich Jesus den Bedürfnissen und der Auffassungskraft seiner Zuhörer an. Häufig sprach er in Gleichnissen, um an bekannten Bildern wie beispielsweise Saat und Ernte, Vögel und Lilien, Hirt und Herde die ewige Wahrheit für alle verständlich zu machen. Das hatte nicht nur den Vorteil, daß die Leute verstanden, was Jesus sagen wollte; die Wahrheit blieb ihnen auch länger im Gedächtnis. Immer wenn ihnen fortan diese alltäglichen Dinge begegneten, wurde Gottes Wahrheit lebendig, die Jesus an diese Bilder geknüpft hatte. Weder stieß er die Menschen vor den Kopf, noch biederte er sich an. Die Gebildeten waren beeindruckt von der Tiefe seiner Gedanken; die einfachen Menschen fühlten sich verstanden, die Leidenden spürten sein Mitgefühl, und die Trauernden fanden Trost in seinen Worten.

Jesus verstand es, in den Gesichtern seiner Zuhörer zu lesen. Er freute sich, wenn seine Worte den Menschen Mut machten oder sie zu dem Entschluß führten, ein neues Leben mit Gott zu beginnen. Er übersah aber auch nicht, daß sich viele seiner Botschaft verschlossen, weil sie sich von ihrer fragwürdigen Lebensweise, ihren Neigungen und Wünschen – kurz: von den „Göttern“, die ihr Leben bestimmten, nicht lossagen wollten. Das machte ihn unsagbar traurig.

Was willst du von uns?

Aber zurück zur Synagoge von Kapernaum. Als Jesus davon sprach, daß er gekommen sei, um die Menschen von der Herrschaft Satans zu befreien, wurde er jäh unterbrochen. Ein von dämonischen Mächten Besessener schrie: „Was willst du von uns, Jesus von Nazareth? Willst du uns zugrunde richten? Ich kenne dich; du bist der, den Gott gesandt hat!“ [4]

Die Zuhörer waren bestürzt über diesen Zwischenfall. Plötzlich stand nicht mehr Christus und das von ihm verkündete Wort im Mittelpunkt, sondern die Aufmerksamkeit der Leute richtete sich auf den Störenfried. Das war es, was Satan erreichen wollten; er fürchtete nämlich, daß die Men-

---

[3] Jesaja 50,4 LT [4] Lukas 4,34

schen ganz auf Jesu Seite gezogen würden, wenn sie ihm noch länger zuhörten. Deshalb hatte Satan den bedauernswerten Kranken in die Synagoge geschickt; er sollte Unruhe stiften. Dabei hatte der Böse die Rechnung allerdings ohne Jesus und den Besessenen gemacht. Die Nähe Christi ließ den Mann spüren, daß da einer war, der ihn aus der Macht Satans befreien konnte. Aber es war ihm unmöglich, um Hilfe zu bitten, weil der Dämon, der ihn beherrschte, ihm die Worte in den Mund legte. Jesus sah das und befahl dem bösen Geist: „‚Sei still und verlaß den Mann!' Da zerrte der Geist den Kranken herum, warf ihn zu Boden und verließ ihn, ohne ihm Schaden zufügen zu können." [5]

Einen Augenblick sah es so aus, als würde der Kranke den Kampf verlieren, aber dem Befehl Jesu konnte sich der böse Geist nicht widersetzen. Von einer Minute auf die andere wurde der Mensch frei von den finsteren Mächten, die ihn so lange gepeinigt hatten. Der wirre Blick war verschwunden, und die Augen des Geheilten füllten sich mit Tränen der Freude und Dankbarkeit. Er konnte es kaum fassen, wieder Herr seiner selbst zu sein. Als er sich einst leichtfertig mit der Sünde und mit dämonischen Mächten eingelassen hatte, ahnte er nicht, in welche Abhängigkeit er geraten würde. Doch als er merkte, wohin ihn dieser Weg führte, waren seine Kräfte des Körpers und der Seele schon so zerrüttet, daß er aus eigenem Vermögen nicht mehr zurück konnte.

Ähnliche Erfahrungen haben im Laufe der Geschichte viele machen müssen, die sich leichtfertig oder bewußt dem Bösen geöffnet haben. Zunächst mögen sie begeistert gewesen sein von den Möglichkeiten, die sich ihnen anscheinend boten, und von dem Lustgewinn, den sie sich versprachen. Eine Weile läuft bei solchen Leuten auch alles nach Wunsch, aber irgendwann muß jeder, der sich mit Satan und seinen Helfershelfern einläßt, die Zeche bezahlten. Der Preis ist meist: Gebundenheit, seelische Zerrüttung, Verzweiflung.

Es ist nicht verwunderlich, daß Jesu öffentliche Wirksamkeit begleitet war vom „Sperrfeuer" Satans. Seit jeher ist der Teufel darauf aus, Menschen in seine Gewalt zu bringen und sie in Sünde, Leid und Elend zu stürzen. Zum einen tut er das, weil es seinem Wesen entspricht, Glück, Harmonie und Leben zu zerstören. Andrerseits gehört es zu seiner antigött-

---

[5] Lukas 4,35

lichen Strategie, Menschen ins Unheil zu stürzen, um dann den Eindruck zu erwecken, Gott sei an allem schuld. Gerade das aber verhinderte Jesus, indem er Gottes wahres Wesen offenbarte. Mit jedem Sünder, den Christus aus der Gewalt Satans befreite, durchkreuzte er die teuflischen Pläne. Das erregte den erbitterten Widerstand der dämonischen Mächte, wie die Ereignisse um den Besessenen in der Synagoge von Kapernaum zeigen.

Satan tarnt sich

Am Ende dieser Weltzeit wird sich der Kampf zwischen Gerechtigkeit und Ungerechtigkeit noch einmal zuspitzen. Während Jesus alle, die zu ihm gehören, mit seinem Geist und seiner Kraft ausrüstet, werden auch Satans Werkzeuge alles einsetzen, um ihre dunklen Ziele zu erreichen. Mit der ihm eigenen Hinterhältigkeit und der langen Erfahrung auf dem Gebiet der Irreführung wird es Satan sogar gelingen, sich als Engel des Lichts auszugeben. Die Folgen werden für viele erschreckend sein; denn „der Geist aber sagt deutlich, daß in den letzten Zeiten einige von dem Glauben abfallen werden und verführerischen Geistern und teuflischen Lehren anhängen, verleitet durch Heuchelei der Lügenredner, die ein Brandmal im Gewissen haben.“ [6]

Tragischerweise waren die geistlichen Führer Israels zur Zeit Jesu außerstande, die Machenschaften Satans zu durchschauen. Sie hatten es versäumt, sich der Waffe zu bedienen, mit der sie den Feind Gottes hätten überwinden können: mit dem Wort Gottes. Als Jesus in der Wüste dem Satan Widerstand leistete, geschah das immer mit einem klaren: „Es steht geschrieben ...!“ Dem hatte der Teufel nichts entgegenzusetzen. Die Schriftgelehrten kannten die heiligen Schriften zwar auch, aber sie benutzten sie lediglich, um ihre Satzungen und Überlieferungen zu stützen, nicht aber um aus dieser Quelle der Wahrheit zu schöpfen. Spitzfindige theologische Erörterungen waren ihnen lieber als der eigentliche Sinn des Wortes Gottes.

Eine ähnliche Entwicklung ist auch heute zu beobachten. Oft wird der Glaube an das Wort der Bibel gerade von bedeutenden Kirchenführern und theologischen Fachleuten un-

---

[6] 1. Timotheus 4,1.2 LT

tergraben. Sie zerpflücken die Heilige Schrift und verfälschen den Sinn des Wortes Gottes, indem sie ihre eigenen Deutungen und Vorstellungen in die Texte hineinlegen. Was ursprünglich klar und eindeutig war, wird unter ihren Händen undurchsichtig und unverbindlich. Kein Wunder, daß sich der Unglaube immer mehr ausbreitet und das Unrecht überhandnimmt.

Wer sich von der klaren biblischen Lehre abwendet und sich dem Einfluß des Heiligen Geistes entzieht, wird anfällig für satanische Täuschungen. Kritiksucht im Blick auf Gottes Wort und spekulative Schriftauslegung haben dem Neuheidentum, dem Spiritismus und der Theosophie – um nur einige Verirrungen zu nennen – den Weg gebahnt. Jede Kirche ist gut beraten, sich dessen bewußt zu sein, daß dort, wo Gottes rettende Botschaft verkündigt wird, auch Satan zur Stelle ist, um seine Lügensaat auszustreuen. Manch einer hat nur zum „Spaß“ mit übernatürlichen Kräften geliebäugelt, wurde dann aber so sehr in ihren Bann gezogen, daß er aus eigener Kraft kein Zurück mehr fand. Verborgene Sünden und geheime Leidenschaften haben ihn fest im Griff, daß er genauso hilflos ist wie der Besessene in der Synagoge von Kapernaum.

Glücklicherweise zeigt das Geschehen von damals, daß es Rettung gibt. Wer wirklich frei werden will, findet auch Befreiung. Der Mann in Kapernaum hat das erlebt. So kann auch den in „Sünde Gefangenen“ von heute diese Erfahrung geschenkt werden. Wer Gott und sein Wort ernst nimmt, dem gilt die Verheißung: „Wenn ihr euch an mein Wort haltet, ... werdet ihr die Wahrheit erkennen, und die Wahrheit wird euch frei machen.“ [7] Der Glaube an Christus und sein Wort befreit von der Macht der Sünde und löst aus dem Fallstrick des Irrtums.

Es gibt Hoffnung

Niemand kann so tief fallen, keiner so schlecht sein, daß Jesus ihn nicht retten könnte. Dafür ist der Besessene von Kapernaum das beste Beispiel. Als der Mann Jesus begegnete, konnte er nur das herausschreien, was ihm der böse Geist in den Mund legte. Christus hörte jedoch mehr als das, nämlich

---

[7] Johannes 8,31

den Verzweiflungsschrei einer gepeinigten Seele. Wichtig ist nicht, wie tief ein Mensch in Sünde und Gebundenheit steckt, sondern daß er sich dessen bewußt wird und bei Christus Hilfe sucht. Wer sich nach Freiheit sehnt, wird sie aus Gottes Hand empfangen: „‚Kann man einem Starken die Beute wegnehmen?' fragst du. ‚Kann man die Opfer eines Tyrannen aus dem Kerker befreien?' Der Herr sagt: ‚Genau das wird geschehen: Die Gefangenen des Tyrannen werden befreit, und dem Starken wird seine Beute entrissen. Ich selbst kämpfe gegen deine Feinde ... Dann werden alle Menschen erkennen, daß ich, der Herr, dein Retter bin, ich, der starke Gott Israels, dein Befreier'" [8]

Die Geschehnisse in der Synagoge sprachen sich in Kapernaum rasch herum. Außerdem hieß es, Jesus habe gleich danach im Hause des Petrus dessen Schwiegermutter vom Fieber geheilt. Viele Kranke wären ebenfalls gern zu Jesus geeilt, um ihre Gebrechen loszuwerden, aber sie fürchteten sich vor den Pharisäern, denn es war Sabbat. Als der Ruhetag vorbei war, wollte der Strom der Kranken, die bei Jesus Heilung suchten, nicht abreißen. Christus heilte alle, so daß die Stadt bis tief in die Nacht erfüllt war von Freudenrufen und Dankliedern glücklicher Menschen.

Für Jesus war das ein anstrengender Tag gewesen; er sehnte sich nach Ruhe. Dennoch schlief er nur wenige Stunden. Vor Morgengrauen stand er auf „und ging an eine einsame Stätte und betete dort". [9] Bei seinen Jüngern achtete Jesus darauf, daß sie bei all den täglichen Anforderungen auch die nötige Ruhe fanden. Manchmal schickte er sie sogar nach Hause. Er selbst freilich gönnte sich kaum Erholung, außer daß er am frühen Morgen oder späten Abend die Stille suchte, um mit seinem Vater im Himmel über alles zu reden. Manchmal verbrachte er die ganze Nacht im Gebet.

An diesem Morgen ließen ihm Petrus und seine Gefährten nicht viel Zeit zum Beten. Sie kamen, um ihn in die Stadt zurückzuholen, weil dort bereits die Leute auf ihn warteten. Die Reaktion der Bewohner von Kapernaum hatte den Jüngern neuen Mut gegeben. Nach den Erfahrungen in Jerusalem, wo der Hohe Rat Jesus nach dem Leben trachtete, und nach den Ausschreitungen in Nazareth, wo Christus der mordgierigen Menge nur um Haaresbreite entkommen war,

[8] Jesaja 9,24–26 [9] Markus 1,35 LT

freuten sie sich über die Sympathie, die Jesus in Kapernaum entgegengebracht wurde. Vielleicht würden sich unter den freiheitsliebenden Galiläern doch noch genügend Männer finden, mit denen Jesus das neue Königreich aufbauen konnte. Deshalb waren die Jünger einigermaßen erstaunt, als ihr Meister sagte: „Ich muß auch den anderen Städten die Gute Nachricht verkünden, daß Gott seine Herrschaft aufrichtet; denn dazu hat Gott mich gesandt.“ [10]

Jesus war nicht damit zufrieden, als Wohltäter und Wunderheiler angesehen zu werden. Es bekümmerte ihn, daß die Menschen vorwiegend an die Befriedigung persönlicher Wünsche dachten. Während das Volk in ihm den zukünftigen König von Juda sah, lag ihm daran, auf das kommende Gottesreich hinzuwirken. Er wollte nicht, daß man ihn bewunderte, sondern daß man an ihn glaubte.

---

[10] Lukas 4,43

27 | Jesus heilt einen Aussätzigen

Von allen im Orient bekannten Krankheiten wurde der Aussatz am meisten gefürchtet, zum einen, weil er für unheilbar angesehen wurde, zum andern wegen der Ansteckkungsgefahr. Im fortgeschrittenen Stadium werden die Kranken obendrein schrecklich entstellt. In Israel galt Aussatz als Strafe Gottes für besonders schwere Sünden. Der Begriff Aussatz wurde auch im übertragenen Sinne benutzt, um deutlich zu machen, wie verheerend sich die Sünde auf den Menschen auswirkt.

Wer an Aussatz erkrankte, war faktisch tot für die Gesellschaft. Abseits von der Familie und jeder menschlichen Gemeinschaft mußte er sein Leben fristen. Was er berührte, galt als unrein; selbst die Luft in der Nähe eines Kranken hielt man für verseucht. Geriet jemand in den Verdacht, aussätzig zu sein, mußte er sich vom Priester untersuchen lassen. Bestätigte sich der Verdacht, so wurde der Bedauernswerte aus der Gesellschaft ausgestoßen und mußte fortan allein oder zusammen mit anderen Aussätzigen leben. Die Quarantänevorschriften waren streng und galten für Fürsten und Könige genauso wie für das Volk.

Kamen Aussätzige in die Nähe einer Ortschaft oder begegneten sie anderen Menschen, so mußten sie mit dem Ruf „Unrein! Unrein!" warnen. Wer ihn hörte, den schauderte es. Man hielt sich deshalb möglichst fern von Aussätzigen, um ja nicht angesteckt zu werden.

Als Jesus in Judäa und Galiläa lehrte und wirkte, gab es dort viele Aussätzige. Einige von ihnen hatten gehört, daß der Mann aus Nazareth Kranke heilte. Nicht wenige wünschten sich deshalb, Jesus möge auch ihnen helfen. Seit den Tagen des Propheten Elisa hatte man nicht mehr erfahren, daß ein Aussätziger geheilt worden wäre. Und das war vor fast 900 Jahren. Die meisten gaben daher die Hoffnung schnell wieder auf. Jesus hatte zwar bei manchem Gebrechen gehol-

---

Dieses Kapitel bezieht sich auf Matthäus 8,2–4; 9,1–8.32–34; Markus 1,40–45; 2,1–12 und Lukas 5,12–28

fen, aber gegen den Aussatz würde er wohl nichts ausrichten können. Nur einer ließ sich von derartigen Gedanken nicht abschrecken. In seinem Herzen war der Glaube an die Macht Christi erwacht und stärkte seine Hoffnung. Allerdings bewegte ihn die bange Frage, ob Jesus ihn nahe genug an sich heranlassen würde, damit er seine Bitte um Heilung vorbringen könnte. Würde er einen Menschen, auf dem offensichtlich der Fluch Gottes lastete, nicht empört davonjagen?

Der Aussätzige wollte dennoch einen Versuch wagen. Man erzählte ja, daß Jesus noch keinen weggeschickt habe, der in seiner Not zu ihm gekommen war. Sollte er dann ausgerechnet ihn zurückweisen? Zu verlieren gab es dabei nichts, nur zu gewinnen! Blieb allerdings die Frage, wie er am unauffälligsten in die Nähe Jesu kommen konnte. Vielleicht, indem er unterwegs an einer Straße auf ihn wartete oder einfach zu ihm ging, wenn er irgendwo im Freien lehrte? Schließlich entschloß er sich, Jesus am See Genezareth aufzusuchen.

Zunächst beachtete der Kranke noch die angemessene Entfernung, aber als er Jesus hörte und beobachtete, wie ein Kranker nach dem andern durch Handauflegung geheilt wurde, hielt es ihn nicht mehr. Er setzte sich über alle Anordnungen hinweg und ging auf Jesus zu. Einige Leute reagierten entsetzt und wichen zurück, als sie den Kranken kommen sahen, denn die Spuren des Aussatzes waren nicht zu übersehen. Beherzte Männer wollten ihn aufhalten, um Jesus und seine Zuhörer zu schützen, aber es war unmöglich ihn abzudrängen, ohne handgreiflich zu werden. Am Ufer angekommen, warf sich der Aussätzige Jesus zu Füßen und flehte: „Herr, wenn du willst, kannst du mich gesund machen!“ Jesus berührte ihn mit der Hand und sagte: „Ich will, sei gesund!“[1] Im selben Augenblick war der Mann von seinem Aussatz geheilt.

Dann aber geschah etwas, was die Leute nicht verstehen konnten. Statt den Heilungserfolg für sein persönliches Ansehen zu nutzen, gebot Jesus dem Mann: „Sag keinem ein Wort davon, sondern geh zum Priester und laß dich von ihm untersuchen. Dann bring das Opfer für deine Heilung dar, wie Mose es vorgeschrieben hat, damit jeder weiß, daß du wieder gesund bist.“[2]

Wenn es auch nicht verständlich war, hatte Jesus doch trif-

---

[1] Lukas 5,12.13 [2] Lukas 5,14

tige Gründe, sich so zu verhalten. Zum einen wünschte er, daß die Priester den Fall dieses Mannes unvoreingenommen beurteilten. Er fürchtete, daß davon keine Rede mehr sein könnte, wenn sie erführen, von wem der Kranke geheilt worden war. Außerdem sollte der Mann so schnell wie möglich zu seiner Familie zurückkehren. Schließlich war sich Jesus darüber im klaren, daß diese Heilung einen Ansturm von Aussätzigen nach sich ziehen würde, die ebenfalls geheilt werden wollten. Das aber konnte leicht außer Kontrolle geraten und Jesus den Vorwurf einbringen, er setze leichtfertig gesunde Menschen der Gefahr einer Ansteckung aus. Außerdem würde ihm der Hohe Rat unterstellen, er beachte im Umgang mit Aussätzigen nicht die gesetzlichen Bestimmungen. Das alles hätte sich nachteilig auf seine Arbeit ausgewirkt.

Aber Jesu Vorsichtsmaßnahmen nützten nichts. Die Heilung war in der Öffentlichkeit geschehen und ließ sich nicht geheimhalten. Zu viele Menschen waren daran interessiert, was denn wohl die Priester sagen würden. Außerdem hielt sich der Geheilte in seiner Freude nicht an Jesu Weisung. Er erzählte jedem, der es hören wollte, wie und durch wen das Wunder seiner Heilung geschehen war. Vermutlich dachte er, Jesus habe ihm nur aus persönlicher Bescheidenheit verboten, seinen Namen zu nennen. Er konnte ja nicht wissen, daß die Absicht der Priester und Ältesten, Jesus aus dem Weg zu räumen, durch die Wunderheilung nur noch verstärkt werden würde. Wie sollte man auch schweigen können, wenn man in auswegloser Lage so etwas erlebt hatte? Da die Heilung des Aussätzigen sich in Windeseile herumgesprochen hatte, wuchs die Schar der Hilfesuchenden, so daß sich Jesus genötigt sah, sein Wirken vorübergehend einzustellen. Er und seine Jünger konnten den Zustrom nicht mehr bewältigen.

Das Geschehen mit dem Aussätzigen zeigt über die Heilung hinaus, daß Jesus jede Möglichkeit wahrnahm, um die Vorurteile der Priesterschaft abzubauen. Indem er den Geheilten zu ihnen schickte, machte er deutlich, daß er Gottes Ordnungen keineswegs beiseite schob, wie man ihm unterstellte. Im Gegenteil: Er liebte die Menschen, achtete das Gesetz und nutzte seine Kraft, um den Leuten zu helfen, von ihren Gebrechen und Sünden freizuwerden.

Den Priestern war das allerdings unangenehm. Sie hatten

zwar bei dem Mann den Aussatz festgestellt und ihn anschließend verbannt, gesundmachen aber konnten sie ihn nicht. Nun stand er wieder vor ihnen, und sie mußten seine Heilung amtlich bestätigen. Nicht sie hatten die Heilung bewirkt, sondern ihr Widersacher, von dem sie behaupteten, er handle weder im Auftrag Gottes noch sei er der Messias. Gerade bei denen, die es hätten wissen müssen, stieß Jesus auf erbitterte Ablehnung. Nach seiner Auferstehung erst und seiner Rückkehr in Gottes Welt gingen einigen die Augen auf, so daß der Chronist schreiben konnte: „Die Zahl der Christen in Jerusalem stieg von Tag zu Tag. Auch viele Priester nahmen die Gute Nachricht von Jesus an.“ [3]

Christus reinigt vom „Aussatz der Sünde“

In der Heilung des Aussätzigen offenbart sich über das historische Geschehen hinaus eine zeitlos gültige Wahrheit: Christus reinigt vom „Aussatz der Sünde“. Im Text heißt es, daß der Kranke „voller Aussatz“ war. Deshalb versuchten die Jünger sicher auch, ihn von ihrem Meister fernzuhalten. Sie fürchteten, Jesus könnte sich anstecken, wenn er den Mann berührte. Doch das Gegenteil geschah: Der Kranke „steckte sich an Christi Gesundheit an“ – um im Bild zu bleiben. Als Jesus den Aussätzigen berührte, wurde der Mann rein.

Mit dem „Aussatz der Sünde“ verhält es sich ähnlich wie mit dem Aussatz in diesem Wunderbericht. Sünde ist hochgradig ansteckend und in jedem Fall tödlich. Kein Mensch kann den Folgen der Sünde entkommen, wie auch damals niemand einen Aussätzigen heilen konnte. Der Prophet Jesaja hat recht, wenn er im Blick auf sein Volk sagte: „Vom Scheitel bis zur Sohle ist kein heiler Fleck mehr an euch, nur Beulen, blutige Striemen und frische Wunden. Niemand hat sie gereinigt und verbunden, auch keine Salbe ist darauf gekommen.“ [4] Doch wo menschliche Kraft an ihre Grenzen stößt, gibt es einen, der dennoch helfen kann. Wer vor Jesus niederfällt und im Glauben sagt: „Herr, wenn du willst, kannst du mich reinigen“, dem wird Christus antworten: „Ich will's tun; sei rein!“

In den Evangelien werden Fälle erwähnt, in denen Jesus die Bitte um Heilung nicht sofort erfüllte. Der Aussätzige

---

[3] Apostelgeschichte 6,7 [4] Jesaja 1,6

aber wurde gesund, kaum daß er Jesus darum angefleht hatte. Wenn es um unsere körperliche Gesundheit, um die Erfüllung von Wünschen oder um irdische Dinge geht, läßt Gott uns häufig warten oder beantwortet unsere Bitten anders, als wir es erbeten haben. Wenn wir ihn jedoch bitten, daß er uns frei macht von Schuld und Sünde, handelt er sofort. Er möchte nicht, daß wir noch länger mit Sünde zu tun haben. Wir sollen frei sein von Schuld, um ein geheiligtes Leben zu führen. Das meinte auch der Apostel Paulus, als er die Galater daran erinnerte, daß sich Jesus Christus für unsere Schuld geopfert hat: „Er hat sein Leben hingegeben, um uns aus der gegenwärtigen Welt zu befreien, die vom Bösen beherrscht wird.“ [5]

„Mensch, deine Sünden sind dir vergeben“

Um die Vergebung der Sünde ging es auch bei einem Gelähmten in Kapernaum. Jesus heilte ihn, um zu zeigen, daß er Vollmacht hatte, Sünden auszulöschen. Die Krankheit dieses Mannes hing vermutlich mit seinem ausschweifenden, verwerflichen Lebenswandel zusammen. Als dann die Folgen seiner Sünden spürbar wurden, wandte er sich an Priester und Ärzte. Aber die fertigten ihn kaltherzig ab, indem sie ihm bedeuteten, er müsse mit der Strafe Gottes allein fertig werden; schließlich sei er an seiner Krankheit selber schuld.

Hoffnungslos und zermartert von Selbstvorwürfen, versank der Mann in tiefe Verzweiflung. Doch dann hörte er eines Tages von Jesus. Freunde rieten ihm, mit seinem Leid zu diesem Rabbi aus Nazareth zu gehen. Sie waren sogar bereit, ihn hinzutragen, wenn er es nur versuchen wollte. Der Kranke wußte, daß ihm nicht mehr viel Zeit blieb, deshalb wollte er diese letzte Möglichkeit nicht verstreichen lassen. Ihm scheint es auch nicht nur um die körperliche Heilung gegangen zu sein, ebensosehr sehnte er sich nach Befreiung von Schuld. Er hatte vieles in seinem Leben falsch gemacht und wußte, daß seine Probleme nicht allein mit der Genesung von seiner Krankheit gelöst sein würden. Als seine Freunde ihn zu dem Haus des Petrus brachten, wo Jesus gerade lehrte, konnten sie nicht einmal bis auf Rufweite vordringen, so groß war die Menschenmenge: Neugierige, Sensationslüster-

---

[5] Galater 1,4

ne, Hilfesuchende, Zweifler und auch ein paar Schriftgelehrte und Pharisäer waren da.. Im Text heißt es: „Und die Kraft des Herrn war mit ihm, daß er heilen konnte." [6] Vom Wirken des Geistes Gottes spürten die Abgesandten des Hohen Rates freilich nichts, denn sie wollten gar nicht Gottes Tun erleben, sondern nur Beweismaterial gegen Christus sammeln.

Die Freunde dagegen waren gekommen, weil sie hofften, dem Gelähmten könne geholfen werden. Davon ließen sie sich auch nicht durch die Menschenmenge abbringen. Erreichten sie ihr Ziel nicht auf dem üblichen Weg, dann würden sie eben ungewöhnliche Maßnahmen ergreifen. Sie stiegen auf das Flachdach des Hauses, deckten es teilweise ab und ließen ihren Freund hinab zu Jesu Füßen. Der warf nur einen Blick auf den Kranken und wußte, wie es um dessen Körper und Seele bestellt war. Dieser Mann sehnte sich nach Vergebung wie auch nach Heilung seiner Gebrechen. Noch hatte er kein Wort gesprochen, da sagte ihm Jesus: „Mensch, deine Sünden sind dir vergeben!" [7] Im gleichen Augenblick wurde ihm seine ganze Schuldenlast von der Seele genommen. So leicht und glücklich hatte er sich seit langem nicht mehr gefühlt: frei von Sünde und Schmerzen.

Alle, die das miterlebten, waren bewegt von diesem Geschehen. Nein, nicht alle! Die Rabbiner fühlten sich peinlich berührt, denn als der Kranke sie um Hilfe gebeten hatte, war ihm gesagt worden, er sei ein hoffnungsloser Fall, ein von Gott verfluchter Sünder. Nun stellte sich heraus, daß sie sich geirrt hatten. Das ließ sie um ihren Einfluß beim Volk fürchten. Sie schauten einander an und wußten, daß sie alle dasselbe dachten: Dieser Jesus muß weg, sonst gleiten wir ab in die Bedeutungslosigkeit! Sie wußten auch schon, wie sie ihn loswerden könnten. Was hatte der Mann zu dem Kranken gesagt: „... deine Sünden sind dir vergeben"? Das war doch Gotteslästerung, denn Sünden vergeben kann allein Gott! Und Gotteslästerung konnte nur durch den Tod gesühnt werden.

„Aber Jesus wußte, was sie dachten, und fragte sie: ‚Was macht ihr euch da für Gedanken? Was ist leichter – zu sagen: ‹Deine Schuld ist dir vergeben›, oder: ‹Steh auf und geh›? Aber ihr sollt sehen, daß der Menschensohn von Gott die Vollmacht hat, hier auf der Erde Schuld zu vergeben.'

[6] Lukas 5,17 LT [7] Lukas 5,20 LT

Und er sagte zu dem Gelähmten: ‚Ich befehle dir: Steh auf, nimm deine Tragbahre und geh nach Hause!' Alle konnten sehen, wie der Mann sogleich aufstand, die Bahre nahm, auf der er gelegen hatte, und nach Hause ging. Dabei pries er Gott. Eine große Erregung erfaßte alle, die versammelt waren, und auch sie priesen Gott. Von Furcht erfüllt sagten sie: ‚Unglaubliche Dinge haben wir heute erlebt.'" [8]

Heil an Seele und Leib

Auch heute gibt es Kranke, die sich nicht nur nach körperlicher Heilung sehnen, sondern so wie der Gelähmte frei werden möchten von Schuld. Sie spüren, daß ihr belastetes Gewissen und ihre verwundete Seele sie krank gemacht haben und daß es Heilung für den Körper nicht ohne inneres Heilwerden geben kann. Solchen Menschen ruft Jesus zu: „Deine Sünden sind dir vergeben!" Und das Ergebnis ist so wie damals, als der Gelähmte aufstand und geheilt in doppeltem Sinn nach Hause ging.

Die Reaktion der Augenzeugen freilich war unterschiedlich. Das Volk sah in dem Geschehen die Hand Gottes und pries den Herrn. Auch Pharisäer und Priester konnten sich des Eindrucks nicht erwehren, daß hier Gott am Werk war, aber sie wollten es nicht wahrhaben. So verließen sie zähneknirschend das Haus des Petrus, verhärteten sich weiter in ihrem Unglauben und planten die Beseitigung Christi um so dringlicher. Im Hause des Geheilten aber wußte man sich vor Freude und Dankbarkeit nicht zu lassen. Wieder hatte Jesus Menschen gefunden, die hinfort im Glauben an ihn leben wollten.

---

[8] Lukas 5,22–26

28 | Vom Zöllner zum Apostel

Nichts war den Juden verhaßter als die Beamten Roms. Allein die Tatsache, daß Nichtjuden dem auserwählten Volk Steuern und Zölle auferlegen konnten, reizte sie ungemein, erinnerte das doch auf Schritt und Tritt daran, daß Juda eine geknechtete Nation war. Besonders abscheulich fand man es, daß sich Juden zu Handlangern der römischen Unterdrücker machten, indem sie Steuern eintrieben. Hinzu kam, daß die meisten Zolleinnehmer korrupt waren und sich auf Kosten anderer die Taschen füllten. Zöllner galten deshalb in der jüdischen Gesellschaft als Abtrünnige und Verräter; mit denen wollte niemand etwas zu tun haben.

Zu diesen Verachteten gehörte ein gewisser Levi oder Matthäus, wie er auch genannt wurde. Er hatte Jesus predigen gehört und durch das Wirken des Heiligen Geistes seine Verlorenheit erkannt. Aber er sah keine Möglichkeit, mit seinem alten Leben zu brechen. Aus Erfahrung wußte er, daß kein Rabbiner sich mit einem Zöllner einließ. Bei diesem Rabbi aus Nazareth würde das nicht anders sein. Doch er hatte sich getäuscht. Eines Tages blieb Jesus vor dem Zollhäuschen des Matthäus stehen und forderte ihn auf: „Geh mit mir!" Der Zöllner überlegte nicht lange, „stand auf und folgte ihm". [1] Damit gab er sein einträgliches Geschäft und die gesicherte Existenz zugunsten einer ungewissen Zukunft auf. Aber das belastete ihn nicht, durfte er doch hinfort in der Nachfolge Jesu leben.

Die Entscheidung des Matthäus für Jesus Christus war so spontan wie die der vier jungen Fischer vom See Genezareth. Als Jesus sie in den Jüngerkreis gerufen hatte, waren sie ihm ebenfalls stehenden Fußes gefolgt und hatten ihr Gewerbe aufgegeben. Einige dieser Männer hatten Verwandte oder eine Familie, die auf Unterstützung angewiesen waren. Dennoch fragten sie nicht: Wovon sollen wir leben? Was wird aus der Familie? Im Vertrauen auf Jesus wagten sie den Schritt

---

Dieses Kapitel bezieht sich auf Matthäus 9,9–17; Markus 2,14–22 und Lukas 5,27–29 [1] Matthäus 9,9 LT

ins Ungewisse und taten gut daran. Als Christus sie später einmal fragte: „Als ich euch ausgesandt habe ohne Geldbeutel, ohne Tasche und Schuhe, habt ihr da je Mangel gehabt?" konnten sie antworten: „Niemals!" [2]

Die soziale Herkunft und die Lebensumstände der ersten Jünger waren zwar unterschiedlich, aber sie hatten alle die gleiche Entscheidung zu treffen. Matthäus war wohlhabend und hatte eine relativ gesicherte Zukunft; die vier Fischer dagegen lebten recht und schlecht von dem, was sie gerade fingen. Doch kam der Ruf in die Nachfolge auch für sie ausgerechnet in einem Augenblick des Erfolgs, als ihre Boote unter der Menge der Fische zu sinken drohten und der Anreiz groß war, das alte Leben weiterzuführen. Doch sie entschlossen sich, alles zurückzulassen und mit Jesus zu gehen.

Heute ist es nicht anders als damals. Jeder muß sich eines Tages entscheiden, ob ihm materielle Güter, Ansehen und Erfolg wichtiger sind als Jesus. Keiner kann erfolgreich für Christus wirken, wenn er nicht mit dem Herzen dabei ist. Menschen, die verstanden haben, welches Opfer Christus um ihretwillen gebracht hat, werden bereit sein, im Dienst für ihn alles einzusetzen. Sie folgen ihm bedingungslos.

Die Berufung des Matthäus in den engeren Jüngerkreis war nicht unproblematisch. Jesus verstieß damit nicht nur gegen religiöse und soziale Vorbehalte, sondern wagte auch, die öffentliche Meinung gegen sich aufzubringen. Die Zöllner waren dem einfachen Volk beinahe mehr verhaßt als den Reichen. Die Geistlichkeit nutzte das auch aus, um dadurch Jesus beim Volk in Mißkredit zu bringen.

Selbst die Zöllner und Steuereinnehmer waren überrascht, daß ein Rabbi gewagt hatte, einen von ihnen zum Jünger zu berufen. Viele von ihnen kamen deshalb aus purer Neugier, als Matthäus seine Verwandten, Freunde und ehemaligen Kollegen zu einem Freudenfest einlud. Dort konnte man Leuten begegnen, mit denen sich ein frommer Jude niemals hätte sehen lassen.

Äußerlichkeiten zählen nicht

Matthäus hatte natürlich Christus eingeladen zu dem Fest, das er ihm zu Ehren gab. Würde der Herr bei solch einer Gä-

[2] Lukas 22,35 LT

steliste überhaupt kommen? Er mußte doch wissen, daß seine Anwesenheit im Hause des Matthäus den Pharisäern neuen Zündstoff liefern und das Volk gegen ihn aufbringen würde. Klüger wäre es sicher gewesen, bei Matthäus abzusagen. Aber Jesus ließ sich in seinem Verhalten nicht von taktischen Erwägungen leiten, sondern tat, was er für richtig hielt. Er scheute sich nicht, als Ehrengast bei dem Fest des ehemaligen Zöllners zu erscheinen.

Indem er den von der Gesellschaft geächteten Menschen freundlich, mitfühlend und achtungsvoll begegnete, zeigte er, wieviel ihm die Würde des einzelnen bedeutete. Die Leute merkten, daß da einer zu ihnen gekommen war, der sie nicht verachtete, sondern ihnen neue Möglichkeiten eröffnete. Viele waren von Jesus beeindruckt, obwohl sie sich nicht gleich zu einem Leben mit ihm entschließen konnten. Aber unter den mehr als 3000 Menschen, die sich zu Pfingsten in Jerusalem taufen ließen, waren sicher auch solche, die auf dem Fest des Zöllners die Wahrheit zum erstenmal gehört hatten. Matthäus selbst hat das sein Leben lang nicht vergessen. Für ihn war Jesu Verhalten ein ständiger Ansporn, sich derer anzunehmen, die am Rande der Gesellschaft stehen. Das machte ihn zu einem hingebungsvollen Evangelisten.

Vorwürfe

Natürlich ließen es sich die Pharisäer und Schriftgelehrten nicht entgehen, Jesu Teilnahme an dem Festmahl für ihre Zwecke auszunutzen. Merkwürdigerweise stellten sie nicht den Herrn selbst zur Rede, sondern wandten sich an seine Jünger. Vermutlich sahen sie in der ganzen Angelegenheit die Chance, zwischen Jesus und seine Freunde einen Keil zu treiben. Abgesehen von Matthäus mögen es vielleicht auch Jesu Jünger als unpassend empfunden haben, daß ihr Meister sich mit Zöllnern und Sündern an einen Tisch setzte. Sie waren mit Vorurteilen groß geworden und in dieser Hinsicht Kinder ihrer Zeit. Sie wußten also, worum es den Pharisäern ging, als die fragten: „Wie kann euer Lehrer sich mit Zolleinnehmern und ähnlichem Gesindel an einen Tisch setzen?“

Jesus ersparte ihnen die Antwort und stellte sich selbst den Kritikern: „Nicht die Gesunden brauchen den Arzt, sondern die Kranken. Überlegt doch einmal, was es bedeutet, wenn Gott sagt: ‚Ich fordere nicht von euch, daß ihr mir Tieropfer darbringt, sondern daß ihr barmherzig seid.' Ich soll nicht die in Gottes neue Welt einladen, bei denen alles in Ordnung ist, sondern die ausgestoßenen Sünder." [3]

Die Pharisäer waren von ihrer geistlichen Gesundheit so überzeugt, daß sie keinen Arzt brauchten – jedenfalls meinten sie das. Warum sollte sich Jesus nicht denen zuwenden, deren Seele krank war und die ohne ihn zugrunde gehen würden? Ein Arzt hat immer denen zu helfen, die ihn brauchen. Indem Jesus auf die Worte des Propheten Hosea hinwies, der schon Jahrhunderte zuvor gesagt hatte, daß Gott Mitgefühl und Barmherzigkeit höher schätzt als die seelenlose Erfüllung religiöser Formen, stellte er seine Gegner vollends ins Abseits. Das vergaßen sie ihm nicht.

Als Jesu Feinde merkten, daß sie seine Jünger nicht gegen ihn aufbringen konnten, versuchten sie es mit den Jüngern des Johannes und schickten sie gegen Christus vor. Dabei zeigte sich, daß sie alles immer so darstellten, wie es ihnen gerade günstig erschien. Als Johannes am Jordan mit seiner Bußpredigt begann, nahm die Geistlichkeit seinen asketischen Lebensstil und seine ärmliche Kleidung zum Vorwand, um ihn als vom Teufel besessen hinzustellen. Sie spürten zwar, daß er im Recht war, aber seine Bußpredigten paßten ihnen nicht, weil ihre eigene Frömmigkeit dadurch in Frage gestellt wurde. Deshalb versuchten sie, ihn beim Volk in Verruf zu bringen.

Als aber Jesus auftrat und nicht die gleiche Lebensart pflegte wie Johannes der Täufer, sondern den Kontakt mit Menschen suchte und sich auch von ihnen einladen ließ, da riefen die Frommen: „Seht ihn euch an, diesen Vielfraß und Säufer, diesen Kumpanen der Zolleinnehmer und Sünder!" [4] Jesus gab sich nicht etwa mit Sündern ab, weil er einer der ihren gewesen wäre, sondern weil der Same des Gottesreiches überall auszustreuen ist. Aber das scherte sie wenig. Sie waren nicht auf Gottes Wahrheit bedacht; es ging ihnen vielmehr um ihre eigenen Vorstellungen von der Wahrheit. Und das rechtfertigte ihrer Meinung nach jedes Mittel, sofern man damit nur erreichte, was man wollte. Obwohl Rabbiner und Priester Johannes den Täufer bis aufs Messer bekämpft hatten, scheuten sie sich nicht, seine Jünger nunmehr für ihre Ziele einzuspannen. Am Beispiel der Tischgemeinschaft Jesu

---

[3] Matthäus 9,11–13 [4] Matthäus 11,19

mit den Zöllnern versuchten sie den Johannesjüngern deutlich zu machen, wie wenig Jesus sich an die geheiligten Bräuche Israels halte und wie das die Arbeit ihres Lehrers Johannes untergrabe. Dem dürfe man nicht tatenlos zusehen.

Diese verführerische Anfechtung traf die Johannesjünger zu einem kritischen Zeitpunkt. Ihr Lehrer schmachtete im Gefängnis, und sie wußten nicht ein noch aus. Jesus hatte bisher nichts zur Befreiung des Täufers unternommen und schien dazu auch nicht gewillt zu sein. Wenn er wirklich der von Johannes angekündigte Messias war, warum unterschied sich seine Art so sehr von der seines Wegbereiters? Da sie es selbst mit ihrem Glauben genau nahmen und viele der pharisäischen Vorschriften einhielten, meinten manche, die Kritik der Priesterschaft an Jesus sei nicht von der Hand zu weisen. Um sich Gewißheit zu verschaffen, taten sie das einzig Richtige; sie wandten sich an Jesus: „Wie kommt es, daß wir und die Pharisäer regelmäßig fasten, aber deine Jünger nicht?“ [5]

Jesus erkannte, daß die Freunde des Johannes nicht mit hinterhältigen Gedanken gekommen waren, sondern nach Klarheit suchten. Deshalb ging er verständnisvoll auf ihre Frage ein. Er verzichtete darauf, sie über echtes und unechtes Fasten aufzuklären, machte ihnen auch keine Vorwürfe. Dafür erinnerte er sie an einen Ausspruch, den sie selbst aus dem Munde des Täufers gehört hatten: „Wer die Braut bekommt, der ist der Bräutigam. Der Freund des Bräutigams steht nur daneben. Wenn er den Bräutigam jubeln hört, freut er sich. So ist jetzt auch meine Freude vollkommen.“ [6] Und indem er dieses von Johannes gebrauchte Bild aufgriff, sagte Jesus: „Ihr erwartet doch nicht, daß die Gäste bei einer Hochzeit mit Trauermienen herumsitzen, solange der Bräutigam da ist? Die Zeit kommt früh genug, daß der Bräutigam ihnen entrissen wird, dann werden sie fasten.“ [7]

Christus, der Bräutigam, war zu seinem Volk, der Braut, gekommen. Wenn das kein Grund zur Freude war! Freude für die Armen, denn er war gekommen, sie zu Erben des Reiches Gottes zu machen. Freude für die Reichen, denn er würde sie lehren, unvergänglichen Reichtum zu erwerben. Freude für die Ungebildeten, denn er würde ihnen die Weisheit schenken, das Heil zu erkennen. Freude für die Gebilde-

---

[5] Matthäus 9,14 [6] Johannes 3,29 [7] Matthäus 9,15

ten, denn er würde ihnen Geheimnisse offenbaren, von denen sie bislang nichts geahnt hatten. Nein, dies war wirklich nicht die Zeit zum Fasten. Vielmehr sollten die Menschen ihre Herzen weit öffnen für das Licht der frohen Botschaft und die Vorfreude auf das Reich Gottes. Und von dem, was sie selbst empfangen hatten, sollten sie anderen weitergeben.

Licht und Schatten

Jesus malte ein hoffnungsfrohes Bild, und kaum jemand mag den Hauch von Traurigkeit gespürt haben, der über dem allen lag, als er sagte: „Die Zeit kommt früh genug, daß der Bräutigam ihnen entrissen wird, dann werden sie fasten." Dabei dachte Jesus sicher auch an die Verzweiflung, in die seine Jünger bei seiner Kreuzigung geraten würden. Sie ahnten davon freilich noch nichts. Und es sollte ja auch nicht so bleiben. Jesu Auferstehung würde der Jüngerschar neue Zuversicht geben, zumal der Herr über seine Himmelfahrt hinaus durch den Heiligen Geist gegenwärtig bleiben würde. Gewiß, Satan würde alles unternehmen, um den Eindruck zu erwecken, der Glaube an Christus habe sie in die Irre geführt – noch schlimmer: sie seien von Jesus getäuscht worden. Erfolg aber sollte er damit nicht haben, denn die Jünger würden sich an Jesu Lehren erinnern und im Glauben die Gewißheit erlangen, daß er im himmlischen Heiligtum für sie eintritt. Durch den Heiligen Geist wollte Jesus den Seinen allezeit nahe sein; sie sollten das spüren. Gewiß würden auch Zeiten der Prüfung kommen, in denen es schwer werden könnte, am Glauben festzuhalten, aber dann sollten sie durch Beten und Fasten erneut Kraft zum Durchhalten empfangen.

Als Jesus vom Fasten sprach, meinte er nicht die Entsagungsrituale der Pharisäer: „Ihr fastet zwar, aber ihr seid zugleich streitsüchtig und schlagt sofort mit der Faust drein. Darum kann euer Gebet nicht zu mir gelangen. Ist das vielleicht ein Fasttag, wie ich ihn liebe, wenn ihr nicht eßt und nicht trinkt, euren Kopf hängen laßt und euch im Trauerschurz in die Asche setzt? Nennt ihr das ein Fasten, das mir gefällt?" [8] Fasten im biblischen Sinn ist mehr als nur Verzicht auf Essen und Trinken oder andere Dinge. Fasten ohne die Grundhaltung der Hingabe an Gott und der Zuwendung

---

[8] Jesaja 58,4.5

zum Mitmenschen verliert sich in formaler Frömmigkeit und wird sinnentleert. Der Prophet Jesaja schrieb: „Nein, Fasten, wie ich es haben will, sieht anders aus! Löst die Fesseln eurer Brüder, nehmt das drückende Joch von ihrem Hals, macht jeder Unterdrückung ein Ende. Gebt den Hungrigen zu essen, nehmt Obdachlose in euer Haus, kleidet den, der nichts anzuziehen hat, und helft allen in eurem Volk, die Hilfe brauchen.“ [9]

Um den Johannesjüngern deutlich zu machen, wie wenig die Frömmigkeit und das religiöse Verständnis der Pharisäer mit der Glaubenshaltung und Lehre des Täufers übereinstimmten, benutzte Jesus ein Bild: „Niemand flickt ein altes Kleid mit einem neuen Stück Stoff, sonst reißt das neue Stück wieder aus und macht das Loch nur noch größer.“ [10]

Neuer Wein in neue Schläuche

Auch Jesu Lehre paßte nicht mit dem pharisäischen Formenwesen zusammen. Er wußte, daß die Wahrheit, die er verkündigte, unvereinbar war mit dem, was die Schriftgelehrten als Wahrheit ausgaben. Um das verständlich zu machen, bediente er sich eines weiteren Vergleichs: „Man füllt auch nicht neuen Wein in alte Schläuche; sonst zerreißen die Schläuche, und der Wein wird verschüttet, und die Schläuche verderben. Sondern man füllt neuen Wein in neue Schläuche, so bleiben beide miteinander erhalten.“ [11] Damals benutzte man Lederschläuche, um den Wein aufzubewahren. Mit der Zeit wurden sie brüchig und waren ungeeignet für das Lagern von Wein, schon gar nicht von jungem Wein. Das wußte jeder. Damit war klar, was Jesus meinte. Ursprünglich war der Glaube an Gott in Israel frisch und kraftvoll gewesen, aber dann war vieles festgefahren in formaler Frömmigkeit und bloßem Festhalten an religiösen Traditionen. Die Herzen vieler Israeliten waren hart und spröde geworden – so wie alte Weinschläuche. Man begnügte sich mit einer starren Gesetzesreligion und war unfähig, die Wahrheit aufzunehmen, die Jesus verkündigte. Die Vorstellung, daß Gerechtigkeit aus religiöser Leistung und guten Werken entspringt, deckt sich nicht mit der Gerechtigkeit aus dem Glauben, von der Jesus sprach. Die Pharisäer und Schriftgelehrten hat-

[9] Jesaja 58,6.7 [10] Matthäus 9,16 LT [11] Matthäus 9,17 LT

ten das nicht begriffen, wollten es wohl auch nicht. So scheiterten alle Versuche Jesu, sie mit seiner Botschaft der Wahrheit und der Liebe zu erreichen. Gottes Wahrheit brachte die alten Schläuche der pharisäischen Frömmigkeit zum Bersten.

Also wandte sich Jesus ab von den Frommen und Gelehrten seiner Zeit und suchte für den „neuen Wein" der Wahrheit „neue Schläuche". Er fand sie in den ungelehrten Fischern vom See Genezareth, in dem Zöllner Matthäus, in der Samariterin am Jakobsbrunnen, kurz: im einfachen Volk – und nicht nur in Israel! Diese Leute hörten ihm ohne Vorbehalt zu, waren ergriffen von seiner Botschaft und nahmen das neue Licht Gottes willig an. Zu allen Zeiten hat Jesus mit solchen Menschen am ehesten das Reich Gottes bauen können.

Die Gefahr traditionsgebundener Frömmigkeit

Letztlich verkündigte Jesus keine neue Lehre, obwohl er sie mit „neuem Wein" verglich, sondern predigte nichts anderes als die ewig gültige Wahrheit. Doch dafür hatten die Pharisäer und Schriftgelehrten kein Ohr und kein Herz. Sie waren auf ihre Art von Religion festgelegt, hingen an Traditionen und erwiesen sich unzugänglich für alles, was davon abwich.

Diese Grundhaltung wurde Israel zum Verhängnis. Noch immer scheitern viele Menschen nur deshalb, weil sie so festgefahren sind in ihren Vorstellungen, daß sie die Wahrheit gar nicht erkennen können. Sie vertrauen dem eigenen Ich, pochen auf ihre Klugheit und würden sich geistliche Armut nie eingestehen. Sie haben ganz bestimmte Vorstellungen davon, wie der Mensch erlöst werden kann. Und eine Erlösung, zu der sie nicht selbst beitragen können, nehmen sie nicht für voll.

Durch Gesetzesglauben kommt niemand zu Gott, denn diese Art „Glauben" ist ohne Liebe und ohne Christus. Dem Vater im Himmel sind religiöse Übungen wie Beten und Fasten zuwider, wenn sie einer rein formalen Frömmigkeit entspringen oder in Selbstgerechtigkeit erstarren. Wir sollten nicht vergessen: Niemand kann sich die Erlösung erkaufen. Das ist heute nicht anders als zur Zeit Jesu. Die Pharisäer gaben sich überaus fromm, nahmen es sehr genau und dachten damit alles für ihre Erlösung getan zu haben. Aber sie täuschten sich. Auf sie traf zu, was der Jesusjünger Johannes später den Christen in Laodizea schreiben mußte: „Ihr sagt: ‚Wir sind reich und gut versorgt; uns fehlt nichts.' Aber ihr wißt nicht, wie unglücklich und bejammernswert ihr seid. Ihr seid arm, nackt und blind. Ich rate euch, von mir reines Gold zu kaufen, dann werdet ihr reich. Ihr solltet euch auch weiße Kleider kaufen, damit ihr nicht nackt dasteht und euch schämen müßt." [12] Das Gold, von dem Johannes sprach, heißt: Glaube und Liebe. Und das weiße Kleid ist Sinnbild für die Gerechtigkeit Christi, mit der alle angetan werden, die an Jesus glauben. Leider gibt es viele, die nichts von Christi Gerechtigkeit wissen wollen, weil sie von ihrer eigenen Gerechtigkeit überzeugt sind. Ihnen ist das weiße Kleid zwar angeboten worden, aber sie wollen es nicht tragen.

In einem der Bußpsalmen Davids heißt es: „Wenn einer seinen Hochmut aufgibt, wenn er dir, Gott, nicht länger trotzt – dieses Opfer weist du nicht ab." [13] Nachfolger Jesu schauen nicht auf sich und ihre Leistung, wie fromm sie auch sein mag, sondern allein auf Christus. Die Gerechtigkeit Christi empfängt nur, wer seine eigene Gerechtigkeit aufgibt. Und den, der durch die Kraft Gottes ein wiedergeborener Mensch geworden ist, kann Gott mit seiner Wahrheit füllen – so wie neuer Wein in neue Schläuche gefüllt wird.

---

[12] Offenbarung 3,17.18 [13] Psalm 51,19

29 | Der Herr des Sabbats

Der Ursprung des Sabbats geht auf die Schöpfung zurück. Nachdem Gott die Welt in ihrer Vielfalt ins Leben gerufen hatte, bezeichnete er sein Werk als „sehr gut" und beendete es, indem er ruhte. „Und Gott segnete den siebenten Tag und heiligte ihn, weil er an ihm ruhte von allen seinen Werken, die Gott geschaffen hatte." [1] Gottes Verhalten am Sabbat und der Segen, den er auf diesen Tag gelegt hat, zeigen, daß der Sabbat kein Tag ist wie jeder andere. Der Sabbat bot den ersten Menschen die Möglichkeit, die Arbeitswoche mit einem Innehalten, einer schöpferischen Pause abzuschließen. Außerdem erinnerte er regelmäßig an Gottes Schöpfungswerk.

Bis heute ist es eine der wichtigsten Funktionen des Sabbats, Raum zu schaffen für die Gemeinschaft mit Gott und den Menschen sowie daran zu erinnern, daß keiner aus sich selbst heraus lebt. So wie der Schöpfer am Anfang durch sein Wort Licht und Leben schuf, gibt er bis heute neues Leben; „denn so wie Gott einmal befahl: ‚Es werde Licht!', so hat er auch die Finsternis in uns durch sein helles Evangelium vertrieben. Durch uns sollen alle Menschen Gottes Herrlichkeit erkennen, die in Jesus Christus sichtbar wird." [2]

Für die Israeliten war der Sabbat ein heiliges Zeichen ihrer Zugehörigkeit zu Gott: „Nach meinen Geboten sollt ihr leben, und meine Gesetze sollt ihr halten und danach tun; und meine Sabbate sollt ihr heiligen, daß sie ein Zeichen seien zwischen mir und euch, damit ihr wißt, daß ich, der Herr, euer Gott bin." [3] Die Tatsache, daß Israel das Sabbatgebot im Rahmen der Gesetzgebung schriftlich empfangen hat, darf nicht so gedeutet werden, als wäre der Sabbat erst zu dieser Zeit eingeführt worden. In Wirklichkeit ist er viel älter als die Gesetzgebung am Sinai. Als während der Wüstenwanderung einige Israeliten den Sabbat nicht beachteten, tadelte sie Gott mit den Worten: „Wie lange weigert ihr euch, meine Gebote und Weisungen zu halten?" [4]

---

[1] 1. Mose 2,3 LT [2] 2. Korinther 4,6 Hoffnung für alle
[3] Hesekiel 20,19.20 LT [4] 2. Mose 16,28 LT

Unter Christen ist es unstrittig, daß die Zehn Gebote nicht nur dem Volk Israel galten, sondern universale Bedeutung haben, also für alle Menschen verbindlich sind. Jesus selbst hat im Blick auf die Gebote betont: „Bis Himmel und Erde vergehen, wird nicht vergehen der kleinste Buchstabe noch ein Tüpfelchen vom Gesetz, bis es alles geschieht.“ [5] Wenn aber die Zehn Gebote für alle verbindlich sind, ist nicht einzusehen, warum ausgerechnet das Sabbatgebot nur den Juden gegolten haben soll – wie immer wieder behauptet wird. Außerdem wird vom Sabbat nicht nur rückblickend auf das Volk Israel oder die Schöpfung gesprochen, sondern auch im Vorgriff auf das kommende Gottesreich. Von den Bewohnern der zukünftigen Welt heißt es, sie werden „einen Sabbat nach dem andern kommen, um vor mir anzubeten, spricht der Herr“.[6]

Der Sabbat – ein Zeichen der Heiligung

Sabbatheiligung, die über das buchstäbliche Beachten des vierten Gebotes hinausgeht, verlangt auch geheiligte Menschen. Durch den Glauben an Christus sind sie zu Teilhabern seiner Gerechtigkeit geworden. Der gleiche Gott, der einst gebot: „Gedenke des Sabbattages, daß du ihn heiligst“, verlangt auch: „Ihr sollt heilig sein, denn ich bin heilig, der Herr, euer Gott“.[7]

In dem Maße, wie Israel im Laufe seiner Geschichte die lebendige Verbindung zu Gott verlor, büßte auch der Sabbat seine eigentliche Bedeutung ein. Er ging zwar nicht verloren, wurde aber mit so vielen Vorschriften und Bestimmungen überladen, daß die meisten Israeliten ihn als Last empfanden. Damit hatte Satan erreicht, worauf er von jeher aus war: den heiligen Tag Gottes, der obendrein auf Christus, den Schöpfer, hinweist, zu einem religiösen Zerrbild zu machen. Zur Zeit Jesu war der Sabbat so entstellt, daß kaum noch jemand in ihm das Angebot eines fürsorglichen Vaters entdecken konnte. Vielmehr erschien Gott den Menschen als rücksichtsloser Gewaltherrscher, der seinen Geschöpfen unerfüllbare Forderungen aufbürdet.

Für Jesus war klar, daß er mit diesen falschen und gefährlichen Vorstellungen aufräumen mußte. Deshalb folgte er

---

[5] Matthäus 5,18 LT [6] Jesaja 66,23 LT [7] Vgl. 2. Mose 20,8; 3. Mose 19,2 LT

nicht den Vorschriften der Rabbiner und war auch nicht gewillt, sich ihrer Art der Sabbatheiligung anzupassen. Sein Umgang mit dem Sabbat sollte zeigen, was Gott wirklich gemeint hat, als er gebot: „Gedenke des Sabbattages, daß du ihn heiligest ..."

Eine Lektion zum Thema Sabbat

Eines Tages kam Jesus mit seinen Freunden an einem Kornfeld vorbei. Die Jünger waren hungrig. Sie rauften Ähren aus, rieben sie zwischen den Händen und aßen die Körner. Darüber hätte sich niemand aufgeregt, denn im Gesetz Moses heißt es: „Wenn du in das Kornfeld deines Nächsten gehst, so darfst du mit der Hand Ähren abrupfen, aber mit der Sichel sollst du nicht dreinfahren." [8] Das Problem war nur, die Jünger hatten das am Sabbat getan. Gemessen an den rabbinischen Sabbatvorschriften hatten sie sich damit der Sabbatschändung doppelt schuldig gemacht. Das Abreißen des Korns galt als Erntearbeit, das Reiben der Ähren zwischen den Handflächen als Dreschen. Für die Aufpasser des Hohen Rates war das eine Gelegenheit, sofort einzuschreiten. Sie beschwerten sich bei Jesus: „Da sieh dir an, was sie tun! Das ist nach dem Gesetz am Sabbat verboten." [9]

Das war nicht das erste Mal, daß Jesus in Sachen Sabbatheiligung angegriffen wurde. Als er der Sabbatschändung bezichtigt worden war, weil er den Gelähmten am Teich Bethesda geheilt hatte, konnte er seinen Kritikern mit dem Hinweis entgegentreten, daß ja auch Gott unablässig tätig ist, wenn es um das Wohl der leidenden Menschen geht. Dem wußten die Pharisäer und Schriftgelehrten nichts entgegenzuhalten, aber seitdem brannten sie nur um so mehr darauf, ihn einer Übertretung des Sabbatgebotes überführen zu können. Nun meinten sie einen Beweis dafür zu haben. Aber wieder hatten sie sich getäuscht. Jesus wies ihnen aus der Schrift nach, daß sich Menschen im Dienst für Gott durchaus über religiöse Vorschriften hinweggesetzt haben. Das beste Beispiel dafür war David: „Habt ihr noch nie gelesen, was David tat, als er und seine Männer hungrig waren und etwas zu essen brauchten? Er ging in das Haus Gottes und aß mit ihnen von den geweihten Broten, obwohl das verboten war –

---

[8] 5. Mose 23,26 LT [9] Markus 2,24

denn nur Priester dürfen davon essen. Oder habt ihr nicht im Gesetz gelesen, daß die Priester auch am Sabbat im Tempel arbeiten? Dadurch übertreten sie die Sabbatvorschriften, trotzdem werden sie nicht schuldig." [10]

Jesus brachte ganz klar zum Ausdruck, daß der Dienst für Gott nicht durch religiöse Vorschriften oder menschliche Verordnungen, wie fromm sie auch sein mögen, behindert werden darf. Gott geht es um das Heil und das Wohlergehen des Menschen, und das zu jeder Zeit und Stunde. Alles, was diesem Ziel dient, steht nach Jesu Aussage auch mit dem Sabbatgebot in Einklang. Um keinen Zweifel darüber aufkommen zu lassen, daß er auch Herr über den Sabbat ist, sagte Jesus: „Der Menschensohn hat das Recht, zu bestimmen, was am Sabbat geschehen darf." [11]

Um seinen Kritikern zu zeigen, wie wenig routinemäßige Frömmigkeit mit wahrem Glauben zu tun hat, erinnerte Jesus an die Tieropfer im Tempel. Gott hatte diese Opfer zwar befohlen, aber sie verloren ihre Bedeutung, als man sie als Selbstzweck ansah und nicht als das, was sie sein sollten: ein Hinweis auf den Erlöser und die Vergebung der Sünde. Symbolische Handlungen nützen nichts, wenn ihr Sinn nicht mehr verstanden wird oder wenn man sich ihrer nur der Form nach bedient, ohne mit dem Herzen dabeizusein. Das trifft auch auf den Sabbat zu. Wo es nur um die Einhaltung religiöser Vorschriften geht, verliert der Sabbat seine eigentliche Bedeutung. Im Blick auf die rabbinischen Vorstellungen von Sabbatheiligung könnte man zugespitzt sagen: Man konnte den Sabbat damals auch übertreten, indem man ihn hielt.

Provokation oder Prinzip?

An einem anderen Sabbat begegnete Jesus in der Synagoge einem Mann, dessen Hand war verkrüppelt. Wie fast überall, wohin er kam, waren auch dort einige seiner Gegner. Als sie den Kranken sahen, witterten sie eine Gelegenheit, Jesus erneut eine Falle zu stellen. Der Meister wußte sehr wohl, daß man ihm Gesetzesübertretung vorwerfen würde, wenn er sich des Kranken annahm. Das hinderte ihn aber nicht, die von Menschen gemachten Sabbatvorschriften zu ignorieren

[10] Matthäus 12,3–5 [11] Matthäus 12,8

und dafür im Sinne Gottes zu handeln. Dabei ging er sehr geschickt vor und schlug die Gesetzeshüter mit ihren eigenen Waffen.

Jesus rief den Kranken zu sich und fragte: „Was darf man nach dem Gesetz am Sabbat tun? Gutes oder Böses? Darf man einem Menschen das Leben retten oder muß man ihn umkommen lassen?“ [12] Mit dieser Frage brachte er seine Gegner in eine verzwickte Lage. Selbstverständlich vertraten sie den rabbinischen Grundsatz: Wer es unterläßt, eine gute Tat zu tun, begeht damit zugleich eine böse Tat. Konkret hieß das: gefährdetes Leben nicht zu retten bedeutet, es zu vernichten.

Die Schriftgelehrten konnten auf Jesu Frage nicht antworten, ohne sich selbst bloßzustellen. Sagten sie: Ja, man darf am Sabbat Gutes tun, dann gaben sie Jesus einen Freibrief für seine Heilungen. Ebensowenig konnten sie sagen: Man soll am Sabbat Böses tun! Um ihren Kopf nicht in die eigene Schlinge zu legen, schwiegen sie. Aber Jesus war so erbittert über diese fromme Heuchelei, daß er seine Widersacher auf keinen Fall ungeschoren davonkommen lassen wollte. Er gab zu bedenken: „Wenn jemand von euch nur ein einziges Schaf hat, und es fällt an einem Sabbat in eine Grube, holt er es dann nicht heraus? Ein Mensch ist doch mehr wert als ein Schaf! Also ist es erlaubt, einem Menschen am Sabbat zu helfen.“ [13]

Was sollten die Pharisäer dem entgegenhalten? Jesus hatte die Wahrheit gesagt und sie an ihrer empfindlichsten Stelle getroffen. Es stimmte, daß sie eher zusehen würden, wie ein Mensch leidet, als daß sie eine der Sabbatvorschriften außer Acht ließen. Einem gefährdeten Tier dagegen wären sie sofort zu Hilfe gekommen; denn da ging es ja ums Geld. Letztlich lief das darauf hinaus, daß man mit Tieren fürsorglicher umging als mit Menschen. Was ist das für ein merkwürdiges Verständnis von Religion, wenn das Einhalten von Vorschriften einen höheren Stellenwert hat als das Wohlergehen der Menschen? Gott jedenfalls denkt nicht so. Er hätte sonst seinen Sohn nicht in den Tod gehen lassen, um uns zu retten.

Um zu zeigen, wie liebevoll sich Gott der Not seiner Geschöpfe annimmt, sagte Jesus zu dem Kranken: „,Streck deine Hand aus!‘ Der Mann streckte sie aus, und sie wurde so

---

[12] Markus 3,4 [13] Matthäus 12,11.12

gesund wie die andere." Daß Jesus seine Gegner richtig eingeschätzt hatte, zeigte sich an der Reaktion der Pharisäer: Sie gingen „hinaus und wurden sich einig, daß Jesus sterben müsse". [14] Und das am Sabbat, der ihnen angeblich so heilig war! Nun mußte für alle, die das miterlebt hatten, klar sein, daß Jesu Sabbatheiligung dem Willen Gottes entsprach, nicht die der Pharisäer, die nicht einmal davor zurückschreckten, am Sabbat einen Mord zu planen.

Daß Jesus das Leben und das Wohlergehen eines Menschen für wichtiger hielt als die Beachtung religiöser Vorschriften, darf freilich nicht falsch gedeutet werden. Heutzutage gibt es Christen, die behaupten, Jesus habe das Gesetz abgeschafft. Sie begründen ihre Überzeugung damit, daß er den Sabbat gebrochen und auch seine Jünger dazu angehalten habe. Wer so argumentiert, begeht den gleichen Fehler, der schon Jesu Gegnern zum Verhängnis wurde; er verwechselt nämlich menschliche Vorschriften mit dem, was Gott in seinen Geboten fordert. Und was noch merkwürdiger ist: Gerade die Bibelstellen, in denen sich Jesus ganz klar zur Verbindlichkeit der Gebote und zum Gehorsam bekennt, werden übersehen. „Wenn ihr meine Gebote haltet, so bleibt ihr in meiner Liebe, wie ich meines Vaters Gebote halte und bleibe in seiner Liebe." [15] Oder an anderer Stelle: „Meine Speise ist die, daß ich tue den Willen dessen, der mich gesandt hat, und vollende sein Werk." [16] Jesu Stellung zum Gesetz wird in der Bergpredigt besonders deutlich: „Denkt nicht, ich sei gekommen, um das Gesetz Moses und die Weisungen der Propheten außer Kraft zu setzen. Ich bin nicht gekommen, um sie außer Kraft zu setzen, sondern um ihnen volle Geltung zu verschaffen." [17]

Hätte Jesus nicht in Übereinstimmung mit dem Willen Gottes gelebt, wäre es ihm kaum möglich gewesen zu fragen: „Wer von euch kann mir eine Sünde nachweisen?" [18] Nichts wäre den Pharisäern lieber gewesen, als diesen Nachweis zu erbringen, aber sie konnten es nicht – jedenfalls nicht in bezug auf die Gebote Gottes. Deshalb beschuldigten sie Jesus der Gesetzesübertretung an den Stellen, wo sie menschliche Vorschriften zur göttlichen Ordnung gemacht hatten. Und dieser Konflikt entzündete sich besonders heftig an der Frage

---

[14] Matthäus 12,13.14 [15] Johannes 15,10 LT [16] Johannes 4,34 LT
[17] Matthäus 5,17 [18] Johannes 8,46

der Sabbatheiligung. Nirgends in den Evangelien wird auch nur andeutungsweise gesagt, daß sich Jesus gegen den Sabbat ausgesprochen hätte. Im Gegenteil! Er bezeichnete sich selbst als „Herr über den Sabbat" und betonte, daß der Sabbat ein Segenstag für den Menschen ist.[19] Das war auch nicht anders zu erwarten, denn Christus war ja Schöpfer, Gesetzgeber und Erlöser in einer Person. Als Schöpfer gab er den Menschen das Geschenk des Sabbats mit auf den Weg; als Gesetzgeber machte er deutlich, daß dieser Tag unverzichtbar zur göttlichen Ordnung gehört. Und als Erlöser hat er durch sein eigenes Vorbild gezeigt, was wirkliche Sabbatheiligung ist. Deshalb gilt unverändert, was der Prophet Hesekiel im Blick auf das alttestamentliche Israel geschrieben hat: „Ich gab ihnen auch meine Sabbate zum Zeichen zwischen mir und ihnen, damit sie erkannten, daß ich der Herr bin, der sie heiligt." [20]

Der Sabbat wird allen zum Segen, die ihn als Zeichen der schöpferischen und erlösenden Macht Christi annehmen. Sabbatfeier ist Rückblick auf das verlorene Paradies und zugleich Vorausschau auf das künftige Reich Gottes. Der Sabbat verbindet uns mit dem, was ursprünglich war, und mit dem, was eines Tages sein wird. Er lädt immer wieder ein, Gemeinschaft mit Gott zu suchen und in ihm zu ruhen.

---

[19] Markus 2,27.28 LT [20] Hesekiel 20,12 LT

30 | Der engere Kreis

„Dann stieg Jesus auf einen Berg und rief die zu sich, die er bei sich haben wollte. Sie traten zu ihm. Auf diese Weise setzte er einen Kreis von zwölf Männern ein, die ständig bei ihm sein sollten. Später wollte er sie aussenden, damit sie die Gute Nachricht verkünden.“ [1]

An einem schattigen Berghang nahe dem See Genezareth berief Jesus seine zwölf Jünger, nicht weit von der Stelle, wo er später seine berühmte Bergpredigt hielt. Es war ihm wichtig, Männern um sich zu scharen, mit denen er über seine Aufgabe sprechen und von denen er erwarten konnte, daß sie sich vorbehaltlos für die Verwirklichung seiner Ziele einsetzten. Wo wäre dafür ein besserer Platz gewesen als in Gottes freier Natur, abseits von allem lauten Treiben?

Jesus wußte, daß er nur kurze Zeit auf dieser Erde wirken konnte. Sollte aber sein Werk Bestand haben, so mußte es von anderen weitergeführt werden. Er selbst mußte es auf ein sicheres Fundament stellen. Wenn er nicht mehr da sein würde, sollten seine Freunde in alle Welt gehen, um zu verkündigen, was sie von ihm gehört und mit ihm erlebt hatten. Schließlich ging es nicht nur um die Errettung Israels, sondern um das Heil der ganzen Welt.

Jesus kannte die Männer, die er zu Aposteln berief. Er wußte, welche Vorzüge sie hatten, täuschte sich aber auch nicht über ihre Schwächen. Eine ganze Nacht hindurch hatte er im Gebet mit Gott über jeden von ihnen gesprochen, um Klarheit zu gewinnen, wer in den Kreis der engsten Mitarbeiter berufen werden sollte. Mit einigen von ihnen hatte Christus schon Erfahrungen gesammelt, besonders mit Johannes, Jakobus, Andreas, Petrus und Philippus, aber auch mit Nathanael und Matthäus. Petrus, Jakobus und vor allem Johannes standen ihm besonders nahe; denn sie waren sehr früh zu ihm gestoßen und Zeugen seiner ersten Wunder gewesen. Jesus wußte sich all seinen Jüngern innig verbunden,

---

Dieses Kapitel bezieht sich auf Markus 3,13–39 und Lukas 6,12–16
[1] Markus 3,13.14 LT

aber mit Johannes verstand er sich am besten. Er war der Jüngste in dem Kreis und hatte sein Herz dem Herrn in kindlichem Vertrauen geöffnet. Durch ihn wurden später der Gemeinde tiefe und wichtige Erkenntnisse vermittelt.

Abwartender Glaube

Philippus war der erste, den Jesus aufgefordert hatte: „Folge mir nach!" Er war dabei, als Johannes der Täufer Christus als das Lamm Gottes bezeichnet hatte. Obwohl Philippus aufrichtig nach Wahrheit suchte, öffnete er sich nur zögernd der neuen Erkenntnis. Zwar hatte er gehört, wie die göttliche Stimme von Jesus als dem „lieben Sohn" sprach, aber seinem Freund Nathanael erzählte er von „Jesus, Josefs Sohn, aus Nazareth.[2] Daß Philippus sich eher von sachlichen Überlegungen leiten ließ, anstatt mit den Augen des Glaubens zu sehen, zeigte sich bei der Speisung der Fünftausend. Jesus hatte zu einer unübersehbaren Menschenmenge gesprochen. Als der Tag zu Ende ging, drängte sich die Frage auf: „Wo können wir genügend Nahrung kaufen, damit all diese Leute satt werden?" In dieser Angelegenheit wandte sich Jesus an Philippus, um zu sehen, wie er reagieren würde. Gerade dieser Jünger hatte viele Wunder Jesu miterlebt; trotzdem kam er nicht auf die Idee, daß Christus auch dieser Situation gewachsen sein könnte. Er sah wieder nur die Realität, und die lautete: „Selbst wenn wir 200 Silbergroschen[3] zur Verfügung hätten, würde das für so viele Menschen nicht ausreichen."

Kurz vor der Gefangennahme Jesu zeigte sich erneut, wie schwer es Philippus fiel, Dinge über das allgemein Sichtbare hinaus im Glauben zu erfassen. Jesus hatte den Jüngern gesagt, daß er bald zu Gott zurückkehren werde, um „Wohnungen" für sie vorzubereiten. Er setzte voraus, daß seine Freunde wüßten, welchen Weg er meinte. Aber das schien nicht der Fall zu sein. Thomas sagte: „Wir wissen nicht einmal, wohin du gehst! Wie sollen wir dann den Weg dorthin kennen?" Jesus antwortete darauf: „Ich bin der Weg, der zur Wahrheit und zum Leben führt. Einen anderen Weg zum Vater gibt es nicht. Wenn ihr mich kennt, werdet ihr auch meinen Vater kennen. Schon jetzt kennt ihr ihn und habt ihn ge-

---

[2] Johannes 1,45 LT [3] Der „Denar" war der übliche Lohn für die Arbeit eines Tages. 200 Denare stellten also eine erhebliche Summe dar.

sehen." Da schaltete sich Philippus ein und verlangte: „Zeige uns den Vater! Mehr brauchen wir nicht."[4] Das hieß doch: Worte bringen uns hier nicht weiter, laß uns etwas sehen, dann ist das Problem gelöst!

Von einem Mann, der seit Jahren zum engsten Jüngerkreis gehörte, hätte man eigentlich mehr Durchblick und Vertrauen erwarten können. Das heißt aber nicht, daß Philippus in dieser Zeit nichts von seinem Meister gelernt hätte, im Gegenteil. Kurze Zeit später, nach der Ausgießung des Heiligen Geistes zu Pfingsten, wurde ausgerechnet dieser Mann zu einem der erfolgreichsten Evangelisten. Seine Zuhörer spürten, daß er aus eigener Erfahrung sprach und hinter dem stand, was er verkündigte. Das überzeugte viele.

Eine Fehlentscheidung?

Während Jesus seine Jünger auf ihren Dienst vorbereitete, bemühte sich auch Judas Iskarioth darum, in den Kreis der Zwölf aufgenommen zu werden. Er hielt Jesus für den Messias und rechnete damit, daß bald ein neues, unabhängiges Israel entstehen würde. Eine herausragende Stellung in diesem Reich, so dachte er, konnte aber nur erreichen, wer zum engsten Freundeskreis Jesu gehörte. Und er wollte an die Macht. Zweifellos war Judas begabt und hatte große Ausstrahlungskraft; er war von rascher Auffassungsgabe, praktisch veranlagt und hatte Sinn für das, was ihm nützt. Die meisten Jünger sahen in ihm eine Bereicherung für ihren Kreis und setzten sich bei Jesus für ihn ein. Sie hatten sich schon oft gewundert, daß Christus durchweg einfache Leute zu seinen Mitarbeitern berief. Endlich stieß mit Judas einer zu ihnen, der weltgewandt war und Einfluß hatte. Wäre er zurückgewiesen worden, hätten die Jünger vermutlich an der Urteilsfähigkeit ihres Meisters gezweifelt. Später zeigte sich allerdings, wie sehr sie sich geirrt hatten und wie falsch es ist, nach rein menschlichen Gesichtspunkten zu entscheiden, ob jemand für den Dienst im Werk Gottes geeignet ist oder nicht.

Nun war es keineswegs so, daß Judas nur aus eigensüchtigen Gründen zum Jüngerkreis gestoßen war; er fühlte sich vielmehr von Jesus und seiner Lehre angezogen. Der Herr

---

[4] Vgl. Johannes 14,1–11

wußte das, und das war wohl auch ein Grund dafür, daß er ihn als Jünger aufnahm. Christus weist keinen von sich, bei dem nur eine Spur von Glauben und Sehnsucht nach dem Heil zu finden ist. Er wußte, wie begabt Judas war und was er leisten konnte, wenn er sich wirklich bekehrte. Aber Jesus wußte auch, wozu Judas fähig wäre, wenn er sich dem Einfluß des Heiligen Geistes entzog. Welchen Platz er in der Geschichte des Reiches Gottes einnehmen sollte, das würde dieser Jünger selbst entscheiden.

Wenn Christus Menschen in seinen Dienst ruft, nimmt er sie, wie sie sind. Doch sie dürfen nicht so bleiben, sondern müssen sich von ihm umgestalten lassen und bereit sein, von ihm zu lernen. Judas hatte die gleichen Möglichkeiten wie alle anderen Jünger, aber ein Leben in Wahrhaftigkeit, wie es Jesus erwartete, entsprach nicht seinen Vorstellungen.

Wenn Jesus von Heuchelei oder Habgier, von Lüge und Betrug sprach, fühlte sich Judas persönlich angesprochen und zur Umkehr gerufen. Aber es ging ihm gegen den Strich, über seine charakterlichen Mängel nachzudenken und Fehler einzugestehen. Deshalb verhärtete er sich immer mehr, bis der Punkt erreicht war, wo Jesu Worte überhaupt nicht mehr sein Herz erreichten.

Es gibt keine Entschuldigung

Obwohl Jesus die Charakterschwächen und die fragwürdige Gesinnung des Judas kannte, stellte er ihn nie vor anderen bloß. In unermüdlicher Geduld versuchte er ihn vor dem Stürzen zu bewahren und wies ihn immer wieder hin auf das Gute und Wahre. Aber Judas gab dem Ehrgeiz, der Habsucht und seinem Egoismus mehr und mehr Raum, so daß ihn Satan am Ende völlig im Griff hatte.

Von Natur aus war Judas reich mit Gaben und Fähigkeiten beschenkt, so daß er ein hervorragender Mitarbeiter Jesu zu werden versprach, hätte er nur die Umwandlung seines Lebens durch den Heiligen Geist zugelassen. Aber gerade dagegen sträubte er sich. Er wollte zwar Jesu Jünger sein, aber gleichzeitig seine ichsüchtigen Vorstellungen verwirklichen und seinen eigenen Weg gehen. Damit machte er sich selbst untauglich für die Aufgabe, die Gott ihm anvertrauen wollte.

Keiner der zwölf Apostel war ohne Schwächen und Fehler. Sie hatten alle ihre Ecken und Kanten, die für den Dienst in der Nachfolge Jesu hinderlich waren. Die Brüder Jakobus und Johannes waren mitunter so aufbrausend, daß Jesus ihnen den Namen „Donnersöhne" gab. Über jede Kränkung, die Jesus zugefügt wurde, entrüsteten sie sich maßlos und hätten am liebsten hart durchgegriffen. Vor allem Johannes verlor leicht die Selbstbeherrschung, war nachtragend und schnell mit Kritik bei der Hand. In der täglichen Gemeinschaft mit Christus aber ließ er sich mehr und mehr von dessen liebevoller Geduld und Demut leiten.

Keiner der Jünger konnte bleiben, wie er war. Alle mußten es sich gefallen lassen, daß Jesus sie zurechtwies und auf ihre Schwächen aufmerksam machte. Aber sie sperrten sich nicht dagegen, auch wenn es ihnen nicht gefiel, getadelt zu werden. Keiner von ihnen kam auf die Idee, sich innerlich oder äußerlich von Jesus loszusagen. Sie knüpften vielmehr eine immer engere Beziehung zu ihm und gaben so dem Heiligen Geist Raum, ihr Wesen nach dem Vorbild Jesu zu verändern.

Die Apostel waren von ihrem Charakter wie auch von ihrer Veranlagung her sehr unterschiedlich. Da gab es den geschäftstüchtigen Zöllner Matthäus und den eifernden Nationalisten Simon; den impulsiven, großherzigen Petrus und den verschlagenen Judas; den zurückhaltenden Thomas und den eigenwillig-abwägenden Philippus; nicht zuletzt Jakobus und Johannes, die aufbrausenden und ehrgeizigen Söhne des Zebedäus, und deren Freunde. All diese unterschiedlichen Charaktere hatte Jesus zu einer geistlichen Familie zusammengefügt, in der sie vorbereitet werden sollten für den Dienst im Werk Gottes. Sie würden nicht immer einer Meinung sein, auch im Zusammenleben würde es Reibungen und Mißverständnisse geben, aber der Glaube an Christus und das gemeinsame Ziel sollte sie immer wieder einen und befähigen, die ihnen von Gott übertragene Aufgabe zu erfüllen. Das Geheimnis der Jünger bestand darin, daß sie einander in dem Maße näherkamen, wie Christus zur Mitte ihres Lebens geworden war.

Für den Dienst ausgerüstet

Nachdem Jesus den zwölf Jüngern erklärt hatte, welche Aufgabe vor ihnen lag, kniete er in ihrer Mitte nieder, legte ihnen die Hände aufs Haupt und weihte sie für den Dienst der Evangeliumsverkündigung. Zweifellos wäre es erfolgversprechender gewesen, die Arbeit für Gottes Reich in die Hände sündloser Engel zu legen, aber Jesus tat das nicht. Er wollte den Menschen die Erlösungsbotschaft durch Abgesandte überbringen lassen, die wie sie unvollkommen und von der Sünde angefochten waren, aber durch den Glauben an Christus das Heil gefunden hatten. Offensichtlich wollte Gott das Problem Sünde auf dieser Erde nicht allein vom Himmel aus lösen, sondern setzte auf das Zusammenwirken himmlischer und irdischer Kräfte. Deshalb wurde Christus Mensch, einer wie wir, und er bediente sich beim Bau seines Reiches vor allem menschlicher Werkzeuge. Indem er durch den Heiligen Geist in ihnen wohnte und regierte, machte er sie fähig, für Gottes Sache tätig zu sein.

Das war damals so am See Genezareth, als er die zwölf Jünger zu Aposteln berief, und heute ist es nicht anders. Wie unvollkommen und fehlerhaft wir auch sein mögen, Christus ruft uns in seine Nachfolge und lehrt uns, wie wir für ihn tätig sein können. Dabei erwartet er nicht, daß wir die Kraft zum Dienst für Gott schon mitbringen, sondern er will seine Kraft in uns und durch uns wirken lassen. So hat es auch der Apostel Paulus verstanden, als er im Blick auf sich selbst sagte: „Ich bin nur ein zerbrechliches Gefäß für einen so kostbaren Inhalt. Denn man soll ganz deutlich sehen, daß die übermenschliche Kraft von Gott kommt und nicht von mir.“ [5]

Es gibt viele Menschen, die sich mit Zweifeln herumschlagen und schwer zum Glauben finden, weil sie von sich aus unfähig sind, geistliche Dinge zu begreifen. Wenn sie aber am Beispiel anderer sehen, wie Glaube an Gott „funktioniert“ und was er bewirkt, fassen auch sie Vertrauen zu Christus und seiner Botschaft. Solche Mittler zwischen Himmel und Erde, zwischen Gott und Menschen sollen wir sein – Botschafter der Liebe Christi.

---

[5] 2. Korinther 4,7

31 Die Bergpredigt

Jesus lehrte im allgemeinen nicht vor einem ausgewählten Zuhörerkreis. Er wußte sich für alle Menschen verantwortlich und wollte sie auf den Weg der Wahrheit führen. Unter diesem Gesichtspunkt müssen auch die Lehren gesehen werden, die wir unter dem Begriff „Bergpredigt" kennen.

Nach der Berufung der Zwölf ging Jesus mit seinen Jüngern hinunter zum See. Dort hatte sich inzwischen eine große Menschenmenge versammelt. Die Leute waren gekommen, um „ihn zu hören und von ihren Krankheiten geheilt zu werden ... und alles Volk suchte ihn anzurühren; denn es ging Kraft von ihm aus, und er heilte sie alle." [1]

Da er von dem schmalen Seeufer aus nicht zu so vielen Menschen sprechen konnte, ließ Jesus sich oben am Berghang nieder. Die Jünger setzten sich um ihn herum, und andere Zuhörer folgten ihrem Beispiel. Jesu Freunde waren gespannt auf das, was ihnen der Meister sagen würde, nachdem er sie zu seinen Botschaftern berufen hatte. Sie waren überzeugt davon, daß die Herrschaft des Messias in Kürze anbrechen werde und daß ihnen dabei eine bedeutende Rolle zukäme. Würde er jetzt das Gottesreich ausrufen?

Auch andere waren mit ganz bestimmten Erwartungen gekommen. Die Pharisäer und Schriftgelehrten sehnten den Tag herbei, an dem die Herrschaft Roms über Juda beendet sein würde. Bauern, Handwerker und Fischer träumten davon, daß der Messias erscheinen und dafür sorgen werde, daß es ihnen in Zukunft besser ginge. Was müßte das für ein Gefühl sein, nicht mehr in einer elenden Hütte wohnen und hungern zu müssen! Endlich würde Israel den Platz unter den Völkern einnehmen, der ihm als Gottes Eigentum zustand. Und Jerusalem wäre dann die Hauptstadt des messianischen Reiches!

Dieses Kapitel bezieht sich auf Matthäus 5 bis 7 [1] Lukas 6,18.19 LT

Die Wirklichkeit ist anders

Jesus nutzte die Bergpredigt, um den falschen Erwartungen seiner Zuhörer zu begegnen. Die Leute sollten erfahren, worum es bei der Aufrichtung des Gottesreiches wirklich geht und wie man Bürger dieses Reiches wird. Die Entscheidung mußte dann jeder selber treffen. Leicht scheint das nicht gewesen zu sein, denn Christus räumte auf mit allen bisherigen Vorstellungen.

„Selig sind, die da geistlich arm sind; denn ihrer ist das Himmelreich.“ [2] Ausgerechnet die geistlich Armen pries er glücklich; das heißt: Menschen, die schmerzlich empfinden, wie weit sie in ihrem Denken und Tun von dem entfernt sind, was Gott will.

Das Eingeständnis geistlicher Armut fällt keinem leicht. Der religiöse Mensch stützt sich gern auf fromme Leistungen; er möchte etwas tun für sein Heil. Voraussetzung für das Bürgerrecht im Reich Gottes kann aber nicht sein, was Menschen Gott anzubieten haben, sondern was Gott anbietet: die Gerechtigkeit Christi. Wer seine Bedürftigkeit erkennt und bereit ist, sich Gott bedingungslos auszuliefern, den kann der Herr umwandeln und tauglich machen für sein Reich. Gott wird ihm nichts vorenthalten, was zum Heil nötig ist.[3]

Ebenso unbegreiflich mag es für die Zuhörer gewesen sein, als Jesus sagte: *„Selig sind, die da Leid tragen; denn sie sollen getröstet werden.“* [4] Wie kann jemand, der leiden muß, glücklich sein? So wollte es Jesus auch nicht verstanden haben. Er sprach nicht vom Leid über den Verlust eines geliebten Menschen, sondern von der Trauer über die Sünde. Derartiges Leidtragen ist nicht zu verwechseln mit dem Bedauern, das uns überkommt, wenn wir von den Folgen der Sünde eingeholt werden. Wahre Traurigkeit über das eigene Versagen bewirkt der Heilige Geist. Er sorgt dafür, daß wir unsere Sünde mit der Bitte um Vergebung zum Kreuz bringen. Er führt uns zu der Einsicht, daß immer auch Jesus von unserer Sünde mitbetroffen ist – so, als würde er erneut ans Kreuz geschlagen. Menschen, die in diesem Sinne über ihre Sünden traurig sind, werden vom Herrn glückselig gepriesen. Sie werden sich hüten vor der Sünde, weil sie die Gemeinschaft

---

[2] Matthäus 5,3 LT [3] Jesaja 57,15 LT [4] Matthäus 5,4 LT

mit Gott auf keinen Fall zerstören wollen. In Tränen der Reue kann sich gleichsam die Sonne widerspiegeln. Sie sind ein Sinnbild der Freude, die für den Leidtragenden zu einer Quelle des lebendigen Wassers werden kann.[5]

Darüber hinaus kann Jesu Seligpreisung auf jedes Erleiden von Not und Trübsal bezogen werden. Charakterschwächen werden oft erst in Konfliktsituationen sichtbar. Wer hätte nicht schon in Prüfungszeiten Wesenszüge an sich entdeckt, von denen er zuvor nichts wußte? Dann zeigt sich, ob wir uns von Gott zurechtweisen und raten lassen. Wenn Trübsal über uns hereinbricht, sollten wir nicht in Selbstmitleid versinken oder Gott davonlaufen, sondern uns demütig vor ihm beugen. Rein menschlich gesehen erscheinen uns Gottes Wege oft unbegreiflich. Dennoch sind es Wege der Barmherzigkeit, wo am Ende Heil und Erlösung auf uns warten. Gott hat zugesagt: „... ich will ihr Trauern in Freude verwandeln und sie trösten und sie erfreuen nach ihrer Betrübnis." [6]

Die andere Lebensart

„Selig sind die Sanftmütigen; denn sie werden das Erdreich besitzen." [7] Oft wird versucht, Probleme mit Gewalt aus der Welt zu schaffen. Das führt letztlich zu nichts. Christus empfiehlt Sanftmut, das heißt: den Mut, Konflikte gewaltlos zu lösen. Das ist kein leichter Weg; denn er erfordert eine Gesinnung, wie Jesus sie offenbarte. Nie hat er Kränkung oder Verachtung mit gleicher Münze heimgezahlt. Gott will uns etwas von dieser Gelassenheit schenken, doch das ist nur möglich, wenn wir ihm Gelegenheit dazu geben. Selbstbeherrschung und Bescheidenheit machen uns zu Siegern, nicht das Aufbegehren oder gar Zurückschlagen. Mag sein, daß die Menschen um uns herum das nicht verstehen, doch was macht das schon, wenn wir wissen, daß Gott auf unserer Seite ist? Nicht den Einflußreichen und in der Welt Hochgeachteten hat Jesus einen Platz in seinem Reich zugesagt, sondern den Bescheidenen und Sanftmütigen, denen nichts wichtiger ist als Gott und sein Wille.

„Selig sind, die da hungert und dürstet nach der Gerechtigkeit; denn sie sollen satt werden." [8] Wer sich zu Gott hinwen-

---

[5] Jeremia 3,12.13; Jesaja 61,3 LT [6] Jeremia 31,13 LT [7] Matthäus 5,5 LT
[8] Matthäus 5,6 LT

det, erkennt die eigene Ungerechtigkeit und sehnt sich nach göttlicher Gerechtigkeit. Er möchte so werden, wie Gott die Menschen ursprünglich geschaffen hat: Ebenbild des Schöpfers. Das muß kein bloßer Wunsch bleiben, sondern verwirklicht sich in dem Maße, wie man sich der Liebe Jesu und dem Wirken des Heiligen Geistes öffnet.

„Selig sind die Barmherzigen; denn sie werden Barmherzigkeit erlangen. Selig sind, die reines Herzens sind; denn sie werden Gott schauen.“ [9] Nur wenige machen sich bewußt, wie stark sie unter dem Einfluß bestimmter Vorstellungen stehen. Leichtfertige und unschöne Gedanken sind nicht so harmlos, wie sie scheinen, auch wenn sie nicht in Worte gefaßt oder in die Tat umgesetzt werden. Sie beeinträchtigen die sittlichen Maßstäbe und machen es dem Heiligen Geist schwer, an uns zu wirken. Wohl ist es wahr, daß Gott auch Sünden vergibt, die „nur“ im Herzen oder in Gedanken begangen wurden. Doch damit sind nicht die Spuren gelöscht, die sie hinterlassen. Mag sein, daß wir durch fragwürdige Gedanken keinem geschadet haben, die Seele aber kommt niemals ungeschoren davon.

Jesus dachte aber nicht nur an unreine Gedanken, als er von der Bedeutung des reinen Herzens sprach. All das ist letztlich nur Ausdruck eines viel tiefergehenden Schadens, nämlich des Kreisens um sich selbst. Unsere Ichbezogenheit ist es, die uns daran hindert, Gottes Willen zu verstehen und seine Liebe zu begreifen. In unserm Herzen entscheidet sich, ob wir eines Tages Gott schauen werden oder nicht.

„Selig sind die Friedfertigen; denn sie werden Gottes Kinder heißen.“ [10] Nach biblischem Verständnis hängt Friede immer mit Gott zusammen. Unfriede entsteht, wenn sich Menschen von Gott abwenden und seine Gebote mißachten. Wer mit Gott im Streit liegt, kann auch nicht Frieden mit seinen Mitmenschen halten. Immer wieder haben Weltverbesserer gemeint, Friede auf Erden ließe sich auch ohne Gott verwirklichen. Aber sie sind regelmäßig gescheitert. Friede ist nämlich nicht eine Sache des guten Willens oder besserer Einsicht, sondern kann nur in einem durch den Heiligen Geist erneuerten Herzen wohnen. Deshalb verknüpfte Jesus in der Bergpredigt den Frieden mit der Gotteskindschaft.

---

[9] Matthäus 5,7.8 LT [10] Matthäus 5,9 LT

Eine neue Sicht

Schon zur Zeit Jesu glaubten viele, Glück hinge davon ab, wie wohlhabend, erfolgreich oder berühmt jemand sei. Mancher hielt es sich zugute, wenn man ihn Rabbi nannte. Und wer in dem Ruf stand, weise, fromm oder tugendhaft zu sein, der war glücklich. Aber als Jesus sprach, spürten die Zuhörer, daß „Glückseligsein" mehr bedeutet, als der Besitz jener Dinge, die so begehrenswert erscheinen. Das beunruhigte sie; denn sie fragten sich, wer wohl in Gottes Reich kommen könnte, wenn es so ist, wie Jesus sagte. Manche kehrten Jesus den Rücken, doch viele glaubten, daß er ein Mann Gottes ist.

Nachdem der Meister seinen Zuhörern den Weg zum wahren Glück gezeigt hatte, wandte er sich an die Jünger. Er sagte ihnen, welche Aufgaben auf sie warteten. Sie sollten aber auch wissen, daß der Weg, den sie von nun an zu gehen hatten, schwer und gefährlich war. Wohl würden sie Zustimmung finden, aber auch auf Widerstand stoßen. Sie würden Erfolg haben, aber auch enttäuscht und entmutigt sein. Sie mußten mit Gefangenschaft und Mißhandlung rechnen. Die meisten von ihnen würden ihren Glauben mit dem Leben bezahlen. Deshalb versuchte Jesus ihnen Mut zu machen: *„Selig sind, die um der Gerechtigkeit willen verfolgt werden; denn ihrer ist das Himmelreich. Selig seid ihr, wenn euch die Menschen um meinetwillen schmähen und verfolgen und reden allerlei Übles gegen euch, wenn sie damit lügen. Seid fröhlich und getrost; es wird euch im Himmel reichlich belohnt werden. Denn ebenso haben sie verfolgt die Propheten, die vor euch gewesen sind."* [11]

Jesus hatte ein klares Urteil. Wer die Sünde liebt, muß die Gerechtigkeit hassen. Wer die Gerechtigkeit liebt, muß die Sünde aufgeben. Die Leute mußten sich entscheiden. Viele fühlten sich bloßgestellt und ihrer Sünde überführt, doch sie wollten sich nicht ändern. In jedem Fall stand den Zuhörern ein Kampf bevor. Die einen öffneten sich dem Wirken des Heiligen Geistes und begannen ihr sündiges Ich zu bekämpfen; die anderen verschlossen sich der neuen Erkenntnis und kämpften fortan gegen die Wahrheit und deren Verkündiger.

Ausgerechnet die Nachfolger Christi wurden im Laufe der Geschichte oft als Unruhestifter angesehen. Auch später zo-

[11] Matthäus 5,10–12 LT

gen sich diejenigen, die in Gemeinschaft mit Gott leben wollten, die Feindschaft der Welt zu. Ihnen ging es wie Christus. Doch da sie Widerstand und Verfolgung auch als Erziehungsmittel Gottes verstanden, stärkte selbst das Leid ihren Glauben. Niederlagen wurden zu Meilensteinen auf dem Weg zum Sieg. Wer so denkt, braucht sich vor Glaubensprüfungen nicht zu fürchten, sondern kann ihnen im Vertrauen auf Gott getrost entgegensehen.

„Ihr seid das Salz der Erde." [12] Damit wollte Jesus sagen: Zieht euch nicht aus Angst vor Widerstand oder Verfolgung aus der Welt zurück. Wie Salz in die Suppe und nicht ins Salzfaß gehört, so gehören Christen in die Welt. Wie sollen Menschen etwas von der Liebe Gottes erfahren, wenn sich die Gläubigen aus der Welt wegstehlen? Vermutlich gäbe es diese Welt gar nicht mehr, wenn Gott sie nicht seiner Kinder wegen verschont hätte. Salz würzt nicht nur, sondern bewahrt auch vor dem Verderben. Offenbar verdankt die Menschheit ihr Leben und Wohlergehen nicht zuletzt der Tatsache, daß es in der Welt Kinder Gottes gibt.

Wenn aber das Salz seine würzende und erhaltende Kraft verliert, wird es nutzlos. Das trifft auch auf Menschen zu, die sich zwar Christen nennen, es aber nicht sind. Sie bilden nicht nur ein Hindernis, sondern können sogar zur Gefahr werden, weil sie Gott und den Glauben an Christus in ein falsches Licht rücken. Die Folgen können verheerend sein.

„Ihr seid das Licht der Welt." [13] Wie Gott die Sonne für alle scheinen läßt, so ist auch das Evangelium an alle gerichtet. Die Botschaft der Bibel besteht nicht aus Lehren, die ein kümmerliches Dasein zwischen schwarzen Buchdeckeln fristen. Christliches Leben spielt sich auch nicht nur hinter Kirchenmauern ab. Nachfolge Jesu ist keine Philosophie, sondern gelebter Glaube. Unser ganzes Denken, Fühlen und Tun wird davon geprägt. Besonders deutlich zeigt sich das in unserem Verhältnis zum Mitmenschen. Wollen wir andere auf den Weg der Gerechtigkeit bringen, müssen wir im eigenen Herzen Gerechtigkeit walten lassen. Glaube, Rechtschaffenheit, Wahrhaftigkeit und Mitgefühl – das sind Wesenszüge, die wie das Licht der Sonne in die Dunkelheit strahlen.

Jesus wußte, daß unter seinen Zuhörern Spitzel des Hohen Rates waren. Er mußte auch damit rechnen, daß seine Worte

---

[12] Matthäus 5,13 LT [13] Matthäus 5,14 LT

verdreht oder falsch wiedergegeben wurden, denn die Obersten wollten ihn ja aus dem Weg räumen. Deshalb sagte er nichts, was man ihm als Mißachtung der überlieferten Ordnungen hätte auslegen können. Ihm lag nichts daran, die Wertschätzung des Gesetzes zu untergraben. Schließlich war er selbst der Gesetzgeber – sowohl der Zehn Gebote wie auch des Zeremonialgesetzes und der bürgerlichen Ordnungen. Allerdings scheute er sich nicht, falsche Auslegungen des Gesetzes anzuprangern. Doch von der Wahrheit gab er nichts preis.

Den Pharisäern erschienen seine Lehren dennoch wie Ketzerei. Sie begriffen nicht, daß er nicht die Wahrheit beseitigen, sondern nur den Schutt der Tradition wegräumen wollte, unter dem die Wahrheit verschüttet worden war. Jesus durchschaute seine Gegner und wandte sich scharf an sie: „Denkt nicht, ich sei gekommen, um das Gesetz Moses und die Weisungen der Propheten außer Kraft zu setzen. Ich bin nicht gekommen, um sie außer Kraft zu setzen, sondern um ihnen volle Geltung zu verschaffen.“ [14] Es war schon merkwürdig: Die Obrigkeit klagte Jesus der Gesetzesübertretung an, obwohl er sich zur Aufgabe gemacht hatte, dem Gesetz Gottes erneut Geltung zu verschaffen. Er wollte und konnte es weder abschaffen noch verändern. Wäre das der Fall gewesen, so hätte Christus nicht sein Leben hingeben müssen, um unserer Sünde wegen den Forderungen des Gesetzes Genüge zu tun. Daß die Pharisäer gerade ihm, dem nichts so sehr am Herzen lag wie der Wille Gottes, Gesetzesübertretung vorwarfen, ist schwer zu begreifen. Vielleicht sahen sie darin die einzige Möglichkeit, sich seiner zu entledigen.

Gehorsam macht froh

Weil Gott uns liebt, hat er den Rahmen für unser Leben durch seine Gebote abgesteckt. Ein Dasein ohne feste Regeln ist in unserer sündigen Welt nicht möglich; es würde im Chaos enden. Gott möchte uns vor den Folgen des Bösen bewahren. Und das ist auch möglich, weil wir unterscheiden können zwischen Gut und Böse, Richtig und Falsch. Ohne das Gesetz aber wäre diese Unterscheidung unmöglich. Das zu erkennen ist wichtig! Jede Übertretung des Gesetzes, jedes

---

[14] Matthäus 5,17

Fehlverhalten hat negative Folgen, ganz gleich, ob es absichtlich oder unabsichtlich geschieht. Wenn uns Gott durch seine Gebote keine Grenzen gesetzt hätte, würden wir uns selbst in kürzester Zeit zugrunde richten. Wer Gottes Gesetz so sieht, wird es nicht als lästige Einschränkung, sondern als Lebenshilfe verstehen.

Die Gesetzgebung am Berg Sinai zeigte den Israeliten, wie groß die Kluft zwischen dem heiligen Gott und seinem unheiligen Volk war. Zwar konnte das Gesetz diese Kluft nicht überbrücken, aber es sollte die Sehnsucht nach dem verheißenen Retter wecken und wachhalten. Wer immer wieder erfährt, daß er selber nicht so ist, wie er eigentlich sein sollte, wird Ausschau halten nach einem, der ihm hilft. Richtig verstanden führt das Gesetz nicht von Christus weg, sondern hin zu ihm. Es nimmt uns die Illusion, daß wir aus eigener Kraft mit Gott ins reine kommen könnten; das vermag nur der Glaube an Christus. Sicher ahnte das bereits David, als er schrieb: „Das Gesetz des Herrn ist vollkommen und erquickt die Seele." [15]

Was hat sich geändert?

In der Bergpredigt bestätigte Jesus die Gültigkeit des Gesetzes: „Bis Himmel und Erde vergehen, wird nicht vergehen der kleinste Buchstabe noch ein Tüpfelchen vom Gesetz, bis es alles geschieht." [16] Da alle Verordnungen, die den Tempel- und Opferdienst betrafen und auf den Erlöser hinwiesen – das, was wir Zeremonialgesetz nennen – mit Jesu Tod ihre Bedeutung verloren, kann Jesus nur das unveränderliche Gesetz Gottes gemeint haben: die Zehn Gebote. Sie sind am Anfang der Menschheitsgeschichte gegeben worden und bleiben gültig bis zur Wiederkunft Christi.

Da Jesus selber uneingeschränkt nach Gottes Ordnungen lebte, dürfte keiner für sich beanspruchen wollen, daß die Zehn Gebote für ihn nicht mehr verbindlich seien. Am Beispiel Jesu wird außerdem deutlich, was Gehorsam für die Charakterbildung des Menschen bedeutet.

Satan hat immer behauptet, Gottes Forderungen seien nicht zu erfüllen. Jesus aber hat das Gegenteil bewiesen. Wer wissentlich sündigt, stellt sich auf die Seite des Widersachers,

---

[15] Psalm 19,8 LT [16] Matthäus 5,18 LT

ob er will oder nicht. Die Folgen sind verheerend, denn wer aufbegehrt, wird so wie Satan vom Reich Gottes ausgeschlossen.

Zur Zeit Jesu meinten viele Juden – vor allem Pharisäer und Schriftgelehrte –, allein die Kenntnis der Wahrheit reiche aus, um gerettet zu werden. Das ist falsch. Die Wahrheit erschöpft sich nicht in dem, was theologisch richtig ist, sondern zielt auf die „Frucht der Gerechtigkeit“. Und die wächst nicht in der Studierstube, sondern im Alltag, wo der Gläubige lebt. Oft schaden gerade diejenigen der Wahrheit am meisten, die sich mit großem Eifer für sie einsetzen. Viele Pharisäer hielten sich für Musterbeispiele an Frömmigkeit, doch ihre vermeintliche Rechtgläubigkeit hinderte sie nicht daran, den Sohn Gottes zu kreuzigen. Wenn sich Menschen zu Verfechtern der Wahrheit aufschwingen, in ihrem Leben aber Aufrichtigkeit, Güte, Geduld, Liebe und Verständnis für andere vermissen lassen, stimmt etwas nicht. Sie sind dann für sich und andere eher ein Fluch als ein Segen.

„Ich aber sage euch ...“

In der Bergpredigt zeigt Jesus, daß er die Gebote Gottes keineswegs außer Kraft setzen wollte. Das Gegenteil ist der Fall; er vertiefte sie. Die Menschen sollten wissen, daß Gehorsam mehr ist als ein formales Halten des Gesetzes. Um den Zuhörern zu zeigen, wie das zu verstehen ist, erläuterte er einige der Zehn Gebote. Ehebruch beispielsweise kann sich schon im Herzen vollziehen – durch unreine Gedanken oder begehrliche Blicke –, ohne daß da nach außen etwas sichtbar wird. Und das Gebot „Du sollst nicht töten“ wird nicht erst übertreten, wenn jemand einen anderen umbringt, sondern schon, wenn man andere verachtet oder haßt.

Die Pharisäer und Schriftgelehrten hielten sich für gottesfürchtig und gesetzestreu, nährten aber gleichzeitig Haß gegen die Römer und verachteten alles Nichtjüdische. Nach Jesu Überzeugung paßt das nicht zusammen. Haß wird vom Widersacher Gottes geschürt, um Menschen für seine Ziele einzuspannen. Wer sich dem Haß öffnet, hat keinen Raum mehr für die Liebe, mit der Gott seine Kinder beschenken will.

Mag sein, daß mitunter auch Gläubige von „heiligem Zorn“ übermannt werden, wenn sie sehen, wie man Gott entehrt oder wie Unschuldige leiden müssen. Doch das meinte Jesus nicht. Ihm ging es um sündige Verhaltensweisen wie Ärger, Groll und Feindschaft. Wer seine Seele damit vergiftet, zerstört sein Verhältnis zu Gott und zum Mitmenschen. Gott will nicht, daß seine Kinder wie ein Echo auf ihre Umwelt reagieren, er möchte, daß sie die Welt zum Guten beeinflussen. Wie das geschehen kann, erklärte Jesus in der Bergpredigt so: *„Euch, die ihr mir zuhört, sage ich: Liebt eure Feinde; tut denen Gutes, die euch hassen; segnet die, die euch verfluchen, und betet für alle, die euch schlecht behandeln.“* [17] Gott will unser Verhältnis zum Mitmenschen so gestalten, wie es menschlich nicht vorstellbar ist. Deshalb sagte Jesus: „... ihr sollt vollkommen sein, weil euer Vater im Himmel vollkommen ist.“ [18] Das ist weniger Gebot als vielmehr Verheißung. Der Herr befreit die Seinen aus der Macht Satans. Darum gewährt er jedem, der seine Schuld bekennt, Vergebung und bewahrt zugleich durch den Heiligen Geist vor der Sünde. Vergebung und Bewahrung sind wichtige Elemente des Erlösungsplanes.

Versuchung ist keine Entschuldigung

Wir sollten die Sünde niemals damit entschuldigen, daß gegen Satans Macht nicht anzukommen sei. Es stimmt, daß der Teufel nichts unversucht läßt, um uns zu verführen, aber er kann kein Gotteskind zur Sünde zwingen. Wer sich Gott anvertraut und im Glauben auf Christus schaut, empfängt auch die Kraft, ein geheiligtes Leben zu führen. Die Vollkommenheit Christi will für uns Ansporn und Ziel zugleich sein. In seinem Menschsein war Jesus wie einer von uns – mit allen Folgen, die sich daraus ergeben. Dennoch blieb er so eng mit Gott verbunden, daß Satan ihn nicht zur Sünde verleiten konnte. Das sollte uns anspornen, Christus ähnlich zu werden.

Als Jakob – Isaaks Sohn – von daheim geflohen war, sah er im Traum eine Leiter, die von der Erde bis an den Himmel reichte. Dieses Bild könnte ein früher Hinweis darauf sein, daß die Kluft zwischen Himmel und Erde von Christus überbrückt wird. Um unserer Erlösung willen ist er zu uns herabgestiegen. Hätte er das nicht getan, so gäbe es keine

---

[17] Lukas 6,27.28 [18] Matthäus 5,48

Hoffnung für uns. Obwohl er „in der Gestalt des sündlichen Fleisches“ [19] kam, blieb er ohne Sünde. Aus dieser Vollmacht schenkt er denen, die an ihn glauben, die Kraft, ihm ähnlich zu werden.

Jesus hat seinen Zuhörern damals erklärt, was Gerechtigkeit ist und daß sie allein aus Gottes Hand entgegengenommen werden kann. Doch das war zunächst nur Theorie. Ihm lag daran, den Menschen zu zeigen, wie diese Erkenntnis in den Alltag übertragen werden kann. Als er von der Opferbereitschaft für die Armen, vom Beten und vom Fasten sprach, wußten alle, worum es ging. Das waren Gepflogenheiten, die zum religiösen Leben gehörten. Doch da lag auch die Schwierigkeit. Für viele war das zur leeren Form geworden, andere prahlten mit ihrer „Frömmigkeit“, um sich in den Mittelpunkt zu rücken. Jesus wußte, daß religiöse Selbstdarstellung dem allmächtigen Gott zuwider ist. Darum sagte er: Wenn ihr Bedürftigen helft, muß das von Herzen kommen! Wenn ihr betet, sollt ihr Gott vor Augen haben! Wenn ihr fastet, dürft ihr nicht darauf aus sein, andere zu beeindrucken!

Wer Gott selbstlos und aufrichtigen Herzens dient, wird dafür reich belohnt, denn „dein Vater, der in das Verborgene sieht, wird dir's vergelten“. Ein Teil dieser „Belohnung“ besteht darin, daß der Geist Gottes die Gläubigen umwandelt und im Sinne Christi prägt. Wer solchen Menschen begegnet, spürt, daß sie eine Verbindung zum Himmel haben; anders ausgedrückt: daß durch sie ein Stück vom Reich Gottes sichtbar wird.

Gott will keine halbe Sache

„*Niemand kann zwei Herren dienen.*“ [20] Das heißt: In unserem Leben kann nur einer den Ton angeben, Gott oder wir. Natürlich wollen wir, daß Gott der Herr ist, aber Wunsch und Wirklichkeit klaffen gerade in dieser Frage oft weit auseinander. Der Glaube darf nicht nur einen Teil unseres Lebens bestimmen, sondern muß es ganz durchdringen. Das fällt dem natürlichen Menschen schwer, weil er das Heft selbst in der Hand behalten möchte. Doch bei Gott gibt es keine halbe Sache. Bei ihm heißt es: entweder ganz oder gar nicht.

---

[19] Römer 8,3 LT [20] Matthäus 6,24 LT

„Das Auge vermittelt dem Menschen das Licht. Ist das Auge klar, steht der Mensch ganz im Licht; ist das Auge getrübt, steht der ganze Mensch im Dunkeln. Wenn aber dein inneres Auge – dein Herz – blind ist, wie schrecklich wird dann die Dunkelheit sein!" [21] Wo es um die Wahrheit geht, darf man sich nicht mit „Teilwahrheiten" zufriedengeben. Die Wahrheit ist oft unbequem, aber sie bringt Licht in unser Leben; es reicht auch nicht aus, die Wahrheit interessant zu finden. Wer sich ihr nicht bedingungslos öffnet, gerät leicht auf Abwege.

Zwischen weltlicher Klugheit und den Grundzügen der Gerechtigkeit gibt es keine fließenden Übergänge; Gottes Wort zieht eine klare Trennungslinie. Das Wesen Christi unterscheidet sich von Satan wie Tag und Nacht. Darum kann es für Jesu Nachfolger auch keinen Kompromiß zwischen Wahrheit und Irrtum geben.

„Seht die Vögel unter dem Himmel an: sie säen nicht, sie ernten nicht, sie sammeln nicht in die Scheunen; und euer himmlischer Vater ernährt sie doch. Seid ihr denn nicht viel mehr als sie?" [22] Als Jesus die Menschen in seine Nachfolge rief, fragten sich viele: Was wird aus uns, wenn wir dem Ruf folgen und nach Jesu Maßstäben leben? Indem Christus auf die Vögel unter dem Himmel und die Blumen auf dem Felde wies, wollte er sagen: Wer entschlossen ist, Gott zu dienen, darf sich der Fürsorge des Vaters getrost überlassen. Gott kennt jeden und sorgt für jeden. Man könnte es auch so veranschaulichen: Im Buch des Lebens gibt es für jeden eine Seite. Gott weiß, was wir brauchen. Warum sollten wir uns da Sorgen um die Zukunft machen? Gott will, daß wir die Gegenwart im Vertrauen auf seine Hilfe gestalten. Die Kraft zur Bewältigung des Lebens gibt er nicht auf Vorschuß, sondern rüstet uns aus mit dem, was wir heute brauchen.

„Richtet nicht, damit ihr nicht gerichtet werdet." [23] Der Geist des Richtens ist leider auch unter Gläubigen nicht unbekannt. Wer gibt uns eigentlich das Recht, andere zu verurteilen? Wir sollten uns nicht einbilden, besser als die anderen zu sein. Außerdem können wir niemandem ins Herz schauen, kennen also kaum die Beweggründe für das, was andere sagen und tun. Wenn wir andere „richten", geschieht das meist ohne Kenntnis der eigentlichen Zusammenhänge, lediglich aus unserer Sicht. Und was noch schlimmer ist: Rich-

---

[21] Matthäus 6,22.23 LT [22] Matthäus 6,26 LT [23] Matthäus 7,1 LT

ten verschafft Genugtuung! Deshalb sollten wir besonders auf der Hut sein. Wer vorschnell urteilt oder lieblos kritisiert, arbeitet dem „Verkläger unserer Brüder“ [24] in die Hände, ob er will oder nicht.

„An ihren Früchten sollt ihr sie erkennen ... Ein guter Baum kann nicht schlechte Früchte bringen, und ein fauler Baum kann nicht gute Früchte bringen.“ [25] In unserem Reden und Tun zeigt sich, wie es um uns und unsern Charakter steht. Was nach draußen dringt, hängt von der inneren Beschaffenheit ab. Jesus veranschaulicht das mit „Frucht“. Nicht, daß wir uns durch gute Werke das Heil erkaufen könnten, doch sie sind ein Gradmesser dafür, daß der Glaube an Christus in uns wirkt. Wenn also am „Baum unseres Christseins“ keine gute Frucht wächst, stimmt etwas nicht.

In der Bergpredigt machte Jesu seine Zuhörer mit den Grundsätzen des Reiches Gottes bekannt. Um sich so deutlich wie möglich auszudrücken, benutzte er Bilder und Vergleiche. Jeder sollte begreifen, daß dem Hören des Wortes die Tat folgen muß. Jesus stellte die Menschen vor die Wahl, ob sie seine Wegweisung annehmen und ihm nachfolgen wollen oder nicht. Diese Entscheidung haben auch wir zu fällen. Wer sich auf das verläßt, was Menschen sagen oder für annehmbar halten, baut das Haus seines Lebens auf Sand. Wer sich dagegen für Christus entscheidet, steht auf sicherem Grund.

„Wer meine Worte hört und sich nach ihnen richtet, wird am Ende dastehen wie ein Mann, der überlegt, was er tut, und deshalb sein Haus auf felsigen Grund baut. Wenn dann ein Wolkenbruch niedergeht, die Flüsse über die Ufer treten und der Sturm tobt und an dem Haus rüttelt, stürzt es nicht ein, weil es auf Fels gebaut ist.“ [26]

---

[24] Offenbarung 12,10 LT [25] Matthäus 7,16.18 LT [26] Matthäus 7,24.25

32 | Ein Offizier bittet um Hilfe

Jesus war bekümmert darüber, daß seine Landsleute immer wieder neue Beweise seiner Gottessohnschaft forderten. Und das um so mehr, als eines Tages ein römischer Offizier zu ihm kam, der sich ganz anders verhielt. Der Mann bat ebenfalls um ein Wunder, doch er war so von Jesu messianischer Vollmacht überzeugt, daß er sagte: „Sprich nur ein Wort, so wird mein Knecht gesund."

Worum ging es? Ein Sklave des Hauptmanns war schwer erkrankt und brauchte Hilfe. In der römischen Gesellschaft galten Sklaven nur etwas im Blick auf die Leistung, die sie erbrachten. Sie wurden wie eine Ware gekauft und verkauft, als Arbeitskraft ausgebeutet und sogar mißhandelt, wenn es der Besitzer für angebracht hielt. Das Verhalten des römischen Offiziers war jedoch ganz anders. Er litt mit seinem Knecht und wünschte, daß ihm geholfen werde. Offenbar hatte er von den Heilungswundern Jesu gehört und hoffte, daß der Herr auch in diesem Fall helfen werde.

Je mehr der Römer vom jüdischen Glauben erfuhr, desto deutlicher erkannte er, daß diese Religion seiner eigenen überlegen war. Das hatte ihn bewogen, sich über alle Vorurteile hinwegzusetzen und das Freund-Feind-Denken aufzugeben, das damals die Atmosphäre zwischen Juden und Römern vergiftete. So war allmählich aus dem Angehörigen der Besatzungsmacht ein Freund der Besiegten geworden.

Als der Römer von Jesus hörte, spürte er, daß dieser Mann sein geistliches Verlangen stillen konnte. Wie der Evangelist Lukas berichtet, scheute sich der Hauptmann, Jesus unvermittelt zu fragen. Offenbar hielt er sich als Nichtjude für unwürdig, den Messias anzusprechen. So wandte er sich an die Ältesten der Stadt und bat sie, seine Bitte dem Rabbi vorzutragen. Als Christus nach Kapernaum kam, drängten ihn die Würdenträger der Stadt, den Diener des Hauptmanns zu retten und begründeten das so: „Der Mann verdient deine Hilfe. Er liebt unser Volk. Er hat uns sogar die Synagoge gebaut." [1]

Dieses Kapitel bezieht sich auf Matthäus 8,5–13 und Lukas 7,1–17

Jesus ging darauf ein und machte sich auf den Weg zum Haus des Römers. Der vielen Menschen wegen kam er nur langsam voran. Als der Hauptmann hörte, daß Jesus in sein Haus kommen wollte, schickte er ihm Freunde mit der Botschaft entgegen: „Herr, bemühe dich doch nicht selbst! Ich weiß, daß ich dir, einem Juden, nicht zumuten kann, mein Haus zu betreten." Doch Jesus beachtete diesen Einwand nicht. Da wagte es der Römer endlich, sich Jesus zu nähern und sagte: „Du brauchst nur ein Wort zu sagen, und mein Diener wird gesund. Auch ich unterstehe höherem Befehl und kann meinen Soldaten Befehle erteilen. Wenn ich zu einem sage: ‚Geh!', dann geht er; wenn ich zu einem anderen sage: ‚Komm!', dann kommt er; und wenn ich meinem Diener befehle: ‚Tu das!', dann tut er's." [2] Mit anderen Worten: Wie ich als Offizier die Macht Roms vertrete und die Soldaten meine Anordnungen befolgen, so verkörperst du die Kraft Gottes und kannst allen Mächten gebieten. Wenn du der Krankheit zu weichen befiehlst, muß sie sich deinem Befehl beugen. Ich glaube, daß du nur ein Wort zu sagen brauchst und mein Knecht ist gesund.

„Als Jesus das hörte, wunderte er sich über ihn. Er drehte sich um und sagte zu der Menge, die ihm folgte: ‚Wahrhaftig, solch ein Vertrauen habe ich nicht einmal in Israel gefunden.'" Und zum Hauptmann gewandt, sprach er: „‚Geh nach Hause! Was du mir zugetraut hast, soll geschehen!' Zur gleichen Zeit wurde der Diener gesund." [3]

Es lohnt sich, über diese Begebenheit nachzudenken. Die geistlichen Würdenträger von Kapernaum meinten, der Römer hätte durch seine frommen Werke die gewünschte Hilfe verdient. Der Hauptmann selber wußte auch, was er für die jüdische Gemeinde der Stadt getan hatte, doch er leitete daraus keine Ansprüche ab. Er verließ sich nicht auf seine Taten, auf seine Gerechtigkeit; vielmehr verließ er sich darauf, daß Christus, der Freund und Erlöser der Menschen, ihm helfen würde.

Was bedeutet das für uns? Wenn Satan dir einflüstert, daß du ein rettungslos verlorener Sünder bist, dann entgegne ihm: Sünder? – ja, das stimmt! Aber nicht rettungslos verloren, denn Christus ist gekommen, um Sünder zu erlösen. Es ist wahr, daß wir mit leeren Händen vor Gott stehen, wenn

---

[1] Lukas 7,4.5 [2] Lukas 7,7.8 [3] Matthäus 8,13

es um das Heil geht. Aber genauso wahr ist es, daß wir uns auf das berufen können, was Christus zu unserer Rettung am Kreuz vollbracht hat.

Das war schon eine merkwürdige Situation damals in Kapernaum. Menschen, die im Glauben an den Messias und in der Hoffnung auf den Erlöser erzogen worden waren, erkannten den Sohn Gottes nicht. Ein römischer Soldat dagegen, der kaum geistliche Voraussetzungen zum Erfassen der Wahrheit besaß, erkannte den Messias. Ihm war es gleichgültig, wofür die anderen Jesus hielten; er glaubte, daß er Gottes Sohn war. Und für Christus war es eine Bestätigung dafür, daß die Frohe Botschaft weit über Israel hinaus alle Menschen erreichen wird.

Herr über den Tod

Etwa dreißig Kilometer von Kapernaum entfernt lag das kleine Bergdorf Nain. Dorthin wandte sich Jesus, als er die Stadt verließ. Viele Leute folgten ihm, andere schlossen sich dem Zug unterwegs an. Es hatte sich herumgesprochen, daß Jesus Kranke heilte und Wunder vollbrachte. Das gab der Hoffnung Auftrieb, er werde sich endlich als König Israels zu erkennen geben.

Als sich die Wanderer dem Dorf näherten, begegnete ihnen ein Trauerzug, der zur nahegelegenen Begräbnisstätte unterwegs war. Bei dem Toten handelte es sich um einen jungen Mann aus Nain, den einzigen Sohn einer Witwe. Als Jesus die vom Leid gebeugte Frau sah, „tat sie ihm sehr leid, und er sagte zu ihr: ‚Weine nicht!'" [4] Er gebot den Trägern anzuhalten und berührte die Bahre. Nach jüdischem Verständnis verunreinigte man sich, wenn man einen Toten berührte. Jesus achtete nicht darauf, denn er wußte, daß ihn nichts unrein machen konnte. Der Trauerzug geriet ins Stokken, die Klagerufe verstummten, und die Trauergäste blickten erwartungsvoll auf Christus. Manche hatten bereits von Jesus gehört und wußten, daß er Kranke geheilt und sogar Dämonen ausgetrieben hatte. Würde er auch dem Tod gebieten können?

Jesus tat es. Mit klarer Stimme gebot er dem Toten: „Ich befehle dir: Steh auf!" Und das Wunder geschah. Die ver-

---

[4] Lukas 7,13

zweifelte Klage seiner Mutter hatte der Verstorbene nicht mehr hören können, aber der Befehl Christi drang ein bis in das Dunkel des Todes. Der junge Mann öffnete die Augen und richtete sich auf. Jesus nahm ihn bei der Hand und gab der Mutter den Sohn zurück. Starr vor Staunen und heiliger Scheu schwiegen alle. Doch dann priesen sie Gott und jubelten: „Ein großer Prophet ist unter uns aufgetreten! Gott selbst ist seinem Volk zu Hilfe gekommen!" Ein Trauerzug hatte den Ort verlassen, ein Triumphzug kehrte ins Dorf zurück.

Jesus, der den Kummer der verzweifelten Mutter nicht mit ansehen konnte, nimmt auch teil an unseren Sorgen und Kümmernissen. Und die Kraft seines Wortes, die den jungen Mann zu neuem Leben erweckte, ist heute nicht geringer als damals.[5] Jesus war und ist für alle, die an ihn glauben, der Herr des Lebens.

An dieser Stelle soll aber nicht verschwiegen werden, daß mit der Auferweckung des Jünglings zu Nain der Tod an sich noch nicht besiegt war. Die Mutter hatte zwar ihren Sohn zurückbekommen, und der Auferweckte durfte sich dem Leben erneut stellen, aber irgendwann mußte er doch wieder sterben. Diese Totenauferweckung hat dennoch mehr zu besagen als bloße Lebensverlängerung. Wenn wir dem Tode begegnen, sollen wir wissen, daß Jesus Hoffnung schenkt auf ein unvergängliches Leben. Er sagt: „Hab keine Angst! Ich bin der Erste und der Letzte. Ich bin der Lebendige! Ich war tot, doch nun lebe ich in alle Ewigkeit. Ich habe Macht über den Tod und die Totenwelt." [6]

Satan kann Verstorbene nicht in seiner Gewalt behalten, wenn Gottes Sohn ihnen gebietet zu leben. Das gilt auch im übertragenen Sinne. Wer dem Wort Christi vertraut, den ruft der Herr aus dem geistlichen Tod zurück. Gott wendet sich an alle, die „in Sünden tot" sind: „Wach auf, du Schläfer! Steh auf vom Tod! Und Christus, deine Sonne, geht für dich auf." [7]

Gottes Wort rief die ersten Menschen ins Leben, sein Wort hat auch heute genug Kraft, um neues Leben zu schenken. „Denn wenn der Geist dessen in euch lebt, der Jesus vom Tod erweckt hat, dann wird Gott auch durch den Geist in euch den Körper, der dem Tod verfallen ist, lebendig ma-

---

[5] Matthäus 28,18 LT [6] Offenbaurng 1,17.18 [7] Epheser 5,14

chen."[8] Diese Verheißungen wollen uns Mut machen. Wir sollten uns gegenseitig daran erinnern, wenn uns die Furcht vor dem Tod zu überwältigen droht.

[8] Römer 8,11

33 Wer sind meine Brüder?

Als Jesus seine öffentliche Wirksamkeit begann, bekam er Schwierigkeiten in der eigenen Familie. Seine Brüder waren bestürzt über das, was er sagte und tat. Sie konnten nicht verstehen, warum er nächtelang betete und sich im Dienst für andere oft nicht einmal die Zeit zum Essen nahm. Auch seine Freunde sorgten sich um ihn, denn sie fürchteten, daß der Herr durch seinen selbstlosen Einsatz in kurzer Zeit seelisch und körperlich am Ende sein könnte. Die größten Sorgen machten sich Jesu Brüder allerdings wegen seines kritischen Vorgehens gegen die Pharisäer und Schriftgelehrten. Wenn sie von den Zusammenstößen mit den jüdischen Geistlichen hörten, zweifelten sie an seinem Verstand.

Dabei ging es ihnen gar nicht so sehr um das Schicksal ihres Bruders, sie fürchteten vielmehr, Jesu Verhalten könnte die ganze Familie in Verruf bringen. Dem mußte Einhalt geboten werden. Vor allem seine Angriffe auf die Pharisäer durften sich nicht wiederholen. Da die Brüder annahmen, Jesus werde nicht auf sie hören, überredeten sie ihre Mutter, alles zu tun, um ihn zur Vernunft zu bringen. Sie sollte den Sohn veranlassen, Rücksicht zu nehmen auf die Familie und sich vorsichtiger zu verhalten.

Schwerwiegende Auseinandersetzungen zwischen Jesus und der jüdischen Geistlichkeit hatte es anläßlich der Heilung von dämonisch Besessenen gegeben. Die Pharisäer behaupteten hartnäckig: „Er kann nur deshalb die bösen Geister austreiben, weil der oberste aller bösen Geister ihm die Macht dazu gibt.“ [1] Dem hielt Jesus entgegen, daß jeder, der das Wirken des Heiligen Geistes dem Teufel zuschreibt, sich selbst von der Quelle des göttlichen Segens trennt. Wer gegen den Gottessohn auftrete, weil er dessen göttliche Sendung nicht erkannt hat, könne durchaus Vergebung erlangen; denn der Heilige Geist gewährt auch dann noch den Irrenden die Möglichkeit zur Umkehr. Wer sich dagegen vorsätz-

---

Dieses Kapitel bezieht sich auf Matthäus 12,22–50 und Markus 3,20–35

[1] Matthäus 9,34

lich gegen das Wirken des Heiligen Geistes sperrt oder es gar als satanisch hinstellt, zerstört damit jede Verbindung zu Gott. Für solche Menschen kann Gott nichts mehr tun.

Die Pharisäer, denen diese Warnung Jesu galt, wußten, daß ihre Beschuldigungen nicht der Wahrheit entsprachen. Im Grunde waren sie von Jesu Lehren und Tun beeindruckt und spürten, daß Gott durch ihn wirkte. Eigentlich hätten sie sich zu ihm bekennen müssen. Doch dazu konnten sie sich nicht entschließen. Zum einen störte es sie, daß Jesus ihren Vorstellungen vom Messias nicht entsprach; zum anderen war es ihnen peinlich, daß ihre Sünden durch Jesus offenbar wurden. So entschieden sich viele gegen Jesus, obwohl sie es eigentlich besser hätten wissen müssen. Und dann zog eins das andere nach sich. Weil sie die Wahrheit nicht annehmen wollten, mußten sie Christi Botschaft in Frage stellen. Weil Jesu Wundertaten nicht zu leugnen waren, blieb ihnen nichts anderes übrig, als sie in ein dämonisches Licht zu rücken. Dennoch ließ Gottes Geist diese Menschen nicht fallen, sondern versuchte immer wieder, sie zur Einsicht zu bringen – leider ohne Erfolg.

Wenn Menschen blind werden für die Wahrheit und sich ihr Herz verhärtet, liegt das nicht an Gott. Im Gegenteil: Gottes Licht will das Dunkel erhellen und den Irrtum offenbar machen. Wer sich aber diesem Licht entzieht, wird immer weniger von der Wahrheit erkennen und schließlich in geistliche Finsternis geraten, aus der es kein Zurück gibt. So war es bei den jüdischen Oberen. Indem sie das Wirken des Heiligen Geistes dem Satan zuschrieben, gerieten sie selbst unter die Herrschaft des Teufels.

Von einer neuen Kraft ergriffen

Ganz anders, wenn der Mensch sein Leben Jesus Christus übergibt. Dann macht Gott Wohnung bei ihm und bewirkt eine Umwandlung des Herzens, die sonst nie vorstellbar gewesen wäre. Wer Jesus im Herzen hat, gleicht einer uneinnehmbaren Festung. Auch Satan wird solchen Menschen nichts anhaben können. Wer sich allerdings vor ungeteilter Hingabe scheut, den wird das Böse weiterhin beherrschen. Nur zwei Mächte sind es, die um die Herrschaft im Universum kämpfen; und es läuft immer darauf hinaus, daß wir entweder Gott oder Satan dienen. Für Gott muß man sich klar entscheiden; bei Satan ist es anders. Ihm ist man schon dadurch ausgeliefert, wenn man versäumt, den Herrn anzuerkennen. Wer Gott das Wohnrecht im Herzen versagt, öffnet dem Satan Tür und Tor. Der einzige Schutz gegen das Böse besteht darin, durch den Glauben eng mit Christus verbunden zu bleiben. Jesus sorgt dafür, daß unser Leben nicht mehr von Selbstsucht und Eigennutz bestimmt wird; und für die Sünde bieten sich damit weniger Angriffsflächen.

Natürlich kann man auch durch die Kraft seines Willens gewisse Charakterschwächen ablegen und fragwürdige Gewohnheiten überwinden. Aber letztlich bleibt man doch dem Feind Gottes ausgeliefert; es sei denn, daß täglich die Verbindung mit Christus gesucht wird.

Jesus sagte: „Es wird mit demselben Menschen hernach ärger, als es zuvor war. So wird's auch diesem argen Geschlecht gehen." [2] Ein Mensch, der Gottes Einladung in den Wind schlägt und seinem Ruf trotzt, verhärtet in seinem Herzen. Die verbreitetste Form der Sünde gegen den Heiligen Geist ist der beharrliche Widerstand gegen den Bußruf Gottes.

Als Christi Feinde ihn damals verwarfen, luden sie eine Schuld auf sich, die nicht mehr getilgt werden konnte. Wenn wir den gleichen Fehler begehen, müssen wir auch mit den gleichen Folgen rechnen. Wir bereiten Christus Unehre, wenn wir uns ihm verweigern und dabei ein offenes Ohr für Satan und die Mächte dieser Welt haben. Solange jemand darauf beharrt, gibt es für ihn weder Vergebung noch Hoffnung. Und je länger das anhält, desto mehr erstirbt das Verlangen, mit Gott versöhnt zu sein.

Christi eigentliche Familie

Als Jesus wieder einmal zu einer großen Schar von Zuhörern sprach, teilten ihm die Jünger mit, daß seine Mutter und seine Brüder gekommen seien, um ihn zu sehen. Jesus reagierte darauf unerwartet: „,Wer sind meine Mutter und meine Brüder?' Er sah auf die Leute, die um ihn herumsaßen, und sagte: ,Hier sind meine Mutter und meine Brüder! Wer tut, was Gott will, der ist mein Bruder, meine Schwester und meine Mutter!'" [3]

Damit zeigte Jesus, daß ihm die Bruderschaft im Glauben

[2] Matthäus 12,45 LT [3] Markus 3,33–35

mehr bedeutete als familiäre Bindungen. Und umgekehrt war es so, daß Maria dem Messias nicht schon deshalb nahe stand, weil sie seine Mutter war, sondern weil sie an ihn glaubte. Auch Jesu Brüder konnten keine Sonderrechte beanspruchen, nur weil sie mit dem Meister verwandt waren. Über das Heil entscheiden weder verwandtschaftliche Beziehungen noch die Zugehörigkeit zu irgendeiner Gruppierung, sondern allein der Glaube an Christus.

Mit dem Glauben an Jesu göttliche Sendung stand es in seiner Familie, außer bei seiner Mutter, nicht zum besten. Auch das gehörte zu dem bitteren Kelch, den der Herr leeren mußte. Daß seine Botschaft auf Widerstand stoßen würde, wußte Jesus, als er aber die Gegnerschaft aus der eigenen Familie spürte, schmerzte ihn das sehr. In ihrer menschlich begrenzten Sicht glaubten die Brüder, es wäre besser für Jesus, wenn er auf ihren Rat hörte. Sie meinten nämlich, daß den Auseinandersetzungen mit der jüdischen Geistlichkeit die Schärfe genommen werden könnte, wenn ihr Bruder sich vorsichtiger verhielte. Und das um so mehr, als sie nicht davon überzeugt waren, daß er der Messias war und in göttlicher Vollmacht handelte. Für sie waren taktische Erwägungen wichtiger als der geistliche Gehalt der Botschaft. Sie wußten, daß die Pharisäer nur einen Anlaß suchten, um gegen Jesus vorzugehen, und befürchteten, daß ihr Bruder dafür den Vorwand liefern könnte.

Das hing damit zusammen, daß sie keine richtige Vorstellung vom Auftrag Jesu hatten. Sie meinten, ihr Bruder trete mit merkwürdigen Ansprüchen auf, und sie begriffen nicht, daß er Mensch und zugleich Gottes Sohn war. Deshalb hatten sie auch kein Verständnis für seine Sorgen und Nöte. Wo er Zuspruch nötig gehabt hätte, quälten sie ihn mit Vorwürfen und Anschuldigungen. Was sie in seinem Wirken nicht verstanden, kritisierten oder verurteilten sie kurzerhand. Dabei fühlten sie sich als Verteidiger der Wahrheit, ohne zu begreifen, daß ihr Bruder die Wahrheit in Person war und sich Gott selbst durch ihn in ihrer Mitte offenbarte.

Das alles machte Jesus das Leben schwerer als es ohnehin schon war. Er litt unter dem Unverständnis seiner Familie so, daß er sich in der Gemeinschaft von Glaubensfreunden schließlich wohler fühlte als daheim. Besonders gern besuchte er seinen Freund Lazarus und dessen Schwestern Martha und Maria. Dort herrschte eine Atmosphäre des Vertrauens und der Liebe, die ihm wohltat. Kraft zu seinem Dienst aber holte er sich aus der innigen Gemeinschaft mit Gott.

Wer um Christi willen leiden muß und dabei in der eigenen Familie auf Unverständnis und Mißtrauen stößt, darf sich mit dem Gedanken trösten, daß Jesus das gleiche ertragen hat und uns versteht. Er ermutigt uns, die Verbindung mit ihm zu pflegen und dort Hilfe und Kraft zu suchen, wo auch er sie fand: in der Gemeinschaft mit Gott und im Kreis der Gläubigen.

Nachfolger Jesu müssen sich nicht alleingelassen fühlen, wenn sich ihre Familie von ihnen abwendet; sie haben eine geistliche Familie. Der Glaube an Christus schenkt uns Schwestern und Brüder und einen Vater im Himmel, der irdische Väter und Mütter durchaus ersetzen kann.

Bei den Israeliten gab es einen alten Brauch, der dem Schutz der Sippe und ihres Eigentums galt. Wenn Armut dazu zwang, den Besitz zu verpfänden oder sich selber als Sklave zu verkaufen, war der nächste Blutsverwandte verpflichtet, den Familienangehörigen oder das Land wieder auszulösen.[4] Im übertragenen Sinn hat Jesus Christus das für uns getan. Durch seine Menschwerdung wurde er unser Bruder; am Kreuz befreite er uns aus der Knechtschaft Satans und „kaufte" unser durch die Sünde verlorenes Erbteil zurück. Jesaja hat diese Tatsache prophetisch so beschrieben: „Fürchte dich nicht, ich befreie dich! Ich habe dich bei deinem Namen gerufen, du gehörst mir ... Völker gebe ich für dich hin, ja die ganze Welt, weil du mir so viel wert bist und ich dich liebe." [5]

Steht uns dieser Gott nicht näher als Eltern, Geschwister oder Freunde? Solche Liebe läßt sich weder erklären noch begreifen, sondern nur dankbar annehmen und erleben.

---

[4] Vgl. 3. Mose 25,25.47–49; Rut 2,20 LT [5] Jesaja 43,1.4

34 Alle sind eingeladen

Mit den Worten: „Kommet her zu mir alle, die ihr mühselig und beladen seid; ich will euch erquicken ..." lud Jesus alle Menschen ein, ihm nachzufolgen. Keinen schloß er von seiner Liebe und Fürsorge aus. Besonders diejenigen sollten sich angesprochen fühlen, deren Herz voll Trauer war oder die alle Hoffnung auf eine bessere Zukunft begraben hatten. Jesus wandte sich aber auch an jene, die das Verlangen ihres Herzens mit zweifelhaften Vergnügungen zu stillen versuchten, ohne wirklich Glück zu finden. Und denen, die rastlos tätig waren, um Frieden zu erlangen, rief er zu: „Nehmet auf euch mein Joch und lernet von mir; denn ich bin sanftmütig und von Herzen demütig; so werdet ihr Ruhe finden für eure Seelen." [1]

Wie Jesus die Menschen damals zu sich zog, so ruft er auch heute noch, ob uns das bewußt ist oder nicht. Viele stehen in der Gefahr, von der Last des Lebens erdrückt zu werden. Am schwersten haben wir an der Last der Sünde zu tragen. Wären wir gezwungen, damit allein fertig zu werden, müßten wir verzweifeln. Darum sagt Jesus: Ich nehme euch die Schuld ab. Er, der Sündlose, müht sich mit unserem Versagen, damit wir Ruhe finden. Und so, wie er unsere Sünde hinwegträgt, lädt er sich auch unsere Sorgen auf.

Christus war Gott; er wurde Mensch und ging wieder zurück zu Gott. Darum kennt er die irdische wie auch die himmlische Wirklichkeit. Er weiß um unsere Bedürfnisse und Schwächen und kann uns verstehen, wenn wir in Versuchung geraten, denn er hat das alles selber durchlitten. Macht dir die Sünde zu schaffen? Jesus macht dich frei. Fühlst du dich schwach? Er gibt dir Kraft. Bist du innerlich verletzt? Dann gilt dir die Verheißung: „Er heilt, die zerbrochenen Herzens sind, und verbindet ihre Wunden." [2] Wenn dich Furcht überfällt oder Angst dich lähmt, dann rede mit Gott darüber. Er wird dir neuen Mut schenken. Je bedrückender

---

Dieses Kapitel bezieht sich auf Matthäus 11,28–30
[1] Matthäus 11,29 LT [2] Psalm 147,6 LT

unsere Sorgen sind, desto größer der Segen, wenn wir sie bei Christus abladen.

Jesus gab die Zusicherung, wer ihm nachfolge, der werde „Ruhe finden für seine Seele". Dabei nannte er eine Voraussetzung: „Nehmet auf euch mein Joch." Er benutzte ein Bild, das damals allen bekannt war. Zugtiere wurden in ein Joch gespannt; so wurde die Last gleichmäßig verteilt und eine gute Arbeitsleistung erreicht. Im übertragenen Sinne bedeutet diese Aufforderung Jesu, in den Dienst für Christus einzutreten und sich von ihm leiten zu lassen. Mit dem Joch ist der Wille Gottes gemeint, der den Gläubigen des neuen Bundes in Herz und Sinn geschrieben ist. Gottes Gebote weisen die Richtung. Wären wir nur bereit zu dem, was wir für richtig halten oder was uns gefällt, dann würden wir uns bald in Satans Fallstrick verfangen. Gott weiß das, und deshalb hat er uns durch seine Gebote bestimmte Grenzen gesetzt.

Wir sollten nicht vergessen, daß sich Jesus selbst in das „Joch" des Gehorsams und des Dienstes eingespannt hat: „Ich bin vom Himmel gekommen, nicht damit ich meinen Willen tue, sondern den Willen dessen, der mich gesandt hat." [3] Er verlangt von uns nichts, wozu er nicht selber bereit gewesen wäre. Seine Liebe zu Gott und den Menschen bewegte ihn dazu, einer von uns zu werden, um den verlorenen Sündern die Tür zum himmlischen Vaterhaus wieder zu öffnen. Die treibende Kraft im Leben Jesu war die Liebe, und wir sind gerufen, ihm auch darin zu folgen.

Zuerst Gott und sein Reich

Viele Gläubige legen sich selbst schwere Lasten auf, indem sie ständig versuchen, sich ganz auf die Lebensart dieser Welt einzustellen. Sie tragen auf zwei Schultern, finden sich mit den Widersprüchen ab und passen sich so den weltlichen Spielregeln immer mehr an. Daß sie einerseits zu Gott und gleichzeitig auch zur Welt gehören wollen, bringt sie in arge Gewissenskonflikte, und diese innere Zerrissenheit raubt ihnen die Lebenskraft. Christus möchte diese Last abnehmen, indem er sein „Joch" anbietet, von dem er sagt: „Mein Joch ist sanft, und meine Last ist leicht." Er bittet darum, doch zuerst nach dem Reich Gottes und seiner Gerechtigkeit zu

[3] Johannes 6,38 LT

trachten; alles andere wird uns zufallen. Dazu steht er in seiner Verheißung. Wer die Zukunft nur durch die Brille der eigenen Wünsche und Sorgen sieht, wird blind für das, was der Herr für ihn tun will und tun kann. Letztlich gibt es überhaupt keinen Grund, sich in Sorgen zu verzehren; denn wo wir weder Weg noch Steg sehen, stehen für Gott noch tausend Türen offen. Wer dem Dienst für Gott Vorrang gibt, wird erfahren, wie in seinem Leben Schwierigkeiten aus dem Weg geräumt und neue Möglichkeiten gezeigt werden.

„Lernt von mir", sagte Jesus, „denn ich bin sanftmütig und von Herzen demütig." Zur Erlösung gehört nicht nur die Befreiung von der Herrschaft der Sünde, sondern auch die Vorbereitung auf das künftige Gottesreich. Von Jesus lernen heißt deshalb auch, sich von Gedanken, Gewohnheiten und Verhaltensweisen zu lösen, die aus der „Schule Satans" stammen und nur hinderlich sind auf dem Weg ins Reich Gottes. Wir werden um so besser vorankommen, je mehr wir uns Jesus Christus zum Vorbild nehmen. In ihm wohnt der Friede Gottes. Auch wenn ihm Zustimmung und Erfolg beschieden waren, blieb Jesus bescheiden. Vielfach wurde er angefeindet, verdächtigt und verfolgt, aber er zog sich dennoch nicht verbittert zurück. Wenn wir fragen, wie das möglich war, dann lautet die Antwort: Jesus ruhte in Gott.

Könnten unsere Unruhe und unser Sorgengeist vielleicht damit zusammenhängen, daß es uns am Vertrauen zu Gott fehlt? Oder kommen wir deshalb nicht zu völligem Frieden, weil wir die Konsequenzen einer bedingungslosen Hingabe an Gott scheuen? Wenn das so ist, sollten wir uns sagen lassen: Wer sich Christus nicht völlig ausliefern will, wird nie die Fülle des göttlichen Friedens empfangen.

Wer die Wiedergeburt durch den Heiligen Geist erfahren hat, wird von dem gleichen Geist erfüllt, der in Christus wohnte. Geistgeleitete Menschen wollen nicht hoch hinaus, sondern sind zufrieden damit, als Lernende zu Jesu Füßen sitzen zu dürfen. Sie haben begriffen, daß ihr Tun um so gesegneter ist, je mehr es vom Geist Gottes gewirkt und getragen wird.

Seine Last ist leicht?

Noch einmal zurück zu dem Bild, das Jesus gebrauchte. Ochsen wurden gemeinsam in ein Joch gespannt, um die

Last für das einzelne Tier leichter zu machen. Hier liegt der Vergleich mit dem, was Jesus „mein Joch“ nennt. Wenn unser Wille im Willen Gottes aufgeht, wird die Last des Lebens leichter. Wer Christus und seinen Willen ernst nimmt, bezeugt damit, daß er zu ihm gehört. Und wer zu Christus gehört, lebt im Einflußbereich der Liebe Gottes und findet „Ruhe für seine Seele“. Als Mose betete: „Laß mich deinen Weg wissen, damit ich dich erkenne“, antwortete Gott: „Mein Angesicht soll vorangehen; ich will dich zur Ruhe leiten.“ [4] An anderer Stelle heißt es: „O daß du auf meine Gebote gemerkt hättest, so würde dein Friede sein wie ein Wasserstrom und deine Gerechtigkeit wie Meereswellen.“ [5]

Alle, die Christus beim Wort nehmen, sich ihm anvertrauen und darum bitten, daß er ihr Herz bewahre und ihr Leben ordne, werden Ruhe und Frieden finden. Mag sein, daß unser Leben einem unentwirrbaren Knäuel von Angst und Sorge gleicht, doch Gott findet den Anfang und bringt Ordnung in das Durcheinander, wenn wir nur wollen. Er verändert unser Wesen und verhilft uns zu einem Leben, das ihn ehrt und anderen Segen bringt.

Wer in Christus Frieden findet, erlebt schon auf Erden ein Stück himmlischer Wirklichkeit. Folgen wir der Einladung Jesu „Kommet her zu mir ...“, dann beginnt für uns schon hier und jetzt das ewige Leben. Mit dem Begriff „Himmelreich“ wird auch darauf hingedeutet, daß wir Gott durch Jesus Christus ständig näherkommen. Und je mehr wir Gott erkennen, desto glücklicher werden wir sein.

---

[4] 2. Mose 33,13 LT [5] Jesaja 48,18 LT

35 | Herr über den Sturm

Ein arbeitsreicher Tag lag hinter Jesus. Durch Gleichnisse hatte er seinen Zuhörern das Wesen des Reiches Gottes zu erklären versucht. Seine Aufgabe hatte er beispielsweise mit der Arbeit eines Sämanns verglichen. Im Blick auf das Wachsen des Gottesreiches hatte er von dem winzigen Senfkorn und vom Sauerteig gesprochen. Die Tatsache, daß einst im Gericht die Gerechten von den Ungerechten getrennt werden, hatte er mit Bildern von der Ernte und vom Fischfang anschaulich gemacht. Und die Wahrheit, die er verkündigte, verglich er mit einem Schatz im Acker.

Inzwischen ging es auf den Abend zu, doch die Zuhörerschar war kaum kleiner geworden. So ging das Tag für Tag. Manchmal kam Christus bei seinem Wirken für andere kaum zum Essen, ganz zu schweigen davon, daß er nirgendwo einen Platz zur Entspannung fand. An diesem Tag aber war er so erschöpft, daß er sich in die Stille am anderen Ufer des Sees Genezareth zurückziehen wollte. Nur seine Jünger sollten ihn begleiten.

Jesus entließ die Zuhörer und bestieg das Boot, mit dem ihn die Jünger ans andere Ufer bringen sollten. Erschöpft legte er sich auf die Planken und schlief ein. Als die Besatzung vom Land abstieß, lag der See ruhig und friedlich da. Doch urplötzlich bewölkte sich der Himmel, und eins der gefürchteten Unwetter brauste über den See. Die aufgewühlten Wellen schlugen gegen das Boot und drohten es in die Tiefe zu reißen. Einige der Jünger waren erfahrene Fischer, die schon manchen Sturm erlebt hatten und sich nicht so leicht einschüchtern ließen. Doch diesem Wüten der Naturgewalten waren sie nicht gewachsen. Sie spürten, daß hier mit Erfahrung, Geschick und Kraft nichts auszurichten war. Entsetzt sahen sie, wie die Brecher über die Bordwand schlugen und das Schiff zu sinken drohte.

Dieses Kapitel bezieht sich auf Matthäus 8,23–34; Markus 4,35–41; 5,1–20 und Lukas 8,22–29

Das gebietende Wort

Bei dem Kampf ums Überleben hatten die Jünger völlig vergessen, daß Jesus mit ihnen im Boot war. Erst im Augenblick höchster Not dachten sie daran, daß er unbedingt auf die andere Seite des Sees gewollt hatte. Wenn überhaupt noch jemand helfen konnte, dann Jesus. „Herr!“ schrien sie, „Herr, hilf uns!“ Aber es kam keine Antwort. Hatte Jesus sie bei dem Heulen des Sturms nicht gehört, oder war er schon über Bord gegangen? Mußte er, der Kranke geheilt, Dämonen ausgetrieben und Tote auferweckt hatte, nun vor dem Wüten der Naturgewalten kapitulieren? In ihrer Todesangst schrien sie um Hilfe, doch es kam keine Antwort. Plötzlich erhellte ein Blitz die Finsternis, und die Jünger sahen, daß Jesus immer noch im Heck des Bootes lag und schlief. Fassungslos riefen sie: „Kümmert es dich nicht, daß wir untergehen?“ [1] Endlich erwachte Jesus. Doch die Jünger sahen bei ihm keine Spur von Angst; im Gegenteil. Er strahlte Ruhe und Frieden aus, was angesichts der verzweifelten Lage völlig unverständlich war. Wieder schrien sie: „Herr, wenn du nicht hilfst, kommen wir alle um!“ Solches Rufen ist noch nie ungehört an Gott vorbeigegangen. Als die Jünger wieder zu den Rudern griffen, um einen letzten Rettungsversuch zu unternehmen, erhob sich Jesus. Mitten im Tosen der Elemente streckte er die Hand aus und gebot dem brodelnden Meer: „Still! Gib Ruhe!“

Der Sturm hörte auf, die Wogen glätteten sich, zwischen den Wolken leuchteten die Sterne auf. Eben noch der Gewalt der Brecher ausgeliefert, glitt das Boot nun auf ruhiger See dahin. Als sich die Jünger etwas beruhigt hatten, sagte Jesus: „Warum habt ihr solche Angst? ... Habt ihr denn immer noch kein Vertrauen?“ [2] Was sollten sie darauf antworten? Sie waren fassungslos und beschämt zugleich und fragten einander: „Was ist das für ein Mensch? Er befiehlt dem Wind und den Wellen, und sie gehorchen ihm!“

Weil Jesus in steter Verbindung mit Gott lebte, war er frei von Angst – selbst in dieser gefährlichen Situation. Obwohl er seine Göttlichkeit abgelegt hatte und wie jeder andere der Gefahr ausgesetzt war, blieb er ruhig, weil er Gott bedingungslos vertraute. Sein Leben war verankert im Glauben an

---

[1] Markus 4,38 [2] Markus 4,40

die Liebe und Fürsorge seines Vaters. Die Kraft, die das Tosen des Sturmes und der Wellen zum Schweigen brachte, kam von Gott. Auf diese Kraft verließ sich Jesus, und durch sie handelte er.

Wie unser Herr sich in der Hand seines himmlischen Vaters geborgen wußte, dürfen auch wir uns bei Christus geborgen fühlen. Das ist nicht immer leicht. Zwar waren die Jünger nicht ohne Glauben, aber im Augenblick der Gefahr zeigte sich, daß ihr Glaube nicht ausreichte. Erst als sie mit ihrer eigenen Kraft am Ende waren, dachten sie an Jesus. In ihrer Verzweiflung wandten sie sich an ihn, und er half ihnen.

Wie oft versuchen wir, den Unwettern in unserem Leben und den Stürmen der Versuchung allein standzuhalten! Wir verlassen uns auf die eigene Kraft, bis wir dem Untergang nahe sind. Viel zu oft wenden wir uns erst dann an Jesus und bitten um Hilfe. Und merkwürdig; der Herr läßt uns nicht vergeblich schreien, obwohl es besser gewesem wäre, wir hätten uns gleich an ihn gewandt. Wir sollten bedenken, daß jemand, der Christus im Herzen hat, sich nicht zu fürchten braucht. Bei unserem Herrn gibt es keine Gefahr, aus der er uns nicht erretten könnte.

Die Geschichte von der Stillung des Sturms enthält noch eine weitere Lehre. Im Buch des Propheten Jesaja heißt es: „‚Die Menschen aber, die sich gegen mich auflehnen, sind wie die unruhigen Meereswogen, die Schlamm und Schmutz aufwühlen. Wer nichts von mir wissen will, hat keinen Anteil an dem Glück und dem Frieden, die ich schenke.‘ Das sagt mein Gott.“ [3] Sünde raubt den Frieden. Und mit der Sünde haben wir alle zu tun, denn niemand kann die Leidenschaften seines Herzens unter Kontrolle halten. Wir sind ihnen ebenso hilflos ausgeliefert wie damals die Jünger den tosenden Wassern. Aber wie mächtig sie auch über uns hereinbrechen; wer da bittet: „Herr, hilf!“ der wird gerettet. Christi Gnade und sein befehlendes Wort können nicht nur die Stürme um uns herum, sondern auch in uns zum Schweigen bringen. In ihm dürfen wir uns geborgen fühlen. In den Psalmen heißt es: „Sie schrien zum Herrn in ihrer Not, der rettete sie aus der Todesangst. Er ließ den Sturm zur leichten Brise werden, und die tobenden Wellen legten sich. Da wur-

[3] Jesaja 57,20.21

de ihnen wieder leicht ums Herz, und er brachte sie zum ersehnten Hafen. Nun sollen sie dem Herrn für seine Güte danken ..." [4] Und der Apostel Paulus schreibt: „Da wir nun gerecht geworden sind durch den Glauben, haben wir Frieden mit Gott durch unsern Herrn Jesus Christus." [5]

Zurück zu Jesus und seinen Jüngern. Als sich das Boot dem Ufer näherte, ging die Sonne auf. Zu dieser frühen Stunde schien noch alles friedlich und ruhig zu sein; doch der Schein trog. Plötzlich sprangen zwei Geistesgestörte aus ihrem Versteck hervor und stürzten sich auf die Jünger. Offenbar waren sie irgendwann ihrem Gewahrsam entsprungen, denn an Armen und Beinen trugen sie noch Reste der Ketten, mit denen man sie gefesselt hatte. Sie bluteten, und die Kleidung hing ihnen in Fetzen vom Leibe. Mit ihren langen, verfilzten Haaren und dem stieren Blick sahen sie nicht wie Menschen aus, sondern glichen eher wilden Tieren. Die eisernen Ketten hatten sie zwar zerrissen, nicht aber die unsichtbaren Fesseln, mit denen dämonische Mächte sie gefangen hielten.

Als die Jünger diese verwahrlosten Männer sahen, ergriffen sie die Flucht. In sicherer Entfernung drehten sie sich nach Jesus um. Der war nicht geflohen, sondern stehengeblieben. Mit Schaum vor dem Mund wollten sich die Besessenen auf Christus stürzen, doch der hob gebietend die Hand, und die beiden Männer blieben wie angewurzelt stehen. Die gleiche Hand, die dem Sturm und den Wellen Einhalt geboten hatte, wandte sich nun gegen Satan und seine bedauernswerten Werkzeuge. Mit einer Stimme, die keinen Widerspruch duldete, befahl Jesus den dämonischen Geistern, die in diesen Männern ihr Unwesen trieben, ihre Opfer zu verlassen. Die beiden Männer spürten, daß es Jesus gut mit ihnen meinte und daß er sie von der Macht Satans befreien konnte. Doch als sie um Hilfe flehen wollten, ließen es die Dämonen nicht zu, sondern schrien aus ihnen heraus: „Was willst du von uns, Sohn Gottes! Willst du uns schon vor der Zeit quälen?" [6] Jesus sprach einen Dämon unmittelbar an und fragte: „Wie heißt du?" Der böse Geist antwortete: „Legion. Wir sind nämlich viele!" Und er flehte Jesus an: „Vertreibe uns nicht aus dieser Gegend!" [7]

Nicht weit entfernt, am Steilufer des Sees, weidete eine

---

[4] Psalm 107,28–31 [5] Römer 5,1 LT [6] Matthäus 8,29 [7] Markus 5,9.10

Schweineherde. Die Dämonen baten, Jesus möge ihnen erlauben, in diese Tiere zu fahren, wenn er sie schon aus den Menschen vertrieb. Christus stimmte zu, und augenblicklich geriet die ganze Herde in Panik, stürzte sich die Klippen hinunter und ertrank im See.

Mit den Besessenen dagegen ging eine wundersame Veränderung vor sich. Ihr Verstand tauchte aus der Dunkelheit geistiger Verwirrung auf; der irre Blick schwand, und die Männer begriffen, daß sie frei geworden waren von der Knechtschaft Satans. Sie lobten Gott und dankten Jesus für ihre Erlösung aus der Macht der Finsternis.

Die Schweinehirten dagegen waren entsetzt. Sie hatten alles beobachtet und eilten in die Stadt, um über dieses Geschehen zu berichten. Bestürzt sammelten sich die Leute aus der ganzen Umgebung bei Jesus. Sie kannten die beiden Wahnsinnigen, denn sie waren jahrelang eine tödliche Bedrohung für jedermann gewesen. Nun saßen sie bei Jesus, hörten ihm zu, lobten Gott und konnten nicht genug danken für ihre wunderbare Heilung. Die Leute aus den umliegenden Ortschaften waren freilich nicht erfreut; denn viele von ihnen hatten mit den Schweinen ihren Besitz verloren. Und der war ihnen wichtiger als die Tatsache, daß zwei Menschen der Herrschaft Satans entkommen waren. Überhaupt scheinen die irdischen Belange Vorrang vor den geistlichen gehabt zu haben. Sicher hat Jesus durch diese Geschehnisse zeigen wollen, wie sehr Selbstsucht und Gleichgültigkeit daran hindern, offen zu sein für Gottes Gnade. Doch er erreichte nichts bei diesen Leuten, denn der materielle Verlust machte die Menschen blind für sein Angebot.

Aberglaube schürt die Angst

Was sie gerade erlebt hatten, machte den abergläubischen Menschen angst. Sie fürchteten, daß dieser Fremde noch mehr Unheil über sie bringen könnte. Zwar berichteten die Jünger, wie Jesus auf dem tosenden Meer seine übernatürliche Kraft zur Rettung seiner Begleiter eingesetzt hatte, aber die Leute hörten gar nicht hin. Sie dachten nur an eins: Diesen Mann müssen wir loswerden! Und sie drängten ihn, das Gebiet so schnell wie möglich zu verlassen. Jesus ging darauf ein und fuhr mit seinen Jüngern zurück in die Gegend von Kapernaum.

Die Gerasener waren so dem Diesseitigen verhaftet, daß sie Jesus wie einen lästigen Eindringling empfanden, der ihre Kreise störte. Gott hatte ihnen in Christus die Hand entgegengestreckt, doch sie schlugen nicht ein. Heute ist es nicht anders. Mancher hört Gottes Wort, ist aber nicht zum Gehorsam bereit, weil er spürt, daß er im Blick auf die Dinge dieser Welt umdenken müßte. Vielen sind Wohlstand und persönliches Fortkommen wichtiger als der Glaube an Jesus. Sie haben Angst davor, um Christi willen Nachteile auf sich zu nehmen. Lieber weisen sie seine Gnade zurück und entziehen sich dem Wirken des Geistes Gottes.

Bei den beiden Geheilten am See Genezareth war das anders. Sie wären am liebsten für immer bei Jesus geblieben. In seiner Nähe fühlten sie sich sicher vor den Dämonen, die ihre Persönlichkeit zerrüttet und ihre Gesundheit zerstört hatten. Doch Jesus hatte einen anderen Plan mit ihnen. Dort, wo man ihm die Tür zugeschlagen hatte, sollten sie die Messiasbotschaft verkündigen. Deshalb gebot er ihnen, zu ihren Angehörigen zurückzukehren und zu erzählen, was sie mit Christus erlebt hatten. Es fiel ihnen schwer, sich von dem zu trennen, der sie geheilt hatte, zumal sie nicht wußten, was die Zukunft bringen würde. Sie waren seit langem aus der Gesellschaft ausgeschlossen und fragten sich, ob überhaupt jemand auf sie hören würde. Doch dann setzten sie sich über alle Bedenken hinweg und taten, was Jesus geboten hatte. Sie zogen durch das Gebiet der Zehn Städte und erzählten, wie sehr sie unter den dämonischen Mächten gelitten hatten und daß sie durch das Wort Jesu frei geworden waren. Indem sie anderen die Botschaft der Erlösung brachten, wurden sie nicht weniger gesegnet, als wenn sie in der Nähe Jesu geblieben wären. So ist das auch heute: Das Zeugnis für Jesus bringt uns Christus näher und läßt uns eine Fülle des Segens zufließen.

Die beiden Geheilten waren die ersten Missionare im Gebiet der Zehn Städte. Dabei wußten sie herzlich wenig über die Lehren Jesu. Sie hatten nie eine Predigt von ihm gehört, sondern waren ihm nur einmal begegnet. Andere unterweisen, so wie die Jünger, die täglich mit Jesus zusammen waren, konnten sie nicht; dennoch kam ihr Zeugnis an. Auf theologische Erörterungen verstanden sie sich nicht, dafür konnten sie glaubhaft machen: Jahrelang waren wir Knechte Satans, doch dann kam Jesus und zerriß die dämonischen

Bande. Wer außer dem Messias könnte das tun! Sie hatten die Kraft Christi am eigenen Leibe erfahren und brauchten nur davon zu erzählen. Durch sie geschah, was der Evangelist Johannes später so ausdrückte: „... was wir gesehen und gehört haben, das verkündigen wir euch, damit auch ihr Gemeinschaft habt; und unsere Gemeinschaft ist mit dem Vater und mit seinem Sohn Jesus Christus." [8]

Wer Jesus Schritt für Schritt folgt, kann auch etwas über den Weg erzählen, den er ihn führt. Er wird erleben, daß Gott zu seinen Verheißungen steht, und kann andere ermutigen. Darum geht es, wenn Jesus zum Zeugnis aufruft.

Zwar hatten sich die Gerasener gegen Jesus entschieden, indem sie ihn von sich wiesen; trotzdem wollte sie der Herr nicht der geistlichen Finsternis überlassen. Deshalb schickte er ihnen die beiden Geheilten in der Hoffnung, daß man auf sie hören würde. Sie waren in der Gegend bekannt. Jeder wußte, wie elend sie gelebt hatten und was durch Jesu Wundertat aus ihnen geworden war.

Der Verlust der Schweineherde hatte die Gemüter erhitzt und die Aufmerksamkeit der Menschen auf Jesus gelenkt. Die Heilung allein hätte kaum so viel Aufsehen erregt. Doch vielleicht war gerade dadurch der Boden für die Botschaft vom Reich Gottes vorbereitet worden. Christus braucht Menschen, die durch ihr Zeugnis deutlich machen, wo der Schwerpunkt des Geschehens liegt. Als Jesus später in das Gebiet der Zehn Städte zurückkehrte, waren die Leute für seine Botschaft aufgeschlossen. Tausende kamen, um ihn zu hören – viele glaubten an ihn. Wieder einmal zeigte sich, daß selbst die Machenschaften Satans dem Plan Gottes dienen müssen, wenn er es will. Selbst die Dämonen können sich der Herrschaft Christi nicht entziehen. Ihrer Macht sind um des Guten willen Grenzen gesetzt.

Die beiden Besessenen waren jahrelang ein Beispiel dafür, in welch unwürdige Lage Menschen geraten, wenn sie sich der Herrschaft Satans ausliefern. Nicht in jedem Fall kommt es zu solch einer tiefen Verstrickung, doch der Teufel ist stets darauf aus, Menschen unter seinen Einfluß zu bringen und sie zu beherrschen. Er vergiftet das Denken, verdirbt das Herz und verführt zum Bösen. Wer sich Christus entzieht, gerät schnell in den Machtbereich Satans. Weil das heutzuta-

---

[8] 1. Johannes 1,3 LT

ge zunehmend geschieht, haben Gewalt, Verbrechen und sittliche Verwahrlosung einen beängstigenden Umfang angenommen. Selbst in christlichen Familien und Gemeinden gewinnt der Böse an Einfluß. Die meisten merken es gar nicht und weisen solchen Verdacht weit von sich. Dennoch ist es so. Wenn Gott diesem Treiben nicht Einhalt gebieten würde, gäbe es schließlich nur noch Zerfall und Zerstörung.

Bleibt die Frage: Wie schützen wir uns vor dem Zugriff Satans? Die Antwort lautet: Indem wir die Nähe Christi suchen! Nur die Gemeinschaft mit Christus kann uns vor dämonischen Machenschaften bewahren. Gottes Wort und das Geschehen in dieser Welt entlarven Satan vor dem gesamten Universum als Feind der Menschen, während sich Jesus als unser Freund und Erlöser erwiesen hat. Gott will nicht, daß seine Kinder die Wesensart Satans annehmen, sondern hat uns „dazu bestimmt, seinem Sohn gleich zu werden".[9] Das Beispiel der beiden Geheilten zeigt, daß selbst Werkzeuge Satans durch die Gnade Christi zu Boten der Gerechtigkeit werden können. Wer durch Christus der Hand Satans entrissen wurde, kann am besten bezeugen, „welch große Wohltat ihm der Herr getan und wie er sich seiner erbarmt hat".[10]

---

[9] Römer 8,29 LT [10] Vgl. Markus 5,19 LT

36 | Ungewöhnlicher Glaube

Als Jesus aus dem Gebiet der Zehn Städte wieder ans Westufer des Sees Genezareth zurückkehrte, wartete eine große Menschenmenge auf ihn. Er nutzte die Gelegenheit, um zu lehren und zu heilen. Danach ging er in das Haus des ehemaligen Zöllners Matthäus, der ein Festessen für Freunde und Bekannte angerichtet hatte, zu dem auch Jesus und seine Jünger eingeladen waren. Dort fand ihn der Vorsteher der Synagoge, ein gewisser Jaïrus, der seiner Tochter wegen Hilfe suchte. Als er Jesus sah, warf er sich vor ihm nieder und bat: „Meine kleine Tochter ist todkrank; bitte komm und lege ihr die Hände auf, damit sie gerettet wird und am Leben bleibt!"[1] Die Jünger wunderten sich, daß der Meister alles stehen und liegen ließ, um einem Mann aus der Bevölkerungsschicht zu helfen, die Jesus bei jeder Gelegenheit Steine in den Weg legte.

Bis zum Haus des Synagogenvorstehers war es nicht weit, doch Jesus und seine Begleiter kamen nur langsam voran. Zum einen, weil die Straße voller Menschen war, die den Propheten aus Nazareth sehen wollten; zum anderen, weil Jesus trotz des zur Eile drängenden Vaters immer wieder stehenblieb, um zu trösten und zu heilen. Als sie das Haus fast erreicht hatten, kam ihnen ein Bote mit der Nachricht entgegen, das Mädchen sei inzwischen gestorben. Als Jesus das hörte und zugleich das entsetzte Gesicht des Vaters sah, sagte er: „Erschrick nicht, hab nur Vertrauen!" Je näher sie dem Haus kamen, um so lauter wurde das Weinen und Klagen über den Tod des Mädchens. Jesus wies die Trauernden zurecht und sagte: „Was soll der Lärm? Warum weint ihr? Das Kind ist nicht tot – es schläft nur."[2] Die Leute waren empört über so wenig Gespür für den Ernst der Lage. Wie konnte dieser Fremde es wagen, so zu reden? Schließlich hatten einige von ihnen mit angesehen, wie das Kind gestorben war. Doch Jesus ließ sich nicht auf Diskussionen ein. Bis auf die

---

Dieses Kapitel bezieht sich auf Matthäus 9,18–26; Markus 5,21–43 und Lukas 8,40–56 [1] Markus 5,23 [2] Markus 5,39

Eltern und drei seiner Jünger wies er alle anderen aus dem Haus. Mit ihnen trat er an das Totenbett, ergriff die Hand des Kindes und sagte in der Mundart jener Gegend: „Steh auf, Mädchen!“Kaum waren diese Worte ausgesprochen, da bewegte sich das Kind, öffnete die Augen, als erwache es aus tiefem Schlaf, und schaute erstaunt zu den Leuten auf, die am Bett standen. Dann sprang das Kind auf, als wäre es nie krank gewesen, und die Eltern schlossen es überglücklich in die Arme.

Doch noch einmal zurück zu dem Geschehen, das Jesu Ankunft im Haus des Jaïrus verzögert hatten. In der Menschenmenge war eine Frau, die seit zwölf Jahren an so starken Blutungen litt, daß ihr das Leben zur Last geworden war. Inzwischen hatte sie ihr gesamtes Vermögen für ärztliche Behandlung und Heilmittel ausgegeben, doch nichts hatte geholfen. Da hörte sie eines Tages, daß ein Mann in die Gegend gekommen sei, der schon viele Kranke geheilt hatte. Die Frau schöpfte neue Hoffnung. Sie schleppte sich ans Ufer des Sees, wo Jesus lehrte und heilte, aber es gelang ihr nicht, an ihn heranzukommen. Als Jesus das Ufer verließ und ins Haus des Matthäus ging, folgte sie ihm und war tief enttäuscht, daß sie wieder nicht in seine Nähe hatte kommen können. Doch dann verließ der Meister in großer Eile das Haus und kam direkt auf sie zu. Würde er, wenn er es so eilig hatte, Zeit für sie erübrigen? Bestimmt nicht! Sie mußte also eine andere Möglichkeit finden, um an ihn heranzukommen, sonst würde auch diese Gelegenheit unwiederbringlich vorübergehen. Da kam ihr der Gedanke, ihn gar nicht anzusprechen, sondern nur sein Gewand zu berühren, um Heilung zu erlangen. Das war die Lösung! Als Jesus sich durch die Menge schob und an ihr vorüberkam, streckte sie die Hand aus und berührte unbemerkt seine Kleidung. In diese verzweifelte Tat hatte sie ihren ganzen Glauben gelegt – und wurde augenblicklich geheilt.

Beglückt wollte sie sich zurückziehen, da blieb Jesus stehen und schaute sich um. Ihm war nicht entgangen, daß jemand seine heilende Kraft in Anspruch genommen hatte. Deshalb fragte er: „Wer hat mein Gewand berührt?“ Petrus fand diese Frage angesichts des Gewühls auf der Straße merkwürdig und sagte: „Du siehst doch, wie die Leute sich um dich drängen ... und dann fragst du noch, wer dich berührt hat?“ Doch Christus konnte eine zufällige Berührung in der dichten Menge sehr wohl unterscheiden von dem Versuch der Frau, Heilung zu erlangen. Sie fühlte sich ertappt, warf sich Jesus zu Füßen und gestand ihm alles. Der Herr beugte sich gütig zu ihr hinab und sagte: „Dein Vertrauen hat dir geholfen ... Geh in Frieden! Du bist von deinem Leiden befreit.“ [3]

Wichtig in diesem Zusammenhang ist Jesu Hinweis auf den Glauben der Frau. Damit wollte er offenbar abergläubischen Spekulationen vorbeugen, die den Grund der Heilung im bloßen Berühren seines Gewandes sahen. Vielmehr sollten alle wissen, daß die Kranke geheilt worden war, weil sie an die göttliche Kraft Christi glaubte und nicht, weil sie ein Stück Stoff berührt hatte.

Lebendiger Glaube ist gefragt

Hin und wieder religiöse Gedanken zu erörtern oder Gebete zu sprechen, an denen das Herz nicht beteiligt ist, hat nichts mit dem Glauben zu tun, wie ihn Jesus an dieser Frau rühmte. Man kann in frommen Wendungen vom Erlöser der Welt reden und doch nur ein Lippenbekenntnis von sich geben. Glaube ist mehr, als etwas rein verstandesmäßig für wahr zu halten. Es genügt nicht, zu glauben, was man über Jesus gehört hat, wir müssen an Jesus glauben. Der einzige Glaube, der uns helfen kann, besteht darin, Jesus von Herzen als den persönlichen Heiland anzunehmen. Bei vielen erschöpft sich der Glaube im Bejahen von Lehrsätzen; wahrer Glaube aber geht weit darüber hinaus – er ist ein Bund, bei dem sich der Mensch Gott ganz ausliefert. Das ist lebendiger Glaube, denn er wächst und vermittelt Kraft, die der Mensch in allen Lebenslagen braucht.

Jesus hätte die Frau auch ohne ein Wort weggehen lassen können. Doch das tat er nicht. Obwohl er in Eile war, wandte er sich der Geheilten zu, um deutlich zu machen, was geschehen war. Wenn Gott einen Menschen so segnet wie diese Frau, kann das nicht verborgen bleiben. Gottes Gaben sollen nicht heimlich genossen, sondern an andere weitergegeben werden. Und wovon könnte man eindrucksvoller erzählen als von dem, was man am eigenen Leibe erfahren hat? Wenn andere spüren, daß wir nicht nur reden vom Glauben an

[3] Markus 5,34

Gott, sondern auch mit Gott leben, wird ihnen das am ehesten helfen, selber zu Gott zu finden.

Von den zehn Aussätzigen, die Jesus eines Tages geheilt hatte, kam nur ein einziger zu ihm zurück, um sich zu bedanken. Oft hat man den Eindruck, daß sich die Menschen heute nicht anders verhalten. Gott schenkt ihnen Gesundheit, bewahrt sie vor Gefahren, hält in kritischen Situationen seine Hand über sie und segnet sie Tag für Tag. Die meisten merken das gar nicht, weil Gott ihnen gleichgültig ist. Und wenn sie Gottes Liebe tatsächlich einmal wahrnehmen, halten sie das für so selbstverständlich, daß sie nicht auf die Idee kommen, Gott zu danken.

Nachfolger Jesu wollen und können so nicht leben. Sie wissen, daß es für den Glauben nötig ist, sich immer wieder an das zu erinnern, was Gott für sie getan hat. Laßt uns ja nicht vergessen, wie gnädig und freundlich Gott zu uns war. Wir sollten uns öfter fragen: „Wie kann ich dem Herrn vergelten, was er für mich getan hat? Ich will es vor der Gemeinde bekennen ..., um ihm zu danken.“ [4]

[4] Psalm 116,12.13

37 | Unterwegs für Jesus

Die Jünger hatten Jesus durch Galiläa begleitet, mit ihm gelebt und geredet, seine Lehren aufgenommen und ihn beim Umgang mit den Menschen beobachtet. Nach und nach hatten sie gelernt, ihm bestimmte Aufgaben abzunehmen. Sie sorgten für Ordnung, wenn es der Andrang von Hilfesuchenden erforderte, geleiteten Kranke zu Christus und verhalfen manchem zu einem besseren Verständnis der heiligen Schriften. Das alles geschah unter den Augen des Herrn. Irgendwann aber müßten es diese Männer auch lernen, selbständig für Gott zu wirken. Im Blick auf ihr Einfühlungsvermögen und ihre Geduld mußte sich da noch manches ändern. Jesus wollte sie deshalb für einige Zeit als Verkündiger seiner Lehre ins Land schicken.

Die Jünger hatten manches Wortgefecht zwischen ihrem Herrn und den Priestern und Schriftgelehrten mit angehört. Oft wußten sie nicht, was sie auf die spitzfindigen theologischen Einwände oder die hintergründigen Fragen hätten antworten sollen. Wenn sie da gefordert waren und nicht weiter wußten, konnten sie sich jederzeit an Jesus wenden. Das aber würde nicht so bleiben. Deshalb hatte Jesus bei jeder Gelegenheit versucht, ihre Schriftkenntnis zu vertiefen, das Vertrauen in Gottes Wort zu festigen und sie zu befähigen, zwischen Gotteswort und Menschenlehre zu unterscheiden. Wenn sie in Auseinandersetzungen mit den jüdischen Lehrern und Priestern hineingezogen würden, sollten sich die Jünger nur daran erinnern, wie ihr Meister sich verhalten und geantwortet hatte.

Als Jesus glaubte, er könne es wagen, schickte er seine Jünger jeweils zu zweit in die Städte und Dörfer. Sie sollten im Dienst für Gott eigene Erfahrungen sammeln. Solange der Herr noch auf Erden war, konnte er sie beraten und auf Fehler hinweisen. Da jeweils zwei auszogen, konnten sie einander beistehen, miteinander beten und sich gegenseitig Mut

---

Dieses Kapitel bezieht sich auf Matthäus 10; Markus 6,7–11 und Lukas 9,1–6 machen. Manche evangelistische Bemühung könnte auch heute erfolgreicher sein, wenn man sich an diese Weisung Jesu hielte.

Die Jünger sollten sich nicht auf Streitgespräche darüber einlassen, ob Jesus der Messias sei oder nicht, sondern kraft der ihnen erteilten Vollmacht einfach das tun, was ihr Meister tat: „Macht Kranke gesund, weckt Tote auf, macht Aussätzige rein, treibt böse Geister aus. Umsonst habt ihr's empfangen, umsonst gebt es auch." [1]

Den Berichten über Jesu Leben ist zu entnehmen, daß er mehr Zeit damit verbrachte zu heilen, als zu predigen. Wo er hinkam, bot er den Menschen neue Hoffnung an, machte Kranke gesund und schenkte Freude. Viele lernten erst durch ihn, die Dinge richtig zu sehen und den Sinn ihres Lebens zu erkennen. Wenn Jesus in eine Ortschaft kam, war es so, als würden die Menschen durch einen Strom lebendigen Wassers erquickt.

Nachfolger Christi sollen so wirken wie ihr Herr. Hungernde sollen gespeist werden, Leidende und Trauernde brauchen Trost und die Verzweifelten neue Hoffnung. Wenn es uns gelingt, etwas von der Liebe Jesu zu vermitteln, wird das mehr beeindrucken, als wenn wir mit Strafe drohen oder das Gericht Gottes herabbeschwören. Christi Liebe öffnet das menschliche Herz, nicht Drohungen oder Schuldzuweisungen. Wenn Gott uns zu den Menschen schickt, will *er* durch uns zu ihnen sprechen und an ihnen wirken.

Als Jesus seine Jünger ins „Missionsfeld" sandte, war der Rahmen genau abgesteckt. Sie sollten zunächst nur „zu den verlorenen Schafen aus dem Hause Israel" gehen. Jesus wußte, was er tat. Zunächst sollten die Juden für das Reich Gottes gewonnen werden. Gelang das, würden sie ihrerseits zu Verkündigern der Heilsbotschaft werden. Denn wer vom Evangelium ergriffen ist, kann nicht schweigen. Hätten die Jünger sich gleich zu den Samaritern oder Heiden gewandt, wären sie zwangsläufig auf den Widerstand der jüdischen Obersten gestoßen. Das wollte Jesus sowohl im Blick auf das Werk Gottes wie auch der Jünger wegen vermeiden. Deshalb ordnete er an, daß die Frohe Botschaft zuerst den Juden gebracht würde. Außerdem ging es über die Möglichkeiten der Jünger hinaus, Christus in der ganzen Welt bekanntzuma-

---

[1] Matthäus 10,8 LT

chen. Solche weitgesteckten Ziele hätten ihnen gleich am Anfang ihrer Missionstätigkeit den Mut geraubt. Jesus ließ sie deshalb zunächst Erfahrungen in einem überschaubaren Arbeitsfeld sammeln und schickte sie in Gebiete, wo er bereits gewesen war und Freunde gewonnen hatte.

Er gab den Jüngern bezüglich ihres Auftretens gezielte Weisungen. Sie sollten ohne große Reisevorbereitungen aufbrechen und sich so einfach wie möglich kleiden. Er wollte nicht, daß sie mit dem Gehabe von Schriftgelehrten zu den Leuten kämen und damit unnötigerweise Schranken aufbauten. Man sollte in ihnen die schlichten Menschen sehen, die sie waren. Die Jünger sollten keine großen Versammlungen durchführen, sondern die Botschaft Christi den Leuten ins Haus bringen. Denen, die sie aufnahmen, sollten sie den Frieden Gottes wünschen. Und über diese Häuser sollte durch das gemeinsame Singen, Beten und Forschen in den heiligen Schriften der Segen Gottes kommen. Jesu Freunde sollten Boten des Heils sein, die dem Messias den Weg bereiteten.

Daß sie dabei nicht nur Zustimmung erfahren würden, verschwieg der Herr nicht. Er sagte: „Ich sende euch wie Schafe mitten unter Wölfe. Seid klug wie die Schlangen, und doch ohne Hinterlist wie die Tauben.“ [2] Jesus hat immer vermieden, falsche Vorstellungen zu wecken oder die Wahrheit zu verschleiern. Was gesagt werden mußte, sagte er, aber das geschah in Liebe, um ja keinen zu verletzen. Er entschuldigte nicht die Sünde, aber er war auch nicht der unbarmherzige Richter, der die Sünder verurteilte, anstatt sie zur Umkehr zu bewegen. Und wenn er gegen Heuchelei und Ungerechtigkeit scharf vorgehen mußte, litt er selber darunter. Aber es gab keinen anderen Weg, die Menschen zur Einsicht zu bringen. In seinen Augen war jeder wertvoll; keiner sollte verlorengehen.

Nachfolger Jesu sollten auch in dieser Hinsicht von ihrem Herrn lernen. Wenn es um die Verkündigung der Heilsbotschaft geht, brauchen wir eine enge Beziehung zu Gott. Sonst könnte es geschehen, daß uns nicht mehr sein Geist bewegt, sondern vielmehr unser Ich mit seinen menschlichen Erwartungen, Empfindlichkeiten und seiner Unduldsamkeit. Das würde eher abstoßend als anziehend wirken.

---

[2] Matthäus 10,16

Die Verkündigung des Evangeliums verlangt Feingefühl und Verständnis für die Leute, so wie Jesus es vorlebte. Christen, die gereizt reagieren oder aus der Rolle fallen, wenn sie auf Widerstand stoßen, sind keine guten Botschafter an Christi Statt. Ausgeglichenheit und Freundlichkeit beeindrucken stärker als jede Beweisführung.

Feindschaft inbegriffen

Als Jesus den Jüngern sagte: „Nehmt euch in acht vor den Menschen!" wußte er, wovon er sprach. Im Blick auf ihre Aufgabe hieß das: Missionsdienst lebt von der Offenheit für alle Menschen, doch man sollte Offenheit nicht mit Vertrauensseligkeit und Leichtgläubigkeit verwechseln. Ungläubige denken nicht im Sinne Gottes. Deshalb ist ihrem Rat gegenüber Vorsicht angeboten. Diener Gottes sollen sich auf den Heiligen Geist verlassen, nicht auf Menschen – schon gar nicht auf solche, die ihr Leben nicht mit Gott führen. Das würde der Evangeliumsverkündigung mehr schaden als nützen.

Weiter sagte Jesus: „Um meinetwillen werdet ihr vor Machthaber und Könige gestellt, um auch vor ihnen, den Vertretern der fremden Völker, als Zeugen für mich auszusagen." [3] Das mag bedrohlich klingen, aber von Jesus war es nicht so gemeint. Ihm ging es eher darum, die Jünger darauf vorzubereiten, daß sie mit der Botschaft vom Reich Gottes bis in die höchsten Kreise kommen würden – und sei es, weil man sie ihrer Verkündigung wegen anklagte und sie sich vor geistlichen oder weltlichen Machthabern verantworten müßten. Mitunter würde das die einzige Möglichkeit sein, mit solchen Menschen überhaupt in Berührung zu kommen und das Evangelium zu bezeugen. Die Feinde Gottes würden den Boten Jesu mit allen Mitteln zu schaden versuchen; sie aber sollten durch Besonnenheit und Freundlichkeit ihre Richter für sich einnehmen. An Verklägern wie an den Angeklagten sollte zu erkennen sein, wes Geistes Kind sie sind.

Niemand sollte sich nach schwierigen Situationen sehnen, aber wer hineingerät, würde erfahren, was Jesus seinen Jüngern zugesagt hat: „... macht euch keine Sorgen, was ihr sagen sollt oder wie ihr es sagen sollt. Es wird euch in dem Au-

---

[3] Matthäus 10,18

genblick schon eingegeben werden. Nicht ihr werdet dann reden, sondern der Geist eures Vaters wird aus euch sprechen." [4] Nachfolger Jesu brauchen nicht für alle aufkommenden Schwierigkeiten Vorsorge zu treffen; denn sie können sich in der konkreten Situation auf Gottes Hilfe verlassen. Der Heilige Geist wird ihnen alles ins Gedächtnis rufen, was zum Bezeugen und Verteidigen ihres Glaubens nötig ist. „Ins Gedächtnis rufen" oder „erinnern" bedeutet allerdings auch, daß der Gläubige sich vorher mit den Lehren der Heiligen Schrift und der Botschaft Christi eingehend befaßt hat.

Gehaßt und verfolgt

Wer es mit der Nachfolge Jesu ernst nimmt, kann dabei auf erbitterten Widerstand stoßen – sogar in der eigenen Familie. Jesus sagte: „Ein Bruder wird den anderen dem Henker ausliefern und ein Vater seine Kinder. Kinder werden sich gegen ihre Eltern stellen und sie töten lassen. Alle werden euch hassen, weil ihr euch zu mir bekennt. Aber wer bis zum Ende standhaft bleibt, der wird gerettet." [5] Damit zu rechnen, daß man verfolgt wird, heißt aber nicht, sich leichtfertig der Verfolgung auszusetzen oder sie gar zu suchen. Jesus tat das auch nicht. Mehrfach hat er Orte und Gegenden verlassen oder gemieden, weil man ihm nach dem Leben trachtete. Nachfolger Jesu sollten sich auch hierin an ihren Herrn halten. Christus erwartet von seinen Jüngern kein Zeugnis auf Biegen und Brechen, sondern rät ihnen, lieber dorthin zu gehen, wo man für die Botschaft vom Reich Gottes aufgeschlossen ist.

Das heißt freilich nicht, daß Jesu Boten die Gefahr scheuen und schon beim geringsten Widerstand zurückweichen sollten. Die Wahrheit läßt sich nicht unverbindlich und aus sicherer Entfernung bezeugen; sie darf auch nicht aus Angst oder Rücksichtnahme verschwiegen werden. Doch zwischen dem Mut zum Bekennen und dem Sich-in-Gefahr-Begeben besteht ein Unterschied. Jesus suchte den Frieden, aber er erkaufte ihn nicht mit Kompromissen. Er liebte die Menschen, aber deshalb übersah er nicht ihre Sünden. Jesus wollte und konnte nicht schweigen, wenn er sah, wie diejenigen, für die er sein Leben opfern wollte, sich selbst zerstörten und ins

---

[4] Matthäus 10,19.20 [5] Matthäus 10,21.22

Verderben liefen. Deshalb unternahm er alles, um ihnen zu zeigen, wie wertvoll sie ihm waren und was Gott mit ihnen vorhatte.

Wer im Dienst Jesu steht, sollte sich auch in dieser Beziehung an ihm orientieren. Die Wahrheit wird niemals widerspruchslos angenommen. Niemand wird seiner Überzeugung treu bleiben können, ohne auf Gegnerschaft zu stoßen. Wer um jeden Preis Ruhe und Frieden sucht, wird das nur auf Kosten der Wahrheit erreichen. Doch das ist nicht im Sinne Jesu. Wir sollten nicht ängstlich fragen, welche Folgen das Glaubenszeugnis für uns haben könnte, sondern den Herrn um Kraft bitten, die Wahrheit nicht zu verbiegen oder preiszugeben. Um seinen Jüngern einzuprägen, wie wenig Menschenfurcht und Gottesfurcht zusammenpassen, sagte Jesus: „Fürchtet euch nicht vor denen, die nur den Körper, aber nicht die Seele töten können. Fürchtet euch vor Gott, der Leib und Seele ins Verderben schicken kann." [6] Wer treu zu Gott hält, braucht weder Menschen noch Satan zu fürchten; im Glauben an Christus darf er des ewigen Lebens gewiß sein.

Kein Wunder, daß der Teufel alles daransetzt, uns diese Gewißheit zu rauben. Er sät Zweifel, verführt zur Sünde, um dann dem Menschen zu sagen, er sei viel zu schlecht und könne sich nicht wieder Gott zuwenden. Doch das ist nicht wahr! Jünger Jesu sollten wissen, daß Gott kein unbarmherziger Richter ist, sondern ein mitfühlender Vater. Ihm ist es nicht gleichgültig, was uns bekümmert, unser Schmerz ist sein Schmerz, unsere Not hat er in Christus zu seiner Not gemacht. Unser Gott ist kein erhabenes Wesen, das irgendwo im weiten All regiert, ohne von uns kleinen Erdenwesen Notiz zu nehmen. Er ist ein Gott, der sich um uns kümmert, auch wenn uns verborgen bleibt, wie er das tut. Wer ihn anruft, stößt nicht in das Schweigen der Unendlichkeit, sondern hört irgendwie das göttliche „Hier bin ich!" Die Traurigen tröstet er, den Unterdrückten kommt er zu Hilfe; und wenn sich unüberwindliche Gefahren auftürmen, schickt er himmlische Boten, um den Seinen beizustehen.

[6] Matthäus 10,28

Fürsprache bei Gott

In seinen Weisungen an die Jünger fuhr Jesus fort: „Wer sich vor den Menschen zu mir bekennt, zu dem werde auch ich mich am Gerichtstag bekennen vor meinem Vater im Himmel. Wer mich aber vor den Menschen nicht kennen will, den werde auch ich am Gerichtstag vor meinem Vater im Himmel nicht kennen." [7] Damit wollte Christus sagen: Auf dieser Erde seid *ihr* meine Zeugen. Ihr sollt für mich eintreten und den Menschen von der Gnade und vom Heil erzählen. Im Himmel will ich für euch eintreten. Wenn ich für euch vor Gott hintrete, sieht er nicht auf eure Fehler und Schwächen, sondern auf das Kleid meiner Gerechtigkeit, das ich euch schenke. Wer sich auf Erden in mein Erlösungswerk hineinnehmen läßt, den werde ich zum Teilhaber der himmlischen Herrlichkeit und der Freude der Erlösten machen.

Wer Christus bekennen will, muß natürlich eine lebendige Beziehung zu ihm haben. Man kann nicht anderen etwas weitergeben, was man selber nicht hat. Christus bekennen heißt nämlich nicht, in beredten Worten von ihm zu sprechen oder seine Lehren zu vertreten. Es ist durchaus möglich, sich der Worte Jesu zu bedienen, ohne daß dabei etwas von seinem Geist und seiner Liebe mitschwingt. Was aber nicht im Geiste Christi geschieht, dient ihm nicht, gleichgültig welches Bekenntnis dabei abgelegt wird. Jesus verleugnen heißt nicht nur, sich von ihm abzuwenden oder sich gegen ihn zu stellen. Man kann ihn auch durch törichtes Geschwätz oder unaufrichtiges Verhalten verunehren. Christus wird auch verleugnet, wo man seine Pflichten vernachlässigt, fragwürdigen Vergnügungen nachgeht, sich der Welt anzupassen sucht oder starrsinnig festhält an der eigenen Meinung. Wo man sich so verhält, wird offenbar, daß man nicht vom Geist Christi regiert wird.

Kein fauler Frieden

Der Herr warnte die Jünger auch vor der Illusion, daß sich der Widerstand, mit dem sie es zu tun haben würden, irgendwann legen werde. Sie sollten wissen, daß das Eintreten für die Wahrheit immer mit Kampf verbunden ist: „Glaubt

[7] Matthäus 10,32.33

nicht, daß ich gekommen bin, Frieden in die Welt zu bringen. Nein, ich bin nicht gekommen, Frieden zu bringen, sondern Streit." [8] Wenn sich ausgerechnet der „Friedefürst" so äußert, klingt das widersinnig; es sei denn, man hat begriffen: Nicht die Botschaft Jesu verursacht den Streit, sondern der Widerstand gegen das Evangelium.

Besonders tragisch ist es, wenn der Glaube an Jesus zu tiefgreifenden Zerwürfnissen in Ehe, Familie oder im Freundeskreis führt. Auch das hatte der Herr vorausgesehen, als er sagte: „Die nächsten Verwandten werden zu Feinden werden." Und er ergänzte: „Wer seinen Vater und seine Mutter mehr liebt als mich, verdient es nicht, mein Jünger zu sein." [9]

Natürlich gab es im Blick auf die Aussendung der Jünger nicht nur Sorgen und Bedenken. Jesus wußte, daß seine Boten auch Zustimmung erfahren und ermutigende Erlebnisse haben würden. Durch ihren Dienst sollten viele gesegnet werden; denn „wer euch aufnimmt, der nimmt mich auf; und wer mich aufnimmt, nimmt den auf, der mich gesandt hat." [10] Kein Liebesdienst, der den Jüngern im Namen Jesu erwiesen würde, sollte unbelohnt bleiben.

Mit diesen Gedanken beendete Jesus seine Unterweisung und schickte die Zwölf hinaus, um „zu verkündigen das Evangelium den Armen ... zu predigen den Gefangenen, daß sie los sein sollen, und den Blinden, daß sie sehend werden, und den Zerschlagenen, daß sie frei und ledig sein sollen, zu verkündigen das Gnadenjahr des Herrn." [11]

---

[8] Matthäus 10,34 [9] Matthäus 10,36.37 [10] Matthäus 10,40
[11] Lukas 4,18.19 LT

38 | Vom Missionseinsatz zurück

„Die Apostel kehrten zu Jesus zurück und berichteten ihm, was sie in seinem Auftrag gesagt und getan hatten. ‚Kommt, wir suchen einen ruhigen Platz', sagte Jesus, wo ihr allein sein und ein wenig ausruhen könnt.' Denn es war ein ständiges Kommen und Gehen, so daß sie nicht einmal Zeit zum Essen hatten." [1]

Natürlich brannten die Jünger darauf, ihre Erfahrungen im Missionsdienst zu erzählen. Ihr vertrautes Verhältnis zu Jesus gestattete es ihnen, nicht nur von Erfolgen zu berichten, sondern auch Niederlagen einzugestehen. Aus ihren Erzählungen konnte der Meister entnehmen, daß sie weitere Unterweisung nötig hatten. Außerdem brauchten sie nach dem anstrengenden Dienst eine Zeit der Ruhe und inneren Sammlung. Das war jedoch bei dem Andrang von Menschen, die Jesus zuhören oder von ihm geheilt werden wollten, kaum möglich. Deshalb drängte der Herr darauf, daß sie sich gemeinsam an einen ruhigen Platz zurückzogen.

Die Jünger hatten während ihres Missionsdienstes Zuspruch und Ablehnung erfahren. Dabei hatten sie es nicht nur mit äußeren Gefahren zu tun, sondern auch mit solchen, die in ihnen selbst lagen. Jesus hatte sie ausgesandt, um den Menschen Gutes zu tun und die Botschaft vom Reich Gottes zu bezeugen. Als sie sahen, wie durch ihr Wort Kranke geheilt oder von dämonische Bindungen befreit wurden, lag die Versuchung nahe, das der eigenen Tüchtigkeit zuzuschreiben und in geistlichen Hochmut zu verfallen. Deshalb mußte ihnen immer wieder bewußt gemacht werden, daß die Kraft zu außergewöhnlichen Taten nicht in ihnen selbst lag, sondern von Gott kam. Sie brauchten die Gemeinschaft mit Christus, um ihre Erfahrungen zu verarbeiten und wieder zu sich selbst zu finden. Dafür sorgte der Herr, indem er sich mit ihnen in die Stille zurückzog.

Gerade um diese Zeit erreichte Jesus die Nachricht vom

Dieses Kapitel bezieht sich auf Matthäus 14,1.2.12.13; Markus 6,30–32 und Lukas 9,7–10 [1] Markus 6,30

Tod Johannes des Täufers. Das Ende seines Wegbereiters schmerzte ihn sehr und ließ ihn zugleich ahnen, welches Schicksal ihm selbst bevorstand. Er wußte, daß die Oberen ihn argwöhnisch belauerten und überall ihre Zuträger hatten, um eine Handhabe zu finden, ihn aus dem Weg zu räumen. Außerdem hatte das Wirken der Jünger in Galiläa den Vierfürsten Herodes Antipas auf Jesus aufmerksam gemacht. Dieser leichtsinnige, charakterlose und abergläubische Mann hatte Angst vor dem jungen Rabbi, denn er dachte: „Das ist der Täufer Johannes ... Er ist vom Tod auferstanden, darum kann er solche Taten vollbringen."[2] Er fürchtete, Jesus könnte ein Feuer des Aufruhrs in seinem Herrschaftsbereich entfachen. Seit einiger Zeit war die jüdische Bevölkerung so erregt, daß ein Aufstand gegen die römische Besatzung nicht ausgeschlossen war. Das würde auch der Herrschaft des Herodes ein Ende setzen. Deshalb mußte ein Weg gefunden werden, diesen Mann auszuschalten.[3] Es war also abzusehen, daß Jesus nicht mehr lange in Galiläa wirken konnte. Die ständige Überforderung durch Zuhörer und Heilungsuchende sowie die wachsende Feindschaft der geistlichen und weltlichen Obrigkeit machten den Wunsch Jesu nach einer Atempause verständlich. Hinzu kam, daß ihn das Geschick des Täufers stark bewegte. Als die Johannesjünger den verstümmelten Leichnam ihres Meisters bestattet hatten, kamen sie zu Jesus und berichteten von dem Geschehen. Immer noch waren ihre Vorbehalte gegen Christus nicht ausgeräumt. Sie verübelten es ihm, daß er Johannes nicht aus dem Gefängnis befreit hatte, und zweifelten daran, daß Jesus der Messias sei. Andererseits fühlten sie sich nach dem Tod des Täufers alleingelassen und hofften, bei Jesus Halt zu finden.

In der Nähe von Bethsaida, im Norden des Sees Genezareth, kannte Jesus eine einsame Gegend, die zum Ausspannen und Stillewerden einlud. Dorthin fuhr er mit seinen Jüngern, um für einige Zeit mit ihnen allein zu sein.

Zeiten der Stille sind unerläßlich

Zeiten der Stille und des Innehaltens hatten für Jesus nichts mit Untätigkeit zu tun. Abgeschirmt von der Außen-

---

[2] Matthäus 14,2 [3] Lukas 13,31 LT

welt, widmete er sich seinen Jüngern und sprach mit ihnen über ihren Dienst für Gott. Er machte sie auf Fehler und Schwächen aufmerksam und zeigte, wie ihre Arbeit im Werk Gottes noch wirksamer werden könnte. Und sie spürten, wie ihnen erneut Gottes Kraft zufloß.

Vor der Aussendung hatte Jesus den Jüngern gesagt, daß die Ernte für das Reich Gottes reif sei. Natürlich wußte er, daß die Apostel nur einen Teil der Arbeit tun konnten. Deshalb hatte er zu ihnen gesagt: „Bittet den Herrn, dem diese Ernte gehört, daß er Arbeiter schickt, um sie einzubringen.“ [4] Diese Aufforderung enthält eine zeitlos gültige Wahrheit: Gott will, daß die Verantwortung in seinem Werk auf möglichst viele Schultern gelegt wird. Wo das nicht der Fall ist, läuft es meist darauf hinaus, daß nur einige die Last tragen und damit überfordert sind. In der Gemeinde Jesu geht es nicht an, daß die einen über ihre Kräfte gehen, während sich andere um nichts kümmern.

Auch die Tatsache, daß sich Jesus mit den Seinen in die Stille zurückzog, hat Vorbildwirkung für uns. Niemand kann pausenlos dem Druck standhalten, der mit der Sorge für das geistliche Leben anderer verbunden ist. Wer das versucht, nimmt Schaden am inneren Menschen und setzt seine seelische und körperliche Gesundheit aufs Spiel. Gott erwartet, daß wir ihm selbstlos dienen, verlangt aber nicht, daß wir uns in seinem Werk zugrunderichten. Das nützte weder ihm noch uns, sondern würde nur dem Teufel in die Hände spielen.

Die Erfahrung zeigt, daß der Glaube und das Gebetsleben um so mehr gefährdet sind, je rastloser sich jemand für das Werk Gottes einsetzt und je größer sein Erfolg ist. Wer seine Abhängigkeit von Gott aus den Augen verliert, erliegt leicht dem Wahn, der Herr könne ohne ihn kaum noch etwas zum Wohl und Heil der Menschen ausrichten. Dabei kommt alles, was wir tun, nicht aus uns selbst, sondern entspringt der Kraft Christi. Zeiten der Andacht, des Gebets und des Bibelstudiums sind deshalb für Christen lebensnotwendig, um geistlich gesund zu bleiben und den Blick für die Wirklichkeit zu behalten. Unser Dienst für Gott wird nur dann gesegnet sein, wenn wir betende Menschen bleiben und Christus in uns wirken lassen.

---

[4] Matthäus 9,38

Er hatte immer Zeit für Gott

Bei kaum jemandem war der Tag so angefüllt mit dem Dienst für andere wie bei Jesus; dennoch nahm er sich stets genügend Zeit für das Gespräch mit seinem himmlischen Vater. Mehrfach stoßen wir in den Evangelien auf Wendungen wie: „Und am Morgen, noch vor Tage, stand er auf und ging hinaus. Und er ging an eine einsame Stätte und betete dort." Oder: „Er aber zog sich zurück in die Wüste und betete." Und: „Es begab sich aber zu der Zeit, daß er auf einen Berg ging, um zu beten; und er blieb die Nacht über im Gebet zu Gott." [5]

Christus schuf sich das nötige Gegengewicht zu seinem Dienst unter den Menschen in der täglichen Begegnung mit Gott. Für ihn war eins ohne das andere nicht denkbar. Die Kraft, in der er wirkte, hatte er ebensowenig aus sich selbst wie wir; er empfing sie durch das Gebet und die Hinwendung zu seinem himmlischen Vater. Das heißt, er war nicht weniger von Gott abhängig als wir. Darüber hinaus brachte sein Dienst Auseinandersetzungen und seelische Belastungen mit sich, die er ohne die Gemeinschaft mit Gott nicht hätte tragen können. Nur im Gebet konnte er das alles aufarbeiten, um neu gestärkt und freudig an die Arbeit zu gehen. Was er an die Menschen weitergab, hatte er zuvor in der Stille von Gott empfangen. Bei uns kann das nicht anders sein.

Deshalb wollen wir auch den Versuch machen, mit allem, was uns bedrückt, zu Jesus zu gehen. Er wird uns nicht enttäuschen, denn er rät: „Wenn aber einer von euch nicht weiß, was er in einem bestimmten Fall tun muß, so soll er Gott um Weisheit bitten. Gott wird sie ihm geben, denn er gibt gern und teilt allen großzügig aus." [6]

Was der Herr will, erkennt man am besten, indem man sich zu Gott hinwendet und Erfahrungen mit ihm macht. Wir müssen ihn zu uns sprechen lassen und aufmerken, was er uns zu sagen hat. Das kann keiner für uns übernehmen. Allerdings spricht Gott leiser als all die Stimmen in und um uns. Wer Gott hören und verstehen will, muß zuvor ruhig werden. Ein Reden und Handeln, das Kraft aus solchem Stillesein vor Gott schöpft, wird seinen Eindruck auf andere nicht verfehlen.

---

[5] Markus 1,35; Lukas 5,16; 6,12 LT [6] Jakobus 1,5

39 | Gebt ihr ihnen zu essen!

Jesus hatte sich mit seinen Jüngern an einen einsamen Ort zurückgezogen, aber die Ruhe währte nicht lang. Das Passafest stand bevor, und viele Pilger unterbrachen ihre Reise nach Jerusalem, um Jesus zu sehen und seine Botschaft zu hören. Als die Leute den Meister nicht finden konnten, stellten sie Nachforschungen an. Einige hatten gesehen, in welche Richtung er mit seinen Jüngern gefahren war. Wer in einem Boot Platz fand, folgte Jesus über den See, andere wählten einen Weg, der am Ufer in nördliche Richtung führte. Nach und nach sammelte sich um Jesus eine Zuhörerschar von 5000 Männern; Frauen und Kinder nicht mitgerechnet.

Von einem Hügel aus sah Jesus die unruhige Menschenmenge. Er hatte die Einsamkeit gesucht, um mit seinen Freunden in Ruhe sprechen zu können, doch als er die vielen Leute sah, erfaßte ihn das „Mitleid mit ihnen, denn sie waren wie Schafe, die keinen Hirten haben. Darum sprach er lange zu ihnen.“ [1]

Die Menschen waren beeindruckt von dem, was Jesus lehrte. Seine Botschaft war Balsam für ihre Seele. Er legte Todkranken die Hände auf, und sie spürten, wie neues Leben sie durchströmte. Kranke wurden geheilt, und Trauernde fanden Trost. So etwas hatten sie noch nicht erlebt. Es schien, als sei endlich das Reich Gottes auf Erden angebrochen. Die Leute vergaßen Zeit und Raum, und niemandem fiel es auf, daß sie fast schon den ganzen Tag zugehört hatten, ohne einen Bissen gegessen zu haben. Doch keiner dachte daran wegzugehen. Jesus war ebenso den ganzen Tag über tätig gewesen, ohne daß er etwas zu sich genommen oder eine Ruhepause gehabt hätte. Auch als es Abend geworden war, konnte er sich nicht einfach zurückziehen.

Schließlich erinnerten ihn die Jünger daran, daß es höchste Zeit sei, die Leute wegzuschicken. Sie hofften, daß die Menge in den umliegenden Ortschaften wenigstens Brot auftreiben

---

Dieses Kapitel bezieht sich auf Matthäus 14,13–21; Markus 6,32–44; Lukas 9,10–17 und Johannes 6,1–13 [1] Markus 6,34

könnte, um den größten Hunger zu stillen. Aber Jesus war anderer Meinung. Er sagte zu den Jüngern: „Gebt ihr ihnen zu essen!“ Und zu Philippus gewandt, fragte er: „Wo können wir genügend Nahrung kaufen, damit alle diese Leute satt werden?“ [2] Jesus wollte sehen, wie seine Jünger auf diese Herausforderung reagierten.

Sie verhielten sich so wie alle Menschen, die nur mit den Möglichkeiten rechnen, die ihnen im Augenblick zur Verfügung stehen. Philippus blickte über die Menschenmassen und antwortete: „Man müßte für über zweihundert Silberstücke* Brot kaufen, wenn jeder wenigstens eine Kleinigkeit erhalten sollte.“ [3]

Doch Jesus ließ nicht locker. Er wollte den Jüngern zeigen, wie im Aufblick zu Gott aus wenig viel werden kann. So erkundigte er sich, was an Nahrungsmitteln bei den Zuhörern vorhanden sei. Andreas hatte gesehen, daß ein Junge fünf Gerstenfladen und zwei Fische bei sich hatte. Das würde gerade reichen für eine Person, aber nicht noch andere sättigen. Doch da täuschten sich die Jünger. Jesus ließ sich das Brot und die Fische reichen und gab Weisung, daß sich die Zuhörer in Gruppen von 50 oder 100 Personen auf der Wiese lagerten. Die Jünger begriffen zwar nicht, was das sollte, gehorchten aber seinem Wort. Und dann geschah, was sich niemand erklären konnte: „Jesus nahm die Brote, dankte Gott und verteilte sie an die Menge. Mit den Fischen tat er dasselbe, und alle hatten reichlich zu essen.“ [4] So mit den Leuten umzugehen, war kennzeichnend für Jesus. Natürlich war ihm nichts wichtiger, als die Botschaft vom Reich Gottes zu verkündigen, doch er vergaß darüber nicht die rein diesseitigen Bedürfnisse der Menschen.

An diesem Geschehen ist einiges bemerkenswert, weil es über den Rahmen der konkreten Situation hinausweist. Christus vollbrachte viele Wunder, aber keines könnte man als „Selbstdarstellung“ bezeichnen. Wenn er Wunder wirkte, dann stets, um zum Glauben zu führen oder aus einer akuten Notlage herauszuhelfen und damit Gott zu ehren. Im übrigen zeigt die Speisung am See, daß Jesus nur das tat, was im Augenblick nötig war, und nicht, was sonst noch in seiner Macht gestanden hätte. Gerstenbrot und Fische waren ein be-

---

[2] Johannes 6,5 * Gemeint ist der Denar; 1 Denar war der übliche Lohn für eine Tagesarbeit. [3] Johannes 6,7 [4] Johannes 6,11

scheidenes Mahl, doch der Hunger der Zuhörer wurde gestillt. Zweifellos hätte er den Tisch auch reichhaltiger decken können, um dem Gaumen zu schmeicheln. Doch er tat es nicht. Er wollte nicht Luxus liefern, sondern das, was die Leute zum Leben brauchten und was ihnen guttat. Und sie merkten, daß ein einfaches Mahl aus Jesu Hand mehr bedeutet, als eine üppige Festtafel ohne ihn.

Nicht zuletzt geht von diesem Geschehen die Botschaft aus: Wenn wir uns mit dem zufriedengäben, was wirklich nötig ist, und einen Lebensstil pflegten, der in Übereinstimmung mit der Ordnung der Natur steht, wäre genug Nahrung für alle da. Doch das ist weithin nicht der Fall. Viele lassen sich von künstlich geweckten Bedürfnissen treiben, die mit einem schlichten, gottgefälligen Leben nichts mehr zu tun haben. Krasser Egoismus, ein verdorbener Geschmack und die Gier nach Genuß haben unendlich viel Leid über die Welt gebracht.

Als Jesus die Menschen am See Genezareth speiste, versprach er über das damalige Ereignis hinaus: Ich will eure Bedürfnisse stillen, nicht aber alle eure Wünsche – schon gar nicht euer Verlangen nach Überfluß. Euer Leben wird nicht reich durch das, was ihr besitzt, sondern dadurch, daß ich an jedem Tag bei euch bin.

Im übrigen ist das, was Jahr für Jahr in der Natur geschieht, kein geringeres Wunder als das, was Jesus bei der Speisung am See vollbrachte. Indem wir den Ackerboden vorbereiten und die Saat ausstreuen, leisten wir lediglich Vorarbeit; denn das Wachsen und Reifen bewirkt immer noch Gott. Er ist es, der durch die Gesetzmäßigkeiten, die er in die Natur hineingelegt hat, dafür sorgt, daß uns Jahr für Jahr Nahrung zuwächst. Die meisten Menschen nehmen das als selbstverständlich hin, ohne dabei an Gott zu denken. Viele bilden sich auch ein, daß sie es ihrer Tüchtigkeit zu verdanken haben, wenn es ihnen gutgeht. Gott dagegen möchte, daß wir uns immer wieder seiner Güte und seiner Gaben bewußt werden. Viele seiner Wunder tat Jesus auch, weil er dieses Ziel erreichen wollte.

Verantwortlich mit Gottes Gaben umgehen

„Als sie satt waren, sagte er zu seinen Jüngern: ‚Sammelt die Brotreste auf, damit nichts verdirbt.' Sie taten es und füllten zwölf Körbe mit den Resten.“ [5] Dieser Text ist in mehrfacher Hinsicht wichtig. Zum einen erwartet Jesus einen verantwortungsbewußten Umgang mit der Nahrung. Er will nicht, daß seine kostbaren Gaben verschwendet oder achtlos weggeworfen werden. „Sammelt die Brotreste ...“ bedeutet darüber hinaus: „Gebt euch nicht damit zufrieden, daß ihr satt geworden seid, sondern denkt auch an die anderen und gebt weiter, was ihr selbst nicht braucht.“ Das trifft auch im übertragenen Sinne zu. Wie die Zuhörer damals ihren Freunden daheim etwas von dem Brot mitnehmen konnten, das Jesus gesegnet hatte, so sollten wir es mit dem Brot des Lebens halten. Wer bei Jesu Fest dabeigewesen und satt geworden ist, soll Gottes gute Gaben an andere weitergeben, damit auch bei ihnen der Hunger der Seele gestillt wird. Nichts von dem, was uns Heil und Segen schafft, soll ungenutzt bleiben.

Das Wunder der Brotvermehrung erinnert daran, wie abhängig wir von Gott sind. Für die Zuhörer wäre es unmöglich gewesen, sich in jener abgelegenen Gegend Lebensmittel zu beschaffen. Viele hatten auch nicht das Geld dazu. Sie waren angewiesen auf das, was Jesus für sie tat. Doch auch Christus wirkte nicht aus sich selbst, sondern in Abhängigkeit von seinem himmlischen Vater, der ihn in diese Situation geführt hatte.

Niemand sollte meinen, er könne dadurch Gottvertrauen beweisen, daß er sich absichtlich oder leichtfertig in eine kritische Lage bringt. Gott ist jeder Schwierigkeit gewachsen, aber er will nicht, daß wir sie selbst heraufbeschwören. Wenn wir allerdings in Not geraten, dürfen wir getrost darauf vertrauen, daß der Herr uns zur Seite steht. Wir müssen nur bereit sein, seinen Weg zu gehen und uns seinen Weisungen gemäß zu verhalten.

Andreas – kein Einzelfall

„Andreas, ein anderer Jünger, der Bruder von Simon Petrus, sagte: ‚Hier ist ein Junge, der hat fünf Gerstenbrote und zwei Fische. Aber was hilft das bei so vielen Menschen?‘“ [6]

Gott will, daß wir uns der materiellen und geistlichen Bedürfnisse unserer Mitmenschen annehmen. Zum einen heißt

---

[5] Johannes 6,12.13 [6] Johannes 6,8

es: „Brich dem Hungrigen dein Brot, und die im Elend ohne Obdach sind, führe ins Haus …“ [7] Andererseits sagt der Herr: „Gehet hin in alle Welt und predigt das Evangelium aller Kreatur.“ [8] Wenn wir angesichts dieser Aufgaben unsere begrenzten Möglichkeiten und unsere geringe Kraft sehen, fragen wir vielleicht wie Andreas: „… was hilft das bei so vielen Menschen?“ Mitunter haben wir die Mittel, um helfen zu können, sind aber nicht bereit, uns rückhaltlos einzusetzen oder entsprechende Opfer zu bringen. Doch das, was Jesus seinen Jüngern zumutete, indem er sagte: „Gebt ihr ihnen zu essen!“ gilt im weitesten Sinne auch für uns. Es ist wichtig, den Blick für die Zusammenhänge nicht zu verlieren. Als Jesus die Jünger aufforderte, die Volksmenge zu versorgen, war bereits die Kraft gegeben, die solch ein aussichtsloses Unterfangen Wirklichkeit werden lassen konnte. Heute ist das nicht anders.

Mit der „Speisung der 5000“ sind Maßstäbe gesetzt worden, die über das historische Geschehen hinausreichen und von grundsätzlicher Bedeutung sind. Jesus erbat von seinem himmlischen Vater Speise für Tausende von Menschen und bekam sie, indem er die Mahlzeit eines Jungen auf wundersame Weise tausendfach vermehrte. Was er von Gott empfangen hatte, gab er an die Jünger weiter. Die behielten es ebenfalls nicht für sich, sondern reichten es der hungrigen Menge. Und auch da gingen Brot und Fische von Hand zu Hand, bis jeder bekommen hatte, was er brauchte.

Empfangenes weiterzugeben ist ein göttliches Prinzip, das noch immer gilt. Die Jünger waren gewissermaßen das Bindeglied zwischen Christus und den Menschen. Hier zeigt sich, daß selbst die Klügsten und Frömmsten nur weitergeben können, was sie zuvor empfangen haben. Wenn wir unseren Mitmenschen Gottes Heil vermitteln wollen, müssen wir zuvor selbst die Hände geöffnet haben. Dabei werden wir die erstaunliche Erfahrung machen, daß Geben nicht ärmer macht. Wer im Namen Gottes austeilt, hat am Ende immer mehr, als er hätte, wenn er alles für sich behalten wollte. Aus irdischer Sicht ist das nicht zu verstehen.

Das aber kann nur geschehen, wenn wir unsere persönliche Verantwortung erkennen und entsprechend handeln. Vielen ist das unbequem oder zu aufwendig. Sie wälzen das,

---

[7] Jesaja 58,7 LT [8] Markus 16,15 LT

was sie selber tun könnten, auf andere ab oder schieben es einschlägigen Institutionen zu. Doch Gott will nicht, daß andere die Aufgaben übernehmen, die er uns zugedacht hat. Im übrigen hängt der Erfolg unserer Arbeit nicht zuerst von unseren Möglichkeiten oder unserer Begabung ab, sondern vom Vertrauen auf die Kraft Gottes.

Wer von Gott mit einer Aufgabe betraut wurde, der sollte sie anpacken und nicht erst abwarten, ob andere dafür geeigneter wären. Wenn Christus mich fragt: „Wo können wir genügend Nahrung kaufen, damit alle diese Leute satt werden?" möchte er auch von mir die Antwort haben. Und die kann nicht lauten: Schicke die Leute weg, Herr, dann ist das Problem gelöst! Sie kann auch nicht heißen: Herr, suche dir einen anderen, ich bin der Sache nicht gewachsen! Christus erwartet, daß wir seinen Auftrag in der Gewißheit ausführen, daß ihm nichts unmöglich ist. Keine Frage, daß wir mit den Problemen unserer Mitmenschen nicht allein fertig werden können. Das verlangt der Herr auch gar nicht. Er sagt vielmehr: Ich bin da; deshalb bringt eure „Gerstenbrote" zu mir, damit ich sie vermehre und alle gespeist werden.

„Gott, der dem Sämann Saatgut und Brot gibt, wird auch euch Samen geben und ihn wachsen lassen, damit eure Wohltätigkeit eine reiche Ernte bringt. Er wird euch so reich machen, daß ihr jederzeit freigebig sein könnt." [9]

[9] 2. Korinther 9,10.11

40 Eine Nacht auf dem See

Das Wunder der Brotvermehrung hatte die Menschen beeindruckt. Aus der Geschichte Israels wußten sie, daß Gott ihre Vorfahren während der Wüstenwanderung mit Himmelsbrot versorgt hatte. Aber das lag anderthalb Jahrtausende zurück. Nun war einer gekommen, der mit fast nichts eine unüberschaubare Menschenmenge sättigte. Wer anders konnte das sein, als der Messias? Kein Wunder, daß sich die Nachricht verbreitete: „Das ist bestimmt der Prophet, der in die Welt kommen soll!“ [1]

Das Wunder der Speisung wurde als Beweis dafür angesehen, daß der Messias gekommen war. Nun konnte es nicht mehr lange dauern, bis aus Palästina ein Paradies auf Erden würde – ein Land, in dem „Milch und Honig fließen“. Mit einem Herrn wie Christus dürfte es nicht schwerfallen, die Römer aus dem Lande zu jagen. Und die Versorgung der jüdischen Kämpfer? Kein Problem, denn wer mit fünf Brotfladen und zwei Fischen mehr als 5000 Menschen speisen konnte, der würde aus dem Nichts auch Brot für ganze Armeen schaffen. Tote und Verwundete? Auch kein Problem, denn bei dem, der Kranke heilen und Tote auferwecken kann, sind auch die Opfer des Schlachtfeldes gut aufgehoben.

Endlich war er gekommen, der den Thron Davids einnehmen konnte. Man mußte ihn nur dazu bewegen, seinen Anspruch geltend zu machen und um die Königsherrschaft zu kämpfen. Doch in dieser Richtung hatte Jesus bisher nichts unternommen. Deshalb taten sich einige Zuhörer mit den Jüngern zusammen, um Jesus zu zwingen, endlich Farbe zu bekennen. Am besten wäre es, so meinten sie, wenn das Volk Jesus zum König ausrufen würde. Schließlich sei er ein Nachfahre Davids und damit Erbe des Königsthrons. Obendrein freuten sich viele darauf, daß die hochmütigen und machtgierigen Priester endlich in die Schranken gewiesen würden von dem, der Vollmacht von Gott besaß.

Dieses Kapitel bezieht sich auf Matthäus 14,22–33; Markus 6,45–52 und Johannes 6,14–21 [1] Johannes 6,14 LT

Jesus dachte darüber ganz anders. Ihm war klar, welche Folgen solche unbedachten Aktionen haben würde. Ein Kampf um die irdische Herrschaft würde das Reich Gottes, um das es ging, in Gefahr bringen. Jesus wußte, daß er schnell handeln mußte, wenn er dem törichten Plan der begeisterten Menge zuvorkommen wollte. Deshalb rief er seine Jünger und befahl ihnen, sofort ein Boot zu besteigen und nach Kapernaum zu fahren. Er selbst wollte nachkommen, sobald er die Leute nach Hause geschickt hatte.

Die Jünger waren fassungslos, denn damit wurden ihre Pläne durchkreuzt. Wer weiß, wann wieder eine so günstige Gelegenheit kommen würde, den Meister an die Macht zu bringen! Noch nie war ihnen der Gehorsam so schwer gefallen wie in diesem Augenblick. Dennoch fügten sie sich, weil sie spürten, daß Jesus in göttlicher Vollmacht handelte. Als er unmittelbar darauf der Menge befahl, sich zu zerstreuen, wagte niemand, sich seinem Wort zu widersetzen.

Danach stieg er allein auf einen Berg und betete dort mehrere Stunden. Er flehte um Kraft, damit er den Menschen begreiflich machen könne, daß sein messianischer Auftrag anders geartet war, als sie es sich vorstellten. Gelang ihm das nicht, würde Satan weiterhin für Irreführung sorgen. Jesus wußte, daß ihm nicht viel Zeit auf Erden blieb. Für seine Jünger würde der Abschied besonders schwer sein. Selbst in der ständigen Gemeinschaft mit Christus hatten sie sich nicht von der Vorstellung lösen können, Jesus werde Israel zu politischer Größe führen und zu einem Machtfaktor in der Völkerwelt machen. Wie würden sie es ertragen, Christus am Kreuz zu sehen statt auf dem Königsthron Davids? Aus der Sicht Gottes sollte die Kreuzigung Jesu die wahre Krönung sein; aus menschlicher Sicht dagegen sah es eher wie eine Niederlage aus. Auf sich selber gestellt, würden die Jünger an Gott verzweifeln und den Glauben verlieren. Deshalb betete Christus für sie und bat Gott, ihnen den Heiligen Geist zu schenken und sie im Glauben zu bewahren.

Die Jünger hatten eine Zeitlang auf Jesus gewartet. Als er nicht zum Boot kam, fuhren sie in Richtung Kapernaum. Sie ärgerten sich darüber, daß es der Herr nicht erlaubt hatte, ihn zum König Israels auszurufen. Ob er nachgegeben hätte, wenn sie hartnäckiger gewesen wären? Dabei ging es ihnen nicht nur um die Sache Gottes, sondern auch um persönliche Wünsche, die wenig mit dem Glauben zu tun hatten. In den Jahren ihrer Wanderschaft mit Christus hatten sie häufig Widerstand hinnehmen müssen. Nun waren sie es leid, verachtet und verfolgt zu werden oder als Anhänger eines falschen Propheten zu gelten. Warum machte der Herr nicht endlich seinen Anspruch auf den Davidsthron geltend? Das Recht und die Macht dazu hatte er doch. Für die Jünger würde dadurch vieles einfacher werden. Und dann die Sache mit Johannes dem Täufer. Warum hatte er ihn nicht den mörderischen Händen des Herodes entrissen, obwohl er dazu imstande gewesen wäre? Je mehr sie darüber nachdachten und redeten, desto dunkler wurde es in ihren Herzen. Schließlich kam ihnen sogar der beängstigende Gedanke, daß die Pharisäer und Schriftgelehrten recht haben könnten mit ihrem Vorwurf, Jesus sei ein Betrüger, der die Menschen in die Irre führe.

Sturm im Herzen der Jünger

Eigentlich hätten die Ereignisse des vorangegangenen Tages den Glauben der Jünger festigen und ihre Hoffnung stärken sollen; doch das Gegenteil war der Fall. An die Stelle des Vertrauens waren Unsicherheit und Zweifel getreten. Ihre Hoffnung wurde von Sorge und Befürchtungen überlagert. Die Gedanken liefen im Kreis, und ihr Herz war in Aufruhr. Deshalb sorgte Gott dafür, daß sich ihre Aufmerksamkeit anderen Fragen zuwenden mußte. Übrigens ist das noch heute eines der bewährten Mittel in Gottes Hand, um denen zu helfen, die sich in eine Idee verrannt haben und keinen Ausweg sehen.

Über die Jünger brach ein schweres Unwetter herein, das ihre ganze Aufmerksamkeit erforderte, um das Boot vor dem Untergang zu bewahren. Die Angst um ihr Leben ließ sie Groll, Zweifel und Ungeduld vergessen. Bei normalen Witterungsverhältnissen hätte die Überfahrt nicht lange gedauert, denn die Entfernung betrug nur vier bis fünf Kilometer. Doch jetzt trieb sie der Sturm immer wieder zurück. Stundenlang ruderten sie gegen die Wellen, schließlich gaben die übermüdeten Männer auf und ließen das Boot treiben. Sie erinnerten sich daran, wie Jesus einige Zeit zuvor Sturm und Wellen zur Ruhe gebracht hatte, und sie sehnten sich nach dem Meister.

Jesus hatte die Seinen nicht vergessen. Vom Ufer aus beobachtete er den Kampf der Jünger mit den Elementen. Er ersparte ihnen nicht die Angst um ihr Leben, aber er wollte auch nicht, daß ihnen etwas zustieß; denn sie sollten das Licht des Evangeliums bald in alle Welt tragen. Als sie den Groll gegen Jesus überwunden und ihre selbstsüchtigen Gedanken aufgegeben hatten, war die Hilfe nahe. In dem Augenblick, da sie sich für verloren hielten, sahen sie im Aufleuchten eines Blitzes eine Gestalt über das Wasser kommen. Vor Schreck wie gelähmt, entglitten die Ruder ihren Händen, und das Boot wurde vollends zum Spielball der Wellen. Keiner von ihnen dachte daran, daß es Christus sein könnte, der ihnen auf dem Meer entgegenkam. Sie glaubten vielmehr, ein Gespenst wolle ihnen den Untergang ankündigen. Vor Angst schrien sie laut auf. Erst als die Gestalt näher kam, erkannten die Jünger, daß es der Herr war. Besänftigend rief er ihnen zu: „Erschreckt nicht! *Ich* bin's, habt keine Angst!“ [2]

Einer wagt sich zu weit vor

Noch ehe die Jünger das Wunder begriffen, hatte Petrus die Lage erfaßt und rief: „‚Herr, wenn du es wirklich bist, dann befiehl mir, auf dem Wasser zu dir zu kommen!‘ ‚Komm!‘ sagte Jesus.“ [3] Vertrauensvoll trat Petrus aus dem Boot und ging auf den Herrn zu, ohne zu sinken. Doch dann schaute er sich nach den anderen um, als wollte er sagen: „Seht, was ich gewagt habe und was ich kann!“ Dabei verlor er Jesus aus den Augen. Als sich die Wellen auftürmten, bekam er Angst und begann zu sinken. Entsetzt wandte er sich wieder Jesus zu und schrie: „Hilf mir, Herr!“ Der beugte sich zu ihm hinab, ergriff seine Hand und sagte: „Du hast zu wenig Vertrauen! Warum bist du so halbherzig?“ [4]

Der Herr ließ Petrus erst los, als sie beide im Boot waren. Der Jünger schwieg beschämt, denn ihm war klar, daß Überheblichkeit und Kleinglauben ihn fast das Leben gekostet hätten.

Wie oft widerfährt es auch uns, daß wir in Schwierigkeiten geraten, weil wir mehr auf die heranstürmenden „Wellen des Lebens“ schauen als auf Christus. Vielleicht haben wir auf Jesu Wort hin etwas gewagt, geraten dann aber in Panik,

---

[2] Matthäus 14,27 [3] Matthäus 14,28.29 [4] Matthäus 14,31

weil uns die Schwierigkeiten zu überrollen drohen. Doch wenn wir den Schritt aufs „Meer“ wagen, nachdem Christus uns zugerufen hat: „Komm!“, dürfen wir auch gewiß sein, daß er uns nicht untergehen läßt. Gerade in solchen Lebenslagen trifft das Wort des Propheten Jesaja zu: „Fürchte dich nicht, ich befreie dich! Ich habe dich bei deinem Namen gerufen, du gehörst mir! Mußt du durchs Wasser gehen, so bin ich bei dir; auch in reißenden Strömen wirst du nicht ertrinken ... Denn ich bin der Herr, dein Gott; ich, der heilige Gott Israels, bin dein Retter.“ [5]

Die Geschehnisse auf dem See Genezareth sollten Petrus und den anderen Jüngern zeigen, wie sehr ihr Leben und Wirken von Gottes bewahrender Kraft abhing. Sie würden den Anfechtungen und Stürmen des Lebens nur dann gewachsen sein, wenn sie auf Jesus schauten und ihm vertrauten. Petrus wurde schwach, weil er sich zu stark fühlte. Hätte er aus dieser Erfahrung gelernt, dann wäre ihm die spätere Verleugnung des Herrn vielleicht erspart geblieben.

Vieles von dem, was uns täglich begegnet, läßt Gott zu, damit wir lernen, die Aufgaben zu bewältigen, mit denen er uns betraut hat. Wir müssen nur bereit sein, aus unseren Erfahrungen zu lernen. Manchmal brauchen wir auch Mißerfolge, damit wir nicht selbstsicher werden. Mitunter denken wir, daß nichts unseren Glauben an Gott und sein Wort erschüttern kann. Doch so sicher sollten wir nicht sein. Satan kennt viele Möglichkeiten, sich unserer Neigungen oder Schwächen zu bedienen, um uns zu Fall zu bringen. Es reicht eben nicht, mutig „aus dem Boot zu steigen“, wenn man nicht gleichzeitig Jesus zugewandt bleibt.

Matthäus beendet seinen Bericht über die Geschehnisse auf dem See Genezareth mit den Worten: „Dann stiegen beide ins Boot, und der Sturm legte sich. Da warfen sich die Jünger im Boot vor Jesus nieder und riefen: ‚Du bist wirklich der Sohn Gottes.‘“ [6]

---

[5] Jesaja 43,1–3 [6] Matthäus 14,32.33

41 Entscheidung in Galiläa

Christus wußte, daß sein Leben an einem Wendepunkt angekommen war, als er seinen Jüngern untersagte, ihn zum König auszurufen. Die ihn heute auf den Thron heben wollten, würden sich morgen von ihm abwenden, weil er nicht ihren ehrgeizigen Wünschen entsprach. Zuneigung würde in Ablehnung umschlagen und Liebe in Haß. Jesus sah diese Krise voraus, aber er tat nichts, um sie abzuwenden. Viele waren ihm nur deshalb nachgefolgt, weil sie hofften, er würde Israel zu einem mächtigen Königreich machen. Diesem Mißverständnis hatte Jesus von Anfang an entgegenzuwirken versucht. Jedenfalls hatte er niemals irgendwelche Hoffnungen auf eine weltliche Herrschaft oder irdische Vorteile genährt. Doch die meisten seiner Zeitgenossen wollten ihre diesbezüglichen Vorstellungen nicht aufgeben; das Speisungswunder schien sie darin noch bestärkt zu haben.

Obwohl die Zuhörerschar den Herrn erst spät am Abend verlassen hatte, kamen am nächsten Morgen viele ans Ufer des Sees zurück. Und weil sie den Meister nicht fanden, suchten sie ihn in Kapernaum; denn sie wußten, daß er am Abend zuvor seine Jünger dorthin geschickt hatte. Als sie erfuhren, daß Christus tatsächlich da war, wunderten sie sich, denn sie hatten ihn nicht mit den Jüngern abfahren sehen. Das Staunen wuchs, als sie hörten, was sich während der stürmischen Überfahrt auf dem See zugetragen hatte. Die Leute waren aber mit dem Bericht der Jünger nicht zufrieden, sondern wollten die Geschichte aus erster Hand hören.

Christus befriedigte ihre Neugier nicht, sondern sagte traurig: „Ich weiß genau, ihr sucht mich nur, weil ihr von dem Brot gegessen habt und satt geworden seid. Doch ihr habt nicht verstanden, daß meine Taten Zeichen sind. Bemüht euch nicht um die Nahrung, die verdirbt, sondern um Nahrung, die für das ewige Leben vorhält. Diese Nahrung wird euch der Menschensohn geben, denn Gott, der Vater, hat ihn dazu ermächtigt.“ [1] Mit anderen Worten: Kümmert

---

Dieses Kapitel bezieht sich auf Johannes 6,22–71 [1] Johannes 6,26.27

euch nicht allein um Angelegenheiten des täglichen Lebens, sondern seid offen für das, was Gott euch schenken will: geistliches Leben und inneres Wachstum.

Plötzlich waren die Leute hellwach; denn sie wollten auf keinen Fall etwas verpassen – schon gar nicht, wenn es mit dem ewigem Leben zu tun hatte. So fragten sie: „Was müssen wir tun, um Gottes Willen zu erfüllen?" Ihnen war klar, daß ewiges Leben nur aus Gottes Hand kommen konnte. Deshalb wollten sie wissen, welcher Preis dafür zu zahlen war. Jesus nannte ihn, indem er antwortete: „Gott verlangt nur eins von euch: Ihr sollt dem vertrauen, den er gesandt hat." [2] Die Fragesteller stutzten: Keine Leistungen? Keine zusätzlichen Opfer? Kein rastloser Einsatz? Dazu wären sie um des ewigen Lebens willen bereit gewesen. Doch Jesus forderte nichts weiter als Glauben an „Gottes Lamm, welches der Welt Sünde trägt".[3]

Selbstsüchtige Erwartungen bleiben unerfüllt

Die Israeliten jener Tage kannten die Prophezeiungen auf den Messias recht gut. Eigentlich hätten sie in dem, was Jesus lehrte und tat, die Erfüllung dieser Weissagungen erkennen müssen. Doch das war nicht der Fall. Ihre diesseitsorientierten Erwartungen hatten sie blind gemacht für das Geistliche. Gewiß, so dachten sie, dieser Jesus hatte am Abend zuvor Tausende von Menschen gespeist, aber so einmalig war das schließlich doch nicht. Hatte Mose nicht ein ganzes Volk fast vierzig Jahre lang in der Wüste mit Himmelsbrot versorgt? Vom Messias erwartete man noch viel mehr! Es war nicht zu leugnen, daß Jesus außergewöhnliche Zeichen und Wunder getan hatte; aber waren die nicht nur immer einzelnen zugute gekommen? Warum schenkte er nicht allen Israeliten Gesundheit, Kraft und Reichtum? Und warum machte er keine Anstalten, die Römer aus dem Land zu jagen? Einerseits behauptete er, der Gesandte Gottes zu sein, andererseits weigerte er sich, König in Israel zu werden. Wer sollte das verstehen? Viele zogen daraus den Schluß, daß sich Jesus seiner göttlichen Sendung selber nicht gewiß war. Sonst hätte er doch längst so gehandelt, wie sie es sich vorstellten.

Ein Schriftgelehrter forderte ihn deshalb heraus: „Welches

---

[2] Johannes 6,29 [3] Johannes 1,29 LT

besondere Zeichen deiner Macht läßt du uns sehen, damit wir dir glauben? Was wirst du tun? Unsere Vorfahren aßen Manna in der Wüste, wie es auch in den heiligen Schriften steht: ‚Er gab ihnen Brot vom Himmel zu essen.'" [4] Dieser Rückgriff auf die Geschichte Israels ist geprägt von typischen Aspekten. Zuerst steht im Blickfeld des Geschehens Mose, der Mittelsmann, nicht Gott, der Geber. Zum andern: Obwohl das Speisungswunder während der Wüstenwanderung dem Mose zugeschrieben wurde, murrte das Volk gegen ihn und zweifelte immer wieder an seiner Führerschaft und Vollmacht. Deshalb antwortete Jesus: „Täuscht euch nicht, nicht Mose hat euch das Brot vom Himmel gegeben, sondern mein Vater gibt euch das wahre Brot vom Himmel. Das Brot, das vom Himmel kommt und der Welt das Leben gibt, das ist wirklich Gottes Brot." [5]

Was wollte der Herr damit sagen? Nicht weniger als das: Schon damals sorgte Gott durch seinen Sohn dafür, daß Israel am Leben blieb. Damals war es Nahrung für den Körper, die das Volk empfing. Doch damit war zugleich ein Sinnbild für das geistliche Lebensbrot gegeben, das Gott in Christus allen Menschen anbieten würde. Wieder begriffen die Leute nicht, worum es Jesus wirklich ging. Das zeigte sich in der Bitte einiger Zuhörer: „Gib uns immer von diesem Brot!" Das war eine sensationelle Vorstellung, Jesus könnte mit einem Schlag die Frage nach dem täglichen Brot für alle lösen. Aber darum ging es Christus gerade nicht. Deshalb wurde er in seiner Erwiderung ganz deutlich: „Ich bin das Brot, das Leben schenkt ... Wer zu mir kommt, wird nie mehr hungrig sein. Wer mir vertraut, wird keinen Durst mehr haben." [6]

Eigentlich hätten die Zuhörer erkennen müssen, daß Jesus in Bildern sprach. Schon Mose hatte im Blick auf das Manna gesagt: „Um euren Trotz zu brechen, ließ er [Gott] euch hungern; aber dann gab er euch das Manna zu essen, von dem ihr und eure Vorfahren bis dahin nichts gewußt hattet. Damit wollte er euch zeigen, daß es nicht Brot sein muß, wovon der Mensch lebt, sondern daß ihr von allem leben könnt, was Gott euch durch sein Wort gibt." [7] Und im Buch Jeremia bekennt der Prophet: „Dein Wort ward meine Speise, sooft ich's empfing, und dein Wort ist meines Herzens

---

[4] Johannes 6,30.31 [5] Johannes 6,32.33 [6] Johannes 6,35 [7] 5. Mose 8,3

Freude und Trost ..." [8] Im Lichte solcher Aussagen wird deutlich, worum es Jesus bei der Speisung der hungrigen Menge letztlich ging. Am Abend zuvor hatte er den Menschen Speise für den Leib gegeben; doch das war lediglich eine „Anzahlung" auf das, was er ihnen für ihr geistliches Leben bieten wollte. Jesus will nicht allein den körperlichen Hunger stillen, sondern auch den der Seele. Wer geistliche Speise aus seinen Händen nimmt, dessen Leben wird sich nicht im Diesseits erschöpfen, sondern hineinwachsen in Gottes Ewigkeit. Leider verstanden damals nur wenige, was Jesus sagen wollte mit den Worten: „Ich bin das Brot des Lebens!" Heute ist es nicht viel anders. Deshalb fügte der Herr hinzu: „Aber ich habe euch gesagt: Ihr habt mich gesehen und glaubt doch nicht." [9]

Obwohl man damals Tag für Tag sehen konnte, welche Wunder Jesus vollbrachte, fragten sie: „Welches besondere Zeichen deiner Macht läßt du uns sehen, damit wir dir glauben?" Wenn das, was sie gehört und gesehen hatten, nicht genügte, würden auch weitere Zeichen und Wunder keinen Glauben bewirken. Wer nicht glauben will, findet immer eine Begründung für seinen Unglauben; und Zweifel, die man hegt und pflegt, können kaum zerstreut werden. Obwohl Jesus das wußte, wurde er nicht müde, seinen starrsinnigen Landsleuten das Heil anzubieten: „... ich werde keinen abweisen, der zu mir kommt. Ich bin vom Himmel gekommen, nicht um zu tun, was ich will, sondern um zu tun, was der will, der mich gesandt hat ... Mein Vater will, daß alle, die den Sohn sehen und sich auf ihn verlassen, ewig leben. Ich werde sie am letzten Tag vom Tod erwecken." [10]

Die religiösen Führer Israels wollten davon nichts wissen. Sie hatten ihre Entscheidung längst getroffen und versuchten, Jesus in einem zweifelhaften Licht darzustellen: „Wir kennen doch seine Eltern! Er ist doch Jesus, der Sohn Josefs! Wie kann er behaupten, er komme vom Himmel?" [11] Nie und nimmer, so gaben sie vor, konnte jemand aus derart bescheidenen Verhältnissen der Messias sein. Er war doch nur aus einer armen Handwerkerfamilie hervorgegangen und selbst genötigt, seinen kärglichen Lebensunterhalt als Zimmermann zu verdienen. Wie konnte er sich zu Fragen des

---

[8] Jeremia 15,16 LT [9] Johannes 6,36 LT [10] Johannes 6,37–39
[11] Johannes 6,42

Glaubens äußern, da er doch keine theologische Ausbildung hatte? Diese zweifelhafte Herkunft und dann die merkwürdigen Umstände seiner Geburt; irgend etwas stimmte da nicht!

Jesus durchschaute seine Kritiker und wußte, daß ihr Widerstand nicht mit sachlichen Argumenten zu entkräften war, sondern aus verstockten Herzen kam und nicht verstandesmäßig begründet war. So versuchte er gar nicht erst, seine Gottessohnschaft und seine Wunderkraft zu erklären. Er sagte nur: „Hört auf, euch zu entrüsten! Nur der kann zu mir kommen, den der Vater, der mich gesandt hat, zu mir führt ... Die Propheten haben geschrieben: ‚Sie alle werden von Gott unterwiesen sein.' Wer den Vater hört und von ihm lernt, der kommt zu mir." [12] Wer sich der Liebe Gottes verschließt, wird niemals zu Christus finden. Gott wollte es nun einmal so, daß seine Liebe zu den Menschen in seinem Sohn sichtbar werden sollte. Nur wer das glaubt, würde in Jesus von Nazareth den Gottgesandten erkennen. Die meisten Pharisäer und Schriftgelehrten wollten das nicht, deshalb fanden sie auch keinen Zugang zu Christus.

Die Zukunft hat schon begonnen

„Ich versichere euch: wer mir vertraut, wird ewig leben. Ich bin das Brot, das Leben schenkt. Eure Vorfahren aßen das Manna in der Wüste und sind trotzdem gestorben. Wer aber von dem Brot ißt, das vom Himmel kommt, wird nicht sterben. Ich bin das lebendige Brot, das vom Himmel gekommen ist. Jeder, der von diesem Brot ißt, wird ewig leben. Das Brot, das ich ihm geben werde, ist mein Leib. Ich gebe ihn hin, damit die Welt lebt." [13]

Christus kam aus der für uns unsichtbaren Welt Gottes und wurde Mensch. Das aber nicht nur, um sein Mitgefühl zu bekunden, indem er sich mit uns auf eine Stufe stellte. Sein Ziel war es, die Menschen aus der Welt der Sünde zurückzuführen in die Welt Gottes. Wie er „im Fleisch" mit uns eins wurde, so können wir nun mit ihm eins werden „im Geist". Durch den Heiligen Geist sorgt Christus dafür, daß unser Leben mit dem seinen zu einer untrennbaren Einheit verschmilzt. Das wirkt sich aus weit über das irdische Leben hinaus. Wie der Tod den Herrn nicht im Grab halten konn-

---

[12] Johannes 6,43–45 [13] Johannes 6,47–51

te, so sind auch wir fortan nicht mehr der Vergänglichkeit unterworfen. Im Glauben mit Christus verbunden sein heißt, aus seiner Hand schon jetzt ewiges Leben zu empfangen, auch wenn davon äußerlich nichts zu sehen ist. Jesu Tod und Auferstehung sind die Gewähr dafür, daß ewiges Leben für uns bereitet ist. Was Menschen auch sonst als „Himmelsbrot" bezeichnen mögen, es wird weder den Hunger nach unvergänglichem Leben stillen noch ewiges Leben schaffen. Die Erfahrung Israels während der Wüstenwanderung ist das beste Beispiel dafür. Das Manna sicherte zwar ihre irdische Existenz, gab aber denen, die es aßen, kein ewiges Leben. Deshalb wies Christus darauf hin, daß er selbst das Lebensbrot ist und daß niemand unvergängliches Leben empfängt, es sei denn, er esse von diesem Brot.

Vermutlich spielte der Herr mit seinen Worten auf das bevorstehende Passafest an, war doch das Passalamm nichts anderes als ein Hinweis auf Christus, der für die Sünde der Welt geopfert werden würde. Indem die Gläubigen vom Fleisch dieses Opfertieres aßen, sollte ihnen bewußt werden, was Jesus meinte, als er im Blick auf sich selbst sagte: „Jeder, der von diesem Brot ißt, wird ewig leben." Die Zuhörer verstanden diese Worte nicht, sondern entrüsteten sich: „Wie kann dieser Mensch uns seinen Leib zu essen geben?" Die Schriftgelehrten aber hätten wissen müssen, daß Jesu Aussage symbolisch zu verstehen war. Doch sie taten so, als wäre es wörtlich gemeint. Dadurch wollten sie das Volk verwirren und gegen Christus aufwiegeln. Um seinen Widersachern den Wind aus den Segeln zu nehmen, hätte Jesus seine Rede abmildern oder andere Bilder verwenden können, doch er tat es nicht. Im Gegenteil; er sagte die Wahrheit noch schärfer: „Täuscht euch nicht! Ihr habt keinen Anteil am Leben, wenn ihr den Leib des Menschensohnes nicht eßt und sein Blut nicht trinkt. Wer meinen Leib ißt und mein Blut trinkt, der hat das Leben für immer, und ich werde ihn am letzten Tag zum Leben erwecken. Denn mein Leib ist die wahre Nahrung, und mein Blut ist der wahre Trank. Wer meinen Leib ißt und mein Blut trinkt, der lebt in mir und ich in ihm." [14]

Was wollte er damit sagen? Den Schlüssel zum Verständnis bietet die Wendung: „... der lebt in mir und ich in ihm." Unser Körper braucht Speise, damit wir leben können; auch der

[14] Johannes 6 53–56

innere Mensch muß ernährt werden. Das Brot, von dem wir geistlich leben, ist Christus. Niemand wird dadurch satt, daß er vom Essen redet oder zusieht, wie andere essen; er muß selbst Nahrung zu sich nehmen. Im geistlichen Bereich ist es nicht anders. Überleben kann nur, wer Jesu Worte, seine Liebe und Gnade in sich aufnimmt. Christus muß ein Bestandteil von uns werden. Was das heißt, hat er uns selber vor Augen geführt. „Der Vater, von dem alles Leben kommt, hat mich gesandt, und ich lebe durch ihn. So wird auch der, der mich ißt, durch mich leben.“ [15]

Wie Christus vom Glauben an seinen himmlischen Vater lebte, so soll es auch bei seinen Nachfolgern sein. Alles, was Jesus redete und tat, war vom Vertrauen auf Gott und vom Gehorsam gegenüber dem Willen des Vaters getragen. Die völlige Übereinstimmung mit Gott machte ihn unangreifbar für das Böse. Das setzt Maßstäbe auch für uns. Bist du ein Nachfolger Jesu? Dann ist alles, was Gottes Wort über das geistliche Leben sagt, unmittelbar an dich gerichtet. Das Einswerden mit Jesus muß kein frommer Wunsch bleiben, sondern kann Wirklichkeit werden. Mag sein, daß die „erste Liebe“ abgeflaut ist, doch das muß nicht so bleiben. Nimm Christus wieder mit hinein in dein Denken und Tun, dann wirst du erfahren, daß geistliches Leben erneut in dir wächst.

Die Leute in Kapernaum wollten davon nichts wissen. Einige versuchten sogar, aus den Bildern, die Jesus bei seiner Verkündigung verwendet hatte, ihm einen Strick zu drehen. Die Kultgesetze verboten dem Israeliten den Genuß von Blut. Für Jesu Feinde stand deshalb fest: Der Mann vergeht sich am Gesetz, da er dazu aufruft, sein Blut zu trinken. Wie unsinnig eine derartige Beweisführung auch sein mochte, für die Schriftgelehrten und Pharisäer war sie Grund genug, Jesus der Gotteslästerung zu bezichtigen. Doch auch manche seiner Nachfolger reagierten auf Jesu Worte mit Unverständnis. Sie sagten: „Was er da redet, geht zu weit! So etwas kann man nicht mit anhören!“ [16] Jesus antwortete: „Ist euch das schon zu viel? Was werdet ihr erst sagen, wenn ihr den Menschensohn dorthin zurückkehren seht, wo er vorher war? Der Geist Gottes macht lebendig; alles Menschliche ist dazu nicht fähig. Aber die Worte, die ich zu euch gesprochen habe, sind vom Geist erfüllt und bringen das Leben.“ [17]

---

[15] Johannes 6,57 [16] Johannes 6,60 [17] Johannes 6,61–63

Worte, die zum Leben führen

Das Leben, das die Menschheit braucht, steckt im Wort Christi. Sein Befehl trieb dämonische Geister aus, machte Kranke gesund, bezwang die Naturgewalten und rief Menschen aus dem Tod zurück. Letztlich ist die gesamte Heilige Schrift gegründet auf das, was Christus den Menschen offenbart hat. Deshalb wollte der Herr seine Nachfolger an sein Wort als Quelle der Wahrheit binden. Eines Tages würde er zurückkehren zu Gott; dann brauchten die Jünger einen zuverlässigen Maßstab für ihren Glauben und ihren Dienst. Und das konnte nur das Wort Gottes sein. Nachfolger Jesu leben wie ihr Herr „von einem jeglichen Wort, das durch den Mund Gottes geht".

Wir sollten die Bibel sorgfältig studieren und Gott bitten, daß er uns durch den Heiligen Geist das rechte Verständnis für sein Wort schenkt. Konkret heißt das: Wir werden nur dann begreifen, was Gott sagen will, wenn uns der Heilige Geist die Augen dafür öffnet. Der Herr möchte, daß wir uns gründlich mit seinem Wort befassen, damit es schließlich ein Teil von uns selber wird. Und noch etwas: Mit seinen Verheißungen und Warnungen meint Jesus nicht irgend jemand, sondern mich ganz persönlich. Gott sandte seinen Sohn in die Welt, damit ich durch den Glauben an ihn gerettet werde. Wenn die Bibel davon berichtet, was Menschen mit Gott erlebt haben, dann sind das die Erfahrungen anderer. Der Herr aber möchte, daß auch wir Erfahrungen mit ihm machen. Daran mag der Apostel Paulus gedacht haben, als er schrieb: „Ich bin mit Christus am Kreuz gestorben; darum lebe nun nicht mehr ich, sondern Christus lebt in mir." [18] In dem Maße, wie Gottes Wahrheit unser Leben bestimmt, werden unsere Gedanken und unser Charakter zum Guten gelenkt.

Gott hat Erstaunliches zu offenbaren, aber nur der wird es empfangen, der nach der Wahrheit hungert und nach Gerechtigkeit dürstet. Wer sich dem Wort Gottes öffnet, wird erfahren, welche Kraft die Wahrheit hat. Sie ist so stark, daß sie selbst unser von Sünde verdorbenes Leben ändern und uns Anteil am Wesen Jesu geben kann. Durch Gottes Gnade wird der Nachfolger Christi zu einem neuen Menschen. Wo zuvor Haß oder gar Feindschaft herrschten, regiert nun die

[18] Galater 2,19.20

Liebe Gottes. Das und noch mehr meinte Jesus, als er von der Notwendigkeit sprach, das „Brot“ zu essen, das vom Himmel kommt.

Jesus wußte, wie es in den Herzen seiner Jünger aussah. Mit seinen Worten hatte er ihren Glauben prüfen wollen. Sie sollten erkennen, daß Zuhören und Zustimmen für ein Leben in der Nachfolge Jesu nicht ausreichen. Ob jemand wirklich zu Christus gehört, zeigt sich daran, ob er der Lehre Jesu gemäß zu leben versucht. Nachfolge heißt auch: Ehrgeizige Ideen und Ziele aufgeben; das Ich unter Gottes Herrschaft stellen; opferbereit, bescheiden und demütig sein. Wer mit Christus in der himmlischen Herrlichkeit leben möchte, muß bereit sein, hier auf Erden den Weg nach Golgatha mit ihm zu gehen.

Die Spreu scheidet sich vom Weizen

Für viele der Zeitgenossen Jesu endete der Weg der vermeintlichen Jüngerschaft im galiläischen Kapernaum. Sie meinten, Jesus habe den Bogen überspannt. Die Begeisterung, mit der man Christus eben noch zum König hatte machen wollen, war plötzlich verflogen. Den Leuten war bewußt geworden, daß sie in der Welt niemals Anerkennung finden würden, wenn sie sich zu Jesus hielten. Gewiß, er war ein Mann mit erstaunlichen Fähigkeiten, doch mit seiner Forderung nach Hingabe und einem Leben der Aufopferung konnten sie nichts anfangen. Ihnen lag an der Befreiung von der römischen Fremdherrschaft, während Jesus von einem geistlichen Reich sprach. Als die Leute merkten, daß ihre Vorstellungen von der Zukunft Israels nicht übereinstimmten mit dem, was der Mann aus Nazareth verkündete, wollten sie nichts mehr von ihm wissen.

Jesus aber wollte die Menschen nicht um jeden Preis halten, sondern sagte ihnen auf den Kopf zu: „Es sind etliche unter euch, die glauben nicht.“ Und er ergänzte: „Darum habe ich euch gesagt: Niemand kann zu mir kommen, es sei ihm denn vom Vater gegeben.“ Wenn sich die Leute nicht mehr zu ihm hingezogen fühlten, dann offensichtlich deshalb, weil sie nicht bereit waren, sich dem Wirken des Heiligen Geistes vorbehaltlos zu öffnen. Jesu herbe Kritik veranlaßte viele, die Verbindung zu ihm völlig abzubrechen. Enttäuschung, gekränkter Ehrgeiz und der Wunsch, mit den

Pharisäern und Schriftgelehrten gutzustehen, veranlaßte viele, Jesus den Rücken zu kehren. Sie hatten ihre Entscheidung gegen Christus gefällt, und die meisten von ihnen sind offenbar dabei geblieben; denn sie „wandelten hinfort nicht mehr mit ihm".[19]

Auch wir müssen es uns gefallen lassen, von Christus auf die Probe gestellt zu werden, damit deutlich wird, ob unser Glaube echt ist oder nicht. Wer sich mit der Wahrheit befaßt, spürt bald, daß er nicht so weiterleben kann wie bisher. Das zieht fast immer schmerzliche Veränderungen nach sich und erfordert Selbstverleugnung. Dazu sind die Leute heute ebensowenig bereit wie einst die Zuhörer Jesu in der Synagoge von Kapernaum. Kein Wunder, daß auch in unseren Tagen viele sagen: Das geht zu weit! Warum sollten wir uns auf so etwas einlassen?

Wahrheit? – nicht gefragt!

Solange Gott die Menschen „satt macht" und ihre Wünsche erfüllt, sind sie begeistert. Aber wenn er ihnen ihre Schuld vor Augen führt und zur Buße ruft, kehren ihm viele den Rücken. Doch man kann nicht einfach von Jesus weggehen und so tun, als wäre nichts gewesen.

Viele von denen, die Jesus damals verließen, öffneten sich einem Einfluß, der nichts mehr mit dem Geist Christi zu tun hatte. Sie verloren das Interesse an ihm und seiner Lehre, schwenkten teilweise auf den Kurs seiner Feinde ein, zweifelten an Jesu Lauterkeit und verdrehten seine Worte. So kam das Gerücht auf, er selbst habe in Abrede gestellt, der Messias zu sein. Das schürte die Unruhe im Volk und sorgte dafür, daß sich die öffentliche Meinung auch in Galiläa gegen Jesus richtete. Israel lehnte seinen Erlöser ab, weil die Menschen vorwiegend am irdischen Brot interessiert waren, weniger an der geistlichen Speise, die Jesus ihnen anbot.

Für Christus muß es ein harter Schlag gewesen sein, als er sah, daß viele ihm den Rücken kehrten. Sein Mitleid mit den Bedürftigen, seine Liebe zu den Verlorenen und sein Angebot der Errettung von Sünde und Tod wurden irdischer Vorteile wegen zurückgewiesen. Jesus erfuhr genau das, was der Prophet Jesaja im Blick auf den Messias vorhergesagt hatte:

---

[19] Johannes 6,66 LT

„Alle verachteten und mieden ihn; denn er war von Schmerzen ... gezeichnet. Voller Abscheu wandten wir uns von ihm ab. Wir rechneten nicht mehr mit ihm.“ [20]

Obwohl Jesus darunter litt, daß sich so viele von ihm abkehrten, unternahm er nichts dagegen. Nur seine engsten Mitarbeiter – die zwölf Jünger – fragte er: „Und ihr, was habt ihr vor? Wollt ihr mich auch verlassen?“ Petrus antwortete: „Herr, zu wem sonst sollten wir gehen? Deine Worte bringen das ewige Leben. Wir glauben und wissen, daß du der Gesandte Gottes bist.“ [21] Damit hatte einer von ihnen ausgesprochen, was sie alle empfanden: Wir können uns ein Leben ohne dich nicht vorstellen! Wer sonst könnte uns bieten, was wir bei dir haben: Freude, Frieden und ewiges Leben?

Keiner von ihnen konnte sich vorstellen, in das Dunkel des Unglaubens und der Ungewißheit zurückzukehren. Ohne Christus leben zu müssen, wäre weit schlimmer als das, was sie auf dem sturmgepeitschten Meer erlebt hatten. Gewiß, sie konnten nicht alles verstehen, was Jesus sagte und tat, aber sie spürten, daß es um ihr Heil und das der ganzen Welt ging. Wir mögen ähnlich empfinden. Wenn wir Gottes Wege nicht begreifen und seine Absichten uns verborgen bleiben, sollten wir dennoch nicht an seiner Liebe und Fürsorge zweifeln. Wenn wir in Jesu Nähe bleiben, dürfen wir uns in seiner Gnade geborgen wissen, auch wenn Gottes Geist unsere Fehler und Schwächen ans Licht bringt.

Die Entscheidung war nötig

Obwohl Jesus traurig war über das Geschehen in Kapernaum, überraschte es ihn nicht, daß viele von ihm gingen. Er wußte im voraus, was seine Worte bewirken würden. Dabei ging es ihm besonders um die Zwölf. Seine Freunde ahnten noch nichts von dem Leidensweg, der ihn bis zum Tod am Kreuz führen würde. Diese Krise würde kommen. Wie sollten die Jünger den Todeskampf Jesu in Gethsemane, den Verrat und die Kreuzigung überstehen, wenn sie sich nicht vorher bedingungslos auf seine Seite gestellt hatten? Was auf Jesus und seine Jünger zukam, war nichts für Halbherzige und Unentschiedene. Deshalb war es nötig, vorher die Spreu

---

[20] Jesaja 53,3 [21] Johannes 6,67–69

vom Weizen zu trennen. Jesus wollte seine Jünger davor bewahren, daß zu den bitteren Erfahrungen, die mit seinem Leiden und Sterben über sie kommen würden, auch noch das Erlebnis eines Massenabfalls hinzukam. Nun, da er noch frei und in ihrer Nähe war, konnte er seine Getreuen vor dem Sturz ins Bodenlose bewahren. Sie sollten gestärkt und im Vertrauen auf ihn in die Glaubensprüfung hineingehen. Welch eine Liebe offenbarte sich schon darin, daß Jesus im Blick auf sein Leiden und Sterben mehr an seine Jünger dachte als an sich selbst!

42 Traditionen reichen nicht

Mit der Aussendung der Jünger dehnte sich Jesu Einfluß viel weiter aus, als dem Hohen Rat recht sein konnte. Doch offiziell konnte man dem nicht Einhalt gebieten. Als Jesus in Galiläa zu predigen begann, hatte man Spitzel nach Kapernaum geschickt, um ihn zu überwachen. Außerdem hatten jene Leute den Auftrag, Jesus in Streitgespräche zu verwickeln, um ihn so vor dem Volk unglaubwürdig zu machen. Das aber war nicht gelungen. Die Späher waren selbst in Bedrängnis geraten, weil sie der Argumentation des Herrn nicht gewachsen waren. Deshalb sandten die Oberen erneut Zuträger nach Galiläa; die sollten Informationen sammeln, die sich gegen den Nazarener verwenden ließen. Es ging darum, ihm das Nichtbeachten religiöser Vorschriften nachzuweisen. Deren gab es viele im Judentum. Die Satzungen sollten ursprünglich das Gesetz Gottes schützen, hatten sich im Laufe der Zeit zu einem Gesetz neben den göttlichen Geboten entwickelt. Den Vorschriften der Rabbiner wurde sogar höhere Bedeutung zugemessen als den Geboten Gottes.

Besonders streng wurden die zeremoniellen Reinigungsvorschriften gehandhabt. Es galt als schwere Sünde, wenn jemand vor dem Essen das geforderte Waschen der Hände unterließ. Wer alle rabbinischen Vorschriften beachten wollte, stand in einem lebenslangen Kampf gegen rituelle Verunreinigung. Die zahlreichen Verordnungen führten dazu, daß viele Gläubige über dem, was zur religiösen Norm erhoben worden war, den Willen Gottes aus den Augen verloren.

Jesus und seine Jünger hielten nichts von dieser Art Frömmigkeit und beachteten nicht die Satzungen der Ältesten. An dieser Stelle versuchten die Feinde Christi den Hebel anzusetzen. Zwar wagten sie nicht, den Herrn selber anzugreifen, warfen ihm aber vor, daß er seine Jünger nicht dazu anhalte, den bekannten Vorschriften Genüge zu tun: „Warum übertreten deine Jünger die Satzungen der Ältesten? Denn sie waschen ihre Hände nicht, wenn sie Brot essen.“ [1]

Dieses Kapitel bezieht sich auf Matthäus 15,1–20 [1] Matthäus 15,2 LT

Christus machte gar nicht erst den Versuch, seine Jünger zu verteidigen; er wollte vielmehr seinen Kritikern zeigen, daß ihre religiösen Vorschriften häufig im krassen Widerspruch zu dem standen, was Gott will. Deshalb stellte er ihnen eine Gegenfrage: „Und warum übertretet ihr das Gebot Gottes euren Vorschriften zuliebe?" Dem zu erwartenden Protest seiner Gegner kam er zuvor, indem er seinen Vorwurf anhand des fünften Gebotes erhärtete: „Gott hat gesagt: ‚Ehre deinen Vater und deine Mutter!' und: ‚Wer zu seinem Vater oder seiner Mutter etwas Schändliches sagt, wird mit dem Tod bestraft.' Ihr dagegen behauptet: ‚Wenn jemand zu seinem Vater oder seiner Mutter sagt: Was ich euch eigentlich geben müßte, ist für Gott bestimmt – dann braucht er seine Eltern nicht mehr durch Unterstützung zu ehren.' So macht ihr Gottes Gebot ungültig durch eure eigenen Vorschriften." [2]

Worum ging es? Damals konnten sich Kinder der Verantwortung ihren Eltern gegenüber dadurch entziehen, daß sie ihr Hab und Gut dem Tempel übereigneten. Solange sie lebten, gehörte alles ihnen; erst nach ihrem Tod fiel der Besitz dem Heiligtum zu. Selbstverständlich, so argumentierten die Rabbiner, sei das Recht des Tempels höher zu bewerten als das der Eltern. Kinder mußten demnach nicht für den Lebensunterhalt ihrer Eltern sorgen, wenn sie ihr Vermögen dem Tempel versprachen. So konnte man sich unter dem Deckmantel der Frömmigkeit den elementarsten menschlichen Pflichten entziehen.

Selbst für Jesu Jünger war es nicht immer leicht, zwischen Gottes Willen und den von Menschen gemachten Vorschriften zu unterscheiden. Schließlich waren sie in den Traditionen Israels aufgewachsen. Besonders deshalb wollte Jesus ihnen zeigen, welche Gesinnung sich hinter manchen der rabbinischen Vorschriften verbarg. Wer Jesus nachfolgen wollte, sollte aber frei sein von den Fesseln menschlicher Überlieferung, die eine wahre Beziehung zu Gott nur erschwerten oder gar verhinderten. Aus diesem Grund ging Jesus mit seinen Kritikern hart ins Gericht. Er warf ihnen vor: „Ihr Scheinheiligen, treffend hat der Prophet Jesaja von euch gesprochen: ‚Dieses Volk da ehrt mich nur mit Worten, sagt Gott, aber mit dem Herzen ist es weit weg von mir. Ihr gan-

[2] Matthäus 15,4–6

zer Gottesdienst ist sinnlos, denn sie lehren nur Gebote, die sich Menschen ausgedacht haben.'" [3]

Indem der Herr auf den Streitpunkt – die rituellen Waschungen vor dem Essen – zurückkam, sagte er: „Hört zu und versteht! Nicht das macht den Menschen unrein, was er durch den Mund in sich aufnimmt, sondern das, was aus seinem Mund herauskommt!" [4] Wer menschliche Verordnungen, wie fromm sie auch scheinen mögen, wichtiger nimmt als die göttlichen Gebote, mißachtet Gott.

Die Ablehnung wächst

Die Späher des Hohen Rates fühlten sich gedemütigt. Sie hatten gedacht, Jesus in die Enge treiben zu können; nun saßen sie selber in der Falle. Sie wollten Jesus der Gesetzesübertretung bezichtigen, doch nun hatte er den Spieß umgedreht und ihnen Mißachtung des Gesetzes nachgewiesen. Das machte sie maßlos zornig. Jesus selbst kümmerte sich nicht darum, aber seine Jünger kamen zu ihm und sagten: „Weißt du, daß die Pharisäer über deine Worte empört sind?" Der Herr antwortete: „Alles, was mein Vater im Himmel nicht selbst gepflanzt hat, wird ausgerissen werden. Laßt sie doch! Sie wollen Blinde führen und sind selbst blind. Wenn ein Blinder einen anderen führt, fallen beide in die Grube." [5]

Was meinte Jesus damit? Die Tradition, die den Pharisäern so viel bedeutete, konnte dem prüfenden Blick Gottes nicht standhalten. Was der Mensch auch tut, es wird am Jüngsten Tag nichts taugen, wenn es nicht dem Willen Gottes entspricht und ihm dient.

Auch in der Christenheit unserer Tage gibt es vieles, was nicht durch Gottes Wort zu begründen ist, sondern lediglich der Überlieferung entstammt. Man ist in religiösen Traditionen aufgewachsen und fühlt sich ihnen so stark verbunden, daß mit Unverständnis oder Zorn reagiert wird, wenn man daran rüttelt. Nachfolger Jesu aber haben den Auftrag, andere zum Glauben an Jesus und zum Gehorsam gegenüber Gott zu rufen. Viele hören das nur ungern so wie einst die Pharisäer. Wir sollten uns deshalb nicht wundern, wenn uns Feindschaft entgegenschlägt seitens derjenigen, die lieber an Überlieferungen und Kulten festhalten möchten. In der Of-

---

[3] Matthäus 15,7–9 [4] Matthäus 15,11 [5] Matthäus 15,12–14

fenbarung des Johannes heißt es: „Der Drache wurde wütend über die Frau und ging fort, um ihre übrigen Nachkommen zu bekämpfen. Das sind die Menschen, die Gottes Gebote befolgen und der Botschaft von Jesus treu bleiben.“ [6]

Wer wirklich zu Gott gehören will, wird sich nicht auf „Kirchenväter“ oder andere religiöse Autoritäten stützen. Grundlage unseres Glaubens kann nur Gott und sein Wort sein. Das meinte Jesus, als er sagte: „Ihr ganzer Gottesdienst ist sinnlos, denn sie lehren nur Gebote, die sich Menschen ausgedacht haben.“

---

[6] Offenbarung 12,17

43 Christus reißt die Schranken nieder

Nach der Auseinandersetzung mit den Pharisäern verließ Jesus Kapernaum und ging in das Hügelland an der Grenze zu Phönizien. Im Westen sah man die Hafenstädte Tyrus und Sidon mit ihren Tempeln und Palästen. Dahinter breitete sich das Mittelmeer aus, das die Apostel später überqueren würden, um das Evangelium bis nach Rom zu tragen. Für diese Aufgabe wollte der Herr seine Jünger vorbereiten. Doch das war nicht der einzige Grund seiner Reise.

„Eine kanaanitische Frau, die dort wohnte, kam zu ihm und rief: ‚Herr, du Sohn Davids, hab Erbarmen mit mir! Meine Tochter wird von einem bösen Geist sehr geplagt.'"[1] Die Leute dieser Gegend stammten von den kanaanitischen Ureinwohnern ab und waren Heiden. Zwar hatten sich auch viele Juden dort niedergelassen, aber die wollten nichts zu tun haben mit den phönizischen Götzendienern. Offensichtlich hatte sich das Wunderwirken Jesu auch in diesem Gebiet herumgesprochen, und die heidnische Frau erwartete, daß der Prophet aus Nazareth ihrer Tochter helfen würde. Christus war ihre letzte Hoffnung, nachdem sie bei den heidnischen Göttern keine Hilfe gefunden hatte. Gewiß, sie war keine Israelitin, doch es war bis zu ihr gedrungen, daß Jesus ohne Ansehen der Person half. Also beschloß sie, ihm ihr Leid zu klagen.

Jesus kannte die Not dieser Mutter und richtete es so ein, daß sie sich begegneten. Dabei ging es ihm nicht nur um die Frau und ihre kranke Tochter, sondern er wollte seinen Jüngern eine wichtige Lehre erteilen. Wie die meisten Juden jener Zeit hegten auch die Jünger Vorurteile gegen alles, was nicht jüdischer Herkunft war. Entscheidend war allein, selbst zum auserwählten Volk zu gehören. Die geistliche Finsternis der heidnischen Bevölkerung interessierte sie nicht. Doch wie sollten sie später die Botschaft vom Reich Gottes in aller Welt verkündigen, wenn die Mauern der Vorurteile

---

Dieses Kapitel bezieht sich auf Matthäus 15,21–28 und Markus 7,24–30
[1] Matthäus 15,22

und der Verachtung stehen blieben? Christus wollte diese trennenden Schranken ein für allemal niederreißen. Das freilich tat er auf ungewöhnliche Weise: „Aber Jesus gab ihr keine Antwort."

Das ist schwer zu verstehen, es sei denn, man begreift, daß Christus seinen Jüngern auf ganz drastische Weise zeigen wollte, wie herzlos sich die Juden zu Andersgläubigen verhielten. Die kanaanitische Frau war offenbar an solches Verhalten gewöhnt. Unbeirrt lief sie hinter Jesus her und bedrängte ihn, ihrer Tochter zu helfen. Die Jünger ärgerten sich über diese Hartnäckigkeit, zumal sie Jesu Verhalten so deuteten, daß auch er nichts mit der Frau zu tun haben wollte. Sie drängten ihn deshalb: „Sieh zu, daß du sie loswirst; sie schreit ja hinter uns her!" Jesus sagte: „Ich bin nur zu der verlorenen Herde, dem Volk Israel, gesandt worden." [2] Diese Antwort entsprach genau dem damaligen Denken, dennoch spürten die Jünger einen versteckten Vorwurf. Später begriffen sie, daß der Herr sie an das erinnerte, was er ihnen bisher vergeblich klarzumachen versucht hatte – nämlich: daß er allen Menschen das Heil bringen wollte.

Die Frau hingegen hätte längst einsehen müssen, daß ihre Lage aussichtslos war, doch sie gab nicht auf. Sie warf sich vor Jesus nieder und rief: „Hilf mir doch, Herr!" Und wieder verhielt sich Christus geradezu befremdlich, indem er antwortete: „Es ist nicht recht, den Kindern das Brot wegzunehmen und es den Hunden vorzuwerfen." [3] Obwohl Christus ein Bild benutzte, wußte jeder, was gemeint war. Die „Kinder" – das war das Volk Israel; mit den „Hunden" waren die Heiden gemeint. Dieser Einschätzung gab es aus jüdischer Sicht nichts hinzuzufügen. Solch eine Abfuhr mußte auch den hartnäckigsten Bittsteller entmutigen. Nicht so die Phönizierin. Sicher hatte sie gespürt, daß Jesus trotz seiner barschen Worte bereit war, ihr zu helfen. Deshalb antwortete sie: „Gewiß, Herr ..., aber die Hunde bekommen doch wenigstens die Brotkrumen, die vom Tisch ihrer Herren herunterfallen." [4]

Eine erstaunliche Erkenntnis, und das bei einer Heidin! Sie fragte nicht, ob es recht sei, zwischen „Herren" und „Hunden" zu unterscheiden, sondern stellte nur fest, daß auch Hunde das Recht auf Nahrung haben. Wenn Gottes

---

[2] Matthäus 15,23.24 [3] Matthäus 15,26 [4] Matthäus 15,27

Segnungen zuerst für Israel gedacht waren, mußte das nicht bedeuten, daß alle anderen leer auszugehen hätten. Sollte von der Fülle der Wohltaten, die Gott zu verschenken hat, nicht auch etwas für jene abfallen, die nicht zum auserwählten Volk gehörten? Die Frau konnte und wollte das nicht glauben! Wenn sie sich schon in die Kategorie „Hund" einordnen mußte, wollte sie wenigstens ihren Anspruch auf ein paar Krumen der Barmherzigkeit Gottes geltend machen.

Welch ein Glaube!

Jesus hatte sein Ziel erreicht. Am Beispiel dieser Mutter sollte deutlich werden, daß die von Israel verachteten Völker nicht länger außerhalb des Heils standen, sondern durch den Glauben Kinder Gottes sein konnten. Und als Kinder hatten sie das Recht, den Vater um das zu bitten, was ihnen an guten Gaben zustand. Deshalb sagte Jesus: „Du hast ein großes Vertrauen, Frau! Was du willst, soll geschehen." [5] Und es geschah, denn im selben Augenblick wurde ihre Tochter gesund. Die Mutter ging nach Hause und bezeugte freudig, daß Christus ihr geholfen hatte. Für die Phönizierin und viele andere war diese Erfahrung wichtig, zeigte sie doch, was unbeirrter Glaube vermag. Zugleich war dieses Geschehen eine notwendige Lektion für die Jünger, die erkennen mußten, daß Christus bei der Verkündigung der Heilsbotschaft längst über die Grenzen seines Volkes und Landes hinaus dachte. Durch die Begegnung mit der Kanaaniterin sollte deutlich gemacht werden, daß hinfort Juden und Heiden gleichermaßen Kinder Gottes sind – oder wie Paulus es später ausdrückte: „Durch Jesus Christus bekommen die anderen Völker von Gott dasselbe Vorrecht wie das Volk Israel. Sie gehören mit dem erwählten Volk zusammen zum Leib Christi. Auch ihnen gelten die Zusagen, die Gott seinem Volk gemacht hat." [6]

Eigentlich hätte das den Jüngern längst klar sein müssen, denn Jesu Verhalten gegenüber dem Hauptmann von Kapernaum und in Sichem hatte gezeigt, daß er bei denen, die an ihn glaubten, nicht danach fragte, zu welchem Volk sie gehörten. Von daher erschließt sich in den Worten „Ich bin nur zu der verlorenen Herde ... gesandt worden" eine tiefe Bedeutung, die nicht auf den ersten Blick erkennbar ist. War es nicht

[5] Matthäus 15,38 [6] Epheser 3,6

schon immer Israels Aufgabe, die Völker zum Heil Gottes zu rufen? Doch man hatte sich statt dessen von allem Nichtjüdischen abgegrenzt und erging sich in geistlichem Hochmut. Die phönizische Mutter war solch ein „verlorenes Schaf", das längst zur „Herde Gottes" hätte gehören können, wenn Israel seinem Auftrag nachgekommen wäre. Nun tat Jesus, was sein Volk versäumt hatte. Durch dieses Erlebnis wurden den Jüngern die Augen dafür geöffnet, daß auch außerhalb Israels Verlangen nach Wahrheit und Sehnsucht nach dem Heil lebendig waren. Als Jesus später am Kreuz für die Sünden der ganzen Welt starb, begriffen die Jünger, daß die Schranken, die zwischen Juden und Nichtjuden noch immer bestanden, endgültig niedergerissen worden waren. Das gab ihnen den Mut zur weltweiten Verkündigung des Evangeliums.

Man könnte fragen: Was geht uns das alles an? Was damals geschah, ist nicht nur biblische Geschichte, sondern gilt auch für unsere Zeit. Nach wie vor werden – auch von Christen – Barrieren errichtet durch Vorurteil, Stolz, Überheblichkeit, Selbstsucht, Ausgrenzung oder falschverstandene Frömmigkeit. Das kann dazu führen, daß sich einzelne oder gesellschaftliche Gruppen wie auch ganze Völker vom Heil ausgeschlossen fühlen. Wer andere solche Zurücksetzung spüren läßt, wirkt nicht im Sinne Jesu. Bemerkenswert an den Geschehnissen in Phönizien ist die Tatsache, daß die heidnische Frau – nicht die Jünger – die Schranken zu überwinden versuchte. Leicht war das nicht, aber sie gab nicht auf, weil sie auf die Gnade Jesu baute. Das erwartet Jesus auch von uns. Grundsätzlich gilt, daß jeder ein Teilhaber der Verheißungen Gottes sein kann, es sei denn, er schließt sich selbst davon aus. Gott macht keinen Unterschied, er achtet und liebt alle gleichermaßen. Deshalb lädt er unterschiedslos alle ein, zu ihm zu kommen und in Gemeinschaft mit ihm zu leben. „Das gilt für alle; es gibt hier keinen Unterschied zwischen Juden und Nichtjuden. Beide haben denselben Herrn. Er beschenkt alle reich, die sich zu ihm bekennen. In den heiligen Schriften heißt es ja auch: ‚Wer sich zum Herrn bekennt, wird gerettet.'"[7]

[7] Römer 10,12.13

44 | Beweise, daß du Gottes Sohn bist!

Als Jesus die Gegend um Tyrus und Sidon verließ, kam er wieder in das Gebiet der Zehn Städte, wo er seinerzeit zwei Männer aus der Gewalt von Dämonen befreit hatte. Damals waren die Menschen dort nicht gut auf Christus zu sprechen, weil sie meinten, er sei schuld am Verlust einer riesigen Schweineherde. Inzwischen war die Stimmung umgeschlagen. Die Leute hatten so viel Gutes über Jesu Wirken gehört, daß sie sich begeistert um ihn scharten, als er nun durch ihr Gebiet zog. Unter den Zuhörern war auch ein Mann, der weder hören noch sprechen konnte. Man brachte ihn zu Jesus, damit er ihn heile. Die meisten Heilungswunder hatte Christus bisher so gewirkt, daß er der Krankheit zu weichen gebot. Diesmal ging er ganz anders vor: „Jesus führte ihn ein Stück von der Menge fort und legte seine Finger in die Ohren des Kranken; dann berührte er dessen Zunge mit Speichel. Er blickte zum Himmel empor, stieß einen Seufzer aus und sagte zu dem Mann: ‚Effata!' Das heißt: ‚Öffne dich!' Im selben Augenblick konnte der Mann hören, auch seine Zunge löste sich, und er konnte richtig sprechen." [1] Diesem körperlich Kranken konnte Jesus helfen, doch es bekümmerte ihn, daß viele, die gesunde Ohren hatten, taub waren für die Wahrheit.

Als Jesus einen Hügel hinaufstieg, folgte ihm die Menge und brachte Kranke und Gebrechliche zu ihm. Er heilte sie alle. Obwohl die meisten Leute keine Juden waren, priesen sie den Gott Israels, der ihnen durch Christus viel Gutes erwiesen hatte. Der Zustrom hörte nicht auf. Tagsüber drängten sich die Leute um Jesus, nachts schliefen sie unter freiem Himmel, um in seiner Nähe bleiben zu können. Als nach drei Tagen die Nahrungsvorräte zur Neige gingen, forderte Jesus seine Jünger auf, den Leuten etwas zu essen zu geben. Die Zwölf hatten schon einmal vor einer ähnlichen Aufgabe gestanden, als Christus ihnen befahl, weit über 5000 Men-

---

Dieses Kapitel bezieht sich auf Matthäus 15,29–39; 16,1–12 und Markus 7,31–37; 8,1–21 [1] Markus 7,33–35

schen mit Brot zu versorgen. Man hätte also erwarten können, daß sie – eingedenk der damaligen Erfahrung – mit den vorhandenen Lebensmitteln zu Jesus gekommen wären, damit er das wenige segne und vermehre. Doch sie verhielten sich so wie damals: „Wo sollen wir hier in dieser unbewohnten Gegend genug Brot bekommen, um so viele satt zu machen?“ [2] Da erlebten sie zum zweitenmal, wie ihr Herr aus wenigem – es waren sieben Fladenbrote und ein paar kleine Fische – Speise für Tausende von Menschen schuf. Als alle satt waren, blieben sieben Körbe mit Resten übrig.

Danach schickte Jesus die Menschen nach Hause und fuhr mit seinen Jüngern über den See nach Magdala. Das Vertrauen der kanaanitischen Mutter in der Region von Tyrus, die wegen ihrer kranken Tochter gekommen war, hatte Jesus froh gemacht. Auch die Begegnung mit den Bewohnern im Gebiet der Zehn Städte hatte ihm wohlgetan; zeigte sich doch, daß durch sein Wirken und seine Predigt selbst unter den Heiden Vorurteile und Feindschaft überwunden worden waren. Als er dagegen nach Galiläa zurückkehrte, schlug ihm von seiten seiner Landsleute nichts als Unglaube und unverhohlene Ablehnung entgegen. Das mag ihn um so mehr geschmerzt haben, als er gerade in diesem Gebiet die meisten Werke der Barmherzigkeit vollbracht und seine bedeutendsten Predigten gehalten hatte.

Jesus wird herausgefordert

Damals gab es in Israel zwei religiöse Gruppierungen, die sich gegenseitig beargwöhnten und wenig voneinander hielten: Pharisäer und Sadduzäer. Doch als es darum ging, Jesus aus dem Weg zu räumen, waren sie sich einig. Um Christus auf die Probe zu stellen, verlangten sie ein Zeichen vom Himmel, das ihn eindeutig als den Gesandten Gottes ausweisen sollte. In der Geschichte Israels gab es etliche Geschehnisse, durch die sich Gott auf außergewöhnliche Weise zu den Führern des Volkes bekannt hatte, so wie beim Kampf gegen die Kanaaniter, wo auf den Befehl Josuas die Sonne nicht unterging. Wenn sich Gott in alter Zeit so deutlich zu dem Führer seines Volkes bekannte, müßte er sich zu Jesus, dem angeblichen Messias, erst recht durch ein unwiderlegbares Zei-

[2] Matthäus 15,33

chen bekennen. Christus durchschaute seine Gegner und wußte, daß sie in ihrer Feindschaft schon so verhärtet waren, daß sie sich auch durch Zeichen und Wunder nicht hätten umstimmen lassen. Darum antwortete er: „Wenn der Abendhimmel rot ist, dann sagt ihr: ‚Morgen gibt es schönes Wetter.' Und wenn der Morgenhimmel rot und verhangen ist, sagt ihr: ‚Es wird regnen.' Ihr könnt also das Aussehen des Himmels beurteilen und schließt daraus, wie das Wetter wird. Warum versteht ihr dann nicht, was die Ereignisse dieser Zeit ankündigen? Wie verkehrt sind doch diese Leute! Von Gott wollen sie nichts wissen, aber Beweise wollen sie sehen. Der einzige Beweis, den sie bekommen werden, entspricht dem, was mit dem Propheten Jona geschehen ist." [3] Bei anderer Gelegenheit hatte Jesus seinen Gegnern fast dasselbe gesagt. In beiden Fällen bezog er sich auf den Propheten Jona, den Gott beauftragt hatte, die Bewohner der assyrischen Hauptstadt Ninive zur Umkehr zu rufen. Damals hatte die Predigt des Gottesmannes die Menschen zur Buße bewegt, so daß Gott sie verschonte. An dieses Geschehen knüpfte Christus an und sagte: „Am Tag des Gerichts werden die Bewohner von Ninive aufstehen und die Menschen von heute anklagen, denn als Jona sie warnte, haben sie ihr Leben geändert. Und hier steht ein Größerer als Jona!" [4]

Was sollte denn noch geschehen, um die Obersten davon zu überzeugen, daß Jesus von Nazareth Gottes Sohn war? Jedes seiner Wunder war ja ein Zeichen seiner Göttlichkeit. Mit allem, was er sagte und tat, erfüllte er die Vorhersagen über das Wirken des Messias. Doch den Pharisäern und Sadduzäern war all das ein ständiges Ärgernis, schmälerte es doch ihren Einfluß auf das Volk. Den meisten von ihnen war das Schicksal der einfachen Leute gleichgültig. Mitunter waren sie sogar schuld daran, wenn Menschen unterdrückt wurden und leiden mußten. Wenn sie dann sahen, wie Jesus denen half, deren körperliche oder seelische Not sie mit verursacht hatten, fühlten sie sich beschämt und bloßgestellt.

Der wirkliche Beweis

Es ist schon widersinnig, daß ausgerechnet das, was Jesus als den Gottgesandten auswies, von seinen Gegnern ver-

---

[3] Matthäus 16,2–4 [4] Matthäus 12,39–41 LT

drängt oder falsch gedeutet wurde. Sie wollten einfach nicht sehen, daß alles, was er sagte und tat, auf das leibliche und geistliche Wohl der Menschen zielte. Sie verschlossen die Augen davor, daß sein Leben das Wesen Gottes widerspiegelte; und dieses Leben in der Übereinstimmung mit dem Vater war das größte aller Wunder.

Und wie ist es heute? Wenn Gottes Wahrheit ganz eindeutig verkündet wird, rufen viele: „Wir brauchen ein Zeichen! Wir wollen Wunder sehen!“ Christus hat sich nie auf derartige Forderungen eingelassen, weder auf die der Pharisäer noch auf die Satans bei der Versuchung in der Wüste. Auch dem Nachfolger Jesu werden keine außergewöhnlichen Kräfte verliehen, um den Forderungen nach Zeichen und Wundern zu entsprechen. Das heißt nicht, daß Zeichen und Wunder bei der Verkündigung des Evangeliums keinen Platz hätten. Aber die Frohe Botschaft ist doch an sich schon ein Wunder. Es ist nicht selbstverständlich, daß wir frei geworden sind von der Macht Satans. Der Anstoß dazu kam auch nicht aus uns selbst, sondern wurde von Gottes Geist gewirkt. Ist es etwa kein Wunder, wenn ein Mensch, dem es bisher nur um die Erfüllung seiner Wünsche ging, so umgewandelt wird, daß sein Herz offen ist für Gott und seinen Nächsten? Wenn Sünder umkehren und sich zu Gott hinwenden, wenn sich ihre Gesinnung und ihr Leben verändert, ist das ein Zeichen dafür, daß Gott am Werk ist. Welcher weiteren Beweise bedarf es da noch? Nicht Zeichen und Wunder machen die Wahrheit glaubhaft, sondern die Tatsache, daß der Heilige Geist im Wort Gottes spricht und durch dieses Wort wirkt.

Im Grunde war die Forderung der Pharisäer, Jesus möge einen übernatürlichen Beweis seiner Gottessohnschaft erbringen, nur ein Zeichen dafür, wie verhärtet ihre Herzen bereits waren. Darauf wies Jesus übrigens in dem Gleichnis vom reichen Mann und dem armen Lazarus hin: „Wenn sie auf Mose und die Propheten nicht hören, dann lassen sie sich auch nicht überzeugen, wenn jemand vom Tod aufersteht.“ [5]

Jesus ging nicht auf die Forderungen seiner Kritiker ein, sondern wandte sich von ihnen und ließ sie einfach stehen. Als er mit seinen Jüngern wieder auf dem See war, warnte er sie mit den Worten: „Nehmt euch in acht vor dem Sauerteig der Pharisäer und Sadduzäer!“ [6] Damit wollte er auf die Ge-

---

[5] Lukas 16,31 [6] Matthäus 16,6

fahr hinweisen, die von der Unaufrichtigkeit und frommen Heuchelei seiner Widersacher ausging. Doch die Jünger verstanden ihn nicht. Sie hätten wissen müssen, was er meinte, denn im jüdischen Sprachgebrauch war es üblich, mit „Sauerteig“ den Begriff „Sünde“ zu umschreiben. Doch daran dachten die Jünger nicht, sondern meinten, die Worte Jesu enthielten einen versteckten Tadel. Durch den unerwarteten Aufbruch von Magdala hatten sie es versäumt, Brot einzukaufen. Deshalb vermuteten sie, daß Jesus ihnen verbieten wollte, ihren Bedarf an Nahrungsmitteln bei Pharisäern oder Sadduzäern zu decken. Dabei ging es dem Herrn gar nicht um das tägliche Brot. Daß sich die Jünger darüber keine Gedanken machen mußten, war eigentlich klar; hatte Jesus doch gesagt: „Was macht ihr euch Sorgen, weil ihr kein Brot habt? Habt ihr so wenig Vertrauen? Habt ihr immer noch nichts begriffen? Habt ihr ganz vergessen, wie ich die fünf Brote an fünftausend Menschen verteilt habe?“ [7]

Bedrohlicher als das Fehlen von Brot war die Gefahr, vom Denken der Pharisäer angesteckt zu werden. Das um so mehr, als die Jünger der Meinung waren, Jesus hätte den Pharisäern endlich einmal „zeigen“ sollen, daß er der Messias ist. Sie waren überzeugt davon, daß er die Macht dazu hat und konnten nicht verstehen, weshalb er seine Gegner nicht durch ein unanfechtbares Zeichen zum Schweigen brachte. Die fromme Heuchelei der Pharisäer, die ein Zeichen seiner messianischen Sendung forderten, aber gar nicht bereit waren, Jesus als den Messias anzuerkennen, hatten die Jünger nicht durchschaut. Einige Monate später machte der Herr sie mit fast den gleichen Worten aufmerksam: „Nehmt euch in acht vor dem Sauerteig der Pharisäer – ich meine: Laßt euch nicht von ihrer Scheinheiligkeit anstecken!“ [8]

Selbstsucht führt zur Selbsttäuschung

Daß Sauerteig den ganzen Brotteig durchsäuert, wußten damals nicht nur Hausfrauen. Das Bild war also gut gewählt. Beim Backen ist die Wirkung des Sauerteigs gewollt. Im übertragenen Sinn sieht es anders aus. Vor allem Gläubige stehen in der Gefahr, ganz unversehens in fromme Heuchelei zu verfallen. Hier sei noch einmal daran erinnert, daß

---

[7] Matthäus 16,7–9 [8] Lukas 12,1 LT

sich ein Jude den Verpflichtungen seinen Eltern gegenüber einfach entziehen konnte, wenn er seinen Besitz dem Tempel vermachte. Das ist nur ein Beispiel dafür, wie sich die Pharisäer ihre Mitmenschen hörig machten und den Satzungen verpflichteten. Das gesamte Leben war davon durchsetzt, so daß es selbst den Aufrichtigen schwer gemacht wurde, an Jesus zu glauben.

Ebenso zerstörerisch wirkt sich der Einfluß derer aus, die Gottes Gesetz so zurechtbiegen wollen, daß es in Einklang kommt mit ihren Neigungen und Gewohnheiten. Sie lehnen sich nicht offen gegen Gottes Ordnungen auf, aber versuchen sie auszuhöhlen und für sich passend zu machen.

Letztlich war die gespielte Frömmigkeit vieler Pharisäer nur Ausdruck ihrer Ichsucht und Selbstgerechtigkeit. Sie wollten in der Achtung und Bewunderung des Volkes ganz oben stehen, und diesem Ziel wurde alles andere untergeordnet. Das führte schließlich dazu, daß die Heilige Schrift nur so gelesen und ausgelegt wurde, wie sie es für richtig und nützlich hielten. Das machte sie blind für die Sendung Christi. Jesus wußte, daß seine Jünger in der gleichen Gefahr standen. Mehrfach schon hatte er ihr Gerangel um den größten Einfluß und das höchste Amt im Reich Gottes miterlebt. Die meisten von ihnen wollten hoch hinaus und hielten wenig von der selbstlosen Hingabe, die Jesus erwartete. Der Herr mußte sie deshalb eindringlich warnen.

Selbstsucht war aber keineswegs nur ein Problem der Pharisäer oder der Jünger Jesu. Diese Sünde findet sich auch heute unter Nachfolgern Jesu – meist gut getarnt oder fromm verpackt. Jeder von uns hat schon erfahren, wie schnell die Gemeinschaft untereinander oder der Dienst für Christus gestört werden durch Ehrgeiz und Eitelkeit. Es tut einem gut, bestaunt, gelobt und seiner Frömmigkeit wegen bewundert zu werden. Besonders gefährlich wird es, wenn Eigenliebe oder Selbstgefälligkeit dazu führen, sich einen bequemeren als den von Gott gewiesenen Weg zu suchen und seine Weisungen den eigenen Interessen dienstbar zu machen. Meist dauert es dann nicht lange, bis Gottes Wille hinter menschliche Theorien und Traditionen zurückgedrängt wird.

Christus aber lehrt Aufrichtigkeit. Wer seinem Vorbild gemäß leben will, braucht die Hilfe des Heiligen Geistes. Zur Ehre Gottes zu leben und nicht sich selbst, das schafft keiner von sich aus. Allein Gottes Geist kann Selbstsucht und Heuchelei in uns überwinden. Lassen wir das geschehen, dann wird die erneuernde Kraft des Heiligen Geistes an uns offenbar. Christus war allein darauf bedacht, seinem Vater im Himmel die Ehre zu geben. Bei uns sollte es nicht anders sein.

45 Im Schatten des Kreuzes

Als Gottes Sohn Mensch wurde, war ihm klar, worauf er sich einließ. Bevor er die Insignien seiner königlichen Herrschaft ablegte, wußte er, daß der irdische Teil des Erlösungswerkes für ihn Verzicht, Enttäuschung, Verdächtigung, Ablehnung, Schmerz und Tod bedeutete. Dennoch stellte er sich unter das Wort des Psalmdichters: „Siehe, ich komme; im Buch ist von mir geschrieben: Deinen Willen, mein Gott, tue ich gern, und dein Gesetz hab ich in meinem Herzen." [1]

Trotz rastlosen und aufopferungsvollen Dienstes verlor Jesus niemals sein Ziel aus den Augen. Indem er sich selbst opferte, wollte er die Welt für Gott zurückgewinnen. Die Freude darüber überstrahlte selbst die Schmach und die unsagbaren Schmerzen, die sein Leidensweg mit sich bringen würde.

Seine Jünger ahnten nichts davon. Doch die Zeit rückte näher, daß der, den sie liebten und schätzten, in die Hände seiner Feinde fallen und am Kreuz enden würde. Das mußte sie in eine schwere Glaubenskrise stürzen, sofern es dem Herrn nicht gelang, sie darauf vorzubereiten. Sie müßten ja nicht nur den Tod ihres Herrn verkraften, sondern Feindschaft und Haß am eigenen Leibe erfahren.

Christus hielt sich zu dieser Zeit nördlich der Grenze von Galiläa im Gebiet von Cäsarea Philippi auf. Dort begegneten die Jünger auf Schritt und Tritt heidnischem Gedankengut und abergläubischen Vorstellungen. Jesus wollte, daß das Verantwortungsgefühl der Zwölf angesichts dieser götzendienerischen Praktiken geweckt würde. Schließlich sollten sie künftig in aller Welt Menschen in die Nachfolge Jesu rufen. Doch bevor Christus von der Zukunft redete, sollten seine Jünger die Gelegenheit haben, in ihrer Glaubensentscheidung gefestigt zu werden. Jesus hatte im Gebet mit seinem himmlischen Vater darüber gesprochen; dann fragte er die Jünger: „Für wen halten die Leute den Menschensohn?" [2]

Dieses Kapitel bezieht sich auf Matthäus 16,13–28; Markus 8,27–38 und Lukas 9,18–27 [1] Psalm 40,8.9 LT [2] Matthäus 16,13

Gern hätten sie gesagt, daß man in ihm den verheißenen Messias sehe, doch so war es leider nicht. Gewiß, in der Nähe von Bethsaida hatte man ihn aus Begeisterung zum König machen wollen, aber das war ein Einzelfall. Viele Israeliten hielten Jesus zwar für einen begabten Lehrer oder Propheten, doch daß er der Messias sei, glaubte kaum jemand. Als der Herr die Jünger fragte: „Und ihr ... für wen haltet ihr mich?", antwortete Petrus spontan für alle: „Du bist Christus, der Sohn des lebendigen Gottes!" [3]

Für Petrus war von Anfang an klar: Dieser Mann aus Nazareth ist der verheißene Gottessohn. Viele, die aufgrund der Predigt des Täufers zum Glauben an Christus gekommen waren, hatten Jesus bald wieder den Rücken gekehrt. Die Gefangennahme und Enthauptung des Johannes hatte die Leute verunsichert. Wenn Gott ein so furchtbares Geschick zuließ, mußte man sich doch fragen, ob der Täufer wirklich ein Prophet gewesen war und ob er bezüglich des Messias die Wahrheit gesagt hatte. Und dann erst der Rabbi aus Nazareth! Zwar erweckte er den Eindruck, der „Sohn Davids" zu sein, doch als man ihn drängte, den Thron seines Stammvaters einzunehmen, zog er sich zurück. Die meisten konnten das nicht verstehen und verließen ihn. Auch die Zwölf verstanden Jesus nicht immer, zumal sein Verhalten häufig ganz anders war, als es die Juden vom Messias erwarteten. Und wo ihnen längst ein Licht hätte aufgehen müssen, tappten sie noch immer im dunkeln. Dennoch war ihnen klar: Jesus ist der Erlöser Israels! Sie hatten in ihm die Herrlichkeit Gottes erkannt.

Jesus bestätigte das Bekenntnis des Petrus mit den Worten: „Du darfst dich freuen, Simon, Sohn des Johannes, denn diese Erkenntnis hast du nicht aus dir selbst; mein Vater im Himmel hat sie dir gegeben." [4] Ohne ein eindeutiges Bekenntnis zu Jesus gibt es keinen echten Glauben, auch heute nicht. Immer ist der Mensch darauf angewiesen, daß ihm Gott das Herz für die Wahrheit öffnet. Wir können es nur staunend und dankbar annehmen. Es gibt keinen Grund, sich dieser Erkenntnis zu rühmen, als hätte man sie der eigenen Klugheit oder Rechtschaffenheit zu verdanken.

An das Bekenntnis des Petrus anknüpfend sagte Jesus: „Du bist Petrus, und auf diesen Felsen will ich meine Gemeinde

---

[3] Matthäus 16,15.16 [4] Matthäus 16,17

bauen, und die Pforten der Hölle sollen sie nicht überwältigen." [5] Daß Petrus nicht selbst der Felsengrund sein konnte[6], auf dem die Gemeinde Jesu ruht, geht schon daraus hervor, daß gerade dieser Jünger seinen Herrn wenig später schamlos verleugnete. Da hatten ihn die „Pforten der Hölle" bereits überwunden. Nur Christus konnte die Angriffe Satans abweisen; deshalb ist auch nur er das Fundament der Gemeinde.

Christus, der Fels

Anderthalb Jahrtausende vor der Menschwerdung Christi hatte Mose vorausgesagt: „Er ist ein Fels", und der Psalmdichter hatte von dem „Fels meiner Stärke" gesungen. Der Prophet Jesaja hatte geschrieben: „Darum spricht Gott der Herr: Siehe, ich lege in Zion einen Grundstein, einen bewährten Stein, einen kostbaren Eckstein, der fest gegründet ist." Petrus selbst bezog später diese Weissagung auf Christus: „Zu ihm kommt als zu dem lebendigen Stein, der von den Menschen verworfen ist, aber bei Gott auserwählt und kostbar. Und auch ihr als lebendige Steine erbaut euch zum geistlichen Hause ... Darum steht in der Schrift: ‚Siehe, ich lege in Zion einen auserwählten, kostbaren Eckstein; und wer an ihn glaubt, wird nicht zuschanden werden.'" [7] Auch der Apostel Paulus stellt unmißverständlich fest: „Einen andern Grund kann niemand legen als den, der gelegt ist, welcher ist Jesus Christus." [8]

Daraus geht eindeutig hervor, daß Christus das Fundament der Gemeinde ist und zugleich die Kraft, die sie zusammenhält. Jesu Antwort an Petrus sollte deshalb so verstanden werden: Petrus, du hast als erster erfaßt, wer ich bin; du bist daher der erste Stein, der Grundstein der Gemeinde, die ich bauen werde.

Für die Jünger war diese Verheißung wichtig, denn damals bestand die Gemeinde im eigentlichen Sinne noch gar nicht. Es gab zwar eine Gruppe von Nachfolgern Jesu, doch die hatte nach menschlichem Ermessen angesichts der irdischen

---

[5] Matthäus 16,18 LT [6] „Wer nun diese Bibelstelle recht erklären will, der lerne es hier von Christo, daß die Gemeinde nur da ist, wo dieser Fels, d. i. dies Bekenntnis und dieser Glaube ist, welchen Petrus hat und die andern Jünger haben." (Dr. Martin Luther) [7] Siehe 5. Mose 32,4; Psalm 62,8; Jesaja 28,16; 1. Petrus 2,3–6 LT [8] 1. Korinther 3,11 LT

und dämonischen Widersacher kaum eine Überlebenschance. Die Verheißung aber bedeutete für sie: Habt keine Angst! Ihr gehört zu mir, und keine Macht der Welt wird euch überwinden!

Petrus hatte seine Überzeugung in Worte gefaßt, die Grundlage für den Glauben der Gemeinde Jesu geworden sind. Indem Christus diesen Jünger ansprach, wandte er sich zugleich an die Gemeinde in ihrer Gesamtheit: „Ich will dir die Schlüssel des Himmelreichs geben: alles, was du auf Erden binden wirst, soll auch im Himmel gebunden sein, und alles, was du auf Erden lösen wirst, soll auch im Himmel gelöst sein." [9] Mit der Wendung „Schlüssel des Himmelreichs" sind die Worte Christi gemeint. Sie haben Macht, den Himmel zu öffnen oder zu verschließen. Wenn wir Gottes Wort weitergeben, sollte uns immer bewußt sein, daß wir dazu beitragen, daß sich für andere die Tür zum Heil öffnet oder schließt.

Es wäre falsch, die Aussage „Ich will dir die Schlüssel des Himmelreichs geben ..." so zu deuten, als hätte der Herr dem Petrus eine Sonderstellung in der Gemeinde eingeräumt. Christus hat nicht einen der Jünger zum Ersten gemacht, sondern die Weisung erteilt: „... ihr sollt euch nicht ‚Lehrer' nennen lassen, denn ihr seid untereinander Brüder und habt nur einen, der euch etwas zu sagen hat ... Ihr sollt euch auch nicht ‚Führer' nennen lassen, denn es gibt nur einen, der euch führt, und das ist Christus, der versprochene Retter." [10] Ähnlich schrieb es später der Apostel Paulus in seinem Brief an die Epheser: „Gott hat alles ohne Ausnahme in seine Gewalt gegeben. Ihn aber, den Herrn über alles, gab er der Gemeinde zum Haupt." [11]

Diese und andere Texte zeigen deutlich, daß sich die Gemeinde Jesu nicht von Menschen abhängig machen darf. Der auferstandene und durch seinen Geist in der Gemeinde gegenwärtige Christus ist unser Herr, sonst niemand! Zwar braucht die Gemeinde in ihren Reihen auch starke Persönlichkeiten, doch deren Wirken ist nur segensreich, solange sie sich selbst unter die Herrschaft Jesu beugen. Jedenfalls hat kein Mensch das Recht, anderen vorzuschreiben, was sie zu glauben und zu tun haben.

Nachdem Petrus sich zur Gottessohnschaft Jesu bekannt

---

[9] Matthäus 16,19 LT [10] Matthäus 23,8.10 [11] Epheser 1,22

hatte, geschah etwas Merkwürdiges. Der Herr verbot den Jüngern, mit anderen darüber zu sprechen. Das hatte mehrere Gründe. Zum einen wollte er seinen Feinden unter den Pharisäern und Sadduzäern keine Handhabe geben, ihn der Amtsanmaßung oder Gotteslästerung zu bezichtigen. Zum anderen wußte er, daß die Jünger wie auch das Volk immer noch falsche Erwartungen an das Erscheinen des Messias knüpften. Es war zu befürchten, daß es zu unerwünschten Reaktionen kommen könnte, wenn sich Jesus zu diesem Zeitpunkt als Erlöser Israels offenbarte.

Jesu Freunde rechneten nicht mit dem Kreuz

Die Jünger rechneten immer noch damit, daß ihr Meister bald den jüdischen Königsthron einnehmen werde. Bisher hatte er zwar keinen Anspruch auf die Herrschaft erhoben, aber lange konnte es nicht mehr dauern. Irgendwann mußte die Geheimhaltung ein Ende haben und die Zeit kommen, da Christus das Reich Gottes auf Erden aufrichtete. Daß Jesus von seinem Volk verworfen, als Irrlehrer verurteilt und als Verbrecher ans Kreuz genagelt würde, hätten die Jünger nie für möglich gehalten. Doch gerade das sollten sie erleben. Und wenn es nicht gelang, daß der Herr sie darauf vorbereitete, könnten sie diese Katastrophe nicht überstehen.

Bislang hatte Christus nur andeutungsweise über sein Leiden und Sterben gesprochen; so zum Beispiel in der Unterredung mit dem Pharisäer Nikodemus: „Mose richtete den Pfahl mit der bronzenen Schlange sichtbar in der Wüste auf. Genauso muß auch der Menschensohn erhöht werden. Dann wird jeder, der ihm vertraut, durch ihn das ewige Leben finden.“ [12] Die Jünger waren zwar nicht bei diesem Gespräch zugegen, doch selbst wenn sie anwesend gewesen wären, hätten sie kaum verstanden, was Jesus meinte. Nun aber erklärte er ihnen: „Ich muß nach Jerusalem gehen. Dort werde ich durch die Ratsältesten, die führenden Priester und die Gesetzeslehrer vieles erleiden müssen. Man wird mich töten, doch am dritten Tag werde ich auferweckt.“ [13]

Die Jünger waren sprachlos vor Entsetzen. Eben noch war der Meister froh darüber gewesen, daß sie in ihm den Messias erkannt hatten, und nun redete er vom Tod? Wieder war es

---

[12] Johannes 3,14.15 [13] Matthäus 16,21

Petrus, der sich am schnellsten faßte, den Meister beiseite nahm und ihn beschwor: „Herr, das darf nicht sein, nie darf dir so etwas zustoßen!"

Jesus wußte natürlich, daß diese Worte aus einem besorgten und liebevollen Herzen kamen, dennoch rügte er Petrus scharf: „Geh weg, du Satan, du willst mich von meinem Weg abbringen! Was du im Sinn hast, entspricht nicht Gottes Willen, sondern menschlichen Wünschen." [14] Die gutgemeinten Worte des Petrus konnten keine Hilfe in der bevorstehenden Prüfung sein; sie deckten sich auch nicht mit dem Willen Gottes. Außerdem durchkreuzten sie Jesu Absicht, den Jüngern die Augen zu öffnen für seine eigentliche Aufgabe.

Wenn Freunde zu Versuchern werden

Satan wollte unter keinen Umständen, daß Jesus den Weg der Erlösung bis ans Ende ginge. Noch hatte er Christus weder mit Gewalt noch durch Verführung zu Fall bringen können; nun versuchte er es mit Hinterlist. Damals in der Wüste war Jesus nicht darauf eingegangen, seinen Leidensweg gegen eine Weltherrschaft von Satans Gnaden einzutauschen. Nun wollte der Widersacher sein Ziel erreichen, indem er sich hinter Petrus steckte. Der meinte es zweifellos gut mit seinem Herrn und ahnte nicht, wie er zum Werkzeug des Teufels wurde. Aber Christus wußte es; deshalb die barsche Zurechtweisung: „Geh weg von mir, Satan!" Diese Worte waren weniger an den Jünger gerichtet; sie sollten Satan treffen. Trotzdem war es für Petrus eine schwere Lektion, auf diese Weise lernen zu müssen, daß Jesu Weg – und auch der seiner Nachfolger – nur durch Leiden zur Herrlichkeit führt. Später schrieb Petrus über diese Erfahrung: „Meine lieben Freunde, wundert euch nicht über die harte Probe, die wie ein Feuersturm über euch gekommen ist. Sie kann euch nicht unerwartet treffen; denn ihr leidet ja nur etwas von dem mit, was Christus gelitten hat. Freut euch darüber, denn ihr sollt auch an seiner Herrlichkeit Anteil bekommen – und dann werdet ihr erst recht von Freude und Jubel erfüllt sein." [15]

In diesem Sinne erklärte Jesus den Jüngern, daß sein selbstloses Leben ein Beispiel für sie sein sollte und daß die Ent-

---

[14] Matthäus 16,23 [15] 1. Petrus 4,12.13

scheidung für ihn stets auch Nachteile mit sich bringen würde: „Wer mit mir gehen will, der muß sich und seine Wünsche aufgeben. Er muß sein Kreuz auf sich nehmen und mir auf meinem Weg folgen." [16] Die Jünger verbanden mit dem Begriff „Kreuz" andere Vorstellungen als wir. Zu jener Zeit war das Kreuz ein Marterpfahl, an dem die Römer ihre Feinde und auch Verbrecher auf grausamste Weise hinrichteten. Und um den Verurteilten obendrein noch zu peinigen, zwangen sie ihn, sein Kreuz zur Hinrichtungsstätte zu schleppen. Viele brachen schon auf dem Weg dorthin unter der Last zusammen.

Jesus sprach zwar auch von einem Kreuz, das der Gläubige auf sich nehmen sollte, aber keiner würde dazu gezwungen. Jeder hat sich selbst zu entscheiden, ob er Jesus auf dem Kreuzesweg folgen will. Um diese Entscheidung zu treffen, muß der Mensch erkannt haben, daß Christus die Schmach auf sich genommen hat, um uns vor der Verdammnis zu bewahren.

Sich für Christus entscheiden heißt, seinen Weg zu gehen und die zu lieben, für die er gestorben ist. Voraussetzung dafür ist die Bereitschaft, das eigene Ich zu kreuzigen. Kinder Gottes sollten sich als Glieder einer Kette verstehen, die vom Himmel bis auf die Erde reicht, um Menschen für Gottes Reich zu gewinnen. Wir werden aber nur dann glaubhaft sein, wenn andere in unserem Leben die Handschrift Gottes erkennen können. Darauf machte Jesus die Seinen aufmerksam, als er sagte: „... wer sein Leben retten will, wird es verlieren. Aber wer sein Leben um meinetwillen verliert, wird es gewinnen." [17] Wer nur an sich denkt, gewinnt nicht das erhoffte Leben, sondern verliert es. Ein Körperteil, der nur auf die eigenen Funktionen beschränkt bliebe, könnte nicht lange existieren. Was würde geschehen, wenn das Herz alles Blut ansammelte, anstatt in die verschiedenen Regionen des Körpers zu pumpen? Ganz klar: Es würde an diesem „Egoismus" zugrunde gehen. Im übertragenen Sinne ist es nicht anders. Nachfolger Jesu können nicht nur für sich leben, denn Jesus will sie im Dienst für andere gebrauchen. Wer sich aus Selbstsucht weigert, dem anderen als Schwester oder Bruder zu begegnen, besiegelt damit sein eigenes Geschick; denn „was hülfe es dem Menschen, wenn er die ganze Welt gewön-

---

[16] Matthäus 16,24 [17] Matthäus 16,25

ne und nähme doch Schaden an seiner Seele? Oder was kann der Mensch geben, damit er seine Seele wieder löse?“ [18]

Doch Jesus sprach im Blick auf die Zukunft nicht nur von Leid und Erniedrigung, sondern auch von der künftigen Herrlichkeit: „Denn der Menschensohn wird in der Herrlichkeit seines Vaters mit seinen Engeln kommen und jedem vergelten nach seinem Tun! Ihr könnt euch darauf verlassen: einige von euch, die hier stehen, werden noch zu ihren Lebzeiten sehen, wie der Menschensohn seine Herrschaft antritt.“ [19] Das verstanden die Jünger nicht. Die Herrlichkeit, von der Jesus sprach, erschien ihnen angesichts der Leidensankündigung weit entfernt. Ihre Gedanken richteten sich auf das Nächstliegende – auf die von Jesus genannte Armut, Erniedrigung und Gefahr, auch wenn das absolut nicht ihren Wunschvorstellungen vom kommenden Reich des Messias entsprach. Jedenfalls verstanden sie die Welt nicht mehr. Wie sollte man auch begreifen, daß Gottes Sohn in die Welt gekommen war, um zu sterben? Man erwartete von ihm Sieg, nicht den Tod. Und wenn er ahnte, was ihm in Jerusalem bevorstand, warum wollte er dann hingehen und sich in die Hände seiner Feinde begeben? Warum blieb er nicht in der Gegend von Cäsarea Philippi, wo er vor dem Zugriff des Herodes und den Machenschaften des Hohen Rates sicher war? Doch er wollte unbedingt nach Jerusalem. Wie konnte er das seinen Freunden antun? Die Jünger ahnten, daß Jesu Ergehen sie in das Dunkel der Angst und des Zweifels stürzen würde – in eine Finsternis, schlimmer als alles, was sie bisher erlebt hatten. Jedenfalls paßte in ihrem Denken einiges nicht zusammen. Wie konnte Jesus vom Sieg über die „Pforten der Hölle“ sprechen, gleichzeitig aber damit rechnen, daß er leiden und sterben müsse? Immer wieder gingen ihnen während der sechstägigen Reise nach Jerusalem diese Gedanken durch den Kopf. Manchmal dachten sie, so schlimm, wie Jesus es vorausgesagt hatte, konnte es am Ende nicht kommen; doch dann drohten sie wieder in Angst und Resignation zu versinken.

---

[18] Matthäus 16,26 LT [19] Matthäus 16,27.28

46 | Die Verklärung Jesu

Den ganzen Tag über waren Jesus und seine Jünger unterwegs gewesen, hatten die Botschaft von Reich Gottes verkündigt, Kranke geheilt und Verzagten Mut zugesprochen. Nun war es Abend geworden, und die Dunkelheit brach herein. Eigentlich hätte man sich nach einer Unterkunft für die Nacht umsehen sollen, aber daran schien Jesus nicht zu denken. Vielmehr rief er drei seiner Jünger – Petrus, Jakobus und Johannes – zu sich und ging mit ihnen auf einen Berg. Sie hätten sich zwar lieber mit den anderen ausgeruht, aber sie wagten nicht, den Herrn zu fragen, was er mit ihnen vorhatte. Im übrigen hatten sie es schon häufig erlebt, daß Jesus gerade nach einem anstrengenden Tag die Einsamkeit suchte, um mit dem Vater im Himmel ungestört reden zu können. Doch diesmal wollte er nicht allein in die Berge gehen, sondern hatte sie mitgenommen. Natürlich fragten sie sich, weshalb Christus weder sich noch ihnen die verdiente Ruhepause gewährte.

Endlich befahl Jesus den drei Jüngern, auf ihn zu warten, während er noch weiterging, um mit Gott allein zu sein. Im Gebet schüttete er dem Vater im Himmel sein Herz aus und bat um Kraft, den Leidensweg gehen zu können. Er betete auch um Glauben für seine Jünger, weil er wußte, wie sehr sie in den künftigen Ereignissen hin- und hergerissen sein würden.

Zunächst hatten auch die Jünger die Stille zum Gespräch mit Gott genutzt; doch dann waren sie müde geworden und eingeschlafen. Körperliche Anstrengung und die seelische Belastung forderten ihren Tribut. Schließlich war es nicht leicht, einsehen zu müssen, daß der Herr seinen Dienst ganz anders bewertete, als sie es sich vorgestellt hatten. Zwar hatte er ihnen zugesichert, daß ihr Glaube nicht vergeblich sei, aber davon wurde ihr Herz auch nicht leichter. Dabei schien Jesus gerade diesen drei Jüngern am ehesten zuzutrauen, daß sie verstünden, worum es ihm letztlich ging. Sonst hätte er sie kaum mit

---

Dieses Kapitel bezieht sich auf Matthäus 17,1–8; Markus 8,2–8 und Lukas 9,28–36

auf den Berg genommen. Als Jesus unmittelbar vor seiner Gefangennahme im Garten Gethsemane Hilfe bei Gott suchte, waren es ebenfalls Petrus, Jakobus und Johannes, die ihn begleiten durften; denn von ihrer Fürbitte erwartete er Zuspruch. Doch zunächst sollte ihnen das Erlebnis auf dem Verklärungsberg den Glauben stärken. Sollten sie in Jesu Todesstunde nicht verzweifeln, dann durften sie nicht bei seinem Leiden und Sterben stehenbleiben, sondern mußten auch ein Stück seiner Herrlichkeit sehen. Darum bat Jesus den Vater in dieser Nacht, und Gott erhörte sein Gebet.

Plötzlich durchbrach himmlischer Glanz die nächtliche Finsternis und hüllte Jesus in gleißendes Licht. Der Evangelist Matthäus beschrieb das später so: „Vor den Augen der Jünger ging mit Jesus eine Verwandlung vor: sein Gesicht leuchtete wie die Sonne, und seine Kleider wurden strahlend weiß.“ [1] Erschrocken sprangen die drei Jünger auf und starrten auf die Lichtgestalt. Als ihre Augen sich an den Glanz gewöhnt hatten, sahen sie neben ihrem Herrn zwei namhafte Heldengestalten Israels: Mose, der zwar vor dem Einzug Israels ins verheißene Land gestorben, aber danach von Gott auferweckt und in den Himmel aufgenommen worden war, und Elia, der nicht hatte sterben müssen, sondern unmittelbar in die himmlische Welt eingehen durfte.

Vermutlich hatte die Erscheinung dieser Glaubensmänner auf dem Verklärungsberg symbolische Bedeutung. Mose könnte als Vertreter derer gelten, die zwar sterben mußten, aber bei Jesu Wiederkunft als Gerettete aus ihren Gräbern auferstehen werden. Dementsprechend würde Elia für alle Gläubigen stehen, die bei Jesu Kommen lebend verwandelt und ins Reich Gottes versetzt werden. Im Blick auf dieses Geschehen, schrieb der Apostel Paulus später an die Christen in Korinth: „Ich sage euch jetzt ein Geheimnis: Wir werden nicht alle sterben. Aber wenn die Trompete den Richter der Welt ankündigt, werden wir alle verwandelt. Das geht so schnell, wie man mit der Wimper zuckt. Wenn die Trompete ertönt, werden die Verstorbenen zu unvergänglichem Leben erweckt. Wir aber, die wir dann noch am Leben sind, bekommen einen neuen Körper.“ [2] Auf dem Verklärungsberg wurde für die drei Jesusjünger symbolisch vorweggenommen, was am Ende der Welt bei Jesu Wiederkunft für alle sichtbar geschehen wird.

---

[1] Matthäus 17,2 [2] 1. Korinther 15,51.52

Falsche Schlüsse

Natürlich waren die Jünger beglückt, etwas von der Herrlichkeit Christi sehen zu dürfen. Bisher hatten sie nur geglaubt, daß er Gottes Sohn war, doch nun hatte Gott es ihnen zur Gewißheit werden lassen. Sie freuten sich für ihren Herrn, der es immer vermieden hatte, sich irgendwie hervorzutun. Nun wurde ihm durch Mose und Elia die gebührende Ehre erwiesen. Nach den Enttäuschungen und seelischen Belastungen der letzten Tage wünschten sie, daß diese Begegnung mit der himmlischen Welt niemals zu Ende gehen möge. Deshalb sagte Petrus: „Wie gut, daß wir hier sind, Herr! Wenn du willst, schlage ich hier drei Zelte auf, eins für dich, eins für Mose und eins für Elija." [3]

Für die Jünger war klar: Jetzt bricht die messianische Zeit für Israel an! Die Gegenwart von Mose und Elia deuteten sie so, daß sie von Gott gesandt worden waren, um mit Jesus über die Aufrichtung des Königreichs Israel zu reden und ihn vor seinen Feinden zu schützen. Sie hatten immer noch nicht begriffen, daß vor der Krone das Kreuz stand! So erhebend das Erlebnis auf dem Verklärungsberg auch war, Jesus mußte den Weg des Opfers einsam und von allen verlassen gehen. Selbst die Jünger würden ihm keine Hilfe sein, weil sie von ihren eigenen Erwartungen und Enttäuschungen völlig in Anspruch genommen waren. Deshalb hatte Gott Mose und Elia gesandt, die den Herrn verstehen und ihm Mut machen konnten. Während ihres Erdenlebens waren diese beiden Männer hervorragende Reichsgottesarbeiter gewesen. Mose beispielsweise hatte sich hingebungsvoll für Israel aufgeopfert, so wie es Christus für die gesamte Menschheit zu tun im Begriff war. Als Gott das Volk Israel seines Ungehorsams wegen vernichten wollte, bat Mose: „Vergib doch ihre Schuld! Wenn nicht, dann streiche meinen Namen aus dem Buch, in dem die Namen der Deinen eingetragen sind." [4] Und Elia wußte, wie einsam jemand sein kann, der im Namen Gottes die Sünden geißelt und Menschen zur Buße ruft.

Abgesehen von dem Licht, das Jesus umflutete, erfuhren die Jünger nur wenig von dem, was in dieser Nacht auf dem Verklärungsberg geschah. Weil sie nicht wachten und beteten, entging ihnen viel von dem, was Gott ihnen gern mitgeteilt hätte.

---

[3] Matthäus 17,4 [4] 2. Mose 32,32

Doch das, was sie begriffen, half ihnen, das Erlösungswerk Jesu besser zu verstehen. Von einem waren sie nun felsenfest überzeugt: Jesus ist wahrhaftig der Messias! An ihn glaubten sie, für ihn wollten sie hinfort da sein, und ihn wollten sie in aller Welt verkündigen.

Petrus beschrieb das Erlebnis auf dem Verklärungsberg später so: „Wir haben uns nicht auf geschickt erfundene Märchen gestützt, als wir euch das Kommen unseres Herrn Jesus Christus in Macht und Herrlichkeit bekanntmachten. Wir haben mit eigenen Augen seine göttliche Hoheit gesehen, als er von Gott, seinem Vater, geehrt und verherrlicht wurde. Gott, der die höchste Macht hat, sagte zu ihm: ‚Dies ist mein Sohn, ihm gilt meine Liebe, ihn habe ich erwählt.‘ Als wir mit ihm auf dem heiligen Berg waren, haben wir diese Stimme vom Himmel gehört.“ [5]

[5] 2. Petrus 1,16–18

47 | Fähig zum Dienst

Jesus hatte die ganze Nacht mit Petrus, Johannes und Jakobus auf dem Berg zugebracht. Der Morgen graute schon, als sie ins Tal hinabstiegen. Die Jünger waren erfüllt von dem nächtlichen Erlebnis und folgten Jesus in ehrfürchtigem Schweigen. Am liebsten wären sie gar nicht in die Niederungen des Alltags zurückgekehrt.

Schon von weitem sahen sie die Menschenmenge, die am Fuße des Berges auf Jesus wartete. Bevor sie dort eintrafen, befahl Jesus: „Sprecht zu niemandem über das, was ihr gesehen habt, bis der Menschensohn vom Tod auferweckt ist.“ [1] Offenbar rechnete er damit, daß der Bericht über seine Verklärung auf Unverständnis stoßen oder den Spott seiner Feinde herausfordern würde. Wenn schon Petrus und die beiden anderen Jünger nicht die Tragweite des Geschehens erkannt hatten, wie sollte es da erst bei denen sein, die es nur aus zweiter Hand erfuhren?

Als die Leute Jesus bemerkten, kam Bewegung in die Menge. Eigentlich war alles wie immer, doch der Herr spürte, daß gespannte Erwartung in der Luft lag. Die im Tal zurückgebliebenen Jünger machten einen unzufriedenen Eindruck. Jesus erkundigte sich nach dem Grund und erfuhr: Während er auf dem Berg war, hatte ein Vater seinen von Dämonen geplagten Sohn zu den Jüngern gebracht, doch die konnten ihn nicht heilen. Wohl war ihnen für ihren Missionsdienst auch Macht über die bösen Geister verliehen worden, doch sie hatten kläglich versagt. Sie hatten zwar dem bösen Geist geboten, aus dem Jungen auszufahren, doch der peinigte den Kranken nur um so heftiger und verspottete sie in ihrer Ohnmacht. Sie konnten sich ihr Scheitern nicht erklären, ahnten aber, daß sie dem Meister einen schlechten Dienst erwiesen hatten. In der Menge waren nämlich auch Schriftgelehrte und Pharisäer, die den Vorfall nutzten, um Jesu Einfluß auf das Volk zu untergraben.

Dieses Kapitel bezieht sich auf Matthäus 17,19–21, Markus 9,9–29 und Lukas 9,37–45 [1] Matthäus 17,9

Als der enttäuschte Vater Jesus sah, lief er ihm entgegen und erklärte: „Ich habe meinen Sohn zu dir gebracht; er ist von einem bösen Geist besessen, darum kann er nicht sprechen. Immer wenn dieser Geist ihn packt, zerrt er ihn hin und her. Schaum steht dann vor seinem Mund, er knirscht mit den Zähnen, und sein ganzer Körper wird steif. Ich habe deine Jünger gebeten, den bösen Geist auszutreiben, aber sie konnten es nicht." Jesus antwortete: „Ihr habt kein Vertrauen zu Gott! Wie lange soll ich noch bei euch aushalten und euch ertragen? Bringt den Jungen her." [2]

Das Kind wurde zu Jesus gebracht und erlitt genau in diesem Augenblick einen der gefürchteten Anfälle. Wieder standen sich der Herr des Lichts und der Fürst der Finsternis gegenüber, ohne daß die Menge etwas von diesem geistigen Ringen sah. Christus ließ die dämonischen Mächte noch gewähren, damit alle sehen konnten, wie schrecklich es ist, in die Hand Satans zu fallen. Während sich der Kranke auf der Erde wälzte, fragte Jesus den Vater: „Wie lange hat er das schon?" Der antwortete: „Von klein auf ... Oft wäre er fast ums Leben gekommen, weil der böse Geist ihn ins Feuer oder ins Wasser warf. Hab Erbarmen mit uns und hilf uns, wenn du kannst!" [3]

Der Fortgang der Geschichte zeigt, in welchem Zwiespalt sich der Vater befunden haben muß. Er hatte erwartet, daß der Rabbi aus Nazareth seinem Sohn helfen werde, doch dann war er an die Jünger geraten und schwer enttäuscht worden. Er hoffte zwar immer noch, daß dem Kind geholfen werde, aber groß scheint seine Zuversicht nicht gewesen zu sein. Jedenfalls läßt sich das aus der Wendung schließen: „... wenn du kannst!" Darauf nahm Jesus bezug und entgegnete: „Was heißt hier: ‚Wenn du kannst?' ... Wer Gott vertraut, dem ist alles möglich." Da brach es aus dem Vater heraus: „Ich vertraue ihm ja – und kann es doch nicht! Hilf mir vertrauen!" [4]

Wer so ruft, findet bei Christus immer ein offenes Ohr. Der Herr wandte sich zu dem Jungen und rief: „Du stummer und tauber Geist, ich befehle dir: Verlaß dieses Kind und komme nie wieder zu ihm zurück!" [5] Starr vor Schreck erlebten die Umstehenden mit, wie der Junge geschüttelt wurde, unartikulierte Schreie ausstieß und regungslos liegen-

---

[2] Markus 9,17–20 [3] Markus 9,21.22 [4] Markus 9,23.24 [5] Markus 9,25

blieb. Jesus hob ihn auf und übergab dem glücklichen Vater den an Leib und Seele genesenen Sohn. Wieder zeigte sich, wie unterschiedlich Jesu Handeln auf die Menschen wirkte. Der Geheilte und sein Vater lobten Gott, die Menge schwieg in fassungslosem Staunen – die Pharisäer dagegen wandten sich verärgert ab.

Der Glaube schlägt die Brücke

„Hilf uns, wenn du kannst!" Schon viele haben so gebetet, wenn sie mit ihrer Sünde und deren Folgen nicht fertig werden konnten! Damals wie heute lautet Jesu Antwort: „Wer Gott vertraut, dem ist alles möglich!" Der Glaube baut die Brücke zum Himmel; er verleiht die Kraft, selbst im Kampf gegen die Mächte der Finsternis siegreich zu sein. Es gibt keine Versuchung, der wir nicht mit Christi Hilfe widerstehen, und keine Sünde, die wir nicht mit ihm überwinden könnten. Dennoch bleiben viele Christen auf Distanz zu Jesus, weil sie spüren, daß es ihnen an Vertrauen fehlt. Das ist töricht. Sie sollten sich lieber Jesus und seinem Wort zuwenden, denn allein daraus erwächst sieghafter Glaube. Unser Herr hat verheißen: „Ich werde keinen abweisen, der zu mir kommt." [6] Warum nehmen wir ihn nicht beim Wort? Mag sein, daß dein Glaube noch schwach ist, doch wenn dich das bekümmert, dann rufe wie der verzweifelte Vater: „Herr, ich möchte dir ja vertrauen, hilf meinem Unglauben!" Gott hat noch nie einen enttäuscht, der so zu ihm gekommen ist.

Zurück zu den Jüngern. Innerhalb kürzester Zeit waren Petrus, Jakobus und Johannes mit der Herrlichkeit Gottes und der Macht Satans in Berührung gekommen. Auf dem Verklärungsberg hatten sie erlebt, wie ihr Herr von himmlischem Glanz umfangen wurde, im Tal begegneten sie einem von finsteren Mächten gequälten Menschen. Der Kontrast hätte nicht schärfer sein können. Als Jesus sich zu dem geheilten Jungen niederbeugte, war das nicht nur eine hilfreiche Geste, sondern es veranschaulichte den Kern des Erlösungsplanes: Gottes Sohn kommt den Verlorenen nahe, um sie zu retten. Gleichzeitig war dieses Geschehen ein Fingerzeig für die Jünger. Sie sollten wissen, daß sich ihr Leben nicht nur auf den Höhen der Gottesnähe abspielen würde,

---

[6] Johannes 6,37

sondern daß sie auch in den Niederungen des menschlichen Daseins arbeiten sollten, um die Botschaft der Befreiung den in Sünde Gefallenen zu verkündigen.

Abends, als Jesus mit den Jüngern allein war, fragten einige: „Warum konnten wir den bösen Geist nicht austreiben?" Der Herr antwortete: „Weil euer Vertrauen nicht groß genug war ... Ich versichere euch: wenn euer Vertrauen auch nur so groß ist wie ein Senfkorn, dann könnt ihr zu diesem Berg sagen: ‚Geh von hier nach dort', und er wird es tun. Dann ist euch nichts mehr unmöglich." [7] Christus sah den Grund für das Versagen seiner Jünger im Mangel an Glauben und in einer gewissen Selbstüberschätzung, mit der sie an ihre Aufgabe herangegangen waren. Sie hatten sich in einen Kampf mit dämonischen Mächten eingelassen, obwohl ihre Herzen nicht völlig Gott zugewandt waren. Sie litten unter der Enttäuschung, daß der Herr ihren irdisch gerichteten Messiaserwartungen nicht entsprochen hatte; zum anderen waren sie neidisch, daß Jesus drei von ihnen mit auf den Berg genommen, die anderen aber zurückgelassen hatte. Solche innere Zerrissenheit war die denkbar schlechteste Voraussetzung für einen Kampf mit den Mächten der Finsternis. Nur wer sein Herz demütig und betend Gott öffnet, kann die Kraft des Heiligen Geistes empfangen, ohne die jeglicher Widerstand gegen das Böse aussichtslos ist. Wer Gott bedingungslos vertraut, wird erleben, wie sich Jesu Zusage erfüllt: „Dann ist euch nichts mehr unmöglich."

---

[7] Matthäus 17,20

48 | Wer ist der Größte?

Bei seiner Rückkehr nach Kapernaum bemühte sich Jesus, möglichst wenig Aufsehen zu erregen. Er wollte die noch verbleibende Zeit seines Aufenthalts in Galiläa nutzen, um seine Jünger auf die kommenden Ereignisse vorzubereiten. Während der gemeinsamen Wanderungen hatte er ihnen angekündigt, daß er in Jerusalem sterben, aber nach drei Tagen auferstehen werde. Die Freunde hatten das wohl gehört, aber die schreckliche Nachricht weitgehend verdrängt. Anstatt sich innerlich damit auseinanderzusetzen, hingen sie lieber ihren eigenen Vorstellungen vom kommenden Gottesreich nach. Das zeigte sich deutlich an den immer wieder aufflakkernden Rangstreitigkeiten. Während sich das Unheil über Jesus zusammenbraute, stritten die Jünger darüber, wer von ihnen der Größte im Reich Gottes sei. Jesus sollte von diesem ehrgeizigen Gerangel nichts merken, doch es war ihm nicht entgangen. Er las in den Herzen seiner Jünger wie in einem aufgeschlagenen Buch. Bisher war er nicht darauf eingegangen, denn der tägliche Andrang der Zuhörer ließ keinen Raum für ein persönliches Gespräch. Nun aber in Kapernaum hoffte er endlich Zeit dafür zu finden.

Jesu Feinde erfuhren bald, daß der Meister wieder in der Stadt war. Da „kamen die Kassierer der Tempelsteuer zu Petrus und fragten ihn: ‚Zahlt euer Lehrer keine Tempelsteuer?'" Bei dieser Steuer handelte es sich um einen festen Betrag, den jeder Jude jährlich zur Erhaltung des Tempels zu entrichten hatte. Wer dieser Verpflichtung nicht nachkam, zeigte damit, daß ihm der Tempel nichts bedeutete. Die Rabbiner hielten das für eine schwere Sünde. In diesem Falle aber ging es den Oberen nicht ums Geld; sie wollten Jesus erneut eine Falle stellen. Nicht alle Israeliten hatten diese Abgabe zu leisten; Priester, Tempeldiener und Propheten waren davon befreit. Indem man die Entrichtung dieser Steuer von Jesus forderte, sollte offenbar werden, daß man ihm kei-

---

Dieses Kapitel bezieht sich auf Matthäus 17,22–27; 18,1–20; Markus 9,30–50 und Lukas 9,46–48

nen besonderen gesellschaftlichen oder religiösen Status zubilligte – schon gar nicht den, der Sohn Gottes zu sein.

Wieder einmal hatten die Oberen Jesus auf spitzfindige Weise in eine schwierige Lage gebracht. Zahlte er die Steuer nicht, so könnte man ihm vorwerfen, er komme seiner religiösen Pflicht nicht nach. Wenn er aber die Tempelsteuer entrichtete, gab er damit zugleich seinen Anspruch auf, ein Prophet zu sein. Alle waren gespannt, wie Jesus sich aus der Affäre ziehen würde. Er tat das so geschickt, daß sich seine Widersacher unversehens ins Unrecht gesetzt sahen: „Als Petrus ins Haus kam, fragte ihn Jesus: ‚Was meinst du, Simon? Von wem nehmen die Könige dieser Erde Tribut und Zoll? Von ihren eigenen Leuten oder von den Fremden?‘ ‚Von den Fremden‘, sagte Petrus. Jesus antwortete: ‚Das heißt also, daß die eigenen Leute nichts zu zahlen brauchen.‘“ [1] Jesus ließ sich nicht auf die Frage festlegen: Zahlen oder Nichtzahlen? sondern stellte die Rechtmäßigkeit dieser Sondersteuer grundsätzlich in Frage. Erneut zeigte sich, wie souverän der Herr mit menschlichen Verordnungen umging, mochten sie auch sehr alt sein. Gleichzeitig brachte er seine Widersacher durch Großzügigkeit und den Beweis seiner Gottessohnschaft in Schwierigkeiten. Er sagte nämlich zu Petrus: „... wir wollen sie nicht unnötig verärgern. Geh an den See und wirf die Angel aus. Nimm den ersten Fisch, den du fängst, und öffne ihm das Maul. Du wirst darin ein Geldstück finden. Nimm es und bezahle damit die Steuer für uns beide!“ [2]

Jedem, der das Gespräch verfolgt hatte, war deutlich geworden, daß Christus zur Zahlung der Tempelsteuer durchaus nicht verpflichtet war, sie aber dennoch leistete. Dieses Verhalten hatte für die Jünger auch im Blick auf die Zukunft eine gewisse Bedeutung. Wenn es um Nebensächliches ging, ließ sich der Herr nicht auf Auseinandersetzungen ein. Jedenfalls sah er es nicht als seine Aufgabe an, bestehende Ordnungen zu hinterfragen. Für uns heißt das: Im Blick auf Gottes Willen darf es keine Zugeständnisse geben. Wenn es dagegen um Randfragen geht, sollte man unnütze Auseinandersetzungen vermeiden.

---

[1] Matthäus 17,25.26 [2] Matthäus 17,27

Groß ist, wer sich klein macht

Nachdem Petrus zum See gegangen war, fragte Jesus die anderen: „Worüber habt ihr euch denn unterwegs gestritten?" Den Jüngern war das peinlich, denn sie waren wegen der Frage aneinandergeraten, wer von ihnen der Größte sei. Als Jesus sie daraufhin ansprach, merkten sie, wie sehr sich ihre Gesinnung von der des Herrn unterschied. Er schickte sich an, um ihrer Erlösung willen in den Tod zu gehen, und sie feilschten um Posten und Ämter im künftigen Reich Gottes. Als sie beschämt schwiegen, sagte Jesus: „Wer der Erste sein will, der muß sich allen anderen unterordnen und ihnen dienen." [3]

Es hatte den Anschein, als wären die Jünger nur deshalb in Streit geraten, weil sie falsche Vorstellungen vom Reich Gottes hatten. Dem hätte Jesus abhelfen können, indem er ihnen ein für allemal das wahre Wesen seines Reiches herausstellte. Die eigentliche Ursache der Streitigkeiten lag jedoch tiefer: Es war das ehrgeizige Streben, das auch durch mehr Wissen oder Einsicht nicht behoben werden konnte. Jesus wußte, daß es nach seiner Himmelfahrt zu Auseinandersetzungen in der Gemeinde kommen würde, wenn er jetzt nicht eingriff. Selbst bei denen, die in enger Gemeinschaft mit ihm lebten, machte sich Satans Einfluß bemerkbar. Jesus wußte, wie sich in vorgeschichtlicher Zeit das Machtstreben Luzifers in der Rebellion gegen Gott ausgewirkt hatte. Satan hatte nach der Macht gegriffen, ohne dem Schöpfer auch nur im geringsten ähnlich zu sein. Im Trachten nach der Herrschaft schreckte der Engelfürst vor nichts zurück und wurde so zum Satan. Sein Reich gründet sich auf List und Gewalt, und Menschen, die sich ihm unterwerfen, bedienen sich der gleichen Mittel, um ihre Ziele zu erreichen. Andere sind für sie entweder ein Hindernis auf dem Weg nach oben, oder sie benutzen sie lediglich als „Sprossen" auf der Leiter des Erfolgs.

Dem rücksichtslosen Streben Satans setzte Christus seine Selbstverleugnung entgegen. Paulus faßte das mit den Worten zusammen: „Er war in allem Gott gleich, und doch hielt er nicht daran fest, zu sein wie Gott. Er gab es willig auf und wurde einem Sklaven gleich. Er wurde ein Mensch in dieser Welt und teilte das Leben der Menschen. Im Gehorsam gegen

[3] Markus 9,35

Gott erniedrigte er sich so tief, daß er sogar den Tod auf sich nahm, ja, den Verbrechertod am Kreuz.“ [4]

Die Jünger hatten davon kaum etwas begriffen, im Gegenteil. Während Jesus sich auf das Schwerste in seinem Erlösungswerk vorbereitete, stritten sie um Ämter und Posten. Doch der Herr wurde nicht müde, ihnen das Wesen seines Reiches verständlich zu machen. Wer nur an sich und sein Vorwärtskommen denkt, wem Einfluß und irdische Macht alles bedeuten, der ist nicht geeignet für Gottes neue Welt.

Die Jünger sollten erkennen, daß der Erhöhung die Erniedrigung vorausgehen muß. Wer von Gott berufen wird, Einfluß auszuüben, der muß zuvor lernen, demütig zu dienen. Nur wer sich von Gott und seinem Geist leiten läßt, ist tauglich für den Dienst im Werk des Herrn. Er wird selbst dort noch etwas ausrichten, wo Begabtere und Klügere scheitern, weil sie nur auf die eigene Kraft setzen.

Um den Jüngern zu zeigen, daß eine Umkehr entscheidend ist, rief Jesus ein Kind zu sich, stellte es mitten unter sie und sagte: „Ich versichere euch, wenn ihr euch nicht ändert und den Kindern gleich werdet, dann könnt ihr in Gottes neue Welt überhaupt nicht hineinkommen. Wer so wenig aus sich macht wie dieses Kind, der ist in der neuen Welt Gottes der Größte. Und wer in meinem Namen solch ein Kind aufnimmt, der nimmt mich auf.“ [5]

Christus schätzt an seinen Nachfolgern Eigenschaften, wie sie bei Kindern zu finden sind: Natürlichkeit, Einfachheit, Selbstlosigkeit, Liebe und bedingungsloses Vertrauen. Dadurch wird ein Mensch groß vor Gott, nicht aber durch Einfluß, Wissen, Reichtum oder Macht. Der Schöpfer fragt nicht danach, was jemand hat oder darstellt, sondern ob er „in Christus“ ist. Ein aufrichtiges und demütiges Herz zählt bei Gott mehr als Titel und Ehrenzeichen.

Langsam begriffen die Jünger, was ihnen Jesus sagen wollte. Sie fragten sich, ob ihr Dienst bisher womöglich mehr von eigennützigem Streben bestimmt war, als von dem, was der Herr erwartet. Obwohl Christus keinen von ihnen persönlich angesprochen hatte, spürten die Jünger, daß sie vieles falsch gemacht hatten. Johannes beispielsweise erinnerte sich an eine Begebenheit, die sich jüngst zugetragen hatte: „Wir haben da einen Mann gesehen, der hat deinen Namen dazu

---

[4] Philipper 2,6–8 [5] Matthäus 18,3–5

benutzt, böse Geister auszutreiben. Wir haben versucht, ihn daran zu hindern, weil er nicht zu uns gehört." [6] Nun aber waren sie nicht mehr so sicher, daß nur sie als Botschafter und Diener Gottes in Frage kämen. Hatten sie dem Mann wirklich um Christi willen Einhalt geboten oder nur aus Mißgunst und Neid?

Jesus antwortete: „Laßt ihn doch ... denn wer meinen Namen gebraucht, um Wunder zu tun, kann nicht im nächsten Augenblick schlecht von mir reden. Wer nicht gegen uns ist, der ist für uns!" [7] Damals gab es viele, die durch Jesus zum Glauben gekommen waren. Ohne unmittelbar zum Jüngerkreis zu gehören, waren sie bemüht, im Sinne Christi tätig zu sein. Wenn die Jünger solchen Menschen begegneten, mögen sie gesagt haben: Der „gehört nicht zu uns". Jesus aber warnte davor, andere zu verurteilen, ohne ihre Beweggründe zu kennen. Schließlich sollten die Zwölf das Werk Jesu auf Erden weiterführen; da wäre es unverantwortlich, wollten sie jene, die sich auch für Gottes Sache einsetzen, einfach ausgrenzen.

Wenn andere nicht völlig mit unseren Vorstellungen übereinstimmen, berechtigt uns das keineswegs, ihnen den Dienst für Gott zu verbieten. Grundsätzlich kann jeder, der sein Herz für Gott öffnet, ein Werkzeug Christi und ein Botschafter seiner Liebe sein. Wer sind wir, daß wir andere richten oder ihnen vorschreiben, was sie im Dienst der Evangeliumsverkündigung zu tun oder zu lassen haben? Wer über andere so urteilt, wie es damals einige Jünger taten, kann sogar zum Hindernis im Werk Gottes werden. Deshalb hat sich Jesus so unzweideutig ausgedrückt: „Wer auch nur einen einfachen Menschen, der mir vertraut, an mir irre werden läßt, der käme noch gut weg, wenn man ihn mit einem Mühlstein um den Hals ins Meer werfen würde." [8]

Christus ist gekommen, um alle Menschen einzuladen in Gottes Reich. Gewiß, viele wollen sich nicht retten lassen; aber es ist schlimm, wenn unsere Lieblosigkeit der Grund dafür ist, daß sich andere von Gott abwenden. Um seine Jünger vor dieser Gefahr zu warnen, sagte Jesus: „Es steht schlimm mit dieser Welt, weil es in ihr Dinge gibt, durch die Menschen das Vertrauen zu Gott verlieren können. Das ist wohl unvermeidlich; aber wehe dem, der daran mitschuldig

---

[6] Markus 9,38 [7] Markus 9,39.40 [8] Markus 9,42

wird.“ [9] Nachfolger Jesu haben immer damit zu rechnen, bekämpft und beargwöhnt zu werden. Besonders traurig ist es jedoch, wenn Menschen, die vorgeben, Gott zu dienen, für andere zum Hindernis im Glaubensleben werden, weil sie Jesus falsch darstellen oder seine Botschaft verzerren.

Was hinderlich ist, muß weg

„Wenn aber deine Hand oder dein Fuß dich zum Abfall verführt, so hau sie ab und wirf sie von dir. Es ist besser für dich, daß du lahm oder verkrüppelt zum Leben eingehst, als daß du zwei Hände oder zwei Füße hast und wirst in das ewige Feuer geworfen. Und wenn dich dein Auge zum Abfall verführt, reiß es aus und wirf's von dir. Es ist besser für dich, daß du einäugig zum Leben eingehst, als daß du zwei Augen hast und wirst in das höllische Feuer geworfen.“ [10]

Gewohnheiten, die zur Sünde verleiten und Christus entehren, sollten wir ablegen, wie schwierig das auch sein mag. Wer mit der Sünde liebäugelt, gerät schnell auf die schiefe Bahn und nimmt Schaden an seiner Seele. Weil es aber im wahrsten Sinne des Wortes um Leben oder Tod geht, darf Sünde niemals auf die leichte Schulter genommen werden. Darum ging es Jesus, als er vom „Abhacken“ und „Ausreißen“ sprach.

Weiter sagte er im Gespräch mit den Jüngern: „Zu jeder Opfergabe gehört das Salz und zu jedem von euch das Feuer des Leidens, das euch reinigt und bewahrt. Salz ist etwas Gutes; wenn es aber seine Kraft verliert, wie soll es sie wiederbekommen? Zeigt, daß ihr die Kraft des Salzes in euch habt: haltet untereinander Frieden.“ [11] Damit kam er zurück auf den Anlaß seiner Ermahnungen, nämlich den Rangstreit im Jüngerkreis.

Nach alttestamentlichem Brauch wurde jedem Opfer Salz beigefügt. Man schrieb dem Salz lebenserhaltende und bewahrende Kraft zu. Offenbar wußte man, daß Tieropfer niemals Sünde tilgen können. Zum Opfer mußte das hinzukommen, was wir die „Gerechtigkeit Christi“ nennen. Paulus schrieb später den Christen in Rom: „Stellt euer ganzes Leben Gott zur Verfügung! Bringt ihm euch selbst als lebendiges Opfer dar, an dem er Freude hat!“ [12] Freude am Opfer hat

---

[9] Matthäus 18,7 [10] Matthäus 18,8.9 LT [11] Markus 9,49.50 [12] Römer 12,1

Gott aber nur, wenn in ihm das „Salz der Gerechtigkeit Christi“ enthalten ist. Von dieser Gerechtigkeit leben Nachfolger Jesu. Und nur aus der innewohnenden Kraft können wir „Salz der Erde“ werden, das reinigt und bewahrt. Jesus wollte seinen Jüngern sagen: Wenn ihr Menschen von satanischen Bindungen befreien wollt, müßt ihr zuerst selber Anteil an meiner Gnade haben. Darum solltet ihr euch kümmern, anstatt darüber zu streiten, wer der Größte im Himmelreich sein wird.

Das muß auch uns zu denken geben. Was nützt es, fromm darüber zu reden, wie tief sich Christus durch sein Leiden und Sterben erniedrigt hat, wenn zugleich alles unternommen wird, sich selbst zu erhöhen oder rücksichtslos eigene Pläne zu verwirklichen? Es täte uns gut, öfter über den Leidensweg Jesu nachzudenken. Wahrscheinlich würden uns dann Gleichgültigkeit, Trägheit und Selbstzufriedenheit eher bewußt werden, und wir würden uns ihrer schämen.

Wie kommen wir eigentlich dazu, andere geringschätzig zu behandeln, nur weil sich ihr Glaubensweg nicht mit dem unseren deckt? Mag sein, daß wir anderen durch Erziehung, Bildung und christliche Erfahrung manches voraus haben. Das hebt uns aber nicht über sie hinaus, sondern ist eher eine Verpflichtung. Wer stark ist, soll den Schwachen stützen; wer gerettet ist, soll sich um die kümmern, die es noch nicht sind. Am Ende sind die Unbedeutenden und Schwachen Gott vielleicht näher als mancher Starke im Glauben. Warum sollte Jesus sonst gesagt haben: „Hütet euch davor, die einfachen Menschen in der Gemeinde überheblich zu behandeln. Denn das kann ich euch sagen: ihre Engel haben immer Zugang zu meinem Vater im Himmel.“ [13]

Jesus erzählte den Jüngern ein Gleichnis, um zu erklären, wie sehr sich Gott um den einzelnen bemüht: „Was meint ihr: Was wird ein Mann tun, der hundert Schafe hat, und eins davon hat sich verlaufen? Wird er nicht die neunundneunzig im Bergland weitergrasen lassen und das verirrte suchen? Und wenn er es findet – ich versichere euch: er wird sich über das eine Schaf mehr freuen als über die neunundneunzig, die sich nicht verlaufen haben. Genauso ist es mit eurem Vater im Himmel: Er will nicht, daß auch nur einer dieser einfachen Menschen verlorengeht.“ [14]

---

[13] Matthäus 18,10 [14] Matthäus 18,12–14

Helfen, nicht bloßstellen

Wenn du siehst, daß jemand einen Fehler begangen hat, dann sprich ihn daraufhin an, stelle ihn aber nicht bloß. Hüte dich, die Sünde oder den Irrtum von Glaubensgeschwistern in der Öffentlichkeit breitzutreten. Das schadet nicht nur ihnen, sondern verunglimpft auch Christus. Natürlich muß es gesagt werden, wenn einer sich irrt; wie sollte er sonst seinen Irrtum erkennen und sich ändern? Aber jemanden liebevoll auf Fehler hinweisen und ihm „die Wahrheit" sagen, ist oft zweierlei. Wir sollen helfen und zurechtbringen, nicht richten und verurteilen. Besonders rücksichtsvoll und feinfühlig sollten wir denen begegnen, die seelisch verletzt worden sind. Solche Wunden heilen nur schwer. Diese Menschen brauchen die Liebe Christi und das Mitgefühl ihrer Glaubensgeschwister mehr als andere.

Manchmal gelingt es, jemanden, der in Sünde geraten ist oder sich weit von Gott entfernt hat, wieder auf den Weg des Glaubens zu bringen. Wer das erlebt, darf sich freuen, denn „wer den Sünder bekehrt hat von seinem Irrweg, der wird seine Seele vom Tode erretten und wird bedecken die Menge der Sünden." [15] Doch nicht immer haben derartige Bemühungen Erfolg. Für solche Fälle gebot Jesus: „Wenn er aber nicht auf dich hört, dann geh wieder hin, diesmal mit einem oder zwei anderen ... Wenn er dann immer noch nicht hören will, bring die Angelegenheit vor die Gemeinde." [16] Schuld oder Fehlverhalten „vor die Gemeinde" zu bringen heißt allerdings nicht, die Gemeinde zum Tribunal zu machen; sie sollte vielmehr zu betendem Mittragen ermutigt werden. Wo das geschieht und wo die Verantwortlichen der Gemeinde unter dem Einfluß des Heiligen Geistes reden und handeln, besteht am ehesten die Möglichkeit, daß der Schuldige zur Einsicht kommt und umkehrt. Wer aber solch ein Angebot weiterhin hartnäckig ablehnt, zerstört die Verbindung zu Christus und schließt sich selber aus der Gemeinschaft der Gläubigen aus. „Hört er auch auf die Gemeinde nicht", sagt Jesus, „so sei er für dich wie ein Heide und Zöllner." Das bedeutet allerdings nicht, ihn „links liegen zu lassen" und bei jeder Gelegenheit vorzuhalten, daß er nun „nicht mehr dazugehört". Daß jemand uneinsichtig ist oder die Verbindung zur Gemeinde

---

[15] Jakobus 5,20 LT [16] Matthäus 18,16.17

löst, bedeutet nicht, daß Christus ihm nicht mehr nachgeht.

Wenn Gott uns beauftragt, Unrecht beim Namen zu nennen, dann nicht, weil wir uns in die Angelegenheiten anderer einmischen sollen, sondern weil es Schlimmeres zu verhüten gilt. Wer sich dem aus Angst oder falscher Rücksichtnahme entzieht, kann selber schuldig werden.

Und noch etwas: Fehler und Schwächen der anderen sollten nicht zum allgemeinen Gesprächsthema gemacht werden. Es ist sicher nötig, mit dem Betreffenden über seine Verfehlungen zu sprechen, doch gleichzeitig ist es unsere Pflicht, ihn vor den Angriffen anderer zu schützen. Christus erwartet von seinen Nachfolgern, daß sie ihren Mitmenschen so begegnen, wie er ihnen begegnet ist. Schließlich leben wir alle von der Barmherzigkeit Gottes und wären ohne seine Gnade verloren.

Jesus beendete die Belehrung der Jünger mit dem Hinweis: „Ich versichere euch: Was ihr hier auf der Erde für verbindlich erklären werdet, das wird auch vor Gott verbindlich sein; und was ihr für nicht verbindlich erklären werdet, das wird auch vor Gott nicht verbindlich sein." [17] Damit wollte er sagen: Was ihr hier auf Erden in meinem Namen tut, hat Auswirkungen bis in die Ewigkeit. Dieses Wissen könnte uns bange machen, wenn wir nicht gleichzeitig des Beistandes Jesu gewiß sein dürften. Der Herr ist überall dort zugegen, wo Menschen mit ihm und seinem Wort ernst machen. Dabei spielen Zahlen keine Rolle; denn: „Wenn zwei von euch auf der Erde gemeinsam um irgend etwas bitten, wird es ihnen von meinem Vater im Himmel gegeben werden. Denn wo zwei oder drei in meinem Namen zusammenkommen, da bin ich selbst in ihrer Mitte." [18] Wir sollten die Worte „mein Vater im Himmel" ganz bewußt lesen, denn sie vermitteln eine beglückende Botschaft. Einerseits ist Christus einer von uns, der Leid und Versuchung aus eigenem Erleben kennt und uns versteht, andererseits ist er der Sohn Gottes, der am Thron des Allmächtigen für uns eintritt. Was könnten wir uns Besseres wünschen?

---

[17] Matthäus 18,18 [18] Matthäus 18,19.20

49 | Lebendiges Wasser im Überfluß

Im jüdischen Kalender gab es zur Zeit Jesu drei große Feste, die man nach Möglichkeit in Jerusalem feierte. Das Laubhüttenfest war das letzte davon. Es sollte an Gottes gnädige Führung während der Wüstenwanderung Israels erinnern und war zugleich Erntefest. Die Feierlichkeiten dauerten sieben Tage und lockten Pilger aus aller Welt an. Die Leute brachten ihre Opfergaben, um zu zeigen, wie dankbar sie Gott waren.

Zur Erinnerung an die Zeit, da ihre Väter in Zelten gelebt hatten, bauten die Israeliten leichte Hütten aus Palmblättern, Zweigen und Laub und wohnten darin. Eine Woche lang glichen Tempelhöfe, Straßen und die flachen Dächer der Häuser kleinen Gärten.

Kurz vor dem Laubhüttenfest wurde in Israel der Große Versöhnungstag begangen. Er war ein Zeichen dafür, daß Gott die Schuld des vergangenen Jahres getilgt und seinem Volk vergeben hatte. Die Befreiung von Sünde und das Geschenk der Ernte waren für die Israeliten Grund zur Freude, die sich in Anbetung, Gesang und Musik äußerte. Überall jubelte man: „Danket dem Herrn, denn er ist gut zu uns, seine Liebe hört niemals auf!“ [1]

Mittelpunkt der Feierlichkeiten war der Tempel. Auf den Marmortreppen stand der Chor von Tempelsängern, die zur Ehre Gottes Danklieder sangen. Die Pilger schwenkten Palmenzweige und stimmten in den Kehrreim der Lieder ein. Die ganze Stadt schien in diesen Tagen von Musik erfüllt zu sein. Am Abend wurde der Tempel erleuchtet, so daß die Gläubigen bis in die Nacht hinein auf dem Gelände des Heiligtums feiern konnten. Kaum jemand konnte sich dem Zauber entziehen, den das Laubhüttenfest alljährlich verströmte.

Am nachhaltigsten aber war die Wirkung jener Feierlichkeiten, durch die an die Wüstenwanderung Israels vor anderthalb Jahrtausenden erinnert wurde. Im Morgengrauen bliesen Priester auf ihren Instrumenten einen langen, hellen Ton, der weithin über Täler und Hügel zu hören war. Andere Bläser

---

Dieses Kapitel bezieht sich auf Johannes 7,1–15.37–39 [1] Psalm 106,1

antworteten, und das Volk begrüßte den Festtag mit Jubelgesang. Ein Priester kam zum Tempel mit einer Kanne voll Wasser, das er aus dem Teich Siloah geschöpft hatte. Er wurde mit drei Fanfarenstößen begrüßt. Während er langsam die Stufen emporschritt, sang er die Psalmworte: „Nun stehen unsere Füße in deinen Toren, Jerusalem.“ [2] Das Wasser wurde zusammen mit dem täglichen Trankopfer auf dem Altar ausgegossen. Dort waren zwei Schalen mit Öffnungen, durch die Wasser und Wein unterirdisch in das Kidrontal abflossen. Diese Zeremonie sollte daran erinnern, daß Gott einst aus dem Felsen frisches Wasser hatte fließen lassen, um die Israeliten am Leben zu erhalten. Während dieser Handlung sang die Menge: „Voller Freude werdet ihr Wasser schöpfen aus den Quellen, die euch Leben schenken. Und ihr werdet sagen an jenem Tag: Dankt dem Herrn!“ [3]

„Gehst du nicht mit nach Jerusalem?“

Die Familie Jesu lebte im nördlichen Palästina, in der Stadt Nazareth. Wer als Pilger nach Jerusalem ziehen wollte, mußte rechtzeitig die nötigen Vorkehrungen treffen. Als Jesu Brüder zum Laubhüttenfest rüsteten, stellten sie fest, daß Jesus keine Anstalten machte, sich ihnen anzuschließen. Sie erinnerten sich auch, daß er seit der Heilung des Gelähmten am Teich Bethesda nicht mehr zu den großen Festen nach Jerusalem gepilgert war. Jesus hatte Gründe dafür; er wollte nicht, daß seine Anwesenheit in Jerusalem vor der Zeit gefährliche Auseinandersetzungen mit den Oberen und der Priesterschaft heraufbeschwor. Deshalb hatte er sein Wirken auch seit einiger Zeit auf die Nordprovinzen Galiläa und Samaria beschränkt.

Davon ahnten seine Brüder nichts. Sie sahen nur, daß er den Verpflichtungen, die ein frommer Jude hatte, in letzter Zeit nicht oder nur mangelhaft nachkam. War es da verwunderlich, wenn er sich die Feindschaft der Priester und Rabbiner zuzog? All das verwirrte sie, zumal sie ihn immer wieder davon reden hörten, wie wichtig es sei, Gottes Willen zu tun, während sie gleichzeitig erlebten, daß ihrem Bruder die von Gott eingesetzten Feste gleichgültig zu sein schienen. Außerdem störte es sie, daß er sich mit Zöllnern und Sündern einließ, die religiösen Vorschriften der Rabbiner nicht beachtete

[2] Psalm 122,2 LT [3] Jesaja 12,3.4

oder – wie in Fragen der Sabbatheiligung – sehr großzügig verfuhr. Sie sahen auch als verhängnisvoll an, daß der Herr die Führer Israels scheinbar ganz unbekümmert gegen sich aufbrachte. Wer war er denn, daß er diese frommen Männer des Irrtums bezichtigte und sie vor dem Volk bloßstellte?

Andererseits war nicht zu bestreiten, daß er ein Leben dem Willen Gottes gemäß führte und beeindruckende Taten vollbrachte. Deshalb hofften sie, daß die Obersten in Jerusalem doch noch dazu bewegt werden könnten, ihn als König Israels anzuerkennen. Bei allen Vorbehalten, die sie hegten, waren sie doch stolz auf ihren Bruder; denn sein Ruhm kam auch ihnen zugute. Im übrigen dachten sie, wenn er denn schon davon überzeugt wäre, der Messias zu sein, nütze es nichts, sich in der Provinz zu vergraben; denn in Jerusalem würde Geschichte gemacht, nicht in Nazareth. Die Pharisäer, Schriftgelehrten und Priester mußte man für sich gewinnen, wenn man etwas erreichen wollte, nicht Bauern, Fischer, Handwerker und vielleicht gar Zöllner oder andere zwielichtige Gestalten. Deshalb drängten sie ihn, am Laubhüttenfest teilzunehmen: „Verlaß diese Gegend und geh nach Judäa, damit deine Anhänger die Wunder sehen, die du tust! Wenn jemand bekannt werden möchte, versteckt er sich nicht. Wenn du schon solche Dinge tust, dann sorge auch dafür, daß alle Welt davon erfährt!“ [4]

Fragwürdige Beweggründe

Vordergründig betrachtet, könnte man den Brüdern Jesu zustimmen, doch der Herr schaute tiefer und wußte, wie zweifelhaft ihre Beweggründe waren. Ihr Rat klang zwar fürsorglich; aber letztlich ging es ihnen mehr um sich selbst als um ihren Bruder. Deshalb sagte Jesus: „Meine Zeit ist noch nicht da. Für euch paßt jede Zeit. Die Welt kann euch nicht hassen; aber mich haßt sie, weil ich nicht aufhöre, ihr vorzuhalten, daß sie nur Böses tut. Geht ihr doch zu diesem Fest! Ich komme nicht mit euch, weil meine Zeit noch nicht da ist.“ [5]

Jesu Reaktion zeigt, daß verwandtschaftliche Beziehungen keinem das Recht geben, in Glaubensangelegenheiten über den anderen zu bestimmen. Er ließ sich auch von seinen engsten Verwandten nicht vorschreiben, was er zu welcher Zeit zu tun hätte. Ferner fällt auf, daß er seine Brüder mit seinen

---

[4] Johannes 7,3.4 [5] Johannes 7,6–8

Jüngern nicht auf eine Stufe stellte. Zu seinen Freunden hatte er gesagt: „Alle werden euch hassen, weil ihr euch zu mir bekennt.“ [6] Die eigenen Verwandten aber ordnete er merkwürdigerweise der Welt – das heißt: dem gegnerischen Lager – zu. Wären sie wirklich auf seiner Seite, dann würde die Welt sie ebenso hassen wie ihn und seine Jünger.

Jesus wußte, daß er in Jerusalem um der Erlösung der Welt willen sterben müßte, doch er wollte den Stein nicht dadurch ins Rollen bringen, daß er sich unbedacht in Gefahr begab. Gott allein sollte den Befehl dazu geben, nicht seine Jünger und schon gar nicht seine Brüder.

In Jerusalem vermißte man den Rabbi aus Nazareth. Viele waren seinetwegen gekommen; selbst Pharisäer und Schriftgelehrte hielten Ausschau nach ihm, denn sie hofften, ihn in eine Falle locken und Beweise gegen ihn sammeln zu können. Sie fragten herum, ob nicht jemand diesen Jesus aus Nazareth gesehen habe. Die einen sagten, er sei ihnen nicht begegnet, andere schwiegen, weil sie sich nicht mit den Pharisäern anlegen wollten. Zwar hatte ihn bisher niemand in Jerusalem gesehen, aber Jesu Name war in aller Munde. Die einen hielten ihn für Gottes Sohn, andere meinten, er sei ein Scharlatan, wie es in letzter Zeit einige gegeben hatte. Doch selbst diejenigen, die in ihm den Messias sahen, scheuten sich aus Furcht vor den Priestern und Schriftgelehrten, offen für ihn einzutreten.

Während die Leute noch rätselten, warum der Rabbi aus Nazareth nicht zum Laubhüttenfest gekommen war, betrat Jesus unbemerkt die Stadt. Wäre er mit seinen Brüdern oder anderen Pilgern in Jerusalem eingezogen, so hätte seine Ankunft zwangsläufig Aufsehen erregt. Er fürchtete, daß die Oberen das zum Anlaß nehmen könnten, gewaltsam gegen ihn vorzugehen. Zwar wußte er, daß er sich dem Zugriff seiner Gegner nicht entziehen konnte, aber noch war die Zeit nicht gekommen. Darum hatte er einsame Wege benutzt und sich auch in der Stadt im Hintergrund gehalten.

Mitten in der Festwoche aber stand er plötzlich im Tempelgelände und sprach zu den Festteilnehmern. Die Leute waren überrascht, denn inzwischen hatte sich das Gerücht verbreitet, er sei aus Angst vor den Priestern und dem Hohen Rat nicht zum Laubhüttenfest gekommen. Nun stand er unvermittelt da

---

[6] Matthäus 10,22

und gebot Ruhe. In atemloser Spannung hörte man ihm zu, als er anhand der heiligen Schriften vom Willen Gottes und von der Bedeutung des Opferdienstes sprach. Noch nie hatten sie einen Rabbi so sprechen gehört. Gottes unsichtbare Welt schien für ihn keine Geheimnisse zu bergen. Immer wieder warnte er davor, das Angebot der Erlösung auszuschlagen, welches er ihnen zu überbringen hatte. Das Staunen der Zuhörer gipfelte in der Frage: „Dieser Mann hat keinen Lehrer gehabt. Wie kommt es, daß er die heiligen Schriften so gut kennt?"

Man hielt jeden für ungebildet und unwissend, der nicht eine Rabbinerschule besucht hatte. Deshalb wunderten sich die Leute, daß Männer wie Johannes der Täufer und Jesus über mehr Wissen und größere Vollmacht verfügten als die Priester und Schriftgelehrten. Jesus antwortete: „Ich habe mein Wissen nicht aus mir selbst. Ich habe es von Gott, der mich gesandt hat. Wer bereit ist, Gott zu gehorchen, wird merken, ob meine Lehre von Gott ist oder ob ich meine eigenen Gedanken vortrage." [7] Jesu Auftreten war so beeindruckend, daß selbst seine schärfsten Widersacher nicht daran dachten, etwas gegen ihn zu unternehmen, obwohl er ihnen vor allen Leuten vorgeworfen hatte, daß sie darauf aus seien, ihn umzubringen.

Wenn ihr durstig seid, dann kommt zu mir!

Am letzten Tag des Laubhüttenfestes trat Jesus noch einmal vor die Menschen und rief ihnen zu: „Wer durstig ist, soll zu mir kommen und trinken – jeder, der mir vertraut! Denn in den heiligen Schriften heißt es: ‚Aus seinem Innern wird lebendiges Wasser strömen.'" [8] Die Pilger waren während der sieben Festtage Augenzeuge prächtiger Gottesdienste gewesen, hatten wunderbare Musik gehört und waren in eine Atmosphäre der Farben und des Lichtes eingetaucht – doch es war ihnen nichts geboten worden, was den Durst der Seele hätte stillen können. Das wollte Christus ihnen bewußtmachen, als er vom „lebendigen Wasser" sprach.

Zum Ritual des letzten Festtages gehörte es, daß die Priester das Volk daran erinnerten, wie Mose in der Wüste den Felsen geschlagen hatte, um Israel vor dem Verdursten zu bewahren. Das Geschehen in der Wüste war Sinnbild für das, was Chri-

---

[7] Johannes 7,16.17 [8] Johannes 7,37.38

stus tun würde, um Menschen vom ewigen Tod zu erretten. Auch er, der Fels des Heils, würde in der Gegenwart des Volkes geschlagen werden, damit das „Wasser des Lebens“ in die Welt strömen konnte.

Wenn es einen gibt, der die wahren Bedürfnisse der Menschen kennt, dann ist es Jesus. Er weiß, daß unsere Seele nicht von Glanz, Reichtum und Ehre leben kann. Das war früher so und ist heute nicht anders. Deshalb ließ Jesu Einladung: „Wer durstig ist, soll zu mir kommen ...“ damals viele aufhorchen und neuen Mut schöpfen. Sie spürten, daß sie ein solches Angebot nie wieder bekommen würden.

So wie Jesus den Menschen damals das Wasser des Lebens anbot, geschieht es auch heute. „Und der Geist und die Braut sprechen: Komm! Und wer es hört, der spreche: Komm! Und wen dürstet, der komme; und wer da will, der nehme das Wasser des Lebens umsonst.“ [9]

---

[9] Offenbarung 22,17 LT

50 | Den Kopf in der Schlinge?

Als die Oberen erfuhren, daß Jesus in der Stadt war, ließen sie ihn ständig überwachen. Täglich wurden neue Pläne geschmiedet, wie man ihn zum Schweigen bringen könnte. Das war nicht ganz leicht, denn er war beim Volk beliebt. Man mußte schon hieb- und stichfeste Gründe haben, um gegen Jesus vorgehen zu können.

Schon bei seinem ersten Auftreten während des Laubhüttenfestes war der Herr von Pharisäern umringt. Sie fragten ihn, in wessen Vollmacht er lehre. Christus antwortete: „Ich habe mein Wissen nicht aus mir selbst. Ich habe es von Gott, *der mich gesandt hat*. Wer bereit ist, Gott zu gehorchen, wird merken, ob meine Lehre von Gott ist oder ob ich meine eigenen Gedanken vortrage." [1] Damit unterstrich er seinen Anspruch, von Gott gesandt zu sein und die Wahrheit zu verkünden. Natürlich wußte er, daß seine Widersacher das bestreiten würden. Deshalb fügte er hinzu, daß die Erkenntnis der Wahrheit weniger eine Sache des Verstandes ist, als vielmehr des Herzens und der Bereitschaft, Gott zu gehorchen.

Was meinte Christus damit? Kenntnisse kann jeder gewinnen, der über genügend Intelligenz verfügt und bestimmte Zusammenhänge wahrnimmt – unabhängig von seinen Charaktereigenschaften oder seinem sittlichen Verhalten. Mit der Wahrheit verhält es sich anders. Gott reicht es nicht aus, daß wir dem, was er sagt, verstandesmäßig zustimmen, ohne davon betroffen zu sein. Die Wahrheit zu kennen und in der Wahrheit zu leben, muß eins sein. Und das muß man sich durch den Heiligen Geist schenken lassen. Deshalb hängt das Erkennen der Wahrheit auch davon ab, ob der Mensch bereit ist, Gewohnheiten und Ansichten aufzugeben, die dem Willen Gottes zuwider sind. Nur wer sich Gott öffnet und auf ihn hört, kann zwischen Wahrheit und Irrtum unterscheiden. Jesu Gegner konnten das offensichtlich nicht, weil sie nur das als wahr erachteten, was ihnen genehm war. Sie

---

Dieses Kapitel bezieht sich auf Johannes 7,16–36.40–53 und 8,1–11
[1] Johannes 7,16.17

sträubten sich auch gegen die Erkenntnis, daß Jesus der Gesandte Gottes ist. Dabei hätten sie an dem, was er lehrte und tat, erkennen können, daß ihm Vollmacht von Gott geschenkt war. Darauf wies Christus hin mit den Worten: „Wer seine eigenen Gedanken vorträgt, dem geht es um die eigene Ehre. Wer aber nur die Ehre dessen sucht, der ihn gesandt hat, ist vertrauenswürdig. Man kann ihm kein Unrecht vorwerfen.“ [2] Die Leute mochten von Jesus denken, was sie wollten, aber Selbstsucht und Eigennutz konnten ihm nicht einmal seine ärgsten Feinde nachsagen. Immer und überall ging es ihm um Gottes Ehre – das war seine Legitimation als Lehrer der Wahrheit.

Indem Jesus den Rabbinern ihre Gedanken auf den Kopf zu sagte, zeigte er seine göttliche Vollmacht. Seit er am Sabbat einen Gelähmten am Teich Bethesda geheilt hatte, trachteten sie ihm nach dem Leben. Man warf ihm vor, er halte sich nicht an das Gesetz Gottes; gleichzeitig aber mißachteten seine Gegner die Gebote, für die sie angeblich eintraten. „Mose hat euch doch das Gesetz gegeben. Aber keiner von euch lebt nach dem Gesetz. Warum wollt ihr mich töten?“ [3]

Jesu Widersacher waren erschrocken. Für einen Augenblick erkannten sie, wohin es führen mußte, Christus zu bekämpfen. Doch sie wollten ihre Meinung nicht ändern und ihre Pläne nicht aufgeben. Natürlich konnten sie vor dem Volk nicht zugeben, daß Jesu Tod bereits beschlossen war, deshalb versuchten sie, seine Frage als dreiste Verdächtigung hinzustellen: „Du bist verrückt! Wer will dich töten?“ [4]

Um zu zeigen, wie unhaltbar die Vorwürfe der Pharisäer waren, ging Jesus seinerseits zum Angriff über. Anhand eines Vergleichs bewies er, daß die Heilung des Gelähmten durchaus mit der gebotenen Sabbatheiligung in Einklang stand: „Ich habe hier in Jerusalem eine einzige Tat vollbracht, und ihr nehmt alle Anstoß daran. Ihr beschneidet doch eure Söhne, wenn es sein muß, auch am Sabbat, weil Mose angeordnet hat, daß eure Kinder am achten Tag beschnitten werden sollen ... Ein Junge wird also auch am Sabbat an einem Teil seines Körpers beschnitten, damit die Vorschriften Moses nicht verletzt werden. Wie könnt ihr dann auf mich böse sein, weil ich am Sabbat einen ganzen Menschen gesund gemacht habe? Hört auf, nach dem Augen-

[2] Johannes 7,17.18 [3] Johannes 7,19 [4] Johannes 7,20

schein zu richten, und urteilt nach gerechten Maßstäben!“ [5] Was hatten die Pharisäer dieser Beweisführung entgegenzusetzen? Zähneknirschend schwiegen sie.

Falsche Vorstellungen

Viele Juden fühlten sich von Jesus angezogen. Sie spürten, daß er Gottes Sohn war. Satan mißfiel das, deshalb versuchte er ständig, Zweifel zu säen und Verwirrung zu stiften. Das war um so leichter, als im Volk unterschiedliche Vorstellungen über das Kommen des Messias kursierten. Manche meinten, der Erlöser werde zwar in Bethlehem geboren, doch nach einiger Zeit spurlos verschwinden. Wenn er dann wieder auftauchte, würde niemand mehr wissen, woher er kommt. Für andere war klar, daß der Messias keine verwandtschaftlichen Beziehungen auf Erden haben könne, weil er Gottes Sohn sei. Viele sahen darin ein Argument gegen Jesus: „Die Herkunft dieses Mannes kennt doch jeder!“ [6]

Der Herr nahm diese Überlegungen auf und sagte: „Wißt ihr wirklich, wer ich bin und woher ich komme? Ich bin nicht im eigenen Auftrag gekommen. Aber der mich gesandt hat, verdient euer Vertrauen. Ihr kennt ihn nicht. Aber ich kenne ihn; denn ich komme von ihm, und er hat mich gesandt.“ [7] Seine Gegner verstanden sehr wohl, daß er damit seinen Anspruch, der Gottgesandte zu sein, wiederholte. Am liebsten hätten sie ihn sofort festgenommen, doch sie fürchteten den Widerstand des Volkes. Es gab nämlich viele, die Jesus für den Messias hielten, denn sie sagten sich: „Kann der versprochene Retter, wenn er kommt, mehr Wunder tun, als dieser Mann getan hat?“ [8] So zogen sich die Pharisäer für diesmal zurück, schmiedeten aber mit den Oberen neue Pläne, wie sie Jesus in ihre Gewalt bringen könnten.

Ein Teil des Volkes ließ sich von der Feindschaft der Priester und Schriftgelehrten anstecken oder von ihrer Beweisführung einschüchtern. Immer wieder wiesen die Lehrer darauf hin, daß der Messias „König sein wird auf dem Berg Zion und zu Jerusalem und vor seinen Ältesten in Herrlichkeit“ und „von einem Meer bis ans andere, und von dem Strom bis zu den Enden der Erde“ herrschen werde.[9] Und dann stellten

---

[5] Johannes 7,21–24 [6] Johannes 7,27 [7] Johannes 7,28.29 [8] Johannes 7,31
[9] Jesaja 24,23; Psalm 72,8 LT

sie geringschätzige Vergleiche an zwischen der verheißenen Herrlichkeit des Messias und der ärmlichen Erscheinung Jesu. Hätten sich die Menschen damals nicht abhängig gemacht von den Lehren der Schriftgelehrten, sondern selber im Wort Gottes geforscht, wären sie nicht so leicht dem Irrtum verfallen. Das 61. Kapitel des Buches Jesaja bezeugt, daß Christus genau das tun wollte, was er schließlich auch tat. In Kapitel 53 wird vorausgesagt, daß der Gottesknecht leiden und auf Ablehnung stoßen werde. Und im 59. Kapitel wird das Wesen und Verhalten Israels und seiner Führer so beschrieben, wie es sich zur Zeit Christi darbot.

Die Fähigkeit, zu unterscheiden

Gott möchte, daß wir uns für ihn entscheiden, doch er zwingt keinen zum Glauben. Der Mensch ist fähig, zwischen Wahrheit und Irrtum zu unterscheiden. Das setzt allerdings voraus, daß er sich nicht nur von Augenblicksregungen leiten läßt – oder von dem, was andere sagen –, sondern daß er sich gründlich mit Gottes Wort befaßt. Hätten die Menschen zur Zeit Jesu das getan, wäre ihnen die Übereinstimmung des Lebens Jesu mit den Aussagen des prophetischen Wortes nicht entgangen.

Heutzutage kommen viele Leute aus dem gleichen Grunde wie damals zu irrigen Anschauungen über Christus und seine Lehre. Wir dürfen uns nicht darüber hinwegtäuschen, daß geistliche Lehrer immer in der Gefahr stehen, Gottes Wort ihrem eigenen Verständnis entsprechend auszulegen oder sich vorwiegend an traditionellen Vorstellungen zu orientieren. Deshalb ist es nicht nur fragwürdig, sondern geradezu gefährlich, auf eigenes Schriftstudium zu verzichten und sich auf Gedeih und Verderb der Anschauung anderer auszuliefern. Alles, was Menschen lehren, muß an der Heiligen Schrift geprüft werden. Wer Gottes Wort unter Gebet erforscht, weil er die Wahrheit erkennen möchte, den erleuchtet Gott und zeigt ihm, was richtig und was falsch ist. Davon sprach Jesus, als er sagte: „Wer bereit ist, Gott zu gehorchen, wird merken, ob meine Lehre von Gott ist oder ob ich meine eigenen Gedanken vortrage."

Die Häscher des Hohen Rates hatten bereits den Auftrag gehabt, Jesus gefangenzunehmen, doch am letzten Tag des Laubhüttenfestes kamen sie unverrichteterdinge zurück.

Ärgerlich fragten ihre Auftraggeber: „Warum habt ihr ihn nicht mitgebracht?“ Sie antworteten: „So wie dieser Mensch hat noch keiner gesprochen.“ [10]

Wer zur Tempelwache gehörte, war vermutlich nicht zart besaitet; dennoch konnten sich diese Männer dem Einfluß Jesu nicht entziehen. Sie sollten Belastungsmaterial sammeln, um ihn dann zu verhaften; doch in der Nähe Christi ging ihnen auf, daß da einer predigte, der vom Geist Gottes erfüllt war. Ähnlich war es zuvor Mitgliedern des Hohen Rates und einigen Priestern und Schriftgelehrten gegangen, als sie Jesus reden hörten. Doch sie hatten sich bewußt der Erkenntnis verschlossen, daß Jesus der Gottgesandte war. Deshalb fuhren sie die Aufpasser an: „Also hat er euch auch täuschen können! ... Kennt ihr ein Mitglied des Hohen Rates oder einen Pharisäer, der zu ihm hält? Die Menge tut es. Sie kennt das Gesetz Moses nicht und steht deshalb unter Gottes Fluch.“ [11]

Die Beweisführung der Pharisäer mutet abenteuerlich an, denn auf den Punkt gebracht lautet sie: Wahr ist allein, was die geistlichen Führer glauben! Leider sind manche auch heutzutage von dieser Denkweise geprägt. Sie fragen nicht, ob etwas wahr ist, sondern wollen eher wissen, welche Autoritäten oder Persönlichkeiten dafür eintreten. Als ob die Wahrheit von Mehrheitsentscheidungen abhinge oder davon, daß sich viele auf ihre Seite schlagen!

Für die Obersten in Jerusalem aber stand fest, daß nur wahr sein konnte, was sie für wahr hielten. Und weil Jesus eine andere Wahrheit verkündigte als die von ihnen vertretene, mußte er beseitigt werden, bevor er das Volk vollends auf seine Seite zog. Die Frage war nur, wie das schnell und unauffällig zu bewerkstelligen sei. In den Meinungsstreit griff der Pharisäer Nikodemus mit den warnenden Worten ein: „Nach unserem Gesetz können wir keinen verurteilen, ohne daß wir ihn verhört haben. Erst muß festgestellt werden, ob er sich strafbar gemacht hat.“ [12] Dieser Zwischenruf löste peinliche Stille aus. Zum einen begriffen die Mitglieder des Hohen Rates, daß sie im Begriff standen, gegen ihre eigene Ordnung zu verstoßen. Zum andern verdroß es sie, daß einer der Ihren für Jesus eintrat. Hatten sie die Lage falsch eingeschätzt, als sie behaupteten, der Nazarener finde Anklang

---

[10] Johannes 7,45.46 [11] Johannes 7,47–49 [12] Johannes 7,51

nur im Volk? Ärgerlich wiesen sie Nikodemus zurecht: „Du kommst anscheinend auch aus Galiläa ... Lies die heiligen Schriften genauer, dann wirst du sehen, daß aus Galiläa niemals ein Prophet kommen kann.“ [13] Immerhin bewirkte der Einwurf des Nikodemus, daß die Ratssitzung ohne einen neuen Beschluß zur Gefangennahme Jesu abgebrochen wurde.

Jesus und die Ehebrecherin

Jesus war inzwischen dem Gedränge in der Stadt ausgewichen und suchte Ruhe in einem Olivenhain am Ölberg. Hier konnte er ungestört beten und sich von Gott neue Kraft holen. Am nächsten Morgen kehrte er sehr früh in den Tempel zurück. Sofort wurde er von Neugierigen umringt, die gespannt waren, was er wohl zu sagen hatte.

Es dauerte nicht lange, da wurde er unterbrochen, denn einige Gesetzeslehrer und Pharisäer schleppten „eine Frau herbei, die beim Ehebruch ertappt worden war. Sie führten sie so, daß sie von allen gesehen werden konnte. Dann sagten sie zu Jesus: ‚Diese Frau wurde ertappt, als sie gerade Ehebruch beging. In unserem Gesetz schreibt Mose vor, daß eine solche Frau gesteinigt werden muß. Was sagst du dazu?‘“ [14] Sie waren davon überzeugt, ihm eine Falle gestellt zu haben, aus der er diesmal nicht entwischen konnte. Was er auch sagen oder tun würde, immer ließe sich daraus ein Strick für ihn drehen. Spräche er die Frau frei, könnte man ihn der Mißachtung des Gesetzes Mose beschuldigen – und das war ein schweres Vergehen. Erklärte er sie dagegen des Todes schuldig, würde man ihn bei den Römern wegen Amtsanmaßung verklagen. In dieser Hinsicht verstand die Besatzungsmacht keinen Spaß. Gespannt warteten die Pharisäer darauf, wie Jesus sich verhalten würde.

Christus schaute in die Runde: Hier eine ängstlich zitternde Frau, die nicht aufzuschauen wagte, dort die erbarmungslosen Gesichter seiner Widersacher, die ihre Sache schon gewonnen glaubten. Doch Jesus sah noch mehr als nur diese Äußerlichkeiten: Er kannte die Gedanken wie auch die Lebensgeschichte dieser Männer. Nachdem er sie der Reihe nach gemustert hatte, beugte er sich nieder und begann in

[13] Johannes 7,52 [14] Johannes 8,3–5

den Sand zu schreiben. Erbost darüber, daß er sie keines Wortes würdigte, aber auch neugierig, traten die Männer näher herzu. Als sie lasen, was Jesus schrieb, wurden sie kreidebleich und wichen entsetzt zurück. Im Sand standen ihre verborgenen Sünden geschrieben.

Und dann schlug Jesus seine Widersacher mit ihren eigenen Waffen. Für den Fall einer Steinigung schrieb das Gesetz vor, daß die Ankläger den ersten Stein zu werfen hatten. Deshalb richtete sich Jesus auf, schaute die Pharisäer und Schriftgelehrten an und sagte: „Wer unter euch ohne Sünde ist, der werfe den ersten Stein auf sie." [15] Dann bückte er sich wieder und schrieb weiter. Er schlug die Angreifer zurück, indem er ihre heuchlerische Frömmigkeit öffentlich entlarvte. Nun standen die Ankläger plötzlich, überführt von der eigenen Sünde, vor ihrem Richter. Im biblischen Bericht heißt es: „Als sie aber das hörten, gingen sie weg, einer nach dem andern, die Ältesten zuerst; und Jesus blieb allein mit der Frau, die in der Mitte stand. Jesus aber richtete sich auf und fragte sie: Wo sind sie, Frau? Hat dich niemand verdammt? Sie antwortete: Niemand, Herr. Und Jesus sprach: So verdamme ich dich auch nicht; geh hin und sündige hinfort nicht mehr." [16]

Als Jesus die Ankläger aufgefordert hatte, den ersten Stein zu werfen, dachte die Ehebrecherin: Jetzt ist alles aus! Aber es flog kein Stein. Sprachlos und verwirrt sah sie, wie sich einer der „frommen" Männer nach dem anderen davonstahl. Und dann sagte Jesus: „Ich will dich auch nicht verurteilen. Du kannst gehen; aber tu es nicht wieder!" Da wußte die Frau, daß sie gerettet war. Die Anspannung löste sich, sie brach in Tränen aus und bekannte ihre Sünden. Damit war für sie der Weg frei in ein neues Leben. Was an dieser Frau geschah, war weit mehr als das, was viele Kranke erlebten, denen Jesus körperliche Gesundheit wiedergegeben hatte. Hier war die Seele eines Menschenkindes von einer Krankheit genesen, die zum ewigen Tod geführt hätte. Die Frau spürte das und wurde eine treue Nachfolgerin Jesu.

Bliebe noch zu bemerken, daß Jesus weder das Sündenbewußtsein abschwächen noch die Sünde herunterspielen wollte; vielmehr tat er nichts weiter, als einer verzweifelten Frau die Hand der Versöhnung zu reichen. Damit schenkte er ihr einen neuen Anfang. Während es den Anklägern um Vergel-

---

[15] Johannes 8,7 LT [16] Johannes 8,9–11 LT

tung ging, gewährte Jesus Vergebung. Das Verhalten der Pharisäer und Schriftgelehrten zeigte, daß sie die Sünder verabscheuten, insgeheim aber die Sünde liebten. Jesus dagegen liebte die Sünder und haßte die Sünde. So sollte es auch bei uns sein. Liebe verurteilt nicht, sondern freut sich über den kleinsten Ansatz von Reue und versucht zu retten, was zu retten ist. Sie ist immer zur Vergebung bereit und tut alles, um irrende Menschen auf den Weg Gottes zurückzubringen.

51 | Licht des Lebens

Jesus sprach weiter zu den Leuten: „Ich bin das Licht der Welt. Wer mir folgt, hat das Licht, das zum Leben führt, und wird nicht mehr im Dunkeln tappen.“ [1]

Es war noch früh am Morgen. Die Strahlen der aufgehenden Sonne spiegelten sich im Marmor der Paläste und im Gold des Tempels. Jesus nutzte das beeindruckende Bild und sagte zu seinen Jüngern: „Ich bin das Licht der Welt.“

Jahre später noch müssen diese Worte in der Erinnerung der Apostel nachgeklungen haben, denn Johannes schrieb: „In allem Geschaffenen war er das Leben, und für die Menschen war er das Licht. Das Licht strahlt in der Finsternis, und die Finsternis hat es nicht auslöschen können ... Das wahre Licht ist Er, ‚das Wort‘. Er kam in die Welt und war in der Welt, um allen Menschen Licht zu geben.“ [2] Gott ist die Quelle des Lichtes. Indem sich Jesus als das „Licht der Welt“ bezeichnete, wies er hin auf sein Einssein mit dem himmlischen Vater und kündigte zugleich an, das Leben der Menschen hell zu machen. Was das bedeutet, hatte der Apostel Paulus nach seiner Bekehrung erfahren: „Gott hat einst gesagt: ‚Aus der Dunkelheit soll Licht aufleuchten!‘ So hat er jetzt sein Licht in meinem Herzen aufleuchten lassen, damit die Menschen die göttliche Herrlichkeit erkennen, die Jesus Christus ausstrahlt.“ [3] Wie die Nacht vor der aufgehenden Sonne weichen muß, so vertreibt Christus, die „Sonne der Gerechtigkeit“, die Finsternis der Sünde und Verlorenheit aus unserem Herzen.

Im Laufe der Jahrtausende sind bedeutende Menschen über diese Erde gegangen. Sie haben das Wissen der Menschheit erweitert und sind auf mancherlei Weise zu Wohltätern geworden. Etliche von ihnen werden bis heute verehrt und sind unvergessen. Jesus Christus überragt sie alle. Er war nicht nur ein Erleuchteter, sondern er selbst ist das Licht. Man mag die Reihe bedeutender Persönlichkeiten bis in die

---

Dieses Kapitel bezieht sich auf Johannes 8,12–59 und Johannes 9
[1] Johannes 8,12 [2] Johannes 1,4.5.9 [3] 2. Korinther 4,6

graue Vorzeit zurückverfolgen, immer wird es heißen: Das Licht war schon da! Wie die Sterne und Planeten unseres Sonnensystems das Licht der Sonne nur zurückwerfen, so strahlen die Denker dieser Welt nur wider, was sie von der „Sonne der Gerechtigkeit“ empfangen haben – unter dem Vorbehalt, daß wahr ist, was sie lehren.

In unserer Zeit wird großer Wert auf Wissen und Bildung gelegt. Vom Glauben an Christus ist leider nur selten die Rede. Dabei sind gerade „in ihm ... alle Schätze der göttlichen Weisheit verborgen“.[4] Von ihm heißt es: „Kein Mensch hat Gott jemals gesehen. Nur der einzige Sohn, der ganz eng mit dem Vater verbunden ist, hat uns gezeigt, wer Gott ist.“[5]

Die Pharisäer und Schriftgelehrten hielten Jesu Anspruch, das Licht der Welt zu sein, für anmaßend, wenn nicht gar lästerlich. Zwar hatte er nicht buchstäblich gesagt, daß er der Messias sei, doch Begriffe wie „Licht der Welt“ oder „Licht der Völker“[6] waren prophetische Wendungen, die dem Gesandten Gottes galten. Um Jesus der Amtsanmaßung zu bezichtigen, brauchten seine Widersacher ein klares Bekenntnis seiner Messiaswürde. Deshalb taten sie so, als hätten sie ihn nicht richtig verstanden, und fragten: „Wer bist du denn?“ Er sollte damit gezwungen werden, sich vor Zeugen als Messias zu bezeichnen. Damit wäre zum einen der Tatbestand der Gotteslästerung erfüllt, zum anderen wollten sie einen Keil zwischen Jesus und das Volk treiben; denn er entsprach ja in vielem, was er sagte und tat, nicht den Erwartungen, die man allgemein mit der Person des Messias verband. Das wollten seine Feinde ausnutzen und ihn als Betrüger hinstellen. Doch Jesus gab ihnen dazu keine Gelegenheit. Er sagte nur: „Wozu rede ich überhaupt noch mit euch? Ich hätte zwar vieles über euch zu sagen und allen Grund, euch zu verurteilen; aber ich sage der Welt nur, was ich von dem gehört habe, der mich gesandt hat; und der sagt die Wahrheit.“[7] Jesus machte keinen Versuch, seinen messianischen Anspruch zu beweisen, sondern unterstrich lediglich sein Einssein mit Gott. Ihn ablehnen hieß zugleich Auflehnung gegen Gott. So hatte es der Herr zwar dem Wortlaut nach nicht gesagt, doch so war es gemeint.

Viele der Zuhörer fühlten sich von Jesus verstanden und vertrauten ihm. Denen sagte er: „Wenn ihr euch an mein

---

[4] Kolosser 2,3 [5] Johannes 1,18 [6] Jesaja 49,6 LT [7] Johannes 8,25.26

Wort haltet, seid ihr wirklich meine Jünger. Dann werdet ihr die Wahrheit erkennen, und die Wahrheit wird euch frei machen." [8] Sofort fühlten sich die Pharisäer angegriffen und sagten: „Wir stammen von Abraham ab ... und haben nie jemand als Sklaven gedient." Jesus wußte, wie sehr sie von Vorurteilen, Haß und Rachsucht erfüllt waren. Deshalb sagte er: „Täuscht euch nicht! Jeder, der sündigt, ist ein Sklave der Sünde." [9]

Es gibt nur zwei Möglichkeiten: Entweder Gott ist unser Herr oder Satan. Niemand gehört sich selber. Mag sein, daß sich jemand für frei hält, weil er tut, was er will. Doch das ist ein Trugschluß. Wer sich nicht unter die Herrschaft Gottes stellt, gerät zwangsläufig in die Gewalt Satans. Und Versklavung durch die Sünde ist schlimmer als jede andere Knechtschaft. Christus möchte uns aus unseren Bindungen befreien, doch er drängt sich keinem auf. Wir dürfen und müssen selbst wählen, wem wir gehören wollen. Freiheit, die diesen Namen verdient, ist nur bei Christus zu finden. Ihm sollten wir uns anvertrauen, denn sonst sind wir verloren. Wer sich danach sehnt, von Schuld befreit zu werden, findet bei Gott stets ein offenes Ohr.

Satan setzt alles daran, die Freiheit, die aus der Bindung an Gott erwächst, zu untergraben; denn erst dann kann die Sünde Fuß fassen. Wer sich dagegen unter die Herrschaft Gottes stellt, findet seine eigentliche Bestimmung und erlangt die ihm vom Schöpfer zugedachte Würde. Das Gesetz, dem er sich unterordnet, ist kein knechtisches Joch, sondern ein Gesetz, das „wahrhaft frei macht". [10]

Abstammung ist nicht alles

Die Pharisäer hatten stets darauf gepocht, von Abraham abzustammen. Christus achtete das nicht gering, doch er verwies darauf, daß Herkunft nicht alles ist. Wenn sie sich schon auf ihren Stammvater beriefen, dann sollte man auch erwarten dürfen, daß sie in seinem Sinne handelten. Aber gerade da zeigte sich, wie weit Anspruch und Wirklichkeit auseinanderklafften. „Alles, was ich getan habe", sagte Jesus, „bestand immer nur darin, euch die Wahrheit weiterzugeben, wie ich sie von Gott gehört habe. Trotzdem versucht ihr,

---

[8] Johannes 8,31.32 [9] Johannes 8,33.34 [10] Jakobus 2,12

mich zu töten. So etwas hat Abraham nicht getan. Aber ihr tut dasselbe wie der, der in Wirklichkeit euer Vater ist!" [11]

Abstammung ist nach Jesu Worten nicht nur eine Sache des Stammbaums, sondern auch der Gesinnung. Dieser Grundsatz gilt für das Verhältnis der Nachkommen Abrahams zu ihrem Stammvater wie auch ganz allgemein. Hier wird zugleich ein Problem berührt, mit dem sich die Christenheit jahrhundertelang herumgeschlagen hat: die apostolische Nachfolge.[12] Es genügt nicht, sich auf die Tradition zu berufen, daß die von Jesus erwählten Apostel Nachfolger eingesetzt haben, die ihrerseits das „Bischofsamt" weiter übertragen sollten. Wichtiger als die angeblich lückenlose Übermittlung kirchlicher Autorität ist die Frage, ob sich die Lehre in unveränderter Reinheit bis auf die Apostel zurückführen läßt. Apostolische Nachfolge heißt also vor allem, auf die von den Aposteln verkündigte Wahrheit gegründet zu sein und danach zu leben. Nur so werden Menschen zu echten Nachfahren der ersten Verkündiger der Frohen Botschaft.

Jesu Worte: „... ihr tut dasselbe wie der, der in Wirklichkeit euer Vater ist!" nahmen die Gegner zum Anlaß, ihn persönlich zu verunglimpfen. Sie erwiderten: „Wir sind nicht im Ehebruch gezeugt worden ... Wir haben nur einen Vater: Gott." Damit spielten sie offenbar darauf an, daß Jesu Mutter ihn empfangen hatte, bevor sie mit Josef verheiratet war. Indem sie seine Herkunft auf eine ehebrecherische Beziehung Marias zurückführten, hofften seine Gegner, ihn vor dem Volk unmöglich zu machen. Jesus überging diese boshafte Anspielung und sagte: „Wäre Gott wirklich euer Vater, dann würdet ihr mich lieben. Denn ich bin von Gott zu euch gekommen ... Ihr seid Kinder des Teufels, der ist euer Vater, und nach seinen Wünschen handelt ihr. Er ist von Anfang an ein Mörder gewesen und hat niemals etwas mit der Wahrheit zu tun gehabt, weil es in ihm keine Wahrheit gibt ... Weil es so ist, wie ich sage, darum glaubt ihr mir nicht." [13]

Es ist schon merkwürdig, wenn ausgerechnet diejenigen,

---

[11] Johannes 8,40.41 [12] Apostolische Sukzession = Amtsnachfolge der Bischöfe in einer auf die Apostel zurückgehenden Reihenfolge. Sie soll sicherstellen, daß ein Bischof sein Amt rechtmäßig innehat, und gilt zugleich als Nachweis dafür, daß die (katholische) Kirche direkt auf die Apostel zurückgeht und deshalb als einzige Trägerin der apostolischen Wahrheit anzusehen ist. [13] Johannes 8,42–45

die sich als Hüter der Wahrheit verstehen, den ablehnen, der die Wahrheit ist. Hätte Jesus die Schriftgelehrten und Pharisäer in ihren Anschauungen bestätigt, wären sie vermutlich auf seiner Seite gewesen. Doch das konnte und wollte er nicht. Um der Wahrheit willen mußte er sie mit ihren falschen Anschauungen und Verhaltensweisen bloßstellen. Und deshalb haßten sie ihn.

Ohne Sünde

Jahrelang war Jesus von seinen Widersachern bespitzelt worden, weil sie hofften, ihm Fehler oder Charakterschwächen nachweisen zu können. Doch sie wurden enttäuscht. Selbst Satan und seine Helfershelfer konnten nichts finden, was man Jesus hätte zur Last legen können. Mit Recht konnte Jesus fragen: „Wer von euch kann mir eine Sünde nachweisen?" [14] Keiner, im Gegenteil! Selbst die dämonischen Geister mußten bestätigen: „Ich kenne dich genau, du bist der, den Gott gesandt hat!" [15] Im Himmel wie auf Erden war offenbar, daß Jesus nie etwas getan hatte, was dem Willen Gottes zuwiderlief. Deshalb konnte er auch das sagen, was aus dem Munde anderer Anmaßung oder Gotteslästerung gewesen wäre.

Jesu untadeliges Leben hätte die jüdischen Oberen hellhörig machen müssen, doch sie wollten nicht zugeben, daß er Gottes Sohn war. Damit zeigten sie, wie weit sie von der Wahrheit entfernt waren und sprachen sich selbst das Urteil. Jesus scheute sich nicht, ihnen ins Gesicht zu sagen: „Wer Gott zum Vater hat, der hört, was Gott sagt. Aber ihr habt ihn nicht zum Vater, darum hört ihr es nicht." [16]

Wenn sich jemand der Stimme Gottes hartnäckig verschließt, wird er über kurz oder lang Gottes Wort kritisch hinterfragen, um damit seine Unabhängigkeit oder seinen Scharfsinn zu beweisen. In Wirklichkeit ist das aber nur ein Zeichen dafür, einer rein diesseitigen Denkweise verfallen zu sein, über die man nicht mehr hinauskommt. Schließlich verlieren solche Menschen überhaupt die Fähigkeit, von Gott noch etwas wahrzunehmen. Wer aber sein Herz öffnet, wenn Gott anklopft, dessen Leben wird erhellt durch die „Sonne der Gerechtigkeit", Jesus Christus.

---

[14] Johannes 8,46 [15] Markus 1,24 [16] Johannes 8,47

Um den Juden zu zeigen, welch großer Gegensatz zwischen ihrem Verhalten und dem ihres Stammvaters Abrahams bestand, sagte Jesus: „Euer Vater Abraham freute sich darüber, daß er mein Kommen erleben sollte. Er erlebte es und war glücklich!“ [17] Abraham wünschte nichts sehnlicher, als vor seinem Tod den Erlöser zu sehen. Nach Jesu Worten wurde ihm diese Gnade zuteil. Vermutlich geschah das in einer visionären Schau, durch die Abraham den Weg des Gottessohnes gezeigt bekam und Einblick in Jesu Erlösungswerk erhielt. Dabei mag er an ein Geschehen gedacht haben, das Jahre zurücklag. Damals hatte Gott befohlen: „Nimm deinen Sohn, ... deinen einzigen, der dir ans Herz gewachsen ist, Isaak! Geh mit ihm ins Land Morija auf einen Berg, den ich dir nennen werde, und bringe ihn mir dort als Brandopfer dar.“ [18] Abraham verstand diesen Befehl nicht, doch er gehorchte. An der bezeichneten Stelle errichtete er einen Altar und begann mit den Vorbereitungen zur Opferung seines Sohnes. Als er das Messer erhob, hörte er eine Stimme vom Himmel: „Halt ein! Tu dem Jungen nichts zuleide! Jetzt weiß ich, daß du Gott gehorsam bist. Du warst bereit, mir sogar deinen einzigen Sohn zu opfern.“ [19] Abraham wußte, was es bedeutet, den Sohn zu opfern. Obwohl es nicht bis zum Letzten kam, hatte er doch das Opfer im Herzen schon vollzogen. Diese Erfahrung ließ ihn ahnen, wie groß Gottes Liebe zu seinen Geschöpfen sein muß, daß er seinen eigenen Sohn opferte, um sie zu retten. Er erkannte auch, daß der Opfertod Jesu weit mehr war als alle Opfer, die Menschen zu bringen vermochten. Damals im Land Morija hatte Abraham anstatt seines Sohnes ein Tieropfer bringen müssen und dadurch gelernt, daß keiner für sich selbst Wiedergutmachung leisten kann – nicht einmal durch den eigenen Tod. In heidnischen Kulten wurden zu jener Zeit Menschenopfer dargebracht, um zürnende Gottheiten zu versöhnen. Solche Opfer wollte der Gott Abrahams nicht. Nur einer konnte wirklich Sühne schaffen, indem er die Sünden der Welt auf sich nahm: Jesus Christus, Gottes Sohn.

Christi Widersacher begriffen nicht, worum es Jesus ging, als er Abraham erwähnte. Sie waren nur darauf aus, ihn vor dem Volk als nicht ganz zurechnungsfähig hinzustellen. Hämisch sagten sie: „Du bist noch nicht fünfzig Jahre alt und

---

[17] Johannes 8,56 [18] 1. Mose 22,2 [19] 1. Mose 22,12

hast Abraham gesehen?" Jesus erwiderte: „Wahrlich, wahrlich, ich sage euch: Ehe Abraham wurde, bin ich." [20] Die Zuhörer waren sprachlos; denn mit dem „Ich bin" bezog der Rabbi aus Galiläa den Namen auf sich, mit dem sich „der Ewige" [21] als Gott Israels dem Mose zu erkennen gegeben hatte. Für die Pharisäer und Schriftgelehrten war klar: Der Mann macht sich zum Sohn Gottes – das ist Gotteslästerung! „Da hoben sie Steine auf und wollten ihn töten. Aber Jesus verbarg sich vor ihnen und verließ den Tempel." [22]

Jesus heilt einen Blindgeborenen

„Als Jesus weiterging, sah er einen Mann, der von Geburt blind war. Die Jünger fragten: ‚Wer ist schuld, daß er blind geboren wurde? Er selbst oder seine Eltern?' Jesus antwortete: ‚Seine Blindheit hat weder mit den Sünden seiner Eltern etwas zu tun noch mit seinen eigenen. Er ist blind, damit Gottes Macht an ihm sichtbar wird' ... Als Jesus dies gesagt hatte, spuckte er auf den Boden und rührte einen Brei mit seinem Speichel an. Er strich den Brei auf die Augen des Mannes und befahl ihm: ‚Geh zum Teil Schiloach und wasche dir das Gesicht.' Schiloach bedeutet: der von Gott Gesandte. Der Mann ging dorthin und wusch sein Gesicht. Als er zurückkam, konnte er sehen." [23]

Damals glaubte man, daß bei jeder Krankheit Sünde mit im Spiel sei. Schmerz und Leid wurden als Strafe Gottes angesehen. Damit war es Satan gelungen, Gott als den Urheber von Unglück, Not und Tod hinzustellen. Wer von Krankheit heimgesucht wurde, mußte zusätzlich damit fertig werden, als schwerer Sünder zu gelten. Wie verhängnisvoll sich solches Denken auswirken kann, ist einem Wort des Propheten Jesaja über den leidenden Gottesknecht zu entnehmen: „Alle verachteten und mieden ihn; denn er war von Schmerzen und Krankheit gezeichnet. Voller Abscheu wandten wir uns von ihm ab ... Wir meinten, Gott habe ihn gestraft und geschlagen; doch wegen unserer Schuld wurde er gequält und wegen unseres Ungehorsams geschlagen." [24]

Derartige Texte legen den Schluß nahe, daß sich deshalb viele veranlaßt sahen, Christus als den Sohn Gottes abzuleh-

[20] Johannes 8,57.58 LT [21] Vgl. 2. Mose 3,13–15 LT [22] Johannes 8,59
[23] Johannes 9,1–7 [24] Jesaja 53,3–5

nen. Die Frage der Jünger zeigt, daß auch sie davon überzeugt waren, Unglück und Sünde hätten ursächlich miteinander zu tun. Jesus teilte diese Meinung nicht, ließ sich aber nicht in Diskussionen über Krankheit und Sünde ein. Er sagte nur, daß die Blindheit in diesem Falle nichts mit persönlicher Schuld zu tun hatte. Er äußerte sich nicht über die Ursachen der Krankheit, sondern betonte, daß sie dazu diene, Gottes Barmherzigkeit sichtbar zu machen. Ohne weitere Erklärungen wandte er sich dem Blinden zu und heilte ihn. Die Art und Weise, wie das geschah, ist von untergeordneter Bedeutung. Jesus *behandelte* Kranke nicht, sondern *heilte* sie. Weder der Lehmbrei noch das Waschen im Teich Schiloach bewirkten die Genesung, sondern allein Christus.

Heilung am Sabbat?

Die Pharisäer nahmen dieses Wunder mit gemischten Gefühlen auf. Zunächst rätselten sie, wie es möglich war, daß Jesus über Kräfte verfügte, die ihnen nicht zu Gebote standen. Daß er ihnen überlegen war, ließ sich nicht bestreiten; sie fragten nur: Warum? Schließlich überwog der Zorn darüber, daß diese Heilung ausgerechnet am Sabbat geschehen war.

Als der Geheilte vom Teich Schiloach zurückkam, begegnete er Leuten, die ihn nur als den blinden Bettler kannten. Sie staunten und fragten: „,Ist das nicht der Mann, der immer an der Straße saß und bettelte?' Einige sagten: ,Das ist er.' Andere meinten: ,Nein, er ist es nicht; er sieht ihm nur ähnlich.'" [25] Offenbar war durch das Wunder der Heilung ein ganz neuer Mensch aus ihm geworden. Schließlich machte der Geheilte dem Hin und Her selbst ein Ende, indem er sagte: „Ich bin es!" Als die Leute fragten, wie das geschehen sei, erzählte er ihnen die Geschichte.

Da die Juden nicht wußten, was sie von der Heilung eines Kranken am Sabbat halten sollten, brachten sie den Mann zu den Pharisäern. Wieder wurde er nach Einzelheiten der Heilung befragt. Doch auch die Gelehrten waren sich nicht einig. Die einen meinten, Jesus könne nicht im Auftrag Gottes gehandelt haben, weil er das Sabbatgebot nicht beachtet hatte. Das Anrühren des Lehmbreis und der Befehl, sich im Teich zu waschen, war für sie unvereinbar mit der Heiligung

[25] Johannes 9,8.9

des Sabbats. Daß sie selber aber am Sabbat Pläne schmiedeten, wie Jesus aus dem Weg zu räumen sei, belastete ihr Gewissen merkwürdigerweise nicht. Einige Schriftgelehrte sahen die Dinge allerdings anders: „Wie kann jemand ein Sünder sein, der solche Taten vollbringt?“

Die Pharisäer wandten sich wieder an den Geheilten und fragten: „‚Du behauptest also, er habe dich sehend gemacht. Was hältst du selber denn von ihm?‘ ‚Er ist ein Prophet‘, antwortete der Mann.“ [26] Diese Angelegenheit war den führenden Männern in Jerusalem höchst ärgerlich, weil sie den Einfluß Jesu stärkte und die pharisäische Art der Sabbatheiligung in Frage stellte. Erneut versuchten sie, Jesus als Betrüger hinzustellen, indem sie behaupteten, die Heilung sei nur vorgetäuscht worden. Man ließ die Eltern des Blinden kommen und fragte: „Ist das euer Sohn? Besteht ihr darauf, daß er blind geboren wurde?“

Merkwürdig, wozu fromme Leute imstande sind, wenn nicht sein kann, was ihrer Meinung nach nicht sein darf. Der Geheilte war in Jerusalem als blinder Bettler stadtbekannt. Er hatte auf Befragen eindeutig erklärt, bis zu seiner Heilung durch Jesus blind gewesen zu sein. Dennoch wollten ihm die Pharisäer nicht glauben. Sie waren eher bereit, gegen den Augenschein und das Zeugnis der Beteiligten an ihrer Einschätzung des Geschehens festzuhalten. Hier wird deutlich, wozu Vorurteile und pharisäischer Geist führen können. Wenn es um „ihre Wahrheit“ geht, nehmen es die „Pharisäer“ aller Zeiten nicht so genau mit der Wahrheit.

Um eine ihnen genehme Antwort zu bekommen, versuchten die Pharisäer die Eltern einzuschüchtern. Sie setzten das Verhör fort mit den Worten: „‚Wie ist es dann möglich, daß er jetzt sehen kann?‘ Die Eltern antworteten: ‚Wir wissen, daß er unser Sohn ist und blind geboren wurde. Aber wir haben keine Ahnung, auf welche Weise er sehend wurde oder wer ihn sehend gemacht hat. Fragt ihn selbst! Er ist alt genug, um selbst zu antworten.‘ Sie sagten das, weil sie vor den führenden Männern Angst hatten.“ [27] Angst? Wovor? Man hatte gedroht, daß jeder, der daran glaube, daß Jesus von Nazareth der Messias sei, für dreißig Tage aus der Synagogengemeinschaft ausgeschlossen werde. Das war damals ein schwerer Makel. Und wer nach einem Monat keine Reue zeigte,

---

[26] Johannes 9,17 [27] Johannes 9,19–22

mußte mit noch härterer Strafe rechnen. Dieser Gefahr wollten sich die Eltern des Geheilten nicht aussetzen, obwohl sie sehr wohl wußten, wer ihren Sohn geheilt hatte.

Alle Winkelzüge sind vergeblich

Die merkwürdigen Fragen der Pharisäer öffneten vielen die Augen. Man erkannte, daß es den Oberen nicht um die Wahrheit ging, sondern lediglich darum, die ablehnende Haltung gegenüber Jesus zu stützen. Die Leute schlossen aus Jesu Verhalten und seinen Heilungswundern, daß er nicht der Betrüger sein konnte, zu dem ihn seine Gegner abstempeln wollten. Christi Feinde sahen, daß ihnen die Angelegenheit aus den Händen zu gleiten drohte. Ihr merkwürdiges Verhör begann Staub aufzuwirbeln. Außerdem war der Geheilte nicht verschwiegen, sondern erzählte überall, daß ihn der Rabbi aus Nazareth sehend gemacht hatte. Der Mann sollte endlich zum Schweigen gebracht werden. „Die Pharisäer ließen den Blindgeborenen ein zweites Mal rufen und sagten zu ihm: ‚Bekenne zur Ehre Gottes die Wahrheit! Uns ist bekannt, daß dieser Mann ein Sünder ist.' ‚Ob er ein Sünder ist oder nicht, das weiß ich nicht', entgegnete der Mann, ‚aber eins weiß ich: Ich war blind, und jetzt kann ich sehen.' ‚Was hat er mit dir gemacht?' fragten sie. ‚Wie hat er dich sehend gemacht?' ‚Das habe ich euch schon erzählt', sagte er, ‚aber ihr hört ja nicht. Warum wollt ihr es noch einmal hören? Möchtet ihr vielleicht auch seine Jünger werden?' Da beschimpften sie ihn und sagten: Du bist ein Jünger dieses Menschen! Wir aber sind Jünger Moses. Wir wissen, daß Gott mit Mose gesprochen hat. Aber von diesem Menschen wissen wir nicht einmal, woher er kommt.'" [28]

Die Pharisäer hatten gehofft, den Geheilten durch spitzfindige Fragen zu verwirren. Doch da hatten sie sich geirrt. Gott legte diesem ungelehrten Mann so treffende Worte in den Mund, daß die Heuchelei der Pharisäer offenkundig wurde. Der Mann antwortete: „Das ist wirklich seltsam! Ihr wißt nicht, woher er kommt, und mich hat er sehend gemacht! Es ist bekannt, daß Gott das Gebet der Sünder nicht hört. Er hört nur auf die, die ihn ehren und seinen Willen ausführen. Seit die Welt besteht, hat noch keiner von einem

[28] Johannes 9,24–29

Menschen berichtet, der einen Blindgeborenen sehend machte. Käme dieser Mann nicht von Gott, so wäre er dazu nicht fähig gewesen." [29]

Den Pharisäern verschlug es den Atem. Dem war nichts entgegenzusetzen. Einen Augenblick herrschte Stille, dann schrie jemand den Geheilten an: „Du bist ja schon von deiner Geburt her ein Sünder, und dann willst du uns belehren?" [30] Und sie stießen ihn aus der Synagogengemeinschaft, so wie es seinen Eltern bereits angedroht worden war.

Als Jesus hörte, wie übel die Oberen dem Blindgeborenen mitgespielt hatten, machte er sich auf, ihn zu suchen. Zum ersten Mal sah der Geheilte bewußt in das Gesicht seines Retters. Es strahlte Ruhe und zugleich Würde aus, wie sie ihm bisher weder in den besorgten Gesichtern seiner Eltern noch in den feindseligen der Pharisäer begegnet waren. Daß dieser Rabbi ein Werkzeug Gottes sein mußte, war ihm klar, doch Jesus wollte ihn noch ein Stück weiter in der Erkenntnis führen. Deshalb fragte er: „‚Hast du Vertrauen zum Menschensohn?' Der Mann antwortete: ‚Wenn du mir sagst, wer es ist, werde ich ihm vertrauen.' Jesus sagte: ‚Du siehst ihn ja, er spricht mit dir.' ‚Herr, ich vertraue dir!' sagte der Mann und warf sich vor Jesus nieder." [31]

Eine Gruppe von Pharisäern beobachtete dieses Geschehen. Als Jesus sie sah, wurde ihm bewußt, wie unterschiedlich seine Worte und Taten auf andere wirkten. Deshalb sagte er: „Ich bin in die Welt gekommen, damit die Blinden sehend und die Sehenden blind werden. Darin vollzieht sich das Gericht." [32] Jesus hatte sich als das Licht der Welt bezeichnet, und die Heilung des Blinden bewies, daß dieser Anspruch berechtigt war. Doch der Herr wollte weit mehr, als nur Blinden das Augenlicht wiedergeben – er wollte es hell werden lassen in den Herzen und Gewissen der Menschen. Nie waren die Voraussetzungen dafür so günstig wie zur der Zeit, als Jesus auf Erden lebte. Das Vorrecht besonderer Offenbarung ging allerdings Hand in Hand mit einer besonderen Verantwortung. Wer die Augen davor verschloß, daß Jesus der Sohn Gottes ist, mußte die Folgen tragen. Im Grunde sprach sich jeder selbst das Urteil.

Offenbar hatten die Pharisäer genau verstanden, was Jesus

---

[29] Johannes 9,30–33 [30] Johannes 9,34 [31] Johannes 9,35–38
[32] Johannes 9,39

meinte. Sie fragten entrüstet: „Du willst doch nicht behaupten, daß wir blind sind?“ Jesus antwortete: „Euch würde keine Schuld angerechnet, wenn ihr blind wärt. Weil ihr aber sagt: ‚Wir können sehen‘, bleibt ihr schuldig.“ [33] Mit anderen Worten: Hätte Gott die Wahrheit so kompliziert gemacht, daß ihr sie nicht erkennen könnt, träfe euch keine Schuld. Doch nachdem ihr euch für sehend erachtet habt, die Wahrheit aber nicht annehmen wollt, kann euch niemand vor den Folgen eurer Fehlentscheidung bewahren.

[33] Johannes 9,40.41

52 Der gute Hirte

„Ich bin der gute Hirte. Ein guter Hirte ist bereit, für seine Schafe zu sterben.“ [1]

Jesus benutzte Bilder aus dem Alltag, um sich verständlich zu machen. Eines seiner schönsten Gleichnisse ist das vom guten Hirten. Damit wollte er seinen Hörern zeigen, wie er die Gemeinschaft mit seinen Nachfolgern sah. Immer, wenn die Jünger später einem Hirten begegneten, wurden sie an die Worte des Herrn erinnert. Er war der gute Hirte, und sie wußten sich als seine Herde.

Die Pharisäer und Schriftgelehrten verstanden sich auch als Hirten und Hüter der Wahrheit, doch ihr Anspruch vertrug sich nicht mit der Wirklichkeit. Gerade hatten sie einen Menschen aus der Gemeinde ausgestoßen, nur weil er an Jesus glaubte, der ihn geheilt hatte. Damit hatten sie das Vertrauen verscherzt, das Hirten eigentlich genießen.

Um seine Einstellung noch deutlicher zu beschreiben, bediente sich Jesus eines weiteren Bildes vom Verhältnis des Hirten zu seiner Herde. „Ich versichere euch: wer den Schafstall nicht durch die Tür betritt, sondern auf einem anderen Wege eindringt, ist ein Räuber und ein Dieb. Der Schafhirt geht durch die Tür hinein; der Wächter am Eingang öffnet ihm.“ [2] Während die Pharisäer noch darüber nachdachten, was Jesus hatte sagen wollte, sprach er weiter: „*Ich* bin die Tür für die Schafe. Wer durch mich hineingeht, wird gerettet. Er wird eingehen und ausgehen und Weideland finden. Der Dieb kommt nur zum Stehlen, Töten und Zerstören. Ich aber bin gekommen, damit meine Schafe das Leben haben, Leben im Überfluß.“ [3]

Jesu Anspruch ist unmißverständlich: Der Weg in die Gemeinde Gottes führt allein über ihn! Christus ist die einzige „Tür“, durch die man in den „Schafstall“ Gottes gelangen kann. Entweder man geht durch diese Tür oder man bleibt draußen. Viele der alttestamentlichen Opferriten wiesen

---

Dieses Kapitel bezieht sich auf Johannes 10,1–30 [1] Johannes 10,11
[2] Johannes 10,1–3 [3] Johannes 10, 9.10

ebenso auf Christus hin wie bestimmte Passagen des prophetischen Wortes. Später machte Christus selbst durch seine Lehren und Taten darauf aufmerksam, daß er der Gottgesandte ist. Kein Wunder, daß Johannes der Täufer bei der Taufe Jesu sagte: „Dieser ist das Opferlamm Gottes, das die Schuld der ganzen Welt wegnimmt."[4] Seit jeher wurden religiöse Dogmen und Bräuche erfunden, durch die man Rechtfertigung und Frieden mit Gott erlangen wollte, doch vergeblich. Der einzige Weg zum Vater führt über Jesus, den Sohn Gottes. Wer etwas anderes an seine Stelle setzt, gehört nach Jesu Aussage zu den „Dieben und Räubern".

Jesus hatte das Gleichnis vom Hirten und den Schafen im Blick auf die jüdische Geistlichkeit seiner Zeit erzählt. Die Feststellung, daß Unberufene in den Schafstall eingedrungen waren, bezog sich auf die Priester, Schriftgelehrten und Pharisäer. Christus warf ihnen vor, die Weiden für Gottes Volk zerstört und die Wasserbrunnen verdorben zu haben. Etwa sechshundert Jahre früher hatte der Prophet Hesekiel[5] den geistlichen Führern Israels ähnliche Vorhaltungen gemacht: „Ihr seid die Hirten meines Volkes; aber anstatt für die Herde zu sorgen, habt ihr nur an euch selbst gedacht ... War ein Tier schwach, so habt ihr ihm nicht geholfen; war eines krank, so habt ihr es nicht geheilt. Um die Verletzten und Versprengten habt ihr euch nicht gekümmert; die Verirrten habt ihr nicht gesucht. Alle Tiere habt ihr mißhandelt und unterdrückt."[6]

Zu allen Zeiten haben Philosophen und Weltverbesserer versucht, die seelischen Bedürfnisse der Menschen durch Menschenweisheit zu befriedigen. Auch die heidnischen Religionen bieten Wege zum Heil an, aber andere als Gott sie vorgesehen hat. Viele religiöse Systeme versuchen, die Menschen unter Druck zu setzen und einzuschüchtern, um sie so unter Kontrolle zu halten. Daher leben Millionen von Menschen ohne Hoffnung in der Gegenwart und in dumpfer Angst vor der Zukunft. Allein die Botschaft von Gottes Gnade und Liebe, in Christus offenbart, kann die Seele heilen und Frieden schenken. Wer Menschen von Christus trennt, schneidet sie von der Quelle des Lebens ab und raubt ihnen die Zukunft. Diebe und Räuber nannte Jesus solche Leute.

---

[4] Johannes 1,29 [5] 593 v.Chr. zum Propheten berufen [6] Hesekiel 34,2.4

Was einen guten Hirten auszeichnet

In alter Zeit war die Arbeit des Hirten nicht nur mühevoll, sondern auch gefährlich. Wilde Tiere bedrohten die Herde, und räuberische Nomaden versuchten Schafe zu stehlen. Manchmal verirrten sich auch Tiere im unwegsamen Gelände und fanden nicht zur Herde zurück. Jakob, der zwanzig Jahre lang die Herden seines Schwiegervaters hütete, beschrieb die Mühen seines Berufes so: „Tagsüber litt ich unter der Hitze und nachts unter der Kälte, und oft fand ich keinen Schlaf.“ [7] Von David, dem späteren König, wird erzählt, daß er als junger Hirte mit Löwen und Bären kämpfte, um die Herde zu schützen.

Gute Hirten haben ein inniges Verhältnis zu ihrer Herde. Sie kennen jedes Tier mit Namen, und die Schafe kennen die Stimme des Hirten und hören darauf. So kennt auch der göttliche Hirte seine „Schafe“, selbst wenn sie über die ganze Erde verstreut sind. Das heißt: Christus kennt unseren Namen, unsere Vorzüge und Schwächen. Er weiß, wo wir wohnen, wie es um uns steht und was wir brauchen. Er sorgt sich liebevoll um die Herde und geht zugleich dem einzelnen nach. Es ist daher nicht verwunderlich, daß Jesus mitunter den Gläubigen befahl, in eine bestimmte Stadt zu gehen, um in einem bestimmten Haus einen bestimmten Menschen anzusprechen. Er kennt jeden einzelnen Nachfolger, als wäre er nur für ihn gestorben. Was uns bewegt, berührt auch ihn; unsere Not ist seine Not. Er ruft alle, die zu seiner „Herde“ gehören möchten. Deshalb heißt es: „Die Schafe hören auf seine Stimme, wenn er sie einzeln beim Namen ruft und ins Freie führt.“

Seine Schafe folgen ihm

Ein guter Hirte droht seinen Tiere nicht und treibt die Herde nicht vor sich her. Er geht vielmehr voran und ruft die Schafe, die ihm folgen. Jesus, unser guter Hirte, macht es ebenso: „Ich habe dich je und je geliebt, darum habe ich dich zu mir gezogen aus lauter Güte.“ [8] Nachfolge Jesu Christi hat nichts mit Angst vor Strafe oder Spekulieren auf Lohn zu tun, sondern mit Liebe. Wenn unser Herz für Christus ge-

---

[7] 1. Mose 31,40 [8] Jeremia 31,3 LT

wonnen wird, dann hat das allein seine Liebe bewirkt, die sichtbar geworden ist in der Krippe und am Kreuz.

„Draußen geht er vor ihnen her, und die Schafe folgen ihm, weil sie seine Stimme kennen." [9] Wie ein Hirte seiner Herde vorangeht, um Gefahren von ihr abzuwenden, so auch Jesus. Nachfolger Jesu müssen den Weg zurück zu Gott nicht selber suchen, sondern brauchen nur ihrem Hirten zu folgen. Christus weiß, wie beschwerlich der Weg ins Reich Gottes sein kann, denn er ist ihn selber gegangen. Er kann verstehen, daß uns manchmal die Kräfte verlassen. Darum streckt er uns vom Thron Gottes her seine Hand entgegen und hilft uns wieder auf. Wer zu Jesus gehört, kann sich darauf verlassen: „Ich gebe ihnen das ewige Leben, und sie werden niemals umkommen. Keiner kann sie mir aus den Händen reißen; denn der Vater, der sie mir gegeben hat, ist mächtiger als alle. Keiner kann sie seinem Schutz entreißen."[10] Christus wäre nie für uns ans Kreuz gegangen, wenn er uns nicht mehr geliebt hätte als sein eigenes Leben. Deshalb kann uns auch nichts aus seiner Gemeinschaft reißen, es sei denn, wir selbst trennen uns von ihm.

Der gute Hirte läßt uns nicht allein

Im Kampf gegen das Böse steht uns Christus zur Seite. Er läßt uns nicht allein, wenn Sorge, Not und Schmerzen uns zu erdrücken drohen. Wir sehen ihn zwar nicht, doch im Glauben können wir seine Stimme vernehmen. Sie ruft uns zu: Hab keine Angst! Ich kann deinen Kummer verstehen; ich habe ähnlich kämpfen müssen wie du; ich weiß, was es heißt, Tränen zu vergießen; ich bin ebenso verletzt worden wie du. Halte dich an mich, so wie ich mich an meinen Vater im Himmel gehalten habe, wenn ich Hilfe brauchte. „Berge mögen von ihrer Stelle weichen und Hügel wanken, aber meine Liebe zu dir kann durch nichts erschüttert werden, und meine Friedenszusage wird niemals hinfällig. Das sage ich, der Herr, der dich liebt." [11]

Weil wir die Gabe seines Vaters und die Frucht seines Wirkens sind, liebt uns Jesus als seine Kinder. Verstehen wir, was das heißt: Er liebt uns? Ein größeres Geschenk hat der Himmel nicht zu bieten. Und dieses Geschenk ist nicht selbstver-

---

[9] Johannes 10,4 [10] Johannes 10,28.29 [11] Jesaja 54,10

ständlich. Niemand hätte Christus dazu zwingen können, sich so weit zu erniedrigen, wie er es getan hat. Um das klarzustellen, sagte er: „Der Vater liebt mich, weil ich bereit bin, mein Leben zu opfern, um es aufs neue zu erhalten. Niemand kann mir das Leben nehmen. Ich gebe es aus freiem Entschluß. Es steht in meiner Macht, es zu geben, und auch, es wieder an mich zu nehmen. Damit erfülle ich den Auftrag meines Vaters.“ [12]

Als Mensch war Jesus sterblich, als Sohn Gottes aber zugleich die Quelle des Lebens für alle Welt. Um unsertwillen ließ er Gottes Strafgericht über die Sünde an sich vollziehen, damit wir gerettet würden. Weil er starb, dürfen wir leben, denn „wegen unserer Schuld wurde er gequält und wegen unseres Ungehorsams geschlagen. Die Strafe für unsere Schuld traf ihn, und wir sind gerettet. Er wurde verwundet, und wir sind heil geworden. Wir alle waren wie Schafe, die sich verlaufen haben; jeder ging seinen eigenen Weg. Ihm aber hat der Herr unsere ganze Schuld aufgeladen.“ [13]

---

[12] Johannes 10,17.18 [13] Jesaja 53,5.6

53 | Unterwegs nach Jerusalem

Gegen Ende seines Lebens änderte sich Jesu Art zu arbeiten. Alles Aufsehen hatte er bislang vermieden. Als man ihn aus Begeisterung zum König ausrufen wollte, hatte er das strikt untersagt. Seinen Jüngern war es nicht erlaubt, ihn öffentlich als Messias zu bezeichnen. Die Reise zum Laubhüttenfest hatte er in aller Stille angetreten. Der Nachstellungen des Hohen Rates wegen war er nach Galiläa ausgewichen. Doch nun änderte sich sein Verhalten. Er wußte, daß mit der Rückkehr nach Jerusalem die entscheidende Stunde seines Lebens gekommen war. Die Heilige Stadt sollte Schauplatz seines Leidens und Sterbens werden. Das durfte nicht im geheimen geschehen. Alle Welt sollte sehen, daß Jesu Opfer die eigentliche Wende in der Heilsgeschichte bedeutete. Darauf hatte er zwar schon früher hingewiesen, aber niemand hatte es verstanden: „Mose richtete den Pfahl mit der bronzenen Schlange sichtbar in der Wüste auf. Genauso muß auch der Menschensohn erhöht werden.“ [1]

Die Jünger hielten nichts davon, daß sich Jesus erneut in die Höhle des Löwen wagen wollte. Hätten sie zu bestimmen gehabt, wäre er in Galiläa geblieben. Sie wußten, wie verhaßt Jesus den Führern Israels war. Zweifellos würden die versuchen, ihn in ihre Gewalt zu bekommen. Es war daher für Jesus nicht leicht, seine Jünger von der Notwendigkeit dieser Reise zu überzeugen. Was sie lediglich befürchteten, war ihm bereits zur Gewißheit geworden. Rückkehr nach Jerusalem war gleichbedeutend mit Demütigung, Leiden und Sterben; und die Jünger erwartete Enttäuschung, Angst und Verzweiflung.

Auch Satan versuchte Jesus durch einleuchtende Argumente von seinem Vorhaben abzubringen. Warum sollte er sich in der Blüte seiner Jahre dem Tod ausliefern, wo er doch überall gebraucht wurde? Tausende von Kranken warteten darauf, geheilt zu werden. War es nicht vernünftiger, die

---

Dieses Kapitel bezieht sich auf Lukas 9,51–56 und 10,1–24
[1] Johannes 3,14

Heilsbotschaft selber in die Welt zu tragen als sie einigen Männern zu überlassen, die schwach im Glauben, begriffsstutzig und unberechenbar waren? War die Zeit zum Sterben wirklich gekommen, obwohl das Werk noch in den Kinderschuhen steckte? Mit solchen und ähnlichen Überlegungen versuchte Satan, Jesus von seinem Vorhaben abzubringen. Hätte Christus sich darauf eingelassen, und wäre er ausgewichen vor dem, was ihn in Jerusalem erwartete, so wäre die Welt verloren gewesen.

Doch in den Evangelien heißt es: „Als die Zeit näherkam, daß Jesus in den Himmel aufgenommen werden sollte, entschloß er sich, nach Jerusalem zu gehen.“ [2] Für ihn zählte nicht, was nach menschlichem Ermessen klug und vernünftig wäre, sondern was Gott wollte. Als Zwölfjähriger hatte er seinen Eltern gesagt: „Habt ihr nicht gewußt, daß ich im Haus meines Vaters sein muß?“ Sie hatten ihn damals nicht verstanden. Nun spürte er, daß die von Gott bestimmte Stunde gekommen war, in der er sein Leben zum Heil der Menschen opfern sollte. Nichts und niemand würde ihn zurückhalten, obwohl nicht einmal seine engsten Freunde verstehen konnten, warum er sich freiwillig in die Hände seiner Feinde begeben wollte.

„Jesus schickte Boten vor sich her, die kamen in ein Dorf in Samarien und suchten eine Unterkunft für ihn.“ [3] Doch die Samariter wollten ihm keine Gastfreundschaft gewähren, weil er auf dem Weg nach Jerusalem war. Sie begriffen nicht, daß sie mit ihrem Judenhaß die beste Gabe des Himmels von sich wiesen. Jakobus und Johannes waren erbost über die Mißachtung ihres Herrn und meinten, das dürfe nicht ungestraft bleiben. Sie schlugen vor: „Herr, sollen wir befehlen, daß Feuer vom Himmel fällt und sie vernichtet?“ Doch Jesus wies sie mit den Worten zurecht: „Ihr habt wohl vergessen, welcher Geist euer Leben bestimmen soll! Der Menschensohn ist nicht gekommen, um Menschen zu vernichten, sondern zu retten!“

Jesus hat niemals jemanden gezwungen, an ihn zu glauben. Nur freiwillig und aus Liebe ist Nachfolge möglich – sonst nicht. Wer auf andere Druck ausübt, um sie zu religiösen Anschauungen zu „bekehren“, ist nicht vom Geist Christi bewegt, sondern wird von Satan getrieben. Wo durch

---

[2] Lukas 9,51 [3] Lukas 9,52

fanatischen Eifer für die „Sache Gottes" anderen sogar noch Leid zugefügt wird, erweist man Gott absolut keinen Gefallen.

Die Zeit zwischen seinem Weggang aus Galiläa und der Ankunft in Jerusalem verbrachte Jesus vorwiegend in Peräa, einer Provinz östlich des Jordans. Auch dort predigte er vom Reich Gottes und heilte Kranke. Um seinen Besuch anzukündigen, sandte Jesus Boten in die Städte und Dörfer. Aus der Schar seiner Nachfolger hatte er zweiundsiebzig Männer berufen „und sandte sie zu zweien aus. Sie sollten vor ihm her in alle Städte und Ortschaften gehen, durch die er kommen würde." [4] Was sie von Christus gesehen und gehört hatten, sollten sie weitersagen. Ihr Wirkungskreis war größer als der der zwölf Apostel. Als Jesus die Zwölf zum Missionsdienst hinausgeschickt hatte, war ihnen nicht erlaubt, die Städte der Heiden oder der Samariter zu betreten. Diese Einschränkung galt nicht für die Zweiundsiebzig. Obwohl Jesus gerade hatte erleben müssen, daß er bei den Samaritern nicht willkommen war, ließ er diese Leute nicht fallen, sondern schickte Boten gerade auch in die Ortschaften Samariens.

Offene Türen in Samarien

Als Jesus sich nach seiner Auferstehung anschickte, zu Gott zurückzukehren, erinnerte er die Seinen daran, daß sie überall seine Zeugen sein sollten. Dabei nannte er nicht nur Jerusalem und Judäa als Missionsgebiete, sondern auch Samarien und die ganze Welt. Als die ersten Verkündiger des Evangeliums später dort eintrafen, fanden sie offene Häuser und Herzen. Die Samariter hatten erkannt, daß Jesus sie liebte, obwohl sie ihn von sich gewiesen hatten. Die Jünger gewannen gerade in den Gebieten, die zuvor der Frohen Botschaft verschlossen waren, viele für das Evangelium. Es zeigte sich, daß Jesu Verhalten genau dem entsprach, was im prophetischen Wort vorausgesagt war: „Das geknickte Schilfrohr zerbricht er nicht, den glimmenden Docht löscht er nicht aus. Er wird nicht müde und bricht nicht zusammen, bis er meiner Rechtsordnung bei allen Völkern Geltung verschafft hat. Die Bewohner der fernsten Inseln warten auf das, was er ihnen zu sagen hat." [5]

---

[4] Lukas 10,1 [5] Jesaja 42,2.4

Als Jesus die Jünger aussandte, schärfte er ihnen ein, das Evangelium niemandem aufzudrängen. Er sagte: „... wenn ihr in eine Stadt kommt und man euch nicht aufnehmen will, dann geht hinaus auf die Straße und ruft: ‚Sogar den Staub eurer Stadt schütteln wir von unseren Füßen ab. Aber das laßt euch gesagt sein: Gott richtet jetzt seine Herrschaft auf!'" [6] Das heißt nicht, daß sich die Jünger grollend oder beleidigt zurückziehen sollten; aber es war klar ausgesprochen, daß man Jesu Boten nicht abweisen kann, ohne auch ihn abzulehnen.

Wer nicht hören will ...

In Gedanken kehrte Jesus zu den galiläischen Städten zurück, wo er Tag für Tag gelehrt und geheilt hatte. Eigentlich hätten die Leute in seinen Worten und Taten die Herrlichkeit Gottes erkennen müssen, doch das geschah nur selten. Die meisten hielten sich lieber an die Rabbiner und Priester, die vor Jesus gewarnt hatten. Die Überlieferung war ihnen wichtiger als die Wahrheit. Manche hatten zwar begriffen, daß Jesus im Auftrag Gottes predigte, aber sie scheuten sich, ihre Erkenntnis zu bezeugen.

In der Offenbarung des Johannes mahnt Christus: „Hört gut zu: Ich stehe vor der Tür und klopfe an. Wenn jemand meine Stimme hört und öffnet, werde ich bei ihm einkehren." [7] Gottes Botschaft ist solch ein Klopfen an der Herzenstür. Es ist Jesus, der um Einlaß bittet. Je öfter man seine Stimme überhört, desto leiser wird sie, bis man schließlich völlig taub dafür ist. Mit dem Werben des Heiligen Geistes ist es ähnlich. Wir müssen ihm Gehör schenken, wenn er an uns wirken soll. Geschieht das nicht, werden seine Signale immer schwächer. Das ist deshalb so gefährlich, weil wir uns dann allein mit dem Irdischen begnügen und den Blick für Gottes neue Welt verlieren. Wenn jemand am Ende von Gott verurteilt werden muß, dann nicht deshalb, weil er in Irrtum verstrickt war, sondern weil er sich der Wahrheit verschlossen hat.

Als die Jünger ihren Missionsauftrag erfüllt hatten, kamen sie zurück und berichteten voller Freude: „Herr, sogar die bösen Geister gehorchten uns, wenn wir sie in deinem Na-

---

[6] Lukas 10,10.11 [7] Offenbarung 3,20

men bedrohten!" Jesus sagte: „Ich habe den Satan wie einen Blitz vom Himmel fallen sehen." [8] An Jesu geistigem Auge zogen die Ereignisse der Vergangenheit und der Zukunft vorüber. Obwohl die Leidenszeit und das schmachvolle Sterben am Kreuz noch vor ihm lagen, wußte er, daß er über Satan siegen würde. Im Geiste erlebte er schon den Tag der Abrechnung, an dem Gott dem Treiben Satans ein Ende setzen und das Böse für immer auslöschen wird.

Künftig sollten Christi Nachfolger in Satan den besiegten Feind sehen, dem die Macht durch Jesu Kreuzestod entrissen wurde. Und weil Jesu Sieg auch unser Sieg ist, brauchen wir uns nicht zu fürchten. „Ich habe euch Vollmacht gegeben, auf Schlangen und Skorpione zu treten und die ganze Macht des Feindes zunichte zu machen. Nichts kann euch schaden." [9] Das heißt: Wer sich Jesus im Glauben anvertraut und ihn um Schutz bittet, fällt nicht in die Hand Satans. Christus ist uns nahe auch in Zeiten der Versuchung und Gefahr; wir brauchen seine Hand nur zu ergreifen. Keine Frage, Satan ist ein mächtiger Feind, und er frohlockt, wenn wir uns vor ihm und seiner Macht fürchten. Doch unser Herr ist stärker. Warum reden wir nicht mehr von ihm, der dem Bösen die Macht genommen hat? Wer auf Christus schaut, findet keine Zeit, sich um Satan zu kümmern.

Das Geheimnis der Kraft

Nachdem Jesus den Jüngern versichert hatte, daß keine Macht der Welt ihnen schaden könne, solange sie unter seinem Schutz blieben, fügte er hinzu: „Aber nicht darüber sollt ihr jubeln, daß euch die bösen Geister gehorchen. Freut euch lieber darüber, daß eure Namen bei Gott aufgeschrieben sind." [10] Erfolg birgt die Gefahr in sich, daß der Mensch selbstzufrieden wird und der eigenen Kraft vertraut. Unser Ich ist schnell bereit, Erfolge für sich selbst zu verbuchen. Deshalb sollten wir nie vergessen, daß wir abhängig sind von Gott. Nur wer sich seiner Schwachheit bewußt ist, lernt es, sich auf die Kraft Gottes zu verlassen. Nichts prägt uns so sehr wie die Erkenntnis der eigenen Unzulänglichkeit und das Wissen um die erbarmende Liebe Christi. Wer in der Hinwendung zu Gott lebt, wird von der Kraft des Heiligen

[8] Lukas 10,17.18 [9] Lukas 10,19 [10] Lukas 10,20

Geistes erfüllt. Davon wiederum hängt das Verhältnis zum Mitmenschen ab. Je näher wir der himmlischen Kraftquelle sind, desto besser können wir Gott dienen.

Jesus spürte, daß die zurückgekehrten Jünger wußten, woher sie die Kraft zum Missionsdienst bekommen hatten. Deshalb betete er: „Vater, Herr über Himmel und Erde, ich preise dich dafür, daß du den Unwissenden zeigst, was du den Klugen und Gelehrten verborgen hast. Ja, Vater, so wolltest du es haben!“ [11] Es ist schon merkwürdig, daß die sachkundigen und einflußreichen Männer jener Zeit nicht erkannten, wer Jesus war und was er wollte. Fischern und Zöllnern dagegen waren die Augen geöffnet durch Gottes Geist. Sie erkannten, was andere nicht sehen konnten, daß in Jesus Christus Gott selbst zu ihnen gekommen war. Wenn der Meister ihnen die Heilige Schrift erklärte, drangen sie ein in die Tiefen der Erkenntnis, von denen sie bisher nichts geahnt hatten. Geistliche Zusammenhänge sahen sie mitunter klarer, als es den Schreibern der biblischen Texte möglich war. Hinfort lasen sie die heiligen Schriften nicht mehr als Hinterlassenschaft frommer Menschen aus längst vergangener Zeit oder durch die Brille pharisäischer Lehrmeinungen, sondern als unmittelbare Offenbarung Gottes.

Unser Verständnis des Wortes Gottes hängt davon ab, ob wir Jesus lieben und uns seinem Geist öffnen. Wenn es darum geht, Gottes Heilsplan zu erkennen, stößt naturwissenschaftliches und philosophisches Denken an Grenzen. Erlösung läßt sich eben nicht erklären, sondern will erfahren sein. Nur wer sich seiner Sündhaftigkeit bewußt ist, kann Gottes Gnadenangebot begreifen.

Jesus nutzte die Zeit des Unterwegsseins, um die Seinen tiefer in Gottes Wort einzuführen. Häufig hörten ihm die Bewohner der Ortschaften zu, in denen er Rast machte. Die Menschen in Galiläa und Peräa fühlten sich nicht so an den pharisäisch-buchstabengläubigen Frömmigkeitsstil gebunden wie die Juden in Jerusalem. Deshalb stieß Jesus dort auf weniger Vorbehalte als in Judäa. Viele nahmen seine Lehre an und folgten ihm nach.

In jener Zeit redete Jesus häufig in Gleichnissen. Er wußte, daß die Oberen jedes seiner Worte auf die Goldwaage legten, um ihm daraus einen Strick zu drehen. Gleichnisse waren

---

[11] Lukas 10,21

deshalb am ehesten geeignet, den Priestern und Rabbinern die Wahrheit zu sagen, ohne ihnen gleichzeitig eine Handhabe zu bieten, ihn vor dem Hohen Rat zu verklagen. Seine Widersacher begriffen sehr wohl, was Christus beispielsweise mit Gleichnissen wie dem vom verlorenen Schaf, vom verlorenen Groschen und vom verlorenen Sohn sagen wollte. Zähneknirschend mußten sie feststellen, daß derartige Bildreden kein Beweismaterial gegen ihn ergaben.

Die Jünger waren von Jesu Gleichnissen tief beeindruckt, obwohl sie den Sinn nicht immer ganz verstanden. Manche Wahrheit ging ihnen erst Jahre später auf. Wenn sie ihres Glaubens wegen auf Widerstand stießen oder beschimpft und verfolgt wurden, mögen sie sich an Gleichnisse wie das vom guten Hirten erinnert haben. Und wenn sie nicht mehr weiter wußten, klangen die Worte in ihnen nach: „Sei ohne Angst, du kleine Herde! Euer Vater will euch seine neue Welt schenken!“ [12]

---

[12] Lukas 12,32

54 | Der barmherzige Samariter

„Ein Gesetzeslehrer wollte Jesus auf die Probe stellen und fragte ihn: ‚Lehrer, was muß ich tun, um das ewige Leben zu bekommen?'“ [1] Christi Widersacher hofften, er werde etwas sagen, was sie gegen ihn verwenden könnten. Wieder einmal zeigte sich, daß nicht alles, was fromm klingt, auch fromm ist. Jesus durchschaute den Schriftgelehrten und stellte eine Gegenfrage: „Was steht denn im Gesetz? Was liest du dort?“ [2] Für seine Feinde muß das enttäuschend gewesen sein; denn eins ihrer Hauptargumente gegen Jesus war der Vorwurf, er achte das Gesetz nicht. Und nun verknüpfte er die Frage nach dem ewigen Leben ausgerechnet mit dem Gesetz.

Erstaunt antwortete der Schriftgelehrte: „,Liebe den Herrn, deinen Gott, von ganzem Herzen, mit ganzem Willen, mit deiner ganzen Kraft und deinem ganzen Verstand! Und: Liebe deinen Mitmenschen wie dich selbst!' ‚Richtig geantwortet', sagte Jesus. ‚Handle so, dann wirst du leben.'“ [3]

Trotz des fragwürdigen Beweggrundes, der Anlaß zu dieser Frage war, ist die Antwort bemerkenswert. Offenbar hatte der Schriftgelehrte bereits begriffen, daß es Gehorsam nicht nur mit dem Wortlaut des Gesetzes zu tun hat. Er überging nämlich in seiner Antwort die Fülle der zeremoniellen und rituellen Vorschriften. Statt dessen faßte er die Forderungen des Gesetzes in zwei Grundregeln zusammen: Liebe Gott! Liebe deinen Mitmenschen! Das war nichts anderes als das, was Jesus immer gelehrt hatte: Gottes Gesetz darf nicht nur dem Buchstaben nach, sondern muß von seinem Sinn her verstanden und befolgt werden. Wirklicher Gehorsam hat es mit der Liebe zu Gott und zum Mitmenschen zu tun. Dieser Einsicht konnten sich auch die Pharisäer nicht entziehen. Eigentlich hatten sie Christus herausfordern wollen, doch nun merkten sie, daß sie sich in ihrem eigenen Netz verfangen hatten. Dem Schriftgelehrten,

---

Dieses Kapitel bezieht sich auf Lukas 10,25–37 [1] Lukas 10,25
[2] Lukas 10,26 [3] Lukas 10,27.28

der sich an Jesus gewandt hatte, wurde klar, wie weit er vom wahren Gehorsam entfernt war. Wie ein Stein legte sich die Erkenntnis der Schuld auf seine Seele. Doch anstatt Buße zu tun, versuchte er sich durch eine weitere Frage aus der Schlinge zu ziehen: „Wer ist denn mein Nächster?"

Das war nicht ungeschickt; denn diese Frage wurde damals im Judentum heiß diskutiert. Einig war man sich darin, daß Heiden und Samariter als Fremde und Feinde galten. Doch wie stand es mit den Angehörigen des eigenen Volkes? Konnte beispielsweise für einen Rabbiner oder Pharisäer jemand aus dem unwissenden Volk der Nächste sein? Ganz gewiß nicht! Wo sollte also die Grenze gezogen werden?

Dunkelheit weicht nur dem Licht

Für Jesus wäre es ein leichtes gewesen, die heuchlerische Frömmigkeit des Fragestellers anzuprangern. Er verzichtete darauf und erzählte statt dessen ein Gleichnis. Damit erreichte er bei den Hörern weit mehr, als wenn er mit seinen Gegnern ein Wortgefecht geführt hätte. Wer Dunkelheit vertreiben will, braucht nur das Licht einzulassen; dem Irrtum begegnet man am besten mit der Wahrheit.

Jesus erzählte ein Gleichnis: „Ein Mann ging von Jerusalem nach Jericho. Unterwegs überfielen ihn Räuber. Sie nahmen ihm alles weg, schlugen ihn zusammen und ließen ihn halbtot liegen. Nun kam zufällig ein Priester denselben Weg. Er sah den Mann liegen, machte einen Bogen um ihn und ging vorbei. Genauso machte es ein Levit: er sah ihn und ging vorbei."[4]

Jesus griff auf Gegebenheiten zurück, die seinen Zuhörern vertraut waren. Die Straße von Jerusalem nach Jericho führte durch unwegsames Gebiet, wo Wegelagerer häufig ihr Unwesen trieben. Es war nicht nur einmal geschehen, daß Reisende ausgeraubt, ermordet oder halbtot liegengelassen worden waren. Der Priester im Gleichnis wollte solch ein Risiko nicht eingehen. Deshalb eilte er in großem Bogen an dem Verletzten vorbei. Etwas später kam ein Levit den gleichen Weg. Er blieb kurz stehen und sah, was zu tun wäre, aber er scheute sich, diese unangenehme und obendrein gefährliche

[4] Lukas 10,30–32

Pflicht zu erfüllen. Deshalb tat er so, als ginge ihn das alles nichts an.

Die Tatsache, daß Jesus im Gleichnis einen Priester und einen Leviten erwähnte, sollte veranschaulichen, wie weit sich die „Hirten" Israels von ihrer eigentlichen Aufgabe entfernt hatten. Beide Männer standen im geistlichen Dienst und hätten dem Verletzten eigentlich „von Amts wegen" zu Hilfe kommen müssen – ohne Ansehen der Person. Jesus fuhr fort: „Schließlich kam ein Mann aus Samarien. Als er den Überfallenen sah, hatte er Mitleid. Er ging zu ihm hin, behandelte seine Wunden mit Öl und Wein und verband sie. Dann setzte er ihn auf sein eigenes Reittier und brachte ihn in das nächste Gasthaus, wo er sich um ihn kümmerte." [5] Obwohl der Samariter wußte, daß ihm kein Jude zu Hilfe kommen würde, sollte er selber einmal unter die Räuber fallen, half er dem Verletzten. Ihn kümmerte auch nicht die Gefahr, in die er sich begab. Er sah nur, daß dort ein Mensch lag, der ohne seine Hilfe sterben würde. Also griff er zu und tat am Ende weit mehr als nur seine „Menschenpflicht". Die hätte er nämlich schon dadurch erfüllt, daß er den Verletzten im nächsten Gasthaus ablieferte. Doch er tat mehr: „Am andern Tag gab er dem Wirt zwei Silberstücke und sagte: ‚Pflege ihn! Wenn du noch mehr brauchst, will ich es dir bezahlen, wenn ich zurückkomme.'" [6]

Soweit das Gleichnis. Jesus schaute den Gesetzeslehrer an und fragte: „Was meinst du, wer von den dreien hat an dem Überfallenen als Mitmensch gehandelt?" Der antwortete: „Der ihm geholfen hat!" Daraufhin sagte Jesus: „Dann geh und mach es ebenso!"

Damit ist die Frage „Wer ist denn mein Nächster?" ein für allemal beantwortet. Unser Nächster ist immer derjenige, der gerade unsere Hilfe braucht – unabhängig davon, welchem Volk er angehört, in welcher Gesellschaftsschicht er lebt und ob er unseren Glauben teilt oder nicht. Über diese Lehre hinaus beschrieb Jesus mit diesem Gleichnis seine eigene Aufgabe auf Erden. Sind wir nicht alle im übertragenen Sinne solche unter die Räuber gefallenen Menschen? Von Satan betrogen, mißhandelt, beraubt und dem Verderben überlassen, gäbe es keine Hoffnung, wenn nicht Christus gekommen wäre, uns das Kleid seiner Gerechtigkeit angezogen und

---

[5] Lukas 10,33.34 [6] Lukas 10,35

in Sicherheit gebracht hätte. Für unser Heil war ihm kein Preis zu hoch. Das hat natürlich Auswirkungen auf unser Christsein: „Ich gebe euch jetzt ein neues Gebot, das Gebot der Liebe. Ihr sollt einander genauso lieben, wie ich euch geliebt habe. Wenn ihr einander liebt, werden alle erkennen, daß ihr meine Jünger seid." [7]

Der Samariter hatte sich nicht von Angst oder Nützlichkeitserwägungen leiten lassen, sondern war der Stimme seines Herzens gefolgt. Er hatte getan, was nötig war und was Gott von ihm erwartete. Mehr mutet Christus auch uns nicht zu. Es ist bedauerlich, daß sich bei vielen das Christsein darin erschöpft, religiösen Formen zu genügen. Äußerlich sieht es so aus, als folgten sie Christus; doch sie sind vorwiegend von selbstsüchtigen Gedanken beherrscht, die weder Liebe noch Barmherzigkeit aufkommen lassen. Viele haben vergessen, daß sich Nachfolge Jesu nicht in frommen Worten erschöpft, sondern gelebt sein will. Wenn wir uns nicht im Sinne Christi für unsere Mitmenschen einsetzen, sollten wir uns nicht als seine Jünger bezeichnen.

Christus hätte es nicht nötig gehabt, sich für die sündige Menschheit zu opfern. Doch er tat es! Das ist unsere Rettung. Nun erwartet er von uns, daß auch wir uns für andere einsetzen: „Umsonst habt ihr alles bekommen, umsonst sollt ihr es auch weitergeben." [8] Unzählige Menschen sind mit sich und ihrem Leben nicht zufrieden. Sie spüren, daß sie vieles falsch gemacht haben, sehen aber keinen Weg, von der Last der Schuld freizuwerden. Je mehr sie sich mit ihrem Versagen beschäftigen, desto aussichtsloser erscheint ihnen alles. Manche gehen daran zugrunde. Angesichts der äußeren und inneren Not, die uns umgibt, können wir nicht sagen: Das geht mich nichts an! Niemals sollten wir an einem Leidenden oder Bedürftigen vorbeigehen, ohne zumindest versucht zu haben, etwas von dem Trost weiterzugeben, den wir von Gott empfangen haben.

Wer sich so verhält, tut, was Gott will und erfüllt so eine der Grundforderungen des Gesetzes: „Liebe deinen Nächsten wie dich selbst!" Darum ging es Jesus nicht nur im Gleichnis vom barmherzigen Samariter, sondern davon war sein ganzes Denken und Tun bestimmt. Wie ernst wir Gottes Willen nehmen und wie eng unsere Beziehung zu Christus ist, zeigt

---

[7] Johannes 13,34 [8] Matthäus 10,8

sich nicht zuletzt darin, ob wir ihm auch in dieser Hinsicht nachfolgen. „Niemand hat Gott je gesehen", schrieb der Apostel Johannes, „aber wenn wir einander lieben, lebt Gott in uns. Dann hat seine Liebe bei uns ihr Ziel erreicht." [9]

[9] 1. Johannes 4,12

55 Wann kommt das Reich Gottes?

Mehr als drei Jahre waren vergangen, seit Johannes der Täufer gepredigt hatte: „Tut Buße, denn das Himmelreich ist nahe herbeigekommen!“ [1] Die jüdischen Gelehrten hielten Jesus vor, daß trotz dieser Ankündigung noch immer nichts vom Reich Gottes zu sehen sei. Darum könne mit Fug und Recht gesagt werden, seine Mission und die des Täufers seien gescheitert!

Einige Pharisäer fragten herausfordernd, wann denn nun Gott seine Herrschaft aufrichten und sein Werk vollenden werde. Jesus antwortete: „Das Reich Gottes kommt nicht so, daß man's beobachten kann; man wird auch nicht sagen: Siehe, hier ist es! oder: Da ist es! Denn siehe, das Reich Gottes ist mitten unter euch.“ [2] Damit wollte er den Kritikern zeigen: Ihr wartet darauf, daß außergewöhnliche Ereignisse das Kommen des Gottesreiches ankündigen; darum nehmt ihr nicht wahr, daß die Königsherrschaft Gottes im Herzen der Menschen beginnt.

Zu seinen Jüngern gewandt fuhr er fort: „Es wird die Zeit kommen, wo ihr euch danach sehnt, auch nur einen Tag unter der Herrschaft des Menschensohns zu erleben. Aber es wird euch nicht vergönnt sein.“ [3] Selbst die Weggefährten Jesu hatten falsche Vorstellungen vom Wesen des Reiches Gottes. Sie erwarteten für die Zukunft, was durch Jesu Gegenwart längst Wirklichkeit war. Erst später würden sie erkennen, welches Vorrecht es war, mit dem Gottessohn zu reden und gemeinsam ein Stück Wegs mit ihm zu gehen. Lange nach Jesu Himmelfahrt und der Ausgießung des Heiligen Geistes zu Pfingsten schrieb der Jünger Johannes: „Er, ‚das Wort‘, wurde ein Mensch, ein wirklicher Mensch von Fleisch und Blut, und nahm Wohnung unter uns. Wir sahen seine Macht und Hoheit, die göttliche Hoheit des einzigen Sohnes, die ihm der Vater gegeben hat. Gottes ganze Güte und Treue ist uns in ihm begegnet.“ [4] Erst nachdem Christus zu Gott zurückge-

---

Dieses Kapitel bezieht sich auf Lukas 17,20–22 [1] Matthäus 3,2 LT
[2] Lukas 17,20.21 LT [3] Lukas 17,22 [4] Johannes 1,14

kehrt war, begannen die Jünger die prophetischen Hinweise auf Jesu Erlösungswerk und seine Wundertaten zu verstehen. Es war, als wären sie aus einem Traum erwacht. Immer wieder riefen sie sich Jesu Lehren in Erinnerung und erkannten mehr und mehr deren eigentlichen Sinn. Manches kam ihnen wie eine neue Offenbarung vor. Auch die heiligen Schriften erschlossen sich ihnen auf ungeahnte Weise. Besonders das Studium der Weissagungen, die sich auf die Person und das Wirken Christi beziehen, konnten sie nun besser verstehen und kamen damit Gott näher. Endlich sahen sie ein, wie begrenzt ihre Vorstellungen waren. Sie glaubten zwar, daß Gottes Sohn als Mensch auf diese Erde gekommen war, aber das Geheimnis seiner Menschwerdung hatten sie nicht begriffen. Doch nun waren sie erleuchtet vom Heiligen Geist und wünschten, das nachholen zu können, was sie zu Jesu Lebzeiten versäumt hatten. Wie gern hätten sie ihn nach dem gefragt, was ihnen noch unklar war. Doch dazu war es zu spät. Sie erkannten auch, daß der Meister recht gehabt hatte, als er sagte: „Ich hätte euch noch vieles zu sagen, doch das würde euch jetzt überfordern.“ [5] Die Jünger bedauerten, zu schwerfällig im Denken und zu schwach im Glauben gewesen zu sein, um die Wirklichkeit zu erfassen.

Gott hatte seinen Sohn durch Johannes den Täufer ankündigen lassen, doch nur wenige hörten auf diese Botschaft. Mehr als dreißig Jahre lang war Christus als Mensch über diese Erde gegangen, doch kaum jemand hatte in ihm den Sohn Gottes erkannt. Erst jetzt merkten die Jünger, wie sehr sie sich durch Unglauben und falsche Erwartungen selbst im Wege gestanden hatten. Wie schmerzte es sie, daß der Widerstand der Priester und Gesetzeslehrer sie mitunter so verwirrt hatte, daß sie nicht sahen: Hier ist einer unter uns, der größer ist als Mose und weiser als Salomo. Wie taub und blind waren sie doch gewesen!

Nun waren sie entschlossen, Christus bedingungslos nachzufolgen, denn sie hatten seine Herrlichkeit erkannt. Als sie die Feindschaft der jüdischen Oberen am eigenen Leibe zu spüren bekamen, indem man sie verfolgte, vor den Rat schleppte und einkerkerte, freuten sie sich, daß Christus sie für würdig erfunden hatte, „um seines Namen willen Schmach zu leiden“. [6]

---

[5] Johannes 16,12 [6] Apostelgeschichte 5,41 LT

Gottes Reich ist von anderer Art, als es Menschen sich vorstellen. Deshalb verträgt sich die Botschaft der Gnade, die Glauben und Selbstverleugnung verlangt, nicht mit dem Geist dieser Welt. Heutzutage denken viele, der Begriff „Reich Gottes" müsse als christlich orientierte irdische Herrschaft verstanden werden. Am liebsten sähen sie Christus als Weltenherrscher, nach dessen Befehl sich alles richtet in Gesellschaft und Politik, Wirtschaft und Justiz. Und da Christus nicht mehr sichtbar auf Erden lebt, wären diese Leute gern bereit, an seiner Stelle Macht auszuüben. Solch ein sichtbares, auf religiöse Prinzipien gegründetes irdisches Reich wünschten sich auch die Juden zur Zeit Jesu. Hätte Christus diesen Vorstellungen entsprochen, dann wäre er ihnen bestimmt willkommen gewesen. Doch er enttäuschte sie, indem er predigte: „Mein Reich ist nicht von dieser Welt."[7] Darum lehnten sie ihn ab.

Keine Frage: Die politischen und gesellschaftlichen Verhältnisse jener Zeit schrien zum Himmel. Die Herrschenden waren bestechlich, rücksichtslos und grausam. Die Reichen wurden immer reicher, die Armen immer ärmer. Dennoch versuchte Jesus nicht, die bestehenden Verhältnisse zu ändern oder sich in politische Angelegenheiten einzumischen. Nicht, daß er die Mißstände übersehen hätte oder daß ihm die Not der Menschen gleichgültig gewesen wäre. Im Gegenteil! Wohin er kam, versuchte er zu helfen und die Not zu mildern. Doch er wußte, daß irdische Reformen und menschliche Macht die Wunden der Welt nicht heilen können. Das Problem sind nämlich nicht die Verhältnisse, sondern die Menschen. Ehe die Welt gesunden kann, müssen die Menschen heil werden. Das freilich geschieht nicht durch Regierungswechsel, Verordnungen oder gesellschaftliche Veränderungen, sondern durch die Kraft des Heiligen Geistes. Wir können diesen Erneuerungsprozeß nicht bewirken, aber wir können ihn fördern dadurch, daß wir Gottes Wort weitergeben und dem Willen Gottes gemäß leben.

Das Reich Gottes war zur Zeit Jesu nicht von irdischer Art und ist es auch heute nicht. Deshalb kann der Herr auch keinen gebrauchen, der den Bau seines Reiches mit irdischen Mitteln voranzutreiben sucht. Aufgabe der Nachfolger Jesu ist es vielmehr, anderen das Heil in Christus zu verkündigen.

---

[7] Johannes 18,36 LT

Unser Zeugnis sollte dem des Apostels Paulus gleichen: „Jetzt kann ich für Gott leben. Ich bin mit Christus am Kreuz gestorben; darum lebe nun nicht mehr ich, sondern Christus lebt in mir.“ [8]

[8] Galater 2,19.20

56 | Jesus liebt die Kinder

Jesus war ein Freund der Kinder. Er freute sich über ihre Unbefangenheit und kindliche Liebe. Da er es oft mit heuchlerischen und verschlagenen Erwachsenen zu tun hatte, war ihm die Begegnung mit Kindern um so wohltuender. Wohin er auch kam, überall gewann er Zuneigung durch seine freundliche und herzliche Art.

Damals war es Sitte, die Kleinen zum Rabbiner zu bringen, damit der segnend seine Hände auf sie lege. So war es nicht ungewöhnlich, daß Mütter ihre Kinder auch zu Jesus brachten. Die Jünger störte das. Sie meinten, Jesus habe anderes zu tun, als Kinder zu segnen. Außerdem waren sie der Meinung, Kinder könnten noch gar nicht begreifen, worum es Jesus ging. Warum also sollte der Meister seine kostbare Zeit verschwenden? Und sie meinten, Jesus sähe das ebenso. Doch da täuschten sie sich. Er war nicht ungehalten über die Mütter, die ihre Kinder bringen wollten, sondern über seine Jünger, die das zu verhindern suchten. Vielmehr freute er sich, wenn Eltern ihre Kinder im Glauben an Gott und den Weisungen seines Wortes gemäß erziehen wollten und dazu seinen Segen erbaten.

Die Evangelien berichten, daß eines Tages Mütter mit ihren Kindern dorthin kamen, wo Jesus lehrte. Sie baten die Jünger, zu Jesus vorgelassen zu werden. Der Herr wartete, wie sich seine Freunde verhalten würden. Als er sah, daß sie die Mütter abwiesen, um die Kinder von ihm fernzuhalten, schritt er ein und sagte: „Laßt die Kinder in Ruhe! Hindert sie nicht, zu mir zu kommen; denn gerade für sie steht Gottes neue Welt offen.“ [1] Dann nahm er die Kinder in die Arme, legte ihnen die Hände aufs Haupt und segnete sie. Die Mütter waren beglückt, daß sich Jesus Zeit für sie nahm. Sie fühlten sich bestätigt in ihren Bemühen, die Kinder im Glauben an Gott zu erziehen, auch wenn das nicht immer leicht war.

Dieses Kapitel bezieht sich auf Matthäus 19,13–15; Markus 10,13–16 und Lukas 18,15–17 [1] Matthäus 19,14

Diese Begebenheit hat auch nach zweitausend Jahren nicht an Bedeutung verloren. Eltern sollen wissen, daß Jesus bis heute Anteil nimmt am Geschick und Wohlergehen ihrer Kinder. Er hat sich zur Erlösung aller Menschen geopfert, die Kinder eingeschlossen. Deshalb sollen sich Mütter und Väter mit allem, was ihre Kinder betrifft, vertrauensvoll an Jesus wenden.

Die Evangelien zeigen mehrfach, wie einfühlsam sich Gottes Sohn der Sorgen und Nöte von Müttern in alter Zeit angenommen hat. Er scheute nicht den beschwerlichen Weg in die Gegend von Tyrus und Sidon, um die Tochter einer kanaanitischen Frau zu heilen. Der Witwe zu Nain gab er ihren einzigen Sohn zurück; und selbst als er unter schrecklichen Schmerzen am Kreuz hing, dachte er an seine Mutter. Er kennt die Sorgen der Mütter und ist immer bereit, zu trösten und zu helfen.

Jesu Aufforderung „Laßt die Kinder zu mir kommen!" gilt noch heute. Niemand kann ermessen, was es für das Leben eines Menschen bedeutet, wenn ihn seine Eltern schon als kleines Kind zu Jesus bringen. Selbst der Säugling kann durch den Glauben und das Gebet seiner Mutter „unter dem Schatten des Allmächtigen" leben, obwohl er davon noch nichts wahrnimmt. Johannes der Täufer war von Geburt an mit dem Heiligen Geist erfüllt; denn seine Eltern hatten ihn von Anfang an Gott geweiht. Wenn wir unsere Kinder betend zu Christus bringen, dürfen wir auch erwarten, daß Gottes Geist vom ersten Tag an in ihnen wirkt und sie formt.

Jesus sah in den Kindern, die damals zu ihm gebracht wurden, Empfänger seiner Gnade und Bürger des Gottesreiches. Außerdem wußte er, daß sie ihm bereitwillig ihr Herz öffnen würden, eher als viele Erwachsene. Deshalb nahm er sich Zeit für sie, ging ihrem Verständnis gemäß auf ihre kindlichen Fragen ein und segnete sie.

Vorbild für die Eltern

Im allgemeinen sind Kinder aufgeschlossen für die Frohe Botschaft. Sie verstehen schnell, worum es geht, und erinnern sich nachhaltig an das, was man ihnen erzählt. Natürlich ist ihr Glaube anders als der von Erwachsenen, doch sie können schon Nachfolger Jesu sein in einer Weise, die ihrem Alter und ihrer Reife entspricht.

Gläubige Eltern sollten in ihren Kindern Glieder ihrer irdischen und zugleich der himmlischen Familie sehen. Kinder sind eine Leihgabe, die uns Gott für eine gewisse Zeit anvertraut hat, damit wir sie für das Leben in dieser und in der künftigen Welt erziehen. Jesus möchte, daß das christliche Elternhaus zu einer Schule wird, wo Eltern an ihre Kinder weitergeben, was sie selbst an geistlichen Werten empfangen haben. Am Beispiel der Eltern sollen die Kinder erkennen, was es heißt, seine Schuld zu Jesus zu bringen und Vergebung zu empfangen.

Gelingt es einer Mutter, ihre Kinder dahin zu führen, daß sie aus Liebe gehorchen, so vermittelt sie ihnen gleichzeitig einen wichtigen Grundsatz christlicher Lebensführung. Darüber hinaus wird es den Kindern leicht fallen, Gottes Liebe zu verstehen, wenn sie von ihren Eltern geliebt werden. Wer in der Familie erfahren hat, was Vertrauen heißt, wird Gott eher vertrauen können als Menschen, die in einer Atmosphäre des Mißtrauens und der Enttäuschung aufgewachsen sind. Auch den Gehorsam gegenüber Gott lernen Kinder am besten dort, wo Eltern selbst dem Willen Gottes gemäß leben.

Jesus war Eltern und Kindern gleichermaßen ein Vorbild. Sein Einfluß auf andere war deshalb so nachhaltig, weil Worte und Taten bei ihm übereinstimmten. Er wußte genau, was richtig ist, aber er zwang anderen die Wahrheit nicht auf, sondern versuchte sie geduldig zu überzeugen. Christi Liebe, sein Einfühlungsvermögen, seine Barmherzigkeit und sein Mitgefühl sollten wegweisend für die Erziehung unserer Kinder sein. Eltern sollten ihre Kinder nicht anders behandeln, als sie es für sich selbst wünschten.

Vielleicht läßt sich das richtige Verhalten unseren Kindern gegenüber an einem Beispiel aus der Natur veranschaulichen. Wie geht der Gärtner mit einer Rose oder Lilie um, damit sich die Blume zu voller Schönheit entfaltet? Sicher nicht mit harter Hand, sondern mit Sorgfalt und Geduld. Ist es vorstellbar, daß er die zarten Pflänzchen rauh anfaßt, damit sie schneller wachsen? Natürlich nicht! Im Gegenteil: Er wässert sie, lockert den Boden und schützt die Pflanzen vor Kälte oder Sonne. Das Wachstum überläßt er dem Schöpfer. Ähnlich verhält es sich auch mit der Erziehung und Pflege der uns anvertrauten Kinder.

Zeigt euren Kindern, welche Empfindungen euch im Blick auf Gott oder eure Mitmenschen bewegen. Vielleicht gibt es deshalb so viele hartherzige und gefühllose Menschen, weil sie in ihrer Kindheit nicht gelernt haben, Gefühle zu zeigen oder richtig mit ihnen umzugehen. Manches Kind entwikkelt sich zu einem eigenwilligen, selbstsüchtigen Erwachsenen, weil es in der Familie nichts anderes kennengelernt hat. Wer seine Kinder glücklich sehen will, sollte ihre guten Anlagen pflegen und sie darüber hinaus der Liebe und Fürsorge Christi anvertrauen.

Lehrt eure Kinder, in den Schönheiten der Schöpfung Christus zu erkennen. Zeigt ihnen, daß man auf Schritt und Tritt der Liebe Gottes begegnen kann. Wenn ihr mit euren Kindern über Gott redet, dann langweilt sie nicht mit lästigen Ermahnungen oder endlosen Gebeten. Erklärt ihnen lieber kurz und treffend an den Gesetzmäßigkeiten der Natur, daß Gottes Gebote dem Menschen keinen Zwang auferlegen, sondern ihn vor Schaden bewahren und glücklich machen wollen.

Natürlich lassen sich geistliche Zusammenhänge nicht leicht in Worte kleiden, so daß Kinder sie auf Anhieb verstehen. Das sollte uns aber nicht davon abhalten, darüber zu sprechen. Wichtig ist vor allem, daß Kinder begreifen: Jesus ist mein Heiland! Ich kann immer zu ihm kommen! Engel Gottes haben den Auftrag, uns beizustehen, wenn wir darauf bedacht sind, unseren Kindern Gottes Wort verständlich und erlebbar weiterzugeben.

Entstellt das Bild des himmlischen Vaters nicht dadurch, daß ihr euch als Eltern fragwürdig oder unchristlich verhaltet! Treibt eure Kinder nicht durch Strenge oder lieblose Härte von Jesus weg! Erweckt nicht den Eindruck, Nachfolge Jesu sei eine freudlose Angelegenheit, weil man auf alles Schöne im Leben verzichten müsse!

Wenn eure Kinder sehen, daß ihr freudig in der Nachfolge Jesu steht, wird der Heilige Geist in ihnen den Wunsch wekken, den gleichen Weg zu gehen. Sagt ihnen, wie sehr sich Christus freut, wenn sich junge Menschen zu ihm bekennen. Sie sollten auch wissen, daß jeder kommen kann, nicht nur die „Wohlgeratenen“, sondern auch die mit charakterlichen Ecken und Kanten. Mitunter sind Eltern nicht unschuldig an den Fehlern ihrer Kinder. Schwierigkeiten gibt es zuweilen mit denen, die Sorgen bereiten oder gar auf die schiefe Bahn geraten sind. Jesus ist anders als wir; er liebt auch die Problematischen.

Wer Kinder zu Jesus bringen will, braucht Verständnis, Geduld und Liebe. Macht ihnen Mut zum Glauben und gebt ihnen Hoffnung mit auf den Weg, dann wird es auch später von ihnen heißen: „... denn gerade für sie steht die neue Welt Gottes offen.“

57 | Eins fehlt dir ...

„Als Jesus weitergehen wollte, kam ein Mann zu ihm gelaufen, kniete vor ihm nieder und fragte: ‚Guter Lehrer, was muß ich tun, um das ewige Leben zu bekommen?'"[1]

Der da fragte, gehörte zur reichen jüdischen Oberschicht und genoß trotz seiner Jugend schon hohes Ansehen. Er hatte beobachtet, wie Jesus mit den Kindern umgegangen war und fühlte sich zu dem Rabbi aus Nazareth hingezogen. Nun wandte er sich mit einer Frage an Jesus, die für jeden Menschen wichtig ist. Im Gegensatz zu manchem anderen, der Christus mit spitzfindigen Fragen nur herausfordern wollte, meinte es dieser junge Mann ehrlich.

Jesus ging zunächst nicht auf die Frage ein, sondern wollte wissen: „Warum nennst du mich gut? ... nur einer ist gut, Gott!" Offenbar wollte er damit klären, ob das „Guter Lehrer" nur eine höfliche Floskel war, oder ob der Mann wußte, wen er hier vor sich hatte.

Aufgrund seines vorbildlichen Lebenswandels konnte sich der junge Mann zu den Gerechten in Israel zählen. Dennoch war er nicht mit sich zufrieden, denn ihm fehlte die Heilsgewißheit. Es mußte noch irgend etwas geben, was er nicht besaß. Deshalb hoffte er, Jesus könne ihm verhelfen zu dem, was ihm zum Heil fehlte.

Wie erstaunt muß er gewesen sein, als Christus ihn aufforderte, die Gebote zu halten, konnte er doch guten Gewissens sagen: „Diese Gebote habe ich von Jugend an alle befolgt."[2] Jesus wußte, daß das der Wahrheit entsprach. Er war von dem Ernst und der Aufrichtigkeit des Fragestellers angetan und wollte ihm gern den Frieden geben, nach dem er sich sehnte. Deshalb forderte er ihn auf: „Eins fehlt dir noch: Verkauf alles, was du hast, und gib das Geld den Armen, so wirst du bei Gott einen unverlierbaren Reichtum haben. Und dann geh mit mir."[3]

Dieses Kapitel bezieht sich auf Matthäus 19,16–22, Markus 10,17–11 und Lukas 18,18–23 [1] Markus 10,17 [2] Markus 10,20 [3] Markus 10,21

Das war keine alltägliche Forderung, doch sie sollte dem jungen Mann die Augen dafür öffnen, daß seine Not nicht darin bestand, daß ihm etwas fehlte, sondern daß sie mit dem zu tun hatte, was er längst besaß. Er hatte das Zeug, ein guter Mitarbeiter Christi zu werden, wenn er bereit wäre, sich von seinem Reichtum zu lösen und sein Leben Jesus zu übergeben. Was ihm wirklich fehlte, um frei zu werden von seiner Eigenliebe, war die umwandelnde Liebe Gottes. Wollte er von ihr erfüllt werden, dann mußte er sein Ich zurückstellen, sich der Führung Christi anvertrauen und ihm auf dem Weg der Selbstverleugnung folgen. Christus stellte ihn vor die Entscheidung zu wählen zwischen himmlischem und irdischem Reichtum.

Eine unmögliche Forderung?

Der junge Mann verstand, worauf Jesus hinauswollte. Gern wäre er ein Jünger Jesu geworden, aber nicht um den Preis seines Reichtums und seiner Karriere. Zwar sehnte er sich nach dem ganz anderen, ewigen Leben, doch dafür die Sicherheiten seines bisherigen Lebens aufzugeben, erschien ihm als unzumutbares Opfer. So heißt es denn im Evangelium: „Als der Mann das hörte, war er enttäuscht und ging traurig weg, denn er war sehr reich.“ [4]

Nun zeigte sich, daß seine Behauptung, er habe das Gesetz von Jugend an gehalten, zwar formal richtig, aber doch nur die halbe Wahrheit war. Nicht Gott nahm in seinem Herzen die erste Stelle ein, sondern sein Besitz. Die Gaben waren ihm letztlich wichtiger als der Geber. Gern wäre er ein Nachfolger Jesu geworden, doch seine Stellung und sein Ansehen in der Gesellschaft wollte er dafür nicht aufgeben. Das Sichtbare gegen etwas Unsichtbares einzutauschen erschien ihm als zu großes Risiko. Er hätte sich für Christus entscheiden können, wählte dann aber doch das Leben in dieser Welt. Und er blieb nicht der einzige, der traurig wegging, weil ihm die irdischen Annehmlichkeiten wichtiger waren als die Nachfolge Jesu.

Die Begegnung Jesu mit diesem jungen Mann sollte uns zu denken geben. Gott hat uns Verhaltensregeln mit auf den Weg gegeben, die es zu befolgen gilt. Doch wenn Gott Ge-

---

[4] Markus 10,22

horsam fordert, begnügt er sich nicht mit einer formalen Erfüllung seiner Gebote. Er möchte, daß wir seinen Willen von Herzen tun und nicht nur dem Buchstaben nach befolgen. Nur wer sagt: „Herr, alles, was ich bin und habe, gehört dir!" ist wirklich ein Kind Gottes. Der bloße Wunsch, Jesus nachzufolgen, bedeutet noch nicht viel; man muß auch bereit sein, um Jesu willen alles andere aufzugeben.

Wenn Gott uns Gaben und Güter anvertraut, erwartet er, daß wir sie nicht nur zum eigenen Wohl nutzen, sondern auch in seinem Dienst einsetzen. Wenn jemand viel besitzt, mag es ihm als zu großes Opfer erscheinen, alles um Jesu willen aufzugeben. Doch die Bereitschaft zu ungeteilter Hingabe gehört nun einmal zum Wesen der Nachfolge. Wer das Heil in Christus erlangen möchte, muß loslassen, was ihn daran hindern könnte. Wenn wir freudigen Herzens die Opfer bringen, zu denen uns Christus auffordert, sammeln wir einen „Schatz im Himmel", der weit über jeden materiellen Besitz hinausgeht. Was könnte schöner sein als die Freude darüber, daß wir Anteil an der Rettung von Menschen haben? Wer sich heute völlig auf die Seite Christi stellt, wird eines Tages aus seinem Munde hören: „Recht so, du tüchtiger und treuer Knecht, du bist über wenigem getreu gewesen, ich will dich über viel setzen; geh hinein zu deines Herrn Freude!"[5]

[5] Matthäus 25,21 LT

58 | Lazarus, komm heraus!

Einer der treusten Freunde Jesu war Lazarus aus Betanien. Obwohl die Liebe des Herrn allen Menschen gleichermaßen galt, gab es doch einige, denen er sich besonders verbunden fühlte. Als Jesus sein öffentliches Wirken begonnen hatte, war er fast ständig unterwegs und hatte nirgendwo ein richtiges Zuhause, sondern war auf das Wohlwollen und die Gastfreundschaft anderer angewiesen. Sein Verkündigungsdienst und die Sorge um das seelische und körperliche Wohl der Bedürftigen gingen oft über das hinaus, was ein Mensch zu leisten imstande ist. Deshalb brauchte Jesus hin und wieder ein Heim, wo er ausruhen konnte. Das Haus des Lazarus und seiner beiden Schwestern war solch eine Oase der Ruhe und des Friedens. Da mußte Jesus nicht nur geben, sondern konnte auch empfangen, herzliche Zuneigung, Gespräche mit Gleichgesinnten, liebevolle Betreuung.

Bei Jesu erstem Besuch in Betanien war es zu Spannungen zwischen Maria und Marta, den beiden Schwestern des Lazarus, gekommen. Während sich Jesus mit seinem Freund und einigen Jüngern über Fragen des Glaubens unterhielt, saß Maria in der Nähe und hörte zu. Marta war verärgert, weil ihr die Schwester bei der Zubereitung des Essens nicht half. Schließlich beschwerte sie sich: „Herr, kümmert es dich nicht, daß mich meine Schwester die ganze Arbeit allein tun läßt? Sag ihr doch, daß sie mir helfen soll!" Christus antwortete: „Marta, Marta, du sorgst und mühst dich um so viele Dinge, aber nur eins ist notwendig. Maria hat das Bessere gewählt, und das soll ihr nicht weggenommen werden." [1]

Wenn Jesus im Haus war, gab es für Maria nichts Wichtigeres, als ihm zuzuhören. Seine Worte bedeuteten ihr mehr als der kostbarste Schmuck, und sie hütete sie wie einen Schatz in ihrem Herzen. Marta dagegen dachte mehr an die praktischen Dinge des Lebens und verhielt sich entspre-

---

Dieses Kapitel bezieht sich auf Lukas 10,38–42 und Johannes 11,1–44
[1] Lukas 10,40–42

chend. Dabei kam es vor, daß sie Zweitrangiges zu wichtig nahm. Das machte ihr Jesus in liebevoller Weise klar. Grundsätzlich aber gilt, daß Christus in seinem Werk beide Typen braucht: solche, die wie Maria alles andere zurückstellen, um sich auf die Heilsbotschaft zu konzentrieren; und die anderen, die sich tatkräftig den Erfordernissen des täglichen Lebens stellen. Entscheidend ist nur, daß das Wirken für Christus nicht losgelöst ist vom Hören auf ihn. Nur wer vorher zu seinen Füßen gesessen hat, kann etwas weitergeben, was über das Maß rein irdischer Dinge hinausgeht. Wenn unsere Tatkraft, unsere Einsatzbereitschaft und unser Fleiß durch Christi Gnade geheiligt sind, wird von unserem Leben ein Einfluß zum Guten ausgehen.

Eines Tages brach Unheil über Jesu Freunde in Betanien herein. Lazarus erkrankte so schwer, daß die Schwestern um sein Leben bangten. Unverzüglich schickten sie einen Boten mit der Nachricht zu Jesus: „Dein Freund ist krank." [2] Sie zweifelten nicht daran, daß der Herr dieser Krankheit gewachsen sein würde, und hofften, daß er bald käme, um ihren Bruder gesund zu machen. Während sie auf ihn warteten, beteten sie um die Genesung des Kranken. Doch der Bote kehrte ohne Jesus zurück. Er übermittelte nicht einmal eine persönliche Botschaft des Herrn, sondern wiederholte nur, was Jesus gesagt hatte, als er von der Krankheit seines Freundes erfuhr: „Die Krankheit wird nicht zum Tod führen, sondern zeigen, wie mächtig Gott ist. Durch sie wird Gott die Herrlichkeit seines Sohnes sichtbar machen." [3] Für Maria und Marta bedeutete das: Unser Bruder wird bald wieder gesund sein! Als Lazarus kurz darauf starb, konnten sie es nicht fassen und waren tief enttäuscht.

Auch Jesus und die Jünger erfuhren vom Tod des Freundes in Betanien. Den Jüngern war das Verhalten des Herrn ein Rätsel. Jeder wußte, wie sehr er Lazarus zugetan war, doch er weinte nicht einmal über dessen Tod. Außerdem hätten sie erwartet, daß Jesus sich sofort auf den Weg machte, um die beiden Schwestern zu trösten, doch er unternahm nichts. Im Gegenteil: Er blieb noch volle zwei Tage am gleichen Ort und schien den Tod seines Freundes völlig vergessen zu haben.

Das beunruhigte die Jünger sehr, zumal gewisse Ähnlich-

---

[2] Johannes 11,3 [3] Johannes 11,4

keiten zum Schicksal des Täufers nicht zu übersehen waren. Keiner bezweifelte, daß Jesus die Kraft hatte, Wunder zu tun. Doch im Fall des Johannes hatte er nicht eingegriffen. Warum hatte er ihn nicht aus dem Gefängnis befreit? Hätte er seinen Wegbereiter nicht vor diesem würdelosen Ende bewahren sollen? Daß er es gekonnt hätte, war keine Frage, doch er tat es nicht. Es bedrückte sie Jünger noch immer, daß Jesu Gegner gerade diese Untätigkeit als Beweis gegen die Gottessohnschaft Jesu ins Feld führen konnten. Nun griff er auch bei Lazarus nicht ein. Was würde geschehen, wenn sie selbst einmal seine Hilfe brauchten? Jesus hatte wiederholt davon gesprochen, daß sie mit Not und Verfolgung rechnen müßten. Würde er auch sie im Stich lassen, wenn sie seine Hilfe dringend brauchten?

Nach zwei Tagen sagte Jesus: „Wir gehen nach Judäa zurück!" Kein Wort davon, daß er nach Betanien wollte; einfach nur zurück „nach Judäa". Die Jünger konnten diese Absicht nicht gutheißen: „Es ist noch nicht lange her, da hätten dich die Leute dort beinahe gesteinigt. Und nun willst du zu ihnen zurückkehren?" Jesus antwortete: „Der Tag hat zwölf Stunden. Wenn ein Mann am hellen Tag wandert, stolpert er nicht, weil er das Tageslicht sieht. Lauft ihr aber ohne mich in der Nacht, so stolpert ihr, weil ihr das Licht nicht bei euch habt." [4]

Damit wollte er sagen: Ich stehe unter dem Schutz meines Vaters im Himmel. Solange er seine Hand über mich hält, kann mir nichts geschehen. Ein Tag ist erst zu Ende, wenn die letzte Stunde vorbei ist. Ich bin zwar auf dem letzten Wegabschnitt angelangt, aber die „zwölfte Stunde" hat noch nicht geschlagen. Darum will ich mich getrost der Führung Gottes überlassen. Besorgt müßte ich nur sein, wenn ich persönliche Ziele verfolgte und eigene Wege ginge. Wer das tut, ist nirgendwo sicher. Als Jesus davon sprach, daß er nach Judäa gehen wolle, dachten die Jünger nur noch an die Gefahr, in die sie und ihr Herrn geraten könnten. Sogar das Geschick der Freunde in Betanien rückte dadurch in den Hintergrund. Nun war es Jesus, der sie wieder daran erinnerte: „Unser Freund Lazarus ist eingeschlafen. Aber ich werde hingehen und ihn aufwecken." [5] Die Jünger waren erleichtert, daß er nun endlich auf Laza-

[4] Johannes 11,8–10 [5] Johannes 11,11

rus zu sprechen kam. Also ging er an dem Geschick der Geschwister in Betanien doch nicht so achtlos vorüber, wie es den Anschein gehabt hatte. Sie hatten sein Schweigen wohl mißverstanden.

„Seine Jünger antworteten: ‚Wenn er schläft, wird er wieder gesund.' Jesus hatte sagen wollen, daß Lazarus gestorben sei; sie aber meinten, er spreche vom gewöhnlichen Schlaf. Darum sagte Jesus ihnen offen: ‚Lazarus ist tot. Doch euretwegen bin ich froh, daß ich nicht bei ihm war. Auf diese Weise werdet ihr lernen, mir zu vertrauen. Und jetzt wollen wir zu ihm gehen.'"[6] Christus stellte den Tod als Schlaf dar, in dem Gottes Kinder so lange geborgen liegen, bis sie der Herr am Jüngsten Tag mit „Trompetenschall" ins Leben zurückruft.[7]

Damit konnten die Jünger etwas anfangen, doch was hatte der Herr gemeint, als er sagte: „... ich bin um euretwillen froh, daß ich nicht bei ihm war"? Hatte er das Haus des Lazarus etwa absichtlich gemieden? Sie konnten nicht wissen, daß er die ganze Zeit über in Gedanken und mit dem Herzen bei seinen Freunden in Betanien gewesen war. Er wußte, was die Geschwister während der Krankheit das Lazarus durchgemacht hatten und verstand auch die Enttäuschung der Schwestern, als ihr Bruder starb. Doch er konnte nicht nur an sie denken, sondern hatte auch an seinen Jüngern eine wichtige Aufgabe zu erfüllen. Sie sollten einmal die Botschaft vom Reich Gottes in alle Welt tragen. Dazu brauchten sie die unerschütterliche Gewißheit, daß Jesus der von Gott gesandte Erlöser ist. Sie glaubten das zwar, aber allzuoft stand dieser Glaube auf schwachen Füßen. Deshalb sollten sie durch die Auferweckung des Lazarus den unumstößlichen Beweis erhalten, daß Jesus wirklich Gottes Sohn war.

Wäre der Herr sofort zu seinem kranken Freund geeilt, hätte der Tod nicht nach ihm greifen können; doch dann hätte es auch das Wunder der Auferweckung nicht gegeben. Die Verzögerung seines Kommens hatte also nichts mit Gleichgültigkeit oder Mangel an Liebe zu tun, sondern geschah in voller Absicht. Was wie eine Tragödie aussah, sollte für Lazarus, seine Schwestern, die Jünger und für Jesus selbst zu einem überwältigenden Sieg werden.

---

[6] Johannes 11,12–15 [7] Vgl. 1. Korinther 15,51–55

Dieser Bericht vermittelt über die damaligen Ereignisse hinaus eine wichtige Erkenntnis. Es kommt immer wieder vor, daß sich Menschen im Glauben Gott anvertrauen, ohne etwas von seinem Eingreifen zu spüren. Manchmal fühlt man sich gerade dann verlassen, wenn Gott ganz nahe ist. Wer diese Spannung aushält, wird später dankbar selbst auf dunkle Wegstrecken zurückblicken können. Wer das Vertrauen nicht aufgibt, kann erleben, daß er aus schweren Prüfungen an Erfahrungen reicher und im Glauben gefestigt hervorgeht.

Letztlich sollten die Krankheit, der Tod und die Auferweckung des Lazarus auch für das halsstarrige Volk den Beweis erbringen, daß der Rabbi aus Nazareth nicht irgendwer ist, sondern der Sohn des allmächtigen Gottes. Jesus hatte die Hoffnung noch nicht aufgegeben, Israel auf den Weg Gottes zurückzubringen. Immerhin bestand die Möglichkeit, daß das Geschehen um Lazarus die Aufrichtigen im Volk aufhorchen ließ.

Als Jesus in Betanien eintraf, ging er nicht gleich in das Haus des Lazarus, sondern ließ Marta mitteilen, daß er da sei. Das mag mehrere Gründe gehabt haben. Zum einen widerstrebte ihm der äußere Aufwand, der damals im Judentum anläßlich des Todes von Verwandten betrieben wurde. Das Klagegeschrei der gemieteten „Klageweiber" hallte durch den ganzen Ort. Offenbar wollte Jesus den trauernden Schwestern nicht unter solchen Umständen begegnen. Zum anderen mußte Jesus damit rechnen, daß sich unter den Trauergästen auch einige seiner ärgsten Feinde befanden. Immerhin bestand die Gefahr, daß sie gegen ihn vorgehen würden, bevor er überhaupt mit Maria und Marta sprechen konnte, ganz zu schweigen von dem Wunder, das dadurch gefährdet war.

Die Mitteilung von der Ankunft Jesu wurde Marta so unauffällig überbracht, daß nicht einmal Maria etwas davon merkte. Marta ging Jesus mit widerstrebenden Empfindungen entgegen. Natürlich freute sie sich, daß der Herr endlich gekommen war. Doch gleichzeitig wußte sie: Für meinen Bruder ist es zu spät! In seinem Gesicht las sie die gleiche Zuneigung wie früher, dennoch fragte sie sich: Warum kommt er erst jetzt? Nicht ohne Vorwurf, aber zugleich hoffend, sagte sie: „Wenn du bei uns gewesen wärst, hätte mein Bruder nicht sterben müssen. Aber ich weiß, daß

Gott dir auch jetzt keine Bitte abschlägt." Jesus machte ihr Mut, indem er versprach: „Dein Bruder wird auferstehen."[8] Damit wollte er Martas Blick nicht in erster Linie auf die bevorstehende Auferweckung des Lazarus lenken, sondern auf die Auferstehung der Gerechten am Ende der Zeiten. Das wird der eigentliche Beginn des neuen Lebens sein. Alles, was vorher geschieht – auch die Auferweckung des Lazarus –, kann nur ein Unterpfand für die endgültige Überwindung des Todes bei Christi Wiederkunft sein.

So muß Marta den Herrn auch verstanden haben, denn sie antwortete: „Ich weiß, ... am letzten Tag, wenn alle auferstehen, wird auch er ins Leben zurückkehren." Jesus sagte zu ihr: „*Ich* bin die Auferstehung und das Leben. Wer mich annimmt, wird leben, auch wenn er stirbt, und wer lebt und sich auf mich verläßt, wird niemals sterben. Glaubst du das?" Marta antwortete: „Ja, ich glaube, daß du der versprochene Retter bist. Du bist der Sohn Gottes, der in die Welt kommen sollte."[9]

Danach ging sie ins Haus zurück und flüsterte ihrer Schwester zu: „Jesus ist hier und fragt nach dir!" Auch die Schwestern wußten, daß Jesu Feinde die erstbeste Gelegenheit nutzen würden, seiner habhaft zu werden. Darum stand Maria auf und verließ wortlos den Raum. Einige Trauergäste dachten, sie wolle zum Grab des Bruders und folgten ihr. Als Maria Jesus sah, schluchzte sie: „Wenn du bei uns gewesen wärst, hätte mein Bruder nicht sterben müssen." Das Wehgeschrei der „Klageweiber" gellte ihr noch in den Ohren, und sie sehnte sich nach einem Gespräch mit Jesus unter vier Augen. Doch das war nicht möglich, denn einige der Gäste, die ihr nachgegangen waren, begannen ihre Trauerklage aufs neue.

„Jesus sah sie weinen; auch die Leute, die mit ihr gekommen waren, weinten. Er wurde zornig und war sehr erregt."[10] Daß die Trauer der Maria echt war, wußte Jesus, doch auf manche der Trauergäste traf das nicht zu. Kummer und Anteilnahme wurden nur vorgetäuscht. Im Geiste sah Jesus voraus, wie einige von ihnen nicht nur seinen Tod planten, sondern auch darauf aus sein würden, den auferstandenen Lazarus wieder aus der Welt zu schaffen.

---

[8] Johannes 11,21–23 [9] Johannes 11,24–27 [10] Johannes 11,33

Nun war für Christus die Zeit zum Handeln gekommen. „,Wo liegt er?' fragte er. ‚Komm, wir zeigen es dir!' sagten sie." [11] Gemeinsam gingen sie zum Grab. Lazarus war ein geachteter und beliebter Mann gewesen. Deshalb weinten nicht nur seine Schwestern um ihn, sondern auch viele Freunde. Selbst Jesus kamen die Tränen. Er empfand das Leid der Angehörigen, als wäre es sein eigenes. Doch er weinte nicht nur um Lazarus oder aus Mitgefühl mit Maria und Marta. Sein Kummer hatte noch eine tiefere Ursache. Er sah, welche Zerstörung die Übertretung der Gesetze Gottes im Laufe der Weltgeschichte angerichtet hatte, und wußte, daß der Kampf zwischen Gut und Böse weitergehen würde. Auch in Zukunft würden Leid und Schmerz, Tod und Tränen das Schicksal der Menschen sein.

Lazarus war in einem Felsengrab bestattet worden, dessen Eingang mit einem schweren Stein verschlossen war. Jesus befahl: „,Nehmt den Stein weg!' ... Marta, die Schwester des Toten, wandte ein: ‚Herr, es riecht doch schon! Er liegt seit vier Tagen im Grab.' Jesus sagte zu ihr: ‚Ich habe dir doch gesagt, daß du die Herrlichkeit Gottes sehen wirst, wenn du nur Vertrauen hast.' Sie nahmen den Stein weg." [12] Als Jesus das Grab öffnen ließ, dachte Marta, er wolle den Toten noch ein letztes Mal sehen. Sie warnte den Herrn mit dem Hinweis darauf, daß die Verwesung bereits eingesetzt habe. Diese Bemerkung im Text ist insofern wichtig, als sie zeigt, daß im Grab wirklich der *tote* Lazarus lag. Diese Tatsache machte es den Gegnern Jesu später unmöglich, die Auferweckung des Lazarus als Spiegelfechterei oder gar Betrug hinzustellen. Als Christus seinerzeit die Tochter des Synagogenvorstehers Jaïrus ins Leben zurückgerufen hatte, war von den Pharisäern das Gerücht verbreitet worden, das Mädchen sei gar nicht tot gewesen. Schließlich habe man Jesus sagen hören: „Das Kind ist nicht tot – es schläft nur." [13] Jesu Gegner wollten damit den Eindruck erwecken, bei seinen Wundern gehe es nicht mit rechten Dingen zu. Doch im Falle des Lazarus konnte hinterher keiner sagen, der Mann sei gar nicht tot gewesen. Die Tatsachen sprachen eindeutig dagegen.

Aus menschlicher Sicht ist es zu verstehen, daß Marta sich gegen das Öffnen des Grabes sträubte. Sie wollte nicht,

---

[11] Johannes 11,34 [12] Johannes 11,39–41 [13] Markus 5,39

daß der bereits verwesende Körper ihres Bruders gesehen würde. Damit stellte sie sich allerdings – ohne es zu wollen und zu wissen – dem entgegen, was der Herr zu tun im Begriff war. Obwohl ihr Jesus das Wunder bereits angekündigt hatte, dachte sie nicht daran, daß Lazarus gerade jetzt ins Leben zurückgerufen werden könnte. Doch menschliches Unverständnis und mangelnder Glaube hindern Gott nicht, das zu tun, was er tun will.

Auch der Befehl: „Nehmt den Stein weg!" hat seine Bedeutung. Zweifellos hätte es nur eines Wortes Jesu bedurft und das Grab hätte sich geöffnet. Christus hätte auch Engeln befehlen können, den Stein wegzurücken. Doch er forderte die Trauernden dazu auf. Damit wollte er zeigen, daß Gott selbst in außergewöhnlichen Situationen mit uns Menschen zusammenarbeiten will. Was wir tun können, überträgt er nicht außerirdischen Mächten.

Als der Stein weggerückt und der Blick auf den Leichnam frei war, herrschte atemlose Stille. Jeder war gespannt, was nun geschehen würde. Christus trat an die Öffnung des Grabes, blickte zum Himmel auf und sagte: „‚Ich danke dir, Vater, daß du meine Bitte erfüllst. Ich weiß, daß du mich immer erhörst. Aber wegen der Leute hier spreche ich es aus – damit sie glauben, daß du mich gesandt hast.' Nach diesen Worten rief er laut: ‚Lazarus, komm heraus!'" [14]

Am Verhalten Jesu wurde deutlich, daß er stets in Übereinstimmung mit Gott handelte. Seine Wunder waren keine beifallheischenden Alleingänge, sondern erwuchsen aus Glauben und Gebet. Das sollten alle wissen. Die Trauernden hielten den Atem an, denn nun mußte sich zeigen, ob der Mann aus Nazareth wirklich der Sohn Gottes oder nur ein Scharlatan war.

Still! Regte sich da nicht etwas im Grab? Tatsächlich! „Der Tote kam heraus; seine Hände und Füße waren mit Binden umwickelt, und sein Gesicht war mit einem Tuch umhüllt. Jesus sagte: ‚Nehmt ihm das ab, damit er weggehen kann!'" [15] Die Trauernden waren sprachlos vor Verwunderung, doch dann brachen sie in Jubel aus. Maria und Marta schlossen ihren Bruder in die Arme, und gemeinsam warfen sich die Geschwister vor Jesus nieder, um ihrem Erlöser zu danken. Der Herr nutzte den Freudentaumel der Anwe-

[14] Johannes 11,41–43 [15] Johannes 11,44

senden, um sich unbemerkt zurückzuziehen. Als die Menschen schließlich wieder an den dachten, der das Wunder vollbracht hatte, war er verschwunden.

59 | Dieser Mann muß weg!

Da Betanien nur eine halbe Stunde Fußweg von Jerusalem entfernt war, erreichte die Nachricht von der Auferweckung des Lazarus die jüdischen Oberen in Windeseile. Ihr Nachrichtennetz war eng geknüpft und funktionierte zuverlässig. Sofort wurden die Mitglieder des Hohen Rates zur Beratung zusammengerufen. Die Geschehnisse in Betanien erforderten nach Meinung der jüdischen Führung unverzüglich Gegenmaßnahmen.

Die meisten Augenzeugen sahen in der Auferweckung des Lazarus einen unwiderlegbaren Beweis der Gottessohnschaft Jesu. Wer wollte noch daran zweifeln, daß dieser Mann aus Nazareth im Auftrag und in der Kraft des Allmächtigen handelte? Wer immer noch nicht an Jesus glauben wollte, mußte nicht bei Verstand sein.

Die religiöse Führung Israels sah das anders. Sie fühlte sich durch Jesu Wirken in die Enge getrieben. Die Tatsache, daß Lazarus vor vielen Zeugen vom Tode auferweckt worden war, ließ sich nicht leugnen. Und niemand konnte vorhersagen, mit welchen Überraschungen noch zu rechnen war. Darum mußte dem Nazarener sofort ein Riegel vorgeschoben werden.

Die Sadduzäer hielten zwar auch nicht viel von Jesus, aber sie haßten ihn nicht so wie die Pharisäer. Nun aber kamen sogar sie in Bedrängnis, denn sie glaubten grundsätzlich nicht an eine Auferstehung der Toten. Ihre Begründung lautete: Es widerspricht der Logik und der Erfahrung, daß ein toter Körper wieder lebendig wird! Jesus hatte aber nun in Wort und Tat bewiesen, daß sie unrecht hatten und auch die heiligen Schriften sowie die Kraft Gottes nicht kannten. So kamen sie zu dem Schluß, daß ihre Glaubwürdigkeit und ihr Einfluß auf das Volk nur zu retten seien, wenn sie Jesus aus der Welt schafften.

Die Pharisäer glaubten zwar an die Auferstehung der Toten, wollten aber keinesfalls zugeben, daß Jesus der Messias

---

Dieses Kapitel bezieht sich auf Johannes 11,47–54

war. Sie haßten ihn, weil durch seine Lehre und sein Verhalten ihre heuchlerische und scheinheilige Frömmigkeit sichtbar geworden war. Wie oft hatten sie versucht, ihm eine Falle zu stellen oder ihn vor dem Volk unmöglich zu machen; doch immer hatten sie zähneknirschend den kürzeren gezogen, weil er ihnen an Verstand und Geist weit überlegen war. Auch ihren Mordanschlägen war er jedesmal entkommen.

Obwohl die jüdischen Oberen mit den herodianischen Fürsten, die von Roms Gnaden über weite Teile Palästinas herrschten, sonst nichts im Sinn hatten, taten sie sich im Blick auf Jesus mit ihnen zusammen. Sie veranlaßten die Herodianer, sich bei den Römern darüber zu beschweren, daß dieser Mann aus Nazareth ein eigenes Königreich errichten wolle. Das untergrabe die ihnen vom Kaiser verliehene Autorität und werde auf Dauer auch für Rom gefährlich sein. Man habe zwar versucht, Jesu Einfluß im Volk so gering wie möglich zu halten, doch jetzt scheine die Sache außer Kontrolle zu geraten.

In der Tat ließ sich nicht leugnen, daß Jesu Ansehen beim Volk ständig wuchs. Viele, die ihn gehört und seine Wunder miterlebt hatten, ließen sich nicht mehr einreden, er verachte das Gesetz, sei ein Sabbatschänder und lästere Gott. Selbst einige der vom Hohen Rat ausgesandten Spitzel waren so beeindruckt von Jesus, daß sie nichts gegen ihn unternahmen. Auch durch die Verordnung, daß jeder aus der Synagoge auszuschließen sei, der sich zu Jesus bekennt, konnte sein Einfluß nicht geschmälert werden. Pharisäer und Sadduzäer, die sonst nicht viel voneinander hielten, waren sich schließlich einig, daß Jesu Tod unumgänglich sei. Der Mann mußte aus dem Weg geräumt werden, und das so schnell wie möglich. Die Frage war nur: Wie?

Der Hohe Rat war damals lediglich eine von Rom geduldete geistliche Behörde ohne weltliche Regierungsgewalt. Seine Mitglieder waren obendrein uneins über ihre Vorgehensweise. Während die einen, vor allem Priester und Pharisäer, kompromißlos den Tod Jesu forderten, hielten das die Sadduzäer für unklug. Sie befürchteten einen Volksaufstand und hatten Angst um ihre Stellung und Rechte. Außerdem gab es im Hohen Rat Männer, die an Jesus glaubten – zumindest mit ihm sympathisierten.

Gott versucht alles

Selbst aus der Ratsversammlung, die zusammengetreten war, um über den Tod des Gottessohnes zu beraten, hatte sich der Heilige Geist noch nicht völlig zurückgezogen. Er war zugegen so wie Jahrhunderte zuvor in Babylon, als Nebukadnezar prahlerisch seine Macht pries und Belsazar vor den Großen des Reiches gotteslästerliche Reden führte. Und wie Gottes Geist damals die heidnischen Könige zur Umkehr oder zumindest zur Einsicht führte, versuchte er es auch jetzt bei den geistlichen Führern des Volkes. Die Oberen waren zwar haßerfüllt, aber sie konnten nicht verhindern, daß der Heilige Geist ihnen all das Gute ins Gedächtnis rief, was sie von Jesus gehört und gesehen hatten. Einige erinnerten sich an den Zwölfjährigen im Tempel, wie er Fragen stellte, über die sie nur staunen konnten. Andere dachten an seine Predigten und sahen die Menschen vor sich, die Christus geheilt hatte. Sollte er vielleicht doch der Messias sein? Der Evangelist Johannes schilderte später die Stimmung im Hohen Rat so: „Was sollen wir machen? Dieser Mann tut so viele Wunder. Wenn wir ihn weitermachen lassen, werden sich ihm noch alle anschließen. Dann werden die Römer einschreiten und uns die Verfügungsgewalt über Tempel und Volk entziehen." [1] In dieser kritischen Phase, wo die Stimmung auch hätte umschlagen können, ergriff der Hohepriester Kaiphas, ein eitler, herrschsüchtiger und grausamer Mann, das Wort. Er war in jenem Jahr der Oberste Priester und damit Vorsitzender des Rates. Selbstsicher wandte er sich an die Versammelten: „Wo habt ihr euren Verstand? Seht ihr nicht, daß es günstiger für euch ist, wenn einer für alle stirbt, als wenn das ganze Volk vernichtet wird?" [2]

Für diesen Mann ging es nicht um die Frage: Ist Jesus schuldig oder nicht?, sondern um rein machtpolitische Interessen. In dem Maße, wie Jesu Ansehen wuchs, nahm der Einfluß der Oberen ab. Verlor das Volk das Vertrauen zu seinen Führern, würde es bald unberechenbar und unregierbar sein. Vermutlich wären Jesu Nachfolger nach dem Auferstehungswunder nicht mehr zu halten und könnten einen Aufstand anzetteln. Den würden die Römer blutig niederschlagen und möglicherweise dabei den Tempel zerstören. Auf jeden Fall

---

[1] Johannes 11,47.48 [2] Johannes 11,49.50

käme Unheil über Israel. Durfte man angesichts dieser Gefahr die Hände in den Schoß legen? Was zählte schon das Leben des umstrittenen Galiläers, wenn es um den Bestand der Nation ging? Um des Volkes Gottes willen müsse man zu allem bereit sein, selbst wenn dabei ein Unschuldiger geopfert werden sollte.

Was der Hohepriester Israels hier äußerte, hätte man eher aus dem Mund eines heidnischen Oberpriesters erwartet. In manchen religiösen Kulten hatte nämlich der Gedanke, daß einer für alle sterben müsse, dazu geführt, daß Menschen geopfert wurden. In gewissem Sinne kam Kaiphas – ohne es zu wissen und zu wollen – dem nahe, was Gott tatsächlich vorhatte. Nicht nur Israel, sondern alle Welt sollte durch den Opfertod Jesu gerettet werden, allerdings nicht vor der Gewalt der Römer oder anderer irdischer Mächte, sondern von der Macht der Sünde. Jesus sollte nicht sterben, damit die Menschen *in* ihren Sünden weiterleben wie bisher, sondern weil er sie *aus* ihren Sünden herausreißen und ihnen ein Leben in Gottes neuer Welt ermöglichen wollte. Das ist der Unterschied!

Kein Zweifel, in der Ratsversammlung stritten nicht nur Menschen miteinander, sondern auch unsichtbare Mächte. Gottes Geist hatte die Herzen der Anwesenden berührt, doch sie wollten sich ihm nicht öffnen. Lieber hörten sie auf Satan, der sie aufwiegelte, daß sie ja nicht vergessen, wieviel Ärger ihnen Jesus schon bereitet habe. Wenn das so weiterginge, würde er sie völlig an die Wand drücken. Ob sie denn nicht merkten, daß der Galiläer sie verachte und ihren ehrwürdigen religiösen Bräuchen keinerlei Respekt entgegenbringe? Von den rabbinischen Schulen und den Lehren der Väter halte er nichts, und Priester sowie Gelehrte stelle er bei jeder Gelegenheit vor allem Volk bloß. Dem müsse ein Ende gemacht werden!

Außer einigen wenigen, die aber nicht wagten, sich offen für Jesus einzusetzen, nahm die Ratsversammlung die Rede des Hohenpriesters als Gottes Weisung an. Man war erleichtert, daß nun endgültig feststand: Jesus muß sterben! Die meisten waren mit sich zufrieden, denn sie hielten sich für Patrioten, die sich um Volk und Vaterland verdient gemacht hatten. Aber daß sie zu Handlangern Satans geworden waren, wäre keinem von ihnen in den Sinn gekommen.

Daß Jesus sterben sollte, bedurfte noch weiterer Absprachen. Viele Mitglieder des Rates fürchteten, daß ein gewaltsames Vorgehen gegen Jesus auf sie selbst zurückfallen könnte. Deshalb zögerte man die Ausführung des Mordplanes hinaus. Jesus wußte, daß sein Tod beschlossen war, doch er sah es nicht als seine Aufgabe an, sich seinen Feinden auszuliefern. Deshalb verließ er mit seinen Jüngern die Gegend und entzog sich damit zunächst dem Zugriff der Häscher.

Gut drei Jahre hatte Christus in Israel gepredigt, gelehrt und geheilt. Seine Selbstverleugnung und Uneigennützigkeit, sein reines Leben und seine Hingabe waren überall bekannt. Doch es schien, als könne die sündige Welt die Gegenwart des Erlösers nicht länger ertragen. Er, der die Blinden sehend gemacht, den Tauben das Gehör und den Stummen die Sprache geschenkt, die Hungrigen gespeist und die Trauernden getröstet hatte, wurde vertrieben von denen, die zu erlösen er gekommen war. Sie waren so gefangen in Vorurteilen und durch Haß verblendet, daß Jesu Liebe nicht zu ihnen durchdringen konnte. Weil sie das Licht, das er ihnen brachte, nicht wollten, gerieten sie in eine Finsternis, wie sie dichter nicht hätte sein können.

60 | Jesus verteilt keine Posten

Das Passafest stand vor der Tür. Jesus begab sich mit seinen Jüngern auf den Weg nach Jerusalem. Er wußte, daß ihn die Rückkehr in die Heilige Stadt das Leben kosten würde. Dennoch zögerte er nicht. Sein Herz war erfüllt vom Frieden Gottes. Ganz anders seine Jünger; sie spürten, daß Unheil in der Luft lag und wurden zwischen Glaube und Zweifel hin- und hergerissen. „Sie waren auf dem Weg nach Jerusalem; Jesus ging ihnen voran. Seine Begleiter waren erschrokken, die Jünger aber hatten Angst. Wiederum nahm Jesus die Zwölf beiseite und sagte ihnen, was bald mit ihm geschehen werde: ‚Hört zu! Wir gehen jetzt nach Jerusalem. Dort wird der Menschensohn den führenden Priestern und Gesetzeslehrern ausgeliefert werden. Sie werden ihn zum Tod verurteilen und den Fremden übergeben, die Gott nicht kennen. Die werden ihren Spott mit ihm treiben, ihn anspucken, auspeitschen und töten; doch nach drei Tagen wird er vom Tod auferstehen.'" [1]

Die Jünger wußten nicht, was sie von dieser Ankündigung Jesu halten sollten. Hatten sie nicht erst vor kurzem in seinem Auftrag verkündigt: „Das Himmelreich ist nahe herbeigekommen!"? Hatte der Herr nicht selbst davon gesprochen, daß sie mit ihm herrschen würden? Und was war mit den Aussagen der Propheten? Hatten sie nicht die Herrlichkeit des Gottesreiches in den glühendsten Farben geschildert? In diesen Rahmen paßten Worte wie Verrat, Verfolgung und Tod nicht hinein! Mag sein, so dachten sie, daß mit dem Errichten des messianischen Reiches nicht alles glatt geht, doch auf keinen Fall konnte es so sein, wie es Jesus darstellte.

Besonders Johannes und Jakobus, zwei leibliche Brüder aus dem Jüngerkreis, konnten sich mit derartigen Gedanken nicht anfreunden. Sie hatten als erste ihren Beruf aufgegeben und ihre Familie verlassen, um Jesus nachzufolgen. Sooft sie konnten, setzten sie sich zu ihm und nahmen seine Worte in

---

Dieses Kapitel bezieht sich auf Matthäus 20,20–28; Markus 10,32–45 und Lukas 18,31–34 [1] Markus 10,32–34

sich auf. Doch das war ihnen noch zu wenig; sie wollten auch im Reich Gottes ihrem Meister ganz nahe sein, wagten aber nicht, ihn darum zu bitten.

Die Mutter dieser beiden jungen Männer gehörte ebenfalls zum Freundeskreis. Sie glaubte fest daran, daß Jesus der Sohn Gottes ist. Ihr Hab und Gut hatte sie ganz in seinen Dienst gestellt und war davon überzeugt, daß ihre Söhne im Reich Gottes einmal ehrenvolle Posten übernehmen würden. Vielleicht war es ratsam, so früh wie möglich Ansprüche anzumelden. „Da kam die Frau von Zebedäus mit ihren beiden Söhnen zu Jesus, warf sich vor ihm nieder und fragte, ob sie ihn um etwas bitten dürfe. ‚Was ist es denn?' fragte Jesus. ‚Versprich mir', sagte sie, ‚daß meine beiden Söhne rechts und links neben dir sitzen werden, wenn du deine Herrschaft angetreten hast!'"

Der Herr wußte, wie sehr ihm Johannes und Jakobus ergeben waren und daß es ihnen nicht nur um ehrenvolle Posten ging, sondern vor allem darum, ihm hingebungsvoll zu dienen. Deshalb tadelte er auch nicht ihren Versuch, sich den anderen Jüngern gegenüber Vorteile zu verschaffen. „‚Ihr wißt nicht, was ihr da verlangt', antwortete Jesus. ‚Könnt ihr den Leidenskelch trinken, den ich trinken muß? Könnt ihr die Taufe auf euch nehmen, die ich auf mich nehmen muß?'"[2] Als Jesus vom Leidenskelch sprach, fiel ihnen ein, daß er schon wiederholt von Festnahme, Folter und Tod gesprochen hatte. Obwohl sie bisher nie recht verstanden hatten, was das bedeuten sollte und wie es zu seinem Anspruch paßte, der Sohn Gottes zu sein, antworteten sie: „Das können wir!" Da erwiderte Christus: „Ihr werdet tatsächlich den gleichen Kelch trinken wie ich und die Taufe auf euch nehmen, die mir bevorsteht."[3] Der Herr sah voraus, was diese beiden Jünger später erdulden würden. Jakobus war der erste aus dem Kreis der Zwölf, der sein Leben um des Glaubens willen lassen mußte.[4] Von Johannes ist nicht bekannt, daß er eines gewaltsamen Todes starb, doch er hat während seines langen Lebens viel Not und Verfolgung bis hin zur Verbannung erleiden müssen.

Zweifellos hatten Johannes und Jakobus gemeinsam mit Petrus eine besondere Stellung im Kreis der Zwölf[5], dennoch

---

[2] Matthäus 20,20–22 [3] Matthäus 20,33 [4] 44 n. Chr. auf Befehl Herodes Agrippa hingerichtet [5] Sie waren Zeugen der Verklärung Jesu

sagte Jesus: „Aber ich kann nicht darüber verfügen, wer rechts und links von mir sitzen wird. Auf diesen Plätzen werden die sitzen, die Gott dafür bestimmt hat." [6] Im Reich Gottes gibt es keine Vetternwirtschaft; da werden auch nicht „Posten" meistbietend versteigert, ebensowenig sind sie zu verdienen. Welche Aufgabe jemand im Reich Gottes erhält, hängt von seinem Charakter, seiner Eignung ab. Krone und Thron sind dort nicht Zeichen von Macht und Würde, sondern ein Nachweis der Selbstüberwindung und rückhaltlosen Hingabe an Christus. Ob wir Christus wirklich nahestehen, zeigt sich darin, inwieweit uns seine aufopferungsvolle Liebe erfüllt.

Die anderen Jünger ärgerten sich über die ehrgeizige Haltung von Johannes und Jakobus, zumal jeder überzeugt war, daß eigentlich ihm ein bevorzugter Platz im Reich Gottes zustünde. Jesus rief sie deshalb alle zu sich und sagte: „Wie ihr wißt, unterdrücken die Herrscher ihre Völker, und die Großen mißbrauchen ihre Macht. Aber so soll es bei euch nicht sein." [7] In der Welt ist das Streben nach Ansehen, Einfluß und Macht gang und gäbe. Jeder versucht so weit und rasch wie möglich aufzusteigen. Und wer oben ist, nimmt für sich ganz selbstverständlich das Recht in Anspruch, „die da unten" zu beherrschen. Das sei nun mal der Lauf der Dinge; die einen bestimmen und die anderen haben zu gehorchen. Wenn es den Herrschenden paßt, benutzen sie sogar die Religion, um ihre Machtansprüche zu untermauern oder festzuschreiben.

In Gottes Reich ist es anders

Jesus hat dieses Denken auf den Kopf gestellt. „Wer von euch etwas Besonderes sein will, der soll den anderen dienen, und wer von euch an der Spitze stehen will, soll sich allen unterordnen." [8] Christus rief also nicht zum Herrschen auf, sondern zum Dienen. Wer stark ist, soll den Schwachen stützen; wer von Gott mit Gaben beschenkt worden ist, soll sie zum Wohl und Nutzen anderer einsetzen. Denn so hat es uns Jesus vorgelebt: „Auch der Menschensohn ist nicht gekommen, um sich bedienen zu lassen, sondern um zu dienen und sein Leben als Lösegeld für alle Menschen hinzugeben." [9]

[6] Markus 10,40 [7] Markus 10,42.43 [8] Markus 10,43.44 [9] Markus 10,45

Das ist der Grundsatz, nach dem die Gemeinde Jesu leben soll. Was das letztlich bedeutet, hat der Apostel Paulus in seinem Brief an die Christen in Korinth zum Ausdruck gebracht: „Obwohl ich also frei und von niemand abhängig bin, habe ich mich zum Sklaven aller gemacht, um möglichst viele für Christus zu gewinnen ... Ich versuche stets, allen Menschen entgegenzukommen. Ich denke nicht an meinen eigenen Vorteil, sondern an den Vorteil aller, damit sie gerettet werden. Folgt meinem Beispiel, so wie ich dem Beispiel folge, das Christus uns gegeben hat.“ [10]

Vor allem in Gewissensfragen darf niemand unter Druck gesetzt werden. Gott manipuliert den Menschen nicht; er will auch nicht, daß es andere tun. In grundsätzlichen Fragen muß es heißen: „Ein jeglicher sei seiner Meinung gewiß.“ [11] Nicht einmal den Engeln ist es gestattet, über Menschen zu herrschen, obwohl ihnen das ein leichtes wäre. Ihre Aufgabe ist es, mit uns zum Wohl anderer zusammenzuarbeiten.

Auf Johannes, einen der ehrgeizigen Bittsteller, muß diese Begebenheit einen unauslöschlichen Eindruck gemacht haben. Jahrzehnte später schrieb er: „Die Botschaft, die ihr von Anfang an gehört habt, lautet: Wir sollen einander lieben ... Christus opferte sein Leben für uns; daran haben wir erkannt, was Liebe ist. Auch wir müssen deshalb bereit sein, unser Leben für unsere Brüder zu opfern.“ [12] Von diesem Geist waren die ersten Christen beseelt; denn nach der Ausgießung des Heiligen Geistes zu Pfingsten in Jerusalem konnte von ihnen gesagt werden: „Die ganze Gemeinde war ein Herz und eine Seele. Wenn einer Vermögen hatte, betrachtete er es nicht als persönliches, sondern als gemeinsames Eigentum. Durch ihr Wort und die Wunder, die sie vollbrachten, bezeugten die Apostel Jesus als den auferstandenen Herrn, und Gott beschenkte die ganze Gemeinde reich mit den Wirkungen, die von seinem Geist ausgehen.“ [13]

---

[10] 1. Korinther 9,19; 10,33–11,1 [11] Römer 14,5 LT
[12] 1. Johannes 3,11.16 [13] Apostelgeschichte 4,32.33

61 Ein Mann kehrt um

Nordöstlich von Jerusalem, in der fruchtbaren Jordansenke, liegt die Palmenstadt Jericho mit ihren Gärten und Bauten. Herodes der Große hatte dort seine Winterresidenz. Die Bevölkerung war bunt gemischt, römische Beamte, Soldaten sowie Priester und Angestellte des Tempels von Jerusalem. Da Jericho zugleich ein bedeutender Handelsplatz war, hatten sich auch viele Händler und Kaufleute niedergelassen; nicht zu vergessen die Zolleinnehmer und Steuerpächter. Sie waren ja überall zu finden, wo Waren umgeschlagen und Gewinne gemacht wurden.

Einer der Oberzöllner hieß Zachäus; er war ein Jude, der wegen seiner Geschäfte mit den Römern allgemein verachtet wurde. Für die meisten Israeliten war „Zöllner" gleichbedeutend mit: Wucher, Betrug, Erpressung – kurz, man sah in ihnen handfeste Sünder. Die Leute waren überzeugt, daß auch Zachäus seinen Wohlstand auf unredliche Weise erworben hatte. Und das war sicher nicht aus der Luft gegriffen. Dennoch scheint dieser Mann nicht der skrupellose Betrüger gewesen zu sein, für den man ihn hielt; zumindest war er unzufrieden mit seinem Leben. Wie viele andere hatte auch er von dem Rabbi aus Nazareth gehört, vermutlich durch Johannes den Täufer, der nur wenige Kilometer von Jericho entfernt am Jordan gepredigt und zur Umkehr aufgerufen hatte. Später sickerte durch, daß sich Jesus nicht nur mit den Frommen abgab, sondern auch ein Ohr für Sünder und Geächtete hatte. Eines Tages verbreitete sich in Jericho das Gerücht, der Rabbi sei auf dem Weg in die Stadt. Zachäus wußte, wie es in seinem Leben aussah und wie dringend er sich ändern mußte. Was er bisher über Jesus gehört hatte, ließ ihn hoffen, daß auch für ihn eine Umkehr möglich sei. Übrigens erzählte man, einer aus dem engsten Freundeskreis Jesu sei früher selber Zolleinnehmer gewesen.

Für Zachäus stand jedenfalls fest: Ich will Jesus sehen! Doch wie sollte das Wirklichkeit werden? In den Gassen

Dieses Kapitel bezieht sich auf Lukas 19,1–10

drängelten sich die Leuten, so daß der kleinwüchsige Mann keine Möglichkeit sah, Jesus zu Gesicht zu bekommen. Er lief deshalb ein Stück voraus, stieg auf einen Maulbeerfeigenbaum und hoffte, wenigstens von dort aus einen Blick auf den Meister werfen zu können. Noch während er überlegte, welcher denn der Rabbi aus Nazareth sein könnte, blieb Jesus stehen. Im Gewühl der lärmenden Menschenmenge hatte er den lautlosen Schrei dessen vernommen, der sich nach Hilfe sehnte. Jesus richtete den Blick nach oben und rief: „Zachäus, komm schnell herunter, ich muß heute dein Gast sein!“ [1]

Der Zolleinnehmer traute seinen Ohren nicht. Er sprang vom Baum und führte Jesus zu seinem Haus. Als er endlich begriffen hatte, was es bedeutete, daß Christus ausgerechnet bei ihm zu Gast sein wollte, nahm er in mit Freuden auf. Die Bewohner Jerichos dachten freilich ganz anders über diesen Besuch: „Alle waren darüber entrüstet, daß Jesus bei einem so schlechten Menschen einkehrte.“[2] Doch das störte Zachäus nicht. Zunächst hatte er vor Staunen kein Wort herausgebracht, doch nun brach er sein Schweigen und gelobte: „Herr, ich verspreche dir, ich werde die Hälfte meines Besitzes den Armen geben. Und wenn ich jemanden betrogen habe, will ich ihm das Vierfache zurückgeben.“ Jesus sagte zu ihm: „Heute hast du mit deiner ganzen Familie die Rettung erfahren, denn trotz allem bist auch du ein Nachkomme Abrahams. Der Menschensohn ist gekommen, die Verlorenen zu suchen und zu retten.“ [3]

Kurz zuvor hatten die Jünger miterlebt, wie ein reicher Mann traurig weggegangen war, weil ihm sein Besitz mehr bedeutete als die Nachfolge Jesu. Damals hatte der Meister gesagt: „Wie schwer haben es doch reiche Leute, in die neue Welt Gottes zu kommen!“ doch: „Was den Menschen unmöglich ist, das kann Gott möglich machen.“ [4] Daran mögen die Jünger gedacht haben, als sie sahen, wie spontan sich Zachäus gegen den Reichtum und für Christus entschied. Das wäre kaum möglich gewesen, wenn Gottes Geist nicht am Herzen dieses Mannes gewirkt hätte. Offenbar hatte der Zolleinnehmer begriffen, daß Gott auch ihn meinte, als er durch Mose verkünden ließ: „Wenn ein Israelit neben dir verarmt und seinen ganzen Besitz verloren hat, dann gib ihm ei-

[1] Lukas 19,5 [2] Lukas 19,7 [3] Lukas 19,8–10 [4] Lukas 18,24.27

ne Lebensmöglichkeit, wie du sie auch einem Fremden geben mußt. Fordere keine Zinsen von ihm, wenn du ihm Geld leihst, und verlange die Nahrungsmittel, die du ihm gibst, nicht mit einem Aufschlag zurück. Nehmt meine Weisungen ernst und sorgt dafür, daß euer Bruder neben euch leben kann. Ich bin der Herr, euer Gott ..."[5]

Der schlechte Ruf der Zolleinnehmer war nicht unbegründet. Wenn es darum ging, andere zu übervorteilen und Geld herauszuschlagen, hielten sie alle zusammen. Nur selten kam es vor, daß jemand moralischer Skrupel wegen aus diesem Geschäft ausstieg. Levi, auch Matthäus genannt, war einer der wenigen – und nun Zachäus. Als er auf sein Gewissen zu hören begann, konnte ihn Gottes Geist Schritt für Schritt weiterführen. Wenn Selbsterkenntnis und Reue keine Auswirkung auf das Leben haben, stimmt etwas nicht. Die Gerechtigkeit Christi ist das Kleid des bekehrten Menschen, niemals aber Deckmantel für Sünden, die einem zwar bewußt geworden sind, aber die man nicht aufgeben möchte. Christi Gerechtigkeit will alles Denken, Fühlen und Handeln verändern. Dazu gehört von seiten des Menschen die Bereitschaft zur Hingabe an Christus.

Gläubige Geschäftsleute sollten darauf bedacht sein, durch ihr Geschäftsgebaren zu bezeugen, daß sie sich auch im Berufsleben vom Geist Christi leiten lassen. Das ist nicht immer leicht. Auf jeder Rechnung oder Quittung und in jeder Bilanz sollte unsichtbar zu lesen sein: Heilig dem Herrn! Bekehrung hat eine innere und eine äußere Seite. Deshalb wird sich wahre Bekehrung immer auch in einer neuen Lebensart und in geheiligtem Verhalten äußern. Man soll nicht nur hören, daß wir durch Christus neue Menschen geworden sind; es muß auch zu sehen sein. Das schließt Wiedergutmachung ein. Wer andere betrogen oder übervorteilt hat – auch wenn es im Rahmen dessen bleibt, was in der Gesellschaft oder vor dem Gesetz noch als legal angesehen wird –, sollte sein Unrecht eingestehen und den Schaden wiedergutmachen. Im konkreten Fall heißt das, unrechtmäßig erworbenes Gut mit Zins und Zinseszins zurückzugeben.

Zachäus war dazu bereit; deshalb konnte Jesus sagen: „Heute hast du ... die Rettung erfahren." Bei dem Zöllner zu Gast sein hieß für Jesus nicht nur, gemeinsam mit ihm zu es-

[5] 3. Mose 25,35–38

sen. Vielmehr sagte er ihm und den Seinen, was Nachfolge Christi bedeutet. Seines Berufes wegen war die Synagoge für Zachäus verschlossen, doch nun war Gott durch seinen Sohn in seinem Hause eingekehrt. Doch das war nicht alles. Als Jesus weiterzog, blieb er der Herr in den Herzen dieser Menschen. Nun störte es Zachäus nicht mehr, was die Leute von ihm hielten, wichtig war nur, was Gott über ihn dachte. Und der hatte ihm sagen lassen, daß er ein Sohn Abrahams und damit Erbe der Verheißung sei; denn „wenn ihr ... Christus gehört, seid ihr auch Abrahams Nachkommen und bekommt, was Gott Abraham versprochen hat“.[6]

[6] Galater 3,29

62 | Ehre, wem Ehre gebührt

Simon aus Betanien war einer der wenigen Pharisäer, die freundschaftlichen Umgang mit Jesus pflegten. Er war vom Aussatz geheilt worden und fühlte sich dem Rabbi aus Nazareth verbunden, obwohl er ihn nicht für den Messias hielt. Simon war zwar körperlich geheilt worden, doch in seinem Denken und Tun kaum verändert.

Auf dem Wege nach Jerusalem kehrte Jesus in Betanien ein. Bis zum Passafest waren es noch sechs Tage; Zeit genug, um den Freund Lazarus zu besuchen. Als Simon davon hörte, lud er Jesus zum Essen ein. An dem Festmahl nahmen ganz unterschiedliche Gäste teil: Leute, die an Jesus glaubten, aber auch Gegner, die jeden seiner Schritte belauerten. Manche Festpilger machten in Betanien vor allem deshalb Halt, weil sie gehört hatten, ein Mann namens Lazarus sei von den Toten auferweckt worden. Den wollten sie sehen.

Eine gewisse Spannung lag in der Luft. Man fragte: Wird Lazarus mit Jesus nach Jerusalem gehen? Was werden die Priester und Oberen dazu sagen? Wird sich der Nazarener während des Passafestes zum König in Israel ausrufen lassen? Manche wußten, wie verärgert der Hohe Rat war, daß es bisher nicht möglich war, Jesus aus dem Weg zu räumen. An Plänen dazu hatte es nicht gefehlt, doch bisher waren alle Aktionen gescheitert. Niemand konnte voraussagen, ob es diesmal gelingen würde, zumal unsicher war, ob Jesus wirklich das Passafest besuchen würde.

In Jerusalem waren inzwischen die Weichen gestellt. Der Hohe Rat hatte den Tod Jesu beschlossen. Das war allerdings leichter gesagt als getan. Seit der Auferweckung des Lazarus stand der Nazarener beim Volk in hohem Ansehen. Deshalb wollte man Jesus möglichst unauffällig verhaften und ihm hinter verschlossenen Türen den Prozeß machen. Mit dem Volkszorn würde man hinterher schon fertig werden! Ein Unsicherheitsfaktor aber blieb: Lazarus. Allein die Existenz

---

Dieses Kapitel bezieht sich auf Matthäus 26,6–13; Markus 14,3–11; Lukas 7,36–50 und Johannes 11,55–57; 12.1–11

eines Mannes, der vom Tod auferweckt worden war, konnte alle Berechnungen umstoßen. Würde sich das Volk am Ende rächen an denen, die einen Propheten beseitigt hatten, der selbst dem Tod gebieten konnte? Der Hohe Rat beschloß deshalb, daß auch Lazarus verschwinden müsse; denn solange er lebte, konnte man seine Auferstehung nicht als frommes Märchen hinstellen.

Während Jesu Feinde das Netz immer enger zogen, war er mit seinen Freunden zu Gast im Hause des Pharisäers Simon. Auch Lazarus und seine Schwestern waren dabei. Marta half beim Bedienen der Gäste, Maria hörte den Gesprächen zu. Seit Jesus ihr Leben verändert und ihren Bruder auferweckt hatte, war ihr Herz von Dank erfüllt. Nun hörte sie, daß er bald für immer Abschied nehmen würde, deshalb wollte sie ihm ihre Dankbarkeit und Zuneigung nachhaltig erweisen. Unbemerkt trat sie an ihn heran, nahm „eine Flasche mit reinem, kostbarem Nardenöl, goß es Jesus über die Füße und trocknete sie mit ihrem Haar." [1] Wahrscheinlich wäre das bei den vielen Gästen gar nicht aufgefallen, hätte nicht der Duft des kostbaren Öls das ganze Haus erfüllt.

Heuchlerische Empörung

Judas, einer der Zwölf, war ungehalten darüber. Er war verantwortlich für die Finanzen des Jüngerkreises und verwaltete die Reisekasse, wobei er es mit der Ehrlichkeit nicht so genau nahm. Er hatte schon manches in die eigene Tasche gesteckt. Solange genügend Geld da war, fielen solche Unregelmäßigkeiten nicht auf. Häufig war von Judas der Vorwurf zu hören: Warum wurde das Geld nicht in unsere Kasse getan, damit genügend Mittel da sind, um Bedürftige zu versorgen?

So auch im Hause des Pharisäers Simon. Judas wartete nicht ab, was Jesus sagen würde, sondern kritisierte: „Warum wurde dieses Öl nicht für dreihundert Silberstücke verkauft und das Geld an die Armen verteilt?" [2] Marias Großmut hob sich von derartiger Gewinnsucht so sehr ab, daß sich Judas beschämt fühlte. Er suchte daher nach einer Möglichkeit, die

[1] Johannes 12,3 [2] Johannes 12,5; 1 Silberstück (Denar) war der damals übliche Arbeitslohn für einen Tag; d. h. für das Öl hätte ein Tagelöhner fast ein Jahr lang arbeiten müssen.

Liebestat Marias herabzuwürdigen. Sein Einwand klang zwar verantwortungsbewußt und fromm, war es aber nicht; denn „er sagte das nicht, weil er den Armen etwas Gutes tun wollte, sondern weil er ein Dieb war".[3] Bedürftige hätten wohl kaum einen Pfennig davon gesehen, selbst wenn Maria das Geld dem Judas gegeben hätte, statt Öl dafür zu kaufen.

Davon ahnten die Jünger freilich nichts, denn Judas verstand es, seine wahre Gesinnung geschickt mit Menschenfreundlichkeit und Fürsorge zu tarnen. Sie pflichteten ihm bei und sahen in dem Liebesdienst der Maria ebenfalls nur Verschwendung.

Maria erschrak darüber, daß sie Aufsehen erregt hatte. Sicher würde ihre Schwester ihr Vorwürfe machen, und auch Jesus könnte sie für leichtsinnig und verschwenderisch halten. Sie wollte sich eilig zurückziehen, doch da hörte sie Jesus sagen: „Warum bringt ihr die Frau in Verlegenheit? Sie hat mir einen guten Dienst getan. Arme wird es immer bei euch geben; aber mich habt ihr nicht mehr lange bei euch."[4] Christus hatte Marias Beweggründe erkannt. Er wußte, daß es hier nicht um Leichtsinn oder Verschwendungssucht ging, sondern um Dankbarkeit und Verehrung.

Vom Geist Gottes bewegt

Wahrscheinlich war sich Maria der Tragweite ihres Tuns gar nicht bewußt. Erst Jesu Worte zeigten, welche Bedeutung er der Salbung beimaß: „Sie hat dieses Salböl auf meinen Körper gegossen, um ihn für das Begräbnis vorzubereiten. Ich versichere euch: überall in der Welt, wo die Gute Nachricht verkündet wird, wird man auch berichten, was sie getan hat, und an sie denken."[5]

Vom Geist Gottes bewegt, salbte Maria den lebenden Christus, nicht den toten. Sie erwies ihm Liebe und Hingabe, als er das noch wahrnehmen konnte. Später, als der Herr in das Dunkel des Todes mußte, erinnerte er sich an dieses Zeichen der Liebe. Wäre Maria gefragt worden, warum sie das tat, hätte sie vermutlich keine Erklärung dafür gehabt. Sie war einfach der Leitung durch den Heiligen Geistes gefolgt. Andere hielten es für widersinnig und unangemessen, doch Jesus sah darin einen Liebesbeweis, der nicht verteidigt wer-

---

[3] Johannes 12,6 [4] Matthäus 26,10.11 [5] Matthäus 26,12.13

den mußte und bis zu seiner Wiederkunft unvergessen bleiben wird.

Marias Tun hat darüber hinaus noch eine symbolische Bedeutung. Als sie das Gefäß zerbrach und das Öl über Jesus ausgoß, erfüllte köstlicher Duft das ganze Haus. So sollte auch Christi Leib zerbrochen werden, und der Wohlgeruch der Erlösung und des Friedens mit Gott würde die ganze Welt erfüllen. Das meinte später auch der Apostel Paulus, als er die Christen in Ephesus beschwor: „... lebt in der Liebe, wie auch Christus uns geliebt hat und hat sich selbst für uns gegeben als Gabe und Opfer, Gott zu einem lieblichen Geruch." [6]

Während sich die Gäste des Pharisäers Simon über Maria aufregten, blickte Jesus in die Zukunft. Sein Leiden und Sterben konnte die Heilsbotschaft nicht aufhalten; denn „... überall in der Welt, wo die Gute Nachricht verkündet wird, wird man auch berichten, was sie getan hat, und an sie denken." Wenn die vorlauten Kritiker längst nicht mehr da wären, würde der „Duft" dieser selbstlosen Tat noch spürbar sein. Herrscher und Helden haben die Bühne der Geschichte betreten und sind spurlos wieder verschwunden. Marias Alabastergefäß mit dem kostbaren Öl zeugt heute noch von der unbegreiflichen Liebe Gottes zu uns Sündern.

Die Geister scheiden sich

Jesus kannte Marias Beweggründe und wußte auch, von welchen Gedanken Judas umgetrieben wurde, als er so scharfe Kritik übte. Es hätte nur weniger Worte bedurft, um ihn seiner Betrügereien wegen bloßzustellen. Jesus tat das nicht. Dafür mag es mehrere Gründe gegeben haben. Zum ersten wollte Christus diesem Jünger keinen Vorwand geben, der den späteren Verrat hätte entschuldigen können – etwa nach dem Motto: Gemaßregelter Jünger wehrt sich! Zum anderen hätte der Verräter die Jünger in seinem Sinne beeinflussen können. Offensichtlich vermied Jesus alles, was für Judas ein Vorwand für sein Tun hätte sein können.

Doch der Blick, den Jesus ihm zuwarf, machte dem Jünger deutlich, daß der Meister ihn durchschaute. Anderen mochte er vielleicht etwas vormachen, Christus aber ließ sich nicht

---

[6] Epheser 5,2 LT

täuschen. Außerdem fühlte sich Judas verletzt, weil Jesus ihm nicht zugestimmt, sondern Maria ausdrücklich verteidigt hatte. Dieser unausgesprochene Tadel kränkte seinen Ehrgeiz. Nach dem Abendessen im Hause des Simon machte sich Judas heimlich auf den Weg nach Jerusalem, um dem Hohenpriester anzukündigen, daß er ihnen Jesus unauffällig in die Hände spielen wolle!

Das Heilsangebot Christi galt auch den Obersten Israels. Sie hätten es wie alle anderen im Glauben umsonst empfangen können, doch das wollten sie nicht. Vielmehr kauften sie den Sohn Gottes für dreißig Silberstücke von einem Verräter. Maria hatte aus Liebe dreihundert Denare oder mehr ausgegeben, um Jesus königlich zu ehren; Judas verriet den König des Weltalls für einen Bruchteil dieser Summe, nur weil er sich rächen wollte.

Die übrigen Jünger merkten nichts von dem, was sich hinter den Kulissen abspielte. Sie waren anders als Judas und liebten Jesus, auch wenn sie ihn nicht immer verstanden. Den Segen, der ihnen zuteil wurde, wußten sie vielfach nicht zu schätzen. Andere hatten mitunter schneller erkannt, welche Ehre Christus zustand, so die Weisen aus dem Morgenland, die mit kostbaren Geschenken gekommen waren, um dem Kind in der Krippe zu huldigen, oder eben Maria, die ein kleines Vermögen ausgab, um den Erlöser zu ehren. Wie groß oder klein eine Gabe auch sein mag, Jesus freut sich über das, was aus liebevollem Herzen kommt.

Späte Einsicht

Als Jesus nicht mehr bei seinen Jüngern war, begriffen sie erst, was sie versäumt hatten. Wie oft hätte der Herr selber Zuspruch gebraucht oder einfach das Gefühl, nicht nur geben zu müssen, sondern auch empfangen zu dürfen. Sie hatten von diesem Verlangen nichts gespürt. Nun aber klagten sie nicht mehr Maria wegen angeblich zu hoher Geldausgaben an, sondern machten sich selber Vorwürfe, völlig blind gewesen zu sein.

So ist es auch heute. Viele Christen haben nicht begriffen, was Jesu Leben und Sterben wirklich bedeutet. Wüßten sie es, wäre ihnen kein Opfer zu groß, um Jesus ihre Liebe und Verehrung zu zeigen. Mag sein, daß dreihundert Silberstücke eine zu hohe Summe waren, um jemandem die Füße zu salben; doch ist das nicht zugleich ein Bild dafür, wie überschwenglich Gottes Liebe zu uns ist? Als Maria den Herrn ehrte, mußte sie sich die Frage gefallen lassen: „Wozu diese Verschwendung?“ Aber hat uns nicht Gott selbst in seinem Sohn mit unbegreiflicher Gnade überschüttet? Wie muß er empfinden, wenn er als Antwort nichts weiter hört als: „Wozu diese Verschwendung?“ Wenn es um die Erlösung des Sünders geht, ist Gott unbegreiflich freigebig. Zwar wollen sich nicht alle retten lassen, aber das Angebot der Erlösung besteht für jeden.

Gedankenspiele

Zurück zum Geschehen im Hause des Pharisäers. Bisher war die Rede nur von der Reaktion der Jünger und Gäste. Doch die Heilige Schrift äußert sich auch über den Gastgeber. Simon war von dem Vorfall in seinem Hause peinlich berührt, zumal er wußte, daß einige seiner Gäste Jesus nicht wohlgesonnen waren. Wie konnte der Rabbi solch eine Frau überhaupt in seiner Nähe dulden? Und wenn ihr Auftritt schon nicht zu verhindern war, hätte er sich zumindest ihre Zudringlichkeit verbitten sollen. Warum nahm er eine Frau in Schutz, deren Sünde so groß war, daß man an Vergebung gar nicht denken konnte? Simon dachte bei sich: „Wenn dieser Mann wirklich ein Prophet wäre, wüßte er, was für eine das ist, von der er sich da anfassen läßt! Er müßte wissen, daß sie eine Prostituierte ist.“ [7]

Wer so denkt, kennt nicht den barmherzigen Gott. Jesus wollte die Schuld der Sünderin weder vertuschen noch verharmlosen, aber er fragte nicht danach, wie groß oder klein die Sündenlast war, sondern sah ihr Verlangen nach Vergebung und Erneuerung. Das genügte, um sie vor dem lieblosen und heuchlerischen Urteil ihrer Kritiker in Schutz zu nehmen. Jesus wandte sich nun an den Pharisäer: „‚Simon, ich muß dir etwas sagen!‘ Simon sagte: ‚Lehrer, bitte sprich!‘ Jesus begann: ‚Zwei Männer hatten Schulden bei einem Geldverleiher, der eine schuldete ihm fünfhundert Silberstücke, der andere fünfzig. Weil keiner von ihnen zahlen konnte, erließ er beiden ihre Schulden. Welcher von ihnen wird wohl dankbarer sein?‘ Simon antwortete: ‚Ich nehme

[7] Lukas 7,39

an, der Mann, der ihm mehr geschuldet hat.' ,Du hast recht', sagte Jesus."[8] Indem Jesus dieses Gleichnis erzählte, benutzte er den gleichen Kunstgriff wie der Prophet Nathan[9], der seinerzeit durch eine ähnliche Geschichte David dazu gebracht hatte, sich selber das Urteil zu sprechen. Christus kannte nicht nur die Gedanken des Pharisäers, sondern wußte auch, daß Simon nicht unschuldig war an dem sündigen Lebenswandel dieser Frau.

Die beiden Schuldner im Gleichnis standen für Maria und Simon. Zwar setzte Christus die Schuldbeträge unterschiedlich hoch an, doch das bedeutet nicht, daß es schwere und weniger schwere Sünden gibt. Die entscheidende Aussage dieser Geschichte heißt: Beide haben sich verschuldet, ohne den Schuldenberg je abtragen zu können. Es geht nicht um ein Maß der Schuld, sondern um die Tatsache, daß beide auf die Barmherzigkeit des Gläubigers angewiesen sind.

Endlich begriff der Pharisäer, daß es nicht darauf ankommt, wie ein Mensch sich selber einschätzt, sondern wie Gott ihn beurteilt. Nun wußte er sich durchschaut und war beschämt, zumal er spürte, daß er im Vergleich mit der „großen Sünderin" nicht besonders gut abschnitt. Jesus fuhr nämlich fort: „Sieh diese Frau an! Ich kam in dein Haus, und du hast mir kein Wasser für die Füße gereicht; sie aber hat mir die Füße mit Tränen gewaschen und mit ihren Haaren abgetrocknet. Du gabst mir keinen Kuß zur Begrüßung, sie aber hat nicht aufgehört, mir die Füße zu küssen, seit ich hier bin. Du hast meinen Kopf nicht mit Öl gesalbt, sie aber hat mir die Füße mit kostbarem Öl übergossen."[10] Simon hätte mehrfach Gelegenheit gehabt, seine Wertschätzung des Meisters und seinen Dank zum Ausdruck zu bringen. Doch er meinte, seiner Verpflichtung dem Rabbi gegenüber schon dadurch zu genügen, daß er ihn zum Essen einlud. Aber das war lediglich eine Form, nicht Herzenssache. Durch den Vorfall mit der Sünderin hatte sich Simon dazu hinreißen lassen, Jesu Gottessohnschaft in Abrede zu stellen und geringschätzig über ihn zu urteilen. Nun mußte er erfahren, daß Jesus ihn besser kannte, als er sich selbst.

Ganz anders Maria. Ihr war kein Weg zu weit und kein Opfer zu groß, um Jesus ihre Dankbarkeit zu erweisen. Der Herr schaute in das Herz dieser Frau, und zu Simon sagte er:

---

[8] Lukas 7,40–43 [9] Vgl. 2. Samuel 12,1–7 [10] Lukas 7,44–46

„Darum versichere ich dir: ihre große Schuld ist ihr vergeben worden. Das zeigt sich an der Liebe, die sie mir erwiesen hat. Wem wenig vergeben wird, der liebt auch wenig." Dann sagte er zu der Frau: „Deine Schuld ist dir vergeben! ... Dein Vertrauen hat dich gerettet. Geh in Frieden!" [11]

Feinfühlige Kritik

Simon war beschämt durch Jesu Verhalten. Er hätte es lieber gesehen, wenn die Frau ihrer Sünden wegen öffentlich gerügt worden wäre. Als er begriff, daß er bei aller Frömmigkeit dennoch ein Sünder war, angewiesen auf Vergebung, da erschrak er. Für Jesus wäre es ein leichtes gewesen, ihn vor den Gästen bloßzustellen, doch auch das tat er nicht. Simon erfuhr an sich selbst, wie wohltuend es ist, trotz aller Schuld rücksichtsvoll und feinfühlig behandelt zu werden. Das tat ihm nicht nur gut, sondern bewirkte weit mehr, als scharfe Kritik je vermocht hätte; er erkannte und bereute seine Sünden. In dieser Stunde war auch ihm Heil widerfahren. Aus dem stolzen, selbstbewußten Pharisäer wurde ein bescheidener und opferbereiter Jünger Jesu.

Maria hatte ähnliches erlebt. Als sie Jesus zum erstenmal begegnet war, war sie tief in Sünde verstrickt und litt unter der Herrschaft dämonischer Mächte. Wie nahe hätte es da gelegen zu sagen: Für dich gibt es keine Hoffnung! Keiner hätte sich darüber gewundert, denn diese Frau galt längst als hoffnungsloser Fall. Doch auch hier verfuhr Jesus völlig anders. Er betete zu Gott und befahl den Dämonen, die Frau fortan in Ruhe zu lassen. Sie wußte ja, wie sehr Christus ihre Sünde verabscheute; zugleich spürte sie aber auch seine Liebe, die ihr half, fortan den geraden Weg zu gehen. Und diese Liebe Jesu gab ihr Kraft, das alte Leben hinter sich zu lassen und ganz neu anzufangen. Für Christus gibt es keinen hoffnungslosen Fall. Zwar wird er nicht alle für sich gewinnen, doch er versucht es zumindest bei jedem. Am Beispiel Marias zeigt sich, was aus einem Menschen werden kann, der sich in die Nachfolge Jesu rufen läßt. Nachdem sie ihr altes Leben hinter sich gelassen hatte, blieb sie in seiner Nähe. Sie saß zu seinen Füßen, nahm seine Lehren in sich auf und ehrte ihn, indem sie kostbares Öl über ihn ausgoß und seine Fü-

[11] Lukas 7,47–50

ße mit Tränen netzte. Später stand sie unter dem Kreuz und war auch dabei, als der Herr ins Grab gelegt wurde; schließlich begegnete sie als erste dem Auferstandenen und bezeugte die Nachricht von seiner Auferstehung.

Jesus weiß auch, wie es um dich bestellt ist. Mag sein, daß du sagst: Ich breche fast zusammen unter der Last meiner Schuld. Möglicherweise hast du auch Grund dazu. Doch vergiß nicht: Gott gibt die Hoffnung nicht so schnell auf. Je tiefer die Sündennot, desto heilsamer die Gnade Gottes. In Jesus Christus ist sie dir angeboten. Er hat noch keinen weggeschickt, der seine Schuld bereut und über seine Sünden geweint hat. Christus ist stets zur Vergebung bereit; du mußt ihn nur darum bitten und willig sein, neu anzufangen. Und wer dieses Neuwerden durch die Kraft Christi erfahren hat, muß keine Angst mehr vor Menschen oder Dämonen haben. Er steht neben Christus in dem Licht, das vom Thron Gottes in diese sündige Welt strahlt. Nicht umsonst heißt es: „Niemand kann die Menschen anklagen, die Gott erwählt hat. Denn Gott selbst spricht sie frei. Niemand kann sie verurteilen. Jesus Christus ist ja für sie gestorben. Mehr noch: er ist vom Tod erweckt worden. Er sitzt an Gottes rechter Seite und tritt für uns ein. Kann uns dann noch etwas von Christus und seiner Liebe trennen?“ [12]

---

[12] Römer 8,33–35

63 Dein König kommt!

Fünfhundert Jahre vor Christi Geburt schrieb der Prophet Sacharja über das Kommen des Messias: „Freu dich, du Zionsstadt! Jubelt laut, ihr Bewohner Jerusalems! Euer König kommt! Er bringt das Recht und die Rettung. Und doch ist er nicht hochmütig; er reitet auf einem Esel, ein einfacher Esel ist sein Reittier." [1] Bisher hatte sich Jesus allen Versuchen, zum König in Israel ausgerufen zu werden, widersetzt. Nun zog er in Begleitung seiner Jünger, gefolgt von einer großen Pilgerschar, als der verheißene Erbe des Thrones Davids in Jerusalem ein. Es war am Tag nach dem Sabbat.

Nahe der Stadt hatte er zwei seiner Jünger vorausgeschickt mit dem Auftrag: „Geht in das Dorf da vorn! Dort werdet ihr eine Eselin und ihr Junges finden. Bindet beide los und bringt sie zu mir. Und wenn jemand etwas sagt, dann antwortet: ‚Der Herr braucht sie.' Dann wird man sie euch geben." [2] Obwohl Jesus der Sohn Gottes war, besaß er nicht einmal einen Esel, um in die Stadt einziehen zu können, wie es im prophetische Wort vorausgesagt war. Auch hier war er wieder auf das Entgegenkommen anderer angewiesen.

Die Jünger wunderten sich über diese Weisung, denn bisher war Jesus immer zu Fuß gegangen. Diesmal in Jerusalem einzureiten, konnte nur bedeuten, daß sein Anspruch auf den Thron Davids geltend gemacht werden sollte. Jesus folgte damit einem alten jüdischen Brauch, der beim Einzug eines Königs gepflegt wurde. Einige wußten aus den heiligen Schriften, daß auch der Messias so in Jerusalem einziehen sollte. Das erfüllte seine Freunde mit Hoffnung. Kaum saß Jesus auf dem Reittier, da jubelte ihm die Menge zu. Endlich war er da, der Juda von der Herrschaft der Römer erlösen und zu einer freien Nation machen würde!

Die Menge überschlug sich buchstäblich, um dem neuen König zu huldigen. Da man seine Ergebenheit nicht durch kostbare Geschenke bekunden konnte, breiteten die Leute

---

Dieses Kapitel bezieht sich auf Matthäus 21,1–11; Markus 11,1–10; Lukas 19,29–44 und Johannes 12,12–19 [1] Sacharja 9,9 [2] Matthäus 21,2.3

ihre Umhänge und Mäntel wie einen Teppich vor ihm aus. Manche rissen Laub von den Bäumen und streuten es auf den Weg. Andere schwenkten Palmzweige wie Siegesfahnen und riefen: „Gepriesen sei der Sohn Davids! Heil dem, der im Auftrag des Herrn kommt! Gepriesen sei Gott in der Höhe.“[3]

Je näher Jesus der Stadt kam, desto mehr Schaulustige schlossen sich dem Triumphzug an. „Wer ist dieser Mann?“ fragten sie. Die Antwort lautete: „Das ist der Prophet Jesus aus Nazareth in Galiläa.“ Viele kannten ihn und rätselten, was ihn bewogen haben mochte, sich nun doch zum König ausrufen zu lassen. Hatte er nicht immer wieder erklärt, sein Reich sei nicht von dieser Welt? Offenbar war er anderen Sinnes geworden und wollte nun doch in die Fußtapfen seines Vaters David treten. Die Menschen steigerten sich in solch eine Begeisterung, daß sie die Posaunen, die das Abendopfer ankündigten, völlig überhörten.

Wie immer waren die jüdischen Oberen schnell informiert. Seit der Auferweckung des Lazarus hatten sie Jesus nicht mehr aus den Augen gelassen. Als sie hörten, daß er am Passafest teilnehmen wollte, hatten sie zwar mit Unruhen gerechnet, doch nun waren sie bestürzt über das Aufsehen, das dieser Mann erregte. „Die Pharisäer aber sagten zueinander: ‚Da sieht man doch, daß wir so nicht weiterkommen! Alle Welt läuft ihm nach!‘“[4]

Jesus greift nicht ein

Nie zuvor hatte Jesus derartige Kundgebungen zugelassen. Diesmal griff er jedoch nicht ein, obwohl er wußte, daß es Folgen haben würde. Dieser offenkundige Triumph würde seine Gegner nicht eher ruhen lassen, als bis sie ihn ans Kreuz gebracht hätten. Und eben dieses Opfer wollte Jesus auch bringen, weil es keinen anderen Weg zur Erlösung der Menschen gab. Während sich die Juden anschickten, das Passafest als Erinnerung an die Befreiung Israels aus ägyptischer Sklaverei zu feiern, machte sich Jesus bereit, sein Leben als Opfer für die Sünde der Menschheit darzubringen. Und das sollte nicht im Verborgenen geschehen, wie es den Oberen am liebsten gewesen wäre, sondern von allen wahrgenommen

[3] Matthäus 21,9 [4] Johannes 12,19 [5] Lukas 19,39.40

werden. Je größer das Aufsehen bei seinem Einzug in Jerusalem war, desto mehr würden sich die Menschen nach seiner Kreuzigung fragen, was das alles zu bedeuten hatte. Viele würden in den heiligen Schriften nach Antwort suchen und erkennen, daß Jesus von Nazareth wirklich der Messias war. Auch für uns ist es wichtig, daß wir immer wieder die damaligen Ereignisse überdenken, damit wir begreifen, was sie für unser Leben und Heil bedeuten.

Die Jünger freilich waren von Jesu Einzug in Jerusalem begeistert. Endlich liefen die Ereignisse so, wie sie es sich schon immer gewünscht hatten. Bald würde ihr Herr König in Israel sein. Im Überschwang der Gefühle dachten sie nicht mehr daran, daß Jesus über seine Zukunft ganz andere Aussagen gemacht hatte. Daß dieser Triumphzug der Auftakt für Christi Leiden und Sterben sein könnte, war undenkbar für sie. Die meisten empfanden ähnlich, und die Hochrufe auf den kommenden König wollten nicht verstummen.

Kein Triumph wie jeder andere

Triumphzüge hat es in der Geschichte der Menschheit zuhauf gegeben. Wie überwältigend sie auch gewesen sein mögen, keiner gleicht dem, der damals in Jerusalem stattfand. Siegreiche Heerführer stellten in alter Zeit Sklaven, Kriegsgefangene, besiegte Könige und Beute zur Schau. Im „Triumphzug" Jesu aber gab es keine Gefangenen; ihm folgten Menschen, die er frei gemacht hatte von Krankheit, Sünde, Angst und Hoffnungslosigkeit. Die vormals Stummen jubelten ihm zu; Verkrüppelte, die ihre Glieder wieder gebrauchen konnten, führten den Zug an. Blinde, die sehend geworden waren, zeigten ihm den Weg; und Lazarus, der vom Tod auferstanden war, führte das Tier, auf dem Jesus ritt.

Auch Pharisäer hatten sich unter das Volk gemischt und versuchten die Begeisterung der Leute zu dämpfen. Es ging ihnen gegen den Strich, daß der Nazarener so verehrt wurde. Außerdem fürchteten sie sich vor dem Eingreifen der römischen Besatzungsmacht, die immer gleich zur Stelle war, wenn sie Aufruhr witterte. Als die Pharisäer merkten, daß ihre Einwände und Drohungen bei der begeisterten Menge nicht verfingen, forderten sie Jesus auf: „Lehrer, bring doch deine Jünger zur Vernunft!" Der aber antwortete: „Ich sage euch, wenn sie schweigen, dann werden die Steine schreien!"[5]

Die Pharisäer zogen sich zurück, der Jubel der Volksmenge aber nahm noch zu.

Tränen über Jerusalem

Als der Triumphzug die Anhöhe erreicht hatte, von der man Jerusalem vor sich liegen sah, hielt Jesus inne. Der Glanz der Nachmittagssonne tauchte die vergoldeten Dächer, die weißen Wände und die prächtigen Marmorsäulen des Tempels in ein warmes Licht. Kaum ein Jude, der nicht stolz war auf die Stadt und das Heiligtum! Manche meinten sogar, der Tempel stehe den berühmten Weltwundern in nichts nach.

Zunächst schauten die Begleiter Jesu auf das herrliche Panorama; doch dann bemerkten sie, wie sich die Augen des Herrn mit Tränen füllten, ja wie er vom Kummer geradezu geschüttelt wurde. Diese Tränen waren nicht Zeichen des Mitgefühls oder der Freude, wie bei der Auferweckung des Lazarus, sondern Ausdruck tiefer seelischer Qual. Den Jüngern war das unverständlich, weil es doch gar nicht zu der Jubelstimmung des Volkes paßte.

Ganz in der Nähe lag Gethsemane, wo Christus wenige Tage später seinen schweren Seelenkampf zu bestehen hatte. Von der Anhöhe aus konnte er auch das Schaftor sehen, durch das seit Jahrhunderten die Opfertiere zur Schlachtung geführt wurden. Bald sollte auch er dieses Tor – als das wahre Opferlamm – durchschreiten. Die Hinrichtungsstätte Golgatha war ebenfalls nicht weit entfernt. Dort würde er sein Leben für die Sünden der Welt qualvoll hingeben; wahrlich ein Anlaß zu tiefer Traurigkeit. Doch das alles war nicht der Grund für die Tränen des Gottessohnes. Er weinte um Jerusalem, das im Begriff war, Gottes rettende Hand endgültig auszuschlagen. Der Vater hatte seinen Sohn geschickt, aber Israel wollte nichts von ihm wissen. Im Geiste sah Christus, was aus dieser Stadt und ihren Bewohnern hätte werden können, wenn sie ihn als den Messias angenommen hätten. Jahrhundertelang war Israel Gottes auserwähltes Volk gewesen, und der Tempel war der Ort, wo der Herr sich offenbart hatte. Viele der rituellen Handlungen wiesen hin auf den Messias, doch das Volk und seine Führer hatten davon so gut wie nichts begriffen.

Als Jesus Jerusalem vor sich liegen sah, wußte er, daß die

ganze Pracht bald in Blut und Tränen untergehen würde. Deshalb klagte er: „Wenn du doch heute erkennen wolltest, was dir Frieden bringt! Aber du bist blind dafür. Es kommt eine Zeit, da werden deine Feinde einen Wall rings um dich aufwerfen, dich belagern und von allen Seiten einschließen. Sie werden dich und deine Einwohner völlig vernichten und keinen Stein auf dem anderen lassen. Denn du hast den Tag nicht erkannt, an dem Gott dir zu Hilfe kommen wollte." [6]

Die Stadt, von der die Botschaft des Friedens in alle Welt gehen sollte, würde von Feinden belagert und zerstört werden. Hunger und Elend würden so groß sein, daß Menschen um des eigenen Überlebens willen wie wilde Tiere übereinander herfallen. Jesus sah voraus, wie durch Irreführung und religiöse Halsstarrigkeit die Einwohner Jerusalems daran gehindert würden, sich der römischen Übermacht zu ergeben, um dadurch noch Schlimmeres zu verhüten. Der Tempel sollte zerstört und die Stadt ein Raub der Flammen werden. Auf Golgatha würde ein Wald von Kreuzen stehen, und Tausende von Menschen müßten dort unter Qualen sterben.

Jesus weinte über seine geliebte Stadt wie ein Vater über einen ungeratenen Sohn. Noch war es nicht zu spät. Nicht die Römer standen vor den Toren der Stadt, sondern der Messias. Ob himmlische Boten die Menschen bewegen könnten, ihn als Retter anzunehmen? Würde Israel in letzter Minute Gottes gnädige Hand ergreifen? Wie sehr wünschte sich Jesus das, doch es geschah nicht. Gottes Sohn war in seiner Stadt und bei seinem eigenen Volk nicht willkommen.

Als Jesus mit seinem Gefolge weiterzog, um vom Ölberg aus in die Stadt zu reiten, stellten sich ihm die Abgesandten des Hohen Rates in den Weg und fragten: „Wer bist du eigentlich, daß du es wagst, so in Jerusalem einzuziehen?" Die Jünger antworteten darauf mit Weissagungen aus den heiligen Schriften, die sich auf Christus bezogen:

Fragt Adam, der wird euch sagen: Er ist der Nachkomme des Weibes, der der Schlange den Kopf zertreten wird.[7]

Fragt unseren Vater Abraham, von dem werdet ihr hören: Er ist Melchisedek, der König des Friedens.[8]

Hört auf Jesaja, der hat ihn „Immanuel" genannt und „umsichtiger Herrscher, mächtiger Held, ewiger Vater, Friedefürst".[9]

---

[6] Lukas 19,42–44 [7] 1. Mose 3,15 [8] 1. Mose 14,18 [9] Jesaja 7,14; 9,5

Jeremia sprach von ihm als dem „Sproß Davids“ und sagte voraus, daß er den Namen „Der Herr unsere Gerechtigkeit“tragen wird.[10]

Von Daniel könnt ihr erfahren, daß er „ein Gesalbter“ ist, der Messias; und Johannes der Täufer nannte ihn „Opferlamm Gottes, das die Schuld der ganzen Welt wegnimmt“.[11]

Gott selbst hat sich zu ihm bekannt mit den Worten: „Dies ist mein geliebter Sohn.“ [12] Und wir bezeugen: Dieser ist Christus, der Messias, der Fürst des Lebens, der Erlöser der Welt.

Sogar der Fürst der Finsternis weiß, wer Jesus ist, denn er bekennt: „Ich weiß, wer du bist: der Heilige Gottes“ [13]; nur ihr scheint nicht zu wissen, mit wem ihr es zu tun habt.

[10] Jeremia 23,6 LT [11] Johannes 1,29 [12] Matthäus 3,17 LT
[13] Markus 1,24 LT

64 | ... aber ihr habt nicht gewollt!

Als Jesus in Jerusalem einzog, war das für die Juden die Gelegenheit, ihn als den Erlöser anzunehmen. Auf die Frage der Pharisäer: „Wer ist der?" hatten Jesu Begleiter mit dem Zeugnis der heiligen Schriften geantwortet. Doch die Priester und Führer des Volkes wollten diese Prophezeiungen auf Jesus nicht gelten lassen. Es ärgerte sie, daß man Prophetenworte auf den Mann aus Nazareth bezog, um ihn als Messias auszuweisen. Deshalb wollten sie das Volk zum Schweigen bringen. Als römische Beamte in die Nähe kamen, stellten sie Jesus als Unruhestifter hin, von dem zu befürchten sei, daß er über kurz oder lang gewaltsam gegen Rom vorgehen werde. Gerade sei er im Begriff, den Tempel in seine Gewalt zu bringen und die Hand nach der Königskrone Davids auszustrecken.

Jesus wehrte sich gegen diese Verdächtigungen und erklärte, daß er weder politische Macht gewinnen noch ein irdisches Königreich aufrichten wolle. Vielmehr habe er gepredigt, daß sein Reich nicht von dieser Welt sei. Er habe nicht das Ziel, einen irdischen Thron einzunehmen; vielmehr werde er zu seinem Vater im Himmel zurückkehren und erst danach in Kraft und Herrlichkeit wiederkommen. Dann allerdings sei es zu spät, sich auf seine Seite zu stellen.

Die Römer merkten, daß Jesu Feinde nur haltlose Verdächtigungen vorbrachten, während er selbst sich maßvoll und besonnen dagegen wehrte. Von religiösen Streitigkeiten, um die es hier offenbar ging, verstanden sie nicht viel, aber daß dieser Mann kein Aufrührer sein konnte, war offenkundig. Die römischen Beamten waren beeindruckt von Jesus und dachten gar nicht daran, ihn festzunehmen. Viel eher entstand der Eindruck, daß die Handlanger des Hohen Rates dafür verantwortlich sind, wenn es zu Unruhen und Ausschreitungen kommt.

Während Pharisäer und Römer miteinander stritten, verließ Jesus unbemerkt den Schauplatz und ging zum Tempel.

Dieses Kapitel bezieht sich auf Matthäus 21,17–19 und Markus 11,11–14

Dort war es wohltuend still, denn das Geschehen am Ölberg hatte viele Bewohner Jerusalems angelockt. Nachdem Christus einen traurigen Blick auf das Heiligtum geworfen hatte, verließ er die Stadt und ging mit seinen Jüngern zurück nach Betanien. Als ihn das Volk zum König ausrufen wollte, war er nirgends zu finden.

Der Schein trügt

Jesus wußte, daß die Zeit seines Leidens gekommen war, und er verbrachte die Nacht im Gebet. Am frühen Morgen machte er sich erneut auf den Weg zum Tempel. „Da sah er in einiger Entfernung einen Feigenbaum stehen, der schon Blätter trug. Er ging hin, um zu sehen, ob Früchte an ihm wären. Aber er fand nichts als Blätter, denn es war nicht die Jahreszeit für Feigen."[1] Auf den Hügeln in der Umgebung Jerusalems waren zu dieser Zeit noch keine reifen Feigen zu ernten. Dieser Baum allerdings machte den Eindruck, als seien da schon reife Früchte. Doch der Schein trog. Jesus sah darin ein Gleichnis für den Zustand seines Volkes, das zwar den Anschein von Rechtschaffenheit und Frömmigkeit erweckte, die geistliche Frucht aber vermissen ließ. Um zu zeigen, daß es gefährlich ist, etwas vorzutäuschen, was gar nicht vorhanden ist, sagte er zu dem Feigenbaum: „Von dir soll nie mehr jemand Feigen essen!"

Am nächsten Morgen, als Jesus und die Jünger den gleichen Weg in die Stadt nahmen, sahen sie, daß der Baum bis zur Wurzel abgestorben war. Petrus erinnerte sich an das Geschehen vom Tag zuvor und sagte erschrocken: „Sieh, der Feigenbaum, den du verflucht hast, ist verdorrt!"[2] Die Jünger waren verwirrt, denn sie konnten keinen Sinn darin erkennen. Wie konnte der Herr einen Baum verfluchen, von dem zu dieser Jahreszeit noch keine Frucht zu erwarten war? Das paßte nicht zu Jesu rücksichtsvoller Art. Wie oft hatten sie erlebt, daß der Herr heilte, half und zurechtbrachte, aber nie etwas zerstörte. Als zwei übereifrige Jünger einmal vorgeschlagen hatten, Jesus solle Feuer auf ein samaritisches Dorf herabrufen, wies er sie mit den Worten zurecht: „Der Menschensohn ist nicht gekommen, das Leben der Menschen zu vernichten, sondern zu erhalten."[3]

---

[1] Markus 11,13 [2] Markus 11,21 [3] Vgl. Lukas 9,51–56 LT

Diese Gesinnung spiegelte sich in seinem Reden und Tun wider. Doch nun veranlaßte ihn gerade seine Liebe und Barmherzigkeit dazu, ein sichtbares Zeichen zu setzen, das Israel in letzter Minute zur Umkehr bewegen sollte. Glich nicht Gottes Volk diesem Feigenbaum? Prachtvoller Blätterschmuck, aber keine Frucht! Israel sah damals geringschätzig auf die anderen Völker herab. Man pochte auf den Bund mit Gott, ohne jedoch so zu leben, wie es seinem Willen entsprach. Die Liebe zur Welt und das Streben nach Gewinn waren größer als die Hingabe an Gott. Das religiöse Leben glich – von außen gesehen – dem Blätterschmuck des Feigenbaumes, doch von einer Frucht, von Demut, Barmherzigkeit und Liebe war nichts zu sehen. Das konnte auf die Dauer nicht gutgehen, sondern mußte zur Katastrophe führen. Wie hätte Jesus das Schicksal Israels anschaulicher darstellen können als durch das Gleichnis vom Feigenbaum?

Erkenntnis verpflichtet

In dem Garten standen noch andere Bäume, die ebenfalls keine Früchte trugen. Da sie keine Blätter hatten, machten sie auch nicht den Eindruck, daß da reife Früchte zu erwarten seien. Ihr Aussehen weckte weder falsche Hoffnungen noch enttäuschte es. Diese Bäume könnten ein Bild sein für die Heidenvölker, die damals um Israel herum wohnten. Sie glaubten nicht an den Gott Israels und verhielten sich entsprechend. Weil sie Heiden waren, erwartete man von ihnen auch nichts anderes. Für sie war die „Zeit der Feigen" noch nicht da. Sie wußten es nicht besser, sondern warteten auf Licht und Hoffnung. Israel dagegen hatte von Gott alle Vorrechte und Gnadengaben bekommen, doch es wußte nicht damit umzugehen. Dafür sollte nun das Volk zur Rechenschaft gezogen werden. Wie glücklich wäre Christus gewesen, Früchte der Gerechtigkeit bei den Seinen zu finden, doch er sah nur Blätter. Die Liebe zu Gott und Menschen war überwuchert worden von Stolz und Eigensucht. Die Schätze des Wortes Gottes wurden wie Museumsstücke zur Schau gestellt, aber das eigene Leben wurde nicht damit geschmückt, auch an die Welt wurden sie nicht weitergegeben. Am Gleichnis vom Feigenbaum sollte Israel erkennen, daß Gott ihm seine Gnade entziehen müsse, wenn es sich nicht besann.

Wer Gottes Segnungen mißachtet oder eigensüchtig für sich behält, muß sich nicht wundern, wenn die Segensquelle eines Tages versiegt. Menschen und auch Völkern kann es so gehen wie dem Feigenbaum; verwelkt, abgestorben, verdorrt, vertrocknet steht er da, obwohl der „Blätterschmuck" einst prächtig gewesen sein mag. Der Prophet Hosea hatte das vorausgesagt: „Es ist dein Untergang, Israel, daß du dich von mir, deinem Helfer, abgewandt hast."[4]

Das gilt für alle Zeiten. Im Leben manches Christen ist wenig von Liebe, Barmherzigkeit und Uneigennützigkeit zu spüren. Nach außen hin mag der Anschein erweckt werden, man sei ein Nachfolger Christi. In Wirklichkeit dient man nicht Gott, sondern nur sich selbst. Aber Gott möchte, daß wir für andere da sind; leider haben wir dafür oft keine Zeit. Religiöse Formen werden zwar noch beachtet, aber von echtem Glauben kann nicht die Rede sein. Man hält sich an die Gebote, ohne Gott zu gehorchen. Scheinheilige Frömmigkeit aber ist beinahe noch widerwärtiger als offenkundige Sünde.

Die Verfluchung des Feigenbaums erinnert übrigens an Jesu Gleichnis vom unfruchtbaren Feigenbaum. Beide Bäume versprachen zwar Frucht, brachten sie aber nicht. Im Gleichnis wird erzählt, daß der Besitzer drei Jahre lang vergeblich darauf gewartet hatte, Feigen zu ernten. Schließlich befahl er, den nutzlosen Baum zu fällen. Doch der Gärtner machte den Vorschlag: „Herr, laß ihn doch noch ein Jahr stehen. Ich will den Boden rund herum gut auflockern und düngen. Vielleicht trägt er nächstes Jahr Früchte. Wenn nicht, dann laß ihn umhauen."[5]

Ob dieser letzte Versuch Erfolg hatte, verrät das Gleichnis nicht. Jesus sprach ja auch nicht von irgendeinem Feigenbaum, sondern vom Volk Gottes. Israel sollte anhand des Gleichnisses erkennen, daß sein Schicksal von der eigenen Entscheidung abhing. Als Jesus vor seinem Einzug in Jerusalem den Feigenbaum verfluchte, setzte er damit einen Schlußpunkt unter die Geschichte Israels.

Während seiner mehr als tausendjährigen Geschichte hatte Israel Gottes Warnungen immer wieder in den Wind geschlagen oder die mahnenden Stimmen zum Schweigen gebracht. Propheten wurden verfolgt oder getötet, weil sie dem Volk

---

[4] Hosea 13,9 [5] Lukas 13,8.9

die Sünden vorgehalten und zur Buße gerufen hatten. Das wußten die Oberen des Volkes, dennoch zogen sie keine Lehren aus der Geschichte, sondern waren im Begriff, sich des gleichen Vergehens schuldig zu machen. Nun legte sich Gottes Volk selbst die Fesseln des Ungehorsams an, die seit Generationen geschmiedet worden waren. Jesus sah, welche verhängnisvollen Folgen das haben würde, ohne daß er noch etwas zur Rettung seines Volkes hätte tun können. Deshalb weinte er über Jerusalem.

Diese Tränen galten aber nicht nur der heiligen Stadt und ihren Bewohnern, sondern den unbußfertigen Menschen aller Zeiten. Immer hat es Sünder gegeben, die sich dem Heiligen Geist verschlossen haben und sich weder im Denken noch im Handeln korrigieren lassen wollten. Die warnenden Stimmen in oder um sich herum brachten sie zum Schweigen, um nur nicht ihre Fehler eingestehen oder umkehren zu müssen. So ist das noch immer, und manchmal könnte man denken, es sei heutzutage schlimmer als zur Zeit Jesu. Man will nichts wissen von der biblischen Wahrheit und vom Geist Jesu. Damals wurde Christus abgelehnt, weil er den Mächtigen unbequem war und nicht dem Bild entsprach, das sich Israel vom Messias gemacht hatte. Heute halten viele ihre Wünsche, Pläne und Vorstellungen für wichtiger als die Wahrheit. Ganz bewußt beharrt man in geistlicher Finsternis, wenn man nur so leben kann, wie es der eigenen Neigung entspricht. Um Denken und Tun nicht ändern zu müssen, wird der Wille Gottes in Frage gestellt; begierig greift man nach jeder Art von Zweifel oder kritisiert alles und jedes. Israels Beispiel zeigt, wie gefährlich das ist. Wer sich der Wahrheit hartnäckig verschließt, verliert im Laufe der Zeit die Fähigkeit, sie überhaupt noch zu erkennen.

Deshalb sollten wir Jesu Klage über Jerusalem in einem größeren Zusammenhang sehen, als das gemeinhin geschieht: „Wenn du doch heute erkennen wolltest, was dir Frieden bringt! Aber du bist blind dafür.“ [6] Ist dir schon einmal der Gedanke gekommen, daß Christus auch um dich weinen müßte? Vielleicht sagst du, es gäbe keinen Grund dafür. Doch Vorsicht; das dachten die Israeliten auch. Es ist nicht von ungefähr, mit Gottes Liebe und Wahrheit in Berührung zu kommen. Wer sich seiner Gnade öffnet, den führt Gottes

[6] Lukas 19,42

Geist zur Umkehr; wer sich dagegen verschließt, gerät immer tiefer in Verstockung und geistliche Finsternis. Jerusalem trieb dem Untergang entgegen, weil es nicht auf Gott hören wollte und den Erlöser verwarf. Der Prophet Jeremia hatte das vorausgesagt: „Darum hört, ihr Völker, und gebt gut acht, was jetzt mit ihnen geschieht! Die ganze Welt soll es hören: Ich bringe Unglück über dieses Volk; es ist die Folge ihrer eigenen Pläne. Meine Weisungen und Warnungen haben sie in den Wind geschlagen." [7] Niemand sollte meinen, dieses Prophetenwort sei nur auf Gottes alttestamentliches Volk zu beziehen. Es ist heute nicht weniger wahr als damals.

[7] Jeremia 6,18.19

65 ... mein Haus ist keine Räuberhöhle!

Zu Beginn seines Wirkens hatte Christus dem marktschreierischen Betrieb im Tempel Einhalt geboten, indem er die Händler hinaustrieb. Als er kurz vor seinem Tod wieder nach Jerusalem kam, sah er, daß sich an dem Markttreiben nichts geändert hatte. Wohin er schaute: Klappernde Münzen, Feilschen, erregtes Streiten, dazwischen das Brüllen der Opfertiere. Selbst Priester hatten ihre Hände mit im Spiel. Manche von ihnen kümmerten sich mehr ums Geschäft als um ihren Dienst im Heiligtum. Ihrer Habsucht wegen waren sie im Urteil Gottes nicht besser als gemeine Diebe.

Anläßlich der hohen Feste wie Passa oder Laubhütten wurden Tausende von Tieren für den Opferdienst im Tempel geschlachtet. Die Priester fingen das Blut auf und gossen etwas davon auf den Opferaltar. Für die Priesterschaft und das Volk waren diese Zeremonien zur Selbstverständlichkeit geworden, so daß kaum jemand daran dachte, dieses Blut fließe um ihrer Sünden willen, ganz zu schweigen davon, im Blut der Opfertiere den Hinweis auf das Leiden und Sterben Christi zu erkennen.

Jesus litt darunter, daß der Opferdienst lediglich zu einem Ritual geworden war. Auf eine Sünde mehr oder weniger kam es offenbar gar nicht an, konnte man doch alle Vergehen durch entsprechende Opfer aus der Welt schaffen. Schuld wurde nicht mehr bereut, sondern steigerte lediglich die Zahl der Opfertiere. Und man meinte, Gott ließe sich durch solch seelenlosen Gottesdienst zufriedenstellen! Was noch schlimmer war: Manche Priester hatten den Opferdienst zu einer Quelle persönlicher Bereicherung gemacht. Die tiefe Bedeutung der Rituale kümmerte sie wenig. Das Heilige war alltäglich geworden. Jesus wußte, daß sein Blut, das bald zur Erlösung von Sünden fließen würde, den Priestern und Ältesten nicht mehr bedeutete als das Blut der Opfertiere.

Dieses Kapitel bezieht sich auf Matthäus 21,12–16.23–46; Markus 11,15–19.27–33; 12,1–12; Lukas 19,45–48 und 20,1–19

Bereits Jahrhunderte zuvor hatte der Prophet Jesaja das rein äußerliche Beachten religiöser Formen gerügt: „,Was soll ich mit euren vielen Opfern?' fragt der Herr. ,Die Schafböcke, die ihr für mich verbrennt, und das Fett eurer Masttiere habe ich satt; das Blut von Stieren, Lämmern und Böcken mag ich nicht. Wenn ihr zu meinem Tempel kommt, zertrampelt ihr nur seine Vorhöfe. Habe ich das verlangt? Laßt eure nutzlosen Opfer; ich kann euren Weihrauch nicht mehr riechen ...; denn an euren Händen klebt Blut! Wascht euch, reinigt euch! Macht Schluß mit eurem üblen Treiben; hört auf, vor meinen Augen Unrecht zu tun! Lernt Gutes zu tun, sorgt für Gerechtigkeit ...'"[1]

Christus, der hier durch den Heiligen Geist selbst geredet hatte, wiederholte nun seine Warnung zum letzten Mal. Als er in Jerusalem eingezogen war, hatte ihn die Volksmenge als künftigen König begrüßt, und er hatte sich nicht dagegen gewehrt. Nun handelte er auch als König. Er wußte, daß er die Priesterschaft weder von seiner göttlichen Sendung überzeugen noch zu einer geistlichen Erneuerung bewegen konnte. Wenn das schon nicht möglich wäre, sollten doch alle sehen, daß er göttliche Vollmacht besaß.

Jesus betrat das Tempelgelände, dabei waren aller Augen auf ihn gerichtet. Das Volk wie auch die Oberen spürten, daß hier einer stand, der mit übernatürlicher Kraft ausgerüstet war. Das Göttliche prägte Jesu menschliche Gestalt, davor wich die Volksmenge erschrocken zurück. Gespräche brachen ab, der Lärm verstummte, und dann geschah, was die Evangelien berichten: Christus „... trieb alle Händler und Käufer hinaus. Er stieß die Tische der Geldwechsler und die Stände der Taubenverkäufer um. Dazu sagte er ihnen: ,In den heiligen Schriften steht doch, daß Gott erklärt hat: Mein Tempel soll eine Stätte sein, an der man zu mir beten kann! Ihr aber habt eine Räuberhöhle daraus gemacht!'"[2]

Drei Jahre zuvor hatte es schon einmal solch eine Situation gegeben. Damals hatten Jesu Widersacher den Tempel fluchtartig verlassen. Die Niederlage war ihnen noch lange ins Gedächtnis eingebrannt, und sie hatten sich geschworen, solch einen würdelosen Abgang nie wieder zuzulassen. Doch auch diesmal wagten sie nicht, sich dem Wort Christi zu widersetzen. Erschrocken rafften sie zusammen, was ihnen ge-

---

[1] Jesaja 1,11–13.15–17 [2] Matthäus 21,12.13

hörte, und flohen mit den Händlern, die ihr Vieh vor sich hertrieben, vom Tempelgelände. Dabei stießen sie auf Leute, die Jesus im Heiligtum suchten, weil sie Kranke zu ihm bringen wollten. Einige schlossen sich den Flüchtenden an, denn sie fürchteten sich vor dem, der die Priester und Oberen des Volkes derart in Panik versetzt hatte. Andere Hilfesuchende ließen sich jedoch nicht abschrecken, und bald waren im Vorhof des Tempels wieder Kranke und Leidende, über die sich Jesus erbarmte.

Nachdem der erste Schreck überwunden war, gingen einige der Gegner Jesu zum Tempel zurück. Sie meinten, man dürfe diesen Mann nicht aus den Augen lassen. Insgeheim fürchteten sie, er habe seinen Anspruch auf den Thron Davids bereits verkündet. Sollte sich das bestätigen, dann käme der „Fall Jesus" einer Katastrophe gleich. Doch sie sahen im Tempelbereich keineswegs einen König, sondern einen Arzt und Helfer, der sich um die Leidenden kümmerte. Blinde konnten sehen, Taube hören, Behinderte bewegten sich, als wären sie nie krank gewesen. Sie alle dankten dem Rabbi aus Nazareth; am meisten aber freuten sich die Kinder, die er in die Arme genommen und geheilt hatte. Sie schwenkten Palmenzweige und wiederholten die Hosiannarufe, mit denen Christus auch bei seinem Einzug in Jerusalem begrüßt worden war.

Diese ungezwungene Fröhlichkeit ärgerte die Obersten. Um sie abzuwürgen, erklärten sie dem Volk, das Lärmen der Kinder und die Hochrufe der Geheilten vereinbarten sich nicht mit der Würde des Tempels. Merkwürdig, daß diese Argumente ausgerechnet von denen kamen, die der Herr unmittelbar zuvor wegen Tempelschändung aus dem Heiligtum gejagt hatte. Doch niemand hörte auf sie; deshalb beschwerten sie sich: „Hörst du, was die da rufen?" Jesus erwiderte: „Gewiß! Habt ihr denn nie in den heiligen Schriften gelesen: ‚Du sorgst dafür, daß sogar Unmündige und kleine Kinder dich preisen'?" [3] Zweifellos kannten die Schriftgelehrten diese Stelle aus den Psalmen[4], doch daß Jesus sie auf sich bezog, brachte sie erneut aus der Fassung. Anstatt ihn in die Enge treiben zu können, stellte er sie zum wiederholten Male bloß – und das in einer Vollmacht, der sie nichts entgegenzusetzen hatten. Das durfte nicht so weitergehen.

---

[3] Matthäus 21,16 [4] Vgl. Psalm 8,3 LT

Deshalb beschloß der Hohe Rat, alle Rücksichten fallen zu lassen und Jesus zu Äußerungen zu drängen, die eine öffentliche Anklage möglich machten. Um das zu erreichen, kamen Priester und Ratsälteste in den Tempel und fragten Jesus: „Woher nimmst du das Recht, hier so aufzutreten? Wer hat dir die Vollmacht dazu gegeben?“ [5] Ihre Absicht war leicht zu durchschauen. Hätte Jesus geantwortet: „Ich tue das alles auf Befehl Gottes!“ so wäre das hinreichend gewesen, Jesus der Amtsanmaßung und Gotteslästerung zu bezichtigen. Doch der Herr ging nicht in diese Falle, so daß seine Gegner wiederum das Nachsehen hatten. „‚Auch ich will euch eine Frage stellen‘, antwortete Jesus. ‚Wenn ihr sie mir beantwortet, dann will ich euch sagen, mit welchem Recht ich so handle. Sagt mir: Woher hatte der Täufer Johannes den Auftrag zu taufen? Von Gott oder von Menschen?‘ Sie überlegten: ‚Wenn wir sagen ›Von Gott‹, dann wird er fragen: Warum habt ihr dann Johannes nicht geglaubt? Wenn wir aber sagen ›Von Menschen‹, dann haben wir die Menge gegen uns, weil alle überzeugt sind, daß Johannes ein Prophet war. So sagten sie zu Jesus: ‚Wir wissen es nicht.‘ ‚Gut‘, erwiderte Jesus, ‚dann sage ich euch auch nicht, wer mich bevollmächtigt hat.‘“ [6]

Die Gegner sind sprachlos

Enttäuscht und wütend mußten die Obersten einsehen, daß sie Jesus nicht gewachsen waren. Sie wagten es nicht, ihm weitere Fragen zu stellen, denn sie spürten, daß niemand zu ihnen stehen würde. Das Volk freute sich nämlich, daß diesen selbstgefälligen Männern eine Abfuhr erteilt worden war. Auf den ersten Blick mag es scheinen, diese Wortgefechte zwischen Christus und den jüdischen Oberen seien nur für die Beteiligten von Bedeutung gewesen. Doch das stimmt nicht; sie waren auch für die Zuhörer wichtig. Viele von ihnen waren damals noch nicht zur Nachfolge bereit. Doch nach Jesu Kreuzigung und Auferstehung erinnerte sich mancher daran. Die Pharisäer und Schriftgelehrten schnitten nicht gut ab; Jesu besonnenes Auftreten und seine Botschaft hoben sich dagegen wohltuend ab von dem stolzen Gehabe des Hohenpriesters. Zweifellos war Kaiphas eine ehrfurchtge-

[5] Matthäus 21,23 [6] Matthäus 21,24–27

bietende Persönlichkeit, dennoch spürten die Menschen, daß er nicht die göttliche Vollmacht besaß wie Jesus. Viele, die diese Auseinandersetzung miterlebt hatten, waren von da an überzeugt, daß Jesus wirklich von Gott gesandt war. Dafür haßten ihn seine Gegner nur um so mehr.

An dieser Stelle muß einem Irrtum vorgebeugt werden. Manche Streitgespräche könnten den Eindruck erwecken, Jesus habe es darauf angelegt, seine Widersacher öffentlich bloßzustellen. Dem war nicht so. Er wollte ihnen nur eine Lehre erteilen; manchmal war es anders auch gar nicht möglich, weil es galt, den eigenen Kopf aus der Schlinge zu ziehen. Seinen Gegnern ging es darum, ihn zu besiegen; Jesus aber nutzte jede Gelegenheit, sie zur Einsicht und Umkehr zu bewegen. Darauf zielte auch das Gleichnis von den beiden Söhnen.

„Was sagt ihr zu folgender Geschichte? Ein Mann hatte zwei Söhne. Er sagte zu dem einen: ‚Mein Sohn, geh und arbeite heute im Weinberg!' ‚Ich will nicht', erwiderte der Sohn; später aber bereute er die Antwort und ging doch. Dasselbe sagte der Vater auch zu seinem anderen Sohn. ‚Ja, Vater', antwortete der, ging aber nicht. Wer von den beiden hat nun den Willen des Vaters erfüllt?"[7] Die Ratsältesten hatten zwar genau zugehört, doch die Beziehung dieses Gleichnisses zu ihrer Frage nach der Autorität Jesu war ihnen entgangen. Deshalb antworteten sie arglos: „Der erste Sohn hat den Willen des Vaters erfüllt." Als Jesus weitersprach, merkten sie, wie unvorsichtig das gewesen war: „Ich versichere euch: die Zolleinnehmer und die Prostituierten werden eher in die neue Welt Gottes kommen als ihr. Der Täufer Johannes ist gekommen, um euch den rechten Weg zu zeigen, aber ihr habt ihm nicht geglaubt. Nicht einmal als ihr saht, daß die Zolleinnehmer und die Prostituierten seine Botschaft annahmen, habt ihr auf ihn gehört und euer Leben geändert."[8]

Wie zu allen Zeiten gab es auch damals Menschen, die nicht viel vom Glauben hielten, Zolleinnehmer zum Beispiel oder Dirnen. Sie fragten nicht nach Gottes Willen und wurden deshalb von den Frommen als Sünder gebrandmarkt. Doch als Johannes der Täufer zur Umkehr aufrief, bekehrten sich viele von ihnen und begannen ein neues Leben. Deshalb verglich sie Jesus mit dem Sohn, der dem Vater zunächst

---

[7] Matthäus 21,28–31 [8] Matthäus 21,31.32

eine Absage erteilt hatte, dann aber doch tat, worum der ihn gebeten hatte. Der zweite Sohn im Gleichnis stand für die geistlichen Führer Israels, die so taten, als ob sie Gott gehorchten, doch auf das, was er von ihnen forderte, nicht achteten. An anderer Stelle hatte sich Jesus schon einmal im Sinne dieses Gleichnisses geäußert: „Alle, die Johannes zuhörten, sogar die Zolleinnehmer, unterwarfen sich dem Urteil Gottes und ließen sich von Johannes taufen. Nur die Pharisäer und Gesetzeslehrer mißachteten die Rettung, die Gott ihnen zugedacht hatte, und lehnten es ab, sich von Johannes taufen zu lassen." [9]

Hätten seine Gegner geahnt, worauf Jesus hinauswollte, dann wären sie still geblieben. Aber nachdem sie sich mit ihrem Urteil auf den ersten Sohn im Gleichnis festgelegt hatten, gab es kein Zurück. Es sollte noch viel schlimmer kommen, denn Jesus fuhr fort: „Hört ein anderes Gleichnis: Ein Grundbesitzer legte einen Weinberg an, machte einen Zaun darum, baute eine Weinpresse und errichtete einen Wachtturm. Dann vertraute er den Weinberg seinen Arbeitern an und verreiste. Zur Zeit der Weinlese schickte er seine Boten zu den Arbeitern, um den Ertrag abholen zu lassen. Einen verprügelten die Arbeiter, einen anderen schlugen sie tot, und wieder einen anderen steinigten sie. Noch einmal schickte der Besitzer Boten, mehr als beim ersten Mal; doch mit denen machten sie es genauso. Schließlich schickte er seinen eigenen Sohn, weil er dachte: ‚Sie werden wenigstens vor meinem Sohn Respekt haben.' Als die Arbeiter aber den Sohn kommen sahen, sagten sie zueinander: ‚Das ist der Erbe! Wir bringen ihn um, dann gehört der Weinberg uns.' So nahmen sie ihn, stießen ihn aus dem Weinberg hinaus und töteten ihn. Was wird nun der Besitzer des Weinbergs mit den Arbeitern machen, wenn er selbst kommt?" [10] Für die Abgesandten des Hohen Rates war die Sachlage klar: „Er wird diesen Verbrechern ein schreckliches Ende bereiten und den Weinberg anderen anvertrauen, die ihm zur Erntezeit seinen Ertrag pünktlich abliefern!" Doch kaum hatten sie geantwortet, da wußten sie, daß sie sich selbst das Urteil gesprochen hatten.

Der Sinn des Gleichnisses ist klar: Der Besitzer des Weinbergs steht für Gott, die Arbeiter oder Pächter für die geistli-

---

[9] Lukas 7,29.30 [10] Matthäus 21,33–40

chen Führer Israels, der Weinberg ist Gottes Volk. Wie der Besitzer verlangen konnte, daß ihm sein Anteil am Ertrag des Weinbergs übergeben werde, so erwartete Gott, daß sein Volk Frucht brachte: Glaube, Gehorsam, geistliches Wachstum. Doch die Geschichte Israels verlief oft so wie im Gleichnis dargestellt: Mahner, die Gott seinem Volk schickte, wurden nicht gehört, sondern verfolgt, manche sogar getötet. Das konnten Jesu Gegner nicht bestreiten, auch wenn sie es nicht gern hörten. Mit der Wendung: „Schließlich schickte er seinen eigenen Sohn" bezog sich Christus nicht mehr auf die Vergangenheit, sondern stellte gegenwärtiges Geschehen dar. Wen anders als sich selbst konnte er damit meinen? Das begriffen die Pharisäer und Schriftgelehrten sehr wohl – auch daß sie selbst mit den verbrecherischen Weingärtnern gemeint waren. Da Jesu Tod für sie beschlossene Sache war, mußten sie sich auch über die Konsequenzen im klaren sein. Das Urteil, das sie über die Verbrecher im Gleichnis gesprochen hatten, fiel auf sie selbst zurück.

Christus – der tragende Stein

Obwohl Jesus wußte, was die jüdischen Oberen ihm antun würden, verachtete er sie nicht, sondern hatte Mitleid mit ihnen. Und er fuhr fort: „Habt ihr nie gelesen, was in den heiligen Schriften geschrieben steht: ‚Der Stein, den die Bauleute weggeworfen haben, weil sie ihn für unbrauchbar hielten, der ist zum tragenden Stein geworden. Der Herr hat dieses Wunder vollbracht, und wir haben es gesehen.' Wer auf diesen Stein stürzt, wird zerschmettert, und auf wen er fällt, den zermalmt er. Darum sage ich euch: Das Vorrecht, Gottes Volk unter Gottes Herrschaft zu sein, wird euch entzogen. Es wird einem Volk gegeben, das tut, was dieser Berufung entspricht." [11]

Die Juden kannten diesen Psalmtext, denn er wurde häufig in der Synagoge gelesen und auf den Messias bezogen. Man wußte, daß er das Fundament der jüdischen Heilsordnung und des gesamten Erlösungsplans war. Auf ihn wartete man, von ihm erhoffte man die Lösung aller Fragen. Als der Messias in der Gestalt des Jesus von Nazareth wirklich kam, glaubten die Führer des Volkes nicht, daß er der Christus ist.

---

[11] Matthäus 21,42–44 (vgl. Psalm 118,22.23)

Indem Jesus dieses Psalmwort zitierte, wollte er zeigen, welchen gefährlichen Weg sie eingeschlagen hatten. Daß seine Gegner nicht zur Umkehr zu bewegen waren, wußte Jesus, aber er wollte ihnen doch gezeigt haben, wohin diese Verweigerung führen mußte. Israel würde das Vorrecht verlieren, Gottes Volk zu sein; die Stadt und der Tempel würden zerstört und die Überlebenden in alle Welt zerstreut. „Die führenden Priester und Pharisäer merkten, daß die beiden Gleichnisse auf sie gemünzt waren. Sie wollten Jesus gerne festnehmen, wagten es aber nicht, weil die Menge ihn für einen Propheten hielt." [12]

Als Christus die Weissagung vom verworfenen Eckstein zitierte, lenkte er die Aufmerksamkeit seiner Zuhörer auf eine Begebenheit, die sich tausend Jahre zuvor beim Bau des Salomonischen Tempels zugetragen haben soll. Die Steine für das Fundament und die Quader der Mauern wurden bereits im Steinbruch zugeschnitten und behauen. Am Bauplatz wurden sie nur noch an der richtigen Stelle eingepaßt. Unter den Steinen für das Fundament war ein ungewöhnlich großer Block; die Bauarbeiter aber fanden keinen Platz, wo sie ihn hätten einfügen können. So lag er lange herum und wurde zu einem Ärgernis. Als später die Eckfundamente für den Tempelbau gelegt werden sollten, brauchte man einen Quader, der die nötige Größe und Form hatte und stark genug war, die Last des Bauwerks zu tragen. Bei einigen Blöcken hatte sich schon gezeigt, daß sie der Belastung nicht standhalten würden. Schließlich, so hieß es, stieß man auf den Stein, den bisher niemand gebrauchen konnte. Der Baumeister unterzog ihn einer eingehenden Prüfung und stellte fest, daß er genau den Erfordernissen entsprach, die für so einen wichtigen Baustein unerläßlich waren. Der ursprünglich verworfene Stein paßte genau an die dafür vorgesehene Stelle und wurde in den Tempelbau eingefügt.

Schon beim Propheten Jesaja finden sich Hinweise darauf, daß das Bild vom Eckstein mit dem Kommen des Messias in Verbindung gebracht wurde. „Ich, der Herr der Welt, ich allein bin heilig! Vor mir und keinem anderen sollt ihr erschrecken und euch fürchten! Ich bin der heilige Zufluchtsort, aber ich bin auch der Stein, an dem man sich stößt; ich bin der Fels, der die beiden Reiche Israels zu Fall

---

[12] Matthäus 21,45.46

bringt ..." [13] Oder an anderer Stelle: „Darum sagt Gott, der Herr: ‚Auf dem Zionsberg lege ich ein festes Fundament, einen harten und kostbaren Eckstein, der allen Anstürmen standhält. Auf dem steht: Wer dem Herrn vertraut, wird nicht untergehen!'" [14]

Gott selbst hat den Grundstein gelegt, der die Sündenlast der ganzen Welt trägt. In Christus findet das schuldbeladene Herz Trost und Vergebung. Doch er ist nicht nur der „tragende Eckstein", sondern auch ein „Stein des Anstoßes". Darum heißt es: „Wertvoll ist dieser Stein für euch, die ihr Jesus Christus als euren Herrn angenommen habt. Aber für die, die ihn ablehnen, gilt: ‚... An ihm stoßen sich die Menschen. Er ist zum Felsblock geworden, an dem sie zu Fall kommen.' An ihm stoßen sich alle, die dem Wort Gottes nicht gehorchen. Doch so hatte es Gott für sie bestimmt." [15]

Zerbrechen, um heil zu werden?

„Wer auf diesen Stein stürzt, wird zerschmettert ..." Das klingt hart, aber es ist heilsam. Gemeint ist, daß alle Eigenwilligkeit, Hartherzigkeit und Selbstgerechtigkeit an Christi Liebe zerbrechen. Wir müssen nur unsere Schuld erkennen und bereuen. Das heißt auch: das alte Leben aufgeben und mit Christus ein neues beginnen. Niemand ist davon ausgenommenen – weder Jude noch Heide –, alle müssen ja sagen zu diesem Zerbrechen. Wer auf diesen Grund baut, wird selber als „lebendiger Stein" in den geistlichen Tempel eingefügt, den Gottes Geist baut.[16]

Wer aber nicht an ihn glaubt, dem wird Christus zum „Stein des Anstoßes", und das hat Folgen. Jesus sagte: „... auf wen er fällt, den zermalmt er." Das bedeutete damals: Nachdem sich Israel gegen Christus entschieden hatte, begann eine verhängnisvolle Entwicklung, die zur Zerstörung Jerusalems und zur Zerstreuung der Juden in aller Herren Länder führte. Der Fels, auf den Israel hätte bauen können, wurde zur Lawine, die alles unter sich begrub. Mit dem Todesurteil über Christus sprachen die jüdischen Oberen zugleich das Urteil über sich, den Tempel, die Stadt und das Volk. Was zum Heil hätte führen können, verkehrte sich in Unheil und zog den Untergang nach sich. So wird es auch sein am Jüng-

[13] Jesaja 8,13.14 [14] Jesaja 28,16 [15] 1. Petrus 2,7.8 [16] 1. Petrus 2,5

sten Tag. Alle, auch die Gottes Gnade verachtet haben, werden sich vor dem Richterstuhl Christi wiederfinden. Für sie wird der „Stein des Anstoßes" zum „Fels der Vernichtung" werden. Die einen werden Christus bei seiner Wiederkunft als Sonne der Gerechtigkeit erleben, die anderen als verzehrendes Feuer. Umkehr ist dann nicht mehr möglich. Davor wollte Jesus warnen, als er die Händler aus dem Tempel trieb und die Gleichnisse vom ungehorsamen Sohn und von den bösen Weingärtnern erzählte.

66 | Christus behauptet sich

Die Pharisäer und Obersten mußten Jesu Zurechtweisung schweigend hinnehmen; sie hatten dem nichts entgegenzusetzen. Das bestärkte sie jedoch in dem Vorhaben, ihn zu beseitigen. „Sie schickten Spitzel zu ihm, die sich den Anschein geben sollten, daß es ihnen nur um die gewissenhafte Befolgung des Gesetzes ginge. Sie sollten Jesus bei einem verfänglichen Wort ertappen, damit man ihn an den römischen Prokurator ausliefern könnte.“ [1] Diesmal waren es nicht die Pharisäer, denen Christus schon zuvor begegnet war, sondern junge Eiferer, von denen der Hohe Rat annahm, sie seien ihm noch unbekannt. Begleitet wurden sie von Männern des Herodes, die später vor Gericht als Zeugen gegen Jesus aussagen sollten.

Das Komplott war geschickt eingefädelt. Seitdem die Juden Steuern an Rom zu zahlen hatten, war dieses Thema ein heißes Eisen. Die Pharisäer lehrten, solche Abgaben seien mit dem Gesetz Gottes unvereinbar. Aber wenn es um Geld ging, ließen die Römer nicht mit sich reden. Jesu Gegner meinten, diese Problematik sei am besten geeignet, den Meister zu Äußerungen zu verleiten, die ihn auf die schwarze Liste der Besatzungsmacht brächten.

Die Männer wandten sich also an Jesus: „‚Lehrer, wir wissen, daß du die richtige Lehre hast. Du läßt dich auch von den Mächtigen nicht beeinflussen, sondern sagst jedem klar und deutlich, wie er nach Gottes Willen leben soll. Nun sag uns, dürfen wir nach dem Gesetz Gottes dem römischen Kaiser Steuern zahlen oder nicht?‘ Jesus durchschaute ihre Hinterlist und sagte zu ihnen: ‚Zeigt mir eine Silbermünze her! Wessen Bild und Name ist hier aufgeprägt?‘ ‚Des Kaisers‘, antworteten sie. Da sagte Jesus: ‚Dann gebt dem Kaiser, was dem Kaiser gehört, aber gebt Gott, was Gott gehört.‘“ [2]

Die Spione hatten gehofft, sich mit dieser anscheinend frommen Frage gut getarnt zu haben, um Jesus in eine Falle

---

Dieses Kapitel bezieht sich auf Matthäus 22,15–46; Markus 12,13–40 und Lukas 20,20–47 [1] Lukas 20,20 [2] Lukas 20,21–25

zu locken. Nun waren sie enttäuscht, hatten sie doch erwartet, daß sich Jesus so oder so in dem geschickt ausgeworfenen Netz verfangen würde. Sagte er: „Nein, ihr dürft dem Kaiser keine Steuern zahlen!“, konnte man ihn der Aufwiegelung gegen die Römer beschuldigen. Sagte er: „Ja, ihr seid dazu verpflichtet!“, würde man ihn wegen Mißachtung des Gesetzes Gottes belangen. Doch die geschickte Antwort Jesu machte es unmöglich, ihm umstürzlerische Absichten oder Mißachtung des jüdischen Gesetzes zu unterstellen. Die Gegner waren verwirrt und ärgerten sich, wieder den kürzeren gezogen zu haben.

Jesus war ihnen nicht ausgewichen, vielmehr hatte er ihre Frage klar beantwortet – allerdings anders, als die Fragesteller erwartet hatten. Er hielt das Geldstück mit dem Bildnis des Kaisers hoch und erklärte, daß, wer den Schutz des römischen Staates genieße, auch die damit verbundenen Pflichten auf sich nehmen müsse, es sei denn, er gerate dadurch in Konflikt mit Gottes Willen. Die Treue zu Gott aber habe immer an erster Stelle zu stehen, ihr müßten alle anderen Verpflichtungen untergeordnet werden.

Jesu Aufforderung: „... gebt dem Kaiser, was dem Kaiser gehört ...“ war zugleich eine Zurechtweisung seiner Gegner. Wäre Israel seinen Verpflichtungen Gott gegenüber nachgekommen, hätte es den Widerstreit „Gott oder Kaiser“ gar nicht gegeben, denn Gottes Volk wäre nicht in die Abhängigkeit von Rom geraten. Daß in Jerusalem ein römischer Statthalter residierte und in der heiligen Stadt die Hoheitszeichen Roms allgegenwärtig waren, lag vor allem daran, daß Israel dem Herrn nicht treu geblieben war.

Die Pharisäer wunderten sich über Jesu Antwort. Er hatte auf eine ihrer spitzfindigen Fragen reagiert und zugleich ihre Heuchelei offengelegt; darüber hinaus war nun grundsätzlich gesagt worden, welche Pflichten der Gläubige gegenüber dem Staat und vor Gott hat. Natürlich waren Jesu Gegner über diese unerwartete Wendung nicht erfreut, aber sie hatten dem nichts entgegenzusetzen. Vielmehr waren sie erstaunt, mit welchem Scharfsinn sich Jesus zu dem Problem „Staat und Kirche“ geäußert hatte.

Doch damit waren die Auseinandersetzungen mit den jüdischen Oberen nicht überstanden. Kaum hatte der Herr die Pharisäer zum Schweigen gebracht, griffen ihn die Sadduzäer an.

Auferstehung – ein umstrittenes Thema

Die Sadduzäer hielten nichts von den religiösen Traditionen, denen sich die Pharisäer verpflichtet wußten. Sie galten als Skeptiker und Materialisten, obwohl in dieser Gruppierung auch gläubige Männer waren. Zwischen Pharisäern und Sadduzäern gab es mancherlei Konflikte; denn die Sadduzäer leugneten die Existenz von Engeln, die Auferstehung der Toten und das ewige Leben. Diskussionen zwischen beiden Gruppen arteten häufig in Streit aus, so daß die Gräben der Feindschaft im Laufe der Zeit nahezu unüberbrückbar geworden waren. Beim Volk waren die Sadduzäer nicht sehr beliebt, wenngleich sie ihres Reichtums wegen großen Einfluß hatten. Viele Priester gehörten zu den Sadduzäern, und gewöhnlich kam der Hohepriester aus ihren Reihen. Die meisten von ihnen lehnten Jesu Lehren ab, weil sie darin einen Widerspruch zu ihren theologischen Anschauungen sahen. Da sie nicht an ein ewiges Leben glaubten, hielten sie es für blanken Unsinn, wenn Jesus von einem zukünftigen Reich Gottes sprach. Sadduzäer waren zwar überzeugt davon, daß Gott die Welt erschaffen hatte, im übrigen aber vertraten sie die Meinung, daß er sich seitdem nicht mehr ins Weltgeschehen einmische. Jeder habe also das Recht und die Pflicht, sein Leben selbst zu gestalten – nach dem Motto: Dein Schicksal liegt in deiner Hand!

Religiöse Vorstellungen prägen das Leben

Natürlich bestimmten diese religiösen Vorstellungen das gesamte Leben und Verhalten der Sadduzäer. Weil sie annahmen, daß Gott sich nicht um das Schicksal des einzelnen kümmere, lag ihnen auch wenig am Wohlergehen ihrer Mitmenschen. Und weil sie das Wirken des Heiligen Geistes leugneten, fehlte es ihnen an geistlicher Kraft. Sie waren zwar stolz darauf, Nachkommen Abrahams zu sein, aber vom Glauben und der Frömmigkeit ihres Stammvaters war bei ihnen nichts zu finden. Das Leid anderer berührte sie kaum; wichtig war vor allem, daß es ihnen selber gut ging.

Die meisten Lehren Jesu entsprachen nicht dem, was die Sadduzäer glaubten oder für richtig hielten. Christus bezeugte in Wort und Tat die Existenz überirdischer Wesen. Er sprach von Gott als dem Vater aller sowie vom Wirken des

Heiligen Geistes. Er lehrte, daß Gott durch seinen Geist verändernd und erneuernd in das Leben des Menschen eingreift. All das widersprach den Vorstellungen der liberalen Sadduzäer. Deshalb lag ihnen daran, Jesus und seine Lehre in Verruf zu bringen. Wie die Pharisäer waren auch sie daran interessiert, diesen Mann aus dem Weg zu räumen.

Um Jesus zu schaden, befragten sie ihn über die Auferstehung. Sollte er ihre Vorbehalte diesem Thema gegenüber teilen, so würde er auf den erbitterten Widerstand der Pharisäer stoßen. Sollte er aber die Anschauung der Pharisäer vertreten, wäre es nicht schwer, ihn vor den Leuten lächerlich zu machen. Sie wußten auch schon, wie sie vorgehen wollten. Wenn der irdische Körper und der Auferstehungsleib aus dem gleichen Stoff bestehen, so argumentierten sie, müsse der Mensch auch in der Ewigkeit aus Fleisch und Blut sein. Nur so sei es möglich, das durch den Tod unterbrochene Leben fortzusetzen. Dann würden auch verwandtschaftliche Beziehungen weiterbestehen sowie die auf Erden geschlossenen Ehen. Im Jenseits würde dann alles wie gehabt weitergehen, nur auf höherer Ebene. Mit derartigen Spekulationen versuchten sie Jesus in die Enge zu treiben und der Lächerlichkeit preiszugeben. „‚Lehrer', sagten sie, ‚Mose hat angeordnet: ›Wenn ein verheirateter Mann kinderlos stirbt, dann muß an seiner Stelle sein Bruder die Witwe heiraten und dem Verstorbenen Nachkommen verschaffen.‹ Nun gab es hier einmal sieben Brüder. Der älteste heiratete und starb kinderlos und hinterließ die Frau seinem Bruder. Darauf heiratete der zweite die Witwe, aber auch er starb kinderlos; und dem dritten erging es nicht anders. So war es bei allen sieben. Zuletzt starb auch die Frau. Wie ist das nun: Wem von den sieben soll die Frau gehören, wenn die Toten auferstehen? Sie war ja mit allen verheiratet!'"[3]

Jesus wußte, daß den Sadduzäern nicht an einer sachlichen Antwort lag; sie wollten ihn nur bloßstellen. Dennoch lüftete er ein wenig den Schleier des Geheimnisses, der über dem zukünftigen Leben liegt. „‚Ihr seht die Sache ganz falsch', antwortete Jesus. ‚Ihr kennt weder die heiligen Schriften, noch wißt ihr, was Gott in seiner Macht vollbringt. Wenn die Toten auferstehen, werden sie nicht mehr heiraten, sondern sie werden leben wie die Engel im Himmel.'"[4]

[3] Matthäus 22,24–28 [4] Matthäus 22,29.30

Obwohl es berechtigt gewesen wäre, bezichtigte Jesus die Sadduzäer nicht der Heuchelei, sondern der Unwissenheit und des Irrtums. Jeder wußte, daß sich diese Männer für besonders aufgeklärt und gebildet hielten. Aber gerade ihnen warf Christus mangelnde Schriftkenntnis und geistliches Unvermögen vor. Er forderte sie auf, sich der von ihm verkündigten Wahrheit zu öffnen, obwohl kaum Aussicht bestand, daß sie neue Erkenntnisse annehmen würden.

Der entscheidende Fehler der Sadduzäer bestand darin, daß sie die Geheimnisse Gottes in den Rahmen ihres begrenzten Verstandes zwängen wollten. Wer das versucht, muß scheitern und wird letztlich im Zweifel oder Unglauben enden. Viele der uns umgebenden Geheimnisse werden nur dann durchsichtig, wenn wir hinter ihnen das Wirken Gottes sehen. Wer Gott erkannt hat als den Schöpfer, der über allem steht und für alle sorgt, wird selbst dort das Licht der Erkenntnis wahrnehmen, wo für andere undurchdringliches Dunkel herrscht.

Christus erklärte den Sadduzäern, daß die heiligen Schriften, an die zu glauben sie vorgaben, nahezu bedeutungslos wären, wenn es keine Auferstehung der Toten gäbe. „‚Was aber die Auferstehung der Toten überhaupt betrifft: Ihr habt offenbar nie gelesen, daß Gott gesagt hat: ›Ich bin der Gott Abrahams, der Gott Isaaks und der Gott Jakobs.‹ Und er ist doch ein Gott der Lebenden, nicht der Toten!‘ Die Zuhörer waren davon tief beeindruckt.“ [5] Gott rechnet mit dem, was es für den menschlichen Verstand noch gar nicht gibt. Er sieht das Ende am Anfang und kennt das Ergebnis seines Wirkens, als wäre es bereits abgeschlossen. Wenn einst Gottes Sohn ruft, werden die Toten seine Stimme hören und zu neuem Leben auferstehen. Es wird sein, als wären sie nie von Gott getrennt gewesen. Für die Gläubigen freilich liegt das alles noch in der Zukunft, doch für Gott ist es bereits Gegenwart. Für ihn leben die Toten.

Die Sadduzäer zogen sich schweigend zurück. Jesus hatte nichts gesagt, was gegen ihn zu verwenden gewesen wäre. Und sie hatten ihn auch nicht der Lächerlichkeit ausliefern können, sondern allein sich selber. Doch die Feinde gaben keine Ruhe. Wo die Sadduzäer nichts mehr ausrichten konnten, sprangen die Pharisäer in die Bresche. Sie überredeten ei-

[5] Matthäus 22,31–33

nen Schriftgelehrten, Jesus erneut eine Falle zu stellen. Der Mann trat zum Herrn und fragte: „,Lehrer, welches ist das wichtigste Gebot des Gesetzes?' Jesus antwortete: *,Liebe den Herrn, deinen Gott, von ganzem Herzen, mit ganzem Willen und mit deinem ganzen Verstand!* Dies ist das größte und wichtigste Gebot. Das zweite ist gleich wichtig: *Liebe deinen Mitmenschen wie dich selbst!* In diesen beiden Geboten ist alles zusammengefaßt, was das Gesetz und die Propheten fordern.'" [6]

Grundgedanke beider Gebote ist die Liebe. Wer sich dem ersten verpflichtet weiß, kann das zweite nicht unbeachtet lassen und umgekehrt. Nur wer Gott liebt, kann auch seinen Mitmenschen lieben. Christus lehrte damit, daß Gottes Gesetz eine organische Einheit ist und nicht als Sammlung von mehr oder weniger wichtigen Einzelvorschriften angesehen werden darf.

Der Schriftgelehrte, der die Frage gestellt hatte, war erstaunt und gab in Anwesenheit der Priester und Ratsmitglieder zu, daß Christus das Gesetz richtig ausgelegt hatte. „Es ist so, wie du sagst. Nur einer ist Gott, und es gibt keinen Gott außer ihm. Und darum sollen wir Gott lieben von ganzem Herzen, mit ganzem Verstand und mit allen Kräften, und unsere Mitmenschen lieben wie uns selbst. Das ist viel wichtiger, als Gott Brandopfer und alle möglichen anderen Opfer darzubringen." [7] Dem Mann war also klar, daß das Einhalten religiöser Bräuche oder Traditionen nutzlos ist, wenn der Mensch nicht mit dem Herzen dabei ist. Liebe zu Gott und Gehorsam sowie die Hinwendung zum Mitmenschen sind wichtiger als rituelle Handlungen. Mit dieser Anschauung lag der Schriftgelehrte allerdings nicht auf der Linie der Priester und Oberen. Zweifellos verlangte es Mut, sich zu einer Überzeugung zu bekennen, die nicht den allgemeinen Erwartungen entsprach. „Jesus fand, daß er vernünftig geantwortet hatte, und sagte zu ihm: ,Du fängst an zu begreifen, was es heißt, sich der Herrschaft Gottes zu unterstellen.'" [8]

Nachdem das Gespräch mit dem Gelehrten beendet war, wandte sich Jesus noch einmal den Pharisäern zu: „Was denkt ihr über den versprochenen Retter? Wessen Sohn ist er?" Er wollte wissen, ob sie ihn für einen Menschen wie

[6] Matthäus 22,36–40 [7] Markus 12,32.33 [8] Markus 12,34

jeden anderen hielten oder in ihm den Sohn Gottes sähen. Wie im Chor antworteten die Pharisäer: „Er ist der Sohn Davids." Das war der Titel, den die Propheten dem Messias verliehen hatten. Angesichts der Wundertaten Jesu war im Volk immer wieder die Frage aufgetaucht: „Ist das vielleicht der angekündigte Sohn Davids?" Diese Hoffnung brach sich letztlich Bahn beim Einzug Jesu in Jerusalem in dem Ruf: „Hosianna dem Sohn Davids! Gelobt sei, der da kommt in dem Namen des Herrn!" [9] Allerdings hatten viele, die Christus zujubelten, nicht begriffen, daß er nicht nur Davids Sohn, sondern auch der Sohn Gottes war. Diese Qualität seiner Sendung, die weit über das hinausging, was man damals vom Messias erwartete, hatte Christus wiederholt betont, doch die Leute begriffen es nicht. Dennoch versuchte er es auch hier wieder: „„Warum hat dann David, vom Geist Gottes erleuchtet, ihn ›Herr‹ genannt? Denn David sagt ja: ›Gott, der Herr, sagte zu meinem Herrn: Setze dich an meine rechte Seite! Ich will dir deine Feinde unterwerfen, sie als Schemel unter deine Füße legen.‹ Wenn also David ihn ›Herr‹ nennt, wie kann er dann sein Sohn sein?"" [10] Diese Frage konnten auch die Gelehrten nicht beantworten, doch das änderte nichts an ihrer Einstellung zu Jesus. Allerdings hüteten sie sich hinfort, ihn mit spitzfindigen Fragen in die Enge treiben zu wollen. Ihre ständigen Niederlagen waren zu offenkundig.

---

[9] Matthäus 21,9 LT [10] Matthäus 22,43–45

67 | Abschied vom Tempel

Als Jesus zum letzten Mal im Tempel lehrte, hielt er Abrechnung mit seinen Feinden. In seiner äußeren Erscheinung konnte der einfache Mann aus Galiläa nicht Schritt halten mit den aufwendig gekleideten Pharisäern, Priestern und Ratsmitgliedern. Aber er verfügte über eine Vollmacht, von der seine Gegner keine Ahnung hatten. Immer wieder hatten sie versucht, Jesus zu schaden, doch bisher war er aus allen Auseinandersetzungen als Sieger hervorgegangen. Seine Methode war verblüffend einfach: Wie spitzfindig, heuchlerisch oder hinterhältig die Herausforderungen auch waren, er setzte stets die Wahrheit dagegen. Immer wieder ging es ihm darum, den Gegnern ihre Unwissenheit oder Fehleinschätzung bewußt zu machen; aber die Einsicht war gering. Jesus wußte zwar, daß er seine Widersacher nicht auf seine Seite ziehen konnte; dennoch ließ er sich ein letztes Mal mit ihnen ein. Allerdings hatte er dabei weniger die Priester und Gelehrten im Blick, sondern das einfache Volk.

Viele waren von der Lehre und den Taten Jesu beeindruckt; doch die meisten fühlten sich vor allem den religiösen Traditionen Israels und den Lehren der Schriftgelehrten und Rabbiner verbunden. Es irritierte sie, daß die Oberen Jesus ablehnten, obwohl alles, was er sagte und tat, mit Gottes Wort und Willen übereinstimmte. Viele Juden waren hin- und hergerissen und wußten nicht, wem sie glauben sollten.

Jesus hatte immer volksnah gelehrt und gepredigt; doch vielfach hatte man nicht einmal seine Gleichnisse verstanden. Das Festhalten an Traditionen und die Abhängigkeit von der Schriftauslegung der Rabbiner hinderten viele daran, sich in Glaubensfragen ein eigenes Bild zu machen. Dem trat Jesus bei seinem letzten Besuch des Tempels entgegen: „Die Gesetzeslehrer und Pharisäer sind die berufenen Ausleger des Gesetzes, das Mose euch gegeben hat. Ihr müßt ihnen also gehorchen und tun, was sie sagen. Aber nach ihren Handlun-

---

Dieses Kapitel bezieht sich auf Matthäus 23; Markus 12,41–44 und Lukas 20,45–47; 21,1–4

gen dürft ihr euch nicht richten, denn sie selber tun gar nicht, was sie lehren. Sie schnüren schwere Lasten zusammen und laden sie den Menschen auf die Schultern, aber sie selbst machen keinen Finger krumm, um sie zu tragen. Alles, was sie tun, tun sie nur, um von den Leuten gesehen zu werden. Sie tragen auffällig breite Gebetsriemen und besonders lange Quasten an ihren Kleidern. Bei Festmählern sitzen sie auf den Ehrenplätzen und beim Gottesdienst in der vordersten Reihe. Sie haben es gern, wenn man sie auf der Straße respektvoll grüßt und sie als ‚hochwürdige Lehrer' anredet. Aber ihr sollt euch nicht ‚Lehrer' nennen lassen, denn ihr seid untereinander Brüder und habt nur einen, der euch etwas zu sagen hat. Auch sollt ihr hier auf Erden niemand ‚Vater' nennen, denn ihr habt nur einen Vater; den im Himmel. Ihr sollt euch auch nicht ‚Führer' nennen lassen, denn es gibt nur einen, der euch führt, und das ist Christus, der versprochene Retter." [1]

Diese Einschätzung zeigt, wie weit Anspruch und Wirklichkeit bei der damaligen Geistlichkeit auseinanderklafften. Sie waren nicht das, was sie zu sein vorgaben. Hinter der frommen Fassade verbargen sich Eigennutz, Habsucht, Ehrgeiz und Eitelkeit. Statt die einfachen Leute wie Schwestern und Brüder zu behandeln, die Kinder des einen Vaters waren so wie sie, suchten sie sich von ihnen zu unterscheiden. Deshalb gefiel es ihnen, wenn man sie ehrfürchtig „Rabbi" oder „Meister" nannte. Sie beanspruchten eine Sonderstellung und leiteten daraus das Recht ab, das Gewissen anderer zu beherrschen.

Vermutlich würde Christus auch heute allen, die sich mit hochtrabenden Titeln schmücken oder als Wohltäter und Heilige verehren lassen, ähnliches sagen wie damals den Pharisäern und Schriftgelehrten. Die Schrift bezeugt von Gott: „Heilig und ehrfurchtgebietend ist er!" Bei ihm stimmen Anspruch und Wirklichkeit überein. Darum hat auch nur er das Recht, sich heiliger Vater nennen zu lassen. Wo Menschen diesen Anspruch erheben, ist Vorsicht geboten; denn allzuoft verbergen sich Ehrgeiz, Machtstreben und Sünde unter dem prächtigen Gewand eines hohen oder heiligen Amtes.

Christus fuhr fort: „Darum soll der Größte unter euch euer Diener sein. Wer sich hochstellt, den wird Gott demüti-

[1] Matthäus 23,2–10

gen; aber wer sich gering achtet, den wird er erhöhen."[2] Weil Jesus selbst diesem Grundsatz entsprechend lebte, fordert er auch von anderen Hingabe und Dienstbereitschaft. Er lehrte, daß wahre Größe nicht von Besitz oder Gelehrsamkeit abhängt, sondern an sittlichen Maßstäben gemessen wird. In den Augen der Menschen ist Größe meist gleichbedeutend mit Reichtum, Erfolg und Macht. Bei Gott ist das anders. Vor ihm ist groß, wem das Wohl seiner Mitmenschen am Herzen liegt. Darin ist Christus das beste Vorbild. Er, der König der Herrlichkeit, wurde einer von uns, um die Menschen mit Gott zu versöhnen.

Kein Wunder, daß Jesus mit seinen Zeitgenossen hart ins Gericht ging: „Weh euch Gesetzeslehrern und Pharisäern! Ihr Scheinheiligen! Ihr versperrt den Zugang zur neuen Welt Gottes vor den Menschen. Ihr selbst kommt nicht hinein, und ihr hindert alle, die hineinwollen. Weh euch Gesetzeslehrern und Pharisäern! Ihr Scheinheiligen! Ihr sprecht lange Gebete, um einen guten Eindruck zu machen, in Wahrheit aber seid ihr Betrüger, die hilflose Witwen um ihren Besitz bringen. Ihr werdet einmal besonders streng bestraft werden."[3]

Mit harten Worten kritisierte Jesus, daß das fromme Gehabe vieler Gesetzeslehrer im Gegensatz zu ihrem Handeln stand. Sie säten Zweifel in die Herzen der Menschen und wurden dadurch mitschuldig, daß viele Israeliten zu Jesus und seiner Botschaft kein Vertrauen faßten. Nicht genug damit, daß sie anderen die Tür zum Reich Gottes zuschlugen, sie machten es ihnen auch schwer, hier auf Erden menschenwürdig zu leben. Besonders widerwärtig waren die Machenschaften, durch die sich solche „frommen" Männer an Witwen und Waisen schamlos bereicherten. Ihr Leben wurde vorwiegend von Eigensucht und Habgier bestimmt; beim Volk aber wollten sie durch ihr scheinheiliges Auftreten und durch lange Gebete den Eindruck besonderer Frömmigkeit erwecken.

Wahre Hingabe

Die Tatsache, daß Jesus den religiösen Ehrgeiz scharf verurteilte, darf nicht zu der Annahme verleiten, er habe die

---

[2] Matthäus 23,11.12 [3] Matthäus 23,13.14

Verbindlichkeit der göttlichen Gebote in Frage stellen wollen. Deutlich wurde das bei einer alltäglichen Begebenheit, die sich im Vorhof des Tempels zutrug. Christus stand in der Nähe des Opferkastens [4] und beobachtete, wie die Leute ihre Gaben darbrachten. Einige Reiche spendeten demonstrativ größere Geldsummen; möglicherweise erwarteten sie, ihrer Opferfreudigkeit wegen von Christus gelobt zu werden. Doch der Herr schwieg. Schließlich näherte sich eine arme Witwe dem Gotteskasten. Sie hatte nur zwei kleine Geldstücke [5] in der Hand und schaute sich verschämt um, ob auch niemand beobachtete, wie gering ihre Gabe war. Verglichen mit dem, was andere eingelegt hatten, war dieses „Scherflein" nicht der Rede wert. Doch Jesus sah die Sache anders; er rief „seine Jünger herbei und sagte zu ihnen: ‚Ich versichere euch: diese Witwe hat mehr gegeben als alle anderen. Sie haben lediglich von ihrem Überfluß etwas abgegeben. Aber diese arme Witwe hat tatsächlich alles geopfert, was sie zum Leben hatte.'" [6] Als die Frau das hörte, war sie tief bewegt, denn sie spürte, daß bei Gott selbst die geringste Gabe nicht bedeutungslos ist. Praktisch denkende Leute hätten ihr vermutlich geraten, das Geld für sich zu behalten, da sie es dringender brauche als Gott. Für den Herrn käme es auf einen Pfennig mehr oder weniger ohnehin nicht an. Doch die Witwe dachte anders. Für Gott wollte sie tun, was sie konnte. Ohne es zu ahnen, war das in Gottes Augen mehr als nur das Geld; sie opferte nicht nur von ihrer Habe, sondern legte sich selbst in die Hand des Herrn. Deshalb sollte nach Jesu Willen dieses Opfer bis in alle Ewigkeit unvergessen bleiben.

Wenn es darum geht, Gottes Werk zu unterstützen, kommt es nicht auf die Höhe des Betrages an, sondern auf das Motiv des Gebens. Scheinbar unbedeutende Taten, freudig erfüllte Pflichten und Opfer, die von Herzen kommen, gelten bei Gott mehr als großzügige Spenden, die gezwungenermaßen oder aus Berechnung gegeben werden. Aus dem „Scherflein" einer armen Witwe kann Gott mehr Segen fließen lassen als aus dem „Scheck" eines Pharisäers.

---

[4] Eines der 13 Gefäße, die lt. Josephus im Vorhof der Frauen des herodianischen Tempels aufgestellt waren, um die Tempelsteuer und andere Abgaben aufzunehmen. [5] Es handelte sich um die kleinste griechische Kupfermünze (Lepton), die etwa den Wert eines halben Pfennigs hatte.

[6] Markus 12,43.44

Jahrtausende hindurch haben sich Gläubige diese arme Frau zum Vorbild genommen. So hat sich das kümmerliche Rinnsal von zwei halben Pfennigen zu einem Strom ausgeweitet, der immer breiter und tiefer wurde und bis heute dem Werk Gottes zufließt. Das gilt freilich nicht nur hinsichtlich des Geldes. Gottes Segen liegt auf allem, was wir von Herzen tun, um ihn zu verherrlichen und sein Reich zu bauen. Unsere Vorstellungskraft reicht nicht aus, um zu erfassen, was Gott aus solchen Gaben machen kann.

Heuchlerische Frömmigkeit

„Weh euch Gesetzeslehrern und Pharisäern! Ihr Scheinheiligen! Ihr gebt Gott den zehnten Teil von allem, sogar von Gewürzen wie Minze, Anis und Kümmel, aber um die entscheidenden Forderungen des Gesetzes – Gerechtigkeit, Barmherzigkeit, Treue – kümmert ihr euch nicht. Aber gerade sie solltet ihr erfüllen, ohne das andere zu vernachlässigen!“[7]

Dieses Jesuswort stützt keineswegs die These, Christus habe die Verbindlichkeit des Gesetzes Gottes aufgehoben. Im Gegenteil! Er bestätigt vielmehr die von Gott eingesetzte Zehntenordnung. Sie galt nicht nur im Judentum, sondern war offenbar schon in früherer Zeit bekannt; denn auch Abraham gab den Zehnten von allem, was er hatte. Das göttliche Prinzip der Abgabe des Zehnten war nicht nur vernünftig, sondern auch äußerst wirksam im Blick auf die Ausgewogenheit der weltlichen und religiösen Bedürfnisse des Menschen. Allerdings hatten die Priester und Rabbiner die Zehntenordnung im Laufe der Zeit durch Zusätze und spitzfindige Bestimmungen zu einer unerträglichen Last für das Volk gemacht. Mitunter waren sie übergenau; zumindest dort, wo es Eindruck machte und nicht viel kostete. Das Verzehnten von Küchenkräutern beispielsweise war Pfennigkram, aber es sollte die Leute beeindrucken: „Seht nur, wie genau sie es nehmen!“

Doch der Schein trog. Nicht das Verzehnten von Küchenkräutern ist entscheidend; das eigentliche Anliegen des Gesetzes ist Gerechtigkeit, Barmherzigkeit und Treue. Doch mit diesen Tugenden stand es bei manchen Frommen jener Zeit nicht zum besten.

---

[7] Matthäus 23,23

Auch andere göttliche Ordnungen waren von den Pharisäern so zugespitzt oder verfälscht worden, daß ihr eigentlicher Sinn kaum noch erkennbar war. In den mosaischen Speisegesetzen ist eindeutig festgelegt, welches Fleisch gegessen werden darf und welche Tiere aus gesundheitlichen Gründen nicht zum Verzehr geeignet sind. Unter anderem gilt Schweinefleisch als unrein und steht deshalb auf der Verbotsliste. Die Sorge, etwas Unreines zu essen und sich dadurch zu versündigen, veranlaßte die Pharisäer zu übertriebenen, oft sogar extremen Vorsichtsmaßnahmen, die über die Anordnungen Gottes hinausgingen. So verpflichteten sie die Gläubigen, jeden Schluck Wasser zu filtern, damit nicht etwa versehentlich ein Insekt verschluckt wurde, das zu den unreinen Tieren gehört. Wenn es allerdings um ihre Ehre oder ihren Vorteil ging, nahmen es die gleichen Leute mit der Weisung Gottes nicht so genau. Jesus geißelte diese Frömmelei mit den Worten: „Ihr wollt andere führen und seid selbst blind. Die winzigste Mücke fischt ihr aus dem Becher, aber Kamele schluckt ihr unbesehen hinunter. Weh euch Gesetzeslehrern und Pharisäern! Ihr Scheinheiligen! Eure Becher und Schüsseln haltet ihr äußerlich rein, aber was ihr daraus eßt und trinkt, habt ihr euch in eurer Gier zusammengestohlen. Ihr blinden Pharisäer! Kümmert euch zuerst um die innere Reinheit, dann ist auch alles Äußere rein.“ [8]

Der Schein trügt

Jesus fuhr fort: „Weh euch Gesetzeslehrern und Pharisäern! Ihr Scheinheiligen! Ihr seid wie weiß gestrichene Gräber, die äußerlich zwar schön aussehen; aber drinnen ist nichts als Würmer und Knochen. So seid ihr: Von außen hält man euch für fromm, innerlich aber steckt ihr voller Heuchelei und Schlechtigkeit.“ [9]

Die prächtigsten Grabstätten können nicht darüber hinwegtäuschen, daß sie Totengebeine enthalten. Jesus benutzte dieses Bild, um zu zeigen, daß eine fromme Fassade oft nur aufgerichtet wird, um dahinter Schlechtigkeit und Heuchelei zu verbergen. Um die Scheinheiligkeit seiner Gegner vollends aufzudecken, fügte er hinzu: „Ihr baut den Propheten wunderbare Grabmäler und schmückt die Gräber der Gesetz-

[8] Matthäus 23,24–26 [9] Matthäus 23,27.28

zestreuen. Und ihr sagt: ‚Wenn wir zur Zeit unserer Vorfahren gelebt hätten, wir hätten ihnen nicht dabei geholfen, als sie die Propheten umbrachten!' Damit gebt ihr zu, daß ihr die Nachkommen dieser Prophetenmörder seid. Macht nur das Maß eurer Väter voll!" [10]

Offenbar bezog sich Jesus mit seinen Vorwürfen auf die Gepflogenheit der Reichen, viel Geld dafür auszugeben, daß man sie auch nach ihrem Tod nicht vergessen sollte. Das artete schließlich aus in einen Totenkult, der schon an Götzendienst grenzte. Derartige Auswüchse lassen sich übrigens zu allen Zeiten beobachten. Noch immer kommt es vor, daß die Sorge für die Toten soviel Kraft und Geld in Anspruch nimmt, daß für die Lebenden kaum Zeit bleibt. Christus aber will, daß wir uns um die Lebenden kümmern.

Jesu Hinweis auf die Grabmäler der Propheten läßt die Zwiespältigkeit seiner Gegner erkennen. Einesteils distanzierten sie sich von der Praxis ihrer Väter, unbequeme Mahner kurzerhand aus dem Weg zu räumen; andererseits waren sie gerade selber im Begriff, sich des Gottessohnes zu entledigen. Schwer zu begreifen, wie fromme Menschen das miteinander vereinbaren können! Wahrscheinlich gibt es nur eine Erklärung: Wer sich von der Wahrheit abwendet, gerät unter die Herrschaft Satans, so daß er schließlich selbst das Böse für gut hält.

Doch es steht uns nicht zu, über die Menschen von damals den Stab zu brechen. Mag sein, daß wir uns über die Verblendung der Pharisäer und Ratsmitglieder wundern und im Brustton der Überzeugung sagen: Hätten wir damals gelebt, so wäre das nicht passiert! Wir hätten Christus nicht zurückgewiesen! Wer so redet, sollte in sich gehen und darüber nachdenken, wie oft er den Herrn schon verraten hat, wenn es darum ging, Selbstverleugnung zu üben oder demütig und gehorsam zu sein. Menschen, die bei jeder Gelegenheit betonen, ihnen wäre dieses oder jenes nicht passiert, sind oft von dem gleichen pharisäischen Geist beseelt wie die Feinde Jesu.

Obwohl die Pharisäer und Schriftgelehrten das Verhalten ihrer Vorfahren kritisierten, stellten sie sich durch die Ablehnung Christi auf eine Stufe mit ihnen und machten sich des gleichen Vergehens schuldig. Das hielt ihnen Jesus vor, als er sagte: „Hört gut zu! Ich werde euch Propheten, weise Män-

[10] Matthäus 23,29–32

ner und wahre Gesetzeslehrer schicken. Ihr werdet einige von ihnen töten, andere ans Kreuz nageln, wieder andere in euren Synagogen auspeitschen und von Stadt zu Stadt verfolgen. So kommt auf euch die Verantwortung für die Ermordung aller Unschuldigen, von Abel an bis hin zu Secharja, ... den ihr zwischen Tempelhaus und Brandopferaltar umgebracht habt. Ich versichere euch; noch diese Generation wird die Strafe für alle diese Schandtaten bekommen."[11]

Die Schriftgelehrten und Pharisäer kannten die tragische Geschichte Secharjas, der auf Befehl König Joaschs umgebracht worden war.[12] Weil dieser Priester, vom Geist Gottes bewegt, den Abfall des Königs und des Volkes geißelte, wurde er im Vorhof des Tempels erschlagen. Bevor er starb, rief er seinen Peinigern zu: „Der Herr sieht es und wird es vergelten!" Als Jesus von Abel und Secharja sprach, wußten seine Feinde genau, was er damit sagen wollte, dennoch waren sie nicht zur Umkehr bereit – und würden es auch später nicht sein. Das Volk erschrak, als es Jesus so reden hörte. Es fürchtete sich vor der angekündigten Vergeltung.

Jesus äußerte sich so scharf, weil er im Gegensatz zu seinen Feinden erkannt hatte, daß fromme Heuchelei sowie alle anderen Sünden seinem Volk den Untergang bringen würden. Einerseits ergrimmte er in heiligem Zorn über die Machenschaften Satans, der die jüdischen Oberen offenbar fest im Griff hatte. Andererseits jammerten ihn die verblendeten Menschen, denn sie rannten geradewegs ins Verderben. Deshalb klagte er: „Jerusalem, Jerusalem, du tötest die Propheten und steinigst die Boten, die Gott zu dir schickt. Wie oft wollte ich deine Bewohner um mich scharen, wie eine Henne ihre Küken unter die Flügel nimmt! Aber ihr habt nicht gewollt."[13] Die Leute hörten zwar die Klage, aber sie begriffen diese Worte nicht als Zeichen dafür, daß sich der barmherzige Gott von seiner Stadt und seinem Volk zurückzog.

Jesu Werben um Israel war beendet. Er verließ den Tempel als Sieger, auch wenn das für die meisten nicht so aussah. Vor ihm lag die letzte Wegstrecke seines Erdenlebens; für die Welt begann eine neue Epoche. Für viele, die Jesu letztes Auftreten im Tempel miterlebten, ging die Zeit der Gnade zu Ende; andere dagegen wurden nach Jesu Tod und Auferstehung zu vollmächtigen Zeugen der Christusbotschaft. Das

---

[11] Matthäus 23,34–36 [12] Vgl. 2. Chronik 24,20–22 [13] Matthäus 23,37

beweist, daß Jesu Lehren mehr sind als fromme Theorien oder menschliche Philosophie.

Israels Zeit allerdings war vorbei. Als Christus den Tempel verließ, zog sich auch Gott aus dem Haus zurück, das einmal zu seiner Ehre erbaut worden war. Zwar wurden Gottesdienste und Opferzeremonien fast noch über drei Jahrzehnte weitergeführt, doch sie hatten ihre Bedeutung verloren.

Jesus warf einen letzten Blick auf das Heiligtum und sagte: „Deshalb wird Gott euren Tempel verlassen, und der Tempel wird verwüstet daliegen. Ich sage euch, ihr werdet mich erst wiedersehen, wenn ihr rufen werdet: ‚Heil dem, der im Auftrag des Herrn kommt!'" [14]

---

[14] Matthäus 23,38.39

68 | Wir möchten gerne Jesus kennenlernen

„Unter denen, die zum Fest nach Jerusalem gekommen waren, um Gott anzubeten, befanden sich auch einige Nichtjuden. Sie gingen zu Philippus, der aus Betsaida in Galiläa stammte, und sagten zu ihm: ‚Wir möchten gerne Jesus kennenlernen.' Philippus sagte es Andreas, und sie gingen beide zu Jesus."[1]

Zu dieser Zeit sah es so aus, als sei Jesus mit seiner Mission gescheitert. Zwar war er aus den Auseinandersetzungen mit den Priestern und Schriftgelehrten als Sieger hervorgegangen, doch zugleich hatte sich gezeigt, daß diese Männer ihn niemals als den Messias anerkennen würden. Die Kluft war unüberbrückbar, und den Jüngern erschien die Lage hoffnungslos. Nun war die Stunde da, daß sich Israels Geschick und das der ganzen Welt entscheiden sollte.

In dieser Situation hatte Gott es so gefügt, daß ausgerechnet Nichtjuden den Wunsch äußerten, Jesus kennenzulernen. Das machte Christus Mut; denn diese Begebenheit hatte zeichenhafte Bedeutung. Bei Jesu Geburt waren Fremde aus dem Osten gekommen, um das neugeborene Kind anzubeten; in Israel dagegen hatten nur wenige vom Kommen des Erlösers Notiz genommen. Nun stand der Herr am Ende seines Lebens, ohne daß er sein Volk hatte gewinnen können. Nur eine kleine Gruppe von Gleichgesinnten war um ihn geschart. Doch was bedeutete das schon angesichts der vielen Feinde? Ausgerechnet in dieser Situation fragten Griechen nach Jesus Christus. Griechische Kultur und Sprache sowie hellenistisches Denken waren in der Antike weit verbreitet. Als die griechischen Männer nach Jesus fragten, um sich Klarheit über seine Person und seinen Auftrag zu verschaffen, sah er darin ein Zeichen, daß sich bald die ganze Welt seiner Botschaft öffnen würde.

Als die Jünger die Bitte der Fremden ihrem Meister überbrachten, hielt er sich gerade in einem Teil des Tempels auf, zu dem Nichtjuden keinen Zutritt hatten. Er ging deshalb in

---

Dieses Kapitel bezieht sich auf Johannes 12,20–43 [1] Johannes 12,20

einen Vorhof, der auch von Heiden betreten werden durfte, und sprach dort mit ihnen. Jesus wußte, daß er schon im Schatten des Kreuzes stand und sagte: „Die Stunde ist gekommen! Jetzt wird die Herrlichkeit des Menschensohns sichtbar werden.“[2] Für die Seinen würde es allerdings schwer sein, in dem Leidensweg des Meisters seine Herrlichkeit zu erkennen. Was sollten die Griechen denken, wenn er neben dem Schwerverbrecher Barabbas stünde? Und wie würden sie empfinden, wenn das Volk wild schreiend von Pilatus forderte: „Laß Jesus ans Kreuz schlagen“?

Gottes Sohn selbst zweifelte nicht daran, daß sein Sühnetod der Beginn einer neuen Zeit war. Er würde Erlöser und Welterneuerer zugleich sein. Ihm war, als hörte er Menschen aus aller Welt die Worte des Täufers wiederholen: „Dieser ist das Opferlamm Gottes, das die Schuld der ganzen Welt wegnimmt.“[3] In den Fremden, die zu ihm gekommen waren, sah er stellvertretend Millionen von Menschen, die ihm im Laufe der Jahrhunderte nachfolgen würden. Im Gegensatz zu seinen Jüngern wußte Jesus sehr genau, daß Verherrlichung nicht irdische Macht und Erfolg bedeutete, sondern letztlich Verzicht und Tod. Um das den anderen verständlich zu machen, sagte er: „Das Weizenkorn muß in die Erde fallen und sterben, sonst bleibt es ein einzelnes Korn. Aber wenn es stirbt, bringt es viel Frucht.“[4]

Das konnte man verstehen. Wird ein Weizenkorn in die Erde gelegt, so stirbt es, schafft aber damit zugleich neues Leben in Fülle. Wer die Gesetzmäßigkeit von Saat und Ernte nicht kennt, muß sich darüber wundern, daß der Sämann Getreidekörner mit vollen Händen wegwirft. Ist das nicht Verschwendung? Eine Zeitlang konnte man sich damals in dieser Meinung bestätigt fühlen, denn auf dem Acker tat sich nichts. Dann aber sproßten zarte Halme hervor, bildeten Ähren und brachten reiche Frucht.

Ins Geistliche übertragen heißt das: Jesu Tod war nicht das Ende aller Hoffnungen, sondern Beginn einer neuen Zeit, die einmündet in Gottes ewiges Reich. Wer begriffen hat, daß er lebt, weil Christus für ihn gestorben ist, wird nicht müde werden, über diese unermeßliche Gnade nachzusinnen. Christus hätte den Weg der Selbstaufgabe nicht gehen müssen. Wäre er aber den Sühnetod nicht gestorben, so gäbe

---

[2] Johannes 12,23 [3] Johannes 1,29 [4] Johannes 12,24

es auch keine Erlösung. Frucht wächst immer nur aus einem Samenkorn, das in die Erde gelegt wurde. Das ist im natürlichen wie im übertragenen Sinne so. Und das trifft auch nicht nur auf Jesus zu, sondern gilt für alle seine Nachfolger. Deshalb sagte Jesus: „Wer sein Leben liebt, der wird es verlieren. Wer aber sein Leben in dieser Welt geringachtet, wird es für das ewige Leben bewahren. Wer mir dienen will, muß denselben Weg gehen wie ich, und wo ich bin, wird mein Diener dann auch sein. Mein Vater wird jeden, der mir dient, auszeichnen.“ [5]

Ein Leben, das lediglich um sich selber kreist, ist wie ein Samenkorn, das nicht ins Erdreich gelangt. Selbstliebe und Eigensucht verhindern Wachstum und Frucht. Wer leben will, muß geben – und wer gibt, empfängt. Wer sich nur um das eigene Wohlsein kümmert, gleicht einem Bauern, der alles Korn verbraucht und nichts für die Aussaat zurückbehält. Dabei mag er ganz gut leben, aber am Ende steht er mit leeren Händen da. Von Frucht ist weit und breit nichts zu entdecken. Sich ständig um die eigene Achse zu drehen heißt sich selbst zum Sterben verurteilen.

Bei der Begegnung mit den Griechen zog vor Jesu Augen der gesamte Erlösungsplan von seinen Anfängen bis hin zur Vollendung vorüber. Das machte den Herrn einerseits froh, ließ ihn aber zugleich zurückschrecken vor dem Leiden, das er auf sich nehmen müßte. „Mir ist jetzt sehr bange. Was soll ich tun? Soll ich sagen: ‚Vater, laß diese Stunde an mir vorbeigehen‘? Aber ich bin doch gekommen, um sie durchzustehen. Vater, bring deinen Namen zu Ehren!“ [6]

Keine Frage: Als Mensch schreckte Christus zurück vor dem, was auf ihn zukam. Wer möchte auch unschuldig als Verbrecher behandelt und zu Tode gequält werden! Ganz zu schweigen davon, daß sich Jesus am Ende nicht nur von Menschen, sondern auch von Gott verlassen fühlte.

Gott macht Mut

Doch Jesus beugte sich unter den Willen Gottes und war bereit, den vom Vater vorgesehenen Weg zu gehen. Es ging ihm nicht allein um sich, sondern um die Verherrlichung des Vaters und die Erlösung der Menschen. Wenn es denn keine

[5] Johannes 12,25.26 [6] Johannes 12,27

andere Möglichkeit gab, die Macht Satans zu brechen, dann wollte er diesem Kampf nicht ausweichen. Darum ging es, als er sagte: „Vater, bring deinen Namen zu Ehren!" Da war eine Stimme vom Himmel vernehmbar: „Ich habe meinen Namen schon zu Ehren gebracht und werde es wieder tun."[7] Während sich Gott so zu seinem Sohn bekannte, wurde Jesus von himmlischem Licht umfangen, das die Menschen vor Ehrfurcht erschauern ließ. Die Umstehenden wagten vor Staunen kaum zu atmen. „Die Menge, die dort stand, hörte die Stimme, und einige sagten: ‚Es hat gedonnert!' Andere meinten: ‚Ein Engel hat mit ihm gesprochen.'"[8]

Die Griechen bemerkten die gleichen Erscheinungen wie alle anderen, doch im Gegensatz zu den meisten erkannten sie, daß dieser Mann aus Nazareth wirklich der Gesandte Gottes war. Bei Jesu Taufe und bei seiner Verklärung hatte sich Gott ebenfalls durch eine Stimme vom Himmel zu seinem Sohn bekannt. Beim dritten Mal waren es nicht nur ein paar Leute, die diese Stimme hörten, sondern alle, die sich im Vorhof des Tempels aufhielten. Den Juden war damit eine letzte Gelegenheit gegeben, auf Gottes Weisung zu hören. Deshalb sagte Jesus: „Diese Stimme rief nicht meinetwegen, sondern euretwegen. Jetzt fällt die Entscheidung über diese Welt. Jetzt wird der Herrscher dieser Welt gestürzt. Wenn ich von der Erde erhöht werde, will ich alle zu mir holen."[9]

Als Jesus um der Sünde willen starb, wurde es wieder hell in dieser Welt. Satans Macht über die Menschen ist gebrochen; die Gläubigen werden in das Ebenbild Gottes verwandelt und leben in der Hoffnung auf die ewige Gemeinschaft im Reich Gottes. Das alles sah der Herr hinter dem schrecklichen Geschehen am Kreuz von Golgatha aufleuchten.

Doch die Bedeutung des Kreuzestodes Jesu reicht weit über die Erlösung des Menschen hinaus. Von Golgatha her sollte Gottes Liebe in das gesamte Weltall hineinstrahlen. Satans Anschuldigung, Gott sei lieblos und ungerecht, sollte durch die Opfertat Jesu widerlegt werden. Deshalb sagte der Herr im Blick auf Menschen und Engel: „Wenn ich von der Erde erhöht werde, will ich alle zu mir holen." Die Leute aber verstanden ihn nicht, obwohl viele von ihnen Augenzeuge der Wunder Jesu gewesen waren. Sogar in dem Augenblick, da Gott unmittelbar zu seinem Sohn gesprochen hatte,

---

[7] Johannes 12,28 [8] Johannes 12,29 [9] Johannes 12,30–32

wollten viele nicht glauben, daß der Mann aus Nazareth der Messias ist.

Doch nicht alle lehnten Jesus ab. „Es gab zwar viele führende Juden, die Vertrauen zu Jesus hatten, aber wegen der Pharisäer sprachen sie nicht öffentlich darüber; denn sie wollten nicht aus der Synagogengemeinde ausgeschlossen werden. Der Beifall von Menschen war ihnen lieber als die Anerkennung von Gott." [10] Für die meisten von ihnen hatte das verhängnisvolle Folgen: Sie setzten ihr ewiges Lebens aufs Spiel. Nur wenige dieser heimlichen Anhänger bekannten sich nach Jesu Tod und Auferstehung zu Christus. Allen, die nicht den Mut dazu fanden, galt Jesu Wort: „Wer mich ablehnt und nicht annimmt, was ich sage, der hat seinen Richter schon gefunden: das Wort, das ich gesprochen habe, wird ihn am letzten Tag verurteilen." [11]

---

[10] Johannes 12,42.43 [11] Johannes 12,48

69 | Wann wird das geschehen?

Jesu Ankündigung „Deshalb wird Gott euren Tempel verlassen, und der Tempel wird verwüstet daliegen" hatte die Priester und Ratsmitglieder tief betroffen gemacht. Sie taten zwar, als hätten sie diese Prophezeiung überhört, doch in Wirklichkeit waren sie entsetzt. War es denn möglich, daß Israels Stolz in Schutt und Asche sinken konnte?

Auch die Jünger waren bestürzt über Jesu Worte. Als sie den Tempel verließen, machten sie ihn auf die Herrlichkeit dieser heiligen Stätte aufmerksam. Sie konnten sich nicht vorstellen, daß die Gebäude aus kostbarem weißen Marmor eines Tages nicht mehr existieren sollten. Und erst die Mauern! Selbst Nebukadnezar hatte es sechshundert Jahre zuvor nur mit Mühe geschafft, in die Stadt einzudringen. Inzwischen war das Mauerwerk noch verstärkt worden. Wer sollte die gewaltigen Quader zerstören und Jerusalem einnehmen können?

Der Anblick, der sich Jesus bot, war tatsächlich überwältigend. Er konnte die Empfindungen und den Zweifel der Jünger verstehen, dennoch blieb er dabei, daß von dieser Pracht nichts übrig bleiben würde. Natürlich wollten sich die Freunde mit dieser pauschalen Ankündigung nicht zufriedengeben; sie baten deshalb: „Sag uns, wann wird das geschehen, und woran werden wir erkennen, daß du kommst und das Ende der Welt da ist?"

Für die Jünger war klar: Wird Jerusalem zerstört, so ist das Ende der Welt gekommen. Obwohl Jesus das ganz anders sah, trennte er in seiner Antwort die Zerstörung Jerusalems nicht von der Zeit seiner Wiederkunft. Hätte er die unmittelbare Zukunft geschildert, wie es in Wirklichkeit sein würde, so hätten die Jünger das vermutlich nicht ertragen. Daß Jerusalem vernichtet werden könnte, ohne daß zugleich Gottes himmlisches Reich aufgerichtet würde, war für sie undenkbar. Vermutlich ging der Herr deshalb auf beide Ereignisse ein, ohne sie eindeutig voneinander zu trennen. Im üb-

---

Dieses Kapitel bezieht sich auf Matthäus 24; Markus 13 und Lukas 21,5–38

rigen waren die Hinweise auf die Katastrophen der Zukunft nicht nur für die Jünger bestimmt, sondern galten auch denen, die in späteren Jahrhunderten leben würden.

„Jesus antwortete: ‚Seid auf der Hut und laßt euch von niemand täuschen. Viele werden mit meinem Anspruch auftreten und behaupten: Ich bin Christus!' Damit werden sie viele irreführen." [1] Diese Warnung bezog sich zunächst auf die Geschichte Israels und erfüllte sich buchstäblich. Nach Jesu Tod und Auferstehung traten tatsächlich mehrfach falsche Heilsbringer auf, die das Volk letztlich in den Untergang trieben. Doch die Bedeutung dieser Prophezeiungen erschöpft sich nicht in den Ereignissen der israelitischen Geschichte, sondern weist über die Belagerung und Zerstörung Jerusalems weit hinaus. Täuschungen sollte es auch in späteren Jahrhunderten geben, vor allem am Ende der Tage.

„Erschreckt nicht, wenn nah und fern Kriege ausbrechen. Es muß so kommen, aber das ist noch nicht das Ende. Ein Volk wird gegen das andere kämpfen, ein Staat den anderen angreifen. Es wird überall Hungersnöte und Erdbeben geben. Das ist erst der Anfang vom Ende – so wie der Beginn der Geburtswehen." [2] Tatsächlich gab es vor der Zerstörung Jerusalems viele gewaltsame Auseinandersetzungen zwischen rivalisierenden jüdischen Gruppen sowie Angriffe auf die römischen Unterdrücker. Die Rabbiner deuteten das als Zeichen dafür, daß die Ankunft des Messias unmittelbar bevorstehe. Jesus sagte: Laßt euch nicht täuschen! Was die Oberen für Vorzeichen der Befreiung halten, sind in Wirklichkeit Zeichen des Untergangs.

„Dann wird man euch ausliefern, euch quälen und töten. Die ganze Welt wird euch hassen, weil ihr euch zu mir bekennt. Wenn es soweit ist, werden viele vom Glauben abfallen und sich gegenseitig verraten und einander hassen." [3] All das mußten Gläubige damals über sich ergehen lassen. Wenn sich jemand für die Nachfolge Christi entschied, mußte er damit rechnen, von Eltern, Kindern oder ehemaligen Freunden verraten und dem Hohen Rat ausgeliefert zu werden. Stephanus war der erste, den man um seines Glaubens willen umbrachte. Der Apostel Jakobus und viele andere folgten ihm später in den Tod.

Wurden Christen ihres Glaubens wegen vor Gericht ge-

---

[1] Matthäus 24,4.5 [2] Matthäus 24,6–8 [3] Matthäus 24,9.10

zerrt, so ging damit ein Angebot des Herrn Hand in Hand, das Ankläger und Richter zur Einsicht bringen könnte. Der Erfolg war allerdings gering. Meist wurden die Angeklagten zum Tode verurteilt; und indem man die Nachfolger Christi umbrachte, kreuzigten die Juden den Gottessohn gleichsam noch einmal. Wie es damals war, so wird es auch in der Endzeit sein. In einigen Ländern werden Gesetze zur Einschränkung der religiösen Freiheit erlassen, so daß es möglich ist, gegen Andersgläubige gewaltsam vorzugehen. Die Gewissensfreiheit wird eingeschränkt oder völlig abgeschafft werden. Solche und ähnliche Übergriffe wird es geben, bis Gott seiner Getreuen wegen eingreift und dem Treiben Einhalt gebietet.

In Zeiten äußerer Bedrängnis gibt es leider auch immer wieder Menschen, die den Glauben aufgeben und sich von Christus lossagen. Manche werden nicht einmal davor zurückschrecken, ihre Mitgläubigen zu verraten, um die eigene Haut zu retten. Der Herr will, daß wir das wissen und damit rechnen, damit wir nicht zerbrechen an derartigen Erfahrungen.

Jesus sagte nicht nur den bevorstehenden Untergang Jerusalems voraus, sondern zeigte den Seinen auch den Weg, wie man der Katastrophe entgehen könnte. „Wenn feindliche Heere Jerusalem belagern, dann wißt ihr: die Stadt wird bald zerstört. Dann sollen die Bewohner Judäas in die Berge fliehen! Wer in der Stadt ist, soll sie schnell verlassen, und die Leute vom Land sollen nicht in die Stadt gehen." [4] Jesus gab diesen Rat vierzig Jahre vor dem Untergang Jerusalems. Als dann die römischen Heere in Judäa einmarschierten, dachten die Christen an Jesu Weisung und verließen die Stadt. Das bewahrte sie davor, in die Wirren des Untergangs hineingezogen zu werden.

Jesus fuhr fort: „Bittet Gott, daß ihr nicht im Winter oder an einem Sabbat fliehen müßt." [5] Indem Christus im Blick auf die Zukunft rät, die Seinen mögen darum bitten, nicht an einem Sabbat zur Flucht gezwungen zu sein, machte er deutlich, daß der Sabbat auch weiterhin der verbindliche Ruhetag sein sollte. Es entspricht weder dem Zeugnis Jesu noch dem der Schrift, wenn behauptet wird, seit Jesu Tod und Auferstehung sei der Sabbat für die christliche Gemeinde nicht mehr

---

[4] Lukas 21,20.21 [5] Matthäus 24,20

gültig. Mehrfach hatte Jesus in der Vergangenheit deutlich gemacht, daß er der Herr des Sabbats ist; an keiner Stelle aber hat er diese Vollmacht benutzt, um das Sabbatgebot zu verändern oder abzuschaffen. Im Gegenteil! Hätte er sonst voraussetzen können, daß in der christlichen Gemeinde noch vier Jahrzehnte nach seiner Himmelfahrt der Sabbat geheiligt würde?

Schlimme Zeiten

Unvermittelt ging Jesus von der Zerstörung Jerusalems über zum Ende der Welt. Für die Jünger gehörten beide Ereignisse zusammen. Jesus dagegen wußte, daß zwischen dem Untergang Israels und seiner Wiederkunft Jahrhunderte liegen würden – Jahrhunderte, die der Gemeinde Leid, Tränen und Tod brächten. Auf diese Trübsalszeit ging er mit nur wenigen Worten ein: „Denn was dann geschieht, wird furchtbarer sein als alles, was jemals seit Beginn der Welt geschehen ist oder noch geschehen wird. Wenn Gott diese Schreckenszeit nicht abgekürzt hätte, würde kein Mensch gerettet werden. Er hat sie aber denen zuliebe abgekürzt, die er erwählt hat." [6]

Was Jesus hier voraussagte, findet im Rückblick seine Bestätigung. Über eintausend Jahre lang wurden Christen unvorstellbar grausam verfolgt und gequält. Millionen von Menschen sind diesen Verfolgungen zum Opfer gefallen. Hätte Gott nicht bewahrend eingegriffen, so wäre nichts übriggeblieben von der Gemeinde Jesu.

Schließlich sprach Jesus zu seinen Jüngern eindeutig von seiner Wiederkunft: „Wenn dann einer zu euch sagt: ‚Seht her, hier ist Christus!' oder: ‚Dort ist er!' – glaubt ihm nicht. Denn mancher falsche Christus und mancher falsche Prophet wird auftreten. Sie werden sich durch große Wundertaten ausweisen, so daß sogar die von Gott Erwählten getäuscht werden könnten – wenn das überhaupt möglich wäre. Denkt daran, daß ich es euch vorausgesagt habe! Wenn also die Leute sagen: ‚Draußen in der Wüste ist er', dann geht nicht hinaus! Oder wenn sie sagen: ‚Er ist hier und hält sich in einem Haus verborgen', dann glaubt ihnen nicht. Denn der Menschensohn wird plötzlich und für alle sichtbar kom-

[6] Matthäus 24,21.22

men, wie ein Blitz, der von Ost nach West über den Himmel zuckt." [7]

Es hat immer Verführer und Scharlatane gegeben, die behaupten, man müsse hier- oder dorthin gehen, um Christus zu finden – oder andere, die dazu aufrufen, dies oder jenes zu tun, um mit ihm in Kontakt zu kommen. Aber so läßt sich Christus nicht finden, auch nicht in spiritistischen Zirkeln, die angeblich die unmittelbare Verbindung zu Verstorbenen herstellen können. Welche Angebote uns in dieser Hinsicht auch gemacht werden, Jesus sagt: „Glaubt es nicht!"

Vorzeichen am Himmel

Ein Datum für seine Wiederkunft hat Christus nicht genannt, wohl aber Zeichen, die sich zeitlich einordnen lassen. So sagte er: „Bald nach dieser Schreckenszeit wird sich die Sonne verfinstern, und der Mond wird nicht mehr scheinen, die Sterne werden vom Himmel fallen, und die Ordnung des Himmels wird zusammenbrechen. Dann wird das Zeichen des Menschensohnes am Himmel sichtbar werden. Die Völker der ganzen Welt werden jammern und klagen, wenn sie den Menschensohn auf den Wolken des Himmels mit göttlicher Macht und Herrlichkeit kommen sehen. Wenn die große Trompete ertönt, wird er seine Engel in alle Himmelsrichtungen ausschicken, damit sie von überallher die Menschen zusammenbringen, die er erwählt hat." [8]

Christus sprach davon, daß nach der Verfolgungszeit kosmische Ereignisse eintreten werden, die aus dem Rahmen des sonst Üblichen herausfallen. Sie sind ein deutlicher Hinweis auf seine Wiederkunft. Und er fügte hinzu: „... wenn ihr diese Dinge kommen seht: Dann wißt ihr, daß das Ende unmittelbar bevorsteht." [9] Vieles von dem, was Jesus damals angekündigt hat, ist inzwischen eingetreten. Daraus erwächst uns die Gewißheit, daß Christus bald wiederkommen wird.

Das wird ein überwältigendes Ereignis sein. Ein Heer von Engeln wird den Herrn begleiten, wenn er auf die Erde zurückkommt, um das Erlösungswerk abzuschließen. Die Verstorbenen werden zurückgerufen ins Leben und gemeinsam mit den lebenden Gläubigen ihrem Gott entgegengehen. Dann wird sich zeigen, wie richtig es war, Gott zu lieben

---

[7] Matthäus 24,23–27 [8] Matthäus 24,29–31 [9] Matthäus 24,33

und ihm die Treue zu halten. Daß wir trauern, wenn uns Menschen durch den Tod entrissen werden, ist verständlich; doch wenn uns der Schmerz zu übermannen droht, sollten wir an die Zusage Jesu denken: „Wenn die Trompete ertönt, werden die Verstorbenen zu unvergänglichem Leben erweckt. Wir aber, die wir dann noch am Leben sind, bekommen einen neuen Körper."[10]

Das ist der Tag, an dem Gott alle Tränen von unseren Augen abwischen wird. Eins allerdings sollten wir nicht überhören: „Aber den Tag oder die Stunde, wann das geschehen soll, kennt niemand, auch nicht die Engel im Himmel – nicht einmal der Sohn. Nur der Vater kennt sie."[11]

Wie zu Noahs Zeit

„Wenn der Menschensohn kommt, wird es sein wie zu Noachs Zeit. Damals vor der großen Flut aßen und tranken und heirateten die Menschen, wie sie es gewohnt waren – bis zu dem Tag, an dem Noach in die Arche ging. Sie ahnten nicht, was ihnen bevorstand, bis dann die Flut hereinbrach und sie alle wegschwemmte. So wird es auch sein, wenn der Menschensohn kommt."[12]

Wie war es zur Zeit Noahs? Die Bibel beschreibt die vorsintflutliche Lebensart so: „Der Herr sah, wie weit es mit den Menschen gekommen war: Sie kümmerten sich nicht um das, was recht ist; ihr Denken und Handeln war durch und durch böse. Das tat ihm weh, und er bereute, daß er sie geschaffen hatte."[13] Im Klartext heißt das: Gott hatte im Leben dieser Menschen keinen Platz mehr, und um seine Gebote kümmerten sie sich keinen Deut. Mit dem Unglauben gingen Bosheit und Verbrechen Hand in Hand. Schließlich war die Verderbnis so groß, daß Gott nur noch einen Ausweg sah: Vernichtung.

Parallelen zu unserer Zeit sind unübersehbar. Wer kümmert sich heutzutage noch um Gott und seinen Willen? Gefragt ist, was Gewinn und Genuß verspricht; richtig ist, was gefällt. Die Jagd nach Glück und Macht, sittliche Verwahrlosung und Gewalt haben weltweit beängstigende Ausmaße angenommen. Jesus unterstrich das mit den Worten: „Und weil

[10] 2. Korinther 15,52 [11] Matthäus 24,36 [12] Matthäus 24,37–39
[13] 1. Mose 6,5

das Böse überhand nimmt, wird die Liebe bei den meisten von euch erkalten. Wer aber bis zum Ende standhaft bleibt, wird gerettet. Zuvor wird die Gute Nachricht in der ganzen Welt verkündigt werden, damit alle Menschen die Einladung in Gottes neue Welt hören. Dann erst kommt das Ende." [14]

Christus sagt nicht, daß sich die ganze Welt bekehren wird, wohl aber, daß alle Menschen zur Umkehr eingeladen sind. Nachfolger Jesu sollten angesichts dieser Verheißung nicht nur passiv auf das Kommen des Herrn warten, sondern durch ihr Zeugnis und ihre Verkündigung dazu beitragen, daß Christus der Weg bereitet wird, damit er bald kommen kann. Wäre die Gemeinde Christi ihrem Auftrag nachgekommen, hätte sich die Verheißung Jesu schon erfüllen können.

Leben im Blick auf das Ziel

Da Tag und Stunde seines Kommens nicht bekannt sind, ruft Gottes Wort zur Wachsamkeit auf: „Haltet euch bereit und laßt eure Lampen nicht verlöschen! Seid wie Diener, die auf ihren Herrn warten." [15] Bereit sein für die Wiederkunft des Herrn heißt, im Blick auf das Ziel leben. Das mag zuerst bedeuten, aus dem „Sündenschlaf" aufzuwachen und sein Leben in Ordnung zu bringen. Dazu gehört auch, sich für die Rettung von Menschen einzusetzen. Gott will auf diesem Gebiet mit uns zusammenarbeiten. Dazu ist es nötig, sich auf die Bedürfnisse der anderen einzustellen. Die Wahrheit kann sie nur erreichen, wenn wir sie verständlich weitergeben. Henoch, Noah, Abraham und Mose verkündigten Gottes Botschaften so, daß ihre Zeitgenossen sie verstehen konnten. Wir sollten es ihnen gleichtun. Die Wahrheit ändert sich nicht, wohl aber die Art, wie sie verkündigt wird.

Jesus wußte natürlich, daß nicht all seine Nachfolger in gespannter Erwartung seines Kommens leben würden. „Wenn er (der ungetreue Knecht) sich aber sagt: ‚So bald kommt mein Herr nicht zurück' und anfängt, die anderen zu schlagen und mit Säufern Gelage zu halten, dann wird sein Herr eines Tages völlig unerwartet zurückkommen ... und ihn dorthin bringen lassen, wo die Feinde Gottes ihre Strafe verbüßen." [16]

---

[14] Matthäus 24,12–14 [15] Lukas 12,36 [16] Lukas 12,45.46

Der ungetreue Knecht sagt nicht, daß der Herr niemals wiederkommt; sein Verhalten zeigt aber, daß er nicht so bald damit rechnet. Entsprechend verhält er sich und steckt andere mit seiner Gleichgültigkeit an. Das Leben wird nicht mehr in Verantwortung vor dem Herrn geführt, sondern von eigenen Erwägungen und Wünschen bestimmt. Und wenn andere an die Rückkehr des Herrn erinnern, werden sie bekämpft oder mundtot gemacht.

Damit deutete Jesus an, was die Seinen in Zukunft zu erwarten haben. Wenn der Herr wiederkommt, wird es wache und gleichgültige Christen geben. Für die einen wird sein Kommen die Erfüllung ihrer Bitten und Wünsche sein; die anderen werden erschrocken aufhorchen, denn die Verstrikkungen mit der Welt haben sie daran gehindert, an die Ankunft des Herrn zu denken. Die meisten Menschen leben in dieser Zeit selbstsicher und diesseitsorientiert; sie rechnen damit, daß es immer so weitergeht. Über den Glauben spotten sie, dafür jagen sie dem Gewinn nach und stürzen sich von einem Vergnügen ins andere. Sie sind vielseitig interessiert, nur nicht an der Botschaft der Bibel. Dem allen wird Christus ein plötzliches Ende machen, denn er hat gesagt: „Gebt acht: ich werde wie ein Dieb kommen! Wer wach bleibt und seine Kleider anbehält, darf sich freuen. Er wird nicht nackt gehen und sich vor den anderen schämen müssen, wenn sie ihn sehen." [17]

Die Zeichen der Zeit stehen auf Sturm. Die kommenden Ereignisse werfen ihre Schatten voraus. Gottes Geist zieht sich immer mehr von der Welt zurück. Eine Katastrophe jagt die andere. Wo gibt es da noch Sicherheit? Wo kann sich der Mensch geborgen fühlen? Gewiß, noch bewegt sich die Sonne auf ihrer Bahn; noch essen, trinken, pflanzen und bauen die Menschen; noch funktionieren Handel und Wandel; noch drängt man sich in den Vergnügungsvierteln, um sich aufzuputschen oder zu zerstreuen; noch sucht man sich gegenseitig auszustechen oder zu übervorteilen. Doch die Zeit der Gnade neigt sich dem Ende zu. Der Tag, an dem sich das Schicksal aller für immer entscheidet, rückt näher. Kein Wunder, daß Satan mit allen Mitteln versucht, die Menschen darüber hinwegzutäuschen. Er möchte sie hinhalten, bis Gottes Barmherzigkeit ein Ende hat und Umkehr unmög-

[17] Offenbarung 16,15

lich ist. Deshalb warnte Jesus: „Seht euch vor! Laßt euch nicht vom Rausch umnebeln oder von den Alltagssorgen gefangennehmen. Sonst werdet ihr von jenem Tag unvorbereitet überrascht wie von einer Falle, die zuschlägt ... Bleibt wach und hört nicht auf zu beten, damit ihr alles, was noch kommen wird, durchstehen und zuversichtlich vor den Menschensohn treten könnt!“ [18]

[18] Lukas 21,34.36

70 | Christus urteilt anders

„Wenn der Menschensohn in seiner Herrlichkeit kommt, begleitet von allen Engeln, dann wird er sich auf den königlichen Thron setzen. Alle Völker der Erde werden vor ihm versammelt werden, und er wird die Menschen in zwei Gruppen einteilen, so wie ein Hirt die Schafe von den Ziegen trennt.“ [1]

Wenn Christus wiederkommt, wird es nur zwei Gruppen von Menschen geben. Ihr Geschick wird davon abhängen, wie sie sich Jesus gegenüber verhalten haben. Es wird nicht darum gehen, was Christus für sie getan hat, sondern was sie im Glauben für ihn getan oder im Unglauben verweigert haben.

Die einen zur Rechten

Für jene, die angenommen werden, heißt es: „Dann wird der König zu denen auf der rechten Seite sagen: ‚Kommt her! Euch hat mein Vater gesegnet. Nehmt Gottes neue Welt in Besitz, die euch von Anfang an zugedacht ist. Denn ich war hungrig, und ihr habt mir zu essen gegeben; ich war durstig, und ihr habt mir zu trinken gegeben; ich war fremd, und ihr habt mich bei euch aufgenommen; ich war nackt, und ihr habt mir Kleidung gegeben; ich war krank, und ihr habt für mich gesorgt; ich war im Gefängnis, und ihr habt mich besucht.‘“ [2]

Die Gläubigen werden sich wundern, denn sie können sich nicht erinnern, Jesus diese Dienste erwiesen zu haben. Auf ihre erstaunte Frage, wann sie das getan haben sollten, wird der Herr antworten: „Ich will es euch sagen: Was ihr für einen meiner geringsten Brüder getan habt, das habt ihr für mich getan.“ [3]

Mit diesem Bilde sagt Christus, daß er uns in jedem Hilfsbedürftigen und Leidenden begegnen will; wir müssen nur

---

Dieses Kapitel bezieht sich auf Matthäus 25,31–46

[1] Matthäus 25,31.32 [2] Matthäus 25,34–36 [3] Matthäus 25,40

die Augen aufmachen. Indem ihr diesen Menschen beisteht, sagt der Herr, dient ihr mir. Die Liebe, die ihr ihnen erweist, gilt auch mir. Das trifft ganz allgemein zu, besonders aber im Blick auf unsere Schwestern und Brüder im Glauben. Wer in die himmlische Familie hineingeboren wird, ist im Sinne Jesu „Bruder“ oder „Schwester“.

Mag sein, daß die Menschen, denen dieses Lob Christi gilt, nur geringe theologische Kenntnisse hatten. Aber das hat wenig Bedeutung. Viel wichtiger ist, das zu tun, was nötig ist, und dem Mitmenschen zum Segen zu werden. Auch unter Nichtgläubigen gibt es Menschen, deren gütiges und liebevolles Verhalten davon zeugt, daß Gottes Geist in ihnen wirkt. Wenn man sie fragte, ob sie Gott dienen, wüßten sie wahrscheinlich keine Antwort. Manche haben vielleicht unter Einsatz ihres Lebens anderen beigestanden, ohne zu wissen, daß sie damit Gottes Willen erfüllten. Wer der Stimme seines Herzens und Gewissens folgt und damit Gott dient, wird nicht verlorengehen, ungeachtet dessen, was er von Gott und seinem Wort wußte. Wie beglückt werden gerade diese Menschen sein, wenn sie eines Tages hören: „Seid willkommen in meinem Reich; denn was ihr denen getan habt, die eure Hilfe brauchten, das habt ihr mir getan!“

Als Christus auf Erden lebte, war er für alle da. Er machte keinen Unterschied zwischen arm und reich, zwischen oben und unten. Weil er allen helfen wollte, wurde er auch ein Bruder aller und lebte mitten unter ihnen. Sein Beispiel verpflichtet auch uns, dem Nächsten zugewandt zu leben. Weil sich Christus zum Bruder der Heiligen und der Sünder gemacht hat, sind wir ebenfalls dazu berufen. Alles, was wir an unseren irdischen Schwestern und Brüdern tun oder versäumen, betrifft damit auch ihn. Gottes Engel sind beauftragt, den Erben des Heils zu dienen. Noch wissen wir nicht, wer dazugehören wird; noch ist nicht offenbar, wer überwinden und im Reich Gottes sein wird. Eins allerdings ist gewiß: Himmlische Boten sind unterwegs in aller Welt, um denen beizustehen, die Trost suchen, Hilfe brauchen und sich nach Erlösung sehnen. Niemand wird von Gott übersehen, keiner achtlos übergangen. Er liebt alle und möchte, daß jeder gerettet wird.

Wer einem Notleidenden und Bedrängten die Tür öffnet oder die Hand reicht, läßt zugleich Engel Gottes ein. Das wirkt sich nicht nur für diejenigen aus, denen geholfen wird, sondern auch für den Helfer selbst. Was wir an einem der „geringsten Brüder" getan haben, kehrt als Freude und Friede ins eigene Herz zurück. Jede barmherzige Tat ist Musik in den Ohren Gottes; Menschen, die sich für andere einsetzen, sind Gottes Aktivposten in einer Welt, die Barmherzigkeit und Liebe kaum noch kennt.

Die anderen zur Linken

Wir erinnern uns: Jesus sprach von zwei Gruppen. Was ist mit den anderen? „Dann wird er zu denen auf der linken Seite sagen: ‚Geht mir aus den Augen, Gott hat euch verflucht! ... Denn ich war hungrig, aber ihr habt mir nichts zu essen gegeben; ich war durstig, aber ihr habt mir nichts zu trinken gegeben; ich war fremd, aber ihr habt mich nicht aufgenommen; ich war nackt, aber ihr habt mir keine Kleider gegeben; ich war krank und im Gefängnis, aber ihr habt euch nicht um mich gekümmert.' Dann werden auch sie ihn fragen: ‚Herr, wann sahen wir dich jemals hungrig oder durstig, wann kamst du als Fremder, wann warst du nackt oder krank oder im Gefängnis – und wir hätten uns nicht um dich gekümmert?' Aber er wird ihnen antworten: ‚Ich will es euch sagen: Was ihr an einem von meinen geringsten Brüdern zu tun versäumt habt, das habt ihr an mir versäumt.' Auf diese also wartet die ewige Strafe. Die anderen aber, die Gottes Willen getan haben, empfangen das ewige Leben." [4]

Die Menschen zur Rechten des Richters sind sich keines Verdienstes, die zur Linken keiner Schuld bewußt. Wäre Christus den letzteren persönlich erschienen, hätten sie vielleicht etwas für ihn getan. Weil er ihnen aber „nur" in den Armen und Leidenden begegnete, nahmen sie keine Notiz von ihm. Lebenslang waren sie so mit sich beschäftigt, daß sie für die Nöte der anderen weder Auge noch Ohr hatten. Was Gott ihnen an Gütern und Gaben anvertraute, sahen sie als ihr Eigentum an und verwendeten es vorwiegend für sich. Weil sie selber keine Not kannten, dachten sie nie daran, sich der Notleidenden zu erbarmen. Die Armut und Unwissenheit oder das Unglück der anderen war für sie Schicksal, ohne daß sie je den Versuch gemacht hätten, etwas dagegen zu unternehmen. Wer Not nie am eigenen Leibe erlebt hat,

---

[4] Matthäus 25,41–46

wird die Armen geringschätzig behandeln und sie in dem Gefühl bestärken, Habenichtse und „Stiefkinder“ Gottes zu sein.

Zu welcher Gruppe gehöre ich?

Christus sieht das alles und sagt: Ich war der Hungrige, an dem du achtlos vorbeigegangen bist; ich bin der Fremde gewesen, dem du ärgerlich die Tür gewiesen hast. Während du dir den Kopf darüber zerbrachst, was du an Leckereien für dich und deine Freunde auf den Tisch bringen könntest, bin ich in einer Elendshütte verhungert. Du umgibst dich mit Dingen, die du gar nicht brauchst; ich habe nicht einmal einen Platz zum Schlafen. Du jagst von einer Vergnügung zur anderen, während ich im Gefängnis dahinsieche. Und wenn du wirklich einmal einen Hungernden gespeist hast oder einem Verwahrlosten ein paar Kleidungsstücke gegeben hast, dann tatest du es nicht für mich, sondern nur um dein Gewissen zu beruhigen. Lebenslang war ich dir nahe in der Gestalt von Menschen, die Mitgefühl und Hilfe gebraucht hätten, aber du hast nie mein Bruder sein wollen. Deshalb kann auch ich jetzt nicht dein Bruder sein. Ich kenne dich nicht!

Heutzutage erfüllen sich viele Christen einen Herzenswunsch, indem sie nach Palästina fahren und die Orte aufsuchen, wo Jesus gelebt und gewirkt hat. Sie wandern durch Täler und über Höhen, sitzen am Ufer des Sees Genezareth und bestaunen die heiligen Stätten. Das mag ein unvergeßliches Erlebnis sein, aber wenn es nicht mehr ist als das, wird es sie nicht näher zu Jesus bringen. Keiner muß nach Bethlehem, Nazareth oder Jerusalem pilgern, um auf den Spuren Jesu wandeln zu können. Wir begegnen Christus viel eher am Bett eines Kranken, in der kümmerlichen Hütte der Armen oder dort, wo man vor Kummer weder ein noch aus weiß.

Niemand sollte sich damit herausreden, Gott habe ihm keine besondere Aufgabe übertragen. Um uns herum leben Tausende von Menschen in Unwissenheit und Sünde; sie haben noch nie etwas davon gehört, daß Jesus sie liebt. Um ihnen das zu sagen, bedarf es keines besonderen Auftrags. Was würden wir uns wünschen, wenn wir an ihrer Stelle wären? Christus hat für die Seinen eine zeitlos gültige Regel aufgestellt: „Behandelt die Menschen so, wie ihr selbst von ihnen behandelt werden wollt – das ist alles, was das Gesetz und die Propheten fordern.“ [5] Daran werden wir eines Tages gemessen, und an dieser Stelle entscheidet es sich, ob wir einst zur Rechten oder zur Linken des Richters stehen werden.

Christus hat alles getan, um herauszuführen aus der Knechtschaft der Sünde in die Freiheit der Gotteskinder. Von den Seinen erwartet er, daß sie ihm dabei helfen, Menschen für sein Reich zu gewinnen. Tun sie das, werden sie in ihrer Umgebung und in aller Welt zu einer Quelle des Segens, aus der Frucht für die Ewigkeit erwächst. Tun sie es nicht, so hat das unabsehbare Folgen für sie und andere. Viele junge Christen kommen nicht über das ABC der christlichen Erfahrung hinaus, weil sie versäumen, missionarisch tätig zu sein. Dabei könnte ihnen der Dienst für Christus helfen, persönliche Probleme zu bewältigen. Ihre Tatkraft würde zum Guten genutzt, anstatt Schaden anzurichten; egoistische Verhaltensweisen würden im Blick auf die Bedürfnisse anderer überwunden; für zweifelhafte Vergnügungen bliebe kaum noch Zeit. Wenn ein Christ begriffen hat, daß es nichts Wichtigeres gibt, als Menschen in die Nachfolge Jesu zu rufen, ändert sich manches in seinem Leben.

Christus hat gesagt: „Dies ist mein Gebot: Ihr sollt einander so lieben, wie ich euch geliebt habe. Niemand liebt mehr als der, der sein Leben für seine Freunde opfert. Ihr seid meine Freunde, wenn ihr tut, was ich euch auftrage.“ [6] Es ist gut, daß wir wissen: Wir sind Geliebte Gottes! Aber es ist nicht gut, sich in dieser Liebe zu sonnen, ohne selbst Liebe auszustrahlen. Wer liebt, trägt den Himmel schon in sich und ist auf dem Weg ins Reich Gottes.

---

[5] Matthäus 7,12 [6] Johannes 15,12–14

71 Gekommen, um zu dienen

Christus hatte sich mit seinen Jüngern versammelt, um das Passafest mit ihnen zu feiern. Er wußte, daß seine Stunde gekommen war; denn er selbst war ja das rechte Opferlamm. An dem Tag, da man das Passamahl essen würde, sollte er geopfert werden. Nur noch wenige Stunden waren es bis dahin, und die wollte Jesus mit seinen Jüngern gemeinsam verbringen.

Christus hatte ein Leben selbstlosen Dienens geführt. Durch Wort und Tat hatte er bewiesen, daß der „Menschensohn nicht gekommen ist, um sich bedienen zu lassen, sondern um zu dienen".[1] Doch die Jünger hatten das nicht begriffen. Darüber war Jesus sehr traurig; es war zu spüren, daß den Meister etwas bedrückte.

„Als die Zeit für das Passamahl da war, setzte sich Jesus mit den Aposteln zu Tisch. Er sagte: ‚Ich habe mich sehr danach gesehnt, dieses Passamahl mit euch zu feiern, ehe ich leiden muß. Denn ich sage euch: Ich werde es erst wieder feiern, wenn das, worauf jedes Passamahl hinweist, in der neuen Welt Gottes zur Erfüllung gekommen ist.'"[2]

Das Kreuz warf seine Schatten voraus, und das bedrückte den Herrn. Er wußte, daß ihn alle verlassen würden, daß man ihn verachten und wie einen Verbrecher behandeln würde, bis man ihn schließlich zum Tode verurteilte. Er kannte die Undankbarkeit derer, die er doch hatte retten wollen. Es schmerzte ihn, daß das Opfer, das er zu bringen bereit war, von vielen ausgeschlagen werden würde. Alles, was ihm unmittelbar bevorstand, das Wissen um Demütigung, Schande und Schmerzen, hätte ihn zur Verzweiflung bringen können. Aber er dachte nicht an sich selbst; nur der Gedanke an seine Jünger bewegte ihn.

Jesus hatte ihnen bei diesem letzten Beisammensein viel zu sagen. Doch er wußte auch, daß sie es gar nicht fassen könnten. In ihren Gesichtern war es zu lesen. Bedrückendes

---

Dieses Kapitel bezieht sich auf Lukas 22,7–18.24 und Johannes 13,1–16
[1] Matthäus 20,28 [2] Lukas 22,14–16

Schweigen lastete auf allen; das mag den Jüngern unheimlich gewesen sein. Die Blicke, die sie untereinander austauschten, ließen auf Eifersucht und Mißgunst schließen, auch Neid wird mit im Spiel gewesen sein.

„Unter den Jüngern kam ein Streit auf, wer von ihnen als der Größte gelten sollte."[3] Wie sehr wurde Jesus dadurch verletzt! Noch immer spekulierte man nur auf den höchsten Platz im Himmelreich! Daß sich die Mutter des Jakobus und Johannes angemaßt hatte, für ihre Söhne um einen Ehrenplatz im Reich Gottes zu bitten, hatte die anderen so erbost, daß sie noch immer verstimmt waren.

Und nun gab es einen weiteren Anlaß, der zu Spannungen führte. Im Orient war es üblich, daß vor einem Festmahl ein Diener den Gästen die Füße wusch. Dafür war alles schon vorbereitet: Krug, Schüssel und Handtuch lagen bereit. Nur ein Diener fehlte. Wäre es da nicht Aufgabe der Jünger gewesen, diesen Dienst zu übernehmen? Aber keiner von ihnen war dazu bereit. Alle demonstrierten sie Gleichgültigkeit und brachten mit ihrem Schweigen zum Ausdruck, daß sie weder willig noch bereit waren, sich zu demütigen.

Wie konnte Christus diese Männer nur davor bewahren, den satanischen Versuchungen zu erliegen? Wie konnte er ihnen deutlichen machen, daß ein bloßes Lippenbekenntnis noch lange nicht zu einem wahren Jünger Jesu macht? Wie sollte er die Liebe in ihnen wecken, die sie verstehen ließ, worauf es ankommt? Jesus wartete, um zu sehen, wie sie sich verhalten würden. Schließlich stand er „vom Tisch auf, zog sein Oberkleid aus, band sich ein Tuch um und goß Wasser in eine Schüssel. Dann machte er sich daran, seinen Jüngern die Füße zu waschen und mit dem Tuch abzutrocknen. Als er zu Simon Petrus kam, sagte der: ‚Du, Herr, willst mir die Füße waschen, du mir?' Jesus antwortete ihm: ‚Was ich tue, kannst du jetzt noch nicht verstehen, aber später wirst du es begreifen.' Petrus widersetzte sich: ‚Niemals sollst du mir die Füße waschen!' Jesus antwortete: ‚Wenn ich dir nicht die Füße wasche, hast du keinen Anteil an dem, was ich bringe.'" Da gab Petrus seine stolze Haltung auf! Trennung von Christus hätte für ihn das Aus bedeutet. Und er lenkte ein: „‚Wenn es so ist, dann wasche mir nicht nur die Füße, sondern auch die Hände und den Kopf!' Aber Jesus erwiderte:

[3] Lukas 22,24

‚Wer gebadet hat, der ist ganz rein und braucht sich nur noch die Füße zu waschen.‘“ [4]

Petrus hatte sich gegen die Fußwaschung gesträubt, ohne zu wissen, daß er damit zugleich seinen Herrn zurückgewiesen hätte. Nun gab er seine stolze Haltung auf, weil er ahnte, daß nur Christus von Sünden reinigen kann.

Fußwaschung im Sinne Jesu bedeutet mehr als körperliche Sauberkeit. Der Herr machte sie zum Sinnbild einer umfassenden Reinigung. Wer aus dem Bad kam, war sauber; die Füße in den Sandalen aber wurden immer wieder schmutzig. Wohl waren Petrus und auch die anderen Jünger in der lebendigen Quelle gewaschen worden und damit frei von Unreinheit. Doch sie wurden erneut zum Bösen verführt und bedurften daher immer noch der reinigenden Gnade Christi.

Jesus wollte sie freimachen von der Eifersucht untereinander, auch von ihrem Stolz. Mit der Gesinnung, die sie noch immer beherrschte, war nicht einer von ihnen zur Gemeinschaft mit Christus fähig. Sie mußten erst demütig werden, um teilnehmen zu können an dem Gedächtnismahl, das Christus einsetzen wollte.

Stolz und Selbstsucht führen immer zu Uneinigkeit; und die wollte Jesus ausräumen, als er seinen Jüngern die Füße wusch. Dabei änderte sich etwas in ihnen, und Jesus konnte sagen: „Ihr seid alle rein, bis auf einen.“ Nun hatten sie wirklich Gemeinschaft untereinander. Außer Judas waren sie alle bereit, dem anderen Liebe entgegenzubringen. Nun konnten sie Christi Botschaft in sich aufnehmen.

Auch wir sind gewaschen mit dem Blut Christi. Dennoch verunreinigen wir uns immer wieder. Deshalb müssen wir zu Christus kommen, um gereinigt zu werden durch seine Gnade. Eitelkeit und Stolz verletzen den Herrn. Gerade deshalb müssen wir unsere Sünden zu ihm bringen. Er allein kann uns reinigen.

Die Einsetzung des Abendmahls

Nachdem Christus den Jüngern die Füße gewaschen hatte, sagte er: „,Begreift ihr, was ich eben für euch getan habe? ... Ihr nennt mich Lehrer und Herr. Ihr habt recht, das bin ich. Ich bin euer Lehrer und Herr, und doch habe ich euch eben

---

[4] Johannes 13,4–10

die Füße gewaschen. Von jetzt an sollt ihr euch gegenseitig die Füße waschen. Ich habe euch ein Beispiel gegeben, damit auch ihr so handelt, wie ich an euch gehandelt habe. Ich sage euch: ein Diener ist nicht größer als sein Herr, und ein Bote ist nicht größer als sein Auftraggeber.'"[5]

So gab Christus ein Beispiel der Demut, damit sich seine Nachfolger nicht beherrschen lassen von der Selbstsucht, die in jedem Menschen wohnt. Er, der dem Gott im Himmel gleich war, diente seinen Jüngern. Eigentlich hätten sie sich vor ihm verneigen müssen; aber er war es, der sich bückte – und selbst die Füße seines Verräters wusch.

Gott ist nicht für sich selbst da, sondern für die anderen. Jesus war Mensch geworden, um uns zu lehren, was es heißt, einander zu dienen. So erfüllte er das Gesetz Gottes und zeigte uns durch sein Vorbild, wie unsere Nachfolge aussehen soll.

Nach der Fußwaschung sagte Jesus zu seinen Jüngern: „Ich habe euch ein Beispiel gegeben, damit auch ihr so handelt, wie ich an euch gehandelt habe.'" Damit begründete er eine Gottesdienstordnung und verwandelte einen niedrigen Dienst in eine geheiligte Handlung. Und so sollten es die Jünger weiterhin tun, damit sie nie die Lehre von Jesu Demut und Dienstbereitschaft vergäßen. Die Fußwaschung wurde als Vorbereitung auf das heilige Abendmahl eingesetzt. Solange sich der Mensch von Uneinigkeit und Machtgelüsten bestimmen läßt, ist er untauglich, Gemeinschaft mit dem Leib und Blut Jesu zu haben. Deshalb sollten wir in der Fußwaschung seinem Vorbild folgen.

Alle neigen wir dazu, uns höher einzuschätzen als den anderen; und der wiederum kümmert sich meist auch nur um sich selbst. Das führt zu Argwohn und Verbitterung. In der Fußwaschung sollen wir davon frei werden. Unsere Selbstüberschätzung soll in Demut verwandelt werden, so daß wir bereit werden, unserm Bruder zu dienen. Gott im Himmel ist dabei stets gegenwärtig und gibt uns Gelegenheit zur Selbstprüfung und Sündenerkenntnis, um uns dann die Gewißheit zu schenken, daß uns unsere Sünden vergeben sind. Wenn wir daran denken, daß sich Christus um unsertwillen erniedrigte, werden Erinnerungen in uns wachgerufen: Erinnerungen an Gottes Güte wie auch an die Zuneigung und

[5] Johannes 13,13–16

Freundlichkeit unserer Glaubensgeschwister. Segnungen, die wir vergessen, Gefälligkeiten, die wir unbeachtet ließen, kommen uns ins Gedächtnis. Unsere Charakterfehler, Versäumnisse, unsere Undankbarkeit und Kälte werden uns bewußt. Und wir bekommen Kraft zum Überwinden und können Spannungen ausräumen. Wenn wir so unsere Sünden bekennen, empfangen wir auch Vergebung. Die Gnade Christi schenkt uns Gemeinschaft mit unseren Schwestern und Brüdern. Fortan werden wir uns nach geistlichem Leben sehnen, und Gott wird uns zu sich ziehen. Dann wird die Sonne der Gerechtigkeit Christi unsere Herzen erwärmen.

Wer so an der Fußwaschung teilnimmt, wird sie nie als bloße Formsache ansehen. Gottes Kinder wissen sich dazu aufgerufen, selbstlos füreinander dazusein. Es gibt so viele Menschen, die unsere Hilfe brauchen. Wer mit Christus Abendmahl hält, wird auch hinausgehen, um so wie er den anderen zu dienen.

71 | ... tut das zu meinem Gedächtnis

„Vom Herrn selbst stammt die Anweisung, die ich an euch weitergegeben habe: In der Nacht, in der Jesus, der Herr, ausgeliefert wurde, nahm er das Brot, sprach darüber das Dankgebet, brach es in Stücke und sagte: ‚Das ist mein Leib, der für euch geopfert wird. Tut das immer wieder, damit unter euch gegenwärtig ist, was ich für euch getan habe!' Ebenso nahm er nach dem Essen den Becher und sagte: ‚Dieser Becher ist der neue Bund Gottes, der mit meinem Blut besiegelt wird. Sooft ihr daraus trinkt, tut es, damit unter euch gegenwärtig ist, was ich für euch getan habe!' Sooft ihr also dieses Brot eßt und aus diesem Becher trinkt, verkündet ihr den Tod des Herrn, bis er kommt.'"[1]

Christus, das Lamm Gottes, schickte sich an, die gottesdienstliche Ordnung, die über 4000 Jahre lang auf seinen Tod hingewiesen hatte, zum Abschluß zu bringen. Passa, das große jüdische Fest, sollte seine Erfüllung finden. Ein neues Fest, das Christus nun einsetzte, sollte von seinen Nachfolgern in allen Ländern der Erde und zu allen Zeiten begangen werden.

Beim Passafest erinnerten sich die Juden an die Befreiung Israels aus der Knechtschaft Ägyptens. Das Abendmahl wurde eingesetzt, um der großen Befreiung zu gedenken, die durch den Tod Christi gewirkt wurde. Immer wird es uns das Werk der Erlösung vor Augen halten.

Entsprechend den Gepflogenheiten zur Zeit Jesu wurde das Festmahl eingenommen. Die Gäste ruhten auf Polstern, rund um den Tisch gruppiert. Mit der linken Hand stützte man sich auf, die rechte hatte man frei zum Essen. Dabei konnte man sich ein wenig anlehnen an den, der am nächsten saß. Es wurde aufgetragen: ungesäuerte Brote, unvergorener Wein. Christus benutzte sie als Symbole für sein eigenes unbeflecktes Opfer.

„Als es Abend geworden war, setzte sich Jesus mit den

Dieses Kapitel bezieht sich auf Matthäus 26,20–29; Markus 14,17–25; Lukas 22,14–23 und Johannes 13,18–30 [1] 1. Korinther 11,23–26

zwölf Jüngern zu Tisch. Während der Mahlzeit sagte er: ,Ich weiß genau, daß einer von euch mich verraten wird.' ... Während der Mahlzeit nahm Jesus Brot mit den Worten: ,Nehmt und eßt, das ist mein Leib.' Dann nahm er den Becher, sprach darüber das Dankgebet, gab ihn den Jüngern und sagte: ,Trinkt alle daraus; das ist mein Blut, das für alle Menschen vergossen wird zur Vergebung ihrer Schuld. Mit ihm wird der Bund besiegelt, den Gott jetzt mit den Menschen schließt. Ich sage euch: von jetzt an werde ich den Wein des Passamahls nicht mehr trinken, bis ich ihn neu mit euch trinken werde, wenn mein Vater sein Reich vollendet hat!'"[2]

Schon vor dem Passafest war Judas mit den Priestern und Schriftgelehrten übereingekommen, er werde ihnen Jesus in die Hände spielen. Die Jünger wußten nichts von diesem Plan; nur Jesus kannte seine Gedanken, aber er stellte ihn nicht bloß. Bei der Fußwaschung wurde dann das Wesen des Verräters vollends offenbar. „Ihr seid alle rein – bis auf einen", hatte Jesus gesagt.[3] Nun wurde er noch deutlicher: „Was die heilige Schrift vorausgesagt hat, muß eintreffen: ,Einer, der mein Brot gegessen hat, hat sich gegen mich gewandt.'"[4]

Auch jetzt wurde Judas noch von keinem verdächtigt, aber die Vorahnung von einer Katastrophe griff bedrückend um sich. Schweigend aßen sie das Mahl. Jesus wurde „sehr traurig und sagte ihnen ganz offen: ,Ich versichere euch: einer von euch wird mich verraten.'" Die Jünger waren bestürzt! Den Herrn verraten? Und an wen? Wer unter den Zwölfen würde das tun? Sie wurden unsicher, und aufgeschreckt von ihrem Gewissen fragte einer nach dem anderen: „Du meinst doch nicht mich, Herr?" Judas schwieg. Schließlich fragte Johannes: „,Herr, wer ist es?' Jesus antwortete: ,Ich werde ein Stück Brot eintauchen, und wem ich es gebe, der ist es.' Er nahm ein Stück Brot, tauchte es ein und gab es Judas, dem Sohn von Simon Iskariot. Sobald Judas das Brot genommen hatte, nahm der Satan von ihm Besitz. Jesu sagte zu ihm: ,Beeile dich und tu, was du zu tun hast!' Keiner von den übrigen am Tisch begriff, was Jesus zu ihm sagte ... Judas aß das Stück Brot, dann ging er sofort hinaus. Es war Nacht."[5] Der Verräter des Sohnes Gottes ging hinaus in die Dunkelheit.

Bis dahin hätte Judas noch immer die Möglichkeit der

---

[2] Matthäus 26,20.26–29 [3] Johannes 13,10 [4] nach Psalm 41,10 LT
[5] Johannes 13,27–30

Umkehr gehabt. Doch als er den Herrn und die anderen Jünger verließ, hatte er die Grenze überschritten. Judas stand auf vom Abendmahl, um den Verrat zu vollenden.

Auch am Beispiel des Judas wollte Christus den Jüngern eine Lehre erteilen. „Ich sage euch dies jetzt, bevor es eintrifft. Wenn es dann so kommt, werdet ihr glauben, daß ich der bin, an dem sich alles entscheidet.“ [6] Hätte Jesus geschwiegen, so wäre vielleicht die Meinung aufgekommen, der Herr sei nicht im Besitz göttlicher Voraussicht und werde von den Ereignissen überrascht. Schon lange zuvor hatte Jesus einmal gesagt, er habe die Zwölf erwählt, aber einer unter ihnen sei ein Teufel. Als Judas ein schreckliches Ende fand, werden sich die Jünger daran erinnert haben.

Und noch eine Lehre ist in diesem Bericht enthalten. Wenn jemand in Irrtum verstrickt ist und sündigt, dürfen wir uns deshalb nicht zurückziehen von ihm. Wer der Versuchung ausgesetzt ist und allein gelassen wird, läuft Satan direkt in die Arme. Alle Jünger irrten sich und waren unvollkommen. Doch als Christus ihnen die Füße wusch, wurden sie zur Umkehr bewegt, alle – außer einem!

Laßt keinen fallen!

Offene Sünde schließt vom Abendmahl aus. Doch darüber sollte sich keiner ein Urteil anmaßen! Wer kann schon in den Herzen der anderen lesen? „Darum soll sich jeder prüfen, bevor er das Brot ißt und aus dem Becher trinkt.“ [7] Allein Gott weiß, was im Menschen ist. Bedenken wir: „Wer aber auf unwürdige Weise das Brot des Herrn ißt und aus seinem Becher trinkt, der macht sich am Leib und am Blut des Herrn schuldig.“Wenn sich die Gläubigen zum Abendmahl versammeln, mag auch ein Judas unter ihnen sein. Wenn dem so ist, sind auch die Boten Satans zugegen, die den zu beeinflussen suchen, der sich nicht vom Geist Gottes leiten lassen will. Vielleicht kommen auch Menschen herein, die sich noch nicht für Gott entschieden haben. Die Teilnahme am Abendmahl sollte keinem verwehrt werden. Christus ist stets gegenwärtig durch den Heiligen Geist. Ihm entgeht keiner, der seine Sünde aufrichtig bereut. Der dem Judas die Füße wusch, möchte jeden von Sünde befreien. Sich vom

[6] Johannes 13,19 [7] 1. Korinther 11,27.28

Abendmahl auszuschließen, nur weil vermeintlich Unwürdige da sein könnten, ist verkehrt. Christus will seiner Gemeinde begegnen, und die an ihn glauben, werden auch gesegnet werden. Wer dagegen das Abendmahl versäumt, beraubt sich selbst des verheißenen Segens. Bei jedem Abendmahl aber soll dem Nachfolger Christi das große Opfer vor Augen stehen, das der Herr für die Erlösung der Menschheit gebracht hat.

Warum also Feier des Abendmahls?

Eine traurige Zusammenkunft ist es nie! Wenn sich die Gläubigen um den Tisch sammeln, sollen sie weder ihre Unvollkommenheit beklagen noch Meinungsverschiedenheiten austragen. Das alles ist ja in der Fußwaschung bereinigt worden. Gläubige gehen zum Abendmahl, um Christus zu begegnen; sie stehen nicht im Schatten des Kreuzes, sondern im Licht der Auferstehung. Ihre Herzen sollen aufgeschlossen sein für die Sonne der Gerechtigkeit, eingedenk der Worte Jesu: „Ich gebe euch den Frieden, meinen Frieden, nicht den Frieden, den die Welt gibt!“ [8] Der Herr sagt: Wenn man euch um meinetwillen bedrängt, dann erinnert euch an meine Liebe, durch die ich mein Leben für euch gab. Wenn euch euer Leben zu mühselig und die Last zu schwer erscheint, dann denkt daran, daß ich für euch den Kreuzestod erlitt. Euer Erlöser lebt und legt Fürsprache für euch ein!

Das Abendmahl ist aber nicht nur Erinnerung, sondern zugleich Ausblick auf Christi Wiederkunft. Die Hoffnung darauf soll in uns lebendig bleiben; denn „sooft ihr dieses Brot eßt und aus diesem Becher trinkt, verkündet ihr den Tod des Herrn, bis er kommt.“ [9]

Schließlich ist das Abendmahl auch ein Hinweis auf die Liebe des Vaters. Gemeinschaft mit Gott haben wir ja nur durch Christus. Und erst sein Tod hat Gottes Liebe für uns wirksam gemacht. Weil Christus für uns starb, ist uns ein Vaterhaus im Himmel bereitet. Wir sollten uns durch den Heiligen Geist das Verständnis dafür erschließen lassen, daß wir dieses göttliche Geheimnis erfassen. Erst dann können wir die Liebe Gottes im Opfertod Christi begreifen. Unser Herr hat gesagt: „Täuscht euch nicht! Ihr habt keinen Anteil am

---

[8] Johannes 14,27 [9] 1. Korinther 11,26 LT

Leben, wenn ihr den Leib des Menschensohns nicht eßt und sein Blut nicht trinkt. Wer meinen Leib ißt und mein Blut trinkt, der hat das Leben für immer, und ich werde ihn am letzten Tag zum Leben erwecken. Denn mein Leben ist die wahre Nahrung, und mein Blut ist der wahre Trank. Wer meinen Leib ißt und mein Blut trinkt, der lebt in mir und ich in ihm. Der Vater, von dem alles Leben kommt, hat mich gesandt, und ich lebe durch ihn. So wird auch der, der mich ißt, durch mich leben." [10]

Auch unser leibliches Leben verdanken wir dem Sohn Gottes. Selbst unsere tägliche Nahrung wird geheiligt durch das Licht, das vom Abendmahl ausgeht. Jeder Familientisch kann zum Tisch des Herrn werden und jede Mahlzeit ein heiliges Mahl. Durch den Abendmahlsgottesdienst wird stets aufs neue die Verbindung geschaffen zwischen dem Gläubigen und Christus und dadurch auch zum Vater.

---

[10] Johannes 6,53–55

73 | Euer Herz erschrecke nicht!

Judas war hinausgegangen in die Nacht; Christus war mit den elf Jüngern allein. Sie waren niedergeschlagen, ja ängstlich. Jesus aber war trotz allem von Hoffnung erfüllt. Ehe die Trennung kam, wollte er noch einmal das hohe Ziel seines Auftrages deutlich machen. Und weil er wußte, daß Satan ein leichtes Spiel mit den Mutlosen und Verzagten hat, lenkte er den Blick der Jünger auf die himmlische Heimat. „Erschreckt nicht, habt keine Angst! Vertraut Gott, und vertraut auch mir! Im Haus meines Vaters gibt es viele Wohnungen, und ich gehe jetzt, um dort einen Platz für euch bereitzumachen. Wenn es nicht so wäre, hätte ich euch nicht mit der Ankündigung beunruhigt, daß ich weggehe. Ich gehe also, um einen Platz für euch bereitzumachen. Dann werde ich zurückkommen und euch zu mir nehmen, damit auch ihr seid, wo ich bin." [1]

Dieser gute Zuspruch umfaßte alles, worüber sich die Jünger Sorgen machten. Der Herr versicherte: Auch wenn ich jetzt von euch gehe, werde ich nicht aufhören, für euch da zu sein. Ich gehe zum Vater, um gemeinsam mit ihm für euch zu sorgen. Christi Weggang sollte also keine endgültige Trennung sein. Er wollte Wohnungen für sie vorbereiten, um sie einst zu sich zu nehmen.

Thomas, von Haus aus ein Zweifler, konnte das nicht verstehen. Er fragte: „Wir wissen nicht einmal, wohin du gehst! Wie sollen wir denn den Weg dorthin kennen? Jesus antwortete: „Ich bin der Weg, der zur Wahrheit und zum Leben führt. Einen anderen Weg zum Vater gibt es nicht. Wenn ihr mich kennt, werdet ihr auch meinen Vater kennen. Schon jetzt kennt ihr ihn und habt ihn gesehen." [2]

Nicht viele Wege führen zu Gott; noch viel weniger kann man sich seinen eigenen Weg wählen. Christus war bereits der Weg, auf dem die Patriarchen und Propheten gerettet wurden. Durch den Sohn allein haben wir Zugang zu Gott.

Dieses Kapitel bezieht sich auf Johannes 13,31–38 und Johannes 14 bis 17
[1] Johannes 14,1–3 [2] Johannes 14,5–7

Doch die Jünger verstanden das noch immer nicht. Philippus sagte: „‚Zeige uns den Vater. Mehr brauchen wir nicht.‘ Jesus antwortete: ‚Nun bin ich so lange mit euch zusammengewesen, Philippus, und du kennst mich immer noch nicht? Jeder, der mich gesehen hat, hat den Vater gesehen. Wie kannst du dann sagen: Zeige uns den Vater? Glaubst du nicht, daß du in mir dem Vater begegnest? ... Der Vater, der immer in mir ist, vollbringt durch mich seine Taten. Glaubt mir: ich lebe im Vater und der Vater in mir. Wenn ihr mir nicht auf mein Wort hin glaubt, dann glaubt mir wegen dieser Taten.‘“ [3]

Wenn die Jünger verstünden, daß die Gemeinschaft zwischen Vater und Sohn so innig ist, würde ihr Vertrauen auf Christus selbst angesichts seines Leidens und Sterbens nicht zerbrechen. Mit großer Geduld versuchte Jesus, seine Jünger auf die Wucht der Versuchung vorzubereiten. Er wollte ihnen zugleich verständlich machen, warum sich seine Gottheit so innig mit dem Menschsein verbunden hatte. Er war ja in die Welt gekommen, um Gottes Herrlichkeit zu offenbaren.

Als Mensch verfügte Jesus über keine Macht, die wir nicht auch durch den Glauben an ihn erlangen könnten. „Ich versichere euch“, so erklärte er, „jeder, der mir vertraut, wird auch die Taten vollbringen, die ich tue. Ja, seine Taten werden meine noch übertreffen, denn ich gehe zum Vater.“ [4] Gemeint war damit, daß der Dienst der Jünger in der Kraft des Heiligen Geistes räumlich weit größere Ausmaße haben sollte als sein eigenes Wirken. Nach der Himmelfahrt Jesu erkannten das die Jünger. Und der Herr stand zu seiner Zusage. Indem die Apostel die Liebe Gottes verkündeten, konnten sie viele für Gott und das Himmelreich gewinnen.

Das Gebet – ein Geschenk des Himmels

Zugleich erklärte Christus den Jüngern, daß ihr Dienst nur dann gesegnet sein würde, wenn sie in seinem Namen um Kraft und Gnade bitten. Gottes Sohn selbst bringt das Gebet des Demütigen vor seinen Vater, so als ginge es um sein eigenes Anliegen. Jedes aufrichtige Gebet wird im Himmel erhört, mag es auch nur stockend vorgebracht werden.

---

[3] Johannes 14,8–11 [4] Johannes 14,12

Jesus wird es dem Vater vorlegen und mit seiner Vollkommenheit erfüllen.

Der Weg der Nachfolge ist nicht frei von Hindernissen. Aber jede Schwierigkeit sollte uns Anlaß zum Gebet sein. „Dann werde ich alles tun, worum ihr bittet, wenn ihr euch dabei auf mich beruft. So wird durch den Sohn die Herrlichkeit des Vaters sichtbar werden. Wenn ihr euch auf mich beruft, werde ich euch jede Bitte erfüllen."[5]

In Christi Namen zu beten heißt aber auch, sich von seinem Geist leiten zu lassen. Christus erlöst uns ja nicht in unsern Sünden, sondern von der Sünde. Und wer das an sich geschehen läßt, wird ihm auch gern Gehorsam leisten. Aufrichtiger Gehorsam kommt immer von Herzen. Christus war als Mensch gehorsam; er lebte nach dem Gesetz. Und wer im Glauben zu ihm kommt, der wird auch seinen Willen erfahren. Kraft zum Gehorchen und zum Dienen wird uns verliehen werden, so wie es Christus verheißen hat.

Das Werk des Heiligen Geistes für uns

Vor seinem Tod bereitete der Herr seine Nachfolger darauf vor, daß er sie für ihren Dienst zurüsten würde. „Ich werde den Vater bitten, daß er euch einen Stellvertreter für mich gibt, den Geist der Wahrheit, der für immer bei euch bleibt. Die Welt kann ihn nicht bekommen, denn sie sieht ihn nicht und kennt ihn nicht. Aber ihr kennt ihn, und er wird bei euch bleiben und in euch leben. Ich lasse euch nicht wie Waisenkinder allein, sondern werde zu euch zurückkommen."[6]

Solange Christus bei ihnen war, brauchten die Jünger keine andere Hilfe, wenn er aber gegangen wäre, würden sie ihre Hilfsbedürftigkeit schon spüren; und dann würde der Geist zu ihnen kommen. Der Heilige Geist vertritt Christus, unabhängig von Ort und Zeit. Allen Menschen wird er gleichermaßen erreichbar sein. Und wenn die Jünger künftig in Not und Tod hineingezogen werden sollten, würde ihnen der Heilige Geist beistehen. Im Laufe der Zeiten wurden den Gläubigen um der Wahrheit willen Gerichtsprozesse gemacht; andere wurden verbrannt, verurteilt zu Schafott und Kreuzestod. Aber durch den Heiligen Geist steht Christus neben ihnen. Alle Anklagen fallen dann nicht nur auf den

---

[5] Johannes 14,13.14 [6] Johannes 14,16–18

Menschen, sondern auch auf Jesus. Und wenn wir uns hilflos und allein fühlen, wird Gott uns durch den Heiligen Geist Antwort geben auf unser Flehen. Vieles wird geschehen; man mag uns von unseren Familien trennen – aber nichts kann uns scheiden von dem Heiligen Geist. Er steht uns zur Seite, um uns zu trösten und zu stärken.

Die Jünger verstanden das noch immer nicht, deshalb erklärte Jesus noch einmal: „Wenn der Geist der Wahrheit kommt, wird er euch in die ganze Wahrheit einführen. Was er euch sagen wird, hat er nicht von sich selbst, sondern er wird euch sagen, was er hört. Er wird euch in Zukunft den Weg weisen."[7] Dann werdet ihr nicht mehr sagen: Ich kann es nicht verstehen; denn der Heilige Geist „wird euch an alles erinnern, was ich euch gesagt habe, und euch helfen, es zu verstehen". Er wird „euch in die ganze Wahrheit einführen. Was er euch sagen wird, das hat er nicht von sich selbst, sondern er wird euch sagen, was er hört. Er wird euch in Zukunft den Weg weisen. Er wird meine Herrlichkeit sichtbar machen, denn was er an euch weitergibt, hat er von mir."[8]

Die Jünger waren dazu erzogen, die Lehren der Rabbiner als Stimme Gottes anzunehmen. Diese Auffassung war tief in ihnen verwurzelt. Vieles von dem, was Jesus sie lehrte, verstanden sie zunächst nicht. Nun erklärte der Herr, daß ihnen der Heilige Geist seine Worte ins Gedächtnis zurückrufen würde.

Der Tröster ist der „Geist der Wahrheit". Die Wahrheit tröstet; Falschheit dagegen nicht. Durch falsche Darstellungen gewinnt Satan Einfluß auf den Menschen. Der Heilige Geist aber entlarvt den Irrtum und räumt ihn aus. Durch den Geist der Wahrheit, der im Wort Gottes wirkt, zieht Christus sein auserwähltes Volk zu sich.

Was der Geist zu bewirken vermag

Die Macht des Bösen war im Laufe der Jahrhunderte immer stärker geworden; und es war bestürzend, wie viele Menschen sich von Satan umgarnen ließen. Allein durch die Kraft der dritten Person der Gottheit kann der Sünde widerstanden werden. Der Heilige Geist ist mit göttlicher Vollmacht ausgestattet; er macht lebendig und reinigt die Her-

---

[7] Johannes 16,13 [8] Johannes 16,14

zen. Christus hat seinen Geist gesandt, damit jede Neigung zum Bösen überwunden wird und die Gemeinde sein Wesen annimmt. Gottes Ebenbild soll im Menschen wiederhergestellt werden. Zur Ehre Gottes und zur Ehre Jesu Christi sollen die Gläubigen charakterlich heranreifen.

„Wenn er kommt, wird er den Menschen dieser Welt beweisen, daß sie schuldig sind, und ihnen zeigen, was Sünde ist und Gottes Gerechtigkeit und sein Gericht.“ [9] Ohne das Wirken des Heiligen Geistes bleibt jede Wortverkündigung ergebnislos. Erst wenn die Wahrheit durch den Geist Zugang zum Menschen findet, wird das Gewissen erreicht und das Leben verändert. Solange die Wahrheit nicht im Herzen des Menschen verankert ist, wird der Mensch seinen Stolz nicht aufgeben. Wer aber Gott durch den Heiligen Geist begegnet ist, wird das Licht der Wahrheit auch weitertragen können.

Christus hat seiner Gemeinde die Gabe des Heiligen Geistes versprochen. Diese Verheißung gilt für uns genauso wie für die Jünger. Wie jedes andere Versprechen ist aber auch dieses an Bedingungen geknüpft. Manche reden über Christus und den Heiligen Geist, empfangen aber keinen Segen. Ihre Hingabe ist nicht so, daß sie sich in allem von ihm leiten ließen. Der Heilige Geist kann nämlich nicht wie ein Werkzeug benutzt werden, sondern er will uns benutzen. Viele aber wollen ihr Leben selber in die Hand nehmen.

Gott verleiht jedoch seinen Geist nur denen, die ihm demütig dienen. Wird der verheißene Segen im Glauben angenommen, so werden sich weitere Segensströme ergießen. Christus ist bereit, uns in dem Maße zu segnen, wie wir offen dafür sind.

Ich der Weinstock – ihr die Reben

Jesus benutzte ein seinen Zeitgenossen wohlvertrautes Bild und erklärte: „Ich bin der wahre Weinstock.“ Jeder wußte: Palme, Zeder und Eiche stehen für sich allein, sie brauchen keine Stütze. Der Weinstock dagegen rankt sich am Spalier hinauf. So wußte sich auch Christus als Mensch abhängig von Gott.

„Ich bin der wahre Weinstock, und mein Vater ist der Weinbauer.“ [10] Auf den Hügeln Palästinas hatte Gott diesen

[9] Johannes 16,8 [10] Johannes 15,1

Weinstock gepflanzt. Seine Schönheit ließ erkennen, daß er himmlischen Ursprungs war. Doch die Oberen in Israel zertraten die Pflanze. Schon mußte man befürchten, sie sei völlig umgebracht, da pflanzte sie der himmlische Weinbauer auf der anderen Seite der Mauer wieder ein. Nun war der Weinstock geschützt. Seine Reben aber hingen über die Mauer, so daß immer wieder neue Wildlinge mit dem Weinstock verbunden werden konnten.

Jesus erklärte, daß Weinstock und Reben die Beziehung versinnbildlichen, die zwischen ihm und seinen Nachfolgern besteht. Junge Triebe werden dem Weinstock eingepfropft und verwachsen nach und nach mit dem Stamm. Das heißt ohne Bild: Der Gläubige gewinnt geistliches Leben aus der Verbindung mit Christus. Dadurch wird er eines Sinnes mit ihm. Jesu menschliche Natur hat unser Menschsein berührt, und wir wachsen in ihn hinein.

Diese Verbindung muß gepflegt werden. Jesus sagte: „Bleibt mit mir vereint, dann werde auch ich mit euch vereint bleiben. Nur wenn ihr mit mir vereint bleibt, könnt ihr Frucht bringen, genauso wie eine Rebe nur Frucht bringen kann, wenn sie am Weinstock bleibt." [11] Es geht also nicht um eine nur gelegentliche Verbindung, sondern um eine innige Gemeinschaft mit dem Herrn.

Die Wurzel nimmt die Nährstoffe auf, dann wird der Saftstrom bis in die äußersten Zweige geleitet. Christus sagt: „Wer in mir lebt, so wie ich in ihm, der bringt reiche Frucht. Denn ohne mich könnt ihr nichts vollbringen." [12] Leben wir im Glauben an den Sohn Gottes, wird die Frucht des Geistes auch bei uns sichtbar werden. „Mein Vater ist der Weinbauer. Er entfernt jede Rebe an mir, die keine Frucht bringt."[13] Manche scheinen zwar mit Christus verbunden zu sein, führen aber kein Leben des Glaubens mit ihm.

Wo keine Frucht heranwächst, handelt es sich um taube Reben. Und der Weinbauer „entfernt jede Rebe an mir, die keine Frucht bringt; aber die fruchttragenden Reben reinigt er, damit sie noch mehr Frucht bringen".[14] „Wer nicht mit mir vereint bleibt, der wird wie eine abgeschnittene Rebe fortgeworfen und vertrocknet. Solche Reben werden gesammelt und ins Feuer geworfen, wo sie verbrennen." [15]

---

[11] Johannes 15,4 [12] Johannes 15,5 [13] Johannes 15,1.2
[14] Johannes 15,2 [15] Johannes 15,6.7

Reinigung kann schmerzlich sein, aber Gott selbst führt das Messer. Er geht nicht leichtfertig mit uns um, sondern schneidet nur das überflüssige Blattwerk zurück. Zu üppiger Wuchs wird entfernt, sonst könnte die Sonne der Gerechtigkeit mit ihren Strahlen behindert werden. Der Weinbauer weiß, wie die Früchte am besten gedeihen. „Wenn ihr reiche Frucht bringt, erweist ihr euch als meine Jünger, und so wird die Herrlichkeit meines Vaters sichtbar.“ [16] Gott möchte seine Herrlichkeit, Güte und Barmherzigkeit durch uns offenbaren. Wir müssen uns nicht abmühen, daß Frucht wächst. Christus sagt nur, daß wir bleiben sollen. Wer in ihm lebt, an ihm hängt, von ihm getragen wird und sich von ihm nährt, der wird auch Frucht bringen.

Wenn sich Menschen untereinander in Liebe verbunden wissen, ist das stets von Gott gewirkt. Dann wird deutlich, daß Gottes Ebenbild im Menschen wiederhergestellt werden kann. Wo sich aber diese Liebe in der Gemeinde entfaltet, wird auch der Zorn Satans erregt. „Wenn die Welt euch haßt, dann denkt daran, daß sie mich zuerst gehaßt hat. Die Welt würde euch als ihre Kinder lieben, wenn ihr zu ihr gehörtet. Aber ich habe euch aus der Welt herausgerufen, und ihr gehört nicht zu ihr. Aus diesem Grund haßt euch die Welt. Denkt an das, was ich euch gesagt habe: Kein Diener ist größer als sein Herr. Wie sie mich verfolgt haben, werden sie auch euch verfolgen. So wenig sie meinem Wort geglaubt haben, werden sie dem euren glauben. Das alles werden sie euch antun, weil ihr euch zu mir bekennt. Sie kennen nämlich den nicht, der mich gesandt hat.“ [17] Dennoch wird das Evangelium trotz Widerstand, Gefahr und Leiden verbreitet werden. Christus selbst hatte allen vermeintlichen Fehlschlägen die Stirn zu bieten. Oft sah es so aus, als habe er nur wenig erreicht. Satan war unablässig darauf aus, ihm Steine in den Weg zu legen. Aber der Herr ließ sich nicht entmutigen. Ihm stand vor Augen, was der Prophet Jesaja gesagt hat: „Ich aber dachte: ‚Ich habe mich vergeblich abgemüht. Ich habe meine ganze Kraft erschöpft und nichts erreicht. Doch der Herr wird mir zu meinem Recht verhelfen und meine Mühe belohnen.‘“ [18]

Darauf vertraute Jesus und gab Satan keine Chance. Als

[16] Johannes 15,8 [17] Johannes 15,18–21
[18] Jesaja 49,4

ihn Traurigkeit überwältigte, sagte er zu seinen Jüngern: „Ich werde nicht mehr viel mit euch reden, weil der Herrscher dieser Welt schon auf dem Weg ist. Er hat keine Macht über mich.“ [19] Christus wurde weder schwach noch mutlos. Seine Nachfolger sollten ebenso beständig sein im Glauben, so leben und wirken wie er. Statt über Schwierigkeiten zu klagen, sollen sie überwinden und nicht verzweifeln. Allein dadurch wird Christus in seiner Gemeinde verherrlicht. Ausgestattet mit der Gerechtigkeit Christi, bewahrt und entfaltet sie seine Barmherzigkeit und Liebe.

Zuversichtlich und hoffnungsfroh beendete Jesus seine Unterweisung. Er hatte das ihm aufgetragene Werk vollendet, hatte den Namen des Vaters offenbart und Menschen um sich gesammelt, die sein Werk fortsetzen würden.

Als der große Hohepriester bat er für sein Volk: „Ich bin jetzt auf dem Weg zu dir. Ich bleibe nicht länger in der Welt, aber sie bleiben in der Welt. Heiliger Vater, beschütze sie durch deine göttliche Macht, damit sie eins werden, so wie du und ich eins sind.“ [20]

Christus übergab seine Auserwählten der Obhut des Vaters. Vor ihm stand nun der letzte Kampf mit Satan; und er machte sich auf, ihm zu begegnen.

---

[19] Johannes 14,30 [20] Johannes 17,11

74 | Gethsemane

Bevor Christus mit seinen Jüngern den Abendmahlsraum verließ, stimmten sie einen Lobgesang an, ein festliches Passalied: „Preist den Herrn, alle Völker! Rühmt ihn, ihr Nationen alle! Denn seine Güte zu uns ist übergroß, und seine Treue hört niemals auf."[1]

Schweigend gingen sie durch das Stadttor hinaus, denn jeder war mit seinen Gedanken beschäftigt. Auch Jesus war still. Er hatte sein ganzes Leben im Licht der Gegenwart Gottes gelebt, doch nun wurde er zu den Gesetzesübertretern gerechnet. Er hatte die Schuld der gesamten Menschheit zu tragen – und die wog schwer! Er fürchtete, für immer von der Liebe des Vaters getrennt zu werden und seufzte: „Meine Seele ist betrübt bis in den Tod!"

Noch nie hatten die Jünger ihren Herrn so traurig gesehen. Als sie den Garten Gethsemane erreicht hatten, näherten sie sich dem Platz, wo sich Jesus auszuruhen pflegte. Doch schon am Tor des Gartens ließ Jesus die Jünger zurück außer den dreien: Petrus, Jakobus, Johannes. Der Meister wollte, daß sie ihm in seinem schweren Kampf zur Seite stünden. Schon manche Nacht hatten sie hier im Gebet verbracht, waren danach eingeschlafen, bis sie der Herr zu neuem Tagewerk weckte. Doch nun wollte Jesus, daß sie die ganze Nacht mit ihm im Gebet blieben, obwohl es ihn auch schmerzte, daß sie Zeugen seines bevorstehenden Kampfes werden würden.

„Bleibt wach und betet!" sagte er. Ein wenig ging er abseits, gerade so weit, daß sie ihn noch sehen und hören konnten. Ihm wurde schmerzlich bewußt, daß ihn die Sünde vom Vater trennte. Der Abgrund war so tief, daß ihn schauderte. Er durfte seine göttliche Macht nicht einsetzen, um dem Kampf zu entkommen. Als Mensch mußte er unter den Folgen der Sünde leiden und den Zorn Gottes über die Sünde ertragen.

Dieses Kapitel bezieht sich auf Matthäus 26,36–56; Markus 14,32–50; Lukas 22,39–53 und Johannes 18,1–12 [1] Psalm 117,1.2

Die schwerste Versuchung

Anders als zuvor wußte sich Jesus nun der Gerechtigkeit Gottes gegenübergestellt. Bisher war er der Fürsprecher für andere gewesen; nun sehnte er sich selber nach einem, der für ihn eintrat. Er spürte, daß seine Gemeinschaft mit dem Vater am Zerbrechen war; zugleich fürchtete er, daß er die schwere Prüfung nicht bestehen könnte. Satan war angetreten zum letzten entscheidenden Kampf. Verlor er den, dann würde das Reich schließlich Christus gehören, Satan aber vernichtet werden. Sollte dagegen Christus unterliegen, dann wäre die Menschheit auf ewig in Satans Gewalt. Von solch zermürbenden Gedanken wurde Christus bedrängt. Er wußte: Einer deiner Jünger wird dich verraten. Und einer deiner eifrigsten Nachfolger wird dich verleugnen. Alle aber werden sie dich verlassen. Christus litt schmerzlich unter dem Gedanken, daß die, die er so sehr liebte, mit Satan gemeinsame Sache machen würden. In seiner Angst warf er sich auf den Boden, und von seinen Lippen kam der bittere Schrei: „Mein Vater, wenn es möglich ist, laß diesen Leidenskelch an mir vorübergehen!" Dann fügte er hinzu: „Aber es soll geschehen, was du willst, nicht was ich will."

Jesus sehnte sich nach Mitgefühl

Im Leid sehnt sich der Mensch nach Anteilnahme; so war es auch bei Christus. Er suchte seine Jünger auf, um von ihnen getröstet zu werden. Ihm lag daran zu wissen, daß sie für ihn und auch für sich selbst beteten. Schwer lastete die Sünde auf ihm, und er war versucht, die Sünder samt ihrer Sünde allein zu lassen! Er selbst könnte dann unschuldig vor Gott stehen! Ob seine Jünger das verstünden?

Aber sie schliefen! Hätten sie Zuflucht bei Gott im Gebet gesucht, um von Satan nicht überwältigt zu werden, dann wäre er getröstet gewesen. Doch sie waren seiner Bitte nicht gefolgt. Sicher wollten sie ihren Herrn nicht im Stich lassen, doch sie waren wie gelähmt. Diese Benommenheit hätten sie nur abschütteln können, wenn sie im Gebet geblieben wären. Doch sie schliefen, gerade als der Herr am meisten auf ihre Fürbitte angewiesen gewesen wäre.

Jesus weckte seine Jünger, aber sie erkannten ihn kaum, so hatte die Angst sein Aussehen verändert. Er sagte zu Petrus:

„Simon, schläfst du? Kannst du nicht einmal eine einzige Stunde wach bleiben?“ Dann sagte er zu ihnen: „Bleibt wach und betet, damit ihr in der kommenden Prüfung nicht versagt. Den guten Willen habt ihr, aber ihr seid nur schwache Menschen.“ [2]

Erneut wurde Gottes Sohn von Angst geschüttelt. Jesus betete „noch angespannter, und sein Schweiß tropfte wie Blut auf den Boden. Als er sich vom Gebet erhob und wieder zu den Jüngern kam, schliefen sie; so erschöpft waren sie vor Kummer.“ [3]

Kurz zuvor hatte Jesus noch den stärksten Stürmen widerstanden; jetzt glich er einem geknickten Rohr im Schilf. Er, der Teilhaber der Herrlichkeit Gottes war und eins mit dem Vater, flehte verzweifelt: „Vater, wenn du willst, erspare mir diesen Leidenskelch. Aber dein Wille soll geschehen, nicht meiner!“ Wieder sehnte sich Jesus nach dem Mitgefühl seiner Jünger, das den Bann hätte brechen können. Sie sahen zwar sein schmerzverzerrtes Angesicht, aber vor Erschöpfung wußten sie nicht, was sie sagen sollten. „Viele haben sich entsetzt von ihm abgewandt, so entstellt war er. Er hatte keine Ähnlichkeit mehr mit einem Menschen.“ [4]

Die Welt in der Entscheidungsstunde

Erneut ging Jesus zurück und warf sich zu Boden. Der schreckliche Augenblick war gekommen, da das Geschick der Welt entschieden werden sollte. Noch konnte sich Christus weigern, den Kelch zu trinken, der für die sündige Menschheit bestimmt war; noch konnte er sich den Schweiß von der Stirn wischen und die Menschen ihrem Verderben überlassen. Er konnte sagen: Laß sie ihre Strafe allein abbüßen! Oder würde der Unschuldige doch die Sünde auf sich nehmen, um die Schuldigen zu retten?

Dreimal war Christus vor dem Opfer zurückgeschreckt. Doch nun wurde ihm wieder deutlich, wie hilflos die Menschen sind und wie mächtig die Sünde! Das Leid einer verurteilten Welt stand ihm vor Augen. Ohne Rücksicht auf sich selbst wollte er Erlösung schaffen. Er hatte den Himmel verlassen, um die Welt zu retten. Diese Aufgabe wollte er nun auch erfüllen!

---

[2] Markus 14,37.38 [3] Lukas 22,44.45 [4] Jesaja 52,14

Nachdem dieser Entschluß gefaßt war, fiel er wie tot zu Boden. Wo waren seine Jünger, um ihren Herrn zu stützen? Gott aber litt mit seinem Sohn, und die Engel sahen seine Qualen. Sie waren betrübt darüber, daß der Vater dem geliebten Sohn seine Liebe und Herrlichkeit entziehen mußte.

Auch Satan und seine Verbündeten beobachteten das Geschehen. Welche Antwort würde Christus auf sein dreimaliges Flehen erhalten? In dieser schweren Stunde der Entscheidung kam ein mächtiger Engel aus Gottes Gegenwart und stellte sich an die Seite Jesu, nicht, um ihm den bitteren Kelch zu ersparen, sondern um Kraft zu geben durch die Zusage, daß der Vater ihn liebt. So wurde dem Erlöser zur Gewißheit, daß sein Tod die völlige Niederlage Satans bedeuten würde. Das Reich aber sollte allein Gott gehören, und viele würden gerettet werden.

Die Antwort auf das Gebet Jesu

Christus litt noch immer, und der Kampf war noch nicht beendet; aber nun war er so stark, daß er sich stellen konnte. Himmlischer Friede lag auf seinem Angesicht. Er hatte durchlitten, was kein Mensch ertragen könnte: Er hatte die Todesschrecken der Menschheit durchlebt. Die schlafenden Jünger erwachten und sahen den Engel, der Jesus Trost und Hoffnung zusprach.

Wieder verfielen sie der merkwürdigen Müdigkeit. Jesus sah traurig auf sie und sagte: „Schlaft ihr denn immer noch und ruht euch aus? Es ist soweit; gleich wird der Menschensohn den Feinden Gottes ausgeliefert. Steht auf, wir wollen gehen. Da ist er schon, der mich verrät!“ [5] Keine Spur des überstandenen Ringens war zu sehen, als Jesus dem Verräter entgegenging. „Wen sucht ihr?“ fragte er. Sie antworteten: „Jesus von Nazareth.“ „Ich bin's!“

Als er das sagte, erstrahlte himmlisches Licht auf seinem Angesicht. Unter dem Eindruck dieser Herrlichkeit taumelten die Häscher zurück; auch Judas fiel zu Boden. Jesus hätte die Möglichkeit zur Flucht gehabt, doch er blieb, umringt von der kriegerischen Schar. Die römischen Soldaten, die Priester und auch Judas waren wie erstarrt. Auf die erneute

[5] Matthäus 26,45.46

Frage: „Wen sucht ihr?" antworteten sie noch einmal: „Jesus von Nazareth!" Darauf Christus: „Ich habe euch doch gesagt, daß ich es bin. Wenn ihr also mich sucht, dann laßt die anderen gehen!" Dabei wies er auf seine Jünger.

Judas, der Verräter, vergaß nicht, wozu er mitgekommen war. Er hatte „mit ihnen ein Erkennungszeichen ausgemacht: ‚Wem ich einen Begrüßungskuß gebe, der ist es. Den nehmt fest!' Judas ging sogleich auf Jesus zu und sagte: ‚Sei gegrüßt, Lehrer!' und gab ihm einen Kuß. Jesus sagte zu ihm: ‚Freund, komm zur Sache!' Da traten die Bewaffneten heran, packten Jesus und nahmen ihn fest." [6] Auf die Frage Jesu: „Verrätst du den Menschensohn mit einem Kuß!" hätte Judas eigentlich im Gewissen getroffen sein müssen, aber er hatte sich schon ganz dem Satan übergeben und war außerstande, ihm zu widerstehen. Jesus aber entzog sich dem Kuß des Verräters nicht.

Die Jünger waren bestürzt, als sie sahen, daß der, den sie liebten, gefesselt werden sollte. Petrus zog sein Schwert und schlug einem Knecht des Hohenpriesters das Ohr ab. Als Jesus das sah, schritt er sofort ein: „Halt! Hört auf!" Er berührte das Ohr und heilte den Mann. Dann sagte er zu Petrus: „Steck dein Schwert weg; denn wer zum Schwert greift, wird durch das Schwert umkommen. Weißt du nicht, daß ich nur meinen Vater um Hilfe zu bitten brauche, und er wird mir sofort mehr als zwölf Legionen Engel schicken? Aber wie soll sich dann erfüllen, was in den heiligen Schriften vorausgesagt ist? Es muß doch so kommen." [7]

Priester und Älteste hatten sich der Tempelwache angeschlossen und waren Judas nach Gethsemane gefolgt, eine wilde Horde, bewaffnet, als wollte man eine Bestie fangen!

Christus wandte sich an die Priester und Ältesten und sagte ihnen, was sie kaum je vergessen würden: „Mußtet ihr wirklich mit Schwertern und Knüppeln anrücken, um mich gefangenzunehmen? Bin ich denn ein Verbrecher? Jeden Tag war ich bei euch im Tempel und habe gelehrt; da habt ihr mich nicht festgenommen. Aber es mußte alles so kommen." [8]

Die Jünger aber waren wie gelähmt vor Schreck. Sie konnten es nicht fassen, daß sich Jesus fesseln und abführen ließ. Es ärgerte sie, daß sie so gedemütigt wurden. Auch das Ver-

---

[6] Matthäus 26,48–50 [7] Matthäus 26,52–54 [8] Matthäus 26,55.56

halten ihres Herrn konnten sie nicht verstehen; sie meinten, er habe sich zu bereitwillig seinem Schicksal ergeben. Nun waren sie nur noch darauf bedacht, sich selbst in Sicherheit zu bringen. „Da verließen ihn alle seine Jünger und flohen."

75 | Jesus vor Gericht

Mitternacht war schon vorüber. Da trieben sie Jesus durch die Straßen der Stadt. Der gefesselte Gottessohn konnte sich nur unter Schmerzen bewegen. Schließlich kamen sie zum Palast des vormaligen Hohenpriesters Hannas. Er war das Oberhaupt der amtierenden Priesterfamilie. Seines ehrwürdigen Alters wegen wurde er noch immer als Hoherpriester geachtet; sein Rat war gesucht und als Stimme Gottes geschätzt. Er sollte beim Verhör des Gefangenen zugegen sein; denn die Ankläger befürchteten, der unerfahrene Kaiphas könnte sich nicht durchsetzen. Sie bauten auf die Spitzfindigkeit des Hannas, um Christus verurteilen zu können.

Nach dem Gesetz mußte Jesus vor dem Hohen Rat verhört werden; aber erst sollte eine Voruntersuchung bei Hannas stattfinden. Die römische Besatzungsmacht gestattete lediglich, daß der Hohepriester ein Urteil vorschlagen konnte; die Römer würden es dann bestätigen. Die Anklage gegen Christus mußte deshalb so geführt werden, daß er in den Augen der Römer wie auch in den Augen der Juden als Verbrecher dastand.

Es gab Priester und Oberste, die sympathisierten mit Christus, so Josef von Arimathia und Nikodemus. Sie sollten deshalb nicht zur Verhandlung eingeladen werden; vielleicht würden es dann auch andere wagen, sich für den Angeklagten einzusetzen. Man wollte, daß der Hohe Rat geschlossen gegen Christus war. Zwei Anklagepunkte wurden anvisiert: Zum ersten mußte Christus der Gotteslästerung bezichtigt werden; dann konnten ihn die Juden verurteilen. Zum zweiten müßte man ihn der Volksaufwiegelung überführen können. Dann wäre eine Verurteilung durch die Römer gewiß. Hannas wollte zuerst mit dem zweiten Anklagepunkt durchkommen. Er verhörte Jesus und versuchte Beweise dafür zu finden, daß Jesus einen Geheimbund grün-

---

Dieses Kapitel bezieht sich auf Matthäus 26,57–75; Markus 14,53–72; 15,1; Lukas 22,54–71 und Johannes 18,13–27

den wollte, der Grundlage für ein neues Königreich sei. Dann könnte man den Gefangenen als Aufrührer den Römern übergeben.

Christus durchschaute die Fragestellung und konnte glatt verneinen, sich mit seinen Jüngern jemals heimlich bei Dunkelheit versammelt zu haben. Er sagte: „Ich habe immer offen vor aller Welt gesprochen. Ich habe in der Synagoge und im Tempel gelehrt, wo sich alle Juden treffen, und habe niemals etwas im geheimen gesagt."

Damit stellte Jesus die Art seines Wirkens der seiner Ankläger gegenüber. Sie hatten ihn gejagt, um ihn vor ein heimliches Gericht zu bringen. Waren nicht bei jeder größeren Menschenansammlung ihre Spione darunter? Waren die Priester nicht bestens über alles informiert, was Jesus gesagt und getan hatte?

Jesus erwiderte: „Warum fragst du dann mich? Frag doch die Leute, die meine Worte gehört haben! Sie wissen es!"Hannas schwieg. Einer seiner Diener wurde wütend und schlug Jesus ins Gesicht: „Wie kannst du es wagen, so mit dem Obersten Priester zu sprechen?" Jesus erwiderte: „Wenn ich etwas Falsches gesagt habe, dann weise es mir nach! Bin ich aber im Recht, so darfst du mich nicht schlagen!" Diese ruhige Antwort war kennzeichnend dafür, daß sich der geduldige, sanfte und sündlose Gottessohn nicht zum Zorn hinreißen ließ. Aber gerade von denen, für die er sich aufgeopfert hatte, erfuhr er die schändlichste Behandlung. Er litt darunter in dem Maße, wie er vollkommen war und die Sünde haßte. Die Gerichtsverhandlung wurde von Menschen geführt, die unter der Herrschaft Satans standen. Christus wäre in der Lage gewesen, seine Peiniger in den Staub zu werfen, wenn er sich seiner göttlichen Macht bedient hätte.

Sollten Engel vom Himmel dem Herrn zu Hilfe kommen?

Die Engel hätten Christus gern befreit. Mit Leichtigkeit hätten sie seine Feinde auslöschen können. Aber sie durften nicht eingreifen! Es gehörte zum Opfer Jesu, alle Mißhandlungen auf sich zu nehmen.

Christus sagte nichts, was seine Ankläger hätte herausfordern können; trotzdem wurde er gefesselt zum Zeichen dafür, daß er bereits verurteilt war. Wohl sollte der Schein einer ordentlichen Gerichtsverhandlung gewahrt bleiben, aber man mühte sich sehr um einen raschen Ablauf. Man wußte ja, daß Jesus beim Volk geachtet war, und so war zu befürchten, daß man ihn befreien wollte. Die Verhandlung mußte also zügig weitergeführt werden – auch des bevorstehenden Passafestes wegen. Die Priester und Oberen waren daher fest entschlossen, Jesus so schnell wie möglich den Römern auszuliefern. Dafür aber mußte noch eine handfeste Anklage gefunden werden. Noch war man nicht weit gekommen. Hannas befahl, Jesus zu Kaiphas zu bringen. Der war charakterlich ein Schwächling.

In der Morgendämmerung zog die mit Fackeln ausgerüstete Schar samt dem Gefangenen zum Palast des Hohenpriesters. Kaiphas nahm im Gerichtssaal seinen Platz als Vorsitzender ein. Zu beiden Seiten des Richters standen ein paar Leute, die am Prozeß interessiert waren. Römische Soldaten bildeten die Wache. Es herrschte allgemeine Unruhe; nur Jesus war still und gelassen.

Kaiphas mochte Jesus als Nebenbuhler betrachten. Der Hohepriester war eifersüchtig, weil er gesehen hatte, wie begeistert das Volk Jesus zuhörte. Als Kaiphas den Gefangenen ansah, konnte er dessen Würde nur bewundern. Aber schon im nächsten Augenblick verdrängte er diesen Gedanken, und er verlangte, Jesus solle ein Wunder tun.

Der aber schien das gar nicht zu hören. Die Menschen im Saal begannen sich zu fragen: Wie ist es möglich, diesen von Gott gesandten Mann als Verbrecher abzuurteilen?

Jesu Feinde waren verwirrt. Zwar gab es genügend Leute, die bezeugen konnten, daß Christus die Priester und Schriftgelehrten als Heuchler und Mörder bezeichnet hatte; es war aber nicht geraten, auf diese Anklage zu setzen; denn für die Römer bedeutete das gar nichts. Es gab auch Beweise, daß sich Jesus über die Vorschriften der Juden negativ geäußert hatte. Für die Römer wäre das ebenso belanglos. Man wagte auch nicht, ihn wegen Sabbatschändung anzuklagen. Dabei wären ja seine Heilungswunder an die Öffentlichkeit gekommen.

Falsche Zeugen wurden schließlich herbeigebracht, um Jesus des Landesverrats zu bezichtigen. Aber ihre Aussagen widersprachen sich. Im Verhör verstrickten sie sich in die eigenen Falschaussagen.

Zu Beginn seines öffentlichen Wirkens hatte Jesus gesagt:

„Reißt diesen Tempel nieder, und in drei Tagen werde ich ihn wieder aufbauen!“ [1] Aber mit dem Tempel meinte Jesus sich selbst. Von allem, was Jesus je gesagt hatte, ließ sich nichts gegen ihn verwenden mit Ausnahme dieser Worte. Die Römer waren stolz darauf, zum Wiederaufbau des Tempels beigetragen zu haben. Wer etwas gegen den Tempel sagte, würde ihren Unmut erregen. Und in diesem Punkt trafen sich Römer und Juden; denn beide verehrten den Tempel.

Jesu Ankläger hatten sich immer stärker in Widersprüche verwickelt; sie waren verwirrt und wütend. Es blieb nur noch eine Möglichkeit: Christus mußte dazu gebracht werden, sich selbst zu verurteilen. „Da stand der Oberste Priester auf, trat in die Mitte und fragte Jesus: ‚Hast du nichts gegen diese Anklagen vorzubringen?‘ Aber Jesus schwieg und sagte kein Wort. Darauf fragte der Oberste Priester ihn: ‚Bist du der versprochene Retter? Bist du der Sohn Gottes?‘ ‚Ich bin es‘, sagte Jesus, ‚und ihr werdet sehen, wie der Menschensohn an der rechten Seite des Allmächtigen sitzt und mit den Wolken des Himmels kommt!‘“ [2]

Jesus wußte, daß er sich mit dieser Antwort selber das Todesurteil sprechen würde. Aber Kaiphas, die höchste Autorität des jüdischen Volkes, hatte ihn im Namen Gottes angesprochen. Nun mußte sich Jesus unmißverständlich zu seinem Auftrag bekennen. Seinen Jüngern hatte er einmal gesagt: „Wer sich vor den Menschen zu mir bekennt, zu dem werde auch ich mich am Gerichtstag bekennen vor meinem Vater im Himmel.“ [3] Diese Aussage bekräftigte er nun durch sein eigenes Beispiel.

Wer vermag recht zu richten?

Der Gedanke, daß sich einst alle Menschen vor Gott verantworten müssen, erschreckte Kaiphas. Visionen vom Jüngsten Gericht zogen an seinem inneren Auge vorüber. Er sah die Toten aus ihren Gräbern aufstehen, und dabei kamen Dinge ans Licht, von denen er hoffte, sie blieben für immer verborgen. In diesem Augenblick hatte er das Gefühl, vor dem ewigen Richter zu stehen, der ihn durchschaute.

Kaiphas hatte geleugnet, daß es eine Auferstehung, ein Gericht und ewiges Leben gebe. In zorniger Erregung zerriß er

---

[1] Johannes 2,19 [2] Markus 14,60–62 [3] Matthäus 10,32

sein Kleid und verlangte, den Gefangenen wegen Gotteslästerung zu verurteilen. „,Wir brauchen keine Zeugen mehr! ... Wie lautet euer Urteil?' Einstimmig erklärten sie: ,Er hat den Tod verdient!'" [4]

Kaiphas war wütend, denn er wußte, daß Jesu Worte die Wahrheit waren. Aber anstatt in sich zu gehen, zerriß er sein priesterliches Gewand. Das war eine schwere Entgleisung. Mit dieser Tat wollte der Hohepriester die Verurteilung Jesu erzwingen, doch in Wirklichkeit verurteilte er sich selbst. Nach dem Gesetz Gottes war er von nun an nicht mehr für das Priesteramt geeignet: „... denn ihr dürft eure Kleider nicht zerreißen. Sonst müßt auch ihr sterben, und der Zorn des Herrn kommt über die ganze Gemeinde." [5] Der Hohepriester, der es wagte, den Dienst im zerrissenen Gewand auszuüben, galt nach levitischem Gesetz als von Gott getrennt. Die Handlungsweise des Kaiphas war Ausdruck menschlicher Wut und Unvollkommenheit. Er symbolisierte damit, unter welcher Last das jüdische Volk künftig vor Gott stehen würde. Die Juden wiesen den ab, der Inhalt und Abbild ihrer Gottesdienste seit alters war. Israel hatte sich von Gott getrennt. Das Gewand des Hohenpriesters war zerrissen aus Entsetzen vor sich selbst und seinem Volk.

Der Prozeßverlauf

Der Hohe Rat hatte Jesus für schuldig befunden. Es widersprach aber dem jüdischen Gesetz, einen Gefangenen nachts vor Gericht zu stellen. Eine rechtskräftige Verurteilung konnte nur bei Tage und von vollzähliger Ratsversammlung getroffen werden. Dessenungeachtet wurde Christus wie ein bereits Verurteilter betrachtet und wurde vom Pöbel mißhandelt. Man führte ihn in die Wache, wo allerlei spöttische Bemerkungen über ihn und seinen Anspruch, der Sohn Gottes zu sein, gemacht wurden. Seine eigene Aussage, er werde mit den Wolken des Himmels kommen, wurde lächerlich gemacht. Schutzlos war er den Spöttern ausgesetzt; „er wurde mißhandelt, aber er trug es, ohne zu klagen. Wie ein Lamm, wenn es zum Schlachten geführt wird ... duldete er alles schweigend". [6]

Der härteste Schlag gegen Christus aber ging nicht von sei-

---

[4] Markus 14,63.64 [5] 3. Mose 10,6 [6] Jesaja 53,7

nen Feinden aus. Petrus war es, der während des Verhörs vor Kaiphas seinen Meister dreimal verleugnete.

Petrus und Johannes hatten es gewagt, der Horde zu folgen, die den gefangenen Jesus abführte. Johannes wurde in die Ratshalle eingelassen, und für Petrus konnte er die Erlaubnis erwirken, wenigstens den Hof betreten zu dürfen. Dort hatte man ein Feuer angezündet; denn es war sehr kalt vor Tagesanbruch. „Viele saßen darum herum. Auch Petrus setzte sich dazu. Eine Dienerin bemerkte ihn dort und sah ihn scharf an. ‚Der hier war auch mit ihm zusammen', sagte sie. Aber Petrus stritt es ab: ‚Ich kenne ihn ja überhaupt nicht!'"[7] So verleugnete Petrus seinen Herrn zum ersten Mal.

Beim Abendmahl hatte Jesus vorausgesagt, daß einer der Zwölf ihn verleugnen würde. Damals hatte Petrus energisch widersprochen: „Selbst wenn alle anderen an dir irre werden – ich bestimmt nicht!" „Täusche dich nicht!" antwortete Jesus. „Bevor der Hahn heute nacht kräht, wirst du dreimal behaupten, daß du mich nicht kennst." Da sagte Petrus: „Das werde ich niemals tun, und wenn ich mit dir zusammen sterben müßte."[8]

Das war gewiß ehrlich gemeint, aber Petrus kannte sich selber nicht. Im Augenblick der Gefahr gab er sich den Anschein der Gleichgültigkeit; dahinter steckten Eigenliebe, Angst und Sünde. „Dann ging Petrus ans Eingangstor. Dort sah ihn ein anderes Mädchen und sagte zu denen, die dort herumstanden: ‚Der da war auch mit diesem Jesus aus Nazareth zusammen!' Und wieder stritt Petrus es ab: ‚Ich schwöre, ich kenne den Mann überhaupt nicht!' Kurz darauf traten die Umstehenden zu Petrus und sagten: ‚Natürlich gehörst du zu ihnen. Das merkt man schon an deiner Aussprache!' Petrus aber schwor: ‚Gott soll mich strafen, wenn ich lüge! Ich kenne den Mann nicht!' In diesem Augenblick krähte ein Hahn, und Petrus erinnerte sich daran, daß Jesus zu ihm gesagt hatte: ‚Bevor der Hahn kräht, wirst du dreimal behaupten, daß du mich nicht kennst.'"[9]

Da erinnerte sich Petrus an das Versprechen, das er kurz zuvor gegeben hatte, und ihm wurde bewußt, wie genau ihn sein Herr kannte – auch die Sünde in ihm! Eine Woge schmerzlicher Erinnerung überkam Petrus. Christi Langmut und Geduld standen ihm vor Augen – und demgegenüber

---

[7] Lukas 22,55–57 [8] Markus 14,27–31 [9] Matthäus 26,71–75

seine Feigheit. Er stürzte hinaus in die Dunkelheit, Jesu Mahnung im Ohr: „Bleibt wach und betet, damit ihr nicht versagt!" Petrus fiel zu Boden und wünschte sich den Tod.

Jesus konnte seine Jünger nicht vor Schwierigkeiten bewahren, aber er hatte sie nicht ohne Trost gelassen. Selbst in der Dunkelheit der Verzweiflung gab es Hoffnung für sie!

Verurteilung um jeden Preis

„Als es Tag wurde, versammelten sich die Ratsältesten mit den führenden Priestern und Gesetzeslehrern. Sie ließen Jesus vorführen und fragten ihn: ‚Bist du der versprochene Retter?' Jesus antwortete: ‚Wenn ich es euch sage, glaubt ihr mir ja doch nicht, und wenn ich euch etwas frage, gebt ihr mir keine Antwort. Aber von jetzt an wird der Menschensohn an der rechten Seite des allmächtigen Gottes sitzen.' Da riefen sie: ‚Du bist also der Sohn Gottes?'" [10]

Sie wollten ihm noch mit Fragen zusetzen, obwohl sein Tod bereits beschlossene Sache war. Nur die Römer hatten seine Verurteilung noch zu bestätigen. Doch zuvor kam es wieder zu Mißhandlungen, schlimmer als zuvor. Wären nicht die römischen Soldaten gewesen, so wäre Jesus kaum am Leben geblieben. Noch bevor er ans Kreuz von Golgatha genagelt würde, hätte man ihn in Stücke gerissen. Die Römer, die ja Heiden waren, brachten ihre Empörung zum Ausdruck. Wie konnte man so brutal gegen jemanden vorgehen, dem keine Schuld nachzuweisen war? Aber die jüdischen Führer waren unzugänglich für jede Regung von Mitleid und Scham.

Man warf dem Herrn ein altes Gewand über den Kopf, und seine Verfolger schlugen ihm ins Gesicht. Dazu riefen sie: „Wer hat dich geschlagen? Sag es uns, du bist doch ein Prophet!" Und noch viele andere Schmähungen mußte er anhören.

Die Engel im Himmel registrierten jeden beleidigenden Blick der Verachtung, jedes Schimpfwort und jeden Schlag gegen ihren geliebten Herrn. Der Tag aber wird kommen, da all die niederträchtigen Menschen, die den stillen Christus verhöhnten, sein Antlitz in Herrlichkeit schauen werden.

---

[10] Lukas 22,66–71

76 | Judas – ein Mann rennt ins Verderben

Die Geschichte des Judas umreißt das traurige Ende eines Lebens, das ebensogut Wohlgefallen bei Gott hätte finden können. Wäre Judas beispielsweise auf seiner letzten Reise nach Jerusalem gestorben, so stünde sein Name ebenbürtig neben den anderen der elf Jünger. Man hätte ihn schmerzlich vermißt und ihm ein gutes Andenken bewahrt. Doch leider entpuppte er sich vor aller Welt als Verräter, und seither ist er das warnende Beispiel für alle, die in der Gefahr stehen, Gott und seine Gemeinde zu verraten.

Seit dem Fest im Hause des Simon befaßte sich Judas in Gedanken mit der Tat, zu der er sich verpflichtet hatte. Immer mehr verfestigte sich in ihm der Plan, den Herrn der Herrlichkeit zu verraten für einen Preis, der für einen Sklaven entrichtet werden mußte.

Judas war dem Geld zugetan. Vielleicht war er nicht von Anfang an bestechlich, aber die Habsucht in ihm nahm zu, bis sie stärker war als die Liebe zu Christus. Indem er dieser Schwäche nicht widerstand, lieferte er sich der Macht Satans aus und war schließlich zu jeder Sünde bereit.

Judas hatte sich den Jüngern zu einem Zeitpunkt angeschlossen, da viele dem Herrn nachfolgten. Er war Zeuge der Wunder Jesu, sah, wie er Kranke heilte, Dämonen austrieb und Tote auferweckte. Er wußte auch, daß Jesus noch mehr tun konnte. Vielleicht sehnte er sich danach, in seinem Wesen verändert zu werden. Daß das in der Gemeinschaft mit Jesus geschehen könnte, mag er zuzeiten sogar gehofft haben.

Christus wies Judas nicht zurück. Er reihte ihn ein unter die Zwölf und verlieh auch ihm die Kraft, in seinem Auftrag zu wirken. Doch Judas lieferte sich dem Herrn nicht völlig aus. Seinen Ehrgeiz und die Liebe zum Geld gab er nicht auf, ließ sich auch nicht von Gott erneuern, sondern blieb bei seiner Neigung, andere zu kritisieren und anzuklagen.

Judas hatte einen gewissen Einfluß auf die anderen Jünger. Er betrachtete sie als ihm unterlegen, während er von seinen

---

Dieses Kapitel bezieht sich auf Matthäus 27,3–9

eigenen Fähigkeiten eine hohe Meinung hatte. Er schmeichelte sich damit, daß die Jünger schon oft in Verlegenheit geraten wären, wenn er nicht so klug eingegriffen hätte. Seiner Meinung nach sollte man stolz auf ihn sein – und das prägte seine ganze Haltung!

Christus stellte Judas an einen Platz, wo es ihm möglich gewesen wäre, seine charakterlichen Schwächen zu erkennen und zu korrigieren. Aber dieser Jünger gab seinen egoistischen Neigungen immer wieder nach. Das Geld, das durch seine Hände ging, wurde ihm zur ständigen Versuchung. Hatte er dem Herrn irgendeinen kleinen Dienst erwiesen, so belohnte er sich selbst durch einen Griff in die Kasse. Vor sich selber mochte er diese Handlungsweise als legitim ansehen; in den Augen Gottes war er ein Dieb.

Judas hatte sich einen Plan zurechtgelegt, wie Christus eigentlich wirken sollte. So müßte beispielsweise Johannes der Täufer aus dem Gefängnis befreit werden. Doch Johannes wurde enthauptet. Und Jesus – statt diesen Tod zu rächen – zog sich zurück. Judas hätte sich ein aggressiveres Vorgehen erhofft. Seiner Meinung nach könnte der Herr viel erfolgreicher wirken, wenn er seine Jünger nicht davon abhielte, daß sie seine – des Judas – Pläne ausführten. Es gefiel ihm auch nicht, daß Christus der Forderung der jüdischen Obrigkeit nach einem Zeichen vom Himmel keine Beachtung schenkte. Immer mehr öffnete sich Judas dem Unglauben, und Satan senkte aufrührerische Gedanken in sein Herz. Er sah nicht ein, weshalb der Meister Prüfungen und Verfolgung ankündigte. Sollte man nicht viel mehr nach Einfluß und Stellung in einem künftigen Königreich trachten?

Im Widerspruch zu Christus

Judas nährte die Vorstellung, daß Christus als König in Jerusalem herrschen sollte. Bei der Speisung der Fünftausend war er auf die Idee gekommen, man solle Christus zum König ausrufen. Seine Hoffnungen waren groß; um so tiefer war er dann enttäuscht.

Als Christus über das Brot des Lebens sprach, ging eine Wandlung in Judas vor. Er erkannte, daß Jesus nicht weltliche, sondern geistliche Güter vermittelte, und ihm dämmerte, daß der Herr selber kein ehrenvolles Dasein haben würde. Damit könnten auch seinen Nachfolgern keine angesehenen

Stellungen übertragen werden. Judas beschloß deshalb, sich nur insoweit Christus anzuschließen, als er sich jederzeit den Rückzug offenhalten konnte. Er wollte auf der Hut sein!

Judas begann nun auch Zweifel zu äußern, die die Jünger verwirrten. Er warf Streitfragen auf und berief sich auf Schriftstellen, die in keiner Beziehung standen zu dem, was Jesus lehrte. Er riß auch Texte aus dem Zusammenhang, und das beunruhigte die Jünger. Die Enttäuschungen, die sie erlebten, wurden dadurch nur größer. Schließlich gab er sich als sehr gewissenhaft aus. Immer aber lag ihm daran, seine ehrgeizigen Wünsche durchzusetzen. Der Streit, welcher unter ihnen der Größte sei, wurde meist von Judas angefacht.

Als Jesus dem reichen Jüngling erklärte, was nötig sei, um ein Jünger zu werden, hielt das Judas für einen Fehler. Männer wie dieser vornehme Jude könnten doch der Sache Jesu nur nützlich sein! Judas meinte, seine Vorschläge zum Wohl der kleinen Gemeinde seien immer die richtigen. Er hielt sich für klüger als Christus.

Letzte Gelegenheit zur Umkehr

Was Christus seinen Jüngern auch sagte, immer war da etwas, wogegen sich Judas sträubte. Und wo er Einfluß nahm, da breitete sich Unzufriedenheit aus. Jesus spürte, daß Satan durch Judas die anderen Jünger negativ beeinflußte.

Bis zu dem Fest im Hause des Simon hatte Judas von seinem Vorhaben noch nichts durchblicken lassen. Als aber Maria die Füße Jesu salbte, hielt er mit seinem Unwillen und der Habgier nicht mehr zurück. Jesu Tadel verletzte seinen Stolz und nährte in ihm den Wunsch nach Rache. Alle Dämme der Selbstbeherrschung brachen. So ist es immer, wenn man sich auf die Sünde einläßt.

Noch aber war das Herz dieses Jüngers nicht ganz verhärtet. Obwohl er schon wiederholt angeboten hatte, Christus zu verraten, gab es für ihn noch immer die Möglichkeit der Umkehr. Beim Abendmahl diente Jesus all seinen Jüngern gleichermaßen, auch dem Judas. Der aber wies diese letzte liebevolle Einladung zur Gemeinsamkeit zurück. Die Füße, die Jesus gewaschen hatte, liefen hinaus, um den Verrat zu vollenden.

Vielleicht dachte Judas, daß Jesus in jedem Fall gefangen werden würde. Sein – des Judas – Verrat würde nichts daran ändern. Wenn Jesu Tod aber nicht vorherbestimmt war, müßte er sich eben selbst befreien. Judas meinte also, mit dem Verrat seines Herrn ein schlaues Geschäft gemacht zu haben. Er hielt es außerdem gar nicht für möglich, daß sich Jesus würde gefangennehmen lassen. Und mit dem Verrat wäre ihm vielleicht noch eine nachhaltige Lektion erteilt. Dann würde man auch ihn – Judas – in der Zukunft gebührend achten.

Judas wollte es also darauf ankommen lassen. Wenn Jesus wirklich der Messias war, würde ihn das Volk zum König ausrufen. Dieser Erfolg wäre dann im wesentlichen auch Judas zu verdanken. Jesus auf dem Thron Davids und Judas Inhaber der höchsten Stellung in dem neuen Königreich!

Vor der Gefangennahme Jesu hatte es genaue Absprachen gegeben. „Der Verräter hatte mit ihnen ein Erkennungszeichen ausgemacht: ‚Wem ich einen Begrüßungskuß gebe, der ist es. Den nehmt fest und führt ihn unter Bewachung ab.'" [1] Bestürzt sah Judas, daß sich Jesus wirklich abführen ließ! Und noch immer erwartete er, daß Jesus seine Feinde überraschen und sich als Gottessohn befreien würde. Aber die Stunden vergingen – und es geschah nichts! Da packte den Verräter eine furchtbare Angst. Er hatte seinen Herrn dem Tod überantwortet!

Die Verhandlungen zogen sich hin. Judas konnte seine Schuld nicht länger ertragen. Mit heiserer Stimme schrie er durch den Saal: „Er ist unschuldig! Verschone ihn, Kaiphas!" Judas drängte sich durch die überraschte Menschenmenge. Kalkweiß war sein Gesicht, und Schweiß stand ihm auf der Stirn. Er drängte sich vor bis zum Richterstuhl, dann warf er die dreißig Silberlinge – den Lohn für seinen Verrat – vor dem Hohenpriester auf den Boden. Er griff nach dem Gewand des Kaiphas und beschwor ihn, Jesus freizugeben. Kaiphas schüttelte ihn ab, ohne daß er etwas zu sagen wußte. Die Priester waren entlarvt. Sie hatten den Jünger gedrängt, seinen Herrn zu verraten. Judas schrie: „‚Ich habe eine schwere Schuld auf mich geladen, ein Unschuldiger wird getötet, und ich habe ihn verraten.' ‚Was geht uns das an?' antworteten sie. ‚Das ist doch deine Angelegenheit!' Da warf Judas das Geld in den Tempel, lief fort und erhängte sich." [2]

Christus wußte, daß die Reue des Judas nicht aufrichtig

[1] Markus 14,44 [2] Matthäus 27,4.5

war. Trotzdem verurteilte er ihn nicht. Die Volksmenge, die Jesus später zum Ort der Kreuzigung begleitete, sah den Leichnam des Judas unter einem abgestorbenen Baum liegen. Der Strick war zerrissen. Hunde sammelten sich um den verstümmelten Leichnam. Vergeltung war bestimmt über die, die am Tod Jesu schuldig waren.

77 | Verhör bei Pilatus

Im Richthaus des Pilatus, des römischen Statthalters, stand Jesus als Gefangener, von Soldaten bewacht. Schaulustige füllten die Halle; draußen aber waren die Richter vom Hohen Rat, die Priester und auch das Volk.

Der Hohe Rat hatte Jesus verurteilt. Nun sollte er dem Pilatus vorgestellt werden, der das Urteil bestätigen und auch vollstrecken müßte. Die jüdischen Führer wollten die Gerichtshalle nicht betreten; dem levitischen Gesetz zufolge hätten sie sich damit verunreinigt und wären außerstande, an dem bevorstehenden Passamahl teilzunehmen. Ihre Herzen aber waren schon längst verunreinigt durch Haß und Mordgedanken. Doch das erkannten sie nicht. Sie hatten Christus, das wahre Opferlamm, abgelehnt. Damit hatte das Passafest für sie seine Bedeutung bereits verloren.

Pilatus blickte Jesus nicht gerade freundlich an. Er war ungehalten, weil man ihn aus seiner Privatwohnung gerufen hatte; nun wollte er diese Amtspflicht so rasch wie möglich hinter sich bringen. Er wandte sich dem Mann zu, den er verurteilen sollte.

Forschend richtete er den Blick auf Christus. Der Statthalter hatte schon oft mit Verbrechern zu tun gehabt, doch noch nie war er einem Menschen begegnet, der solch eine Ausstrahlung hatte. Auf dem Angesicht Jesu war kein Zeichen von Aufbegehren oder Trotz, von Angst oder Schuld zu erkennen. In Pilatus erwachte so etwas wie sein besseres Ich. Durch seine Frau hatte er schon von den großen Taten des Propheten aus Galiläa gehört; der habe Kranke geheilt und sogar Tote auferweckt. Pilatus erinnerte sich an das, was ihm zu Ohren gekommen war. Nun wollte er wissen, was die Juden gegen diesen Gefangenen vorzubringen hatten.

Wer war dieser Mann? Warum wurde er gebracht? Er sei ein Betrüger und werde Jesus von Nazareth genannt.

Dieses Kapitel bezieht sich auf Matthäus 27,11–31; Markus 15,1–20; Lukas 23,1–25; Johannes 18,28–40 und 19,1–16

Pilatus eröffnete das Verhör. „Was für Anklagen habt ihr gegen diesen Mann?" Sie antworteten: „Wir hätten ihn nicht zu dir gebracht, wenn er kein Verbrecher wäre!"

Man erwartete also, daß Pilatus ein Urteil fällte, ohne viel zu fragen, hatte er doch schon mehrfach Todesurteile ausgesprochen, ohne lange gefackelt zu haben. Ob ein Gefangener schuldig oder unschuldig sei, habe für ihn kaum Bedeutung. So die Meinung der Priester, die nun erwarteten, Pilatus würde auch über Jesus die Todesstrafe verhängen.

Doch etwas an diesem Gefangenen hielt Pilatus zurück. Er wußte, daß Jesus erst kürzlich seinen Freund Lazarus vom Tode auferweckt hatte, nachdem der schon vier Tage im Grab gelegen hatte. Pilatus wollte deshalb erst einmal hören, wie die Anklage lautete und ob sie auch bewiesen werden könnte.

Pilatus kam aus dem Richthaus heraus und fragte die Juden: „‚Was für Anklagen habt ihr gegen diesen Mann?' Sie antworteten: ‚Wir hätten ihn nicht zu dir gebracht, wenn er kein Verbrecher wäre!' ‚Dann nehmt ihn doch', sagte Pilatus, ‚und verurteilt ihn nach eurem Gesetz.' ‚Aber wir dürfen ja niemand hinrichten!' erwiderten sie." [1]

Die Priester waren in der Klemme. Es durfte nicht der Eindruck entstehen, daß Jesus aus religiösen Gründen verhaftet worden sei; denn das zählte nicht bei Pilatus. Vielmehr mußte man den Sohn Gottes als politischen Verbrecher hinstellen. Und die Römer waren ja ständig darauf aus, den geringsten politischen Widerstand zu ahnden. Die Priester waren also in großer Verlegenheit. „Wir haben festgestellt, daß dieser Mann unser Volk aufhetzt. Er sagt, wir sollten keine Steuern mehr an den Kaiser zahlen! Außerdem hat er behauptet, er sei der König, den Gott uns versprochen hat." [2] Diese Anklage entbehrte jeder Grundlage. Die Priester wußten das, aber sie waren sogar zum Meineid bereit.

Pilatus contra Priester

Der Statthalter Roms konnte keinen Hinweis darauf erkennen, daß der Gefangene einen Putsch gegen die Regierung vorbereitet hätte. Er war eher davon überzeugt, daß ei-

---

[1] Johannes 18,29–31 [2] Lukas 23,2

ne Verschwörung gegen einen Unschuldigen vorlag. Er wandte sich an Jesus: „Bist du der König der Juden?“ Jesus antwortete: „Du sagst es!“

Kaiphas hörte diese Antwort und forderte Pilatus auf, er solle bestätigen, daß Jesus ein Verbrechen begangen habe, und dafür sei er auch angeklagt. Wieder wandte sich Pilatus an den Herrn: „‚Hörst du nicht, was sie gegen dich vorbringen?‘ Aber Jesus schwieg und sagte kein einziges Wort.“[3]

Christus stand da vor allen, die im Richthaus versammelt waren und durchschaute das schändliche Spiel. Aber mit keinem Wort ging er auf die Anklage ein. Er war ruhig angesichts der Raserei, die ihn umgab. Leidenschaftlicher Zorn richtete sich gegen ihn, aber er selber ließ sich nicht dazu hinreißen.

Pilatus staunte. Kümmerte es diesen Menschen nicht, daß es um sein Leben ging? Um den Tumult etwas zu dämpfen, nahm er Jesus beiseite und fragte erneut: „‚Bist du der König der Juden?‘ Jesus antwortete: ‚Bist du selbst auf diese Frage gekommen, oder haben dir andere von mir erzählt?‘ Pilatus erwiderte: ‚Hältst du mich etwa für einen Juden? Dein eigenes Volk und die führenden Priester haben dich mir übergeben. Was hast du getan?!‘“[4]

Rettung für Pilatus?

Jesus wollte Pilatus die Augen dafür öffnen, daß er nicht gekommen war, um eine irdische Herrschaft aufzurichten. „‚Mein Königtum stammt nicht von dieser Welt. Sonst würden meine Untertanen dafür kämpfen, daß ich den Juden nicht in die Hände falle. Nein, mein Königtum ist von ganz andrer Art!‘ Da fragte Pilatus ihn: ‚Du bist also doch ein König?‘ Jesus antwortete: ‚Ja, ich bin ein König. Ich wurde geboren und kam in die Welt, damit ich die Wahrheit bekanntmache. Wer zur Wahrheit gehört, hört auch mich!‘ – ‚Wahrheit‘, meinte Pilatus, ‚was ist das?‘“[5]

Pilatus sollte begreifen, daß auch er in seinem Wesen nur erneuert werden kann, wenn er diese Wahrheit annimmt und zum Mittelpunkt seines Lebens macht. Doch er ging gar nicht darauf ein; denn die Priester trieben ihn an, er solle endlich die Entscheidung fällen. Aber Pilatus wußte

---

[3] Matthäus 27,13.14 [4] Johannes 18,33–35 [5] Johannes 18,36–38

nichts anderes zu sagen als: „Ich sehe keinen Grund, ihn zu verurteilen!“ Priester und Älteste reagierten darauf mit grenzenloser Wut. Der Gedanke, Jesus könnte freigesprochen werden, steigerte ihren Haß. Sie drohten Pilatus, bei der Regierung in Rom Anzeige gegen ihn zu erstatten, weil er sich weigere, Jesus zu verurteilen. Der aufrührerische Einfluß dieses Galiläers sei doch im ganzen Land bekannt, riefen sie ärgerlich. „Er wiegelt mit seinen Reden das Volk auf, von Galiläa angefangen bis hierher.“ Dennoch: die Gerechtigkeit verlangte Freispruch! Würde aber Jesus nicht verurteilt, so käme es zu einem Aufruhr. Und davor hatte Pilatus Angst.

Aber war da nicht eben etwas über die Herkunft dieses Jesus gesagt worden? „Pilatus fragte, ob der Mann aus Galiläa sei. Man bestätigte ihm, daß Jesus aus dem Herrschaftsbereich von Herodes stamme. Da ließ Pilatus ihn zu Herodes bringen, der zu dieser Zeit ebenfalls in Jerusalem war. Herodes freute sich sehr, als er Jesus sah; denn er wollte ihn schon längst einmal kennenlernen.“ [6]

Auch Pilatus freute sich, denn zum einen hoffte er, sich aus der Verantwortung lösen zu können, zum anderen bestand zwischen ihm und Herodes ein alter Streit, der nun ausgeräumt werden konnte. Pilatus und Herodes wurden Freunde.

Der Bericht sagt: Er, Herodes, „hatte viel von ihm gehört und hoffte nun, selbst ein Wunder zu erleben. Er stellte ihm – Jesus – viele Fragen, aber Jesus gab keine Antwort.“ [7]

An den Händen des Herodes klebte das Blut Johannes des Täufers. Doch nun wollte er Jesus sehen. Als er zum erstenmal von Jesus gehört hatte, war er entsetzt, weil er fürchtete, Johannes sei von den Toten auferstanden. War ihm daran gelegen, die Erinnerungen an das blutige Haupt des Täufers, das man ihm auf einer Schüssel gebracht hatte, für immer aus seinem Gedächtnis zu löschen? Oder wollte er nur seine Neugier befriedigen?

Wieder brachten Priester und Älteste ihre Anschuldigungen vor. „Herodes und seine Soldaten trieben ihren Spott mit Jesus. Zum Hohn zogen sie ihm ein Prachtgewand an. In diesem Aufzug schickte Herodes ihn zu Pilatus zurück.“ [8]

Offensichtlich war Herodes in seinem Gewissen schon so

---

[6] Lukas 23,6–8 [7] Lukas 23,9 [8] Lukas 23,11

abgestumpft, daß er bei weitem nicht so empfand wie damals, als Herodias das Haupt des Täufers von ihm forderte. Sein ausschweifendes Leben hatte alle Regungen des Mitgefühls und der Menschlichkeit in ihm erstickt. Er drohte Jesus und erklärte, daß er ihn ohne weiteres verurteilen könnte. Aber Jesus ließ sich davon nicht beeindrucken. Die Sendung Jesu bestand nicht darin, eitle Neugier oder Sensationslust zu befriedigen. Hätte der Herr einem Sündenkranken Heilung bringen können, dann wäre er nicht stumm geblieben. Aber für Menschen, die die Wahrheit mit Füßen traten, hatte er kein Wort. Herodes hatte die Wahrheit zurückgewiesen, die der größte aller Propheten verkündigt hatte. Nun gab es keine weitere Botschaft für ihn. Die Lippen des Herrn blieben verschlossen, denn der hochmütige König brauchte keinen Erlöser.

Pilatus war enttäuscht, als die Juden mit dem Gefangenen zurückkamen. Er habe doch Jesus bereits verhört und nichts Strafwürdiges an ihm gefunden! Nicht eine Anklage habe sich bestätigt! Selbst Herodes habe nichts ermitteln können. „Pilatus rief die führenden Priester, die maßgeblichen Männer und das übrige Volk zu sich und erklärte: ‚Ihr habt mir diesen Mann gebracht und behauptet, er hetze die Leute auf. Aber ihr wart ja dabei, als ich ihn verhörte. Ich habe von den Anklagen, die ihr gegen ihr vorgebracht habt, keine einzige bestätigt gefunden. Auch Herodes nicht; denn er hat ihn zu uns zurückgeschickt. Der Mann hat nichts getan, worauf die Todesstrafe steht. Ich lasse ihn auspeitschen und gebe ihn dann frei.'"[9]

Für Pilatus bestand kein Zweifel, daß Jesus unschuldig war – aber er war schwach und gab seine Festigkeit den Anklägern gegenüber auf. Das brachte ihn in eine schlechte Lage. Wäre Pilatus standhaft geblieben und hätte er strikt abgelehnt, einen Unschuldigen zu verurteilen, dann wäre es nicht zu der unheilvollen Kettenreaktion gekommen, die nun ablief. Christus wäre zwar auch getötet worden, aber Pilatus hätte sich nicht schuldig gemacht. So aber hatte der römische Statthalter Schritt für Schritt gegen seinen Gewissen gehandelt und war nun in der Hand der Verkläger.

---

[9] Lukas 23,13–16

Doch noch eine Chance für Pilatus?

Die Frau des Pilatus war dem Erlöser in einem nächtlichen Traum begegnet. Obwohl sie nicht Jüdin war, wußte sie, wer ihr im Traum erschienen war. Sie sah, daß Pilatus den Gottessohn zur Geißelung freigab, nachdem er doch erklärt hatte: „Ich finde keine Schuld an ihm!" Sie sah, wie Christus den Mördern ausgeliefert wurde, sah des aufgerichtete Kreuz und die Erde in Finsternis gehüllt. Dann war der Schrei in ihrem Ohr: „Es ist vollbracht!"

Noch ein anderes Bild stand ihr vor Augen. Sie sah Christus auf einer großen weißen Wolke, und seine Mörder flohen aus seiner Gegenwart. Entsetzt wachte sie auf und sandte eine Warnungsbotschaft an Pilatus: „Laß die Hände von diesem unschuldigen Mann! Seinetwegen hatte ich letzte Nacht einen schrecklichen Traum!" [10]

Er zauderte, aber währenddessen wiegelten die Obersten das Volk auf. Da fiel ihm ein, daß es eine Gepflogenheit gab, durch die er die Freilassung Christi vielleicht erreichen könnte. „Es war üblich, daß der römische Prokurator zum Passafest einen Gefangenen begnadigte, den das Volk bestimmen durfte." [11] Dieser Brauch hatte wenig mit Gerechtigkeit zu tun, aber die Juden waren stolz darauf. Damals gab es einen berüchtigten Gefangenen, der Jesus Barabbas hieß. Er hatte sich angemaßt, eine neue Gesellschaftsordnung einführen zu wollen. Was er rauben und stehlen konnte, betrachtete er als sein Eigentum. Schließlich hatte er zusammen mit seinen Komplizen einen Aufruhr gegen die Römer angezettelt. Dieser ausgekochte Schurke gab sich als religiöser Eiferer aus und hatte doch nur Rebellion und Grausamkeit im Sinn.

Pilatus stellte diesen Barabbas neben den unschuldigen Jesus. Nun sollte das Volk wählen! Dabei setzte er auf das Gerechtigkeitsempfinden der Leute. „‚Wen soll ich euch freigeben: Jesus Barabbas oder Jesus, der auch Christus genannt wird?' ... Inzwischen hatten die führenden Priester und Ratsältesten das Volk überredet, es solle für Barabbas die Freilassung und für Jesus den Tod verlangen. Der Prokurator fragte noch einmal: ‚Wen von den beiden soll ich euch herausgeben?' ‚Barabbas!' schrien sie. ‚Und was soll ich

[10] Matthäus 27,19 [11] Matthäus 27,15

mit Jesus machen, den man Christus nennt?‘ fragte Pilatus weiter. ‚Kreuzigen!‘ riefen alle.“ [12]

Jede Sünde zieht weitere Sünden nach sich

Das hatte Pilatus nicht vermutet! Er schreckte davor zurück, einen Unschuldigen dem Tode auszuliefern. „Was hat er denn verbrochen?“ fragte er. Doch nun zählten keine Argumente mehr. Allein schon die Erwähnung einer Freilassung reizte die Menschen bis zur Raserei. Und sie schrien immer lauter: „Laß ihn kreuzigen!“ Christus wurde ausgepeitscht, war von Wunden und Striemen bedeckt. „Die Soldaten brachten Jesus in den Hof des Palastes und riefen die ganze Mannschaft zusammen. Sie hängten ihm einen purpurfarbenen Mantel um, flochten einen Krone aus Dornenzweigen und setzte sie ihm auf. Dann fingen sie an, ihn zu grüßen: ‚Der König der Juden, er lebe hoch!‘ Sie schlugen ihn mit einem Stock auf den Kopf, spuckten ihn an, warfen sich vor ihm auf die Knie und huldigten ihm wie einem König. Als die Soldaten ihn genug verspottet hatten, nahmen sie ihm den Mantel wieder ab und zogen ihm seine eigenen Kleider an. Dann führten sie ihn hinaus...“ [13]

Der Erlöser der Welt war umringt von einer rasenden Menschenmenge. Spott und Hohn mischten sich mit Flüchen und Gotteslästerung. Satan selbst trieb die Horden dazu an. Er wollte den Erlöser herausfordern, Gleiches mit Gleichem zu vergelten oder ein Wunder zu tun, um sich zu befreien. Durch das geringste Versagen aber wäre das Lamm Gottes nicht mehr das makellose Opfer gewesen, und der Erlösungsplan wäre gescheitert. Doch Jesus blieb ruhig trotz aller Beleidigung und Mißhandlung.

Man hatte als Beweis für Christi Göttlichkeit ein Wunder gefordert. Die Göttlichkeit Jesu aber wurde viel eindrucksvoller bezeugt durch seine Striemen und Wunden. „Du hast Recht geliebt und das Unrecht gehaßt, darum hat der Herr, dein Gott, dich erwählt und dir mehr Ehre und Freude gegeben als allen, die zur dir gehören.“ [14]

[12] Matthäus 27,17–22 [13] Markus 15,16–20 [14] Hebräer 1,9

Ein gefährliches Zugeständnis

Pilatus ließ Jesus auspeitschen und hoffte, die Volksmenge ließe sich mit dieser Bestrafung zufriedenstellen. Aber die Juden waren scharfsinnig genug, um darin ein Ausweichmanöver des Pilatus zu sehen. Für sie stand fest: Jesus durfte nicht freigelassen werden! Nun wurde Barabbas zur Gerichtshalle gebracht, und die beiden Gefangenen standen nebeneinander. Pilatus zeigte auf Jesus und sagte: „Da seht ihn euch an, den Menschen!" Von seinem Rücken floß das Blut, und sein Gesicht war durch den Schmerz entstellt. Doch nie war seine Schönheit überzeugender als in diesem Augenblick, da ihn tiefes Mitleid mit seinen Feinden erfüllte.

Der Gefangene an seiner Seite war das krasse Gegenteil. Alles im Gesicht des Barabbas ließ darauf schließen, daß er ein brutaler Menschenverächter war. Bei einigen der Gaffer regte sich nun doch Mitleid, und sie weinten beim Anblick des geschlagenen Menschensohnes. Den Priestern und Mächtigen aber ging endlich auf, daß Jesus wirklich der war, der er zu sein beanspruchte.

Die römischen Soldaten waren bei weitem nicht so hartgesotten wie die Juden. Sie waren beeindruckt von der göttlichen Leidensbereitschaft und Demut. Nie würde dieses Bild aus ihrem Gedächtnis zu löschen sein, bis sie Jesus entweder als Erlöser erkannten oder als Richter würden kommen sehen.

Pilatus hatte damit gerechnet, daß der Anblick Jesu – zumal in der Gegenüberstellung mit Barabbas – das Mitleid der Juden erwecken würde. Aber er kannte nicht den fanatischen Haß der Priester. Erneut ging Pilatus „wieder zu den Juden hinaus und sagte zu ihnen: ‚Ich sehe keinen Grund, ihn zu verurteilen'"[15] Aber wieder dröhnte der schreckliche Ruf: „Ans Kreuz mit ihm, ans Kreuz!" Schließlich verlor Pilatus die Geduld „und sagte: ‚Ich bringe ihn euch hier heraus, damit ihr seht, daß ich keinen Grund zu seiner Verurteilung finden kann.' ... Als die führenden Priester und Wächter ihn sahen, schrien sie im Chor: ‚Kreuzigen! Kreuzigen!' Pilatus sagte zu ihnen: ‚Kreuzigt ihn doch selbst! Ich finde keinen Grund, ihn zu verurteilen.' Die Juden hielten

---

[15] Johannes 18,38

ihm entgegen: ‚Wir haben ein Gesetz. Nach diesem Gesetz muß er sterben, weil er behauptet, er sei Gottes Sohn.'"[16]

Jesu Barmherzigkeit – auch gegen Pilatus

Pilatus wurde nachdenklich, und er fragte Jesus: „‚Woher kommst du?' Aber Jesus antwortete ihm nicht. Pilatus sagte zu ihm: ‚Willst du nicht mit mir reden? Denk daran, daß ich die Macht habe, dich freizugeben, aber auch die Macht, dich ans Kreuz nageln zu lassen!' Jesus antwortete: ‚Du hast nur Macht über mich, weil sie dir von Gott gegeben wurde. Darum haben die, die mich dir ausgeliefert haben, eine größere Schuld auf sich geladen.'" Gemeint war Kaiphas, der Vertreter der jüdischen Nation. Er kannte die Weissagungen auf den Gottessohn, den sie nun zum Tode verurteilt hatten. Verantwortung für das, was in einer Nation geschieht, haben die zu tragen, die an der Spitze stehen. Pilatus, Herodes und die römischen Soldaten wußten weit weniger von Jesus. Sie hatten nicht die Erkenntnis, die der jüdischen Nation zuteil geworden war. Wären sie ebensogut informiert gewesen, hätten sie Christus nicht so schändlich behandelt. Erneut suchte Pilatus nach einer Möglichkeit, den Erlöser freizulassen. „Aber die Menge schrie: ‚Wenn du ihn freiläßt, bist du kein Freund des Kaisers! Wer sich als König ausgibt, stellt sich gegen den Kaiser!'"[17]

Zwar waren die Juden erbitterte Gegner der Römer, aber nun, da es darum ging, Jesus aus dem Weg zu räumen, heuchelten sie Ergebenheit dem System gegenüber, das sie haßten. Pilatus war bei der Regierung in Rom ohnehin schon in Ungnade gefallen; eine Beschwerde würde ihn vollends ruinieren. Und er wußte, daß mit den Juden nicht zu spaßen war. So also erwählte sich das Volk Gottes einen heidnischen Herrscher und verwarf seinen wahren König. So weit hatten es die Priester und Lehrer des Volkes gebracht; und sie waren auch verantwortlich für die Folgen.

„Als Pilatus merkte, daß seine Worte nichts nützten und die Erregung der Menge nur noch größer wurde, nahm er Wasser und wusch sich vor allen Leuten die Hände. Dabei sagte er: ‚Ich habe keine Schuld am Tod dieses Mannes. Das habt ihr zu verantworten!' Das ganze Volk schrie: ‚Wenn er

---

[16] Johannes 19,4–8 [17] Johannes 19,9–12

unschuldig ist, dann komme die Strafe für seinen Tod auf uns und unsere Kinder!'" [18]

Pilatus hätte Jesus gern befreit, aber das war unmöglich, wenn er sein Amt behalten wollte. Und weil er das nicht riskierte, opferte er lieber einen Unschuldigen. Wie oft schon wurden Grundsätze aus ähnlichen Motiven in den Wind geschlagen! Gewissen und Pflicht weisen einen eindeutig klaren Weg, die Selbstsucht aber entscheidet sich anders. Das ganze Geschehen treibt dann unausweichlich in die falsche Richtung; und wer sich auf Kompromisse mit dem Bösen einläßt, stürzt schließlich in abgrundtiefe Schuld. Genau das widerfuhr Pilatus. Er wurde abgesetzt. Gewissensbisse und verletzter Stolz quälten ihn. Nicht lange nach Jesu Kreuzigung nahm er sich das Leben.

Der Hohepriester Kaiphas hatte sich zu der erschreckenden Aussage hinreißen lassen: „Die Strafe für seinen Tod komme auf uns und unsere Kinder!" Und die anderen wiederholten diesen Ruf. Das Volk Israel hatte seine Wahl getroffen: Barabbas, der Mörder, war frei; Christus, der Sohn Gottes, verurteilt. Damit hatten sie sich in ihrer Entscheidung von Satan leiten lassen, der ein Lügner und Mörder von Anfang ist. Die Juden hatten geschrien: „Sein Blut komme über uns ..." Das erfüllte sich. Bei der Zerstörung Jerusalems begann es und setzte sich fort in den schrecklichen Ereignissen, die in den folgenden Jahrhunderten über die jüdische Nation hereinbrachen.

Diese Selbstverfluchung wird bis zum großen Gerichtstag Gottes ihre Folgen haben. Dann wird Christus kommen in Herrlichkeit; Tausende von Engeln werden ihn begleiten. Alle Nationen der Erde werden vor ihm versammelt sein. Statt der Dornenkrone wird er die Krone des Siegers tragen als „Herr über alle Herren und König über alle Könige". [19]

---

[18] Matthäus 27,24.25 [19] Offenbarung 17,14

78 | Kreuzestod auf Golgatha

„So kamen sie an die Stelle, die Golgatha heißt ... Sie nagelten ihn ans Kreuz." [1]

Die Nachricht von der Verurteilung Jesu hatte sich wie ein Lauffeuer verbreitet; Menschen aller Bevölkerungsschichten strömten hinaus zum Ort der Kreuzigung. Die Priester und Obersten hatten versprochen, den Jüngern Jesu nicht nachzustellen, wenn nur ihr Meister ausgeliefert würde.

Das Kreuz, das für Barabbas hergerichtet worden war, wurde nun auf Jesu blutende Schulter gelegt. Zwei Kumpane von Barabbas sollten ebenfalls hingerichtet werden. Auch sie hatten ihr Kreuz zu tragen. Seit dem Passamahl mit seinen Jüngern hatte Jesus nichts gegessen oder getrunken. Neben den körperlichen Schmerzen litt er unter der Angst, verraten und von seinen Jüngern verlassen zu sein. Von Hannas und Kaiphas war er zu Pilatus, dann zu Herodes und schließlich wieder zu Pilatus geschleppt worden. Und damit wuchs seine seelische Not von Stunde zu Stunde. Aber Christus war nicht daran zerbrochen, sondern hatte alles klaglos ertragen. Als aber nach der zweiten Auspeitschung des Kreuz auf ihn gelegt wurde, war er mit seiner körperlichen Kraft am Ende. Unter der Last des Kreuzes brach er zusammen. Hohn und Spott wurden laut, aber immer wieder bürdete man ihm die Last auf. Schließlich sahen seine Peiniger ein, daß er unmöglich weitergehen konnte. Aber wer sollte die fluchbeladene Bürde auf sich nehmen? Bestimmt kein Jude! Denn der würde damit verunreinigt und vom Passamahl ausgeschlossen. Da griffen sie unterwegs „einen Mann aus Zyrene mit Namen Simon auf, der gerade vom Feld zurückkam. Ihm luden sie das Kreuz auf, damit er es hinter Jesus hertrage." [2] Simon wurde „gezwungen", berichten die Evangelisten übereinstimmend, aber das

---

Dieses Kapitel bezieht sich auf Matthäus 27,31–53; Markus 15,20–38; Lukas 23,26–46 und Johannes 19,16–30 [1] Matthäus 27,33
[2] Lukas 23,26

Tragen des Kreuzes wurde ihm und seiner Familie schließlich zum Segen.

In der Menschenmenge waren auch viele Frauen. Einige von ihnen mögen selbst von Jesus geheilt worden sein; andere hatte ihre Kranken zu ihm gebracht. Sie waren betroffen vom Haß der Schaulustigen, noch mehr vom Zorn der Priester und Obersten und begannen zu weinen. Jesus „aber drehte sich zu ihnen um und sagte: ‚Ihr Frauen von Jerusalem! Weint nicht um mich! Weint um euch selbst und um eure Kinder!'" [3] Schon sah der Herr vor sich das zerstörte Jerusalem und die vielen, die samt ihren Kindern dabei umkommen würden. Schließlich waren auf dem Weg nach Golgatha auch viele von denen, die ihm noch vor kurzem bei seinem Einzug in Jerusalem zugejubelt hatten: „Gepriesen sei Gott! Heil dem, der in seinem Auftrag kommt! Heil dem König Israels!" [4] Damals drängten sich die Jünger um ihren Meister, weil auch sie sich geehrt fühlten; nun, in seiner Demütigung, folgten sie ihm nur von ferne.

Der Schmerz der Mutter Jesu

Auch Maria war zusammen mit Johannes nach Golgatha gekommen. Sie wollte ihrem Sohn beistehen und ihn stützen, aber es wurde ihr nicht erlaubt. Noch immer hoffte sie, daß sich Jesus aus der Hand seiner Feinde befreien würde. Zugleich mußte sie daran denken, daß alles, was nun geschah, schon lange vorausgesagt war. Das Herz wurde ihr schwer. Sie sah, wie man Nägel durch die Hände ihres Sohnes schlug, wie der Schweiß auf seine Stirn trat. Kein Wort des Mitgefühls oder der Zuneigung konnte ihn erreichen; von ihm selber aber war kein Wort der Klage zu hören. Und während die Soldaten ihr grausames Werk vollführten, betete er: „Vater, vergib ihnen! Sie wissen nicht, was sie tun." [5] Christi Gebet für seine Feinde schließt alle Sünder ein, vom Anfang bis zum Ende der Welt. Wir alle sind schuldig an seinem Kreuzestod, und allen wird die Vergebung frei gewährt.

Nachdem Jesus ans Kreuz geschlagen worden war, wurde der Balken aufgerichtet und in den Boden gerammt. Das verursachte erneut heftige Schmerzen. „Pilatus ließ ein

---

[3] Lukas 23,27.28 [4] Johannes 12,13 [5] Lukas 23,34

Schild am Kreuz anbringen; darauf stand: ‚Jesus von Nazareth, der König der Juden.' Viele lasen diese Aufschrift. Sie war in hebräischer, lateinischer und griechischer Sprache abgefaßt. Die führenden Priester sagten zu Pilatus: ‚Schreib nicht: ›Der König der Juden.‹ Pilatus sagte: ‚Was ich geschrieben habe, bleibt stehen!'"[6]

Obwohl die Priester verlangten, die Inschrift müsse geändert werden, wurde schließlich kein anderes Vergehen genannt, als daß Jesus der König der Juden sei. Gott hatte es so vorgesehen, damit die Aufmerksamkeit auf die Schrift hingelenkt würde. Zur Zeit des Passafestes waren Leute aus aller Herren Länder in Jerusalem. Die sollten lesen, daß Jesus der Messias ist. Die Hand, die das schrieb, war von Gott geführt.

Christus litt am Kreuz, und so erfüllte sich auch die Weissagung: „Eine Verbrecherbande hat mich umstellt ... Sie zerfetzen mir die Hände und Füße. Alle meine Rippen kann ich zählen; sie stehen dabei und gaffen mich an. Schon losen sie um meine Kleider und verteilen sie unter sich."[7]

Von der Erfüllung dieser Weissagung berichtet das Johannesevangelium: „Nachdem die Soldaten Jesus ans Kreuz genagelt hatten, nahmen sie seine Kleider und teilten sie in vier Teile. Jeder erhielt einen Teil. Das Untergewand aber war in einem Stück gewebt und hatte keine Naht. Die Soldaten sagten zueinander: ‚Wir wollen es nicht zerreißen; das Los soll entscheiden, wer es bekommt.' So traf ein, was in den heiligen Schriften vorausgesagt war."[8]

Und noch an ein anderes prophetisches Wort sei erinnert: „Die Schmach bricht mir das Herz, ich bin zutiefst verwundet. Ich habe auf Mitgefühl gewartet, doch keiner hat es mir erwiesen. Ich habe einen gesucht, der mich tröstet, und keinen einzigen gefunden. Statt Nahrung haben sie mir Gift gereicht, mir Essig angeboten, um meinen Durst zu löschen."[9] In Übereinstimmung damit berichtet die Passionsgeschichte: „Damit die Voraussage in den heiligen Schriften in Erfüllung ging, sagte er: ‚Ich habe Durst!' In der Nähe stand ein Gefäß mit Essig. Die Soldaten tauchten einen Schwamm hinein, steckten ihn auf einen Ysopzweig und hielten ihn Jesus an die Lippen."[10] Jesus schmeck-

[6] Johannes 19,19–22 [7] Psalm 22,17–19 [8] Johannes 19,24
[9] Psalm 69,21.22 [10] Johannes 19,28.29

te davon, lehnte dann aber das Betäubungsmittel ab. Im Glauben hielt er sich allein an Gott, seine einzige Kraft. Satan hätte frohlockt, wenn es anders gewesen wäre.

Christus aber war mit seinem Schmerz allein. „Das Volk stand dabei ... Die führenden Juden verspotteten Jesus: ‚Anderen hat er geholfen; jetzt soll er sich selbst helfen, wenn er wirklich der ist, den Gott uns als Retter bestimmt hat!'"[11] Das alles hörte Jesus. Er hätte tatsächlich vom Kreuz herabsteigen können, aber er dachte nicht daran, sich selber zu retten. Darum kann nun jeder Sünder seine Hoffnung auf Gottes Gnade und Liebe setzen!

Rettung im letzten Augenblick

Und doch war da ein Hoffnungsschimmer und ein Trost für Jesus! Die beiden Männer, die mit ihm gekreuzigt waren, hatten zunächst beide über ihn gespottet. Der eine wurde durch seine Schmerzen bitter und zynisch; der andere war nicht so hartgesotten. Vermutlich war er weit weniger schuldig als mancher von denen, die unter dem Kreuz standen und den Sohn Gottes verhöhnten. Vom Kreuz herab sah er, wie die mit der weißen Weste sich über Jesus lustig machten. Er sagte zu dem anderen Übeltäter: „‚Wir beide leiden hier die Strafe, die wir verdient haben. Aber der da hat nichts Unrechtes getan.' Und zu Jesus sagte er: ‚Denk an mich, Jesus, wenn du deine Herrschaft antrittst!' Jesus antwortete ihm: ‚Ich sage dir, du wirst noch heute mit mir im Paradiese sein.'"[12]

Jesus mag oft darauf gewartet haben, daß die Jünger ihren Glauben an ihn bezeugten. Doch meist wurden von ihnen nur Klagen gehört: „Und wir hatten doch gehofft, er werde der Mann sein ..."[13] Muß es da dem Erlöser nicht wohlgetan haben, daß der sterbende Übeltäter seinen Glauben an ihn bekannte? Die Jünger zweifelten; dieser reumütige Dieb aber sah in ihm den Erlöser und wurde gerettet – im letzten Augenblick! Als Jesus dem Schächer diese Zusicherung gab, wurde er vor aller Welt bestätigt als der Erlöser, der die Sünden der ganzen Menschheit trägt. Zwar hatte man ihm brutal die Kleider vom Leib gerissen, aber die Vollmacht, Sünden zu vergeben, konnte ihm niemand nehmen. Bis

[11] Lukas 23,35 [12] Lukas 23,42.43 [13] Lukas 24,21

in unsere Tage rettet er alle, die durch ihn zu Gott kommen.

„Ich sage dir, du wirst noch heute mit mir im Paradies sein ..." Damit war nicht gesagt, daß der Dieb noch am selben Tag dahingelangen werde. Jesus selbst ging ja nach seinem Tod nicht unmittelbar in den Himmel ein. Er ruhte im Grab, und am Morgen des Auferstehungstages sagte er zu Maria aus Magdala: „Halte mich nicht zurück! Ich bin noch nicht zu meinem Vater zurückgekehrt." [14] Doch er gab die Zusicherung in dem Augenblick, als er wie der Verlierer aussah. „Heute" – während der Übeltäter am Kreuz starb – erging die feste Zusage an ihn.

Daß Christi Kreuz zwischen dem der beiden Übeltäter stand, hatten die Obersten so angeordnet. Damit sollte deutlich gemacht werden, er sei der größte Verbrecher. Und so wie damals sein Kreuz in der Mitte aufgerichtet war, steht es noch immer in der Mitte einer in Sünde gefallenen, sterbenden Welt. Durch das Wort der Gnade, das dem reumütigen Dieb gewährt wurde, ist ein Licht angezündet, das bis in den letzten Winkel der Erde scheint. In der Stunde der tiefsten Demütigung wandte sich Jesus als Prophet an die Töchter Jerusalems; als ein Fürsprecher bat er seinen himmlischen Vater um Vergebung für seine Mörder, und als der Erlöser nahm er die Sünden der Welt auf sich.

Noch stand seine Mutter am Kreuz, gestützt auf Johannes. Sie wollte nicht getrennt sein von ihrem Sohn. Johannes, dem bewußt war, daß Jesus nicht mehr lange leben würde, hatte sie begleitet. „Jesus sah seine Mutter dort stehen und daneben den Jünger, den er liebte. Da sagte er zu seiner Mutter: ‚Er ist jetzt dein Sohn!' Und zu dem Jünger sagte er: ‚Sie ist jetzt deine Mutter!' Von da an nahm der Jünger sie bei sich auf." [15] Johannes hatte das verstanden; und von diesem Augenblick an sorgte er für Maria.

Der Erlöser konnte seiner Mutter kein Geld hinterlassen, aber er sorgte für das, was der Mensch am nötigsten braucht: Mitgefühl und Liebe. Johannes wurde dadurch gesegnet, und Maria war ihm eine ständige Erinnerung an seinen geliebten Meister. Nahezu dreißig Jahre lang hatte Jesus hart gearbeitet, um für den Familienunterhalt mit zu sorgen. Noch in seiner Todesstunde kümmerte er sich um seine verwitwete Mutter.

---

[14] Johannes 20,17 [15] Johannes 19,26.27

Nachfolger Jesu werden ihre Eltern achten und für sie sorgen. Von Kindern, die in der Liebe zu Jesus erzogen wurden, werden Vater und Mutter auch Fürsorge, Anteilnahme und Mitgefühl erfahren.

Die Last, die Jesus trug

Auf Christus, unseren Stellvertreter und Bürgen, wurde all unsere Schuld geladen. Die Sünde der Menschheit seit Adam lag auf ihm. Zeitlebens hatte er die frohe Botschaft von der vergebenden Liebe des Vaters verkündigt. Nun aber konnte er unter der Last dieser Sündenschuld das Angesicht des Vaters nicht mehr sehen. Sein Seelenschmerz war größer als alle körperlichen Schmerzen.

Satan richtete die heftigsten Angriffe gegen Jesus. Und noch immer war für den Sohn Gottes ungewiß, ob er als Sieger aus dem Grab hervorgehen und vom Vater angenommen werden würde. Christus durchlitt die Qualen, die dem Sünder bevorstehen, wenn es keine Gnade mehr geben wird. Der Zorn Gottes über die Sünde lastete auf ihm und brach ihm fast das Herz.

Die Engel des Himmels verhüllten ihr Angesicht vor Trauer; die Sonne verlor ihren Schein; Dunkelheit umgab das Kreuz. „Von zwölf Uhr mittags bis um drei Uhr wurde es im ganzen Land dunkel.“ [16] Dafür gab es keine natürliche Erklärung. Es war die Finsternis der Mitternacht, durch die Gott selbst ein Zeichen gab für alle späteren Generationen. Damit verhüllte der Vater die letzten menschlichen Leiden seines Sohnes. Wer damals Christus in dieser Angst und Not gesehen hatte, mußte schließlich von seiner Göttlichkeit überzeugt sein. Stundenlang hatte die Schar der Spötter gegafft. Nun wurde der Sterbende ihren Blicken entzogen. Schrecken erfaßte die Menschen; Spott und Fluch verstummten. Zuweilen zerriß ein Blitz die Wolken. Priester, Machthaber, Henker und der Mob befürchteten, der Augenblick der Rache sei gekommen.

„Gegen drei Uhr schrie Jesus: ‚Eli, eli, lema sabachtani?‘ – das heißt: ‚Mein Gott, mein Gott, warum hast du mich verlassen?‘ Einige von denen, die dabeistanden und es hörten, sagten: ‚Er ruft nach Elija!‘ ... Die anderen riefen:

[16] Matthäus 27,45

‚Halt! Wir wollen doch sehen, ob Elija kommt und ihm hilft.‘“ [17]

Am Kreuz hing der unschuldige Gottessohn, Hände und Füße ans Holz geheftet, das Haupt von Dornen verletzt. Der Todeskampf zeichnete seine Gestalt. Das alles spricht uns Menschen an und sagt: Für dich hat Gottes Sohn die Schuld getragen, für dich hat er das Reich des Todes besiegt, für dich hat er das Tor zum Paradies geöffnet, für dich hat er das Opfer gebracht – aus seiner grenzenlosen Liebe.

Der Sieg des sterbenden Gottessohnes

„Als es Mittag wurde, verfinsterte sich die Sonne, und im ganzen Land war es bis drei Uhr dunkel ... Jesus aber rief laut: ‚Vater, in deine Hände lege ich meinen Geist.‘ Mit diesen Worten starb er.“ [18] In der undurchdringlichen Dunkelheit hatte Christus den Kelch menschlicher Verlorenheit bis zu Neige leeren müssen. Und in diesen schweren Stunden setzte er sein Vertrauen ganz auf ein Zeichen des Angenommenseins beim Vater. Im Glauben wußte er sich bei ihm geborgen. In der Entscheidungsstunde aber war er hart angefochten und fürchtete, der Vater könnte ihm seine Liebe entzogen haben. Doch durch den Glauben wurde Jesus schließlich Sieger.

Finsternis lag noch immer über Golgatha. Da bebte die Erde, „Felsen spalteten sich, und Gräber brachen auf. Viele aus dem Volk Gottes, die gestorben waren, erwachten vom Tod und verließen die Gräber ... Als der römische Hauptmann und die Soldaten, die mit ihm zusammen Jesus bewachten, das Erdbeben und alles andere miterlebten, erschraken sie sehr und sagten: ‚Er war wirklich Gottes Sohn!‘“

In dem Augenblick, als Jesus sagte: „Jetzt ist alles vollendet!“, war auch die Stunde angebrochen, in der das Abendopfer dargebracht werden mußte. Ein Lamm, Hinweis und Symbol für Christus, wurde zum Schlachten vorbereitet. Der Priester schickte sich an, das Tier zu töten; das Volk schaute zu. „Da zerriß der Vorhang vor dem Allerheiligsten im Tempel von oben bis unten.“ [19] Der Blick auf die Stätte der Gegenwart Gottes war frei. Das Allerheiligste im irdi-

[17] Matthäus 27,45–50 [18] Lukas 23,44.45 [19] Matthäus 27,51–54

schen Heiligtum war nicht länger mehr heilig. Die Hand des Priesters, gerade noch erhoben, um das Opfertier zu schlachten, sank kraftlos herab. Das Lamm lief davon. Das Opfer war zu seiner Erfüllung gekommen. Nun war ein neuer Weg, ein lebendiger Weg geebnet, hin zu Gott. Von nun an würde der Erlöser als Priester und Fürsprecher für alle im Himmel dienen. „Ein für allemal ging er in das Allerheiligste. Er mußte auch nicht das Blut von Böcken und Kälbern mitnehmen; vielmehr ging er mit seinem eigenen Blut hinein. Und so hat er uns für immer von unserer Schuld befreit.“ [20]

[20] Hebräer 9,12

79 | Es ist vollbracht!

Christus hatte vollbracht, wofür er gekommen war. Mit dem letzten Atemzug bezeugte er: „Jetzt ist alles vollendet!“ [1] Die Schlacht war gewonnen. Der ganze Himmel nahm Anteil am Sieg des Erlösers. Satan hatte verloren. Das Erlösungswunder war abgeschlossen vor den Augen der Engel und der ungefallenen Welten; vor allem aber war es vollbracht um unsertwillen.

Bis zu jener Stunde hatte Satan das ganze Universum zu täuschen versucht, so daß selbst die Engel seine betrügerischen Machenschaften nicht durchschauten. Satan hatte anfangs eine herausragende Position, war das höchste aller erschaffenen Wesen, eingeweiht in Gottes Pläne für das Universum. Doch er fiel in Sünde. Seine Herrschsucht war um so schwerer zu durchschauen, als er sein stolzes Wesen geschickt zu tarnen wußte.

Gott hätte Satan samt seiner Gefolgschaft sofort vernichten können, aber er tat es nicht. Zwang und Gewalt herrschen nur in Satans Reich. Die Autorität Gottes dagegen gründet sich auf Güte, Barmherzigkeit und Liebe. Seine Allmacht ist Ausdruck seines Wesens, das geprägt ist von Wahrheit und Gerechtigkeit.

Im Rat des Himmels wurde beschlossen, Satan gewähren zu lassen, damit die Grundzüge seines Machtstrebens erkennbar würden. Seine Pläne – so behauptet er – seien weit besser als das, was Gott vorhabe. Deshalb bekam Satan Zeit und Möglichkeit eingeräumt, damit vor der Engelwelt offenbar würde, wohin seine Täuschungen schließlich führten. Gleichzeitig erstreckte sich Christi liebevolles Werben um den Menschen über viertausend Jahre, während Satan alles daransetzte, den Untergang des Menschen zu betreiben. Und all das geschah vor den Augen der Engelwelt.

Von der Stunde an, da Jesus in Bethlehem geboren worden war, arbeitete Satan daran, den Sohn Gottes zu vernichten. Dieses Kind sollte um jeden Preis daran gehindert werden,

---

[1] Johannes 19,30

heranzuwachsen und zu reifen, damit es nicht zu dem fehlerlosen Opferlamm würde, wofür es ausersehen war. Satan erreichte sein Ziel nicht! Er konnte Jesus nicht zur Sünde verleiten, und alle teuflischen Angriffe festigten nur seinen Charakter in makelloser Reinheit.

Aufmerksam verfolgte das Universum den Abschluß dieses Kampfes. Unüberhörbar war die flehentliche Bitte Jesu: „Mein Vater, wenn es möglich ist, laß diesen Leidenskelch an mir vorübergehen!“ [2] Die Engel sahen den Gottessohn in seinem Leiden, das weit über das hinausging, was beim Sterben geschieht. Dreimal bat er um Erlaß der Leiden.

Ein Schauspiel vor den himmlisch Welten

Zur Zeit des Passafestes wurde Jesus verraten und in Jerusalem von einem Tribunal zum anderen gezerrt. Das alles wurde im Himmel vermerkt: Hohn und Spott wie auch die Flüche, mit denen einer seiner Jünger seinen Herrn verriet. Der Erlöser wurde zwischen Palast und Gerichtshalle hin- und hergeschleppt, zweimal von den Priestern angeklagt, vor den Hohenpriester gestellt, von Pilatus verhört, dazu geschmäht, verurteilt und abgeführt zur Kreuzigung.

Dem Himmel entging es nicht, wie Jesus am Kreuz hing und das Blut von seinen Händen und Füßen floß. Die Wunden klafften weit auf durch das Gewicht seines Körpers. Er stöhnte unter den Schmerzen und noch mehr unter der Last der Sünde dieser Welt. Der ganze Himmel war verwundert darüber, daß Jesus unter diesen schrecklichen Schmerzen noch beten konnte: „Vater, vergib ihnen! Sie wissen nicht, was sie tun.“ [3] Die Mächte der Finsternis, die das Kreuz umgaben, senkten Zweifel in die Herzen der Menschen; sie waren ja darauf aus gewesen, Christus als den ärgsten Sünder hinzustellen, der zu verabscheuen sei. Und alle, die Jesus verspotteten, hatten sich anstecken lassen vom Geist der Rebellion. Satan hetzte die Menschen auf. Dennoch erreichte er nichts.

Wäre Christus nur ein einziges Mal schwankend geworden, um der Folter zu entgehen, so hätte der Feind über ihn triumphiert. Aber Christus beugte sein Haupt und starb. Er hatte Glauben gehalten. „Ich hörte eine mächtige Stimme im

---

[2] Matthäus 26,39 [3] Lukas 23,34

Himmel sagen: ‚Jetzt ist es geschehen: Unser Gott hat gesiegt! Jetzt hat er seine Gewalt gezeigt und seine Herrschaft angetreten! Jetzt liegt die Macht in den Händen des Königs, den er selber eingesetzt hat! Der Ankläger unserer Brüder ist gestürzt, er, der sie Tag und Nacht vor Gott beschuldigte, ist nun aus dem Himmel hinausgeworfen.'"[4]

Die Maske war Satan vom Gesicht gerissen; er hatte sich selbst als Mörder offenbart. Indem er das Blut des Sohnes Gottes vergossen hatte, war er gebrandmarkt vor der himmlischen Welt. Nun konnte er nicht mehr darauf rechnen, daß er Gehör fände bei den Engeln im himmlischen Rat, bei denen er sonst die Brüder Christi verklagte, sie seien verunreinigt durch Sünden. Der letzte Kontakt zwischen Satan und der Engelwelt war zerbrochen. Aber noch immer nicht verstanden die Engel, worum es in dem großen Kampf letztendlich ging. Und das sollte noch deutlicher herausgestellt werden. Menschen und Engel müßten erkennen, wie kraß der Gegensatz zwischen dem Herrn des Lichts und dem Fürsten der Finsternis ist. Bei jedem einzelnen liegt die Entscheidung, wem er dienen will.

Zu Beginn des großen Kampfes hatte Satan erklärt: Gottes Gesetz ist unmöglich zu halten und Gerechtigkeit unvereinbar mit Gnade. Wird das Gesetz gebrochen, dann ist mit Begnadigung nicht zu rechnen. Satan argumentierte weiter: Erließe Gott die Strafe, dann wäre er kein Gott der Gerechtigkeit. Wenn aber Gottes Gesetz übertreten wird, sei damit zugleich bewiesen, daß Vergebung gar nicht erwartet werden kann. Er, Satan, sei nach seiner Rebellion aus dem Himmel verbannt worden; also müßte zwangsläufig auch die Menschheit für immer von Gottes Gnade ausgeschlossen bleiben. Wie könnte Gott gerecht sein, wenn er dem Sünder Barmherzigkeit erweisen würde?

Aber der Mensch war nicht Satan. Der Engelfürst hatte gesündigt, als er im Licht der Herrlichkeit Gottes stand. Er kannte den Allmächtigen und folgte dennoch seinem selbstherrlichen Eigenwillen. Was sollte da zu seiner Rettung getan werden? Der Mensch dagegen wurde betrogen und in Eden von Satan überlistet. Er kannte auch nicht die unendliche Liebe Gottes. Doch indem er ahnend etwas davon begriff, konnte er wieder zu Gott gezogen werden.

---

[4] Offenbarung 12,10

Gerechtigkeit und Gnade

Gottes Gnade wurde durch Jesus kundgemacht. Gnade aber setzt die Gerechtigkeit nicht außer Kraft, schmälert sie auch nicht. Deshalb sandte Gott seinen Sohn. „In Christus hat er selbst gehandelt und hat aus dem Weg geschafft, was die Menschen von ihm trennte. Er rechnet ihnen ihre Verfehlungen nicht an.“ [5]

Nur ein vollkommener Charakter kann dem Gesetz entsprechen. Den aber hatte der Mensch nicht zu bieten. Allein Christus war als Mensch fehlerlos. Solch eine ihm entsprechende Lebensart schenkt er allen, die ihn annehmen. Darüber hinaus wandelt er den Charakter des Menschen so um, daß er geprägt wird von göttlichen Eigenschaften. So wird die Gerechtigkeit, die das Gesetz fordert, erfüllt in dem, der an Christus glaubt. „In seiner großen Güte vergibt Gott den Menschen alle Verfehlungen, die sie bisher begangen haben. So zeigt er, daß seine Treue unwandelbar ist. Ja, in unserer gegenwärtigen Zeit wollte Gott zeigen, wie er zu seinen Zusagen steht. Er bleibt sich selbst treu, indem er alle als treu anerkennt, die sich einzig und allein auf das verlassen, was er durch Jesus getan hat.“ [6] Satan wollte einen Graben aufreißen zwischen Gnade auf der einen Seite sowie Wahrheit und Gerechtigkeit auf der anderen. Christus aber hat nach Gottes Plan diesen Graben zugeschüttet, so daß „Güte und Treue zusammenkommen, Recht und Frieden einander küssen“.[7] Durch sein Leben und Sterben bewies Christus, daß Gottes Gerechtigkeit nicht seiner Gnade widerspricht. Sünde kann vergeben werden. Das Gesetz ist gerecht und kann gehalten werden. Satans Vorwurf war zurückgewiesen.

In einem weiteren Täuschungsversuch wollte Satan nachweisen, daß durch den Tod Christi das Gesetz Gottes aufgehoben sei. Doch wäre das der Fall, hätte Christus nicht sterben müssen. Das Gesetz aufheben hieße doch, daß die Sünde verewigt würde und die Welt schließlich der Herrschaft Satans ausgeliefert sei. Doch das Gesetz ist unwandelbar. Dafür wurde Jesus ja gekreuzigt. An dieser Fehlinterpretation des Gesetzes durch Satan wird sich der letzte große Kampf entzünden.

---

[5] 2. Korinther 5,19 [6] Römer 3,26 [7] Psalm 85,11

Erneuter Angriff Satans auf das Gesetz

Zunächst verkündete Satan, einige Punkte des göttlichen Gesetzes seien abgeschafft. Er greift bei weitem nicht alle Gebote an; es genügt ihm schon, die Menschen zur Mißachtung eines Gebotes zu verleiten. Aber: „Wer auch nur eine einzige Vorschrift des Gesetzes nicht befolgt, verstößt damit gegen das ganze Gesetz."[8] Wer wissentlich auch nur ein Gebot übertritt, gerät unter den Einfluß Satans. In den prophetischen Aussagen der Schrift wird von einer großen Macht gesprochen, die zum Abfall von Gott verführt. Vom Repräsentanten dieser Macht heißt es: „Er wird verächtlich über Gott, den Höchsten, reden und das heilige Volk des höchsten Gottes unterdrücken. Er wird versuchen, das Gesetz Gottes und die heiligen Feste abzuschaffen."[9] Das heißt: Es werden Gesetze erlassen, die im Gegensatz zum Gesetz Gottes stehen.

Der Kampf um das Gesetz Gottes wird also bis in die letzte Zeit hineinreichen. Die Menschen werden sich entscheiden müssen, ob sie auf der Seite der Treue zu Gott oder auf der Seite der Rebellion stehen. Dann wird das Ende kommen! Man wird „den Unterschied sehen zwischen Bösen und Guten, und ihr werdet erleben, was es ausmacht, ob einer Gott gehorcht oder nicht ... Dann werden alle, die mich voll Übermut verachten, dahingerafft wie Stroh ..."[10]

Gottes Gerichtshandeln ist keine Willkür. Wer seine Gnade abweist, wird auch ernten, was er gesät hat. Gott ist die Quelle des Lebens. Wer sich aber für die Sünde entscheidet, schließt sich selbst vom Leben aus. In der Bibel heißt es: „Wer mich verfehlt, der schadet sich selbst. Alle, die mich hassen, lieben den Tod."[11]

Gott schenkt allen Menschen Zeit und Gelegenheit, das ihnen eigene Wesen zu entfalten. Jeder muß seine Entscheidung treffen. Satan und seine Gefolgsleute lösen sich selber aus der Gemeinschaft mit Gott. Als der große Kampf begann, verstanden die Engel nicht, was da geschah. Wären Satan und sein Gefolge damals vernichtet worden, so wären Zweifel an Gottes Güte zurückgeblieben. Wenn aber der große Kampf schließlich beendet werden wird, wenn der Erlösungsplan verwirklicht ist, wird Gottes Wesen für alle erkennbar sein. Dann ist eindeutig klar, daß Gottes Gesetz

---

[8] Jakobus 2,10 [9] Daniel 7,25 [10] Maleachi 3,18.19 [11] Sprüche 8,36

vollkommen und unwandelbar ist. Das Wesen von Sünde und Satan ist aufgedeckt, und Gottes Liebe wird endgültig gerechtfertigt sein durch die Austilgung der Sünde. Dann werden die Engel beim Anblick des Kreuzes Gott preisen.

Hatten sie einst auch manches nicht verstehen können, so wußten sie doch, daß Satan ausgelöscht werden müßte, denn nur so könnte die Erlösung des Menschen wie auch des gesamten Universums für ewig gesichert sein.

All das sah Christus vor sich, als er am Kreuz sein Opfer darbrachte und ausrief: „Jetzt ist alles vollendet."

80 | Ende in einem Felsengrab?

Ein Tag der Schande und der Qualen ging zu Ende. Als mit Sonnenuntergang der Sabbat begann, ruhte Gottes Sohn im Grab des Josef von Arimathäa. Seine Aufgabe war vollendet.

Als am Anfang Gott-Vater und Sohn die Schöpfung vollendet hatten, ruhten sie aus am Sabbattag.[1] Alle Engel des Himmels richteten ihre Augen auf das Werk und freuten sich daran. Nun hatte Jesus sein Erlösungswerk vollbracht. Alle, die ihn auf Erden liebten, waren von Trauer erfüllt; im Himmel aber herrschte Freude. Gott und die Engel blickten auf eine erlöste Menschheit, deren Sünde überwunden war. Das war die Frucht von Christi Sterben und Tod.

„Jesus ist der Retter, und nach Gottes Willen nimmt er den Platz im Himmel ein, bis alles eintreffen wird, was Gott von Anfang an durch seine heiligen Propheten ankündigen ließ."[2] Auch dann wird der Sabbat noch immer ein Tag der Ruhe und Freude sein. „Jeden ... Sabbat werden die Bewohner der ganzen Erde zu meinem Heiligtum kommen und sich vor mir, dem Herrn, niederwerfen."[3]

Die Priester und Machthaber Israels hatten Christus dem Tod ausgeliefert. Doch selbst in der Stunde ihres scheinbaren Erfolges wurden sie von Zweifeln umgetrieben. Noch hatten sie Jesu Ruf im Ohr: „Jetzt ist alle vollendet!" Sie hatten die Dunkelheit und das Erdbeben während der Kreuzigung miterlebt. Nun war ihnen schaurig zumute. Sie fürchteten den toten Christus mehr als den lebenden; es machte ihnen auch zu schaffen, daß die mit der Kreuzigung verbundenen Ereignisse im Gedächtnis der Leute bleiben könnten. Sie wollten deshalb auf keinen Fall, daß der Leichnam Jesu den Sabbat über am Kreuz bliebe. Das wäre auch unvereinbar mit der Heiligkeit des Sabbats gewesen. Mit dieser Begründung kamen die Juden zu Pilatus und baten, den Tod des Opfers zu beschleunigen, damit Jesus noch vor Sonnenuntergang vom Kreuz abgenommen werden könnte. Pilatus stimmte zu. Den beiden Übel-

---

Dieses Kapitel bezieht sich auf Matthäus 20,18–20 und Johannes 19,34–40

[1] 1. Mose 2,1 [2] Apostelgeschichte 3,21 [3] Jesaja 66,23

tätern wurden die Beine gebrochen, um ihren Tod herbeizuführen. Jesus aber war bereits verstorben. Die Soldaten, beeindruckt von dem, was sie gesehen und gehört hatten, wurden dadurch zurückgehalten, die Glieder des Gottessohnes zu brechen. So erfüllte sich, was im Gesetz über das Passalamm angeordnet war: „Auch dürft ihr dem Tier nicht die Knochen brechen.“ [4]

Man war allgemein verwundert, daß Jesus bereits tot war. Daß der Tod schon innerhalb von sechs Stunden nach der Kreuzigung eintrat, hatte man bis dahin noch nie gehört. Um ganz sicher zu gehen, forderten die Priester einen Soldaten auf, er solle mit dem Speer in die Seite des Erlösers stechen. „Da kam Blut und Wasser heraus. Der Mann, der dies sah, hat es bezeugt. Wir wissen, daß er die Wahrheit gesagt hat, und er selbst weiß es auch. Deshalb könnt ihr euch darauf verlassen. Das geschah, damit eintraf, was in den heiligen Schriften vorausgesagt war: ‚Sie werden ihm keinen Knochen brechen.‘ Und an einer anderen Stelle heißt es: ‚Sie werden auf den blikken, den sie durchbohrt haben.‘“ [5]

Nach der Auferstehung Jesu verbreiteten die Priester das Gerücht, Christus sei nicht am Kreuz gestorben, sondern nur ohnmächtig gewesen und danach wieder ins Leben zurückgekehrt. Doch der Speerstich des römischen Soldaten ist hinreichend Beweis dafür, daß Jesus wirklich tot war. Eigentliche Todesursache aber war weder die Verwundung durch die Lanze noch die Qual der Kreuzigung – Jesus starb an gebrochenem Herzen, gebrochen durch die Sündenlast der Welt, die auf ihn gelegt worden war.

Mutlosigkeit bei den Jüngern

Mit Jesu Tod waren die Hoffnungen der Jünger völlig erloschen. Bis zuletzt konnten sie es nicht glauben, daß der Herr sterben müsse. In ihrer Trauer ließen sie sich auch nicht trösten durch das, was er ihnen gesagt hatte. Ihr Glaube war völlig dahingeschwunden. Noch nie hatten sie ihren Herrn so geliebt wie jetzt, und noch nie hat er ihnen so sehr gefehlt.

Die Jünger wollten ihrem Meister ein ehrenhaftes Begräbnis bereiten, wußten aber nicht wie. Wer wegen Landesverrat zum Tode verurteilt worden war, mußte an einem Begräbnisplatz

[4] 4. Mose 9,12 [5] Johannes 19,34–37

für Verbrecher beerdigt werden. Aber Johannes und die Frauen aus Galiläa wollten den Leichnam nicht den römischen Soldaten und einem unehrenhaften Grab überlassen.

Da wurde den ratlosen Jüngern Hilfe durch Josef von Arimathäa und Nikodemus. Beide waren Mitglieder des Hohen Rates, außerdem wohlhabend und einflußreich und mit Pilatus bekannt. Sie wollten Jesus ein angemessenes Begräbnis bereiten.

Josef bat nun „Pilatus um die Erlaubnis, den Toten vom Kreuz abzunehmen ... Pilatus überließ ihm den Leichnam, und Josef ging und nahm ihn vom Kreuz ab. Auch Nikodemus, der Jesus einmal nachts aufgesucht hatte, kam mit; er brachte ungefähr hundert Pfund Myrrhenharz mit Aloe. Die beiden Männer nahmen den Leichnam Jesu und wickelten ihn mit den Duftstoffen in Leinenbinden, wie es der jüdischen Begräbnissitte entspricht.“[6]

Weder Josef noch Nikodemus hatten sich vorher zu Jesus bekannt. Sie waren „Jünger Jesu, aber nur heimlich“, weil sie vor den führenden Leuten Angst hatten. In den Sitzungen der jüdischen Obrigkeit hatten sie mitunter versucht, den Meister zu schützen, aber immer wurden ihre Pläne durchkreuzt. Doch nun verschwiegen Nikodemus und Josef nicht länger, daß sie zu Jesus gehörten. Furchtlos kamen sie den verängstigten Jüngern zu Hilfe. Behutsam hoben sie Jesus vom Kreuz, tief bewegt vom Anblick des geschundenen Leichnams. Josef war Eigentümer eines neuen Felsengrabes, das für ihn selbst bestimmt war. Es lag in der Nähe von Golgatha und wurde nun für Jesus hergerichtet. Die drei Männer falteten die zerfurchten Hände des Herrn auf dessen lebloser Brust, und mit einem schweren Stein verschlossen sie den Eingang zum Grab. Nun ruhte der Erlöser.

Maria aus Magdala und die andere Maria blieben an der Ruhestätte ihres Herrn, bis der Abend seine Schatten senkte. „Dann kehrten sie in die Stadt zurück ... Den Sabbat verbrachten sie in Ruhe, wie das Gesetz es vorschreibt.“[7]

Das war ein Sabbat, den die Jünger und das Volk, aber auch die Priester und Schriftgelehrten nie vergessen würden! Passa wurde gefeiert wie seit Jahrhunderten, während der, auf den es hindeutete, in Josefs Grab lag. Der Hohepriester im glänzenden Gewand und auch die anderen Priester erfüllten geschäftig

---

[6] Johannes 19,38–40 [7] Lukas 23,56

ihren Dienst. Aber mancher war gar nicht bei der Sache, als das Blut von Stieren und Ziegen geopfert wurde. Ihnen war zwar nicht bewußt, daß ein gottesdienstlicher Brauch Israels seine Erfüllung gefunden hatte und ein ewiggültiges Opfer für die Sünden der Welt gebracht worden war, doch nie zuvor hatten sie mit solch widerstreitenden Gefühlen dem Opferdienst beigewohnt. Alles daran schien so unwirklich. Das Allerheiligste – bisher vor jedem Zutritt geschützt – war nun offen vor aller Augen; der schwere Vorhang zerrissen, ein Zeichen dafür, daß Gott diese Stätte nicht länger anerkannte. Das erfüllte die Priester mit Furcht vor kommendem Unheil.

„Suchet in der Schrift ..."

Zwischen Jesu Kreuzigung und Auferstehung wurde manche schlaflose Nacht mit dem Erforschen biblischer Weissagungen zugebracht. Man suchte entweder nach Beweisen dafür, daß Jesus der Messias war, andere wollten bestätigt finden, daß er nur vorgab, es zu sein. Mochte das Forschen auch von unterschiedlichen Motiven ausgelöst worden sein, so wußten doch alle: Die Weissagung hat sich erfüllt! Der Gekreuzigte war der Erlöser. Viele Juden nahmen seither nicht mehr am Passafest teil. Auch Priester erkannten in Jesus nach seiner Auferstehung den Sohn Gottes. Nikodemus erinnerte an das, was Jesus einst gesagt hatte: „Mose richtete den Pfahl mit der bronzenen Schlange sichtbar in der Wüste auf. Genauso muß auch der Menschensohn erhöht werden. Dann wird jeder, der ihm vertraut, durch ihn das ewige Leben finden." [8]

Das, was Jesus einst gesagt hatte, war nun kein Geheimnis mehr. Nikodemus war traurig darüber, daß er sich dem Erlöser nicht schon während dessen Lebenszeit angeschlossen hatte. Jesu Gebet für seine Mörder und der trostvolle Zuspruch an den sterbenden Dieb hatten das gelehrte Ratsmitglied ergriffen.

Noch klangen ihm Jesu letzte Worte im Ohr, der Ausruf seines Sieges über die Sünde. Nikodemus hatte sich zu einem unerschütterlichen Glauben durchgerungen. Wo die Hoffnung der Jünger zerbrochen war, wurden Josef und Nikodemus von der Göttlichkeit Jesu überzeugt.

Nie hatte Christus so viel Nachdenken beim Volk ausgelöst

---

[8] Johannes 3,14.15

wie jetzt, da er im Grabe lag. Von allen Seiten hörte man: Wir brauchen den Sohn Gottes, der die Kranken heilt! Nie hatte er sich geweigert, selbst Aussätzige zu berühren und gesund zu machen. Viele wünschten sich den lebenden Christus wieder in ihre Mitte. Die Leidenden waren verzweifelt, und die Kranken starben, weil Jesus nicht da war. Denn wer hätte schon so gesund machen können wie der, den sie in Josefs Grab gelegt hatten?

Ohne Christus war es dunkel in der Welt. Viele, die in den Ruf eingestimmt hatten: „Ans Kreuz mit ihm, ans Kreuz!" ahnten nun, welches Unheil über sie gekommen war. Ein großes Fragen begann. Man versuchte, den Verlauf des Verhörs geheim zu halten, aber Berichte über die Grausamkeiten, die man Jesus angetan hatte, sickerten allmählich durch. Mancher aufmerksame Jude wollte die Weissagungen über den Messias erklärt haben. Aber die Priester versuchten sich mit Ungereimtheiten herauszureden. Die Prophezeiungen, die auf Christi Tod hinwiesen, konnten oder wollten sie nicht erklären.

Die Priester wußten, daß ein hartes Urteil über sie ergehen würde. Sie hatten das Volk aufgewiegelt, nun erschraken sie über ihr eigenes Tun. Sie erinnerten sich, daß Christus gesagt hatte: „Reißt diesen Tempel nieder, und in drei Tagen werde ich ihn wieder aufbauen!"[9] Judas hatte ihnen auch zugetragen, was Jesus während seiner letzten Reise nach Jerusalem gesagt hatte: „Hört zu! Wir gehen jetzt nach Jerusalem! Dort wird der Menschensohn den führenden Priestern und Gesetzeslehrern ausgeliefert werden. Sie werden ihn zum Tode verurteilen und den Fremden übergeben, die Gott nicht kennen, damit sie ihren Spott mit ihm treiben, ihn auspeitschen und ans Kreuz nageln. Doch am dritten Tag wird er vom Tod auferweckt werden."[10]

Sie wollten diese Gedanken abschütteln, aber sie konnten es nicht! Immer wieder sahen sie Christus vor sich, wie er vor seinen Feinden stand und klaglos Spott und Mißhandlung über sich ergehen ließ. Und die Überzeugung wuchs, daß er wirklich Gottes Sohn war. In jedem Augenblick könnte er vor ihnen stehen, nicht als Angeklagter, sondern als Verkläger; nicht als der Ermordete, sondern als einer, der Gerechtigkeit und den Tod seiner Mörder forderte.

Diese strenggläubigen Juden, die aus Angst, sie könnten

---

[9] Johannes 2,19 [10] Matthäus 20,18.20

sich verunreinigen, nie das Haus eines Heiden betreten hätten, kamen „am nächsten Tag – es war Sabbat – miteinander zu Pilatus und sagten: ‚Herr, uns ist eingefallen, daß dieser Schwindler behauptet hat, er werde drei Tage nach seinem Tod auferweckt werden. Gib deshalb Anweisung, das Grab bis zum dritten Tag streng zu bewachen! Sonst könnten seine Jünger die Leiche stehlen und dann unserem Volk erzählen, er sei vom Tod auferweckt worden. Dieser letzte Betrug wäre dann noch viel schlimmer als die Lügen vorher.' ‚Ich gebe euch eine Wache', sagte Pilatus. ‚Geht und sichert das Grab, wie ihr es für nötig haltet!'" [11]

Die Priester gaben Anweisung, wie das Grab zu sichern sei. Vor den Eingang wurde ein Stein gerollt und mit einem römischen Siegel versehen. Dazu wurde eine Wache von einhundert Soldaten aufgestellt, um jeden Betrug zu verhindern. Jesus wurde so sicher verwahrt, als sollte er für immer im Grab bleiben.

Gerade diese Maßnahmen, die eine Auferstehung Jesu unmöglich machen sollten, sind der stärkste Beweis dafür, daß er nicht im Grab geblieben ist. Je mehr Wachsoldaten, um so überzeugender die Botschaft, daß Jesus wirklich auferstanden ist. Nichts konnte den Herrn des Lebens im Grab halten. Die Auferstehungsstunde kam!

---

[11] Matthäus 27,62.63

81 | Er ist wahrhaftig auferstanden!

Die Nacht zum ersten Tag der Woche war vergangen. Noch immer lag Christus im Grab; das römische Siegel war ungebrochen. Soldaten hielten Wache. Wäre es nach dem Fürsten der Finsternis gegangen, so wäre das Grab auf ewig versiegelt geblieben. Doch Engel vom Himmel warteten darauf, den Fürsten des Lebens willkommen zu heißen.

„Plötzlich bebte die Erde, denn ein Engel des Herrn kam vom Himmel herab, trat an das Grab, rollte den Stein weg und setzte sich darauf. Er leuchtete wie ein Blitz, und sein Gewand war schneeweiß. Die Wächter erschraken vor ihm so sehr, daß sie zitterten und wie tot dalagen.“ [1]

Als der Engel den Stein vom Eingang des Grabes rollte, war es, als sei der Himmel zur Erde herabgekommen. Der Befehl erging: Sohn Gottes, komm heraus, dein Vater ruft dich! Der diese Botschaft überbringen durfte, war der Engel, dem nach Satans Sturz dessen Platz im Himmel eingeräumt worden war. Nun wurde Wirklichkeit, was Jesus bei der Auferweckung des Lazarus gesagt hatte: „Ich bin die Auferstehung und das Leben!“ [2]

Die römischen Wachsoldaten waren erschrocken und lagen wie tot am Boden. Erst als der Triumphzug der Engel verschwunden war, faßten sie sich einigermaßen. Sie eilten in die Stadt und verbreiteten die wundersame Nachricht. „Sie meldeten den führenden Priestern, was geschehen war. Diese überlegten zusammen mit den Ratsältesten, was sie nun tun sollten. Sie bestachen die Soldaten mit viel Geld und trugen ihnen auf: ‚Erzählt allen: ›In der Nacht, während wir schliefen, sind seine Jünger gekommen und haben den Toten gestohlen.‹ Wenn der Prokurator von der Geschichte erfährt, werden wir mit ihm sprechen. Ihr habt nichts zu befürchten!‘ Die Wächter nahmen das Geld und taten, wie man sie angewiesen hatte. Diese Geschichte wird bei den Juden bis heute weitererzählt.“ [3]

Dieses Kapitel bezieht sich auf Matthäus 28,2–4.11–15
[1] Matthäus 28,2–4 [2] Johannes 11,25 [3] Matthäus 28,11–14

Die Soldaten schüttelten nur mit dem Kopf! Schlafen während der Wache? Das war ja ein Vergehen, das mit dem Tode bestraft wurde! Wie sollten sie ein Verhör überstehen, wenn sie falsche Aussagen machten – selbst wenn sie dafür Geld erhielten? Schließlich verkauften sie ihre Ehrlichkeit doch! Sie gingen mit klingender Münze, einem falschen Bericht auf den Lippen und einem belasteten Gewissen.

Inzwischen war die Nachricht von der Auferstehung Jesu auch zu Pilatus gedrungen. Er hatte sich dagegen gesträubt, den Erlöser zu verurteilen, aber Gewissensbisse hatte er deswegen kaum verspürt. Doch nun schloß er sich in sein Haus ein und wollte keinen sehen noch gesehen werden. Doch die Priester waren hartnäckig genug und drängten ihn, das vorgebliche Pflichtversäumnis der Wache nicht weiter zu ahnden. Aber Pilatus bestand darauf, die Wache zu befragen, und so erfuhr er alles, was geschehen war. Zwar verfolgte er die Angelegenheit nicht weiter, aber von diesem Zeitpunkt an war sein Leben voller Angst und Unruhe.

Es gab aber auch Zeugen, die nicht zum Schweigen gebracht werden konnten. Die Nachricht von Jesu Auferstehung breitete sich aus; denn „viele aus dem Volk Gottes, die gestorben waren, erwachten vom Tod und verließen die Gräber. Später, als Jesus vom Tod auferweckt worden war, kamen sie in die Heilige Stadt und wurden dort von vielen Leuten gesehen.“ [4]

Christus stand als Erstling der Toten aus dem Grab auf, und seine Auferstehung fiel genau auf den Tag, an dem die erste Gerstengarbe dem Herrn als Opfer dargebracht werden mußte. Im Verlauf von über tausend Jahren, immer wenn man zum Passa nach Jerusalem hinaufzog, wurde dem Herrn ein Dankopfer von den ersten Früchten des Feldes dargebracht. Erst danach durfte das Getreide mit der Sichel geerntet werden. Der gesamte Gottesdienst Israels war geprägt von Hinweisen und Bildern zur Heilsgeschichte. Die erste Garbe war ein Symbol für die Ernte. Und die Auferstehung Christi ist Gewähr und Unterpfand für die Auferstehung der Gerechten. „Wir glauben, daß Jesus gestorben und auferstanden ist. Ebenso gewiß wird Gott auch die, die im Vertrauen auf Jesus gestorben sind, mit Jesus zusammen zu sich holen.“ [5]

---

[4] Matthäus 27,52.53 [5] 1. Thessalonicher 4,14

Diejenigen, die mit Christus auferstanden waren, hatten einst ihr Leben hingegeben um der Wahrheit willen. Nun waren sie die ersten Zeugen für ihren Herrn, der vom Tod erstanden ist. Jesus hatte zwar schon während seines öffentlichen Wirkens Menschen ins Leben zurückgerufen. Aber die waren nicht unsterblich. Nun aber erfüllte sich, was geweissagt ist: „Herr, deine Toten werden wieder leben, die Leichen meines Volkes werden auferstehen! Ihr alle, die ihr in der Erde liegt, wacht auf und jubelt vor Freude!“ [6] Unser Erlöser hat das Leben wiedergewonnen, das durch die Sünde verlorenging. Nun will er den Seinen auch Unsterblichkeit geben; denn „wer meinen Leib ißt und mein Blut trinkt, der lebt in mir und ich in ihm“. [7]

Für den Nachfolger Jesu ist der Tod nur ein Schlaf, ein Augenblick der Stille. Deshalb die ermutigenden Worte: „Richtet euch also nach oben aus, wo Christus ist! ... Wenn einmal Christus, euer Leben, allen sichtbar wird, dann werdet auch ihr selbst in der ganzen Herrlichkeit sichtbar werden, die euch jetzt schon geschenkt ist.“ [8]

Die Stimme, die am Kreuz bezeugte: „Nun ist alles vollendet!“ wird einst in die Gräber dringen, und die Toten, die mit Christus gelebt haben, werden auferstehen. Als Christus aus dem Grab hervorging, öffneten sich in der Heiligen Stadt nur einige Gräber. Doch wenn der Herr wiederkommen wird, dann werden alle, die im Glauben an Jesus Christus gestorben sind, seine Stimme vernehmen. Die Kraft, die Christus auferweckt hat, wird auch seine Gemeinde auferwecken zu einem ewigen Leben in Herrlichkeit.

---

[6] Jesaja 26,19 [7] Johannes 6,54.56 [8] Kolosser 3,4

82 Warum weinst du?

Am Morgen des ersten Wochentages gingen die Frauen, die bei Jesus am Kreuz gestanden hatten, hinaus zum Grab, um den Leichnam einzubalsamieren. Sie dachten nicht im entferntesten daran, daß der Herr auferstanden sein könnte. Ihre Hoffnung hatten sie begraben, ja sie erinnerten sich nicht einmal daran, daß er gesagt hatte: „Ich werde euch wiedersehen. Dann wird euer Herz voll Freude sein ..." [1]

„Als die Sonne gerade aufging, kamen sie zum Grab. Unterwegs hatten sie sich überlegt, wer ihnen den Stein vom Grabeingang wegrollen könnte, denn er war sehr groß. Aber als sie hinsahen, bemerkten sie, daß der Stein schon entfernt war." Noch waren sie unschlüssig, was zu tun sei. Doch dann gingen sie „in die Grabhöhle hinein und sahen dort auf der rechten Seite einen jungen Mann in einem weißen Gewand sitzen. Sie erschraken sehr. Er aber sagte zu ihnen: ‚Habt keine Angst! Ihr sucht Jesus aus Nazareth, der ans Kreuz genagelt wurde. Er ist nicht hier; Gott hat ihn vom Tod erweckt! Hier seht ihr die Stelle, wo er gelegen hat.'" [2]

Ängstlich schauten die Frauen auf; da wurden sie von einem anderen Engel gefragt: „Was sucht ihr den Lebenden bei den Toten? Er ist nicht hier; Gott hat ihn vom Tod erweckt! Erinnert euch an das, was er euch in Galiläa gesagt hat: ‚Der Menschensohn wird den Feinden Gottes ausgeliefert und ans Kreuz genagelt, aber am dritten Tag wird er vom Tod auferstehen.'" [3]

Die Frauen überlegten: Ja, er hatte wirklich gesagt, er werde auferstehen! Und nun wurde es ihnen bestätigt. Was für ein Tag war das! „Erschrocken und doch voller Freude liefen die Frauen vom Grab weg. Sie eilten zu den Jüngern, um ihnen alles zu erzählen." [4]

Bis zu Maria aber war diese gute Nachricht noch nicht gedrungen. Sie ging „zu Simon Petrus und zu dem Jünger, den

---

Dieses Kapitel bezieht sich auf Matthäus 28,1.5–8; Markus 16,1–8; Lukas 24,1–12 und Johannes 20,1–18 [1] Johannes 16,22 [2] Markus 16,2–4 [3] Lukas 24,6.7 [4] Matthäus 28,8

Jesus liebte, und berichtete ihnen: ‚Man hat den Herrn aus dem Grab genommen, und wir wissen nicht, wohin er gebracht worden ist!'"[5]

Eilig liefen die Jünger zum Grab. Was sie dort vorfanden, war wiederum beeindruckend. Die Tücher und Leinenbinden vom Begräbnis Jesu waren nicht einfach so zur Seite geschoben, sondern sorgfältig zusammengelegt. Johannes sah es und glaubte, denn auch er erinnerte sich nun an die Zusage des Erlösers, daß er auferstehen werde.

Es war der Herr selbst, der Leichentuch und Binden ordentlich hingelegt hatte. Nachdem durch einen mächtigen Himmelsboten der Stein zur Seite gerollt worden war, nahm ein anderer Engel die Tücher vom Körper des Herrn. Und Jesus selbst ließ dann alles geordnet zurück. Er, der die Sterne lenkt und die Gesetzmäßigkeiten des Atoms überwacht, schenkt auch dem Geringsten gebührende Aufmerksamkeit.

Jesus erscheint Maria aus Magdala

„Maria stand noch vor dem Grab und weinte." Ihr Herz war schwer. „Dabei beugte sie sich vor und schaute hinein. Da sah sie zwei weißgekleidete Engel. Sie saßen an der Stelle, wo Jesus gelegen hatte, einer am Kopfende und einer am Fußende. ‚Warum weinst du?' fragten die Engel. Maria antwortete: ‚Sie haben meinen Herrn fortgetragen, und ich weiß nicht, wohin sie ihn gebracht haben!'"

Sie mag bei sich gedacht haben: Ich muß jemanden finden, der mir sagt, was sie mit Jesus gemacht haben! „Als sie sich umdrehte, sah sie Jesus dastehen. Aber sie wußte nicht, daß es Jesus war. Er fragte sie: ‚Warum weinst du? Wen suchst du?' Sie dachte, er sei der Gärtner, und sagte zu ihm: ‚Wenn du ihn fortgenommen hast, so sage mir, wohin du ihn gebracht hast. Ich möchte hingehen und ihn holen.'"[6]

Was mag Maria alles durch den Kopf gegangen sein! Hatte vielleicht jemand das Grab des reichen Josef für zu ehrenvoll gehalten, als daß ein Gekreuzigter darin hätte liegen dürfen? Dann wollte sie selbst für Jesus eine Grabstätte suchen. Sie wußte ja, daß das Grab des Lazarus auf Jesu Ruf hin leer geworden war, das Grab, in dem Lazarus vier Tage gelegen hatte. Doch in diese Überlegungen hinein hörte sie ihren Na-

---

[5] Johannes 20,2 [6] Johannes 20,11–15

men nennen. „,Maria!' sagt Jesus zu ihr." Der da vor ihr stand, war der lebendige Christus! Maria „wandte sich ihm zu und sagte: ‚Rabbuni!' Das ist hebräisch und heißt: Mein Herr!" Sie lief auf ihn zu, als wollte sie seine Füße umfassen, Christus aber wehrte ab und sagte: „Rühre mich nicht an, denn ich bin noch nicht aufgefahren zu meinem Vater. Gehe aber hin zu meinen Brüdern und sage ihnen: Ich fahre auf zu meinem Vater und zu eurem Vater, zu meinem Gott und zu eurem Gott." [7]

Mit dieser guten Nachricht machte sich Maria auf den Weg. Jesus wollte keine Huldigung von den Seinen, bevor ihm nicht im Himmel von Gott selbst bestätigt worden war, daß sein Opfer für die Tilgung der Schuld aller Menschen ausreichend sei und daß durch sein Blut alle das ewige Leben erlangen können. Und der Vater bestätigte den mit Christus geschlossenen Vertrag. Jeder Bußfertige, der gehorsam ist, werde angenommen bei Gott und so wie der Sohn geliebt. Alle Macht im Himmel und auf der Erde war nun dem Fürsten des Lebens übertragen. Und diese Macht und Herrlichkeit wollte Jesus an seine Nachfolger weitergeben. So trat der Erlöser vor Gott den Vater und empfing Gaben für seine Gemeinde. Im Himmel war Freude, aber auf der Erde klagten die Jünger noch immer. Die Engel jubelten, während die Jünger unsicher und verwirrt waren. Sie glaubten nicht, was ihnen die Frauen berichtet hatten.

Das läßt darauf schließen, daß ihr Glaube weithin geschwunden war. Sie konnten die Botschaft einfach nicht fassen! Außerdem hatten sie von den Sadduzäern so viele verwirrende Theorien über die Auferstehung gehört, daß sie gar nicht mehr wußten, was Auferstehung von den Toten wirklich bedeutet.

„Und nun geht", hatte der Engel befohlen, „und sagt seinen Jüngern, vor allem Petrus: ‚Er geht euch nach Galiläa voraus. Dort werdet ihr ihn sehen, genau, wie er es euch gesagt hat.'" [8] Dieser Hinweis hätte die Jünger eigentlich überzeugen müssen; denn so konnten nur Botschafter des Auferstandenen reden.

Seit Jesu Tod war Petrus umgetrieben von Reue und Scham. Daß er seinen Herrn verleugnet hatte, ließ ihn nicht los. Er hatte am meisten von allen gelitten. Doch nun erhielt

---

[7] Johannes 20,16–18 (V. 17 LT) [8] Markus 16,7

er die Zusicherung, daß ihm vergeben sei. Petrus wurde ausdrücklich mit Namen genannt.

Maria aus Magdala hatte den Jüngern berichtet, daß sie den Herrn gesehen und dabei die Weisung erhalten hatte, nach Galiläa zu gehen. Nun wurden sie zum dritten Mal dazu aufgefordert. Nachdem Jesus beim Vater gewesen war, erschien er den anderen Frauen und sagte: „Geht und sagt meinen Brüdern, sie sollen nach Galiläa gehen. Dort werden sie mich sehen!“ [9]

Auch nach seiner Auferstehung war Jesus darauf bedacht, seinen Jüngern zu zeigen, daß er ihnen in unverminderter Liebe zugetan war. Das Band der Liebe sollte sie fortan noch fester umschließen. „Sagt es meinen Brüdern ...“ Die Jünger aber konnten sich noch immer nicht lösen von Zweifel und Verwirrung. Was die Frauen da erzählt hatten, hielten sie für reine Illusion. Sie hatten ja gesehen, daß der Meister gestorben war und befürchteten, sein Leichnam sei gestohlen worden. Und ihnen gab man die Schuld! Sie hätten das Volk betrügen wollen. Diese Gerüchte zu entkräften fühlten sie sich außerstande. Die Jünger fürchteten sich vor den Priestern und ebenso vor dem Zorn des Volkes. Wie oft mögen sie da geseufzt haben: „Und wir hatten doch gehofft, er werde der Mann sein, der Israel befreit!“ [10] Verängstigt kamen sie im oberen Saal eines Hauses zusammen, verriegelten die Türen und waren überzeugt, das Schicksal ihres geliebten Meisters in Kürze teilen zu müssen. Dabei hätten sie sich doch freuen können über die Botschaft des Auferstandenen!

Wie oft verhalten sich Nachfolger Jesu so wie diese Jünger! Der Erlöser steht unmittelbar neben ihnen, aber ihr tränenverschleierter Blick nimmt ihn nicht wahr. Er spricht zu ihnen, aber sie verstehen es nicht!

„Und jetzt geht schnell zu seinen Jüngern und sagt ihnen: ‚Gott hat ihn vom Tod erweckt! Er geht euch voraus nach Galiläa, dort werdet ihr ihn sehen. Ihr könnt euch auf mein Wort verlassen.‘“ [11]

Starrt nicht ins leere Grab! Dankbar dürfen wir bezeugen: Er ist auferstanden! Er lebt, um unser Fürsprecher zu sein!

---

[9] Matthäus 28,10 [10] Lukas 24,21 [11] Matthäus 28,7

83 | Brannte nicht unser Herz?

Am Auferstehungstag – es ging schon auf den Abend zu – waren zwei Jünger unterwegs nach Emmaus, einer kleinen Stadt, zwölf Kilometer von Jerusalem entfernt. Die beiden hatten das Passafest in Jerusalem besucht und waren noch ganz verwirrt von dem, was sie da gehört und erlebt hatten. Man hatte Jesus zum Tode verurteilt; aber dann sei sein Leichnam verschwunden. Frauen hätten berichtet, Engel gesehen zu haben und sogar Jesus selbst begegnet zu sein. Auf ihrem Heimweg nun unterhielten sich die beiden Jünger über all die Geschehnisse seit der Kreuzigung Jesu. Sie waren völlig verzweifelt.

Da schloß sich ihnen ein Fremder an. Doch weil sie so bedrückt und traurig waren, ganz von ihren düsteren Gedanken in Anspruch genommen, beachteten sie den anderen nicht weiter und redeten nur von dem, was sie belastete.

Es war Jesus, der sich zu ihnen gesellt hatte. Er verstand ihre widerstreitenden Gefühle und Überlegungen, die in die Frage einmündeten: Konnte dieser Mensch, der so viel Schmerzen und Demütigungen ertrug, wirklich der Messias sein? Und sie weinten. Jesus hätte sie gern getröstet und ihre Tränen abgewischt, aber zuvor mußte er ihnen Grundsätzliches sagen, was sie nie wieder vergessen sollten.

„Er fragte sie: ‚Worüber redet ihr denn so eifrig unterwegs?' Da blieben sie traurig stehen, und der eine – er hieß Kleopas – fragte: ‚Du bist wohl der einzige in Jerusalem, der nicht weiß, was dort in den letzten Tagen geschehen ist?' ‚Was denn?' fragte Jesus. ‚Das mit Jesus von Nazareth', sagten sie. ‚Er war ein Prophet; in Worten und Taten hat er vor Gott und dem ganzen Volk seine Macht erwiesen. Unsere führenden Priester und die anderen Ratsmitglieder haben ihn zum Tod verurteilt und ihn ans Kreuz nageln lassen. Und wir hatten doch gehofft, er werde der Mann sein, der Israel befreit! Heute ist schon der dritte Tag, seitdem das geschehen ist.'"[1] Sie erinnerten sich also überhaupt nicht an

---

Dieses Kapitel bezieht sich auf Lukas 24,13–33 [1] Lukas 24,17–21

die Worte Jesu! Er hatte doch gesagt, daß er am dritten Tag auferstehen werde.

Der Unbekannte erklärt die Schrift

„Da sagte Jesus zu ihnen: ‚Was seid ihr doch blind! Wie schwer tut ihr euch zu glauben, was die Propheten vorausgesagt haben! Der versprochene Retter mußte doch erst dies alles erleiden, um zu seiner Herrlichkeit zu gelangen!'"[2]

Wer war das nur, der so mitfühlend und eindringlich zu ihnen sprach? Eine vage Hoffnung stieg in ihnen auf. Fragend sahen sie ihren Begleiter an. Was er sagt, klingt so, wie auch Christus gesprochen haben könnte!

Der Herr fing nun an bei Mose, also mit dem Beginn der biblischen Geschichte, und erklärte ihnen aus den heiligen Schriften alles, was den Messias betraf. Hätte sich Jesus den beiden Jüngern gleich vorgestellt, dann hätten sie vielleicht auf alle weiteren Erklärungen verzichtet. Aber es war wichtig, daß sie die Bilder und Weissagungen des Alten Testaments verstanden. Darauf sollte sich ihr Glaube gründen! Christus wirkte kein Wunder, um sie zu überzeugen; es ging ihm darum, die Schrift zu erklären und anhand der Prophetie zu zeigen, daß sein Opfertod das sicherste Unterpfand für den Glauben ist. Im Alten Testament wird das ganze Erlösungswerk vorausgesagt. Darin liegt seine große Bedeutung. Die prophetischen Aussagen sind wie ein Licht, in dem das Leben Jesu erkennbar wird. Ein noch stärkerer Beweis, als es die Wundertaten Jesu sind, findet sich in den Weissagungen des Alten Testaments. Man muß sie nur mit den Berichten des Neuen Testaments vergleichen.

Die Jünger hatten einen Messias erwartet, der – ihrem Wunschdenken entsprechend – seinen Thron einnähme und königliche Macht ausübte. Durch derartige Vorstellungen waren sie in die Irre geführt worden. Die Jünger sollten aber erst begreifen, daß ihr Herr den Kelch des Leidens trinken mußte. Da liegt der Schwerpunkt des Erlösungsplanes, der schon vor Grundlegung der Welt beschlossen war. Christus mußte sterben wie ein Gesetzesübertreter. Aber weil der Sündlose diese Strafe stellvertretend für die Menschheit übernahm, konnte sein Opfer nicht in einer Niederlage enden,

---

[2] Lukas 24,25.26

sondern in einem klaren Sieg. So erklärte Jesus den Emmausjüngern, was getan werden mußte, um Rettung von Sünden zu schaffen. Und fortan sollten seine Nachfolger so leben, wie er gelebt hat, und wirken wie auch er.

Christus unterwies die Jünger, damit sie die Schrift verstünden. Als er auf den Untergang Jerusalems zu sprechen kam, sahen sie auf die Stadt hin und weinten. Ahnten sie noch immer nicht, wer ihr Weggenosse war? Und so wanderten sie weiter mit dem Fremden, ab und zu in einer kurzen Rast verweilend.

Fasziniert von dem fremden Weggenossen

Inzwischen war die Sonne untergegangen, und die Arbeiter auf den Feldern hatten ihren Heimweg angetreten. So „waren sie in die Nähe von Emmaus gekommen. Jesus tat, als wollte er weitergehen. Aber sie hielten ihn zurück und baten: ‚Bleib doch bei uns! Es ist fast Abend, und gleich wird es dunkel!‘ Da folgte er ihrer Einladung und blieb bei ihnen.“[3]

Hätten die Jünger ihre Einladung nicht so nachhaltig vorgebracht, dann hätten sie nie erfahren, daß ihr Begleiter der Auferstandene war. Christus drängt sich keinem auf; aber wo er gebeten wird, kehrt er gern ein – auch in das bescheidenste Heim. Wo man aber gleichgültig ist, geht er weiter.

Eine einfache Mahlzeit war bald angerichtet. Der Gast hatte an der Stirnseite des Tisches Platz genommen. Nun streckte er die Hände aus, um die Speise zu segnen – so wie er es immer tat. Die beiden Jünger waren starr vor Staunen! In seinen Händen erkannten sie die Nägelmale; und wie aus einem Munde riefen sie: Es ist der Herr! Sie wollten sich ihm zu Füßen werfen. „Aber im selben Augenblick verschwand er vor ihnen.“ Sie starrten auf den Platz. Da hatte der gestanden, der tags zuvor noch im Grab lag! Und sie sagten: „Wurde uns nicht ganz heiß ums Herz, als er unterwegs mit uns sprach und uns die heilige Schriften erklärte?“ Plötzlich waren Hunger und Müdigkeit vergessen. „Sie machten sich sofort auf den Rückweg nach Jerusalem. Als sie dort ankamen, waren die Elf mit allen übrigen versammelt und riefen ihnen zu: ‚Der Herr ist wirklich auferweckt worden!‘“[4]

---

[3] Lukas 24,28.29 [4] Lukas 24,33.34

Obgleich es dunkle Nacht war, leuchtete nun die Sonne der Gerechtigkeit über ihnen. Immer wieder sprachen sie es einander zu: „Christus ist auferstanden!“ Sie berichteten von ihrem wunderbaren Erleben auf dem Weg nach Emmaus; sie erzählten alles, was der Herr ihnen erklärt hatte. Das war die erfreulichste Botschaft, die es je gab! Der Herr ist auferstanden! Diese gute Nachricht ist Grund zur Hoffnung für die Menschen in Zeit und Ewigkeit.

84 | Begegnung mit dem Auferstandenen

Von Emmaus aus kamen die beiden Jünger durch das Osttor nach Jerusalem. Das matte Licht des Mondes lag über den engen Gassen. Schließlich fanden die beiden Männer den oberen Saal, wo Jesus die letzte Nacht vor seinem Tod verbracht hatte. Hier würden sie auch die Jünger antreffen. Die Tür war verriegelt; selbst nach kräftigem Klopfen regte sich nichts. Alles still. Die Emmausjünger nannten ihre Namen. Da wurde der Riegel vorsichtig zurückgeschoben. Sie traten ein, und mit ihnen unbemerkt auch ein anderer. Dann wurde die Tür wieder verschlossen, damit ja kein Spitzel eindringen konnte.

Über dem Raum lag eine seltsame Stimmung aus Spannung und Erregung. „... die Elf waren mit allen übrigen versammelt und riefen ihnen zu: ‚Der Herr ist wirklich auferweckt worden! Simon hat ihn gesehen!'" Nun berichteten Kleopas und sein Gefährte, was sie erlebt hatten und wie Jesus ihnen begegnet war. „Während die beiden noch erzählten, stand plötzlich der Herr selbst mitten unter ihnen. Er grüßte sie: ‚Ich bringe euch Frieden!' Sie erschraken, denn sie meinten einen Geist zu sehen. Aber er sagte: ‚Warum seid ihr so erschrocken? Warum kommen euch solche Zweifel? Schaut mich doch an, meine Hände, meine Füße, dann erkennt ihr, daß ich es wirklich bin. Faßt mich an und überzeugt euch; ein Geist hat doch nicht Fleisch und Knochen wie ich!' Während er das sagte, zeigte er ihnen seine Hände und Füße. Als sie es in ihrer Freude und Verwunderung noch immer nicht fassen konnten, fragte er: ‚Habt ihr etwas zu essen da?' Sie gaben ihm ein Stück gebratenen Fisch, und er aß es vor ihren Augen." [1]

Wir werden uns wiedererkennen

Das Gesicht des Erlösers, seine Bewegungen und seine Sprache – das alles war den Jüngern vertraut. So wie Jesus

---

Dieses Kapitel bezieht sich auf Johannes 20,19–29 [1] Lukas 24,33–43

von den Toten auferstand, werden auch diejenigen auferstehen, die in ihm entschlafen sind. Auf der neuen Erde werden wir unsere Lieben wiedererkennen, wie die Jünger damals ihren Herrn erkannten. Im Auferstehungsleib wird die einstige Identität gewahrt sein. Wir werden einander wiedererkennen!

Jesus erinnerte nun seine Jünger an das, worüber sie vor seinem Tod gesprochen hatten. Er sagte zu ihnen: „,Als ich noch bei euch war, habe ich euch gesagt: ›Alles, was im Gesetz Moses, in den Schriften der Propheten und in den Psalmen über mich steht, muß in Erfüllung gehen.‹' Und er half ihnen, die heiligen Schriften richtig zu verstehen. ,Hier steht es doch geschrieben', erklärte er ihnen: ,Der versprochene Retter muß leiden und sterben und am dritten Tag vom Tod auferstehen. Den Menschen aller Völker muß verkündet werden, daß ihnen um seinetwillen Umkehr zu Gott und Vergebung der Schuld angeboten wird. Und das muß in Jerusalem anfangen. Ihr seid Zeugen von all dem und sollt dafür einstehen!'"[2]

Christi Leben und Sterben, die Weissagungen, in deren Mittelpunkt diese Ereignisse stehen, die Herrlichkeit des göttlichen Gesetzes, die Macht Jesu, Sünden zu vergeben – all das sollten die Jünger weltweit verkünden.

„Dann hauchte er sie an und sagte: ,Empfangt Gottes heiligen Geist! Wem ihr die Schuld erlaßt, dem ist sie von Gott vergeben. Wem ihr sie nicht erlaßt, dem ist sie auch von Gott nicht vergeben.'"[3] Nach Jesu Himmelfahrt wurden die Jünger in noch reicherem Maße mit dem Heiligen Geist ausgerüstet. Zunächst wollte ihnen der Herr nur eindrucksvoll zeigen, daß sie ohne den Geist Gottes ihren Auftrag nie erfüllen könnten. Erfülltsein mit dem Heiligen Geist ist ein Stück vom Leben Christi. Wer den Geist empfängt, wird auch von Jesu Lebensart geprägt und weiß sich verantwortlich, der Gemeinde Christi zu dienen. Denn: „Wem ihr die Schuld erlaßt, dem ist sie von Gott vergeben ..." Damit ist nicht gemeint, daß Menschen das Recht hätten, über andere Gericht zu halten. Richter ist allein Gott. Aber die Gemeinde als Körperschaft trägt Verantwortung für jedes ihrer Glieder. Wo offenkundige Sünde ist, muß ermahnt, unterwiesen und geholfen werden, damit Schuld bereinigt wird.

---

[2] Lukas 24,44–48 [3] Johannes 20,22.23

Glaube ist die Voraussetzung dafür, gerade auch im Umgang mit Fehlverhalten und Versagen. Sünde muß beim Namen genannt werden, ganz gleich ob es sich um Lügen und Stehlen, Sabbatübertretung oder andere Vergehen handelt. Wo man in der Sünde beharrt, muß die Gemeinde ihr Urteil sprechen; und weil das dem Wort Gottes gemäß ist, wird es auch im Himmel Gültigkeit haben. Die Gemeinde muß unmißverständlich zeigen, daß sie Sünde nicht billigt; es geht dabei um die Ehre Gottes! Wenn sie aber so dem Willen Gottes gemäß handelt, wird ihr vom Himmel Bestätigung zuteil.

Dieses Jesuswort hat bei weitem nicht nur eine ernste Seite. Es heißt: „Wem ihr die Schuld erlaßt ..." Auf diese Möglichkeit sollte sich das Hauptaugenmerk richten. Die Seelsorger der Gemeinde sollten zu den Verirrten gehen und ihnen die Barmherzigkeit Jesu vor Augen stellen. Sie sollten Mut machen zu Reue und Umkehr, damit das Vertrauen auf die Gnade Gottes wächst. „Wenn wir aber unsere Schuld eingestehen, dürfen wir uns darauf verlassen, daß Gott Wort hält: Er wird uns dann unsere Verfehlungen vergeben und alle Schuld von uns nehmen, die wir auf uns geladen haben." [4] Wer aufrichtig bereut, sollte von der Gemeinde ermutigt werden, sich retten zu lassen von Jesu Liebe. Solcher „Sündenerlaß" wird vom Himmel bestätigt werden.

Gott allein kann vergeben

Die Gemeinde hat nur insoweit „Macht" von Sünde freizusprechen, als sie sich gründet auf das stellvertretende Leiden Jesu. Kein Mensch, auch keine Institution ist berechtigt, Absolution zu gewähren. „In keinem andern ist das Heil, ist auch kein andrer Name unter dem Himmel den Menschen gegeben, darin wir sollen selig werden." [5]

Als der Auferstandene zum erstenmal mit seinen Jüngern zusammentraf, war Thomas nicht dabei. Er hatte zwar von den anderen die Auferstehungsbotschaft gehört, war aber trotzdem niedergeschlagen und traurig. Ist Jesus wirklich auferstanden, so sagte er sich, dann besteht ja keine Aussicht mehr auf die Errichtung eines irdischen Königreichs!

---

[4] 1. Johannes 1,9 [5] Apostelgeschichte 4,12 LT

Thomas fühlte sich außerdem verletzt, weil sich der Meister den anderen und nicht zuerst ihm offenbart hatte. Er wollte einfach nicht glauben, sondern grübelte nun schon tagelang nach über das Unglück, das ihn betroffen hatte. Schließlich erklärte er: „Ich werde es so lange nicht glauben, bis ich die Spuren von den Nägeln an seinen Händen gesehen habe. Ich will erst mit meinem Finger die Spuren von den Nägeln fühlen und meine Hand in seine Seitenwunde legen.“ [6] Thomas liebte zwar seinen Herrn, doch er wollte sich nicht von der Information anderer abhängig machen. Außerdem hatte er Zweifel und Eifersucht in seinem Herzen genährt. So war er hin- und hergerissen zwischen Hoffnung und Resignation. „Eine Woche später waren die Jünger wieder im Haus versammelt, und Thomas war bei ihnen. Die Türen waren abgeschlossen. Jesus kam, trat in ihre Mitte und sagte: ‚Ich bringe euch Frieden!‘ Dann wandte er sich an Thomas: ‚Leg deinen Finger hierher und sieh dir meine Hände an! Streck deine Hand aus und lege sie in meine Seitenwunde! Hör auf zu zweifeln und glaube, daß ich es bin!‘ Da antwortete Thomas: ‚Mein Herr und mein Gott.‘ Jesus sagte zu ihm: ‚Bist du jetzt überzeugt, weil du mich gesehen hast? Freuen dürfen sich alle, die mich nicht sehen und mir trotzdem vertrauen!‘“ [7] Thomas warf sich Jesus zu Füßen. Der nahm diese Huldigung an, tadelte aber zugleich den Unglauben des Thomas.

Wenn man sich immer so wie Thomas verhalten wollte, gäbe es keinen Glauben. Wer heute in der Gemeinde zu Jesus Christus kommt, stützt sich auf das Bekenntnis der anderen vor ihm. Wollte man aber immer darauf warten, daß alle Zweifel ausgeräumt sind, fände sich doch stets wieder Anlaß dafür. Die schiefe Bahn in den Unglauben ist damit schon vorgegeben. Man äußert Zweifel, streut sie aus, erntet erneut Zweifel und verstrickt sich immer stärker in Widersprüche. Für ein kraftvolles, gesundes Glaubensleben aber ist Vertrauen unerläßlich.

Am Beispiel des Thomas hat Jesus gezeigt, wie man mit Zweiflern umgehen soll. Thomas wollte Bedingungen erfüllt sehen, ehe er glaubte. Jesus aber räumte durch seine Güte und sein Mitgefühl alle Hindernisse aus. Durch Diskussionen wird der Unglaube kaum überwunden. Wer sich

---

[6] Johannes 20,25 [7] Johannes 20,26–29

aber den Herrn in seiner Liebe und Barmherzigkeit vor Augen hält, der wird – auch wenn er verzagt und enttäuscht ist – schließlich doch so wie Thomas ausrufen können: „Mein Herr und mein Gott!“

85 | Wiedersehen am See

Jesus hatte wiederholt davon gesprochen, daß er seine Jünger in Galiläa wiedersehen wollte. In der Passawoche waren sie alle in Jerusalem gewesen. Hätten sie nicht teilgenommen am Fest, so wäre ihnen das übel ausgelegt worden. Nun aber war Passa vorüber, und die Jünger wanderten heimwärts in der frohen Erwartung, ihrem Erlöser zu begegnen. Das hatte er ihnen ja versprochen.

Sieben Jünger waren es noch. Sie waren arm an Geld und Gut, aber reich durch die Erkenntnis der Wahrheit. Drei Jahre lang waren sie von dem besten Erzieher unterrichtet worden, hatten Weisheit und Herzensbildung erlangt. Nun waren sie selbst in der Lage, andere zur Erkenntnis der Wahrheit zu führen.

Die Jünger rasteten abseits der vielbegangenen Wege. Vor ihnen lag das Ufer des Sees. Auf jener Anhöhe dort waren Tausende von Menschen mit einigen Broten und ein paar Fischen beköstigt worden. Etwas weiter entfernt lag Kapernaum, die Stadt, wo Jesus viele Wunder getan hatte.

Petrus, immer noch ein tüchtiger Fischer, machte den Vorschlag, hinaus auf den See zu fahren und die Netze auszuwerfen. Sie mußten ja auch wieder für ihren Lebensunterhalt sorgen! Ein ergiebiger nächtlicher Fang könnte allerlei einbringen. Sie fuhren also hinaus und mühten sich ab die ganze Nacht – aber sie hatten keinen Erfolg! Endlos zogen sich die Stunden hin. Dabei redeten sie von ihrem Herrn, machten sich Gedanken über ihre Existenz und waren niedergeschlagen angesichts ihrer ungewissen Zukunft.

Endlich dämmerte der Morgen. Das Boot war nicht mehr weit vom Ufer entfernt. Da sahen die Jünger einen Fremden am Strand. Er fragte: „‚Kinder, habt ihr nicht ein paar Fische?‘ ‚Keinen einzigen!‘ antworteten sie. Er sagte zu ihnen: ‚Werft euer Netz an der rechten Bootsseite aus! Dann werdet ihr Erfolg haben!‘ Sie warfen das Netz aus und fingen so viele Fische, daß sie das Netz nicht ins Boot ziehen

---

Dieses Kapitel bezieht sich auf Johannes 21,1–22

konnten. Der Jünger, den Jesus liebte, sagte zu Petrus: ‚Es ist der Herr!'" Petrus war so freudig überrascht, daß er sich ins Wasser warf, dem Herrn entgegen. Die anderen Jünger kamen im Boot herzu, das die prall gefüllten Netze zog. „Als sie an Land gingen, sahen sie ein Holzkohlenfeuer mit Fischen darauf, auch Brot lag dabei. Jesus sagte zu ihnen: ‚Bringt ein paar von den Fischen, die ihr eben gefangen habt!' Simon Petrus stieg ins Boot und zog das Netz an Land." [1]

Als das getan war, gab ihnen Jesus zu essen. Da erkannten ihn die anderen Jünger. Doch auch diesmal bemächtigte sich ihrer diese ungewöhnliche Stimmung; still und staunend blickten sie auf den Herrn. Dabei mögen sie sich daran erinnert haben, wie Jesus sie einst zur Nachfolge aufgefordert hatte. Sie sollten ihre Fischerboote verlassen, weil er sie zu Menschenfischern machen wollte. Um ihnen das wieder ins Bewußtsein zu rufen, hatte er ein Wunder gewirkt. Nun stand ihnen dieser Auftrag erneut vor Augen. Jesu Tod hatte sie nicht davon entbunden. Und wenn sie ihren Lebensunterhalt nicht mehr durch ihre Berufsarbeit bestreiten konnten, so wollte der Herr sorgen für das, was sie brauchten. Gemeinsam mit Ihm würden sie nicht erfolglos sein.

Erneuter Vertrauensbeweis

Noch eine Lehre wollte Christus ihnen erteilen. Petrus hatte seinen Herrn verleugnet trotz aller früheren Treueschwüre. Christus war durch ihn so entehrt worden, daß Petrus unmöglich seine ehemals bevorzugte Stellung wieder einnehmen konnte. So dachten zumindest seine Brüder. Erst müßte Petrus Reue beweisen; andernfalls würde er durch die Sünde als Diener Christi unglaubhaft. Deshalb gab ihm nun der Erlöser die Möglichkeit, das Vertrauen seiner Brüder wiederzuerlangen. Petrus sollte rein werden von der Schande, die er über sich und seinen Herrn gebracht hatte.

Das zu beachten steht allen Nachfolgern Christi gut an. Geheime Sünden müssen vor dem allwissenden Gott bekannt werden. Öffentliche Vergehen aber erfordern ein öf-

[1] Johannes 21,4–10

fentliches Bekenntnis. Wenn die Nachfolger Jesu sündigen, triumphiert Satan; außerdem werden schwankende Naturen dadurch verunsichert und zu falschem Verhalten verleitet. Derartige Ärgernisse lassen sich nur ausräumen, wenn der Christ aufrichtig bereut.

Als Jesus gemeinsam mit den Jüngern aß, fragte er Petrus: „‚Simon, Sohn von Johannes, liebst du mich mehr als die anderen hier?' Petrus antwortete: ‚Ja, Herr, du weißt, daß ich dich liebe.' Jesus sagte zu ihm: ‚Sorge für meine Lämmer!' Ein zweites Mal sagte Jesus zu ihm: ‚Simon, Sohn von Johannes, liebst du mich?' ‚Ja, Herr, du weißt, daß ich dich liebe', antwortete er. Jesus sagte zu ihm: ‚Führe meine Schafe!' Ein drittes Mal fragte Jesus: ‚Simon, Sohn von Johannes, liebst du mich?' Petrus wurde traurig, weil er ihn ein drittes Mal fragte: ‚Liebst du mich?' Er sagte zu ihm: ‚Herr, du weißt alles, du weißt auch, daß ich dich liebe.' Jesus sagte zu ihm: ‚Sorge für meine Schafe!'" [2]

Dreimal hatte Petrus seinen Herrn verleugnet; dreimal stellte ihm Jesus die Frage, die so schmerzhaft war wie eine tiefe Wunde. Doch die Jünger sollten miterleben, daß Petrus aufrichtig bereute und daß der einst so großsprecherische Jünger von Herzen demütig geworden war.

Zuvor schon hatte Jesus seinem Jünger die Zusicherung gegeben: „Ich habe für dich gebetet, daß dein Glaube nicht aufhört. Wenn du dann wieder zu mir zurückfindest, mußt du deinen Brüdern Mut machen." [3] Nun war offenkundig: Petrus hatte sich gedemütigt; er bereute und war geeignet – besser als je zuvor –, ein guter Hirte für die Herde zu sein.

Zuerst wurde Petrus beauftragt, die „Lämmer" zu weiden, also denen zu helfen, die jung im Glauben waren. Er sollte die Unwissenden unterweisen, ihnen die Schrift auslegen und sie erziehen zum Dienst für den Herrn. Die beste Vorbereitung für diese wichtige Aufgabe war die Einsicht in das eigene Versagen und die Reue danach. Vor seiner Niederlage war Petrus schnell dabei, andere zu kritisieren und zu verurteilen. Doch der bekehrte Petrus hatte sich gewandelt. Sein Temperament und sein Eifer waren zwar unverändert, aber durch Gottes Gnade wurde alles in die richtigen Bahnen gelenkt. Nun konnte Petrus die Herde Christi wirklich weiden!

---

[2] Johannes 21,15–17 [3] Lukas 22,32

Am Beispiel des Petrus zeigte Christus seinen Jüngern, wie man denen begegnet, die Schuld auf sich geladen haben. Nur Geduld, Mitgefühl und vergebende Liebe können herausreißen aus Verzweiflung und Gewissensnot. Petrus hatte das an sich erfahren und würde nun mit der ihm anvertrauten Herde so umgehen wie Jesus mit ihm.

Vorbereitung auf das Ende des Petrus

Schon vor seiner Leidenszeit hatte Jesus zu Petrus gesagt: „‚Wohin ich gehe, dorthin kannst du mir jetzt nicht folgen, aber später wirst du nachkommen.' ‚Warum kann ich jetzt nicht mitkommen?' fragte Petrus. ‚Ich bin bereit, für dich zu sterben!' ‚Für mich sterben?' erwiderte Jesus. ‚Ich will dir sagen, was du tun wirst: Bevor der Hahn kräht, wirst du dreimal behaupten, daß du mich nicht kennst.'"[4] Petrus scheiterte kläglich. Doch nun gab ihm der Herr Gelegenheit, seine Liebe zu beweisen. Gleichzeitig gewährte er seinem Jünger einen Blick in die Zukunft und stärkte ihn für die entscheidende und letzte Bewährung in seinem Glaubensleben. Nach Jahren des Dienstes, wenn infolge von Alter und Arbeitslast die Kräfte verbraucht sein würden, sollte Petrus seinem Herrn buchstäblich folgen. Dann würde sich erfüllen, was Christus andeutete: „‚Als du jung warst, hast du deinen Gürtel selbst umgebunden und bist gegangen, wohin du wolltest, aber wenn du einmal alt bist, wirst du deine Hände ausstrecken, und ein anderer wird dich binden und dich dorthin führen, wohin du nicht gehen willst.' Mit diesen Worten deutete Jesus an, mit was für einem Tod Petrus einst Gott ehren werde. Dann sagte Jesus zu ihm: ‚Geh mit mir!'"[5] Jesus sah voraus, daß die Hände des Petrus auch einst an einem Kreuz ausgestreckt werden würden. Aber der Jünger erschrak nicht, sondern war bereit, für seinen Herrn den Tod zu erleiden.

Petrus hatte den Herrn so geliebt, wie man einen Menschen liebt; nun aber sah er Gott in ihm. Das war die Vorbereitung darauf, selbst Anteil zu haben an Hingabe und Opfer. Als Petrus dann wirklich ans Kreuz gezerrt wurde, habe man ihn auf seinen eigenen Wunsch mit dem Kopf nach unten gekreuzigt. Damit wollte er zum Ausdruck ge-

---

[4] Johannes 13,36–38 [5] Johannes 21,18.19

bracht wissen, daß er sich nicht der Ehre wert achte, so zu leiden wie einst sein Meister.

Während seiner Jüngerschaft war Petrus oft vorgeprescht, wollte immer der erste sein und das Werk Gottes am liebsten nach seinen Plänen vorantreiben. Nun forderte ihn der Meister auf: „Folge mir nach!" Lauf mir nicht davon; laß mich vorangehen! Nur dann wird Satan dich nicht überwinden können!

Petrus, gerade noch im Gespräch mit Jesus, sah hinüber zu Johannes. Gern hätte er gewußt, wie dessen Zukunft aussehen würde. Und er fragte: „,Was geschieht denn mit dem?' Jesus antwortete ihm: ,Wenn ich will, daß er so lange lebt, bis ich wiederkomme, was geht dich das an? Geh du den Weg, den ich dir vorausgegangen bin!'"[6] Damit war keineswegs gesagt, daß Johannes bis zur Wiederkunft Jesu am Leben bleiben würde. Doch selbst wenn Jesus es so gewollt hätte, wäre davon die Aufgabe des Petrus in keiner Weise berührt worden. Gehorsam erwartet der Herr von allen seinen Nachfolgern, ganz gleich, wohin er sie stellt und wozu er sie beruft.

So ist es vielfach noch heute! Man interessiert sich für das, was andere tun, und läuft Gefahr, die eigene Pflicht außer acht zu lassen. Unsere Aufgabe aber ist es, auf Jesus zu schauen und ihm zu folgen. Johannes erlebte die Zerstörung Jerusalems mit dem Tempel; das war ein gleichnishaftes Geschehen für den Untergang der Welt. Bis an sein Ende diente Johannes treu seinem Herrn. Petrus wurde zwar von Menschen in den höchsten Rang eines Apostels erhoben, aber die ihm von Christus verliehene Ehre bedeutet mehr. Sie besteht nicht darin, als Oberhaupt der Kirche angesehen zu werden, sondern in dem Ruf: Folge mir nach! Und daran hielt sich Petrus ein Leben lang.

Später schrieb er den Gemeinden: „Ich bin selbst Ältester der Gemeinde, und ich habe teil an den Leiden Christi wie an seiner Herrlichkeit, die bald sichtbar werden wird. Deshalb ermahne ich euch: Leitet die Gemeinde, die Herde Gottes, als rechte Hirten! Gott will, daß ihr euch aus innerem Antrieb um sie kümmert und nicht nur, weil es eure Pflicht ist. Tut es mit Lust und Liebe und nicht, um euch zu bereichern. Betrachtet euch nicht als Herrscher über die

---

[6] Johannes 21,22

Herde, die euch anvertraut ist, sondern gebt ihr ein Vorbild! Dann werdet ihr, wenn der oberste Hirte kommt, den Ehrenkranz erhalten, der nie verwelkt: das Leben in unvergänglicher Herrlichkeit.“ [7]

[7] 1. Petrus 5,1–4

86 | Gehet hin in alle Welt!

Ehe Christus diese Erde verließ, um seinen himmlischen Thron einzunehmen, erklärte er seinen Jüngern: „Gott hat mir unbeschränkte Vollmacht im Himmel und auf der Erde gegeben. Darum geht nun zu allen Völkern der Welt und macht die Menschen zu meinen Jüngern!“[1] Wiederholt erteilte er diesen Auftrag, damit die Jünger verstünden, daß das Licht des Evangeliums allen Menschen scheinen soll. Diesen Missionsbefehl hatten die Zwölf erstmals im oberen Saal gehört; nun aber wurde er einer größeren Hörerschar vermittelt. Gläubige aus der ganzen Umgebung waren auf einem Berg in Galiläa zusammengekommen, hatte doch ein Engel am Grab Jesu die Jünger daran erinnert, daß der Herr in Galiläa mit ihnen zusammentreffen wollte. Viele, die den Tod des Herrn beklagt hatten, sahen nun in gespannter Erwartung diesem Ereignis entgegen. Aus allen Richtungen kamen sie herbei. Schließlich hatten sich um die fünfhundert Gläubige eingefunden. Sie wollten hören, was diejenigen zu berichten hatten, die dem Herrn nach seiner Auferstehung begegnet waren. Die Jünger erzählten ihnen alles und legten die Schrift aus, so wie sie ihnen ausgelegt worden war.

Da stand auf einmal Jesus mitten unter ihnen. Keiner konnte sagen, woher er gekommen war. Viele hatten ihn zuvor noch nie gesehen; sie erkannten ihn aber an den Nägelmalen seiner Hände und Füße und beteten ihn an.

Einige aber hatten ihre Zweifel. So wird es immer sein! Manchem fällt es schwer zu glauben; aber wer sich von Zweifeln völlig gefangennehmen läßt, geht schließlich am Unglauben zugrunde.

Andere waren beeindruckt von dem, was Jesus zu sagen hatte, war es doch für viele das erste Gespräch mit dem Herrn nach seiner Auferstehung. „Unbeschränkte Vollmacht“ hatte ihm der Vater gegeben! Die Hörer ahnten etwas von Jesu göttlicher Herrlichkeit. Sein Opfer für die Sünden der Welt war gültig für alle Zeiten. Nun war er auf dem Weg

---

Dieses Kapitel bezieht sich auf Matthäus 28,16–20 [1] Matthäus 28,18.19

zum Thron Gottes im Himmel, wo er sein Mittleramt antreten würde. Darum noch einmal die Weisung: „Geht nun in die ganze Welt und verkündet allen die Gute Nachricht! Wer zum Glauben kommt und sich taufen läßt, wird gerettet." [2] „Und das sollt ihr wissen: Ich bin immer bei euch, jeden Tag, bis zum Ende der Welt." [3]

Der Auftrag zur Verkündigung der Frohen Botschaft war nicht an ein bestimmtes Land gebunden, sondern schloß alle Völker, Nationen und gesellschaftliche Schichten ein.

So hat Christus das Wesen seines Reiches klar umrissen. Es ist ein geistliches Reich; niemals hätte er wie ein irdischer König – etwa wie David – einen Thron eingenommen. Und er bekräftigte noch einmal: Alles, was über die Verwerfung des Messias geweissagt ist, hat sich erfüllt. Und alles, was über Demütigung, Leiden und Tod des Gottessohnes angekündigt wurde, ist eingetreten, natürlich auch seine Auferstehung am dritten Tag. Die Prophezeiungen haben sich in allen Einzelheiten bewahrheitet. Nun gebot Jesus seinen Jüngern, die Arbeit aufzunehmen, mit der er sie betraut hatte. In Jerusalem sollten sie anfangen. Jerusalem war der Schauplatz seiner schmachvollen Erniedrigung. Solange Jesus lebte, war seine Bereitschaft zu Hingabe und Opfer kaum richtig erkannt worden. Deshalb sollten die Jünger gerade in dieser Stadt mit ihrem Verkündigungsdienst beginnen. Vielleicht hätten manche von ihnen ein vielversprechenderes Arbeitsangebot bevorzugt; aber sie hielten sich an die Weisung ihres Herrn. Der hatte den Samen des Wortes Gottes ausgestreut, und daraus würde eine reiche Ernte hervorgehen. Zuerst aber sollte die Barmherzigkeit des Heilandes denen angeboten werden, die ihn gemartert und getötet hatten.

Viele in Jerusalem mögen heimlich an Jesus geglaubt haben; andere waren von den Priestern getäuscht worden. Nun aber waren alle zu reuiger Umkehr aufgerufen. Die Erregung über die Geschehnisse der letzten Wochen war noch nicht abgeklungen. Noch konnte das Evangelium die Menschenherzen erreichen.

Das Werk sollte aber nicht enden in Jerusalem, sondern bis an die Grenzen der bewohnten Welt getragen werden. Zwar hatte Israel den Herrn verworfen – so wie es die Schrift vorausgesagt hat –, aber Christus wollte seinem Volk

[2] Markus 16,15.16 [3] Matthäus 28,20

doch noch die Möglichkeit zur Umkehr bieten. Das sollten die Jünger auf Geheiß ihres Herrn ausrichten und erst danach die Frohe Botschaft allen Nationen, Sprachen und Völkern verkündigen. Wer an Ihn glaubte, würde der Gemeinde hinzugetan.

Geistgewirkte Verkündigung

Die Jünger erhielten die Zusicherung, daß der Heilige Geist ihr Wirken begleiten und bestätigen würde, mehr noch: Alle, die der Botschaft glauben, werden selber zugerüstet zum Dienst. „Wer zum Glauben kommt und sich taufen läßt, wird gerettet ... Die Glaubenden aber wird man an folgenden Zeichen erkennen: In meinem Namen können sie böse Geister austreiben und in unbekannten Sprachen reden. Wenn sie Schlangen anfassen oder Gift trinken, wird ihnen das nicht schaden, und Kranke, denen sie die Hände auflegen, werden gesund.“[4]

Wenn die Jünger anderen Völkern predigen sollten, mußten sie natürlich auch deren Sprache sprechen und verstehen. Die Apostel und ihre Mitarbeiter waren aber nur einfache Leute. Durch die Ausgießung des Heiligen Geistes zu Pfingsten wurden sie befähigt, in ihrer eigenen wie auch in fremden Sprachen klar und verständlich zu predigen. Von seiten Jesu Christi waren also alle Vorkehrungen getroffen für eine erfolgreiche Ausbreitung der Frohen Botschaft. „Geht nun in die ganze Welt!“ hatte er gesagt, arbeitet im Glauben und Vertrauen und wißt, daß ich bei euch bin.

Der Auftrag des Erlösers schließt all seine Nachfolger bis ans Ende der Zeiten ein. Es ist ein bedauerlicher Irrtum zu meinen, das Evangelisieren sei allein Aufgabe der Prediger. Vielmehr wurde die Gemeinde für diesen Dienst gegründet; alle, die sich zu Jesus bekennen, sind auch seine Mitarbeiter. Ganz gleich, welchen Beruf der einzelne hat: Im Zeugnis für Jesus Christus sollte jeder Gläubige seine Berufung sehen.

Nicht jeder kann in der Öffentlichkeit sprechen, aber er kann für seinen Mitmenschen da sein. Es gibt so viele, die bedrückt sind von Sünde und Versagen! Nicht Armut oder harte Arbeit erniedrigt den Menschen, sondern Schuld und Ungerechtigkeit. Nachfolger Jesu sollten sich deshalb beru-

---

[4] Markus 16,17.18

fen wissen, für ihre bedrückten und verängstigten Nächsten da zu sein!

Und wo soll man anfangen?

Man beginne dort, wo man lebt. Schon in den Familien besteht ein Verlangen nach der Kraft Gottes. Und dann sind da die Ungläubigen vor unserer Tür! Wenn wir nur anfangen wollten, im Glauben zu arbeiten, würde das auch spürbar werden bis ans Ende der Erde. Wo sich Jünger Jesu treiben lassen vom Heiligen Geist, wird ein guter Ton angeschlagen, der weiterschwingt und schließlich nachklingt bis in die Ewigkeit. Gottes gute Gaben sind jedem Gläubigen verheißen, wenn er sie nur einsetzt im Dienst für seinen Nächsten. Diese Zusage gilt heute genauso wie zur Zeit der Apostel.

Christus kam, um zu heilen und den Gefangenen Satans die Freiheit zu verkündigen. Kranken und Besessenen schenkte er neues Leben, auch wenn offenkundig war, daß mancher sein Leiden selber verursacht hatte. Der Erlöser entzog sich keinem! Diese heilende Kraft liegt auch heute noch im Evangelium. Christus leidet mit jedem, der geplagt ist. Wenn Krankheit an der Lebenskraft zehrt, wenn der Todeskampf einsetzt – immer ist der Sohn Gottes bereit zu helfen, und er möchte, daß auch seine Jünger in seiner Macht ihren Mitmenschen beistehen.

Ein Stück Frohbotschaft: Lebe gesund!

Die Jünger sollten von ihrem Meister lernen: Heilung wird bewirkt durch die Kraft des göttlichen Arztes. Christus wandte vielfach sehr einfache und natürliche Heilmittel an. Krankheit, so lehrte er, ist letztlich eine Folge davon, daß die gottgegebenen Gesetze für das leibliche wie auch für das geistliche Leben außer acht gelassen worden sind. Es gäbe nicht so viel Elend auf der Welt, wenn man sein Leben so führte, wie es der Schöpfer vorgesehen hat. Bis zu einem gewissen Grad ist Gesundheit auch ein Ergebnis der Beachtung gottgeschenkter Weisungen. Der große Arzt hatte einst in der Wüste zu Israel gesagt: „Achtet genau auf das, was ich, euer Gott, euch sage, und handelt danach! Befolgt all meine Anordnungen und Gebote und tut, was ich für recht erklärt habe. Dann werde ich euch keine von den Krankheiten schikken, mit denen ich die Ägypter geplagt habe. Ich, der Herr, bin euer Arzt!"[5]

Wir sollten nach Möglichkeit natürliche Heilmittel anwenden und Kranke darauf hinweisen, daß Gott es ist, der helfen kann. Wer an den großen Arzt und Helfer glaubt, wird auch dessen Kraft in Anspruch nehmen und neuen Mut fassen.

Nur wenn wir uns von Christi Liebe treiben lassen, können wir anderen eine Stütze und Hilfe sein. Es wird berichtet, daß der Erlöser mitunter selbst nichts ausrichten konnte, weil ihm durch den Unglauben der Menschen die Hände gebunden waren. Wo die Mauer des Unglaubens die Gemeinde von ihrem Herrn trennt, wird Gott seiner Ehre beraubt; die Liebe schwindet, und der Glaube verkümmert.

Engel mögen sich darüber wundern, wie wenig die Liebe Gottes mitunter geachtet wird! Wie würden Eltern empfinden, wenn sie wüßten, daß ihr Kind in Schneesturm und Kälte dem Tod ausgeliefert ist, wo sie doch Rettung hätten bringen können? Wo Menschen leiden, leiden auch Gottes Kinder. Wo aber die nötige Hilfe verweigert wird, löst das den Zorn des gerechten Gottes aus.

Die Macht des Evangeliums

Christus gab seinen Jüngern genaue Weisungen. „Lehrt sie, alles zu befolgen, was ich euch aufgetragen habe."[6] Dazu gehört nicht nur das, was Jesus während seines irdischen Dienstes verkündigt hat; vielmehr ist das ganze Alte Testament mit eingeschlossen. Für Traditionen, Theorien oder kirchliche Dogmen ist kein Platz. Das „Gesetz und die Propheten" sowie die Berichte der Evangelisten sollen weltweit verkündet werden. Dadurch wird das Leben des Sünders verändert. Christus lädt alle zu sich ein, auch diejenigen, die ihn geschmäht und gelästert haben. Wer von Herzen bereut, empfängt den Heiligen Geist und kann seinerseits zu denen gehen, die Gottes Barmherzigkeit noch nicht kennen. Durch Gottes Gnade werden Menschen umgewandelt und können sich freuen an seiner großen Liebe. Christus verheißt nicht nur seine Segnungen, er teilt sie auch aus in unaussprechlichem Reichtum.

---

[5] 2. Mose 15,26 [6] Matthäus 28,20

Es ist die Liebe Christi, die die Herzen berührt und gewinnt; durch noch so intensive Wiederholungen von Dogmen könnte das nie erreicht werden. Auch Worte allein richten nichts aus. Die Liebe Christi muß ausgelebt werden.

In jedem seiner Jünger soll Christi Ebenbild erkennbar sein sowie seine Liebe, Geduld, Barmherzigkeit und Treue.

Auf diesen Dienst bereiteten sich die Jünger vor. Noch ehe es Pfingsten war, hatten sie alle Meinungsverschiedenheiten ausgeräumt. Einmütig im Glauben beteten sie zu Gott und erkannten ihre Verantwortung für ihre Mitmenschen. Der Heilige Geist wurde ausgegossen; und Tausende bekehrten sich an einem Tag.

So kann es auch heute geschehen! Deshalb: Predigt das Wort Gottes! Begrabt allen Streit und weiht euch Gott! Ringt um die Rettung der Verlorenen, betet im Glauben, fleht den Segen herab! Die Ausgießung des Heiligen Geistes zur Zeit der Apostel war der „Frühregen"; er brachte eine herrliche Frucht hervor. Noch ergiebiger wird der Spätregen sein.

Wer sich Gott bedingungslos ausliefert, wird ausgerüstet mit neuer körperlicher, geistiger und geistlicher Kraft. Wer sich in seiner Schwachheit auf Christus stützt, wird zu Taten ermächtigt, wie sie der Herr verheißen hat.

Der Erlöser will seine Barmherzigkeit erweisen in der ganzen Welt. Er will befreien von Sünden und zu einer klaren Entscheidung für Gott hinführen. Gottes Lamm hat sein Blut vergossen für diese Welt, darin liegt die Gewähr für den Sieg, durch den Gott und sein Sohn verherrlicht werden. Christus ist gemeint, wenn es in der Prophezeiung des Jesaja heißt: „Er hat so viel gelitten, nun darf er wieder das Licht sehen und wird für sein Leiden belohnt."[7]

[7] Jesaja 53,11

87 | Zurück zum Vater

Die Zeit war gekommen, daß Christus als Sieger zu seinem Vater im Himmel auffahren sollte. Nach seiner Auferstehung blieb er noch für kurze Zeit bei seinen Jüngern, um sie vertraut zu machen mit seinem Auferstehungsleib, seiner verklärten Gestalt. Die Jünger sollten nicht länger an das Grab denken, sondern an ihn, der sich vor dem Universum als Sieger erwiesen hat.

Ausgangsort seiner Himmelfahrt sollte der Ölberg sein, denn dort war Jesus häufig mit seinen Jüngern gewesen. Die Hügel mit den lichten Wäldern und Hainen hatten auch seine Tränen gesehen. Und im Garten Gethsemane hatte Jesus allein seinen Todeskampf durchgestanden. Und hier auf den Ölberg würde er einst auch als siegreicher König wiederkommen. Dann wird das Halleluja seines Volkes mit dem Hosianna der Erlösten aus allen Völkern erklingen. Sie werden sich zu einem mächtigen Chor vereinen in dem Lobpreis: Ehre sei dem König aller Könige! Nun war Jesus mit den elf Jüngern unterwegs. Sie verließen Jerusalem durch das Stadttor; mancher mag diesen Männern verwundert nachgeschaut haben. War der an der Spitze des Zuges nicht vor einigen Wochen gekreuzigt worden? Die Jünger dagegen ahnten, daß nun ihr letztes Beisammensein mit dem Meister hier auf der Erde gekommen war. Jesus unterhielt sich mit ihnen und wiederholte seine früheren Weisungen. Kurz vor Gethsemane verlangsamte er seinen Schritt und zeigte auf einen Weinstock, der ihm zur Veranschaulichung der innigen Verbindung mit dem Vater gedient hatte. Er vertiefte die Lehre, die er den Jüngern schon zuvor vermittelt hatte.

Christus lebte 33 Jahre auf dieser Welt; ihm widerfuhr Verachtung, Beleidigung und Spott. Schließlich verurteilte man ihn zum Tode am Kreuz. Die Undankbarkeit des Volkes, das er doch hatte retten wollen, wurde ihm noch ein-

---

Dieses Kapitel bezieht sich auf Lukas 24,50–53 und Apostelgeschichte 1,9–12

mal schmerzlich bewußt. Sollte er seine Liebe zurücknehmen? Nein! Er hatte doch zugesagt: „Ich bin immer bei euch, jeden Tag, bis zum Ende der Welt.“ [1]

Vom Ölberg aus schlug Jesus den Weg ein, der in die Nähe von Betanien führt. Dort blieb er stehen, und die Jünger sammelten sich um ihn. Liebevoll sah er sie an. Von irgendwelchen Vorwürfen ihres Versagens wegen war nichts zu hören; nur Zuneigung und Mitgefühl brachte ihnen der Herr entgegen. Während er so mit ihnen sprach, „wurde er vor ihren Augen emporgehoben. Eine Wolke nahm ihn auf, so daß sie ihn nicht mehr sehen konnten“. [2]

Staunend schauten die Jünger ihrem Herrn nach; denn sie wollten ihn ja möglichst lange noch sehen. Umhüllt von himmlischem Glanz, entschwand er allmählich ihren Blikken. Engel begleiteten den Gottessohn, und den Jüngern klangen die Worte im Ohr: „Und das sollt ihr wissen: Ich bin immer bei euch, jeden Tag, bis zum Ende der Welt.“ Der Lobgesang der Engel erfüllte das All und drang auch in ihr Ohr und Herz.

Das himmlische Geleit

„Als sie (die Jünger) noch nach oben starrten, standen plötzlich zwei weißgekleidete Männer neben ihnen. ‚Ihr Galiläer‘, sagten sie, ‚warum steht ihr hier und schaut nach oben? Dieser Jesus, der von euch weg in den Himmel aufgenommen wurde, wird auf dieselbe Weise wiederkommen, wie ihr ihn habt weggehen sehen.‘“ [3]

Diese Engel von höchster himmlischer Würde waren dieselben, die am Auferstehungsmorgen zu Christi Grab gekommen waren. Nun war es ihr Wunsch, Jesus mit in den Himmel zu begleiten und zugleich die auf der Erde Verbliebenen zu trösten.

Christus war in menschlicher Gestalt zum Himmel aufgefahren, er, der gerade noch zum Ölberg mit ihnen gegangen war. Nun versprachen die Engel, daß der Eine, der ihnen das Brot ausgeteilt hatte, genauso wiederkommen würde. In der Heiligen Schrift wird das mehrfach bezeugt: „Gebt acht: er kommt mit den Wolken! Alle werden ihn sehen.“ [4] Paulus

---

[1] Matthäus 28,20 [2] Apostelgeschichte 1,9 [3] Apostelgeschichte 1,10.11
[4] Offenbarung 1,7

schrieb an die Thessalonicher: „Wenn Gottes Befehl ergeht, der oberste Engel ruft und die himmlische Posaune ertönt, wird der Herr selbst vom Himmel kommen. Zuerst werden dann alle, die im Vertrauen auf ihn gestorben sind, aus dem Grab auferstehen." [5] Und im Matthäusevangelium heißt es: „Wenn der Menschensohn in seiner Herrlichkeit kommt, begleitet von allen Engeln, dann wird er sich auf den königlichen Thron setzen." [6] Dann wird auch Wirklichkeit werden, was Jesus selbst seinen Jüngern versprochen hat: „Ich gehe also, um einen Platz für euch bereitzumachen. Dann werde ich zurückkommen und euch zu mir nehmen, damit auch ihr seid, wo ich bin." [7]

Vermutlich haben viele der Feinde Jesu erwartet, daß sich die Jünger nach der Kreuzigung ihres Herrn von ihrer traurigen Niederlage nicht würden erholen können. Doch nun war alle Trauer abgelegt, und die Männer strahlten eine Freude aus, die nicht von dieser Welt war. Sie erzählten die wunderbare Geschichte von Jesu Auferstehung und Himmelfahrt. Viele wurden von ihrem Bericht überzeugt und glaubten.

Befreit von Angst

Die Jünger fürchteten sich nun nicht mehr vor der Zukunft. Sie wußten, daß Jesus im Himmel war und sie zugleich auf all ihren Wegen begleitete. Nun hatten sie einen Freund bei Gott; zu ihm beteten sie voller Zuversicht, in seinem Namen knieten sie nieder und stützten sich auf seine Verheißungen, hatte er doch gesagt: „Ich versichere euch: der Vater wird euch alles geben, worum ihr bittet, wenn ihr euch dabei auf mich beruft ... Bittet, und er wird euch beschenken, damit an eurer Freude nichts mehr fehlt." [8] Zu Pfingsten erlebten sie diese Freude uneingeschränkt. Da kam der Tröster, der Heilige Geist, den Christus versprochen hatte.

Jesu Ankunft beim Vater

Im Himmel warteten alle darauf, den Erlöser bei seinem Einzug willkommen zu heißen. Er kam als erster; ihm folg-

---

[5] 1. Thessalonicher 4,16 [6] Matthäus 25,31 [7] Johannes 14,3
[8] Johannes 16,23.24

ten jene Gefangenen, die bei seiner Auferstehung frei geworden waren. Der Zug näherte sich der Stadt Gottes, und die Engel wurden Zeugen, wie sich ein alter Lobgesang erfüllte:

„Öffnet euch weit, ihr ehrwürdigen Tore!
Der mächtigste König will einziehen!"
„Wer ist dieser mächtige König?"
„Es ist der Herr, der Starke und Gewaltige!
Der Herr, der Sieger in jeder Schlacht!
Öffnet euch weit, ihr ehrwürdigen Tore!
Der mächtigste König will einziehen!"
„Wer ist dieser König?"
„Es ist der Herr über Himmel und Erde!
Er ist der mächtigste König!" [9]

Und so geschah es. Die Tore der Stadt Gottes öffneten sich; die Engelheere zogen ein, ihnen voran die Gottessöhne, die die ungefallenen Welten vertraten. Sie alle waren da, um den Erlöser zu empfangen und ihn als Sieger zu preisen.

Jesus schickte sich an, in die Gegenwart des Vaters zu treten. Er wies auf sein verwundetes Haupt, auf die durchstochene Seite und die zerschundenen Füße. Er zeigte seine Hände mit den Nägelmalen und wies auf diejenigen, die mit ihm auferstanden waren: Repräsentanten jener großen Schar, die einst bei seiner Wiederkunft aus den Gräbern gerufen werden.

Vor Grundlegung der Welt hatten Vater und Sohn beschlossen, daß der Menschheit ein Erlöser geschenkt werden sollte. Und als Christus am Kreuz ausrief: „Es ist vollbracht!" war damit der Vater angesprochen, dem die Bestätigung werden sollte: Das Werk der Erlösung ist vollendet. Und es blieb nur noch der eine Wunsch Jesu: „Vater ... ich will, daß sie dort sind, wo ich bin, damit sie meine Herrlichkeit sehen können." [10]

Nun war alle Gerechtigkeit erfüllt vor Gott; Satan war besiegt. Nachfolger Jesu, die seither den Kampf des Glaubens kämpfen, sind „in seiner Liebe dazu verordnet, daß wir seine Kinder seien durch Jesus Christus ... zum Lob seiner herrlichen Gnade, mit der er uns begnadet hat in dem Geliebten." [11]

---

[9] Psalm 24,7–9 [10] Johannes 17,24 [11] Epheser 1,6 LT

Das Universum war erfüllt von Freude und Lobpreis. Der Vater gebot: „Alle Engel Gottes sollen sich vor ihm niederwerfen.“[12] Der Sieg der Liebe war unbestritten; denn was verloren schien, war wiedergefunden. Ein Jubelchor erklang: „Anbetung und Ehre, Herrlichkeit und Macht gehören ihm, der auf dem Thron sitzt, und dem Lamm, für immer und ewig.“[13]

Diese himmlische Freude findet ihre höchste Erfüllung in der Zusage Jesu: „Ich gehe zu dem, der mein und euer Vater ist, mein Gott und euer Gott.“[14]

Die Kinder Gottes im Himmel und auf der Erde gehören zusammen. Deswegen fuhr der Herr zum Himmel auf, und dafür lebt er nun. „Darum kann er endgültig alle retten, die durch ihn zu Gott kommen. Er lebt für immer, um bei Gott für sie einzutreten.“[15]

---

[12] Hebräer 1,6 [13] Offenbarung 5,13 [14] Johannes 20,17 [15] Hebräer